广东学校德育“百系列”丛书——科研引领系列

U0799969

GUANGDONG ZHONGXIAOXUE BAIPIAN YOUXIU DEYU LUNWEN

广东中小学百篇优秀德育论文 下

广东省教育厅◎编著

南方日报出版社
NANFANG DAILY PRESS
中国·广州

图书在版编目（CIP）数据

科研引领系列 ：广东中小学百篇优秀德育论文 ：全 2 册 / 广东省教育厅编著. — 广州 ：南方日报出版社, 2018.1
（广东学校德育“百系列”丛书）
ISBN 978-7-5491-1358-3

Ⅰ. ①科… Ⅱ. ①广… Ⅲ. ①中小学－德育工作－广东省－文集 Ⅳ. ①G631-53

中国版本图书馆 CIP 数据核字(2016)第 010349 号

GUANGDONG ZHONGXIAOXUE BAIPIAN YOUXIU DEYU LUNWEN

广东中小学百篇优秀德育论文（下）

广东省教育厅　编著

出版发行：南方日报出版社
地　　址：广州市广州大道中 289 号
出 版 人：周洪威
出版统筹：周山丹
责任编辑：方　明　杨柳青
特约编辑：梁小冬
封面设计：劳华义
内文设计：胡馨怡
责任校对：王　燕
责任技编：王　兰
经　　销：全国新华书店
印　　刷：虎彩印艺股份有限公司
开　　本：787mm×1094mm　1/16
总 印 张：39
总 字 数：754 千字
版　　次：2018 年 1 月第 1 版
印　　次：2018 年 1 月第 1 次印刷
总 定 价：90.00 元（全 2 册）

投稿热线：（020）83000503　读者热线：（020）83000502

网址：http://www.nfdailypress.com/

发现印装质量问题，影响阅读，请与承印厂联系调换。

序

p r e f a c e

◎景李虎

党的十八大明确指出，要全面贯彻党的教育方针，把立德树人作为教育的根本任务，培养德、智、体、美全面发展的社会主义建设者和接班人。这一重要论断深刻揭示了学生思想道德素质培养在学生教育中的基础性地位及德育工作对于学校教育的重要意义，为我们进一步做好学校德育工作增添了动力、指明了方向，我们必须全面学习领会、深入贯彻落实。

在贯彻党的十八大精神、落实立德树人要求的过程中，广东紧紧围绕培育和践行社会主义核心价值观，着眼课堂教学、校园文化、社会实践、学校管理“四育人”平台建设，着力推进课堂育人，创新高校思想政治理论课和中小学德育课教学，探索建立高校党委书记、校长上第一堂思想政治理论课制度，把学科育人纳入学科教师日常培养培训及教育教学考核；着力推进文化育人，举办学校校训、校徽、校歌展示活动，引导师生对学校文化蕴含的传统文化和时代精神进行挖掘、阐发，持之以恒分类开展高校、中小学、中职学校主题教育活动，促使活动教育化、系列化、品牌化；着力推进实践育人，加强大学生社会实践活动的正确引导，让大学生通过实践增强对中国特色社会主义的政治认同、情感认同和实践认同，加强中小学生综合实践基地建设，破解中小学生社会实践安全难题；着力推进管理育人，全面深化德育管理队伍培养，精心打造“三项赛事”（高校思想政治理论课青年教师教学基本功比赛、辅导员职业能力比赛、中小学班主任专业能力比赛）、“三种培养”（高校思想政治理论课名教师骨干教师培养、名辅导员培养、中小学名班主任培养）、“三类工作室”（高校思想政治理论课名师工作室、名辅导员工作室、中小学名班主任工作室），形成优秀德育教师从发掘选拔到培养成长到辐射带动的完整链条。凡此种种，不胜枚举。

总结广东近几年学校德育工作的成功实践，有一条基本经验——重视学校德育工作的“四性”建设，即科学性、创新性、实践性、实效性建设，其中，科学是基础，创新是动力，实践是关键，实效是根本。可以说，新形势下广东学校德育工作取得的每一点进步、每一分收获，都得益于对“四性”的深刻理解和自觉运用，得益于在对“四性”一贯坚持中的丰富发展。

一是突出科学性。德育工作的对象是活泼的学生个体，其工作成效如何不仅影响学生当前成长，更关乎学生长远发展，来不得半点任性和马虎，必须认真遵循学生身心成长规律和德育自身工作规律。把握科学性，广东依托高校成立了中小学德育研究与指导中心、中职学校德育研究与指导中心、中小学心理健康教育指导中心等专业机构，建立起行政推动与专家指导相结合的工作推进机制，使得省级德育工作宏观管理具备了坚实的学术支持、学理支撑和科学奠基。

二是突出创新性。当今时代，经济社会深刻转型，思想文化多元多样多变，互联网、手机等新兴媒体迅猛发展，“新”和“变”已然成为学生所处环境的重要特征。做好德育工作，我们比以往任何时候都更加需要创新，“老办法”可以不灵，但绝不能够不会“新办法”。把握创新性，广东设立了省级学校德育创新项目和高校思想政治教育工作创新项目，积极鼓励和支持各地各学校进行德育理念创新、手段创新和基层工作创新，促使德育创新蔚然成风、德育创新成果竞相迸发。

三是突出实践性。常言道，实践出真知，没有经过实践的道德认知难免苍白无力，难以支撑起学生终身认同和践行的道德法则和价值准则。德育的入耳、入脑可以通过课堂教学实现，但要入心、要真正刻入学生心灵，唯有通过实践、通过学生亲身经历、亲身体验和自我感悟、自我理解才能达成。把握实践性，广东在推进“创强争先建高地”教育中心工作的过程中，明确将实践育人、青少年校外活动场所建设等写入创建教育强市、强县（市、区）、强镇及推进教育现代化先进市、先进县（市、区）指标体系，并对推进教育现代化先进市的中小学生综合实践基地建设指标、推进教育现代化先进县（市、区）的青少年宫建设指标实行“一票否决”。

四是突出实效性。加强德育工作的科学性、创新性、实践性建设，根本目的就在于增强德育工作的实效性，让德育在学生中更好地落地、生根、开花、结果，让德育真正润进学生心田。也就是说，德育要见实效，工作的科学性、创新性、实践性必须落地，落实到德育工作的各个实施层面。把握实效性，广东对学校德育科研工作进行大胆改革，树立实践导向，把重心下移到德育实践操作层面，通过整合零散的理论研究力量，集中优势团队进行少数重大理论问题研究，大力释放实践研究空间，大幅度提升了德育实践研究项目的立项比例，引导各地各学校多出德育方法载体、渠道途径等实施层面的成果，减少那些缺少新意、反复注解、难以推广运用的理论“研究”成果。

一分部署，九分落实。广东各地各学校在推进“四育人”、加强德育“四性”建设的过程中，坚持务实进取、主动作为、积极探索，创造了一大批优秀德育理论和实践成果。为加强各地各学校间的学习交流，发挥先进典型的示范引领作用，广东省教育厅于2014年在全省范围内组织开展了“百系列”学校德育优秀成果展示活动。活动面向各级教育行政部门和各级各类学校，分为“教书育人”“践行社会主义核心价值观”“以德立校”“科研引领”“聚焦课堂”“实践育人”六个系列，经层层推荐、严格遴选，集中展示了“百名优秀德育教师”“百名优秀学子”“百个优秀德育案例”“百篇优秀德育论文”“百个优质中小学德育课、高校思想政治理论课课例”以及“百项优秀校外教育成果”。这套“百系列”丛书所呈现的就是展示活动中的部分优秀成果。通过这些成果，我们对基层一线的德育工作也有了更深的认识。

第一，基层一线德育经验之丰富多样，令人欣喜。这些优秀成果从实施途径来看，涵盖了课堂教学、校园文化、社会实践、学校管理等各种育人渠道；从实施内容来看，包括了理想信念教育、中国精神教育、道德品行教育、法治知识教育、职业生涯教育、心理健康教育等各类教育内容；从实施主体来看，大到一个区域、一所高校，小至一所中（小）学、一个院系、一个班级。难能可贵的是，这些成果来自基层一线，符合基层实际并经基层实践检验，操作性、实用性、可学性都很强，普遍具有较高的推广应用价值。

第二，基层一线德育方法之不断改进，令人振奋。从这次展示活动来看，基层一线对德育方法的科学性越来越重视，再也不是囫囵一堆、不管先后、不分轻重地一拥而上、使劲灌输，而是注重针对学生身心特点和思想实际，采用适合的德育方法。例如，更加关注学生的个性化需要，更加重视与实践的结合，更加突出学生的主体性，更加发挥手机、网络等新媒体作用等等，呈现出多样化、精细化、特色化的良好态势。

第三，基层一线德育教师之奉献精神，令人感动。随着时代发展和社会进步，无论是教育部门和学校，抑或是家长和社会，都对教师的期盼越来越多、要求越来越高。即使这样，基层仍然有大批德育干部和教师承受住重重压力，刻苦钻研、辛勤耕耘，全身心投入到德育工作中，并取得骄人的业绩。尤为可贵的是，这些优秀德育干部和教师不仅有爱心，更有智慧、有思想；不仅敬业爱岗、辛勤付出，更能将科学的思想和理念贯彻到工作实践中。他们可以说是治教、教书和育人“全面发展”的优秀教师，希望大家把他们立为标杆、树为榜样，见贤思齐、不断进步。

大学生思想政治教育和未成年人思想道德建设任重道远，必须持续用力、久久为功。殷切期望德育战线全体同人抖擞精神，在巩固好“百系列”展示活动成果的基础上，继续保持改革创新的锐气、昂扬向上的朝气和争创一流的勇气，继续开阔视野、开动脑筋、开拓思路，争创广东学校德育工作新优势，为我省教育“创强争先建高地”不断做出新贡献！

是为序。

（本序作者系中共广东省委教育工委书记、广东省教育厅厅长）

目录

contents

弘扬跆拳道精神，促进学校特色发展

■ 佛山市顺德区陈村镇吴维泰纪念小学　高　兴

梁启超《少年中国说》提出：“少年强则中国强。”针对当代儿童普遍抗挫折能力差、缺乏组织纪律性的弱点，我校积极以“跆拳道精神对促进小学生良好品行形成的途径和方法研究”为主的科研课题进行研究，并以毛主席提出的“文明其精神，野蛮其体魄”的教导，积极弘扬跆拳道精神，促进青少年健康成长。经过两年多的实践研究，我校学生文明守纪、体格强壮，跆拳道成为我校特色教育与发展的一道亮丽风景线。

一、挖掘学校资源，确立发展特色

吴维泰纪念小学是一所位于千年花乡佛山市陈村镇中心城区的省一级公办小学，历年来学校教育教学成绩都居镇前列，家长比较重视孩子品行和特长的培养。学校师资优良，艺术底蕴好，每年第二课堂成绩喜人，各类艺术人才辈出。学校毗邻跆拳道馆，体育教师与他们紧密相处，不知从何时起，学校跆拳道成为一种深受家长和学生喜爱的健身运动。这项运动是一种集娱乐性、竞技性和教育性于一体的文体活动，它倡导“以礼始，以礼终”和“礼仪廉耻、忍耐克己、百折不屈”的跆拳道精神。跆拳道的学习和训练有助于一个人意志的磨炼和道德品质的完善，有利于培养学生坚强意志，推广文明礼仪教育，养成良好品格，适合我校的特色发展需求。基于以上条件，我校在2011学年确定了以跆拳道作为学校的特色项目，并以区“十二五”立项课题“跆拳道精神对促进小学生良好品行形成的途径和方法研究”作为学校创特色工作的载体。我们以跆拳道精神促进学生全面发展，以跆拳道特色课程推动学校特色发展。

二、科学整体规划，打造特色品牌

“学校有特色、教师有专长、学生有特长”是中小学办学所追求的理想境界，注重“内涵发展，质量提升，特色发展”是当今学校发展的必然趋势。新一轮的课程改革使教育的内涵在深度和广度上不断地得到延伸和拓展，我校成立了创特色领导组，整体规划学校特色发展蓝图，充分挖掘和利用各种教育教学资源，建设并完善学校跆拳道校本课程。

1. 确立特色发展目标

跆拳道不仅仅是一种强身健体的体育运动，更重要的是蕴藏着一种精神追求和信念。因此，我们深层次挖掘跆拳道文化内涵，把创特色学校目标定为低、中、高三个阶段。第一阶段是让全校师生学会跆拳道基本知识和技能，达到强身健体、知礼仪的目标；第二阶段要深化“跆拳道精神对促进小学生良好品行形成的途径和方法研究”课题研究，培养学生良好的行为规范、坚强的意志品质、健全的人格和远大的理想；第三阶段要总结经验，完善校本教材编写、推广成果，形成学校特色品牌。

2. 完善场馆设施建设

学校在体育馆建立了一个面积为130平方米的跆拳道训练馆，以专业训练要求购置必须的跆拳道训练设施、设备，并把体育馆和操场作为全校跆拳道普及教育基地，为学生创造良好的训练环境；进一步加强与有跆拳道特色的外校作横向联系，将他们场馆建设的好思路融入我们的场馆建设与训练中。

3. 专家助力训练研究

学校聘请了佛山体校的李玉晓教练、顺德区教研室李伟老师、镇教局的朱锦田校长、镇文化站的凌龙副站长为学校创跆拳道特色的顾问团队；聘请广东黑带跆拳道馆的周教练作为学校的总教练，并聘请区教研室张峰主任、曾秀华主任为课题组顾问团队。专业权威人士的指导和帮助，为学校的特色推进工作快速、有序进行提供了坚实的保障。通过“请进来、走出去”“多参与、多比赛”的途径进一步扩大影响力。例如多次组织跆拳道队师生到佛山市体校观摩学习，并定期邀请跆拳道专业教练到我校指导训练工作；组织跆拳道队尖子参加佛山市青少年跆拳道锦标赛，增加了队员比赛实战经验等。

4. 建设和谐校园文化

学校充分发挥校园环境的隐性教育功能，充分挖掘跆拳道礼仪廉耻的文化内涵，高品位全面更新、改造学校文化；通过设立跆拳道知识专栏、文化柱、特色网站，让学生耳濡目染，受到礼仪廉耻文化熏陶；充分利用网站、墙报、广播、家长会等各种途径向家长、学生和社会各界宣传学校礼仪廉耻具体做法和创特色工作进展，以礼仪主题活动为抓手促进学生健康成长，建设和谐的校园文化。

5. 抓好特色网站宣传

学校借助先进的信息技术建立学生喜闻乐见的跆拳道特色网站，使跆拳道教学更形象生动。特色网站内容丰富、生动有趣、图文并茂，为家长、学生更全面地了解跆拳道知识、跆拳道教学、跆拳道特色活动和跆拳道竞赛等专题资讯提供了方便，为学生提供了不受时空限制获取信息的方法和场所，更为学生创设了学习跆拳道知识和交流学习心得体会的平台，有效延续和补充了跆拳道学习渠道。

6. 开发特色校本课程

为了让孩子们更好地体会到跆拳道的精髓，我们开发了校本课程。体育科教师组根据学生年龄特点编创了一套生动活泼、韵律感十足的跆拳道特色操，并规定每天早操时间和周四下午4:30—5:15为全校师生跆拳道技能技巧的校本培训时间；还成立了跆拳道提高训练小组，落实各年级跆拳道尖子的梯队建设，创造机会让学生参加各种竞赛。每天清晨，师生们迎着霞光，踏着整齐的步伐雄赳赳地到操场，伴着音乐的节奏和教练的示范，认真地操练跆拳道，师生们的动作整齐划一，铿锵有力的呐喊声更是响遍校园，成为吴纪小一道亮丽的风景线。

另外结合学校德育，我们挖掘跆拳道礼仪精神内涵，编写了《吴维泰纪念小学班队会校本课程》，各单元的主题分别是：第一单元，文明礼仪记心中——礼仪篇；第二单元，好习惯伴我一生——习惯篇；第三单元，战胜挫折——自强篇；第四单元，点燃心中的小宇宙——理想篇；第五单元，张扬个性、精益求精——智慧篇。每周一下午的班队课活动，让跆拳道精神文化精髓潜移默化地影响学生的知、情、意、行，使青少年受到熏陶，促进良好品行的形成。

7. 组织多种特色德育活动

少先队以德育科研课题“跆拳道精神对促进小学生良好品行形成的途径和方法研究”为抓手，以主题活动为载体，深入开展各类型的德育活动：

第一，开展有层次的德育活动。低年级围绕“学习跆拳道精神之——文明礼仪催开校园花”主题，以养成教育为主题，开展相关自理活动和小学生日常行为规范教育；中年级围绕“学习跆拳道精神之——明道德、重修养、知廉耻”主题，重点培养良好的规范行为，培养学生自我管理、独立做事的能力；高年级围绕“学习跆拳道精神之——克己忍耐、百折不挠”主题，开展系列自强活动为主，培养学生良好的意志品质、健全人格和树立远大理想。发挥“中队值日生”“文明礼仪监督岗”的监督管理作用，将学生行为习惯培养内容尽量细化；利用学生身边“光荣的升旗手”“文明礼仪标兵”“学习之星”“艺术之星”等先进学生事迹，树立学生文明有礼、勤学苦练、刻苦忍耐的学习榜样。

第二，开展渗透性的德育活动。我们把跆拳道精神渗透到学生日常生活中，利用“日常养成”“课堂渗透”“主题实践”“文化引领”“家校互动”和“社区教育”等形式向学生渗透做人的道理，培养学生谦逊、宽容、礼让、忍耐的品质和爱国爱家、尊师重道、讲理守信、见义勇为的情操；利用各种评优争先活动树立学生学习的榜样；通过系列主题活动，学生受到影响和熏陶，从而达到育人的目的。

第三，开展体验性德育活动。以跆拳道精神为核心，学校充分利用好班队课、传统节日、寒暑二假等常规时段，开展爱国、爱家、诚信、感恩、保护环境等实践体验活动，加强学校德育与学生生活、社会实践的联系；定期举办“校园艺术节”“体育节”“我们的传统节日”“花园家园”“自信舞台，秀我精彩”等系列活动，为学生展示个人、团队跆拳道精神风采铺就舞台。

学校大力推广跆拳道特色项目，不仅为师生带来强身健体的体育锻炼机会，还促进了学生良好品行习惯的形成。“礼仪廉耻、忍耐克己、百折不屈”的跆拳道精神激励着吴纪小的师生们健康成长、奋发向上。学校跆拳道队捷报频传：2012年获得“美在陈村”少年儿童艺术节学校特色展示小学组第一名；佛山市青少年跆拳道锦标赛小学组团体总分第四名；2013年获得珠三角少儿才艺大赛团体金奖；多次在镇体育节、镇社区文化节和“三八”妇女节巡游等活动表演，获得社会各界好评，镇电视台、《珠江商报》、《珠江青少年报》等媒体多次宣传报道。

行走在创特色品牌学校的大路上，我们洒下了辛勤的汗水，克服了重重困难，收获了累累硕果。漫漫求索路，不息进取心。今后我们将一如既往，朝着“创特色学校，铸省一级品牌”的目标努力进取，不断超越！

农村地区全寄宿初中学生人格特质与应付方式的研究

■ 佛山市顺德区均安镇文田初级中学　徐文婷

摘　要：根据对处于农村地区的某初级中学调查发现（1）农村地区全寄宿初中学生的人格特质中，情绪稳定性在独生与非独生子女之间有显著性差异；神经质在独生与非独生子女、父母婚姻正常与异常、不同年级（初一与初二、初一与初三）、不同性别之间有显著性差异；掩饰程度在不同年级（初一与初三）之间有显著性差异。（2）农村地区全寄宿初中学生的应付方式中，问题解决在不同年级（初一与初三）、独生子女与非独生子女、父母婚姻正常与异常之间有显著性差异；自责在不同年级（初二与初三）之间有显著性差异；求助在不同年级（初二与初三、初一与初三）、不同性别之间有显著性差异；幻想在不同性别之间有显著性差异；退避在不同年级（初一与初三）之间有显著性差异。（3）农村地区全寄宿初中学生的外向程度与问题解决、求助、幻想、合理化之间是正相关；情绪稳定性与问题解决、求助之间是负相关，与自责、幻想、退避、合理化之间是正相关；神经质与自责、幻想、退避、合理化之间是正相关；掩饰程度与问题解决、求助之间是负相关，与幻想是正相关。

关键词：农村地区　全寄宿　人格特质　应付方式

案例一：

A：女，初二级学生

午休时，她在宿舍接听了一个电话后冲到洗手间用刀片在手腕上划了十多下，鲜血直流，被同宿舍的人制止，并通知宿舍管理员，转送到心理室。问其情由，她说是因为男友（外校、交往两三个月）打电话来说分手，并告知分手原因是好朋友让他选择要兄弟还是要女朋友。

案例二：

B：男，初一级学生

上课时，老师请他回到自己的座位（他和另外一男生同坐一张椅子），他没有马上起来，其他同学回头看了他一下，他马上抓了桌面上的课本往那同学大力扔过去，并喊："你看什么看！"

初中学生正处于青春发育期，这是其身心发育的急剧变化期，由于心理发育尚未成熟，易受各种内外因素的影响而产生各种各样的问题。对于全寄宿的学校来说，除了关心学生的学业问题，还要时刻关注学生在宿舍的情况。就以上述案例为例，通过了解寄宿制初中学生的心理及行为特征，即可为早期干预提供对策。为此，笔者就有关人格特征和应对方式进行了研究。

一、对象与方法

（一）研究工具

1. 艾森克人格问卷（EPQ）少年版

艾森克人格问卷（EPQ）是由英国心理学教授艾森克及其夫人编制，从几个个性调查发展而来的。相对于其他以因素分析法编制的人格问卷而言，它所涉及的概念较少，施测方便，有较好的信度和效度，是国际上最具影响力的心理量表之一。

EPQ由P、E、N、L四个量表组成，主要调查内外向（E）、神经质（N）、精神质（P）三个维度。艾森克认为个性可分析出三个维度，其中E维因素与中枢神经系统的兴奋、抑制的强度密切相关；N维因素与植物性神经的不稳定性有密切相关。艾森克认为遗传因素对三个维度均有影响。正常人也具有神经质和精神质，这两者又可以通俗地说成是情绪稳定性和倔强性，而不是暗指神经症和精神病；但是高级神经的活动如果在不利因素影响下也可能向病理方面发展。L量表是测验受试者的"掩饰"倾向，同时也有测量受试者的社会幼稚水平的作用。EPQ的少年版，适用于7—15岁的少年儿童。

2. 肖计划应付方式问卷

应付方式问卷由肖计划编制，用于测查个体对应激事件的策略。该问卷共有62个项目，其中有4个反向计分的题目。除此之外，各个量表的分值均为：选择"是"得1分，选择"否"得0分。问卷由6个分量表组成，分别是问题解决、自责、求助、幻想、退避和合理化。该问卷具有较好的信度和效度，各题的因素负荷值均在0. 35以上，6个应付因子重测相关系数分别是：r_1=0. 72、r_2=0. 62、r_3=0. 69、r_4=0. 72、r_5=0. 67、r_6=0. 72。

（二）研究对象

文田中学位于顺德区均安镇，是一所全寄宿制初级中学。2012年11月9日由专业人员和班主任配合，利用课堂时间实施团体测查，利用广播系统宣读统一指令，班级统一回收问卷与答卷。专业人员利用SPSS12. 0软件包进行统计分析。

二、统计结果

（一）一般资料

本次调查需要发放两种量表，包括艾森克人格问卷（EPQ）少年版以及肖计划应付方式问卷。每份量表发放1857份，收回1857份，有效答卷1729份，占93. 12%。具体情况如下：

表1　被试的基本情况（共1729人）

基本资料	类别	人数	百分比
性别	男	1004	58. 07
	女	725	41. 93
年级	初一	545	31. 52
	初二	563	32. 56
	初三	621	35. 92
独生子女	是	363	20. 99
	否	1366	79. 00
父母婚姻	正常	1572	90. 92
	异常 （离异 再婚 丧偶 不清楚）	157	9. 08

2. 被试人格特征的基本情况以及一般人口学资料对被试人格特质的影响

表2　被试人格特征的基本情况

项目	外向（E）	情绪稳定性（N）	神经质（P）	掩饰程度（L）
最高分	20	18	17	18
最低分	0	0	0	0
平均分	11. 29	8. 93	4. 14	3. 443
标准差	4. 092	4. 552	8. 71	3. 863

E满分 20分（共35人），最低分0分（共6人）；

N满分18分（共51人），最低分0分（共26人）；

P满分 17分（共21人），最低分0分（共92人）；

L满分18分（共23人），最低分0分（共5人）。

所测得结果分析如下：

1. 被试气质类型种类

外向不稳定型（胆汁质，E分高N分低）：积极、乐观、冲动、善交际、兴奋、攻击、好动、暴躁；

外向稳定型（多血质，E、N分都高）：善社交、开朗、健谈、敏感、逍遥自在、活泼、无忧无虑、有领导能力；

内向不稳定型（抑郁质，E、N分都低）：寂静、不善社交、保守、悲观、严肃、刻板、焦虑、抑郁；

内向稳定型（粘液质，E分低N分高）：安静、好脾气、可信赖、能控制、温和、有思想、谨慎、被动。

2. P、L分的价值

初中生的P分高表示该被试很有可能是古怪、孤僻，有麻烦的儿童，对同伴或动物缺乏人类感情，进攻、仇视即使是很接近的人或亲人。这样的儿童缺乏是非感，不考虑安危。对他们来说，从来没有社会化观念，根本无所谓同情心和罪恶感、对人类的关心。

L分是测验被试的“掩饰”倾向，即不真实的回答。同样也有测量受试者纯朴性的作用。此分数越高表示被试的掩饰倾向越高，回答越不真实，有讨好的嫌疑。

表3　人口学情况对被试的人格影响

		外向	情绪稳定性	神经质	掩饰倾向
性别	男	11.52	8.44	4.55	8.42
	女	10.98	9.64	3.56	9.13
	Sig.	0.201	0.987	0.000**	0.618
父母婚姻	正常	11.33	8.96	4.16	8.78
	异常	10.90	8.71	3.87	8.10
	Sig.	0.767	0.797	0.001**	0.142
独生子女	是	11.75	8.79	3.684	8.83
	否	11.17	9.97	3.368	8.68
	Sig.	0.539	0.010*	0.039*	0.919

注：*P<0.05；**P<0.01。

从表3看出，情绪稳定性在独生与非独生子女之间有显著性差异；神经质在不同性别、父母婚姻正常与异常、独生与非独生子女之间有显著性差异。

表4　不同年级被试之间的人格特质差异

		外向	情绪稳定性	神经质	掩饰倾向
年级对比	1/2	0.774	0.143	0.001**	0.273
	1/3	0.914	0.296	0.002*	0.005*
	2/3	0.851	0.615	0.759	0.085

注：*P<0.05；**P<0.01。

从表4看出，神经质在初一与初二、初一与初三之间有显著性差异；掩饰程度在初一与初三之间有显著性差异。

3. *被试的应付方式基本情况*

表5　被试的应付方式基本情况

	解决问题	求助	退避	合理化	幻想	自责
最高分	12	10	11	11	10	10
最低分	1	0	0	0	0	0
平均分	9.83	6.75	6.19	5.97	5.91	4.77
标准差	1.994	2.062	2.578	2.567	2.501	3.030

从表5看出，初中生的应付方式从高分到低分的顺序是：解决问题、求助、退避、合理化、幻想、自责。

表6　人口学资料对被试应付方式的影响

		解决问题	求助	退避	合理化	幻想	自责
性别	男	9.82	6.75	6.24	6.15	5.91	4.72
	女	9.84	6.76	6.12	5.73	5.91	4.84
	Sig.	0.345	0.009**	0.412	0.142	0.027*	0.464
父母婚姻	正常	9.87	6.76	6.17	6.00	5.92	4.80
	异常	9.41	6.69	6.38	5.72	5.87	4.48
	Sig.	0.006**	0.333	0.219	0.172	0.137	0.944
独生子女	是	9.98	6.87	6.26	6.17	5.84	4.63
	否	9.78	6.72	6.17	5.92	5.93	4.81
	Sig.	0.040*	0.151	0.072	0.804	0.066	0.833

注：*P<0.05；**P<0.01。

从表6看出，问题解决在父母婚姻正常与异常、独生子女与非独生子女之间有显著性差异；求助在不同性别之间有显著性差异；幻想在不同性别之间有显著性差异。

表7　不同年级之间的被试在应付方式上的差异

		解决问题	求助	退避	合理化	幻想	自责
年级对比	1/2	0. 554	0. 551	0. 062	0. 827	0. 234	0. 971
	1/3	0. 040*	0. 000**	0. 048*	0. 263	0. 066	0. 057
	2/3	0. 138	0. 001**	0. 913	0. 363	0. 518	0. 050*

注：*P＜0. 05；**P＜0. 01。

从表7看出，解决问题在初一与初三之间有显著性差异；求助在初二与初三、初一与初三之间有显著性差异；退避在初一与初三之间有显著性差异；自责在初二与初三之间有显著性差异。

4. 被试人格特质与其应付方式的相关矩阵

表8

	外向	情绪稳定性	神经质	掩饰倾向
解决问题	0. 200**	-0. 074**	-0. 012	0. 194**
求助	0. 280**	-0. 169**	-0. 045	0. 157**
退避	0. 038	0. 371**	0. 266**	-0. 014
合理化	0. 091**	0. 301**	0. 294**	0. 029
幻想	0. 078**	0. 403**	0. 289**	-0. 059*
自责	-0. 034	0. 475**	0. 327**	-0. 033

从表8看出，农村地区全寄宿初中学生的外向程度与问题解决、求助、幻想、合理化之间是正相关；情绪稳定性与解决问题、求助之间是负相关，与自责、幻想、退避、合理化之间是正相关；神经质与自责、幻想、退避、合理化之间是正相关；掩饰程度与问题解决、求助之间是负相关，与幻想是正相关。

三、讨论

1. 年级差异

本研究结果发现，初中三个年级被试的人格特质在外向和倾向稳定性上并无显著性差异，这个表明进入青春期后被试在这两个方面的结构趋向稳定，变化不大。另外，在神经质上，初一与初二、初三分别有显著性差异，初二与初三之间并无显著性差异。

原因很有可能是因为初二初三的被试已经适应住宿的群体生活，宿舍舍友之间、班上同学之间培养出较为深厚的感情，所以容易表现出利他的行为；而初一的被试则有可能是因为还沉浸在原生家庭的呵护中，对住宿生活的抗拒而作出的防御行为。

在应付方式上，初一与初三的被试在解决问题、求助、退避上有显著性差异，初二与初三在求助与自责上有显著性差异，其余情况差异并不显著。解决问题-求助被称为“成熟”的应付方式，在这方面初三的被试使用更频繁；同时，退避-自责这个“不成熟”应付方式也使用频繁。

这表明，初三的被试在应付各类生活事件上更绝对，遇到问题会主动积极去解决或求助，但当该行动无效时就更容易逃避或自责。

2. 性别差异

男女生在神经质上具有显著性差异，男生更容易表现出打架、斗殴、逃学等行为问题；而女生则在求助、幻想两种应付方式表现出更明显的趋势。这跟社会期望是非常吻合的。女生遇到问题马上求助不会轻易引起他人的反感。同时，女生也更容易幻想问题能解决得很好。

3. 父母婚姻正常与异常

父母婚姻正常与异常的被试在神经质上的倾向有显著性差异，父母婚姻正常的被试在解决问题这一方式上表现更明显。

分析原因，现今社会对传统的婚恋观念已经比较淡薄，即使婚姻破裂也未必会影响到双方的关系或亲子关系，所以在子女的外向程度、情绪稳定性、掩饰程度上，父母的婚姻状况对此都没有显著的影响，只是在神经质倾向上有显著性差异。当然，父母婚姻正常，家庭关系完整，让子女觉得有安全感，那么他们在遇到困难时会更倾向于积极解决问题。

4. 独生子女与非独生子女

独生子女的神经质倾向更高，非独生子女的情绪稳定性更高。独生子女家庭对孩子的宠爱比较集中，也就容易造成他们娇生惯养、叛逆执拗，认为长辈对自己好是应该的，一旦要求不被满足就歇斯底里。

另外，独生子女更倾向使用解决问题的方式去应付生活事件。因为在成长的过程中，没有兄弟姐妹的陪伴，大部分时候都是个人活动，遇到困难，没有人可以求助，只能自己想办法解决。

5. 人格特质与应付方式的相关分析

应付方式中，解决问题与求助被称为成熟的方式，退避与自责被称为不成熟的方式，幻想与合理化是中性的应付方式。

结合本研究，被试的外向程度与问题解决、求助、幻想、合理化之间是正相关；被试的情绪稳定性与解决问题、求助之间是负相关，与自责、幻想、退避、合理化之间是正相关；被试的神经质倾向与自责、幻想、退避、合理化之间是正相关；被试的掩饰程度与问题解决、求助之间是正相关，与幻想是负相关。

四、教育建议

人格特质与应付方式是相互影响的。具有良好个性品质的人一般情况下都能用成熟的应付方式，而心智有缺陷的人却不能。人格特质使得人采取什么样的应付方式去处理事情有很好的预测作用。由于人格的形成是一个漫长的过程，受遗传、家庭环境、教养方式、社会文化等因素的影响。因此，我们建议：

在家庭教育方面，由于父母的教养方式对孩子的人格形成有重要影响作用，父母在见证孩子共同成长的过程中，应多给予关怀、鼓励、恰当批评教育等；相反，过于严厉、偏私、纵容、否定则可能是孩子形成不良人格特质的重要因素。

在学校教育方面，尤其是全寄宿制初中，学生正处于青春期，带着在原生家庭的各种特征入住学校宿舍，给学校的管理带来很大的挑战。因此，在日常教育过程中，应增强学生的自我认知，多采用诱发式的教育帮助学生形成良好的人格。

参考文献：

[1] 肖计划，许秀峰．“应付方式问卷”效度与信度研究［J］．中国心理卫生杂志，1996，10（4）：164-168．
[2] 李国华，李祥艳等．父母教养方式与子女人格特征、自尊的相关研究．中国民康医学杂志，2003，5（4）：196-198．
[3] 刘晋红．大学生人格特征、父母教养方式及其成就动机关系的研究．中国健康心理学杂志，2008，16（2）：159．
[4] 梁洁芳．大学生人格特征及其形成影响因素的实证研究．教育与职业，2003，3（9）：87-88．

以灯谜为载体的校外教育活动中小学生综合素质培养的策略研究

■ 佛山市顺德区勒流大晚小学　伍周旋　张震宇

摘　要：本文简述了在新课程理念背景下，以灯谜为载体的校外教育活动在小学中的开展与实施；阐述了以灯谜为载体的校外教育活动中，小学生综合素质培养的策略与研究，分四个方面论述，即校内教育作基础——灯谜进课堂，学子乐成长；师资力量是关键——科研课题强师资，校外教育长底气；创设平台增活力——灯谜进社区，校外展英姿；资源整合路更宽——整合校外资源，小谜友大视野。

关键词：灯谜　校外教育活动　小学生　综合素质　策略

“真正的人是具有和谐的、多方面精神生活的人。”

——苏霍姆林斯基（前苏联）

随着信息技术的日新月异，时代的车轮飞速滚动，教育理应走在时代的前沿，培养适应新时代发展的人才。学校教育固然是学子成才的主要阵地，校外实践教育也随着时代的进步、社会的发展，对学生的成长发挥着越来越重要的作用。国家教育主管部门在拟定新的课程标准的时候就已经明确综合实践科目，社区服务与社会实践与研究性学习、劳动与技术教育以及信息技术教育共同构成我国基础教育新课程体系中的综合实践活动课程。

所谓“综合素质”，是指具有多方面的知识修养和应对社会的综合能力。小学的素质教育应该是以培养人的个体自主、人格独立和精神自由为目的，突出学习的乐趣性、思维的创造性、精神的愉悦性和心理的健康性。在校外教育的组织与开展中，注重学生的社会适应能力、社会参与意识、公民责任感及创新意识的培养；使学生在活动中拓展知识，增长经验，增进学生的社会适应与创新能力；融入生活，获得感受，形成学生健康、进取的生活态度；主动参与社会实践，增强学生公民意识和责任感；使学生自觉服务社会，对他人、对社会富有爱心，让学生亲近、关爱自然，懂得与自然和谐相处；促进学生自我了解，肯定自我价值，发展兴趣与专长。

我校从2006年开始，将灯谜引进课堂，努力探索和有效利用传统灯谜文化，进一步开发具有实效性和趣味性的灯谜校本课程，创建特色校园文化，达到开拓学生视野，丰富学生知识，提升自主学习能力，培养创新思维的教学效果；以谜益智、以谜养德、以谜怡情，开拓德育途径，有效落实知识与技能、过程与方法、情感态度价值观的三维目标。特别是在以灯谜为活动载体的丰富多彩校外教育活动中，明确了以灯谜为学校特色教育的一个突破口，有效提高了学生的自我教育与自觉学习的能力、统筹组织能力、人际交往能力，培养了团队合作意识与创新精神，从而全面提高了学生综合素质。我校多年来致力于以灯谜教学为特色的学校发展改革实践，在以灯谜为载体的校外教育实践中取得了丰硕的成果。学校被评为“顺德区第二批传统文化教育基地”，并被中华灯谜学术委员会授予“中华灯谜教学示范校”光荣称号。2011年11月，我校荣获香港雁云灯谜基金会的“谜艺传承突出贡献学校奖”，成为本年度华人地区入选的三所学校中唯一一所小学。学生参与校外灯谜活动足迹遍布社区、跨越顺德并走进香港。本文就如何在以灯谜为载体的校外教育活动，培养小学生综合素质为题，浅谈课外教育活动组织开展的有效策略与研究。

一、校内教育作基础——灯谜进课堂，学子乐成长

校外活动的开展，离不开校内教育的配合，校内活动的基础夯实了，校外活动的组织与开展才能有所保障。灯谜是中国传统文化，其内涵极为丰富，源远流长。虽说形式上喜闻乐见，但是，真正在小学生中推广普及并以此作为学生校外教育活动的主要内容，实在需要一番磨砺。

1. 专家引领，实践论证

为了不断提升我校灯谜课堂的教育教学理论水平，我校特聘请了中华灯谜协会名誉会长、香港灯谜协会会长刘雁云先生和华南师范大学梁永丰教授等定期为我们作课题指导，同时我校还邀请顺德区和勒流街道灯谜协会成员定期给我校师生进行灯谜知识辅导。顺德灯谜协会与我校紧密协作，给予我们虎跃谜社以灯谜理论指导。在活动实践中，积极研讨适合于小学生的活动模式与内容，现我校与灯谜协会已经成功开发使用两套灯谜知识读本，灯谜校本课程初具规模，并开始新教材的编写工作。

2. 时间保障，激趣益智

为了保证学生能够系统地、科学地学习灯谜知识，保障教学的时间和质量，学校开设多维灯谜课堂，有效落实灯谜知识。在灯谜的教学中，学校有目的地划分了三个阶段，分别是低年级段（1—3年级）、高年级段（4—6年级）、学校灯谜提高班。学校规定每周由各班班主任为学生上一节灯谜课，系统学习灯谜的有关知识与文化典故；每月定期更换灯谜长廊，供学生课余时间进行竞猜。这样，为学生创造了很大的发挥空间，因为每一个参与活动的学生都能获得成功的体验，激发起课外学习、积累知识的巨大兴趣。每周，我们还请勒流灯谜协会和顺德灯谜协会的专家给提高班的同学和灯谜课老师授课，深入学习猜谜、解谜、制谜的技巧和知识，共同进步。提高班的同学经过老师们的引导，进步相当快，在学校开展的各项灯谜活动中，表现相当突出。

3. 课程开发，因材施教

我校灯谜课程的教材编写根据“辩证法”的理论和实践原理，遵循“从学生中来，到学生中去”的原则。最初采用了顺德北滘“甲子谜会”所编写的《灯谜知识读本》，经过一年的教学实践，综合学生学习过程中的具体情况，由街道灯谜协会李敏华会长修改编写了适合学生自主学习的《灯谜知识读本续本》。同时，通过培训、学习与研究，学校逐步完善灯谜活动课程指导纲要，在已经完成的二年级灯谜课程实验教材的基础上，逐步编订小学一至六年级各年级适用的校本灯谜教材。

4. 营造氛围，文化育人

我校开展了丰富多彩的校园灯谜文化活动，如：校园开放日、特色灯谜节、灯谜长廊、课室灯谜角、校园灯谜之星评选活动等，旨在培养学生对灯谜国粹的浓厚兴趣，引导学生勤奋学习，继承中华优秀文化传统。同学们以饱满的热情参与活动，师生同在猜谜中学习，逐渐形成校园特色的灯谜文化。

我校举办两届校园教育教学开放日活动，“灯谜”作为校本特色课程在开放日中对兄弟学校及社会各界公开展示。开放日的大课间上，学校设立“竟射虎”“与虎谋皮”等灯谜自由竞猜摊位，让学生通过猜谜、制谜等方式获取奖品。高年级的学生可以引导或考核低年级的小同学，或同场互相竞技。整个活动别开生面，热闹非凡。学生积极参与，增长见识。

每逢国庆或中秋节，学校举行“特色灯谜节”。每个班级组织一次灯谜为主题的中队活动。同学们或通过书法国画表达对灯谜的理解与热爱，或通过查找资料准备班内的灯谜比赛。灯谜班队活动形式丰富：或利用多媒体软件进行竞猜游戏，或自制灯谜在班内张贴，或请同学当灯谜小老师为大家讲一节灯谜课。活动形式丰富多样，充分发挥学生主观能动性。

"灯谜长廊""课室黑板报灯谜角"等教育宣传阵地长期起到熏陶作用。每一期的黑板报都要更新灯谜角的内容，而灯谜的知识则由本班同学负责整理。"灯谜长廊"由学校灯谜小组的老师和同学负责，经常更新主题及版面设计，做到新颖别致，既面向全体同学，方便大家学习，又作为学校灯谜校本课程对外介绍的主阵地而设置。在"灯谜长廊"，每个星期都有一批"新鲜出炉"的灯谜上榜，它们都是从各班同学自制的灯谜作品中精选出来的，每位同学都在课间、课后等时间将自己所猜的谜底放入旁边的"学生竞猜投稿箱"之中，每一个星期我们都会公布猜中的同学的名单，并在校会上公开奖励。

学校每学年还进行"校园灯谜之星"评选活动，由各班级推荐热爱灯谜、才思敏捷、博学多闻、品行优良的同学为候选人。选举出来的同学作为灯谜学习的积极代表，带领全体同学继续学习灯谜，形成良好的学习风气。

校园灯谜活动的蓬勃发展，为校外灯谜特色系列主题教育活动打好了坚实的基础。

二、师资力量是关键——科研课题强师资，校外教育长底气

师资力量决定了教育的高度。我校以科研课题的研究作为促进教师专业发展的主要抓手，以科研引领教学改革，以科研引领教师专业发展，提升师资水平。2006年，我校申报佛山市教育科学"十一五"规划课题（课题批准号：SD06-049）"以'励志崇德，明智修身'为主线的学校管理实践研究"开题。多年来通过对课题的实践研究，有效构建了校本的育人体系，密切联系了我校教师与学生的实际以及社区文化的特色，着力培养了一批德才兼备、励志向上的高素质的教师队伍。

2011年6月，我校申报广东省中小学德育科研课题"灯谜文化的传承与特色校园文化建设的研究"，从全省一千多个课题中脱颖而出并获得批准立项，于同年10月顺利开题。该课题定位于研究教师专业素养的提升、德育方式方法的丰盈有效，以引领学生的成长，研究学生的品德形成的有利因素、兴趣倾向，以提升德育效能；研究教育资源如何有效投放和使用，达到创建特色灯谜校园文化的目的。

通过参与一系列的课题研究，提高了教师自身素质，加强了教师的综合能力，积累了必要的知识，同时将先进的教育理念通过教师的教育探索、研究过程变为教师内在的教育素养。

三、创设平台增活力——灯谜进社区，校外展英姿

1. 立足社区，“虎跃雏声”勇尝试

在谜界友人的鼎力支持下，经过精心的筹备，大晚小学“虎跃谜社”正式挂牌成立了，我校的学生终于有了自己的灯谜社团。虎跃谜社凝聚了广大校内外热爱灯谜的谜人切磋技艺，不但是大晚小学历届学生展示自身才华的高效平台，让学生以谜益智、以谜会友，学有所长，还是我校学子对外交流学习的窗口。学校每年组织社员参加社区灯谜竞猜活动，街道、企业文化和公益活动，出席港澳台等多地灯谜文化活动，发挥我校作为顺德区传统文化教育基地的品牌效应，增强灯谜校本课程的地区影响力。以下略举几例：

2010年春节，我校高年级学生卢慧婷、何伟豪、伍泳琦、卢泳朗等同学担任社区灯谜活动节目主持，成为社区灯谜活动“台柱”，让乡亲们刮目相看。

中秋月圆，灯谜连古今。佳节良辰，虎跃送真情。2011年9月5日晚上，勒流大晚小学“虎跃谜社”虎跃雏声系列活动在文化公园正式拉开了帷幕。这次系列活动覆盖了勒流、龙江、大良等多个街道、十多个村居和企业。这次系列活动让广大市民提前感受到了中秋的节日气氛，丰富了业余文化生活，为佛山创文增添光彩，另外也起到了选拔和锻炼谜社社员的目的。

11月18日，勒流大晚小学“虎跃谜社”的成员同学及指导老师应勒流松田俊朗有限公司的邀请，为其28周年企业庆典举办猜灯谜活动。师生一行人进入厂区立刻受到热烈的欢迎，企业负责人素闻大晚小学所办的灯谜教学有声有色，对学校出席活动表示衷心感谢。

2. 小小坛主，以谜会友显身手

学校注重培养学生统筹组织能力与创新意识，因此，在灯谜组内开展了小坛主的系列培训，从语言、仪态、与人沟通交流的技巧和应对突发问题的能力等方面进行培训指导，一批表现出色的小坛主纷纷走向社区，成为勒流街道群众文化活动的生力军。2011年2月11日，勒流大晚小学教师与灯谜小组的同学应香港华德学校的邀请，开展为期两天的交流学习活动。在校方的盛情邀请下，大晚灯谜小组的同学在该校的嘉年华会上主持“中华灯谜”谜坛，与该校的学生及家长、来宾们切磋谜技，其乐融融。香港灯谜研究学会长刘雁云先生特别到场支持，赠送图书，盛赞大晚小学的灯谜特色教育做得成功，“小谜友”技艺高超，聪明好学。为更好地与香港的同学交流，大晚学子还当场表演了学校的传统健身项目——太极拳。同学们认真的态度和扎实的功底给香港同胞留下深刻印象。大晚小学的“灯谜”“太极”等传统文化教育成果给

华德学校带去新的启示，两校在传统文化的继承与发扬方面产生积极的碰撞。两校于两年前已经缔结为姊妹校，并约定将这种以灯谜文化交流的活动长效化、机制化，为推动香港和内地的文化交流做出应有的贡献。

3. 谜“途”畅游，内强素质增智慧

为了使学生走出校园能得到更大的收获，促进综合素质的全面提升，学校不仅在灯谜的知识和文化等方面加强学生的“内功”，而且还专门请谜界专家到学校对学生进行制谜、解谜、如何设谜坛、如何做一个合格的坛主、如何进行小组合作、如何面对不同类型的谜众、如何揣测他们的心理、了解他们的思路、应该如何应对等培训。这些培训不是书本上的教材主义，而是把社会实践活动能力与灯谜文化的传播有效、系统地结合起来，让学生的综合素质得到全面发展，既增长了见识，又增进了才干。

在每次“谜”训后，我们还专门组织学生进入社区、街道、学校和企业进行实践，如灯谜进工厂、南海九江兄弟学校擂台赛、街道公益活动主持灯谜活动、学校灯谜擂台大比拼等，让他们与各行各业不同类型的人接触，找到与不同类型的人员沟通的技巧，团队伙伴之间进行小组合作，团队精神得到了很好的培养。其中，“灯谜进厂区”“灯谜进社区”是大晚小学开展灯谜校本课程的重要课外活动，有利于将灯谜传统文化向社会大众推广，锻炼学生实际操作能力和语言交际能力，实现学校“传承发展灯谜文化，促进儿童德艺双馨”的办学宗旨。

四、资源整合路更宽——整合校外资源，小谜友大视野

我们都知道，校外教育的成效，与各方资源的密切配合是分不开的。作为学校教育的重要组成部分和补充，校外教育资源的整合利用是一个具有重要意义的议题。这里，简单介绍一下我们在整合各方资源方面所做的尝试和努力。

1. 融合省内外人力资源，组建阵容强大的教育培训队伍

如前文所述，我校推进灯谜活动的主要指导培训人员队伍集科研专家、谜界精英、协会成员及教育骨干于一身。我校灯谜教学主要分三大类的老师来进行教学，第一类是专门负责提高班灯谜小组的教学，我校邀请了顺德区、街道的灯谜协会大师李敏华女士、蔡有海先生和梁士贻先生轮流每周来学校上课；第二类是对每个班的学生进行日常教学，由我校廖建峰老师和语文老师或班主任来授课；第三类是为全体老师和学生中的灯谜代表开设的精英班，由中华灯谜协名誉会长、香港灯谜协会会长刘雁云先生、华南师范大学梁永丰教授、广东省派遣赴港的教学顾问等专家领衔组成的专家课题教研组。我校教师34人，70%以上是小学高级教师，90%以上是本科学历，其

中获教育硕士学位3人，均在一线担任灯谜教学或辅导工作。

2. 整合地域资源，缔结顺港姊妹校

2008—2009学年开始，我校积极联络精心筹划，经相关部门的批准，我校先后与香港华德学校、香港青年协会李兆基小学、大埔崇德黄建常纪念学校等校开展了多层面的教育教学活动交流，如两地的教师教学互访、我校组织学生参与大埔崇德黄建常纪念学校“无毒一生”亲子T恤及标语创作比赛、大晚小学教师与灯谜小组的同学赴香港华德学校开展交流学习活动等等。我校自与香港华德学校缔结成姊妹校以来，每年为华德学校嘉年华会组织灯谜摊位游戏；每月定期与该校进行学生视频早会；商讨建立以灯谜文化交流为主的活动建立可持续发展的机制，以此加强两校学生及教学文化交流，全面培养学生各方面素质。

3. 学习与实践相结合，大型赛事增磨砺

俗话说，实践出真知，实践是检验真理的唯一标准。为加强学生综合实践能力培养，我们关注到孩子的成长不仅需要系统的知识、理论学习，更需要丰富的实践活动磨炼。灯谜课外活动也是一样。除了基本的灯谜知识和猜测技巧外，更需要不断参加活动和各类竞赛，在实践中得到素质的全面提高。2010年11月，学校组织灯谜小组的同学到汕头著名的私立学校广厦学校进行了交流活动，并与该校同学进行灯谜擂台赛。同学们出色的表现，不仅引起了广泛的关注，也让孩子们的自信心、成就感油然而生，使灯谜学习与成功挂上了巧妙的联系，达到了学习与实践的良性循环。

在“2010闽粤港台饶平灯谜邀请赛”上，面对来自广东、福建、河南、香港、台湾等地区200多名的灯谜好手，同学们毫不怯场，热情地与各地谜友切磋猜谜技艺，相互交流学习。活动中，同学们有幸结识台湾高雄市谜学研究会理事长徐添河先生，徐老与同学们结下深厚友谊。他十分赞赏大晚小学组织的这次“灯谜之旅”，赞扬学校具有先进的教育理念，为中华灯谜国粹后继有人感到欣慰。大家在实践报告中写道：“难忘饶平之旅，认识了亲切的徐伯伯，学到比书本更丰富的灯谜知识，开阔了视野，真希望学校多组织这样的活动。”一个月后，徐老专门带领港台和内地灯谜界泰斗十余人专程回访我校，给同学们带来极大的鼓舞。由此可见，灯谜作为我们的重点校外教育活动，学生身在其中，乐在其中。我们积极整合学习与活动，学习与竞赛，为学生的综合素质提升插上了腾飞的翅膀。

4. 整合各方资金，保障校外教育的优质发展

学校的发展和灯谜活动进行都需要大量专项资金的投入，在现有的管理体制下，学校能获得的专项资金有限，资金投入不足会严重影响各项活动的推进。为此，我校想方设法开拓渠道。首先，由热心助学的家长自筹资金解决学生外出活动的费用；其

次，积极争取大晚居委会的大力支持，在校园文化的建设方面提供保障；再者，力创佳绩，积极争取各级部门的奖励，以使我们在灯谜文化的传承方面做出更有效的努力。目前，我校正在积极申请香港雁云灯谜基金会的“谜艺传承突出贡献学校奖”；同时，“大晚小学灯谜发展基金会”的筹备也在有序的推进中，已经有多家企业响应。相信不久的将来，一个多渠道资金平台将搭建完成，这将为我校灯谜事业的发展注入强大、持久的动力，对此，我们充满信心。

前苏联著名教育家苏霍姆林斯基曾说：“真正的人是具有和谐的、多方面精神生活的人。”强调了人的全面发展的重要性，是有多方面精神生活丰富和谐的人才能成为真正的人。郭思乐教授致力于研究生本教育十余载，提出了“天纵之教”，认为教育若能应人的天性而行，把人的综合全面发展作为教育的主要任务，这样才能培养出引领新时代进步的下一代。将灯谜作为载体，积极开展校外活动，不仅对继承和发扬传统文化起着重要的作用，践行了党中央国务院提出的“传承传统文化，从娃娃抓起”的号召，不仅促进了学生思维发展，而且促进了良好道德品质的养成，提高了小学生的综合素质。我们在教育研究的路上一路探索着走来，欣喜地看到学校灯谜校外活动向广度、深度不断发展。我们也坚信，坚守这样一种信念，能带给学生影响其一生的智慧与潜能。希望能有更多的学校，特别是小学，能与我们一起并肩努力，为提升校外教育质量，为培养小学生的综合素质而奋斗不息！

参考文献：

[1] 苏霍姆林斯基. 关于全面发展教育的问题 [M]. 长沙：湖南教育出版社，1984.
[2] 胡东芳. 教育研究方法 [M]. 上海：华东师范大学出版社，2009.
[3] 郭思乐. 天纵之教——生本教育随笔 [M]. 上海：华东师范大学出版社，2011.

特殊的婚礼

■ 佛山市顺德区第一中学　王　瑶

教师节来了。

教师节是在周三，周一的班会课上我就把这个策划交给了团支部，同时产生了一个想法——希望这是一个可以把每个科任老师都感动到、每个同学都能真正参与到的教师节。我知道对孩子们来说，这是个难度不小的挑战。周二的晚自习过后，我看见团支书把团支部的成员和班上几个点子大王给聚集起来，小声却激烈地讨论着，我不禁对第二天有了点期待。

我的课是早上第二节，他们神秘地把我请到了课室外面等候。看到第一节课老师心满意足离开的背影，此时，我除了期待竟还有了一丝紧张。

随着上课铃响，课室的大门打开，刚在外面陪我的高大男生小肇此时深情地牵起了我的手，伴随着婚礼进行曲的音乐，我们缓缓地走到了课室的中央，在那儿站着的是我们班的班长。小肇很郑重地将我的手交到了班长的手中。此时，讲台上的团支书发话了。她清了清嗓子说："此时此刻，两位'新人'有幸结缘于此，你们将在此许下终生的诺言，相守到老，永不背弃。"

哦，我瞬间明白了，原来这是一场我和我们班的"特殊的婚礼"，这群孩子，肯定是想到我刚结婚不久，想让我再做一次特别的新娘。"牧师"看我恍然大悟的神情，笑了笑，冲着教室两边的同学们说道："从此以后，无论王瑶老师在班主任道路上做出怎样的抉择，或许她会每天在我们耳边絮絮叨叨，或许她的要求越来越高，或许她的笑容会越来越少，或许以后再也看不到她的舞姿曼妙，你都愿意理解她、相信她、对她不离不弃吗？"回应我的是同学们排山倒海般的"我愿意"，那声音热烈而又奔放，一声声叩在我的心里。“牧师”转头看向我，她盯着我，一字一句地说：“从今以后，无论21班遭遇多大的困难，或许我们淡忘目标、狂妄自傲，或许我们怨声载道、自寻烦恼，你都愿意守在她们身边，同甘共苦、不离不弃吗？”“我愿意！”我毫不迟疑地回答。在大家的欢呼声中，一旁的班长举起了我的手，在全班的面前，将一枚精巧的手工玫瑰花戒指套上了我的无名指。这时，泪水不经意间已打湿了我的眼眶。我知道，我的付出都是值得的。

一个简单的仪式，一个深情的约定。班主任与班级的相处确是如此，如家、如婚约，相互信任，相互理解，相伴永远。谢谢你们，我亲爱的孩子们！

俯下身子，我和你一样“高”

——浅谈德育中“接纳孩子”的人文关怀

■ 汕头市蓝天小学 陈 嘉

“接纳孩子”，想起这样的字眼，陡地发现内心那块最柔软的角落。接纳，我们很少直白地质问与表露过“我是否被你接纳？”“我是否接纳你？”。接纳，是我们与他们获得安全感最直接的源泉。

孩子亦然。他们的言行都在无形中迎合成人的标准与权威，那是因为他们需要我们的接纳。而当我们成年人无法解读与包容他们的行为时，他们便用“撒谎”去掩饰和维护自己在他人心目中的形象，抑制自己的负面情绪去成全成年人的权威。我们却不知道我们的不接纳，已经让孩子慢慢远离了自己。

可以说，父母的接纳，奠定孩子一生的幸福。老师的接纳又何尝不是呢？

一、我在哪里丢了笑容

舒心亲切的笑容，丢失了很久了。成绩、升学、纪律、班风，留下的是严肃、紧张面容的悄然而至，我浑然不觉。“老师，你很久没笑了！”孩子的一句话撕扯着我僵硬的表情，我有点不知所措。很久没笑了，经常照镜子，却没有发现这微妙的变化，更没想到，真正的镜子是孩子们。

我在哪里丢了笑容，以为保持一份所谓的威严，就可以让孩子不犯错。当然，喧闹的教室一有我的脚步声，便是霎那寂静。然而，这份威严并没有给我带来成就与满足。取而代之，我总感觉孩子于我，我于孩子却越来越不懂了。

成人想成为天使，就得首先放下上帝的架子。天使与上帝是有区别的。天使，它能够真真切切感悟童心，能与被教育者建立一条心灵的通道，与他心心相印、息息相通，从而形成一种氛围、一种气息。我们走在街上看到一对夫妻，如果是相爱的，即使他们不拉手，也能感觉到从他们身体里散发出的融洽气息。如果感情一般，即使他们靠得再近，我们也感觉不到那样的气息，其实这就是接纳与被接纳、包容与被包容。

忘了接纳孩子的一些特性，我也差点被拒之门外了。小伟写信告诉我，“老师，我们来做个交易好吗？只要您每天都微笑，我怎么着都行”。见信泪眼朦胧。原来，我的情绪已是他们的情绪，丢了笑容的天使，又怎能让人感受到爱呢？

一般，吃完中饭，我是不允许孩子跑到楼下去的。今天下楼，恰巧碰上小伟。若是平时，他一遇上我犀利的目光，肯定逃跑。然而，他是帮学前班老师干活去了。只见他瘦弱的小手一抬，一个碗就捧在了胸前。看到我，他先是一愣，有些许惊慌。我微笑着摇摇头，“你啊你，这孩子！”话音刚落，小伟转身朝着我明媚地笑了笑，那稚气的大门牙也跟着舞蹈。

笑容交会的瞬间，我彻底领略了教育的真谛。一种信息在传递，那就是我们在彼此的接纳里幸福。

在哪里丢了笑容，要记得捡回来，别忘了照照你的“镜子”！

二、你的愤怒，我接纳

从孩子呱呱坠地的那一刻起，伤心、哭泣这些情绪便作为一种负面情绪存在着，愤怒亦然。但大多数的父母与老师，通常都会认为愤怒是一种坏情绪。尤其是看到孩子大发雷霆时，成人一般都有点不知所措，会急于消除孩子的情绪，甚至强行压制孩子的愤怒，不允许孩子表达愤怒。其实愤怒这种情绪，对于人类来说在所难免，也是必不可少的。

最基本的愤怒来源于我们的生存或安全受到威胁，由此引发激烈的反应，从生理到心理都会产生剧烈的变化，这是一种自我保护的本能。

因而很自然，在中国家庭里，孩子是不允许肆意发泄不满情绪的。在中国校园，孩子的个性受到抑制，没有得到发展。这是因为我们没有将孩子作为一个独立的个体去培养，而是强制他们按我们的标准去成就自己。一个孩子作文日记中的一句话让我瞠目结舌：“我们犯的某些错误不过是违反了大人所谓的标准罢了。”

是啊，难道不是吗？我们更无法确切地说，我们的标准便是孩子要走的路。因而接纳孩子，就要允许他的愤怒与宣泄，让他在负面情绪中得以成熟。

小杰怒地一声吼，小杰妈妈、老师们停下了交流。眼前的这个孩子怔住了，眼睛里掩饰不住的怒火和泪水。“补习费太贵，大不了不交”“生了你叫没办法，不然我也不会叫你去补习”“不认我这儿子就不认了”。小杰将衣服一甩，大跨步地向门外走去了。小杰妈妈睁大了眼睛，这料想不到的一幕让她下不了台。

我追在小杰身后，怕他走丢了。一边回想刚才那一幕——英语老师见到小杰妈高兴地迎上去向小杰妈祝贺小杰的英语有进步，他妈妈心急口快的一句：“老师你是不知道，我花了多少钱在他的学习上，一个星期补六天，花了我将近一千块。”我想，正是这一句话成了小杰心中的痛。孩子的努力得不到肯定，反而轻而易举地用金钱来衡量。当然我明白，父母真真正正关心一个孩子才会含辛茹苦地去栽培他，这是个价值付出的过程。她期待回馈，然而孩子是直观的，他首先关注的是自己的情绪，继而才会慢慢学会逆向思维。

追上了小杰，眼下这孩子有点执拗，但所幸，他还是愿意跟我走。我跟他说：“孩子，老师知道你很生气，也知道你为什么生气，也允许你生气！”

说完这句话，我就不再开口了。孩子的情绪若能借着他人之口表达出来，那么他心里的愤怒、伤心、压抑就会减掉一半，这让我想起许多父母是这样教育孩子的。当小孩子摔倒时，爸爸妈妈总会说“乖宝宝起来，不疼不疼哈！”可小孩明明疼，且哭着喊疼，他们的感受不被人理解，便哭得更厉害，愈演愈烈了。若能家长试着换一种说法，说出孩子的真实心声，“我想你肯定很疼”，或许孩子的心情会更坦荡。

当然，孩子愤怒、痛苦的情绪，势必引起你的恐慌，因为负面情绪在家长看来，都是难以接受的。他们会想方设法逗孩子开心，但其实负面情绪于人的成长是有好处的，是弥足珍贵的。任何强烈的情绪体验都有助于孩子认识自己的情绪，情绪没有好坏之分，只要是情绪，就是正常的。

当我接受了小杰的情绪后，他的心情平复了下来。我问他愿不愿意跟老师说说心里的想法？孩子放下戒备，他告诉我：“老师啊，我妈妈每天总是不停地说她补习费付了多少，我一个星期天天要上课，被她这么一说，我就更烦了，老是不停地说，不停地说……”

接纳孩子的负面情绪，就要让他自由表达，每个人都需要表露自己的情绪，喜怒哀乐忧惧，尤其是孩子。在小杰的叙述中，他妈妈一直想插话，我向她打了个手势。

在肯定了孩子的想法后，接下来要做的莫过于教会孩子如何驾驭自己的负面情绪。我告诉小杰：“你的愤怒有理由，但老师希望你能驾驭自己的愤怒。孩子，任何愤怒就都可以化身语言，将你生气与不满的原因和妈妈交流不是更好吗？那样，妈妈也知道你生气的原因，可以和你更好地沟通，是不是比你干生气更好呢？”

小杰肯定地点了点头，小杰妈的情绪缓了下来。我没再说什么了，因为改变家长与孩子的一些想法与做法不是一朝一夕的事情。看着这对母子离开我的视线，我想，倘若我们生硬地将孩子的情绪大门关上，生硬地将孩子的情绪当作是对我们权威的挑衅，那么孩子愿意接纳我们的那扇大门也会就此关上。

也许，要真正读懂孩子，得学会去接纳他们。而接纳他们，便试着让他们真实地宣泄自己的情绪吧！

三、俯下身子，接纳你

心理学上，在与人对话时，保持眼睛平视，能使人心情放松没有压力。所以当小孩子仰视我们时，由于高度差异，他会觉得你是庞然大物，有着些许恐惧。但是一旦我们俯下身子与他平视，这种陌生与恐惧便会随之消失。实际高度尚且如此，心里差距亦然。

在面对孩子的时候，如果没有站在他的立场上说话，那么这种沟通便是失败的。因为这样的对话没有说到骨头里边去，是隔靴搔痒，是没有实际作用的。

高高在上并非权威，俯身低就并非妥协。

那晚，小妮的妈妈打了个电话过来，电话那头，极为无奈。“老师，六年级毕业班紧张到这个份上了，这孩子书包里还放着一本言情小说，她还自己写言情小说，已经写到第十七章了，老师这已经是第二次发现了，我真的是拿她没办法了！”

迅速安慰了家长后，我也是怒火中烧。小妮在我心中是一个乖巧好学的孩子，但在毕业班倒计时不到20天之际，她竟然背着我们看言情小说。作为毕业班班主任，我实在冷静不下来。

隔天看到小妮，眼睛浮肿，想必昨晚哭过。我没有立刻找她说话，因为我还找不到一种合适的方式。直到上作文班那天，和她浅浅一聊。“小妮，你看书吗？听你妈妈说，你最近爱看课外书。你看什么书来着？”小妮有点犹豫，她不知道老师是否在套着圈子问她。我“俯”下了身子，“老师一直支持你们看书，书是人类成长的营养品，不然，老师也不会买那么多课外书给你们看，你说对吗？”

小妮告诉我，她看的是那本言情小说，而写到十七章的小说是对网上一些文字的摘录。我眼下的这个孩子说到“言情”总显得羞涩。在这样的年纪，花样的情感在慢慢滋长，却找不到一个方式可以宣泄，因而只能在文字中寻求寄托。那么对于孩子这样的心理，任何过激的方式去阻止都是不可取的。

小妮的妈妈来带她回家了，奇怪的是平时热情的妈妈这回见到女儿却相当冷漠。小妮的表情也是冷淡，自顾自地走了。那晚，我给她妈妈打了电话，她告诉我孩子变了，这回竟然不叫她妈妈，也不搭理任何人了。我跟她说，其实孩子也在为这样的亲子关系而苦恼，只是她缺乏一个台阶。或许她苦恼的是我们没有真正站在她的立场讲出她的想法，而我们往往放不下的是自己的面子和权威，因为无论是父母还是老师都很难接受任何异己的行为。所以我想，孩子爱看书不是一件坏事，只是她的行为与当务之急有点冲突了，俯下身子，试着给孩子一个台阶，在此基础上给孩子指导，他们才会欣然接受。

后来，接到了小妮妈妈的信息。她跟我说："老师谢谢你，小妮已经答应我她会好好调节自己的时间安排。在剩余的时间做好冲刺，原来，当我们放下架子时，我们离孩子才是近了！"

是啊，要真正接纳孩子，就得俯下身子和孩子们一样"高"，当我们和孩子拥有一样的心理高度时，我们才能真正懂得孩子。

接纳，是一种人文关怀；教育，是一门关于接纳的学问。当我们试着接纳叛逆的孩子、后进的孩子、执拗的孩子……我想，我们才真正懂得了教育！

融洽关系，引领学生健康成长

■ 潮州市实验学校　蔡楚芬

师生关系是学校教育中最基本、最主要的人际关系。因此，作为一名教师，能否处理好师生关系就显得非常重要。古人云："亲其师，信其道"，其精髓就在于它所蕴含的一种良好师生关系。由于喜欢某位老师，学生就会喜欢该老师所教的学科，主动接收老师传授的知识；也由于喜欢某位老师，学生便会相信老师所讲的道理，遵从老师的教诲和服从老师的管理。多年的班主任工作，为融洽师生关系，以引导学生健康成长，我着力在"关爱、善待、理解、宽容"八字上下功夫，收到了较佳的效果。

一、关爱、善待学生

"有爱的教育才是成功的教育。"爱，是养成学生健全人格的情感基础。著名的"罗森塔尔效应"说明了爱的作用，同时也告诉我们，只要教师真心地爱每一个学生，并且让他们感受到这种爱，他们就会努力向着教师所引领的方向发展。作为教师都必须明白：没有教不会的学生，只有不会教的老师；没有教不好的学生，只有不好好教的老师。老师关爱、善待学生，不仅要关心了解体谅学生，尊重信任学生，而且要严格要求学生，帮助扶持学生，成为学生的严师益友，成为学生健康成长路上的领路人。

例如有一年，我所任教的班级有一位全级最特殊的学生——小宇。小宇患过小儿麻痹症，反应迟缓，腿脚落下残疾，行走不便。班上一些调皮的学生见他"与众不同"，也总爱歧视他，戏虐他，欺负他。于是，小宇陷入了极度自卑的情绪之中，他总是尽量避开人群，呆呆地坐在自己的座位上，从不开口说话。面对这样一个自卑、自弃的孩子，作为老师，谁都有恻隐之情。特殊的学生要有特别的关爱，我着力从三个方面进行努力，去安慰他、鼓励他、帮助他。一是关爱他。让"爱"作为融洽师生关系的桥梁。在日常生活中，我照顾他的生活起居，让他感受到老师对他的关爱，使他亲近老师，接受老师的开导和教育。平时，事无大小我都特别关注他，小至排队站在最前排，固定由一位同学照顾着，以防跌倒受伤；大到培养他的自信心，与他单独谈心时，我经常为他讲述张海迪等很多残疾人成长的生动故事，让他振作起来，坚强起来。我还经常鼓励他多参与集体活动，争取做什么都能跟上队伍。二是让他感受到班集体的温暖。我通过多次开班会课、思品课，在全班开展爱心教育、人格尊严教育、雷锋精神的教育，动员同学们齐心协力帮助小宇。通过教育，许多学生认识到自己原先对小宇的态度不好，他们开始改变态度并热情地帮助小宇：下课找小宇聊天、帮小宇抄作业、辅导他功课……慢慢地，小宇感到班集体的温暖，脸上露出了笑容，有时还会跟同学开玩笑呢！三是用“善待”诱导他。由于长期的荒废，知识漏洞大，课堂上要让小宇参与一次简单的学习都成问题。于是我“因材施教”，每一节课都为他准备了一些适合他参与学习的机会。例如：读课文、简单的组词、谈看法等等。课堂上我一方面邀请他参与到学习讨论活动中来，让他融入到集体学习，找到自己的位置；另一方面不时对他投去关切的目光。当他参与学习时，对他进行鼓励和表扬，让他找到自信，收获学习的快乐。渐渐地，我发现他变了，不仅能够按时完成作业，上课听讲也认真多了，偶尔还能举手发言。更可喜的是，他期末的成绩提高了。中队活动课上有他激越高亢的歌声；班上特色活动——课前三分钟新闻演讲也有他充分准备好的、响亮的演讲。这时，我更深刻地体会到，要想教育好学生，让学生健康成长，“关爱”“善待”是前提。“为爱所支配的教育是必须的，也是他的学生所应获得的”。

二、理解、宽容学生

面对十来岁的孩子，教师要大度地理解、宽容他们。当前，社会尚且流传着“理解万岁”的口号，更何况是学生正处于成长期，犯错误是在所难免的。当学生犯错误的时候，别那么快就下结论，别那么快就批评学生，先试着站在学生的角度想一想，自然我们会发现，小孩子就是那么单纯、那么可爱，他们很多时候犯了错误后都不知道自己为什么会犯错、为什么会挨批评。这时候，就需要我们给学生多一点的理解、宽容和帮助。

每一个班都有这么一小部分学生，他们调皮、不听话，不遵守纪律，甚至打骂同学，对老师极其没礼貌。他们只会给老师带来很多麻烦，让老师和家长不断给他们收拾烂摊子；甚至给班上其他同学一个坏榜样，给班级管理带来许多不好的影响。碰上这样的学生，我们当班主任的该怎么处理呢？是“和风细雨”，还是简单粗暴？是耐心教育，还是挖苦讽刺？当然是前者而不是后者。这个时候最需要我们冷静、理智地对待。这个时候，我们要理解宽容学生，因为它能感化、唤醒、打动学生，协调师生关系。不是有人曾经说过：“如果孩子天生就是优生，那教育还有什么功能？又谈什么素质教育呢？”因而对占相对少数的问题学生，我们更应该变嫌弃为喜爱，变忽视为重视，变冷漠为关注，用我们的慧眼去发掘学生的优点，并把这优点放大，以适时鼓励学生，引导学生向好的方面发展，向集体靠拢，最终能够跟其他学生一样在集体中快乐、健康地学习、生活。

在我们班级里有这么一个学生，他有点小聪明，如果这点小聪明用到学习方面，他的学业成绩应该是不错的，可他就是不爱学习、爱四处捣蛋、纪律性差、不讲究卫生、身上总是脏兮兮的……他叫小渠。班上的其他学生都知道前一天在家完成的家庭作业，隔天到校后得利用下课时间自己主动拿给小组长检查，但他从不这样做。只要下课，教室里绝对看不到他的身影。上课铃声响了许久，他才匆匆跑去上厕所；上厕所小便不冲水，洗了手后，把双手上的水珠带回到班上，洒在周围同学的头发、脸、衣服上。课堂上，不管老师怎么提醒，他就是不听课，还把他自己笔盒里所有的笔都拆坏，再把笔芯含进嘴里，试试味道，不把自己的嘴唇、舌头吃得都是蓝、黑色笔油，他绝不罢休；甚至每次上书法课，所有的学生都在安安静静练习书法，就只有他把毛笔当画笔，在宣纸上乱涂乱画；甚至故意把毛笔蘸上许多墨水，然后举得高高的，一抖动，就像“天女散花“一样把墨水洒在周围同学的脸上、手上、身上，顿时，课堂一片哗然混乱……

小渠身上的缺点太多了，每天他都会想出一些新花样来捣蛋。而我，总是跟在他的屁股后面，帮忙收拾烂摊子。他对于我的批评，总是“虚心接受，坚决不改”。电访、家访好像也没有多大的起色。有一天放学后，我把他单独留下来开展谈心活动，交流了很久，在我耐心细致的教育下，他初步认识到自己的错误，并表示要改正，不再捣蛋。随后，小渠似乎收敛了些，算是三四天较为平静，但过了不久，他的老毛病又复发了。这天下课后他依旧跑出教室去玩，组长要给他查作业，他二话不说对组长就是一顿暴打。我非常气愤，很想立即叫家长将其领回家整顿，但转念一想，他毕竟是个十来岁的孩子，反复犯错也难免的，再说叫父母领回家免不了遭一顿打骂，或许过后他的逆反心理更严重，负面作用就更大了。作为老师要学会宽容、善待过错，做学生耐心、细致的思想工作，以便彻底帮助学生改正。

一番思索过后，我冷静了下来，找来了小渠，再一次用宽容的心跟他深切地交谈。我先肯定了他近来的进步，然后指出他乱打同学的这一极为错误的做法，跟他道明：组长帮他查作业是帮助他学习，是负责的表现，他应该感谢组长才是，哪能反而打了组长？由于我的劝说诚恳，小渠感受到了我的真诚帮助，他终于慢慢地相信了我，亲近我了，我们的师生关系更融洽了。

后来学校开展了一次知识竞赛，我为了树立他的自信心并激励其上进，决定对这个有点小聪明的孩子进行个别培养、辅导，让他作为班代表与其他几名同学一起去参加。当然，这是莫大的赌注，毕竟各班派去参加比赛的都是班里的佼佼者，万一小渠发挥不好，不是全盘皆输了吗？我也得为我们班争取荣誉呀！但我顾不了那么多，我有我的目标。因此，比赛前我对他进行了细心辅导与进一步的谈心，当然也谈及这次竞赛利害得失的关系。而他也感受到老师对他的信任与鼓励，表现出前所未有的学习热情，做了充分的准备。没想到，比赛结果让人喜出望外，小渠居然考出了全班前三名的好成绩。要知道，所有派去参赛的同学都是班里的尖子，他们平时的成绩可比小渠好不知多少倍呢？这能不让同学们刮目相看？在班会课上，我对小渠的成绩大加赞扬，奖红花、礼物，在同学们的羡慕、赞扬声中，小渠不好意思地用双手捂住脸，笑了。

小渠有了竞赛“出了名”的成就感，随后他不再那么调皮、那么放荡不羁了，我的目标也达到了。我抓住这一契机，进一步因势利导，帮助他再接再厉，继续前进。慢慢地，我发现，他开始懂事、融入集体了，他能与其他同学友好相处了，学习成绩有了明显地提高。虽然还是比较贪玩，还有个别次的作业没按时完成、没接受作业检查，但看得出他在尽量改变自己。我相信：只要小渠保持上进心，能端正学习态度，他就一定能跟上队伍，能够跟其他学生一样，在班集体这个温暖的大家庭里，快乐、健康地成长！

人们都说班主任难当，班主任难做。的确，新时期下的班主任工作繁多、复杂、多变，特别是碰到问题生、特殊生就更为棘手，这就需要我们做大量的耐心、细致、主动、积极、有效的政治思想工作。而这大量的工作，应植根于“关爱、善待、理解、宽容”的土壤，以便动之以情，晓之以理，因势利导、行之有方地开展，相信精诚所至，金石为开，学生一定会亲近你、信赖你、拥戴你，师生关系融洽了，和谐了，学生“亲其师，信其道”，很多工作便会迎刃而解，便会得心应手地引领学生健康成长。

涵养教育之我见

■ 深圳市龙华新区松和小学　丘远光

当今世界是一个价值观、教育观多元化发展的世界，各种教育思潮、教育理念应运而生，呈现百花齐放、百家争鸣的局面。顺应时代的发展，我们在教育的前沿尝试探索教育的本原，对人文教育、科学教育、艺术教育孜孜以求。令人欣喜的是，经过不懈努力，一个孕育新希望的“涵养教育”已初露端倪，现跟同行分享，以期能够长足发展。

教育的根本何在？在我看来，教育的根本其实在于涵养，或者说熏染。墨子说：“染于苍则苍，染于黄则黄。”教育其实就是一种特殊的人为环境，设置得好有好的影响，设置得不好也会产生不良影响。所以，说教育的根本在涵养，也包含着价值预设。当然，熏染应当是美好的熏染，这才能称得上涵养。教育这样一种美好的特定环境，使置身其中的人耳濡目染，达到见贤思齐的效果。荀子说：“以善先人者之谓教。”《说文解字》对“教”的解释是“上所施，下所效。”教育人，先要有“善”，这“善”可能是师长的善言、善行、善举，也可能是来自书中的圣贤之道。

爱因斯坦曾经说过：“如果人们忘掉了他们在学校里所学到的每一样东西，那么留下来的就是教育。”这句话背后体现的教育理念正是本文所说的涵养。社会学家费孝通先生曾回忆他在伦敦求学的经历，其导师马林诺夫斯基并未讲过什么正式的课程，而是采用小组研究的形式，让学生汇报自己的研究进度和心得，自己只是适当地点评或者插话。在那种氛围中，费先生受到一种无形的影响。

据说当年在西南联合大学，师生见面就是谈学问。有时候，学生请教问题时警报响起来了，大家跑到防空洞里后还在接着谈学问。原中国科技大学校长朱清时教授在解读“钱学森之问”时提及：“钱学森就讲过，加州理工大学的风气让他深深难忘，在那里如果有人要做一个报告，很快就会有其他人想以更新的东西超过他。”朱先生认为：“这是一种精神，一种文化，现代大学学术机构一定要有这种气氛。这个东西看不见，但是你可以感觉出来，大家崇尚什么，尊重什么，追求什么。”我想，这种文化和氛围也许就是人们常说的大学精神，置身其中的人受到的正是一种“不言之教”。

教育工作中经常提及的陶冶法，也符合教育的涵养本性。烧制陶器，冶炼金属，都要放入火中锻炼。以陶冶隐喻教育，正符合教育的本性。无论学校、家庭还是社会，教育之根本在“育”不在“教”，在“行”不在“言”，这才是教育的根本。

涵养是一个人具有宽阔的胸怀，具有懂道理、明事理、知进退的心理品质。我们认为涵养教育主要包含如下四个方面：一是情绪调控方法的教育；二是道德、学问等方面的修养教育；三是滋润养育、培养能力的教育；四是积蓄、保持修养的品质教育。

涵养教育使人活泼而不放荡，稳重而不呆板，热情而不张狂，沉着而不寡言，和气而不盲从。每个人都是塑造自我的心理工程师。涵养教育不是束缚，而是解放。机会往往只有在有准备的人身上才能发生作用。对于普通人而言，机会就像小偷一样来无影去无踪。懂得如何避开困难的人，胜过知道怎样解决困难的人。在这个世界上，拿不定主意时，选择顺其自然、顺势而为、顺水推舟，也许就是最佳选择。胜出者往往靠的不是能力、机遇，而是观念及信仰。信念改变思维，思维改变心态，心态改变行动，行动改变习惯，习惯改变性格，性格改变命运。要想改变命运，先要确立信念。教育亦然。一个受过涵养教育而具有相应能力的人，首先在举止言谈方面比平常的人多了一份稳重和成熟；在做事的时候，会深思熟虑，总像有一份时间表那样，有条不紊；不会莽撞茫然，总是那么有自信，胸有成竹，运筹帷幄；在考虑自己的同时更会考虑其他人及社会。总之，他会既有外在的修养，又有内在的气质。

众所周知，一个人的魅力往往体现在涵养上。行为养成习惯，习惯形成品质，品质决定魅力。涵养教育就是要从身边的事做起，从细微处着手，学会识大体、拘小节、细处着力，从自己的一言一行开始，努力提高个人综合素质，营造和谐环境，以成就自己的魅力人生。

其一是静。

“静生慧智，定纳百川。”少说话，多倾听。学会倾听是一个学生首先必须具备的品质。因为啰啰唆唆爱说话的人，本就失去了一分宁静的美，而且，在课堂上特别容易影响到其他学生。古语云：“三思而后行。”而我认为，作为学生，首先必须考虑到自己处于集体所在的课堂，应“三思而后言”。要知道，即使是在网络这个靠语言交流的平台上，累赘多言也往往令人讨厌。想说话了，就先对自己说，然后再在别人愿意听的情况下去交谈。

其二是缓。

古语云："谦谦君子，讷于言而敏于行。"而我认为，有时候应该是"讷于言而缓于行"。"缓于行"是为了避免方向性、方法性及原则性的错误。在生活和工作中，有时候因为急，往往考虑不周，匆忙应付，难免会有纰漏，甚至会发生大的错误。而缓还有个好处，就是可以在别人的基础上，通过比照，得到经验，汲取教训，以找到更高效的办法，寻得成功的捷径。学生读书正可以借鉴这个方法。

其三是忍。

面对同学之间的纷争，不要气愤。"忍一时风平浪静，退一步海阔天空。"气愤伤身体，气愤也不能解决问题。正所谓"宰相肚里好撑船，公侯头上能骑马"，有肚量去容忍那些不能改变的事，有勇气去改变那些可能改变的事，以及有智能去区别上述两类事是成功者要具备的三个素质。有些事情不妨静观其变，顺其自然。

其四是让。

涉及到原则的大是大非问题，不能退让，自己要坚定立场。遇事尽量多听听别人的意见，别人的意见对，就不应固执己见，按正确的意见办，正所谓"海纳百川，有容乃大"。

其五是淡。

对名利，对金钱，都应看淡些。很多东西并非是必需的，而且，得失也是辩证的，某些方面损失了，在别的方面常常会有所获得，正所谓"塞翁失马，焉知非福"。另外，人往往越是看得淡，就越是容易求得心灵的平静，越是能体会到平凡的幸福。

其六是平。

平，是平凡，是平淡，是平衡。一个人的思想仅可以存在于他有权利作决定的范围内。平凡的人，尽管活得不够精彩，但可以在分内工作中做出成绩。而当有机会得到供自己展露思想的空间时，就可以显示其不平凡了。

上面六点，可以说是笔者总结的一些人生智慧。那么，作为一校之长，又当如何培养学生有涵养，继而使之成为未来社会的合格公民和建设人才呢？经过多年探索，我们形成了一整套完善的教育体系及模式，简称为"一体系四模式"。

"一体系"就是课程教育体系，即通过书法、绘画、国学、学科（包括语文、历史、品德、体育及数学、英语等学科渗透）的教育提升学生素养，"四模式"就是通过文化教育模式、国学教育模式、课堂教育模式、社会实践模式来推动、促进学生的成长。具体有以下四种模式。

第一，文化教育模式。

漫步于学校的各个角落，随处可见错落有致的名言夹画和故事夹画。"勿以恶小而为之，勿以善小而不为”“百善孝为先”等经典名句，呈现在墙壁上、柱子上，格外引人注目。徜徉其中，仿佛欢饮了一盏盏好茶。拾步楼梯，《曾子杀猪》《弃官寻母》《孟母三迁》等一个个经典小故事俯仰即是，看后仿佛饱尝了一道道佳肴。途经教室走廊，《三字经》《弟子规》《赤壁怀古》《水调歌头》映入眼帘，读来又仿佛畅饮了一杯杯美酒。

名言夹画和故事夹画均固定在简约大气的木框内，按内容设计了丰富多彩的底图。它们或意境悠远，或文雅古朴，或厚重隽永，每一幅都色彩鲜明，生动活泼，给人启迪。

壁画按照楼层分设主题。一楼以“德育”为题，选取了经典典籍中关于道德的相关名言和适合小学生阅读的德育小故事及《弟子规》内容；二楼以“勤学”为题，选取了“惜时”“勤勉”等名言和名人学习小故事，其中浮雕生动传神，刻画了小匡衡凿壁偷光勤学苦读等故事；三楼以“礼仪”为题，“让枣推梨”浮雕从一个侧面呈现了小儿推让食物，谦恭礼让的典故；四楼以“师德”为题，强调言传身教、为人师表的人师风范，有浮雕“尊师重教”、教育家孔子头像及其相关名言；五楼以“孝道”为题，以语言和画面为经纬编织我国源远流长的家庭人伦观念；六楼以“忠诚”为题，饰有岳飞、文天祥等民族英雄耳熟能详的爱国名言，还有“精忠报国”小浮雕，塑造了岳飞正气凛然，报效祖国的形象。

整个校园显性文化建设因地制宜，画面图文并茂，雕塑形神兼备，富有视觉美感，形成了校园独特的走廊文化、楼道文化和廊柱文化等多种体系。学校充分利用条理清楚、主题鲜明的“国学长廊”这部多彩的、富有吸引力的文明礼仪“教科书”，让“每一面墙壁都说话，每一个角落都育人”。润物无声的校园文化所营造的育人氛围，充分发挥着潜移默化的育人功能。

第二，国学教育模式。

让国学融入课堂是我校的教育特色。我校精选了《弟子规》《三字经》等书中的经典篇目和广为流传的经典唐诗宋词，后期还结合宝安区教科培中心编制印发的青少年国学文化读本一、二、三册，对各年级学习内容进行统一设置。

各班每周一堂经典诵读课，目的在于使学生读圣贤书、立君子品、做有德人。在课堂上渗透国学，要求学生熟读乃至背诵一些经典诗文，熟记一些名言警句，让学生在背中求思，思中求进。每节语文课课前三分钟组织经典诵读：一二年级学生背诵《三字经》；三、四年级学生背诵《弟子规》、经典古诗；五、六年级学生背诵《论语》。

坚持开展每周一首诗的诵读，坚持“一日三餐”（早读、课前读、中午前读经典诗文）诵读。清晨，在校园中，伴着微微晨曦，总是响起学生琅琅的读书声：“人之初，性本善，性相近，习相远……”语文课前，各班不时地传来阵阵诵读声：“明月几时有？把酒问青天……”诵读古文在我校已经蔚然成风。

每周一节经典诗文诵读课，每月一节经典诗文研讨课，形成我校的国学课堂教学模式。即激趣引人——读顺原文（借助拼音）——知晓大意（据注释）——感悟道理（结合生活）——导述言行（结合自己谈认识）——拓展延伸（名人警句，诗文……）。低年级段多用直观性的教学形式来引导理解，中年级段的按照示范、仿照谈理解或感受，高年级段尽量与语文课本整合，根据学生的实际，确定教学的深浅度。面向全体，尽量让多数同学参与进来，积极投入学习。同时，语文科考试中加入国学教育的内容：一二年级在口语考试中考查必背经典句；三四年级加了默写经典句；五六年级加创设情境题，对应填写所背经典句。此举既促进了教师对国学教育的重视，也让学生体会到国学的重要性。

显性文化与隐性文化融合的纽带与桥梁就是行为文化。松和小学在尽力构建高雅显性校园文化的同时，更注重引导全体师生把文化内化为自己自觉的行为，注重精神塑造，培养优雅文明、从容高贵的言行举止和精神气质。我们按照《语文新课程标准》的要求，本着“汇知识之萃，补教材之缺”的精神，依据《小学必背古诗词七十首》《弟子规》《三字经》《百家姓》《千字文》《增广贤文》和《常礼举要》等篇章，编写了一套校本教材——《经典诗文伴我成长》（上、中、下），全体师生人手一册。本套校本教材集学习资料与拓展练习为一体。书中设有“家长与老师的话”栏目，请家长、教师和学生共同学习，以达到教育资源的整合，形成教育合力。每课后面编有“我还会背”板块，便于学生在学习了此文后，把自己喜欢的相关诗文积累在书上，让学习得以延伸。书后还有诗配乐的歌曲，让学生在乐曲的哼唱中积累经典。对于书中所选诗文，要求学生了解大意，读熟会背，并努力转化为自己的自觉行为。每个教室门前，每周都会更新一首经典诗文，让学生每周至少背熟一首经典诗文。每个月都有以年级为单位的有主题的经典诗文诵读展演，每个学期都有全校性的经典诗文大型节目展演。通过朗诵和展演，引导学生自觉地把经典诗文内化为自己的行为文化；另外，围绕“我诵读我快乐我成功”这一主题，精心打造教室文化。建立班级经典诵读争星榜，每月得星最多的命名为“班级小名士”；设立“快乐屋”，每个学生都有一个收藏、记录快乐的笔记本，以利于师生、生生之间心灵的碰撞交流；运用“今天我最亮”展示台，让每个学生都有展示风采的机会；建立班级图书角，学生在校课余时间书声朗朗，整个校园溢满书香；利用校园之声广播站，每天播放古典诗词欣赏和古典音乐节目，潜移默化地陶冶师生的情操。同时，各学科教师在课堂上也会有意进行渗透。如美术科利用“诗中有画，画中有诗”这一特点，引导学生欣赏诗中的画，画中的诗；音乐科则利用“诗歌就是合乐歌唱的音乐”这一特点，给诗歌配上恰如其分的曲调，让学生合乐歌唱……教师们打破传统的课堂教学模式，使教学形式生动活泼，让学生在一个个兴趣盎然的活动中，吟诵经典；在一则则隽永精妙的故事中，明理燃情；在润物无声的滋养中，受到熏陶与感染。

每学期，学校高、中、低年级段在学校大操场进行国学展演。每个年级段都有一个主题，如低年级段的“孝敬篇”，中年级段的“礼仪篇”，高年级段的“诚信篇”，围绕这些主题开展国学展演。通过经典诵读及国学展演活动，学生找到了民族的根，获得了民族的源动力。经典的活学活用，使经典从古代来到了今天，走到了学生的身边，走进了学生的心里，变成了学生自觉的行为习惯，流露于他们的言行举止之中。

第三，课堂教育模式。

课前齐诵《坐姿歌》，书写齐读《握笔歌》。摆放整齐的课桌，陈列有序的书本，端庄的坐姿，优雅的握笔，迅捷一致的起坐，和蔼亲切的师生问好，落落大方的应答，琅琅的课前经典诗文诵读……一道独特的课堂风景线呈现在松和校园。

多年来，我校潜心探索课堂教育模式的构建，提出用优秀课堂常规有效提升课堂效率、提升学生素养的创新构想。从课前课后的礼仪习惯、坐姿习惯、写字习惯以及课堂上的倾听习惯、交流习惯、团结合作等入手，规范学生、培训学生，形成一整套规范良好的课堂流程。教师们不断完善课堂常规，追求课堂亮彩，使优秀课堂常规成为学生行为规范而不刻板、参与踊跃而不松散的有效课堂常规模式，营造出积极和谐的课堂气氛，使学生俨然在人生的小天地中成长。

书法课教师带领学生沉浸于书法的世界。他们在教学中指导学生从优秀的书法作品中体察提按、转折等用笔的美，刚柔、粗细等线条的美，浓淡、枯润等墨色的美，俯仰、向背等结构的美，以及疏密、穿插等章法的美。另外，还在教学过程中引领学生感受各家书体的美，如先秦书法的稚朴古雅，魏晋书法的奇逸开张，唐楷书法的法度森严，明清书法的个性张扬，直到现代书法的异彩纷呈。从甲骨文的瘦削到金文的凝重，从大篆的随意到小篆的规正，从隶书的柔美到楷书的严谨，从行书的灵动到草书的狂放等，都是对学生进行审美教育的极好材料。因此，对优秀书法作品的学习、观赏和评点，既可以丰富学生的美感，培养学生的审美和鉴赏能力，还可以让他们在书法实践中产生审美体验，受到审美教育。

书法艺术可以感化人、陶冶人，使人的情感、意志、体魄等得到深化甚至改变。练习书法，能使人薄弱的情感更加丰富，软弱的意志更加坚强，消瘦的身体变为雄健，毛躁变为稳重，粗心变为细致。练习书法也就是练心、练身、练性灵。

音乐可以陶冶一个人的情操，洗涤一个人的灵魂，完善一个人的性格，激发一个人的意志。我们已经深深地感受到音乐带给我们的改变。任何艺术的语言，相较于音乐的旋律，都失去了应有的光彩。音乐是最迅速敏捷、最深入持久地打动人心的艺术。音乐对人的身心具有显著的调节作用：轻快的音乐使人舒适、安宁；雄健有节奏感的音乐使人精神振奋、心情舒畅；它的不同节奏、旋律、音调、音色等，可对人的身心产生不同的影响。

随着美术教育的发展，各国美术教育界都在努力克服早期美术教育的种种缺点，发挥其培养能力、促进个性发展、陶冶情操、提高修养的作用，以便能更完美地实现美术教育的目标。美术教育的开展应涉及以下三方面内容。

一是“山美、水美、自然美”与环境教育。

在美术风景课（包括：风景画欣赏、色彩风景写生或国画山水等）上，我们在教会学生欣赏作品、教会学生风景画画法的过程中，不要忘记引导学生好好欣赏番画中乃至自然里的美景，在感受“山美、水美、自然美”的同时，认识到世界各国经济活动的扩大和人口的增加，已经超越了环境自身所具有的承受能力，认识到地球温室效应、臭氧层被破坏、沙漠化加剧、热带雨林衰落、野生物种减少等环境问题，已经给人类赖以生存的地球环境带来了不可挽回的影响。寓美术教育于环境教育之中，引发学生对自然的丰富情感和对环境问题的关注。

二是“名家、名作、名人效应”与理想教育。

在欣赏名家名作的过程中，多向学生讲述名家的志向、生平事迹和学习故事，让学生充分了解名家的人生经历，了解名家为社会所做的贡献，利用名人效应，使学生对名人产生崇敬、向往的心理。美术作品中，不乏历史上的伟人和重大历史事件等题材，这些都是对学生进行爱国教育和革命理想教育的好素材。在美术教学过程中，教师要注意适时引导学生树立正确的人生观，教育学生珍惜学习时间，以为社会做出了巨大贡献的名人为偶像，树立远大的理想。

三是“赏美、懂美、崇尚美”与审美教育。

审美教育是美术教育的重要组成部分。在美术课堂中，学生学习美术知识和技能，掌握美术欣赏方法，运用观察、想象、直觉和多种思维形式以及美术的方法进行艺术创作活动，学会分析、评价美术作品和美术现象，在各种美术活动中感受美；从而引发学生对美的事物和现象产生向往之情和对真、善、美的最高价值的不断追求愿望，使学生心灵得以净化，智慧得以启迪，情操得以陶冶，修养得以提高；从而形成健康的审美情趣和审美观念，促进学生身心全面和谐健康发展。正是由于课堂上的熏陶，我们的毕业生进入中学后，其良好的学习习惯、训练有素的作风、良好的素养令初中学校十分满意。家长们也说："孩子在学校能养成终生受益的学习习惯，我们非常感谢和放心。"

第四，社会实践教育模式。

在开展各种涵养教育的同时，我们还会让教学处与德育处联合起来，将传统国学弘扬的人文精神——仁、义、礼、智、信，与现代社会的道德规范相结合，用一个个鲜活的生活场景和规范礼仪的示范，有机地进行渗透，从而培养学生的各种良好行为习惯。如《三字经》《弟子规》中"尊师友、习礼仪"等名句，既要求学生熟读成诵，更要求他们把名句内化为行为，用行动诠释行为文化，真正做到知行合一。于是，课间、课外，校内、校外，尊师爱友之风盛行。

学校大力开展涵养教育以来，师生风貌和学校各项工作都发生了很大的变化和长足的进步。学生讲文明，懂礼貌，行为习惯符合礼仪，真正展示了我校涵养教育的魅力，主要表现在以下四个方面。

有孝心，讲文明。学生比以前懂事多了，知礼多了，对家长更加孝敬了，对教师也更加尊重了。学生懂得了回家以后给家长端上一杯水，说上一句知心话。教师节、父亲节、母亲节、重阳节时，学生会在他们的礼仪和感恩行动中显示出他们高度的涵养。诚实守信。学生懂得了知错就改才是个好孩子。放学时，学生能够按时回家，晚归如实汇报，有事及时与家长打招呼。最明显的效果就是，按时完成作业的人多了，以各种理由为借口不完成作业的人少了。课堂上教师在与不在一个样，以前教师一不在就胡闹的现象没有了。做诚实人，使学生责任感大大增强。

勤俭节约。大部分学生是家中的独生子女，以前吃饭普遍比较挑剔，花钱也大手大脚。自从诵读学习《治家格言》中的"一粥一饭，当思来处不易，半丝半缕，恒念物力维艰"等经典名言后，学生更加明白了"谁知盘中餐，粒粒皆辛苦"的道理。现在，即使掉在饭桌上的一粒米学生也会捡起来吃掉，花起钱来更是精打细算。社会实践。组织学生参加各种军训活动，磨炼意志；参加义工活动，培养学生的社会责任意识；组织学生参加养老院、孤儿院献爱心活动，培养学生尊老爱幼的品德……

"满园春色关不住，一枝红杏出墙来。"涵养教育前景无限，我们将孜孜探索，不断前行，在教育的道路上奋力前行。

让每一个孩子抬起头来

——浅谈如何成功转化后进学生

■ 东莞市黄江镇实验小学　周莉芬

摘　要： 让每一个孩子抬起头来，后进学生如何成功转化是每个老师所要面临的问题。本文从用爱触及灵魂、用“放大镜”扩大优点、用成功吸引成功三个方面具体介绍了成功之法。

关键词： 后进生　素质教育　成功

“素质教育的第一要义是面向全体学生。”

——柳斌

一位好的琴师，对乐谱上的每一个音符都一视同仁，不因高音而偏看，也不因低音而嫌弃。一个班级就如一篇乐谱，学生就是乐谱中的每一个音符，而老师对后进学生犹如琴师对乐谱中的低音符，如何使后进生也同样发出优美的音调呢？苏霍姆林斯基给我们最好的建议——让每一个孩子抬起头来！我们教师要善于引导后进学生，使他们走出阴影，踏上光明的道路。

一、用爱触及灵魂

爱是一种信任，爱是一种尊重，爱是一种鞭策，爱是一种激情，爱更是一种能触及灵魂、动人心魄的教育。作为教师，要毫不吝惜自己的情感，给孩子以阳光，掌握爱的艺术，用爱心浇灌灿烂的希望之花。比起其他学生，后进学生犯错误的时候要多一些，教育者很难做到不对他们发怒。但是，“一个好的教师，就是在他责备学生、表现对学生的不满、发泄自己的愤怒（教师也有权发泄他的愤怒，任何一个有涵养的、受过教育的人也在所难免）的时候，他也时刻记着不能让儿童那种‘成为一个好人’的愿望的火花熄灭”。（苏霍姆林斯基）我带的三年级班上有一个叫小宝的男生，上课下课爱对他人动手动脚，学习也特别马虎。他刚到班里的时候，同学们总是反映他打别的同学。苏霍姆林斯基说：“不了解孩子，不了解他的智力发展、他的思想、兴趣、爱好、才能、禀赋、倾向，就谈不上教育。”怎样才能让他在班上抬起头来呢？为了有的放矢，达到有效转化，我就去找以前教他的老师了解情况。老师也说他特别调皮，经常被罚站，成绩也上不去。我想跟他好好谈谈。我把这个孩子叫到走廊的拐弯处，那里没有人。我蹲下来，轻声地问他：“其实老师知道你是个能听懂话的孩子，知道怎么做是对的，怎么做是不对的。你很活泼，很聪明，相信你能做个文明的孩子。你就先坚持一节课认真听讲。”他用狐疑的眼光看着我。我知道激起了他的上进心，便摸摸他的头，轻声地说：“进教室去吧。”开始他很倔的样子，看到我并没有批评他，慢慢地低下了头，走的时候轻轻地点了点头。我能感觉到爱传递成功了。那节课，他很认真，积极举手回答问题。我及时表扬了他。第二天交上来的作业，看得出来，字虽不算好，但工整了很多。我就在班上又表扬了他。几天过去了，没有学生说他打人，不守纪律。我感到了欣慰。但后进生的毛病最容易反复，如果以为他就此改正，那就错了。果然，好景不长。那天又有学生告状，说他乱丢别人的东西，扔得满地都是。当时我很生气，可想想生气是没有用的，还得多引导。我把他叫到一边，跟他说：“这几天你的表现好了很多，作业有进步，老师特别高兴。你今天表现怎么样？”他很不好意思，主动承认了错误。我又说：“相信你能改进，每天都有进步，你会成为很优秀的孩子。”周末的读书笔记，他写了很多，虽然摘抄的好词好句并不见得好，但与前两次比起来，真的是好了许多，足以看出，他在家里很用心地写了。在评讲作业的时候，我在班上表扬了他，让他一次又一次感受到老师对他真诚的爱。慢慢地，这个孩子的不文明行为越来越少，成绩也慢慢上来了。他下课总是喜欢围着我转来转去，主动地帮着擦黑板，抹讲台，搬作业本等，跟我很亲。我感到我的关爱让他成了一个快乐、勤快的孩子，学习上也进步不少。这让我更进一步感觉到：教育是心灵的艺术，爱心是教育的灵魂。

二、用“放大镜”扩大优点

人都是需要激励的，尤其是小学生，一句由衷的赞誉，或是夸奖，可能使他们终生受益……作为老师，要善于在学生的错误和不完美中找到积极因素，用发展的眼光看待学生，关注学生的成长过程，肯定、赞美学生的点滴进步，让孩子感受到成功的快乐，唤醒他们的自豪感与自尊心，这样对学生的转化会起到很好的效果。小良的成绩跟不上，同学们也看不起他。开学初到我班的时候，他的父亲特意告诉我："老师，我的孩子头部受过伤，做过手术，他的成绩跟不上，您不要逼他。"听了家长的话，我感到他对我的教育方式有误解，认为要想孩子的成绩好，老师就要用"逼"的方式，成绩才上得来。我就说："放心，我不逼他，只是让他对学习产生兴趣，让他自己慢慢进步。不过在家里还请您督促孩子写好作业。"怎样让孩子产生学习兴趣，乐于学习，让他能抬起头来学习呢？先从孩子的优点入手。经过一周的观察，我发现这个孩子早上到校最早，而且在教室里很守纪律。我觉得要抓住他的这个优点，在班上大力表扬。第一节一打上课铃，孩子们精力最集中，我就在这个时候郑重地在全体同学面前表扬小良，还说如果能大声读书就更好了。那节课，他明显认真了，而且心情很好。当时我也只是试试，看这个简单的方法有没有用，看来对他还是有用的。第二天，我一早进教室，发现平时不早到校的几个孩子也早就来了，还有两个是跟小良的成绩差不多的孩子，看来昨天的表扬对另外的几个孩子也起了作用。他们坐在自己的位子上，手里拿着书，只是没有读。上语文课的时候，我又在班上大做文章，表扬了他们几个，那一天上课他们都很认真，小良还大胆地举手回答了一个问题，虽然声音很小，但对他来说已经是一个突破了。我抓住有利时机表扬了他。只要他有一点进步，我就用"放大镜"扩大，慢慢地，他的字写得认真了，虽然有时候只能做对几道题，但进步了。为了进一步给他信心，我征求他的意见，问他是否愿当图书管理员，他非常高兴地接受了。我在班上宣布这个决定，学生用掌声表示同意。我也看到了他脸上透着些许自豪。就是这样一次又一次在班上大力表扬，使他越来越有自信心，对学习也越来越有兴趣，学习主动了，成绩当然提高了。"放大镜"的作用真大！

三、用成功吸引成功

鼓励孩子，培养他们的自信，想方设法让他们取得成功，用一次一次细小的成功来吸引他们取得更大的成功。著名的的"罗森塔尔效应"的实践告诉人们，学生能否持之以恒地学习，与教师的信任程度有密切的关系。当学生站起来不能流利地回答问题的时候，教师投去一个期待的眼神，说一句信任的话语，帮助他成功一次，那么，他在课堂上发言的水平会更高，学习能力会更强。因此教师要多给学生送去一次信任，在每位学生的心底种下一颗自信的种子，促使他们最大限度地发挥积极性和主动性，享受学习的快乐，达到提高学习效率的目的。

小钦和小欢，他们的成绩跟不上，字写得很潦草，学习兴趣就更谈不上了。怎样才能让他们有学习的兴趣，让他们享受成功呢？刚开学的时候，他们作业也不做，班上的同学说："老师，他们两个很笨的，不会写作业，成绩很差，以前就是最差的。"都说他们笨，这怎么行？以后他们就会把自己当成笨人了。这种舆论对这两个孩子不利，对全班学生来说也不好。我马上正色道："谁说他们笨了？老师就知道他们很聪明，以前成绩不好，只是不认真。不信，你们看着，从现在开始，他们就会慢慢进步了。"光在班上说这样的话还不行，得让他们和同学们都感觉到他们的聪明才行。我知道他们的基础差，一时也难以赶上，我想，别的老师一般都是给后进学生补学过的知识，别的孩子都会了，他们要补了才会，这样还是在后面。要让他们在同学面前表现连优生都没有掌握的知识他们就已经会了。那一天放学后，我把这两个孩子留了下来，对他们说："老师今天让你们学到其他同学没有学到的知识，明天上课的时候在班上展示，想不想学？"他们两个一听，饶有兴致地答应了。我就把第二天要上的新课提前给他们讲了一下，把要背的《语文园地》里的八字成语让他们背下来。他们有不认识的字我教他们读会了，两人比赛背。我不失时机地夸他们真聪明。他们越背越有兴趣。第二天上课，我让他们两人背了一遍，虽然不是很流利，但足以让其他的学生刮目相看。全班掌声表扬，不是一次，而是三次。我还说："我说了吧，他们跟你们一样，是聪明的孩子。"我看到了他们满脸都是成功的喜悦。那天上课还破天荒举手回答了问题。下午放学的时候，他们跑过来高兴地问我："老师，今天放学要不要补课啊？"我说："你们自己想不想啊？"他们马上说："当然想啊！"看来，昨天的做法让他们尝到了甜头。我看到他们的高兴劲，就陪他们预习了新课。后来上课的时候，我还发现，班里还有几个孩子也充分地预习了新课，不是以往的简单预习，这是我所没料到的。看来这个做法，不只对后进学生有用，还给优秀学生带来了好影响。以前两个孩子不交作业的现象也没有了，字也慢慢写得好了。因为我总是强调他们聪明，慢慢地，他们也认为自己是聪明的，学习有了兴趣，成绩也提高了。让孩子在受教育的过程中，充分体验到求知、思考、创造、成功的快乐，让他们成为快乐的人。

要让每一个孩子抬起头来，让每一位学生成为发光的"金子"，应该成为我们所有教师的追求。抓住稍纵即逝的机会，及时进行激励性评价，在正确处激发潜能，在错误处激发信心，为学生指明学习的方向。用发展的眼光看待学生，关注学生的成长过程，肯定、赞美学生的点滴进步，让孩子感受到成功的快乐。

参考文献：

李镇西. 做最好的老师［M］. 桂林：漓江出版社，2006.

当前高中生反叛行为的调研报告

■ 佛山市南海区桂城中学　刘甜甜

摘　要：通过对高中生反叛行为和心理的调查，了解高中学生追求“独立感”时的各种外在行为表现，了解高中学生对个体、同伴及异性、父母、教师乃至学校和社会、媒体影响等教育各因素最真切的认识，对高中生具体反叛行为和心理进行分析和描述，将引导教育者对这一现象进行深入思考。

关键词：高中生　反叛行为　调查　独立感

一、引言

急剧变化和不断更新的社会环境、观念文化影响和冲击着青少年的发展。青少年独立感和成人感增强，开始注意“自我”，进入“心理性断乳期”，接触、了解到更多的行为规范和价值标准、社会角色，思维具有批判性和独立性，也带有不少片面性和主观性，反叛的行为和思想必然浮现，青少年教育变得“扑朔迷离”，常使人困惑。及时了解、发现青少年个性发展及其障碍的产生原因、特点以及解决的方法具有极大的现实意义。

为了对教育生活世界中与高中生有关的各种关系做出审慎的描述，我们对当前高中生反叛行为和心理做出各个侧面的调查，试图从各种表征中厘清当前高中生发展的特点及变化。

二、研究方法

向珠三角某地多所高中学生随机发出调查问卷，共收回682份。其中男生298份，女生384份。

问卷设计：针对当前高中生反叛行为可能出现的表现及其原因，通过文献调研和师生访谈，考虑高中生心理特点，设计问题涉及当前高中生的同伴及异性关系、学生与教师、家长之间的沟通联系、社会的冲击和学校影响等各个方面。

题目分成两大类：排序类和选择类。排序类问题要求被试对所列选项分别按由重到轻排序。记分办法是：A×1+B×2+C×3+D×4……=该项总分。其中，A代表某项排在第一位的人数，B代表该项排在第二位的人数，依次类推，最终得分最少的项目排在最前面，表程度最重；反之，表程度最轻。选择类问题要求被试从多项分级量表中选出符合自己认识的一项，进行百分比统计分析。问卷不记名，并由陌生老师组织进行。

三、结果

高中生性开始成熟，性意识开始萌发，调查中有超过一半的高中学生表示有喜欢的异性，有11.9%的学生表示正在谈恋爱。（图1）

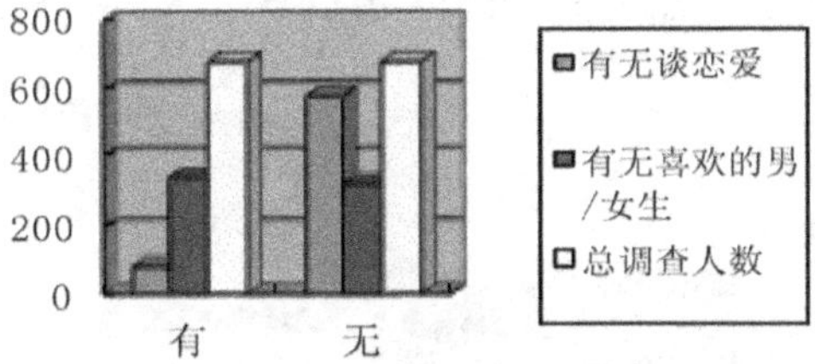

图1　异性关系

在调查的学生中，有240人把“性行为”看作是高中生反叛行为之一，占35.2%；而对性行为可以接受的为67人，约占9.8%。这亦表明在谈恋爱的学生（11.9%）中，大部分并不拒绝性行为，而且“曾违反过”这一行为的有16人，占总调查人数的2.3%，占谈恋爱的学生人数的23.9%。

当要求对“你认为造成青少年反叛的因素由大到小排列”时，60.1%的学生首选“家庭关系”，排序分值高居第一位，表明其影响力最大；其次是朋辈影响；“传媒影响”“突出自我形象”列在第三、第四位。

395人（57.9%）认为“缺乏沟通”是使青少年变得反叛的最重要的家庭因素，后面依次是“管理自由度”“期望过高”和“家庭经济问题”。在沟通问题上，13%的学生经常觉得父母很唠叨；有时有这种感觉的占33%；偶尔或从不的占41.5%和12.5%。（图2）

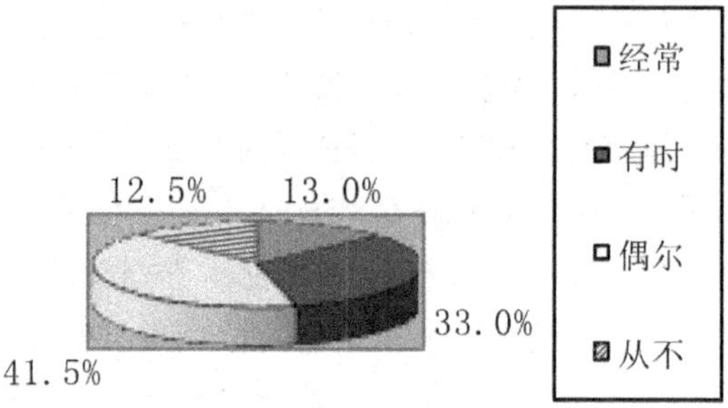

图2　你是否觉得父母很唠叨？

对“是否很想受到他人的重视”和“是否觉得自己太普通”这两个问题，表示经常有这种感受的分别有29.9%和18.9%；有时的分别占38.7%和34.9%；偶尔的24.8%和31.5%；从不的分别占6.6%和14.7%。

在建立自我形象方面，超过三分之一（37.7%）的学生认为时下的青少年最想建立“有性格的形象”；27%的最想建立“独立的形象”；有23.8%的学生“自信、领导性形象”；认为是“前卫的形象”最少，占11.6%。（图3）

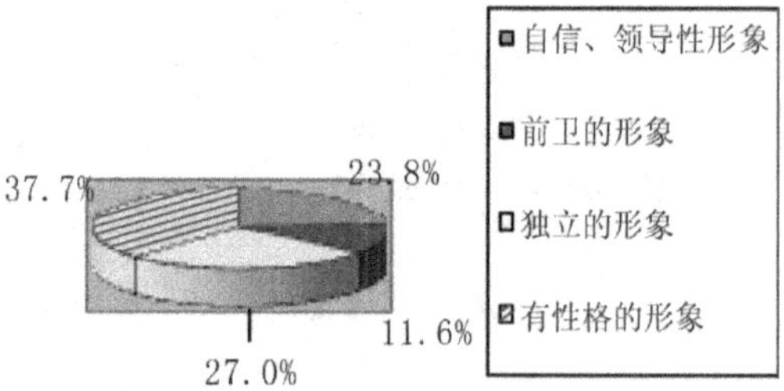

图3　时下青少年最想建立的形象

当问及“是否常常崇拜影视、歌坛等明星”时，表示经常的仅有9.4%，有时的占26.1%；偶然的占45%；表示从不的有19.5%。当问到“是否常常喜欢模仿自己所崇拜的人”时，仅有5%表示经常模仿；有时的占12.9%；偶尔的占39.3%；42.8%的表示从不模仿。在影响力的大小方面，父母对学生的影响力仍然是最大的，其次是朋友和兄弟姐妹，再次是老师的影响力，社会偶像在

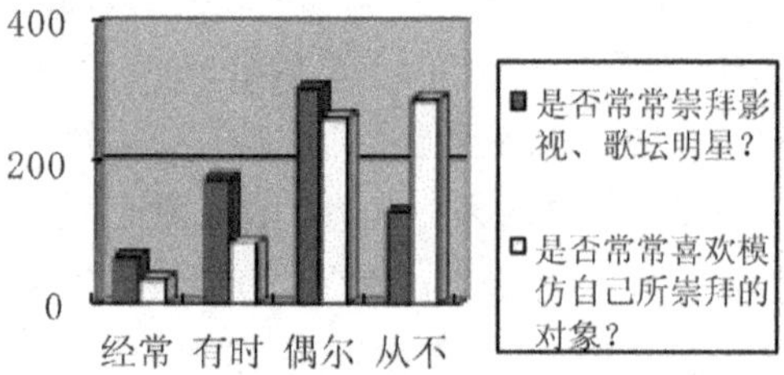

图4　偶像崇拜与模仿

影响力排在最后。（图4）

有4％的学生“被学校处分过”。当列举出若干常规或热议的学校制度给学生根据讨厌（或不合理）程度判断时，有37.4％的认为“不准留长发”最不合理；34.8％的学生认为“不准带手机”最不合理；认为“必须穿校服”和“不准谈恋爱”最不合理的分别有17％和10.9％。（图5）

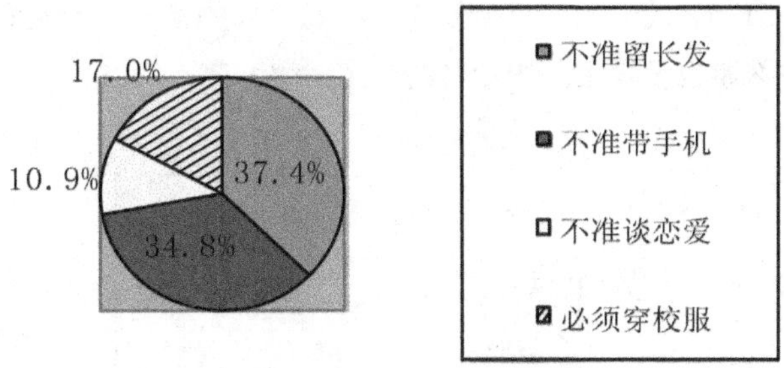

图5 你觉得校规中最不合理的是

在所有的调查学生中，有39.5％学生认为自己在教师的“不尊重行为”情景下最有可能作出反叛行为；有33.5％的选择在“学校教育、制度对学生不认同、不信任”的情况下作出反叛行为。此外，当老师的不认同，对老师及其相关学科学习出现滑坡时有15％的学生会作出反叛行为。当老师管教不符合自己的现实生活标准情况下有12％的学生会作出反叛行为。

高中生犯了很严重的错误时，73.3％教师会“询问原因后指正”。高声大叫的责备的有21％。不理会或无所谓的有3.8％。打骂的极少数，占1.9％。惩罚仍然是普遍现象，31.8％的学生反映被罚站过，是最为常见的惩罚方式之一；曾被辱骂、赶出教室的分别占19.2％和12.6％；有6.3％的学生表示曾被打。除此以外，有28.9％的学生表示受过其他惩罚，如罚抄书、搞卫生、跑步等；表示没有受过惩罚的仅有1.2％。

78％的学生都有对老师处理问题不服的情况；57.3％的学生会对老师的话据理力争；2.6％学生会经常与教师抬杠；9.4％的学生有时会与教师抬杠；41.3％的学生偶尔与教师抬杠；46.7％的学生认为自己从不与教师抬杠；而与此相对的是，5.4％的学生常与家长抬杠；超过21.1％的学生有时会与家长抬杠；超过半数（51％）的学生偶尔与家长抬杠；觉得从不与家长抬杠的学生仅22.4％。（图6）

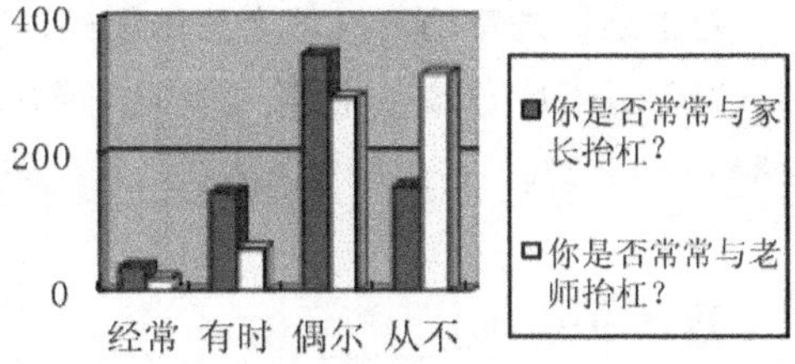

图6 抬扛

高中生对现在的生活状况非常满意的只有7.6％；表示满意的有48.7％；不是太满意和不满意的分别占36.5％和7.2％。（图7）与之相对的是，学生认为自己经常发火的有10％；有时发火的占28.7％；偶尔或认为从不发火的分别占52.5％和8.8％。

（图8）当问及“父母唠叨或你精神压力过重时，你的态度通常会是怎样”时，31.5%的学生表示会发脾气；15.1%的学生我行我素；23.6%的学生会顺从，假装什么事也没发生；29.8%的学生回避冲突。

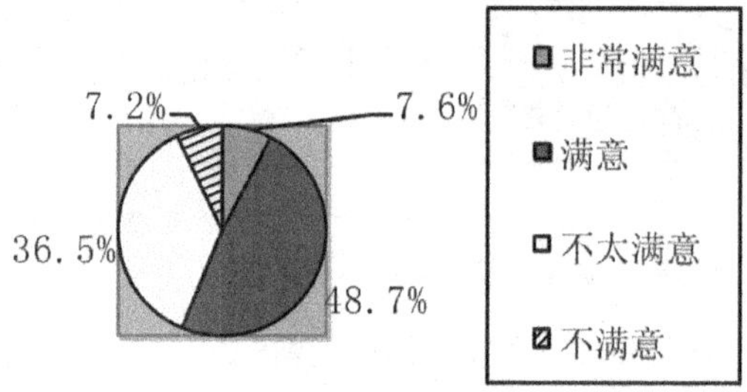

图7　对现在的生活状况

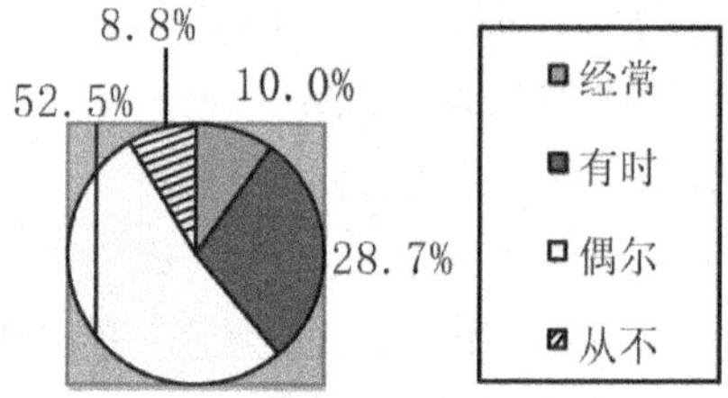

图8　你是否常常有发火的预兆

当问到“在中学生中，出现哪些行为称为反叛行为？（多选）”有一半以上的人认为下列行为可称为反叛行为：挑衅性骂人、打人（454人，66.6%）；打架（378人，55.4%）；偷窃（342人，50.1%）；离家出走（443人，65%）；逃学（464人，68%）；吸烟（380人，55.7%）；赌钱（342人，50.1%）；吸毒（433人，63.5%）；加入黑社会（448人，65.7%）等。至少三分之一的学生认为下列行为可称为反叛行为：顶嘴（303人，44.4%），破坏公物（300人，44%）；喝酒（279人，40.9%）；自杀（314人，46%）；性行为（240人，35.2%）。另外有一定的学生认为下列行为可称为反叛行为：讲粗口（179人，26.2%）；说谎（134人，19.6%）；考试作弊（167人，24.5%）。

对上述行为曾违反过的学生比例排在前面的是：顶嘴（423人，62%）；讲粗口（350人，51.3%）；说谎（301人，44.1%）；喝酒（164人，24%）；考试作弊（84人，12.3%）；挑衅性骂人、打人（66人，9.7%）。

四、讨论

性意识在青年期得到萌发，高中生对异性的消极感受几乎都消失了，有与异性交往的渴望，一半的男生和大多数的女生都跨过性别界限建立了友谊。几乎所有在谈恋爱的学生均能体会到欣喜与甜蜜快乐，认为谈恋爱“最能使自己感到幸福和快乐”。但对恋爱的情感也表现出矛盾，对亲情的倚重可能会否定或压抑此种情绪体验。青少年生理发育尚未完全成熟，社会伦理道德、经济条件等都不允许满足他们的性要求，有三分之一的学生在现实中否定“性需求”，认为这是反叛行为，但有近四分之一（23.9%）的高中生在谈恋爱中尝试过性行为，这是需要引起重视的地方。这表明在现实的否定与内心的性需求的矛盾冲突下，部分青少年会受“本我”的驱动而偷尝禁果，如果不加强性知识教育，可能会引起青少年性心理变态，甚至导致犯罪。

相比而言，家庭关系是使得青少年反叛的主要因素之一，且“缺乏沟通”又是其最主要的原因。从青春期开始，子女与父母的关系便发生了变化，少了对父母的依赖，增加了反抗性情绪，尤其是进入高中后，希望父母将他们作为独立的个体来对待，反对过多的干涉，希望能与父母站在同等地位上，探讨和决定某些问题。

同时，青少年提出更大“管理自由度”的需求，期待父母把他们当成大人看待，让他们独立地做事。父母要求子女自觉地履行职责时，却常会被学生曲解为“期望过高”。对于父母的叮咛，他们常会觉得啰唆、唠叨，感到反感，对于教师的指导常当耳边风。

过半的高中生会关注他人的看法和评价，在乎自我形象，希望能完善个性，且大部分高中生期待建立“独立、有性格”或“自信、领导性”等健康的个性形象。

虽然有三分之一的高中生对自己的父母保持一种肯定的尊重关系，会视父母为偶像，但是更多的高中生不再对父母唯命是从，转向在其他公众人物中寻求偶像与榜样。与权威的父母和教师相比，朋友和同伴能为青少年提供更多的发展技能和能力的标准和均等的机会，彼此间相互吸引、互相模仿、互为榜样。高中生不再视教师为完美无缺的、无所不知的楷模，甚至以更苛刻的眼光来看待教师，教师的影响作用随着年级的升高迅速减弱。

学校作为进行系统教育的机构，具有鲜明的阶级性和有约束性。学校学生蔑视道德观念、践踏秩序的反叛行为会受到学校的处分。作为社会化因素之一，学校要引导学生尊重已有社会政治秩序，形成一种尊重权威、遵守秩序的观念，并为今后进入成熟期做好各方面的准备。

然而，高中生思维不成熟，判断是非时片面、主观，必然导致对纪律、约束的强烈反抗甚至敌意心理。他们以自己的评价标准来独立评价一些如“必须穿校服”等常规约束；在对“不准留长发”“不准带手机”等约束，表示较为强烈的反对，希望能有一定的行为自由；甚至对于“不准谈恋爱”等约束，也希望成年人能尊重他们的独立体验和个人喜好。这些都是高中生独立自主的需求在行为、情感及道德评价等方面的主要体现。

高中生敢于挑战教师权威，亦注意方法，避免“抬杠”的误会，也意识到家庭生活中的各种关系及自己的地位和职责，尽量减少或避免与父母的直接冲突。父母之间的关系和自己与父母的关系仍然是最重要的，但寻求独立的青少年更直接地受同伴群体的影响，最希望能改善与朋友和同学之间的关系，消除猜忌与障碍，改变不利地位，以满足更多需求和必要的娱乐消遣。同时也要看到，学生虽然与父母缺少相互交流的机会，却仍然怀着避免亲情疏远、改善家庭成员关系的愿望。

高中生强烈要求自治的特点也体现在他们对现实社会的不满情绪中。调查显示，近一半高中生对现在的生活状况相对不满，非常满意的只有7.6%。高中学生所怀的社会和人生的期望仍带有强烈的理想主义色彩，对现实生活的弊端极为敏锐和反感，易愤怒或绝望。大概四成的学生表示会发火或经常发火，近三分之一的学生表示在父母的唠叨或精神压力下会发脾气，近三成的会回避冲突，这些源于对现实的看法和态度，会影响其对社会生活和人生的态度和价值观。此外，高中生观察和分析问题还带有片面性及表面性，易出现偏颇，经常“只见树木，不见森林”，表现为固执地“我行我素”。

对高中生的具体反叛行为进行的调查有很深的“自我”影子。学生对大部分违纪行为标榜为“反叛”，顶嘴、讲粗口、说谎、喝酒排在“可接受行为”和“曾违反过的行为”前四位，可以推断，学生“曾违犯过”的行为都被认为是“可接受的”行为。值得一提的是，把“逃学”和“离家出走”这两项行为称之为“反叛”行为的学生数均超过一半，列于第四、五位，却仍排在“可接受行为”的第五、六位。可见学生的寻求独立的反抗与逃避，其“反叛”思想常凌驾于是非判断之上，反映了学生对这一行为性质的认识远远不足和道德品质教育的缺憾。

五、结论

青春期社会化的目的和任务是使青少年获得正确价值标准和道德规范，而高中阶段是非常关键的转折点。除家长外，影响青少年社会化的主要因素有学校、教师、同伴、心中偶像以及社会等。高中生追求“独立感”和“成人感”，但往往由于内在的认知能力、情绪反应和意志活动发展的不协调，导致不能正确评价和要求自己，也不能正确认识个体对社会的责任，难免做出违背社会伦理和道德规范的行为。青少年个性发展障碍在18岁后仍未得到缓解会形成终生异常。对于教育工作者来说，在对青少年进行教育时，要注意青少年的半成熟、半幼稚的特点，既要尊重他们，尊重他们的成人感，鼓励和培养他们的自立精神，又要严格要求，给予必要的指导，避免因经验不足、情绪易激动而莽撞行事，帮助他们形成优秀的个性品质。

浅谈小学生的诚信教育

■ 梅州兴宁市第二小学　毛燕燕

诚信，是中华民族的传统美德，其核心是真诚。少年儿童的头脑就像一张白纸，从小接受什么样的信息和思想，其言行处事就会受到什么信息和思想的影响。所以加强对学生的诚信教育非常重要，这也许以后会影响他的一生。孔子曾说："自古皆有死，民无信不立。"诚信是一个人的立身之本，因此，要想使孩子从小就做到诚实守信，必须从幼儿园和小学开始就进行诚信教育。现在，由于各种社会因素和人为因素的影响，校园内也存在缺失诚信的行为，如部分学生因为不诚实守信，出现了借钱不还，欺骗老师、同学、家长，考试作弊，抄袭作业等现象，甚至不少人认为这些现象是习以为常和见怪不怪的事。缺失诚信现象已成为不容忽视的一个教育问题。人无信不立，商无信不通，国无信不稳。诚信不是一个人的事，要靠我们大家共同来身体力行，从生活中每一件事情做起。诚信需要一步步的积累，要经得起时间的考验。多一份诚信，就会少一份丑恶，多一份美好；多一份诚信，就会少一份低劣，多一份和谐；多一份诚信，就会少一份黑暗，多一份阳光。因此，作为教育工作者，我们加强对学生的诚信教育，树立他们"以诚实守信为荣，以见利忘义为耻"的荣辱观是义不容辞的大事。本文针对在教育教学中，如何对学生进行诚信教育谈谈几点做法。

一、创设良好的诚信氛围

创设氛围是诚信教育的前提。环境对学生的身心发展起着重要的作用，学生在良好的环境中，才能形成良好的品质，而学校是学生最经常、最主要的生活和学习的环境。因此，加强校园道德氛围建设，优化诚信教育的环境，才会使学生在思想上受到启迪，情操上得到陶冶，从而使他们诚信品质得到升华。良好的道德氛围是对学生进行诚信教育的前提，因此除学校创设诚信的环境氛围外，在班级也应该创设诚信的环境氛围，如班级文化的布置，班级黑板报、班训、专栏、条幅等都可以围绕诚信的内容。又如制订班级诚信道德基本范畴目标：尊重科学、实事求是、不弄虚作假；团结同学、言行一致、说到做到；诚实做人、知错就改；遵守规则、不损害他人利益；牢记“诚信为本、做人在先”的道理，努力做一名诚实、守信、正直、履约、不欺、不瞒、不说谎话，品德高尚的学生等等；同时可以开展以“诚信”为主题的班会、发出诚信倡议书、进行诚信宣誓、开展“学习身边人，评点身边事”的演讲、开展“我家诚信小故事”创编和讲故事比赛、评选“班级诚信之星”、举办“诚信主题手抄报”、写以诚信为话题关于亲身经历与诚信有关的文章，并择优发表在校园网的“学生社区”里供师生阅读等等。以各种不同形式对学生进行诚信教育，促使学生自觉地从上课、做作业、考试、值日等小事做起，做到言行一致、表里如一，校内校外一个样、人前人后一个样，自觉克服各种不良习惯，规范自己的言行举止，不断塑造自身的良好形象。教师还可以引导学生不断进行总结反思，体验成就感，增强社会责任感，让诚信美德真正内化为学生的自觉行为习惯，做到反复抓、抓反复，逐步在学生中培养浓厚的诚信之风，让学生感到诚信是神圣不可侵犯而且是光荣的事。

二、把诚信渗透到教学活动中

要使课堂教学成为学生诚信教育的地方，就要充分发挥课堂主阵地的作用，紧密联系学生实际和社会实际，积极改进教学方法和形式，把诚信教育与各学科教学进行有效整合并贯穿于教育教学的各个环节。教师在教学中要善于抓住时机，结合教学内容，要充分挖掘教材的思想性，寓诚信人物、事件于课堂教学之中。如思品课“做人要诚实，不隐瞒错误”中的大文学家司马光年老时让人卖一匹病马，他反复叮嘱卖马人，一定要如实告诉别人这匹马有病。司马光一生坚持说真话，成为受人尊敬的政治家。又如“狼来了”这个故事学生都很熟悉，故事中的小男孩两次撒谎骗人，失去了别人对他的信任，才导致了最终被狼吃掉的可悲下场。教师要抓住这个契机对学生进行诚信教育，在平时教学中要在体现实事求是、严谨科学精神的基础上融入诚信精神，让学生懂得一个不具备诚信的人，最终只会害了自己。教育学生诚信是无价的，从而自然而然地引出“如何做一个诚实守信的好学生”的讨论。考试要认真作答，要诚实，倡导“诚信从我做起，坚决杜绝考试中的作弊行为”；严格要求学生要做正直人，养成良好品质，树立诚信观念，明辨是非。人不怕犯错误，就怕不承认错误。人为掩盖错误，是一种坏习惯，沾染上这种毛病，不仅影响个人进步，还会酿成大错。

结合教学环节培养诚信品质，把诚信教育有机地渗透到教育教学活动之中，从而实现教书和育人的统一，最终达到教书育人的目标。

三、与家长密切配合，共造诚信环境

人不是孤立存在于世上的，是社会中的人，因此他总要在一定的环境中生存。学生，尤其是小学生，生活的主要环境是家和学校，除了在学校接受教育外，家庭教育也很重要，有道是：父母是孩子的第一任老师。对学生进行诚信教育，也是如此，需要家长的密切配合，这就要求家长也要做到诚实守信，不但对孩子这样，而且在生活中的待人处事也要这样，才能使学生心目中对诚信的概念不会发生冲突。如教师要求学生在家长的督促下读课文三遍并签名，学生未读或未读完三遍，家长就签了名，学生就跟着父母学会了撒谎应付老师。家长这种轻易撒谎、不守信用的行为，学生会全盘吸收，并有可能长期合起来对付老师，久而久之，就形成了不诚实的坏品质，让老师难以纠正。因此，对学生的诚信教育不但是学校的责任，也是家长的责任，只有学校和家长齐抓共管才不致于产生教育的负效应。

诚信教育是学校德育的基石，是素质教育的内在要求，也是每个教育工作者必须承担的一项重大而紧迫的任务。作为一名小学生，学会诚信、坚守诚信，对其一生的成长至关重要。开展诚信教育，弘扬诚信美德，不仅有助于提高学生的道德素质和文明程度，而且能够有力地促进良好社会风尚的形成。教给学生知识，可能会受用一时；但教会学生诚实守信，却会受益终生。让我们携起手来，共同营造诚信待人的校园环境，教育学生以诚信为本，以诚信为荣，弘扬和培育中华民族的传统美德，让诚实守信的春风吹遍校园，让每一个花蕾都绽放出最美的笑脸。

扮演好三个角色，轻松管理班级

■ 梅州市五华县棉洋中学　刁兆华

班主任是一个班集体的组织者和领导者，既是联系各科教师及学生之间的纽带，同时也是沟通学校、家庭和社会教育的桥梁。班主任工作做得好就是给学生们一个舒心的“家”，让他们在这个家里积极、安心地学习。班主任工作的好坏不仅关系到学生的健康成长，还关系到一个学校的发展壮大。这项工作虽然烦琐但非常重要，我们怎样才能做得更好呢？结合我做班主任二十多年的工作实践，我认为班主任必须从树立自己的多重角色观做起，不断地调整自己所扮演的角色。

一、扮演用人性化的班规发展学生生命的角色

“没有规矩不成方圆。”规矩对学生具有规范、约束和指引的作用，但是规矩也不能只是一套硬邦邦的刻板的条文，令人望而生畏、退避三舍。只有切实可行、人性化的“班规”，才能成为一个班集体的共同奋斗目标，才能将班里的每一位学生都纳入班规的有情有序管理中，才能凝聚每一颗稚嫩的心灵。我做了以下几个方面的工作：

1. 制订班规，从自主入手

确立班规最好的方法就是本着“师生共同参与，共建民主性约束机制”的原则，师生以协商、对话的方式来进行。开学之初，召开主题班会，由师生共同约定，集体制订班规。实际上，“从学生中来，到学生中去”，经过学生的讨论而形成的班规，不仅对他们是自我教育的过程，更重要的是他们会认为这个班规是他们自己制订出来的，心理上能够产生认同感，没有抵触情绪，在自我管理中增强自我意识，进而促进班规执行。

2. *落实班规，以鼓励为主*

班规的表述将限制性语言转变成引导性语言。很多以禁令式的、否定性的语言表述的班规，不经意间把学生推向了教师的对立面。如“不迟到、不早退、不打架”等，言外之意好像就是学生很容易迟到、早退、打架。这样的表达方式容易让学生感到压抑、反感。所以班主任在引导学生制订班规时，不妨把“你不准”改为“我能做到”。如“为了对得起父母为我们掏空的口袋，我们努力学习，用知识装满我们的脑袋！”“为了我们的生活品质，必须得注意我们的‘进出口’质量——脏东西不进口，脏话不出口！”“随手捡起每一张废纸，我将会赢得别人的尊重；别乱丢每一样垃圾，因为同时我也丢下了自己的道德！”“时间就是生命——那么如果我在课堂上破坏纪律，我就是在谋害其他同学的生命！”“当老师不在的时候，我们也可以在老师心里筑成一道美丽的风景！”“电脑只是个工具，并不是玩具……我们应该去掌握它，而不是让它来掌控我们！”等等，同样的意思，换一种表述，班规立即就有了亲和力。与班规同时出台的就是相应的奖惩规定，在这一系列措施中应本着精神为主、鼓励为主的原则，如奖励的方式多样化：电话奖励，短信告知家长，为其祝贺；刊登板报，全班表扬；自颁奖状，收入成长记录袋；加分到该科成绩中等等。违反班规的毕竟是少数孩子，给班集体创造一个鼓励的氛围，促使他们积极向上，让孩子生活在快乐的精神世界里。

3. *执行班规，教育引导为主*

即使有了班规的约束，班主任也不能完全放手，更不能简单粗暴处理问题。当学生违规时应尽可能多地帮助他们分析其违规的原因、违规的影响及找出今后整改的措施，而不能简单地训斥。即使照章处罚也应首先让其认识到自己的违规性质而心甘情愿地受罚。学生犯错一般有三种情况：一是“犯错不知错”，则班主任在执行惩罚班规时应引导学生为自己的行为负责；二是“犯错不自觉”，班主任在执行制度时重点应放在学生自制力的培养上，要耐心教育；三是“知错也犯错”，这种情况后进生出现的状况要多一些，班主任应分析原因，看是不是师生关系不和谐，或者教师对他的关注不够，或者其对自我发展丧失信心而“破罐子破摔”，亦或是犯错已成习惯。然后班主任可以根据具体原因，改善师生关系，真心帮助每一位学生，促进他们健康发展。

班规的最终目的是促进学生的健康成长，因此“我们不能将规则视为钉入儿童身上的一颗钉子，而需要将它看成是播种在儿童心里的一颗种子”。人性化的班规给学生机会，给学生自信，从而给学生以生命的舒展。

二、扮演好用爱和智慧转化问题学生的角色

我说的“问题学生”并不是指生理有缺憾的弱智青少年，而是指身体健康，由于后天原因致使品德行为、心理倾向等非智力因素形成的偏差或学习成绩差的学生。做这些“问题学生”的转化工作，关键是感化，目的是转化。爱的回报是学生信任你，积极地按你的意见办事；憎的回报则是对立、反抗，甚至恶作剧。

我班有个学生入学第一学期就给我添了不少麻烦。第一周把投影柜的盖撞了个洞；第二周和校保安打架；第三周有个下午没上课，去墟镇里买衣服。开学才几周，已迟到二十多次，天天欠交作业，上课打瞌睡，成绩当然只能从尾排上来了。起初，我对这位学生的恶作剧行为进行“冷”处理，课后与他谈论些与学习无关的事，在适当的时候渗透做人的道理。有一次，我和他谈到中国足球失利，球员真差劲，怎么也跑不起来，最大原因是懒，训练不认真。他很认同，并且说他对不起劲办事表示反感，如果是他去踢，一定比他们好。我说不见得，你也不比他们勤啊。一句话点着他的要害处，他表示“我会比他们勤奋”。第二天，果然不见他迟到了。对于这样的学生，我耐心做他的思想工作，发现其优点小心培植，使其被感化。经过三年的教育，这位同学逐渐成为一个主动维护班集体利益，好学肯问的好学生，有些科目达到优分。

问题学生是学校教育管理中不可避免的客观存在，我们对此既不可感到惊奇，又不可置若罔闻。教师要针对问题学生的身心特点、个性和各种形成诱因，采取有效的防范措施、灵活多样的教育方法：如分散座位，逐个击破；尊重关爱，平等对待；及时表扬，树立他们的自信；扬长避短，找闪光点；创新手段，开展活动；树立榜样，潜移默化；充分发挥教育的功能，促进问题学生的转变，成为名副其实的好学生。

三、扮演着引领学生自我教育，提升实现班集体的自我管理目标的角色

苏霍姆林斯基说：“只有能够激发学生去进行自我教育，才是真正的教育。”只有学生自己内心被激发、真正行动起来了才看得到希望。而老师最该做的不是单纯的说服教育，而是引领学生从自我认识开始去达到自我教育的目的。为了帮助学生确立自主管理的意识，引领他们加强自我认识，达到自我教育的目的，实现班级自我管理目标，我做了以下几个方面的工作：

第一，为了让学生真正能够敞开心扉，我常常利用读报和晨会课的时间给学生讲自我检查与反省的重要性，并要求学生写心灵日记，收集古今中外大家的自省名言和

案例，并在读报时间和晨会课进行交流。

第二，召开主题班会《推开那扇门》，引导学生敞开心扉，剖析自己，找回班集体的凝聚力。

第三，制订适合班级自我管理的奋斗目标。班主任应和科任老师、全班学生一道，综合教育规律、教学任务和学生自身发展需求，集思广益，博采众长，制定出既高瞻远瞩，又符合班级实际的管理目标，让目标在集体成员中入脑入心。

班级自我管理既符合学校管理的科学性原则，又富有时代气息。学生在自我管理过程中，自我认识、自我组织、自我监督、自我调节、自我评价的能力得到迅速提高，从而为优良班风、校风的树立，奠定了基础，准备了条件。班主任要通过形式多样的活动，让科任教师和全体学生加强交流，进而熟悉、融洽，达到相互信任、关爱的目的。授人以鱼，不如授人以渔。管是为了不管。

总之，管理班级不断地调整自己所扮演的角色。面对学生，捕捉契机，感性入手，理性分析。虽然说教无定法，但只要用心去体会、去琢磨、去领悟、去创新，与时俱进，一定会找到教育的新灵感，取得理想的班级管理效果，让一个个孩子实现自我价值，走向成功。

“阳光德育模式”的构建和实施
——金巴多尔“去个性化原理”在德育中的反向运用

■ 广州市花都区新华云山初级中学　罗太良

摘　要：金巴多尔实验证明，在去个性条件下，个体表现出较少的约束。一滴水融入大海中才不容易干涸。同样，在德育中强调集体的作用，这种德育才具有可持续性，才能有效和高效。因此，我们在德育工作中，反向运用“去个性化原理”，构建阳光德育模式，将学生个体的表现置于公众视野之中，将个体行为强化为习惯，促进个人良好习惯的形成。个人的转变促进群体的优化，群体的优化又反过来带动个体的进步，从而进入良性循环。

关键词：阳光德育　去个性化　反向运用

长期以来，学校德育缺的不是说教，缺的是符合心理规律行之有效的方法措施。我认为，有效且可持续才是科学的，大而空的德育目标或德育方法虽然“看上去很美”，操作起来只能是“镜中花水中月”。德育必须贴近生活，必须符合心理规律。我校德育根据金巴多尔“去个性化原理”，构建阳光德育模式，将学生个体的表现置于公众视野之中，强化集体在德育中的作用。从行为训练入手，注重学生行为习惯的养成，继而追求学生道德品质的内化。学校面貌发生显著变化，校风得以迅速转变。

一、金巴多尔的去个性化实验

心理学家金巴多尔提出了“去个性化的责任分散理论”。他认为，参加集体行为的个体，由于其原有的个性特征完全埋没在集体之中，成为一个没有个性的去个性化个体，从而使个体的自我意识降低，变得不负责任，最终导致了反制度化的集体行为的产生。

他做了这样一个实验：他以女大学生为被试对象，对她们说：“实验要求你们对隔壁的一个女大学生施行电击，不需要你们负任何道义上的责任，完全是为了科学实验的需要。”通过镜子，参加实验的女大学生们可以看到那个被她们电击的女大学生，实际上这个女大学生并没有受到电击，但当被试按下电钮时，她假装大喊大叫，像真的被电击了一样。

被试女大学生被分成了两组，分别在两种不同的实验条件下进行。在第一种条件下，金巴多尔让参加实验的女大学生都穿上了戴有头罩的白大褂，全身武装得彼此认不出来，而且，实验室的灯光比较昏暗，使被试者之间更加难于辨认。实验时，金巴多尔也不叫她们的名字，被试依次去电击隔壁的女大学生，却不知道每一次到底是谁在按下电钮。金巴多尔称这一实验条件为去个性化条件。

相对应的第二种实验条件就是强调个性化，所有被试的女大学生都穿着平时的服装参加整个实验，而且金巴多尔让她们每个人在胸前别上了一张清楚地写有她们名字和系别卡片，实验室的照明非常好，被试之间很容易辨认。而且，在整个实验过程中，实验者始终礼貌地称呼被试者的名字，因此在第二种条件下，每个人都知道是谁正在对隔壁的女大学生实施电击。金巴多尔把这一实验条件称为个性化条件。

金巴多尔预言，在去个性条件下，女大学生们将会在按电钮时表现出较少的约束。实验结果真如他所料，去个性化条件下，女大学生们按下电钮的次数比个性化条件下的女大学生要高两倍，而且下手比较狠。

这就是著名的金巴多尔实验。它揭示的原理是，在匿名情况下，人的责任感常常容易丧失。反过来说，当我们将个人的表现置于公众视野之中，他的责任感就会增强。长此以往，将个人的行为强化为习惯，促进个人良好习惯的形成，个人的转变促进群体的优化，群体的优化又反过来带动个体的进步，从而进入良性循环。因此，我们在德育工作中，反向运用“去个性化原理”，彰显学生个性，在彰显个性的环境中促使学生行为习惯的养成，从而实行管理育人的目的。

二、我校阳光德育实践

（一）我校基本情况

我校是花都区规模最大的一所初级中学，现有60个教学班，学生3200多人，教职工209人。曾几何时，我校成为人们心中的“问题学校”。校风不好，学生打架事件频繁发生，课堂纪律令人头痛，学生上学违反交通规则是家常便饭……到了2005年，积重的病情终于在一场莫名的“网络风暴”打击下爆发。

2005年暑假招生，我校初一年级招收了新生20个班1100多人。到8月底新生报到时，学生家长纷纷出入校园，为的是将自己的子女转到其他学校，最后转走的学生超过200人。于是，在附近小学，教师批评学生说得很多的一句话是："你再不好好努力，将来就只能去云山中学。"

（二）管理措施及其实施

近三年来，我校加强了德育工作。我校德育的主要思路是将学生放到集体中，在集体中教育个体。主要采取了下列措施：

1. 班级星级管理活动

从2008学年开始，我校开展了"班级星级管理"活动，将卫生、教室环境、教学秩序、文明礼仪、体育活动五个方面囊括在评价方案中，组织专门的检查队伍，进行定期检查，每周评比并公布结果，如五项均达标的班级，评为"五星级的班"，依此类推。此项活动刚开始时有些班主任不以为然，一是认为工作烦琐，二是认为管理过细。但经过一个学期的实施，实践效果非常明显。后来与班主任的评优评先、绩效工资结合起来，充分调动班主任工作的积极性，班级星级管理已在全校深入人心。

星级班级管理活动的实施，使班级面貌发生了明显的变化。过去，很多管理落实不到位，环境卫生总是要在上级领导来检查时突击，教室桌椅总是七零八落，学生仪表难于达标。现在，这些情况得以根本改变，学校环境卫生任何时候都经得起检查，集体活动、学生出操出队精神面貌焕然一新……2009年10月，广州市关工委在我校召开"广州市青少年法律心理咨询现场会"，学生出队整齐划一，开会时安静不语，听讲座时认真做好笔记，时而爆发热烈的掌声。师生良好的精神面貌令所有与会的领导大为赞赏，参加会议的区委副书记郭共添、关工委主任麦忠民高度评价云山中学的巨大变化。

2. 强化学生戴校卡制度

过去，我们也对学生戴校卡提出要求，但是，学生总是不愿戴校卡，这样，3000多个学生在校园内，就如同一群蚂蚁，让人无法分辨。现在，我们对学生戴校卡进行严格的要求，并在班级星级管理中列为考核内容。这样，只要发现有个别学生乱丢垃圾或发生其他违纪行为，可以立即对其进行教育。

3. 举牌出队

上学期，我校实行了集体活动举牌出队制度。各班拟出自己的班级口号，学校统一制作班牌，要求集体活动时举牌出队。自从实行举牌制度以来，以前长期解决不了的问题得以解决。过去，学生出队队形总是比较混乱，课间操的质量总是难以令人满意。虽然我们学生会组织了检查，但检查小组面对60个班的学生倾巢而出时，根本就无法分清到底是哪个班好哪个班不好，所以检查也只是形同虚设。而现在，举牌学生在前面带队，检查人员对各班表现一清二楚，检查结果反馈及时而准确，课间操质量得以迅速提高。

4. *扩大对学生的激励面*

我们开展了“每周之星”评奖活动，在每个班的外面设置一块牌匾，每周由各班评选出本周的“每周之星”，将这些同学的照片及事迹张贴出来。奖励名目繁多，由班主任自己决定，原则是让更多同学有获得奖励的机会，并在出操时请获得“每周之星”称号的同学举班牌，以增强他们的荣誉感。

（三）德育实践的效果

随着阳光德育的实施，学校面貌发生了翻天覆地的变化，教育教学工作成绩显著提高。在2007年中考中，我校程曦同学考入广东省实验中学，成为省实验中学在全区录取的七个正取生之一，梁伟健成为广州市物理科单科状元；在2008年中考中，我校有两名同学进入全区前二十名，徐敏坚成为化学科状元；2007年4月，我校被广东省体育局、广东省教育厅定为“广东省青少年体育俱乐部”；2009年4月，成为“国家级青少年体育俱乐部”；2009年12月成为“广东省体育特色学校”；2008年5月成为“广州市安全文明校园”；2009年4月，成为“广东省安全文明校园”；在2009年6月广东省教育厅主办的“我在祖国的怀抱中成长”征文比赛中，我校陈韦汝同学获一等奖，是全省25个（广州市4个）获奖者之一；由广东教育学会出版的“广东省基础教育名优学校巡礼”登载我校的办学事迹；张帜校长被评为“广东省体育工作优秀校长”。

德育工作成绩显著。2008年5月，花都区关工委、花都区教育局在我校召开“花都区感恩教育经验介绍会”；10月29日，我校在全区初中教学管理经验交流会上作经验发言；2009年4月区委举行加强未成年人道德建设会议，我校汇报被编入经验材料；5月7日，我校在区教育局召开的“校园文化建设经验交流会”上作经验发言；10月20日，广州市青少年法律心理咨询现场会在我校召开，我校介绍了开展法法制教育工作的经验；《中学生报》、《今日花都》、广东电视台、花都电视台对我校德育进行了多次报道；罗太良副校长的论文《管理的成败取决于细节》被中共中央党校丛书《求是先锋——领导干部在改革开放新时期的理论与实践》选用，他还出席了在人民大会堂举行的座谈会。

三、阳光德育模式的心理学分析

我校德育成功的关键是将德育落到实处，在集体中开展德育，结合心理学原理，遵守心理规律，以正确方法促进学生的行为养成。

1. 强化个性——抑制负面行为的出现概率

金巴多尔的“去个性化”原理告诉我们，当一个人在集体中隐藏身份时，他的责任感会大大降低。根据这个原理，我们在管理中就要尽量避免让学生在群体中“隐藏身份”，避免“去个性化”的情况出现，而是让每一个人在群体中“亮明身份”，从而增加群体对他的约束力；让每一个班“亮明身份”，使“班级”在更大的群体中得到约束。这样，个体在班级中会增强责任感，班级会在更大的集体——学校中增强责任感。

个体或班级在“亮明身份”的情况下会增加责任感，会增加履行组织要求的自觉性。学校明确管理目标，落实管理过程，让个体或班级明确学校的要求，并及时将检查结果反馈给全校学生，这样，学生个体和班级就会在不断的强化中进步。

2. “擦亮招牌”——强化正面行为的出现频率

我们对班级实行“星级班评比”，对学生实行“每周之星”评比，是从正面运用“个性化”效应。就是让正面行为得到充分肯定，并加以强化，让更多学生学习身边的榜样，让更多优秀班级得到表扬，使他们的“个性”得以彰显，这就叫“擦亮招牌”，发挥榜样的光晕效应。

3. 扬人所长，强化激励

竞赛是充分激发学生积极性的重要一环，是学校管理“去个性化原理”反向运用的又一手段。竞赛，是将个体或班级个性彰显的方式，激发个体或班级的责任感和荣誉感，使他们沿着学校要求不断前进，在竞赛中实现对学生个体和学生集体的培养。

原杭州学军小学校长杨一青认为，整体是部分的优化，部分又在优化的整体中更加优化，如此循环往复，整体才得以持续快速的发展。所以，我们正确运用“去个性化原理”，在管理中避免学生在负面行动面前“去个性化”，让他们的行为显现在集体的视野中，从而减少偏向行为的出现。在正面行动面前“强个性化”，让他们的行为充分显示在集体的视野中，使榜样的作用得于充分发挥，使榜样的光环得以不断地扩大，从而实现榜样育人的目的。

参考文献：

[1] 傅安球. 助理心理咨询师培训教程［M］. 上海：华东师大出版社，2006.
[2] 方国才. 中国著名校长的管理奇迹［M］. 南京：江苏人民出版社，2007.

礼仪自修行，道德暖人心

——论未成年人思想道德教育之礼仪教育

■ 惠州市惠城区水口中学　胡小麟

未成年人是祖国未来的建设者，是中国特色社会主义事业的接班人。未成年人思想道德状况如何，直接关系到中华民族的整体素质，关系到国家民族的前途命运。为全面提高未成年人的思想道德素质，充分发挥学校在未成年人思想道德建设中的主课堂、主阵地作用，就必须在提高他们科学文化素质的同时，大力培养他们的思想道德素质。

我校是惠城区水口办事处一所公立的初级中学，位于城区东隅，是典型的城乡结合部学校。学生主要来自农村、乡镇，还有一些是外地农民工子弟，学生思想道德素质参差不齐，给学校的教育和教学带来较大的困难，因此，提高未成年人思想道德素质显得尤为重要。我校结合农村学校的实际，根据学生思想道德的现状和特点，积极研究探索学生思想道德建设的新对策、新方法和新途径，逐步形成了本校的德育特色——以礼仪教育为载体，提高学生思想道德素质。下面就简单介绍一下我校实施礼仪教育来提高未成年人思想道德素质的一些颇为有效的具体做法。

一、军训拓展实践礼仪

学校每年都在本校举行七年级新生军训活动，目的是可以让新生尽快熟悉学校的环境和规章制度，适应在校住宿的生活；更重要的是通过军训增强学生的纪律和集体意识，磨炼学生的意志，培养新生讲文明礼貌的习惯。从新生入校门的第一天起，我们就狠抓学生的礼仪教育，促使他们养成文明的习惯，教会学生讲礼貌是教官们给他们上的一堂必修课。

根据我们的军训方案，第一天就引导学生集体开口叫“教官好”“老师好”“校长好”；对他人提出要求时要说“请”；与人打招呼时要说“您好”；得到别人帮助时要说“谢谢”等，使新生一到校就学会使用礼貌语言。其实，多数学生都是有礼貌的，只是学生害羞，别人不说，自己也不敢开口。我们用集体开口的办法，就是让学生能克服害羞的心理，大胆地表达自己的心意。一周下来，绝大多数的同学就会养成讲文明礼貌的习惯，并且把这种讲文明之风一直延续下来，校园内处处弥漫着文明礼仪的良好风气。

二、专题活动强化礼仪

文明礼仪教育是学校未成年人思想道德教育的基础工程。我校着眼于将文明礼仪教育实践活动与民族精神教育、传统美德教育、革命传统教育、行为规范教育及学校的其他教育教学活动紧密结合，通过文明礼仪教育实践活动，学校成为文明礼仪的宣传和示范窗口。为提高学生的思想道德修养，弘扬中华美德，创建文明校园，学校每年都会开展内容丰富、形式多样的以文明礼仪为主题的教育实践活动，充分挖掘课堂和学校的教育主导作用，把文明礼仪教育融入到学习学校规章制度中。《中学生守则》《中学生日常行为规范》《水口中学文明班、文明学生、文明宿舍和文明村评比条例》是我们学校班主任必须组织学生学习的。学习学校的各种规章制度使学生践行文明礼仪有章可循。各级各班每学期要求按计划举行与文明礼仪教育相关的主题班会、出专题黑板报和文明礼仪知识竞赛等。活动举行后，我们会检查落实。学校利用每周升旗后、两操后和班会课时间检查各班学生的文明情况，检查内容包括是否使用文明用语，学生形象是否文明，课室、宿舍布置是否文雅等。检查方式包括德育处组织行政领导检查和团委、学生会成员检查两种，然后把检查情况进行汇总，上交德育处按学校的规章制度进行奖惩。最后我们还会进行总结评比，学校德育处把各班开展情况进行文明分量化，评选出文明班、文明学生、文明宿舍和文明村，并进行表彰颁奖，以榜样作用来感化、激励学生，使学生在礼仪上升华，在全校范围内形成浓厚的创文明氛围，从而使“四文明评比”活动形成了我校的一大特色。各种文明礼仪活动的开展养成了学生良好的文明行为习惯，使学生具备文明生活的基本素养，很好地提升了未成年人思想道德素质。

我国是礼仪之邦，对联是我国传统文学宝库中一颗璀璨的明珠。学生可以在创作对联的过程中自抒胸怀，言志自励，陶冶性情，从而使自身的心灵受到一定的洗涤。我校从2009年开始就邀请了中语会“导读导写研究与实验课题组”学术部宁兴副主任、区教育局邓荣华语文教研员作为我校开办征联活动的指导老师，在全校范围内开展征联活动。我们开展征联活动，旨在弘扬中华民族经典文化和提高学生的思想道德素质。首先，学校请专家给全校师生作了有关对联相关知识的专题讲座，使学生增长了知识，同时对学生更深入地开展礼仪教育。我们学校在出联时，从本校的实际出发，重点是要借此机会给学生以熏陶，有目的地对学生进行一次次文明礼仪教育。例如我校几年来拟出了“文明城市做文明人”“礼仪校园，盛开文明之花”“讲文明，树新风，水中师生人人争做文明人”等下联，要求学生对出上联。每次出联，学生都会踊跃参加，对出“品牌学校走品牌路”“书香学府，育出智慧之果”等诸如此类的好联，每次活动我们能收到一千多条学生的对联。为了保证能让学生有高涨的参与热情，我们为每次征联活动都设置了奖项，并在校园内公布结果。通过这种集趣味性、知识性和教育性征联活动的潜移默化，我校学生的文明礼仪之风日益渐浓，思想道德素质又上一个新的台阶。

三、营造氛围巩固礼仪

环境影响人，环境教育人，好的礼仪教育环境氛围是校园文化不可或缺的。因此我校着力营造礼仪教育的环境氛围，努力使校园环境教育这一隐性课程显性化，校园文化这一无形力量有形化。学校对校园环境做到布局有科学性，布置有教育性，整体有陶冶性。充分利用黑板报、宣传窗、校园小报、校园网页等进行宣传，使校园的每一个角落都宣讲着礼仪：墙壁上的画“说”着礼仪；师生格言“讲”着礼仪；校园小报上“报道”着礼仪……学校设置“礼貌用语”警示牌，将日常礼貌用语如“谢谢”“再见”“对不起”“没关系”等设置在校园内各个角落，让学生时时处处置身于浓厚的礼仪教育环境中，潜移默化，受到文明礼仪的熏陶。

经过一系列对学生的文明礼仪教育，学生的礼仪意识进一步增强，注重言行举止细节，养成了良好的文明礼仪习惯，全校学生的文明素质明显提高，学生与学生之间关系进一步和谐。学生懂得了用文明的态度对待问题，用文明的方式化解矛盾，营造了和谐的人际关系。学生讲粗口现象大幅减少，打架现象几乎绝迹，全校上下形成了文明、和谐的良好的氛围。在全校师生的共同努力下，我校被评为惠州市“安全文明校园”“惠州市一级学校”。

未成年人思想道德建设是学校应长抓不懈的艰巨工作，文明礼仪教育是个体道德形成、发展的根源和动力。实践证明，勇于开拓创新，开展丰富多彩的文明礼仪教育活动，有助于促进学生对道德规范的理解，为道德的真正获得提供基础，有利于提升未成年人思想道德素质，增强德育工作的针对性、实效性，是学校德育教育的有效途径。

单亲家庭学生个性研究与对策

■ 河源市源城区啸仙中学　吴国阳

摘　要：当今社会，随着人们的婚姻观和幸福观的变化，单亲家庭越来越多。单亲家庭学生的教育问题越来越突出，成为每个教育工作者必须面对的课题。本文从单亲家庭学生的心理特征入手，简要分析了单亲家庭学生主要存在的问题以及单亲家庭学生的心理需要，并针对存在的问题提出了解决的措施。

关键词：单亲家庭　学生研究

随着社会的发展，人们的婚姻观、家庭观发生了巨大的变化。人们更注重在婚姻中自主选择命运，追求幸福，使得现实中离婚率大幅度上升，大批单亲家庭出现。单亲家庭产生的家庭破碎、爱的残缺等会给未成年的孩子造成巨大的影响，使其产生各种心理问题，比如自卑心理、自闭心理、逆反心理等。正确认识和处理单亲学生的个性心理问题，逐步引导他们慢慢走出心理阴影，重拾生活的乐趣和幸福感，是新形势下教育发展赋予每位教师的重要任务，也是教师专业技能提高的需要。

一、单亲家庭学生个性心理特征

单亲家庭的孩子往往因缺少父爱或母爱而导致心理失衡。特别是处于青春期的青少年，他们常常感到孤独、忧虑、失望，往往情绪低沉，心情浮躁，性格孤僻。单亲家庭的孩子性格上出现的缺陷一般表现为两个倾向，一种是自卑、嫉妒心强；另外一种倾向是“破罐子破摔”的心理。这样的孩子性格往往暴躁，有的甚至表现得很残忍。还有些孩子性格具有双重人格，在家一挨训就唯唯诺诺，在外遇到弱小者就把在家受到的教育方式使用到别人身上，表现得暴躁凶狠。在单亲家庭形成的过程中，父母长期处于心理失衡的状态，家庭的矛盾性增加，成员间感情表达受到限制，使得学生变得敏感脆弱。父（母）爱的失去，给他们的心灵蒙上了巨大的阴影，如果没有积极地干预和引导，他们就容易产生心理问题，阻碍干扰他们正常人格的健康发展，甚至诱发犯罪。

1. 具有自卑感、嫉妒心强

调查表明，自卑心理是每个离异家庭子女普遍存在的，只是轻重不同。离异会让学生觉得自己“与众不同”，他们会试图逃避这种感受。因此，单亲家庭学生一般会沉默寡言，不与别人交流，消极地看待一切，害怕面对困难，不信任别人和自己，对生活充满了迷茫和悲伤，并伴有焦虑、不安全感。同时，他（她）们往往十分嫉妒生活在温暖家庭的同学。他（她）们整个身心经常处在紧张的应激状态，长期保持这种状态会影响到心理健康和人格发展。

2. “破罐子破摔”、人际关系差

单亲家庭学生的人际关系一般都比较糟糕，常常会感到孤单。人际关系越差的人越会产生不被周围的人接纳的感觉，越感受到不被接纳，人际关系就越差，这是个恶性循环，于是他们就选择自我封闭。他们不主动与人交往，不能与他人进行相互理解和沟通，以自我为中心，拒交朋友，不重友谊；回避竞争、竞赛，拒绝参加任何集体活动，不愿抛头露面，也不愿表现自己，严重者会患有社交恐惧症。主要表现在，学生一进入社交场合（或大众场合）就有强烈的恐惧感，不能自控，甚至完全不能与人交往。

3. 逆反心理

对破损家庭和无情父母或父母行为的不满、得不到心理上的亲情关爱，而又承受着父母“望子成龙”或“望女成凤”的教育压力以及对周围人对自己漠视、冷漠、不公的不满等，使他们或是自暴自弃或是将情绪发泄到提出离婚的父母一方。因为家庭的离异会使一个学生反感整个社会，对一切都产生逆反心理。不计后果地对对方的言行不加分辨地反抗和抵制，使双方关系紧张，交往难以健康发展，严重影响了学生的身心发展。

4. 厌学严重

单亲家庭学生往往会产生严重的厌学情绪。他们上课不认真听讲，经常做小动作或随意讲话，经常不完成作业，严重的还会干扰课堂纪律，甚至逃课等。课后还惹是生非，故意打架，甚至有小偷小摸的现象，屡教不改，一般以男孩居多。这类行为则趋向于“问题行为”中的“攻击性问题行为”，由于缺少父母管教，自身约束力又差，他们无所顾忌，用攻击性行为发泄不满。如果任其发展下去，他们的攻击行为会越来越严重，给自身和他人造成伤害。

二、单亲家庭学生内心需要的是什么

前苏联心理学家彼得罗姆斯基说过，任何方法如果是以儿童的需要为基础的，那么便会成功，任何方法如果不是按儿童现有的需要去进行，那么就不会达到目的。因此对单亲家庭学生现有的心理需要进行分析十分有必要。经过细心的观察、多种渠道的访谈、问卷和心理咨询，我们发现单亲家庭的学生有着比其他学生更强烈的需要。

1. 他们比其他学生更渴望得到老师的爱

由于他们家庭的特殊性，他们有的只得到了母爱，有的只得到了父爱；有的父母为了争得孩子的抚养权还展开拉锯战，孩子夹在中间无所适从；有的则是父母都撒手不管，孩子只好跟着爷爷、奶奶过。在这些情况下，孩子强烈渴望得到老师的爱，希望老师像父母般关心他们，爱护他们，弥补家庭给他们带来的伤害。

2. 他们渴望得到同学的友谊

单亲家庭的学生在班内还是不多的，许多学生不愿和他们交往，有的学生受了家长的影响看不起他们，因此这些孩子往往很孤独，胆小怕事，或者就是我行我素，摆出一副无所谓的样子。其实在他们的内心深处，是十分渴望融入到集体中，和大家共同进步的，只是他们或自尊过强，或没有勇气主动接近大家，怕同学嫌弃他们，所以用沉默和孤傲来掩饰自己真实的心态和对父母的不满。这从许多的心理咨询问题中可以看出。（如有学生问：“我想和他们交朋友，可又怕他们看不起我，不理我，不知怎么办？”有学生问：“有同学经常故意欺负我，是不是因为我父母离婚了？”等等）

3. 他们渴望帮助

家庭的残缺给他们的心灵带来了许多的创伤，他们有许多的苦闷需要对人倾诉，也特别希望得到别人的安慰，使心态得到平衡。（有同学问：“自从父母离婚后，我变得性格古怪，脾气暴躁，怎么办？”有同学问：“现在我上课没心思，该怎么办？”有同学说：“我现在爱幻想未来，又对未来感到失落，你能帮助我摆脱吗？”等等）

4. 他们渴望表扬，渴望有好的成绩

他们希望通过老师的表扬和得到优秀的成绩引起父母的重视，重新得到父母的关心和疼爱。（有同学说：“是不是因为我不好，我父母才要离婚的？如果我成绩好一些，妈妈就会回来了？”这是初一年级学生的话，让人听了感到很心酸。）

三、单亲家庭学生教育对策研究

重视和强化对离异家庭学生的教育，努力创造公正、公平、共同关心他们健康成长的教育氛围是老师义不容辞的责任。

1. 用爱心来抚慰他（她）们心灵上的创伤

“一切最好的教育方法，一切最好的教育艺术，都产生于教育者对学生无比热爱的炽热心灵中。”单亲家庭的孩子在家庭遇到变故时，往往会心灵受伤，从而关闭与同学、老师甚至自己周围所有人交流的窗户。爱是打开他们心扉的钥匙，是缝合心灵创伤的灵丹妙药。对学生的教育和引导是每个老师的职责，单亲家庭的学生和其他学生一样，也是国家的未来和希望，他们也应该得到老师的关心和爱护，这是老师必须承担的责任。用爱心来抚慰他们的创伤，老师对单亲家庭的孩子更应该多一点耐心，少一点急躁；多一点宽容，少一点指责。当然我们也应该清楚，老师的爱是一种责任，是一种境界，不是让学生放任自流，一味迁就，而是爱中有严，严而有度。

2. 主动担当破碎家庭学生的临时家长

通过同一些家长的接触，我们了解到有些家长并不是不想把自己的孩子教育好，相反因家庭的变故有些家长把自己的希望寄托在下一代身上，但因在家庭的变故中自身也受到创伤，所以在对孩子的教育方法上出现了偏差，或溺爱；或恨铁不成钢而专制；或母亲不管，父亲也不管，出现了放任。这时老师如果能主动担当破碎家庭学生的临时家长，把他们当作自己的孩子一样关心、照顾、教育，切实履行家长的职责。除了对他们生活细心指导，学习上经常辅导外，还利用双休日将一些破碎家庭学生接到自己家中，谈心交流，关心生活。这样，一定可以取得较好的转化效果，赢得家长和学生的认可。

3. 适时适度，对症下药

单亲家庭的同学由于受家庭的打击，在家庭变化初期是极度失望，万念俱灰，这时期爱哭、忧郁、喜欢孤独、学习成绩明显下降，这阶段会持续3-6个月；接着是对什么都无所谓，注意力不集中，上课思想开小差，甚至旷课；再到后来是内心极度痛苦，空虚。作为教师要密切注意这些同学的思想状况、平时的表现，充分理解学生，在不同阶段采取不同的引导和帮助。当同学对前途充满恐惧、担心、忧虑，情绪极不稳定时，老师决不能随便批评、指责，应更加关心他，以减轻他的内心痛苦。当同学处在盲目乐观，对什么都无所谓时，老师不仅仅是关心、安慰，还要给他（她）们指明方向。当他（她）们处在极度痛苦时，老师要谨慎从事，避免当面谈论敏感话题，关注其动态，防止结交坏朋友。

4. 积极和单亲家庭学生的家长保持联系

教师与离异学生家长经常保持密切联系，有利于双方统一教育观念、达成教育共识、协调教育目标、实现教育同步，促进单亲家庭学生身心健康和谐发展。班级可以设立一个联系家长的热线，老师也可以采取发信息的方式及时向家长反馈学生在学校的表现；经常开展一些家长学生共同参与的活动，加强老师、学生和家长之间的沟通交流，积极制定适合学生发展的措施，引导学生健康成长。同时，老师要积极指导单亲家庭的家长对学生的教育方式，促使家长以平常心态对待子女，不在孩子面前互相攻击，让家长充分认识到教育的重要性，既不能对孩子缺乏关心，也不能对孩子过于溺爱等。此外，老师还应积极把单亲家庭学生的点滴进步及时向家长传达，学生得到学校和家庭的双重肯定，就会对人生产生积极的看法，有利于孩子长远的发展。

5. 加强心理健康教育，强化破碎家庭学生自我教育

马卡连柯说："培养人，就是培养他对前途的希望。"大多数单亲家庭的孩子没有摆正自己和集体的关系，总是想到自己不如别人。因为自己没有其他同学那样拥有美满的家庭，常常表现出对什么事都提不起兴趣或不相信自己。所以，我们要铺设心理健康绿色通道，积极探索开展心理健康教育课及心理咨询服务，定期召开主题班会，营造一种乐观开朗、热爱生活、积极向上的氛围，使学生的生理、心理和社会性方面达到协调一致，保持一种良好的心理状态；使学生感受到爱，找到缺失的情感和自信。

6. 拓宽渠道，健全社会保障，形成教育合力

社会应充分利用各种形式的舆论宣传，让全社会各行各业的人都来关心、单亲家庭子女的教育问题。调动社会资源，给予单亲群体经济物资等方面的帮助，引导这些家庭的子女参加集体活动，为他们展示兴趣、爱好和才华创造条件和机会。第一，重视单亲家庭子女教育问题。设立单亲家庭子女教育咨询机构，设立家长学校，开设咨询电话，使单亲家庭的子女遇到问题能及时与社会联系；对于离异后的父母，通过家长学校等方式进行子女教育培训，提高教育水平；通过影视、广播、报刊，传授教育单亲家庭子女的科学方法，形式要多样化，内容要新颖，使其受教育于娱乐之中。第二，完善离婚子女监护权。人民法院在判决离婚案、处理未成年子女归属问题时，要考虑如何有利于子女的成长教育，既要考虑到监护人的抚养能力，又要考虑到其教育能力，使离异后的子女尽可能多地得到双亲的照顾和关心。生活在一个吵吵闹闹的家庭中的子女是不幸的，但离婚能使孩子幸福吗？这是每个面临离异的夫妻应当慎思的问题。第三，发挥社区教育优势。充分利用社区资源能给孩子创造良好的外部环境。

街道，社区要从各方面加强对单亲家庭的关心。生活上，可通过社区互助等形式对离异家庭中生活困难的同学给予经济上的帮助；思想上，经常上门家访，了解家长及孩子的思想状态，并及时和学校、老师取得联系，共同商量、研究，关心、教育好每一个特殊家庭的孩子。

加强对单亲家庭学生的教育，不仅是我们今天积极探索和关注的课题，而且也将是明天全社会各方面共同关心和解决的长远课题。关注单亲家庭学生的成长中出现的问题，缩小他们同完整家庭学生之间的差距，使他们健康成长，是我们每一个教育者不懈的追求。最后让我们大家共同记住高尔基的一段话："爱孩子，这是连母鸡都能做到的事……爱应该有爱的方法，有爱的技巧。"愿我们大家用真爱开辟通向单亲孩子心灵的道路，架起心灵沟通的桥梁，让单亲孩子得到温暖阳光的照耀、甘甜雨露的滋润，健康快乐地成长。

参考文献：

[1] 车平平. 离异家庭子女健全人格教育问题研究 [D]. 东北师范大学，2006.

[2] 杨艳. 单亲家庭学生心理问题研究与对策 [J]. 文教资料，2009.

[3] 田宏秀. 浅谈单亲家庭子女心理问题产生的原因分析及对策 [J]. 才智，2009.

[4] 李学容. 离异单亲家庭子女心理健康现状调查与分析 [J]. 重庆教育学院学报，2005.

[5] 顾琼，桑青松. 单亲家庭儿童常见心理问题及其疏导对策 [J]. 现代教育科学，2008.

[6] 王祖侠，郑燕. 单亲家庭学生心理特点分析与健康教育措施 [J]. 中国科技信息，2005.

[7] 李德安. 学校亟待建立单亲家庭学生心理干预机制 [J]. 湖北教育（教学版），2004.

[8] 史洪军. 以人为本，加强单亲家庭学生的教育 [J]. 中小学心理健康教育，2007.

用日记建构生命的方向

■ 中山市桂山中学　邓秀平

摘　要：日记写作是当代叙事治疗一种全新的心理咨询辅助技术。日记是自己与自己交谈，它让人能够在没有外在压力和顾虑的情境下尽情地、清晰地表达，宣泄自己的情感和审察自己。它既可以通过批判性反思而成为成长的工具，也可以见证心理成长的过程。文章通过对个案的分析来阐述日记在心理治疗中的应用以及它对来访者情绪疏导、认知调节、自我干预管理上的作用。

关键词：日记　情绪　自我监督　建构

一、相关理论

日记作为心理治疗或辅导的一种方法可称为"日记治疗"。

日记治疗是叙事治疗中写作治疗的重要形式之一。20世纪80年代叙事革命的兴起，推出了叙事心理学这一心理学的家族成员。叙事心理认为人生是建构和叙说故事的过程。故事就是过往之事，包括人们所听、所看、所经历之事。这些构成了人们赖以成长的生活环境或语境，构成了影响着人们心理行为的社会文化因素。人们在故事中生活，生活中又产生着新的故事，它是以往故事的继续。这新的故事又继续塑造着生活，塑造着人的心理世界。

叙事辅导（Narrative Counseling）的基本原理是解构消极的强势故事，发现、扶持和增强体现健康发展方向的弱势故事，从而建构新的故事和生活。叙事的主要方式有：故事的叙事——重新编排和诠释故事；问题外化（problems externalization）——将人和问题分开；形成积极有力的自我观念。叙事辅导最根本的操作是叙事表达。叙事表达包括动作表达和文字表达，而近年来在心理治疗与辅导中关注越来越多的写作治疗便是心理健康应用领域中叙事辅导（叙述治疗）的一种重要的叙事方式。日记写作作为治疗性写作的类型之一，记录着当天发生事情、重要的想法、内心的对话以及自己对事件的直接反思。日记是自己与自己交谈，它让人能够在没有外在压力和顾虑的情境下尽情地、清晰地表达，宣泄自己情感和审察自己。它们既可以通过批判性反思而科为成长的工具，也可以见证心理成长的过程。

在咨询中运用日记写作的方式，可以让来访者在自我对话中对已发生的事件整合和重构，获得关于事件新的版本，建构另一种生活故事。在咨询师的帮助下，引导来访者在日记中重新编排和诠释已发生的事件，达到认知的调节与重构。

二、日记的作用

中学生步入青春期后，开始喜欢收藏心事，喜欢写日记，写下属于自己的隐私，而写作一直以来被认为是有益于身心健康的事情。日记是一种特殊的写作方式，作为记录每天所经历的事情所感所得的它具有极强的保密性和驯服性，在心理治疗上有着得天独厚的作用。

美国心理学家詹姆斯博士13年来一直致力于研究写日记对人的心理治疗效果。他说："写日记可以把危险的压力发泄掉，进而增强人体免疫，改善健康。"詹姆斯博士曾叫一组人连续写日记一周，记录情绪感受。结果这些人在写了日记之后的两个月内，看心理医生的次数减少了一半。他认为，当人把烦恼写进日记之后，就像是把烦恼卸下，留在日记中了，于是身心得到放松。写日记的过程就是帮助我们了解与分析自己的烦恼过程。

由于日记不是写给别人看的，你可以踏实地写出自己的心事，不要隐瞒，既要写出正面的东西，也要写出负面的感受。将书写作为一种情感的发泄方式，最早起源于希腊哲学家亚里士多德。英国诗人葛里波顿也曾建议用写日记来治疗消沉和焦虑的病人。在日记中记录自己的情绪感受或把烦恼写进日记，相当于找到了一个合理又合法的宣泄情绪的途径。日记的书写在这里起到了情绪疏导的作用。

而在咨询师的指导下，有目的地进行日记书写，在咨询关系建立以后，在治疗阶段，通过提出一系列的问题，让来访者在日记中进行一个自我反省，重新认识自我，在下一个阶段则可以让来访者在自我发现的基础上，进行一个自我重塑，最终达到治疗的效果。这里日记治疗的运用使来访者或病人在意识上的领域中，认知的水平上对与其症状及障碍有关的事件、观点、认识获得了一种不同于以往的认识与理解，并由此带来了其思想与观点上的质的飞跃。书写治疗日记，实际上是一个认识改变的过程。

下面笔者以一个咨询个案为例来阐述日记在心理治疗中的应用方法，帮助了解日记是如何帮助来访者解构原有的不合理信念，建立新的思维方式，以达到治疗的作用。

三、日记在心理治疗中的应用

小梅是高二年级的一名女生，性格内向，不擅表达，在咨询时表现得很紧张，情绪低落，并表现出对身边的人很不信任，在班里也没有什么朋友。而且她在咨询的过程中，也很难对心理咨询师产生信任，不太愿意表达。为此，笔者决定以写日记的形式来辅导小梅。

1. 准备阶段

记录事件的发生、个体的情绪体验和行为表现。在准备阶段，咨询师可以通过以下几个问题来制定日记的方向

什么时候自己有这样的困扰？

使自己产生心理困惑的事情是什么？

产生心理困扰时自己的行为、情绪表现和内心想法是什么？

希望通过咨询自己有些什么样的改变与成长？

一般心理咨询会通过问话和倾听的技巧引导来访者去认识自己的问题，而日记让来访者进行自由的回忆，在回忆过程中自己内心的感受，让来访者更好地觉察自己的行为与情绪。心理分析疗法认为来访者明了自己内心困扰的原因和过程情形，症状便有了一个合理的解释，自然就消失了。写日记可以让来访者在宣泄自己情绪的同时，为自己的内心困扰找到一个合理解释，并把解决问题的主动权交还给来访者，让其自己反思并设定咨询的目标。

小梅的日记：

自从上了高二，来到新的班级，我就觉得很多事情发生了改变。我想把学习搞好，将来上一个好的大学。但是我很容易受周围同学的影响，我总觉得他们可能会议论我，因为我很少说话，他们一定不喜欢我。班主任找过我谈话，她说对我有信心，因为我高一成绩不错，但是我觉得班主任只是鼓励我吧，我已经很难跟上去了。

自习时，只要一有同学说话我就不能集中精神，我很想听听她们是不是在议论我。下课我看见同学围在一起说话我也很担心。班主任最近也不找我谈话了，我想她也讨厌我了。

我想通过心理咨询来改善自己的人际关系，能与他人更好地相处，也能更专心地

学习。

2. 治疗阶段

这一阶段主要是对来访者书写的日记进行分析，与来访者共同探讨日记中提出的问题，使问题外化，并找出不合理思维，达到认知调节的作用，形成积极有力的自我观念，再根据来访者的情况制定新的日记写作方向。咨询师可以设置以下的问题，引导来访者在日记中自我发现，并通过问题了解来访者的基本情况：

首先，分析上一阶段的日记，找出造成来访者心理困扰的真正原因，面对压力事件时的不合理思维，有针对性地进行探讨和解决，以实现认知调节。此处对日记的分析与探讨，相当于咨询中的理解和界定问题和探索问题的阶段。

小梅的问题主要是自我价值不足。她存在的不合理思维是别人一定不喜欢她，总是在议论她；班主任对她的表现很失望，所以班主任一定也不喜欢她。

此时，日记写作的方向由上一阶段的自我发现和情绪疏导，变为自我重塑。由咨询师提出问题，来访者根据问题书写日记，进行自我反思，以达到自我的监督、控制等自我干预的作用。

根据对小梅日记的分析，制定如下的日记书写方向，以打破小梅存在的不合理思维并建构新的合理的思维和信念，发现自己的优点：

第一，什么可以证明这件事情如我所想的一样？

在这里，日记的书写可以包括两个方面：一个是从自己的角度出发，打破自己“身份”的局限性；另一个可以在找寻压力事件证据的过程中，重新认识事件的产生及影响，形成合理的思维和观念。这时日记的书写则可以使得来访者辩证地看待已发生的事情，清晰地看到引起情绪的并不是事件本身，而是自己的信念起了决定性的作用，以形成坚强有力和合理的信念——达到“三赢”，培养“我好，你好，世界好”的积极信念。

第二，我现在发现我原来是这样的……

对这个问题的思考和书写可以使来访者更进一步认识自己。这里的日记书写是在自我发现的基础上，对自我的一个反省——重新总结自己的行为表现，进行一个自我的重塑，建构新的关于自我的故事，实现认知调节。

第三，我的优点是什么，我可以如何发挥它们？

通过发现自己的优点，实现自我接纳。对于强烈自我否定的来访者，可以由此问题在日记里增强自我接受，增强自信心，避免自我指责。来访者在日记中反省，在发现自己的优点的同时达到自我监督和控制的作用。如：咨询师可以引导来访者思考发现优势，并在日记中写下自己以后决定每天做一件可以发挥自己优势的事情，避免消极观念的闯入。

第四，我发现他们其实（可以包括所有与来访者有关系的人）……

当小梅总是站在自己的角度，以自己的人生态度及价值观念去看待同学、舍友等的行为时，就觉得别人可能对自己有看法，因而容易在人际交往中形成自我封闭，并对他人和自己产生否定的想法。咨询师可以要求她通过观察后，在日记中辩证地记录下对别人的看法，学会换位思考。这可以起到认知调节和自我控制的作用，并且可以促使来访者可以更理智和辩证地看待引起心理困扰的问题和人。

3. 结束阶段

在这一阶段，可与来访者共同探讨其在前段时间的成长以及可以提升的地方，并引导思考如何应对将来可能遇到的问题，为自己将来的生活做准备。鼓励来访者即使咨询结束也可以继续用日记的方式进行进一步的自我觉察、调节与控制。

经过几次的日记分析与咨询，小梅的日记慢慢越写越简单，通过简单地对事件描述，很自然地对自己的不合理思维进行分析。日记不但帮助小梅重塑了自我，学会更客观地看待他人，而且还成了她情绪调节的好帮手。

最后一次交日记，她对自己的情况作了如下总结：

虽然我还是会偶尔在上课的时候分神，但是我已经能很好地提醒自己，要客观看待他人的讨论。前段时间我鼓起勇气，在下课的时候加入到同学们的讨论中去，虽然没有说什么话，但是大家并没有排斥我，还主动和我说话。原来事情并不是如我所猜测的那样。

我太在乎他人的看法，我总以为别人不喜欢我，以为班主任对我很失望，这些想法使得我不敢踏出一步与同学交流，上课也不能集中精神。后来我才知道很多事情并一定如我想象的那样，自己也没有自己想象的那么糟糕。想来人很多时候都是庸人自扰吧。谢谢老师，我会继续记录自己的情绪和想法，来不断地调整自己。

至此，小梅的咨询就暂告一段落。

日记在咨询的过程中真正做到了把发现问题、解决问题的主动权交还给了来访者本人。来访者在咨询师的指导下，通过书写日记可以解构自己原有的不合理思维和信念，建构新的合理信念来帮助来访者走出情绪的旋涡，明晰生命的方向。

4. 咨询关系结束后

咨询关系结束后，在没有咨询师的引导和协助下，来访者也可以继续书写日记，实现自我管理，可以让来访者更明确地看到解决问题的主体是他自己。来访者通过日记进行自我的管理还有以下作用：首先可以提高来访者自主改变行为的动机水平；其次直接在生活的自然情景中改变行为，日记可以时刻起到一个提醒的作用；而且可以发现一些在治疗室里不易观察和处理的行为。咨询结束后，来访者可以自行监督并进行矫正，尤其是一些在生活中多次出现的行为，如贪吃零食、乱扔东西等一些不良习惯，通过日记进行自我管理可能最为有效。

需要注意的是，在日记治疗过程中咨询者要引导来访者：第一要考虑行为是什么和怎么样，而不要考虑为什么会发生，以避免个人的负疚和悔恨感；第二要认真考虑如何解决，主动地设计和安排有利于自己行为变化的环境，以增强自己的主动性和责任感；第三，要尽量往好处想，看自己的长处、进步及美好的未来，以增强自己的信心；第四，采取小步子策略，把行为的总目标分为渐进的、能加以控制和实现的子目标，增加自己的胜任感；第五，要求自己灵活地而对具体的问题和情境，感受支配者的主体地位；第六，乐于考虑未来，鼓励自己思考如何应对将来可能遇到的问题，并为未来生活做准备。

四、结语

Karasu认为情绪体验与行为调节同样是影响心理治疗疗效的共同因素，情绪体验亦有帮助来访者或病人改变的作用。书写治疗日记，在记录过程中可以在宣泄不满情绪的同时，重新诠释已发生的压力事件，建构新的自我，这实际上是一个认识改变过程，是治疗的关键的一步，主要由来访者本人独立完成。但认知的改变如仅仅停留在认知的层次上，不付诸行动，亦不可能产生真正持久稳定的疗效。日记的书写则可以在行为的改变上起到自我监督和自我控制的作用，使人时刻审视自己的行为以及自己的改变，看到自己的成长，在日记中获取继续前进的力量。

当然，作为一种新兴的心理治疗辅助技术，日记治疗的理论与实施在一定程度上还缺乏充分的发展与验证，需要广大心理咨询工作者在实践中不断地进行总结与摸索。总之，在目前心理咨询过程中将各种技术进行综合运用的大趋势下，将日记治疗整合于多种治疗方式中加以适当的使用，会给心理咨询工作带来效果良好的辅助作用。

参考文献：

[1] Karasu T.B. The specificit yversus nonspecificit ydilemma. toward identifying therapeutic change angents. American Journal of Psychiatry，1986，143（6）：687-699.

[2] 钱铭怡. 心理治疗过程中认知改变的作用[J]. 中国心理卫生杂志，1994（3）：8.
[3] 施铁如. 写作的心理治疗与辅导：功能、原理及其应用[J]. 华南师范大学学报（社会科学版），2006：1.
[4] 沈之菲. 叙事心理治疗：一种后现代的心理咨询方法[J]. 专题研究：德育叙事，2003，12.
[5] 明理. 写日记增强免疫力[J]. 健身科学，2004，2.
[6] 宋瑛，梁爱主. 日记与心理治疗[J]. 中原精神医学杂志，1996（2）：2-3.
[7] 毛晶. 慢性精神分裂症病人康复期日记疗法的效果分析[J]. 护理研究，2006（16）：1470.
[8] 周爱花，黄垦. 日记式认知治疗在抑郁症病人自杀危机干预中的应用[J]. 现代临床护理，2005（5）：4.
[9] 陈巍. 心理性作文在心理咨询与治疗中的作用[J]. 社会心理科学，2006，4.
[10] 杨心德. 日记的心理治疗功能初探[J]. 健康心理学杂志，2001（5）：10.
[11] 杨心德. 日记与大学生的心理健康[J]. 宁波大学心理健康指导中心，2002，5.
[12] 张智. 叙事治疗及其价值[J]. 国外医学：社会医学分册，2004（1）：21.
[13] Paul C Burnett，David Meacham. Journal of Counseling and Development：JCD，Fall 2002，80（4）.
[14] 施铁如. 后现代思潮与叙事心理学[J]. 南京师大报，2003（2）：3.
[15] 施铁如. 学校心理辅导的叙事方式[J]. 教育导刊，2006，1.
[16] 吴慧林. 通过随笔辅导促进学生心理健康[J]. 广东教育学院学报，2005（6）：25.
[17] 陈顺森. 心理性作文在大学生心理咨询中的功能及应用[J]. 漳州师范学院学报（哲学社会科学版），2004，3.
[18] 张智. 叙事治疗及其应用价值[J]. 国外医学：社会医学分册，2004（1）：21.
[19] 江光荣. 心理咨询与治疗[M]. 合肥：安徽人民出版社，2003，5.
[20] 李中莹. NLP简快心理疗法[M]. 北京：世界图书出版公司，2003，9.

利用绘本开展小学生命教育课程的探讨

■ 中山市板芙镇湖洲小学　杨燕娜

摘　要：生命是教育的根本，把“生命教育”这一教育理念运用到学校教育中刻不容缓。在小学开展生命教育的各种形式中，开展生命教育课程是学校真正实施生命教育的保证。但同时处于一线授课老师在开展生命教育课程时，面临着两个困境。一是开展生命教育课程的教辅资料应该如何整合？二是开展生命教育课程的形式应该如何把握得当？

针对这种困境，笔者认为，绘本可作为小学开展生命教育课程的良好媒介。绘本可作为教辅资料整合小学生命教育课程。绘本在运用于学校开展生命教育课程的同时，还具有能潜移默化地影响孩子正确生命价值观形成，帮助孩子体验生命中的积极情绪，建构生命价值的积极心理的成长意义。

关键词：绘本　小学　生命教育课程

一、学校开展生命教育课程的必要性

人类进入21世纪，在机遇与挑战并存的环境下，社会竞争压力日益加重，加之多元文化价值的冲突，使青少年的生存状态发生了巨大的变化，面临着更多的生存挑战。伤害他人、自残、自杀等校园事故时刻敲响着学校教育的警钟。

生命是教育的根本，教育是一项直观生命并以提高生命力价值为目的的神圣事业。意大利教育家蒙台梭利曾指出：“教育的目的在于帮助生命力的正常发展，教育就是助长生命力发展的一切作为。”学校教育更应予以生命独特的关照。2005年，上海市颁布了《上海市中小学生生命教育指导纲要（试行）》；辽宁省制定了《中小学生命教育专项工作方案》；湖南省颁布了《湖南省中小学生命与健康教育指导纲要（试行）》；2008年四川汶川大地震后，云南省教育厅颁发了《关于实施生命教育生存教育生活教育的决定》；黑龙江省教育厅制订《黑龙江生命教育课程标准》等。这些都说明把“生命教育”这一教育理念运用到学校教育中刻不容缓，学校开展生命教育任重道远。

不同省市相继出台了不同的指导纲要，但开展生命教育的终极目的是一致的——培养健康积极的年青一代。指导纲要指出，生命教育具有渗透性和情景性，它是学校教育的一种存在形式。现行学校开展生命教育的形式多样。如学科渗透、班队主题活动、专题讲座、生命教育课程、社会实践、家校联动等，在这些教育形式中，如果我们只是认为生命教育要融入和渗透到学校教育的大背景中，那么在现实教育活动里，生命教育就会变成应试教育的华丽外衣，也就是“生命教育是个筐，什么都能往里面装”。有鉴于此，笔者认为学校生命教育应该树立以理念为先、课程实施为主、学科渗透等形式为辅的教育模式。开展生命教育课程是这些教育形式中最具发展性和可操作性的。因此，开展生命教育课程是学校真正实施生命教育的保证。

二、小学开展生命教育课程的困境

《黑龙江生命教育课程标准》里指出，学校开展生命教育课程的目的是让学生“珍惜自己的生命，尊重他人生命，超越生命中的困难，提升生活品质，激发生命的潜能”。在小学阶段，我们把让学生学会尊重生命、爱惜生命，有积极的自我认同感，发挥自我潜在的积极力量作为教育目标。在开展生命教育课程时，作为一线的授课老师，我们陷入了这样的困境。

1. 困境一：开展生命教育课程的教辅资料应该如何整合

学校开展生命教育课程需要相关的教辅资料作为参考。我国各地相继出版了一些关于生命教育的读本，对学生身心发展、生存能力的培养，对校内外的生命教育资源有机整合具有一定的理论性指导。虽然如此，现行的生命教育读本仍存在一些问题。归类如下：第一类是大而全。读本内容涵盖安全、法制、宗教、养生、生理、心理等；第二类是有所偏颇。读本内容为安全教育、法制教育、禁毒教育、性教育或宗教教育等。根据小学生命教育的目标，真正适用于小学开展生命教育课程的教辅资料还是相对缺乏，这就让学校在开展生命教育课程时还只能是一个各施各法的状况。

奔走在一线的授课老师在准备课程时应该如何整合教辅材料，使所开设的生命教育课程具有延续性、阶段性和系统性？这是困境一。

2. 困境二：开展生命教育课程的形式应该如何把握得当

在我国，一方面，人们的行为、情感仍然很受传统思想的束缚。“未知生，焉知死”的哲学传统的束缚使社会大众很少接触生和死的议题。在孩子的成长教育历程中，父母是避免与孩子谈论出生和死亡的。例如，孩子问爸爸妈妈我是从哪里来的？答案千奇百怪，但就是很少会正确地告诉孩子，妈妈如何把你生出来的；身边有人去世了，父母通常会对孩子说那人走了，去了很遥远的地方。就是没有告诉孩子那人死了，不可能再出现在身边了。正是这种对生和死的议题避讳的传统成长氛围的影响，使得学校在开展生命教育课程时应该更注重形式的把握得当。

另一方面，在现行的教育风气里，为了让孩子不输在起跑线上，有许多的孩子从上幼儿园，甚至从在妈妈的肚子里开始就被要求接受一堆智能开发训练、才艺训练，却没有更多机会去亲近大自然，倾听自己声音，和小伙伴一起在玩乐中成长。相对对孩子技能培养的热衷，父母较少关注孩子的情感需要，亦不懂该采用什么样的形式与孩子进行积极的沟通。

授课老师应该用怎么样的形式来开展生命教育课程，才能让孩子们在接触生命价值的议题时感到气氛轻松，谈论自然？这是困境二。

三、绘本在开展小学生命教育课程中的作用

绘本，英文称Picture Book，用汉字译为“绘本”，顾名思义就是“画出来的书”。绘本用于较为严格意义的图画故事书。绘本十七世纪诞生于欧洲，二十世纪三十年代，绘本图画书的主流传向了美国，绘本图书迎来了黄金时代。五六十年代，绘本开始在韩国、日本兴起。七十年代，台湾也开始了绘本阅读，随后引起绘本阅读的热潮。

很多人会认为绘本只适合幼儿或小学低年级的孩子阅读，其实不然。绘本可分为儿童阅读绘本和成人阅读绘本。成人阅读绘本较为大多数人熟悉的是台湾漫画家蔡志忠、几米和朱德庸的绘本系列等。

现行的大多数绘本贴近儿童心理，按照年龄段细分的儿童绘本也越来越多。一般有两种划分形式：一是0—3岁、3—6岁、6—8岁、8—10岁、10岁以上；二是学龄前、低年级、中年级、高年级。绘本的读者范围涵盖了小学阶段的孩子，优秀的绘本能给孩子带来愉悦和幸福感。

现在小学阶段孩子的父母多为70后和80后，这一代人都是在动画片和游戏机的陪伴中成长的，他们也是绘本阅读的主力，所以利用绘本可增进亲子之间的互动阅读。所以，利用绘本开展小学生命教育具有针对性和可行性。

1. 绘本可作为小学开展生命教育课程的良好媒介

一位从英国学成后，回台湾国立大专院校任职的助理教授，长期致力于各机构生

命教育的推动工作，但谈到对于孩子生命教育时也只得承认仅有理论上的了解，缺乏实际的操作经验。他谈到："两位可爱的女儿相继出生，我初为人父十分的兴奋，但却不知道如何有效与孩子沟通与互动。当时有一家知名的儿童图画书出版社，每个月都会主动寄发最新的生命教育相关绘本给我，我与我太太两个人就开始阅读绘本，并与女儿分享其中有趣的故事。当时我便深刻地感受到透过绘本故事的分享，能找到很多与孩子生活经验相关的事物及主题，丰富幼儿生命的经验，并能增进大人与小孩阅读的兴趣，这样的阅读过程带给我们很多的惊喜与美好的回忆。"

由此可见，绘本是成人和孩子分享生命教育最好的媒介。透过绘本，它能让大人以不说教的方式，以图文结合的趣味性，以孩子生活经验相关的题材，或是易于理解的简单故事，顺其自然地切入到关于生命价值的议题，让成人与孩子一起进行讨论和思考。

例如《小威向前冲》绘本，讲述一个小精子变成小宝宝的过程，但却不仅仅是一本关于生理教育的书。绘本与孩子分享不放弃的力量，小威只是三亿个小精子中的一个，但只有他以最快的速度坚持到了终点；与孩子分享不完美的秘密，小威是最棒的，却也有自己的弱项，数学学习不好。有着和布朗先生（爸爸）一样不完美的密码；还与孩子分享浓浓的爱意正因为爸爸妈妈的相亲相爱，才会有小宝宝的诞生。

正是借助这样的优秀绘本，成人能在轻松愉快的故事气氛中，自然地与孩子谈论一些平时让我们较难启齿的生命价值议题，带领孩子认识生命的源头和意义。因此，绘本可作为学校开展生命教育课程的良好媒介。

2. 绘本可作为教辅资料整合小学生命教育课程

《黑龙江生命教育课程标准》中指出，生命教育课程是以生命的活动为圆心，以认识生命、爱护生命、发展生命和幸福生命为主线，确定生命教育内容标准为生命与自我、生命与他人、生命与社会、生命与自然四个方面的内容标准。而台湾学者在前期研究中认为绘本具备四方面的生命价值，其中包括自我价值的认知、人际价值的认知、环境价值的认知、生命价值的认知。两者对生命教育价值的认识是一致的。选择主题健康、画面造型流畅、故事语言简洁而且寓意深刻的绘本作为小学开展生命教育课程的教辅资料，可达到事半功倍的效果。

另外，开展生命教育课程也离不开家庭的重要力量。对于家长来说，绘本是一种较容易获得的生命教育资源；进行亲子共读绘本游戏，也是一种较容易把握的与孩子进行积极沟通的良好形式；同时，借助绘本，能将学校开展生命教育课程的理念向深一层次进行范围的扩大和形式的推广。

台湾学者研究的《幼儿园到九年一贯学习阶段的生命教育向度及内涵架构》对学

校开展生命教育课程有很积极的借鉴意义。现引用如下：

表1 幼儿园到九年一贯学习阶段的生命教育向度及内涵架构

生命教育初级目标：培养学生体会生命的意义及存在的价值。

进阶目标：培养尊重和珍惜生命的情怀。

向度	内涵架构	向度目标
人与自己	1. 了解自己—认识自己的独特性；学习了解个人的兴趣、能力与特质。 2. 欣赏与接纳自己—欣赏自己的优点，接纳自己的弱点，肯定自我价值；培养自我觉察的能力。 3. 发展自己—发展自己的特质与潜能(多元智能、情绪管理等)，运用批判思考、创造正向思维能力，面对日常问题与未来的理想、梦想。	尊重和珍惜自己的生命。
人与社会	1. 培养同理心—面对不同的族群、性别和文化时，能学习体验和尊重多元的价值观，培养“设身处地”和“感同身受”的能力。 2. 欣赏与接纳他人—欣赏他人的优点，接纳他人的弱点。 3. 尊重与关怀—关怀弱势族群或需要帮助的人，创造人际之间和谐的互动。 4. 宽恕与包容—培养宽容、转变偏见与歧视的态度；从家庭、班级学校、小区社会、世界等生活伦理出发，培养伦理关怀，对社会能有包容性的认识。	尊重和珍惜他人的生命。
人与自然	1. 欣赏与爱护自然—借由亲近自然，发现自然之美，进而关怀自然生命。 2. 永续经营自然—借由观察生态变化与思考环境问题，体认珍惜自然的重要。	尊重和珍惜万物的生命。
人与天(宇宙)	1. 追求生命的意义—透过正确的生死观和信仰(宗教)观，追求正向积极的生命意义与态度。 2. 发现和拥有美德—发展人类美好的特质，培养对灵性的认知和觉察力。	体会生命的意义和存在的价值。

借鉴台湾学者研究的《幼儿园到九年一贯学习阶段的生命教育向度及内涵架构》，根据《黑龙江生命教育课程标准》，结合绘本的生命价值，针对小学阶段学生的特点和对相关绘本的筛选，笔者认为可利用以下表中的绘本开展小学生命教育课程。

表2　小学生命教育绘本课程

学段		绘本书名	绘本主题
一至二年级	生命与自然	小威向前冲	生命的诞生与传承
	生命与我	我喜欢我自己	欣赏与接纳自己
	生命与他人	没关系 没关系	宽容、乐观、成长
	生命与社会	不要随便摸我	自我保护
三至四年级	生命与自然	奇妙的自然美妙的你	热爱大自然、自尊
	生命与我	我还有一只脚	逆境承受、乐观、尊重
	生命与他人	亲爱的小鱼	爱与被爱、幸福感
	生命与社会	獾的礼物	死亡教育、付出、传承
五至六年级	生命与自然	动物绝对不应该穿衣服	关爱动物、幽默、乐观
	生命与我	叔公的理发店	坚毅、豁达、希望
	生命与他人	我的爸爸叫焦尼	家庭离异、父爱
	生命与社会	花婆婆	仁爱、利他、贡献

四、利用绘本开展学校生命教育课程对孩子生命成长的积极意义

1. 绘本能潜移默化地影响孩子正确生命价值观形成

台湾学者张新仁等提出："生命教育的课程理念应是以生命感动生命的方式，使生命能达到全人的开展，展现生命的价值观。"生命教育是一种价值观的教育，也是一个潜移默化的过程。父母和老师是孩子成长过程中的重要他人，他们对生命价值的态度会潜移默化地影响着孩子生命价值观的形成。

绘本作为成人和孩子分享生命教育最好的媒介，成人借助绘本与孩子分享生命教育。一方面，成人在此过程中也得到了生命教育的熏陶，端正了对生命价值的态度，从而进一步影响到孩子的生命价值观；另一方面，孩子在与成人一起阅读绘本时，因为成人首先被绘本所感动，继而才会选择和孩子一起分享，向孩子传递生命价值中的正能量。正是这种"以生命感动生命"，孩子就会感受到来自成人对其生命的真切关爱。孩子在与成人的这种良好互动氛围中，父母和老师等孩子成长过程中的重要他人对生命价值的态度就会潜移默化地影响着孩子正确的生命价值观的形成。

2. 绘本可以帮助孩子体验生命中的积极情绪，建构生命价值的积极心理

儿童心理学的研究认为，孩子从很小的时候就开始形成认知图形的能力并具备了一定的读图能力。绘本最值得强调的就是它的文学性和艺术性，有人这样认为："一本优秀的绘本对于孩子来说就是一部电影，它既展示出宽广的视野，又有细节的特写，既有极其有趣的故事情节，又暗藏着起、承、转、合的节奏设计。"

例如在《狼和小羊》绘本中，我们可以领略这种电影式的“图画语言”。文字很简单：“狼进了小羊家……”后面用一整版表现狼打开门进来，所有的小羊都很惊慌，有的藏在大钟里，有的藏在床下，有的藏在门后，还有的藏在沙发后……这种现场感逼真的画面极大地冲击着孩子的视觉。对于孩子来说，欣赏绘本无疑是一种让眼睛享受、让心灵愉悦、让精神提升的积极情绪体验。而绘本中高质量的图与文，寓意深刻的内涵，对建构孩子生命价值的积极心理有着难以估量的潜移默化的影响。

例如在《叔公的理发店》绘本中，杰德叔公在开店的过程中波折不断，使他辛苦积累的成果一朝化为乌有，但是叔公并没有因此丧志，仍旧鼓起勇气重新开始，终于在七十九岁生日时实现了梦想。杰德叔公的一生教会了孩子一项重要的人生课题，努力付出不一定会得到成果，坚持成了重要的关键。绘本除了让孩子看到叔公没有因为挫折而停止努力，还看到他宽仁的生命态度、坚毅的生命实践。更可贵的是叔公在实现梦想的过程中，仍然体恤别人的需要懂得怜悯和顾惜，这种生命价值和意义的传递成为最好的生命教育典范。如果我们能利用绘本帮助孩子从小建构这种积极的生命价值观，相信必定能造就孩子健康快乐的积极人生。

参考文献：

［1］吴庶深，魏纯真. 幼儿绘本的生命力——幼儿生命教育绘本的内涵及教学指针之初探［J］. 幼儿教保研究期刊，2010.
［2］曹雪芳. 利用绘本资源建构幼儿生命教育初探［J］. 科教文汇，2012年（9）.
［3］许世平. 生命教育及层次分析［J］. 中国教育学刊，2002.

校园心理剧实践思考

■ 韶关市第二中学　邓和赟

摘　要：随着信息技术在学校教育中的普及和发展，校园心理剧已成为中学心理健康教育的一种创新途径。本文结合我校开展校园心理剧的实践情况，探讨了校园心理剧与传统心理剧的主要差别以及在实践当中的思考。

关键词：校园心理剧　心理剧实践

随着音像技术及信息技术的普及，大量的心理剧涌现在网络上。校园心理剧作为中学心理健康教育实施的创新途径，近年也已流行于中小学。而在已有话剧社的我校，校园心理剧的活动开展应该比较顺利。但是笔者在实践中却发现，此途径在实施过程当中存在很多值得思考的地方。现结合我校的实践情况，就如何开展校园心理剧活动，展开探讨。

一、校园心理剧的实施对象及主要目的

心理剧的定义，大家的认识都很统一，即心理剧（psychodrama）是由著名的维也纳精神病理学家莫雷诺（Moreno）创立并发展起来的一种团体治疗的方法，是完成心理治疗、个体发展等目标而设计的咨询技术，也是格式塔疗法、团体咨询等疗法的前身，它通过演剧的方式达到心理诊断和心理治疗的目的。但是目前对于什么是“校园心理剧”的概念并没有权威的界定，而较为常见的说法是校园心理剧是受心理剧的创始人莫雷诺（Moreno）创立心理剧的启发而在校园里应运而生的，它集戏剧、小品、心理问题为一体，既能帮助当事人解决自己的心理问题，又让其他学生获得心理健康的教育。这个定义很容易让人简单地将校园心理剧理解为在校园中的心理剧。笔者认为，按这种概念来理解，此途径在实践中将会遇到较多困难，而且往往会因为忽

视了心理剧和校园心理剧的对象的差异而陷入误区。

“莫雷诺（Moreno）在维也纳郊外私人诊所开业期间，与一些志同道合的演员们合作开始了“自发演剧”的实验——心理剧的开端。此时期莫雷诺（Moreno）的工作主要对心理障碍的治疗。1925年莫雷诺（Moreno）移居美国，开始投身集体心理治疗。1942年，他在纽约创办了心理治疗研究所，与其他几位创始人一起竭尽全力发展集体心理治疗。”由上面一段话我们不难看出，心理剧针对的对象是存在心理障碍而正在接受治疗的个体。那么，校园心理剧的对象呢？教育部2002年印发的《中小学心理健康教育指导纲要》指出心理健康教育的总目标是：提高全体学生的心理素质，充分开发他们的潜能，培养学生乐观、向上的心理品质，促进学生人格的健全发展。校园心理剧作为中学心理健康教育的一种创新的方式，我想其目的应该是最大限度地为中学生心理健康服务。因此，作为团体辅导作用的校园心理剧的主要对象应该是全体学生，其次才应该是参与演出的个体；并且，其在校园心理剧中参与演出的个体与莫雷诺（Moreno）时期的当事人也是存在巨大差异的。

因此，对于心理剧与校园心理剧因对象的不同而产生的目的差异是不容忽视的。笔者认为心理剧的主要目的是对于当事人的治疗，因此所有的设计都是围绕当事人为中心而发生的，甚至配角都是些比较专业的演员或相关的心理专业人士。而校园心理剧的主要目的则应该是通过普遍心理问题的戏剧化表演引发全体学生的思考、讨论和分享，达到心理健康教育的目的。

二、剧本创作的思考

由于心理剧和校园心理剧在对象和目的方面存在巨大的差异，因此在实施阶段也有较大的区别。

在心理剧中，没有固定的剧本，也没有确定的主角和配角。其主角就是自愿地将自身所遇到的困惑，通过表演的方式展现给大家的人。配角就是在此过程中配合主角演戏的人，而剧本就是由主角及所有参加演戏的演员共同创造出来的。而在校园心理剧中，由于学生阅历尚浅，对问题的思考理解仍较肤浅，因此若沿用传统的由所有的参演者共同创造的做法容易使演出停留在问题表面，而且观赏性不高，很难引起观众的共鸣，激发其积极的讨论、分享，不能起到对全体学生进行教育的目的。另外，由于学生学业负担较重，尤其是中学生面临着高考的压力，若由所有参演者共同创作在时间上是不允许的。因此，为了更好地实现激发全体学生思考、讨论和分享的目的，其剧本更应强调创新性和戏剧性，使参演的学生在角色扮演中，从角色要求的角度去思考并参与到戏剧场景的矛盾冲突；通过进入角色与其他演员的互动中，体验到现实中无法获得的心理体验，从而提高其心理认知能力。同时学生观众也可以身临其境体验以前没有体验过的感觉，更有兴趣与人讨论，更好地与人分享。

在实践中，我们由指导老师根据学生问卷调查选择较普遍的问题，创作出剧本以及设计好角色，而主配角可以在此基础上作出适当的发挥和修改。这样既保证了剧本可以达到教育他人的目的，同时也有利于参与者之间为了剧情的发展而进行创作交流，达到宣泄情绪、反思行为、体验情感和自我提升的目的。此过程导演（心理辅导老师）可以充分运用角色互换、空椅子等心理剧创作技巧，对当事人进行指导。

三、角色定位的思考

在心理剧中，参与人员包括：导演（心理辅导师）、主角（当事人）、配角及观众，其主角就是存在一定心理问题且自愿将自身所遇到的困惑通过表演的方式展现给大家的人。这里存在多角色的转换，例如导演和心理辅导师，主角和当事人，在这些角色频繁切换之间应如何保持角色不混乱，对心理辅导师的要求是非常高的。布拉特夫妇（Blatner&Blatner，1988）强调，尽管心理剧方法的应用看起来比较容易，然而，一个激烈的心理剧中协调应用这些方法的过程需要有足够训练。莱维顿（Leveton，1977）告诫团体领导者，切勿不负责任地使用心理剧方法。莫雷诺和伊莱斯利（J. L. Moreno&Elefthery，1982）赞同布拉特纳夫妇和莱维顿的观点，他们认为，心理剧是一种强有力的方法，如果一些未受过训练的人使用这一方法，会对团体成员们产生巨大的潜在危害。因此可以认为一般的中学的心理教师是不具备指导心理剧的能力的。

而作为校园心理剧，其更主要的目的是对广大同学的教育，因此我校在实践中采取了“就剧论剧”的方法来避免这种角色混乱。即导演即导演，主角即主角，也就是说导演在排练过程中，只是从导演的角色考虑并进行指导，包括角色互换、空椅子方法的使用，也是为了使主角更好地理解剧情、演好剧本而使用的。主角的所有的尝试体验也只是作为一位演员为了出色表演而作出的努力，而校园心理剧对参演人员的各种影响是在排练过程中自然而然产生的，也可以说只要按照剧本去认真地排练，为了演好剧情认真的体会角色，演员间默契地配合推动剧情更好地发展，导演为了演好剧情作出相关的指导。那么校园心理剧的咨询功能就是一个客观存在的东西，这种对所有参与者包括导演都是不以人的意识为转移的。

按照以上的理念，对于主角的选择就更多的从对广大学生观众的教育目的出发，要求主角具备较好的艺术修养、较强的表演能力，通过其对角色的演绎可以触动观众的心灵，让学生观众体验到当时情景所带给人的意境，引发观众的共鸣与思考。而对于自愿将自身的困惑通过表演展示出来的同学，我们也应该以一个演员的定位来对待他，避免在排练时由于角色混乱造成无法预料的后果。

四、主要功能转变思考

由于现代教育技术的发展，摄像机、网络视频的普及，校园心理剧对全体学生的教育功能已经远远超出了传统心理剧的治疗功能，使得校园心理剧渐渐形成了有别于心理剧的两段论。即第一阶段的创作排练阶段，这个阶段与传统心理剧非常相似。作为导演的心理辅导师，与所有演员在排练现场，演绎主要包括：热身、演出、分享、审视等四个阶段；甚至可以在排练中邀请观众，要求观众排练后分享自己的感受。这一阶段的各元素可以完全等同于传统的心理剧。而第二阶段则是完全按戏剧表演的元素完整地把剧情演绎出来并拍摄成录像，此时导演不再出现在舞台的中心；所拍录像通过心理健康教育课堂、通过网络等让更多的人看到，让更多的人对心理剧的情景进行讨论、分享。

而由于摄像机及摄像技术的普及，以及电视剧的流行，现在的校园心理剧越来越多运用到了电视剧的技术。校园心理剧的拍摄情景更多的是选择了真实的环境，这更增加了校园心理剧的真实感，更容易使观众身临其境，加上后期的电脑配音、剪辑、配乐等技术使得校园心理剧的戏剧化效果更强，更具感染力，因此被广泛应用于我校的心理健康教育课堂上。

例如在我校一堂“如何应对挫折”的心理健康教育课上，为了更好地把学生在现实中所面临的主要挫折和压力呈现出来，教师在事前问卷调查的结果上选出了普遍存在的考试压力问题、人际交往问题、家庭问题、突发变故的问题；然后由学生自编自演了四部短剧；最后经过后期剪辑、旁白配音、背景音乐以及字幕说明，浓缩成了短短的三分钟的校园心理剧短片，并在课堂中现场播放。由于事例典型、配乐感人、旁白和说明引人深思，在多个班上起到了较好的效果，把每个学生带回到了自己面对挫折的情境，有的学生甚至流下了触动的泪水。于是接下来，引导其讨论、交流、分享应对挫折的方法，也就水到渠成了。

目前，校园心理剧随着社会和心理健康教育的发展，还在不断的摸索和发展中。我们在实际运用中，则应更注重面向全体学生，注重其实践性和实效性，以达到心理健康教育的最大化为目的。

参考文献：

[1] Ed E. Jaeobs，Robert L. Masson，Riley L. 团体咨询的策略与方法［M］.北京：中国轻工业出版社，2000.

[2] 李鸣. 心理剧的历史和理论［J］. 临床精神医学杂志，1995（6）.

[3] 余敦旺. 对莫雷诺心理剧方法的评价［J］. 池州师专学报，2002（2）.

掌握心理选择对策，提高心理残疾学生的素质

■ 茂名市第十九中学　张永红

摘　要：为了有效地教育好心理残疾学生，全面提高学生素质，我们对心理残疾学生的心理素质进行观察研究，并针对心理残疾学生的心理特征，正确引导他们的心理发展。

关键词：心理残疾学生观　信心榜样教育

有人把现代家庭比喻成饺子，皮薄、馅多，稍不小心就会破裂。的确，随着商品经济的发展，在经济大潮的冲击下，人们的伦理道德、思想观念也发生了巨大的变化，涉及到不少家庭出现了裂变，婚姻大厦发生了倾斜以致倒塌，再加上疾病、偶然事件等原因，导致心理残疾学生越来越多。家庭和社会是互相连接的，有时候有些家庭无法解决的问题，在社会这个大家庭中能得到帮助和支持，如残疾人、重病号等。我认为心理残疾学生也属于残疾人一类，不过他们是心理残疾。这些心理残疾的孩子，他们的心理品质、行为习惯呈现令人担忧的趋势。这就给我们每一位教育工作者尤其是班主任提出了一个新的研究课题：如何正确引导心理残疾学生健康心理的发展？在教学实践中，我们发现大多数的心理残疾学生并不存在接受知识智力上的缺陷，而由于各种环境和非智力因素的影响，较大程度上存在生理、心理素质发展不同步，综合素质不够强的现象。在全面实施素质教育的今天，我们的根本任务就是要面向全体学生，全面提高学生的整体素质。因此，为了有效地教育好心理残疾学生，全面提高学生素质，我们对心理残疾学生的心理素质进行观察研究，并针对心理残疾学生的心理特征，正确引导他们的心理发展，就更显得意义重大了。

一、心理残疾学生常见的心理特征

由于心理残疾学生的生活环境特殊，其成长受学校教育、家庭教育、社会影响等诸多因素的制约。因此，其心理特征类型各异。通过观察研究，不难发现心理残疾学生的心理特征表现为以下几种类型：

1. 自卑心理

自卑心理，是指人在生活中时常感到害怕、苦闷，对自己缺乏信心，总认为自己不行，甚至讨厌、嫌恶自己的一种心理状态。这是心理残疾学生中存在较为普遍的一种心理特征。有的孩子长期处于家庭不和、争吵不断的环境下，心境抑郁，人际关系敏感；有的孩子因为父母离异或疾病、灾祸等原因，生活中骤然失去了父亲或母亲，情感归依失去方向，惊恐、孤独伴之而生；有的孩子学习上基础薄、成绩差，一时又无法弥补，在集体中居于落后位置，致使“求知欲”和“上进心”受挫，不思进取，自暴自弃；有的孩子在学习上行为品质存在缺点，经常受到老师、家长的指责、埋怨，受到同学的歧视和排斥，以致失去信心和勇气，便“破罐子破摔”，在内心产生自卑感。这类孩子长期生活在一种抑郁自卑的氛围中，生活兴趣减退，动力缺乏，活力丧失，形成自卑心理。

2. 逆反心理

逆反心理是青春期孩子随着生理发育而产生的一种心理，常表现为对师长的教育不以为然，即平时所说的“对着干”，主要从思想、感情及行为上表现出敌对，常常是厌烦、摔物、争论甚至不可控制地爆发脾气。心理残疾学生由于长期生活在缺乏父爱（或母爱）的环境中，大多数早熟、敏感，存在思维的独立性和看问题的主观、片面、偏激的矛盾。他们在主观愿望和客观现实发生矛盾时，便容易产生逆反心理。他们受到老师或他人的批评时，便会产生抵触情绪，甚至公开顶撞、大发雷霆；有时看到别人进步，受到表扬时，还会出现嘲讽、挖苦等行为。这种逆反心理不仅是因为他们的缺点和错误多，更主要是因为他们有了过失，长期得不到正确的教育和帮助而形成的一种心理特征。他们的逆反心理会导致对老师的反感和对学习的厌倦，进而对学校、老师的教育产生进一步的抗拒心理，给教师的教学工作带来极大的阻碍。

3. 孤僻心理

这种心理以苦闷的情感和心境为代表性症状，常常表现为性格内向、不善言谈、个性孤僻、与人不合群等。家庭的残缺，给单亲家庭的子女造成极大的心理伤害，使他们形成孤僻性格。经常是学习上有困难不敢向老师、同学请教，怕被人讥笑；犯了错误不敢主动承认，怕老师、家长批评；考试紧张、怯场，怕考不好受老师、家长责罚，更不敢参加各种比赛，总以为自己不行；心里有话不敢说出来，紧闭心扉、不敢表露内心世界等。这种心理严重影响他们在人生道路上的与人交往、与人共事的关系。

4. 傲慢心理

按理说，心理残疾学生常有自卑心理，就不会产生傲慢心理。其实不然，自卑与自傲是孪生兄弟。有的心理残疾学生会为自己稍微取得一点成绩便飘飘然，认为老师和同学都看错了自己，便对周围人表现出傲慢心理。他们中甚至有些人对自己成绩差、品行不良丝毫没有羞愧之感，相反表现比一般人还“神气”，对老师及他人的批评教育满不在乎，对优等生常表现出不屑一顾的神态，有时还要在同学面前显示自己的威风。这类孩子常常寻找机会表现自己，行为往往具有盲目性、危害性，在他们的日常表现中会有强烈要求别人的信任和尊重的愿望。

5. 焦虑心理

这种心理是指人的情绪常陷入烦躁、紧张、坐立不安、神经过敏的状态，躯体常出现惊恐、焦急、震颤等征象。心理残疾学生在焦虑心理的驱使下，表面上却常表现为自尊心强，有爱“面子”思想，但不够诚实。他们在学习生活中常对自己的缺点过错掩饰不说，或是编造谎言来掩饰自己的过错，以逃避责任，而实际上却是担惊受怕、患得患失的一种状态。形成这种心理的孩子如不及时进行有效的教育引导，会助长其掩饰过错、撒谎欺骗他人的坏习惯。

二、健康心理发展的引导措施

由于心理残疾学生存在上述几种心理特征，为了有效引导他们克服心理的不足，培养健康心理品质，我认为可从以下四个方面抓起。

1. 转变观念，树立正确的学生观

教师的学生观，是教师对学生的总的根本看法。教师的学生观不同，对心理残疾学生心理特征的成因的认识和教育的态度也不同。持传统学生观的老师一般认为：部分心理残疾学生是“朽木不可雕也”，对他们的学习、品质、心理等素质的培养失去信心，常表现为厌弃的态度，自然也就不会为他们的健康心理发展而努力；而持科学的学生观的教师认为：大部分心理残疾学生虽然存在不同程度的心理缺陷，但他们同时也有很大的智力潜能，都有变好的条件和可能。这样，教师就会以积极的态度，施以科学的引导，关心帮助心理残疾学生消除学习上的心理障碍，激发他们的进取心和自信心。

马可连柯说："教育工作中百分之一的废品就会使国家遭受严重损失。"因此，在教育中我们必须转变旧观念，不能厌弃、歧视心理残疾学生，而应重视对他们的转化，给予关怀、宽容、理解，进行有效的心理发展引导，以防他们成为"废品"。

2. 渗透师爱，消除心理残疾学生的心理负担

俗话说，亲其师而信其道。学生在敬慕老师知识渊博、欣赏老师表达艺术、享受老师深情关怀的同时，连带着就会对老师所教学科产生浓厚的兴趣，从而增强学生学习的信心。对于心理残疾学生，诚挚的师爱能有效弥补他们在日常生活中父爱、母爱的缺陷，消除他们的心理负担。

为了消除心理残疾学生的心理负担，首先，要尊重他们的人格。当他们犯了错误时，应动之以情，晓之以理，尽量避免在公共场合下过分批评和指责，以维护他们的"面子"；对他们表现出来的优点和长处要紧紧抓住，采取"沙里淘金"法，扬其所长，尽量给予更多的表扬和鼓励。其次，要关心心理残疾学生的学习生活。课堂上，对学生要一视同仁，平等相待，切不可厌弃、歧视他们、对他们漠不关心；相反，我们不妨给他们一点"偏爱"，针对他们在知识技能和心理素质等方面的不足给予帮助和辅导，激发他们学习的兴趣，增强信心。再次，要给他们疏通各方面的关系，不让同学、伙伴轻视、嘲讽他们，劝告家长不要过分责难他们，为他们创设宽容、和谐的环境，使他们活泼愉快地生活、学习，逐渐形成健康乐观的心理品质。

3. 树立信心，培养心理残疾学生的自我意识

自我意识是一个人对自己的看法、态度和评价，是人的心理品质的重要组成部分，并对人的行为起调节作用。一般情况，心理残疾学生都缺乏正确的自我意识，自信心不强，自我发展的需要一旦遭受挫折就会产生轻视自己的情绪，即产生自卑感。比如，有的孩子由于不能正确认识自我，总是认为自己在老师和同学眼里是个失败、无能的人，由此而直接影响他们的自控行为。可见，良好的自我意识是学生取得成功、心理素质健康发展的重要因素。

要培养心理残疾学生的自我意识，树立他们的信心，首先要帮助他们树立正确的人生观、世界观、道德观，并能正确地认识"自我"，认识自己的性格、兴趣、能力等，学会对自己进行较客观的评价，形成自我调节的心理机制，从而找到一条发展自我、实现自我价值的途径；其次，要在集体中给他们创造一定的表现自我的机会，让他们也能体验到成功的喜悦。比如，在有关活动中让他们优先参加，让他们自己动手动脑，通过他们自身的努力获得成功，品尝到成功的甘醇，体验到成功的价值，以增强他们独立自主的信心，形成良好的自我意识；另外，鼓励他们相互

学习，交流思想，使他们认识到每个人都有长处，也有短处，要不断提高自身素质，就要善于发现别人的长处看，弥补自己的不足。让“自傲”的学生看到自己身上的短处，明确今后的努力方向；让“自卑”的学生看到自己身上的优点和长处，增强上进心，树立起上进的信心和决心，从而使心理残疾学生形成自我意识，奠定良好的心理基础。

4. 磨炼意志，培养勇敢、耐挫的心理品质

每个人的一生都会遇到不同程度的艰难困苦和挫折，这就需要我们具有顽强的心理品质和心理承受力。由于家长、老师对孩子的要求不断提高，学习上的任务也给孩子们带来一定的压力和负担，同时，在学习生活中，也不可避免地会遇到一些困难、辛苦和挫折。这样一来，一些孩子由于心理承受力差，在困难和挫折面前便无所适从、灰心丧气、精神萎靡不振，失去了进取的信心和勇气，甚至还会产生厌世、轻生的念头，如不及时加以心理补偿教育，就会造成沉重的心理负担。

为了培养心理残疾学生勇敢、耐挫的心理品质，教师必须在教育过程中重视培养他们良好的意志品质和自强不息的进取精神，使其勇敢地面对生活的艰难困苦，适应生活，成为生活的强者。首先，榜样教育。教师可结合生动、具体的故事、事例对他们进行意志品质的教育，加深他们对困难、挫折的认识，使他们认识自身存在的问题，克服怯弱、畏难、消极等心理，努力造就坚定性格。其次，通过伟人事迹进行感化。如历经千百次失败而毫不气馁的爱迪生、诺贝尔，身残志坚的张海迪，勇于在逆境中锻炼成长的保尔·柯察金……他们曲折坎坷的人生经历和顽强拼搏的进取精神感染、鼓励着孩子们，使他们明白前进的道路不可能一帆风顺，生活中困难和挫折在所难免，只有以正确的态度，顽强的性格对待，才能不断进步，获得成功。再次，还可以在教育活动中进行有目的的勇敢、耐挫心理的训练。如当一次比赛结束后，教师针对失败的孩子提出问题，引导他们思考——你比赛失败了吗？心情怎样？是因为自己真的不行呢？还是因为不够努力？如何对待这次失败呢？今后该怎样做？……这样诚恳的交流，使孩子们经过内心体验，加深对失败的认识，提高耐挫能力，磨炼自己的意志，促进耐挫、勇敢心理品质的形成。

健康的心理因素，能充分调动人的潜能，推动孩子们的智力、品质的全面发展。但孩子的心理素质是一个动态的发展过程，在引导他们健康心理发展的过程中，要注意联系孩子的心理的层次性、阶段性、差异性等个性心理特点，结合心理残疾学生的心理缺陷常见的心理特征，有针对性地提高他们的心理素质。我们每一位教育工作者任重而道远。

《弟子规》与美丽心灵的培育

■ 高州市第三中学　吴征远

2013年，教育部在《关于推进中小学教育质量综合评价改革意见》中指出：绿色评价体系和指标包括学生的品德发展水平、学业发展水平、身心发展水平、兴趣特长养成、学业负担状况等5个方面20个关键性指标。其中，品德的发展水平和身心发展水平其实就是心灵成长程度的评价。美丽心灵的培育，可以借助传统的国学。优秀的国学文化像一股清澈甘甜的泉水，汩汩流过一代又一代中国人的成长之岸，浇开了无数纯洁灿烂的心灵之花。在琳琅满目的传统读物中，《弟子规》是众多国学奇葩的一朵，学子接触《弟子规》，往往可以深受其熏陶，荡涤思想，净化心灵。新时期的教师，对《弟子规》的内容如能古为今用，取其精华，去其落后，在班级育人艺术中巧妙地运用，那么就可以收到事半功倍的教育效果。

一、在言传身教中渗透《弟子规》教育

学生的品德养成往往需要一个"模范式"的环境，倘若学生生活在一个遵纪守法、彬彬有礼、孝悌友爱的环境中，心灵的成长自然会受到某一"磁力"的牵引，从而在不自觉中向良好方面发展。学生的某一伦理认知尚处于空白状态，我们及时地在这块空地上种上好树苗，就可以很好地阻止杂草的生长。

每个学年初的准备课上，我都在班级中详细解释《弟子规》的内容，并采用自主、合作、探究的方式对《弟子规》的内容进行研究性的学习，让学生理解《弟子规》里的思想精髓，明白今后指导行动的准则，这样就自然而然地形成一个良好的氛围，为建设班级的美丽心灵打下坚实的基础。

在日常行为中，作为教师的我更加注意身教重于言教的道理。用出勤守时来引导学生上课不迟到，用穿戴整齐来引导学生的衣着，用温和的语气来感化学生的冲动，

用缜密的语言来激发学生潜藏的冷静，用和蔼的微笑来温暖自卑孤独敏感的心灵，用爱岗敬业来引导学生的勤奋向上，用积极自信的风貌来引导学生的青春风帆。目的就在于让学生觉得老师是一座道德的高山，从而在潜移默化中走向心灵的美丽。

二、在班级建设中渗透《弟子规》教育

衡量一个班级是否有灵魂，主要是看整个班级的心灵成长程度。每个个体的心灵得到《弟子规》的滋润，必然会绽开美丽之花。在班级班风建设上我充分考虑《弟子规》的内容，扎扎实实地培养学生的良好品德。为让班风建设落到实处，我设置了班级的“道德银行”，每个同学都有个“存折本”，遵守班级共同制定出来的《弟子规》内容，满分为100分，违反一次扣1分，有重大突出表现的加1至5分，每周每月进行公布，期末统计总奖金，进行精神和物质的奖励。这一招果然有效，因为出现了“扣钱”，全班同学都可一目了然结果并互相监督，班级中违纪现象大为减少，班级的灵魂迅速得到净化，文明班、先进班、德育示范班各种荣誉接踵而至。

三、在日常生活中渗透《弟子规》教育

不少学生在教室里慑于班规，做事中规中矩，可是，一旦离开了教室这个空间，马上就“原形毕露”。这种情况延续下去，弟子规的教育只能是雷声大雨点小，效果不会理想。因此，在日常生活中，我要求学生用弟子规来严格要求自己，从而彻底改变“反反复复”的毛病。

例如对于“出则悌”，我首先让他们了解“出则悌”的意思，然后和他们共同订立标准：是否尊重老师；班干部安排工作不合理时是否顶撞；坐座位时是否照顾近视和身材较矮的同学；排队打饭是否自觉。对于“谨”，我则要求订立作息时间表，起床、锻炼、早饭、上课、午休、上课、课外活动、晚饭、晚自习，哪个时段做什么，哪个时段可以灵活，都做到心中有数而操控自如。严格而不古板，讲求效率而不觉乏味，这就是我们要求达到的目标。

结合《中学生守则》，我和学生设立了日常行为的衡量标准，让他们因为日常生活有了标准而不断完善自己的言行举止，通过改变自己的外部行为进而内化品德的养成。班中有个钟小锋同学，因为自小生活在小市场边，受环境的影响，养成了爱说粗口的毛病。高中了，每天他出口都很难摆脱粗口的毛病。每当周围的同学投来异样的眼光时，他都感到很羞愧。我帮其诊断后，确定他有改变毛病的巨大愿望，于是和他一起制定计划：把当天说粗口的数量记下来，然后要求自己逐天减少，并且每天都要把

说错的话重新改正为文明礼貌用语。一个多月后，钟小锋彻底改掉了这个毛病。

四、在学科教学中渗透《弟子规》教育

语文学科承载着国学文化中厚重的底蕴，诸家名作既注重文学形式也注重思想内容。纵观语文学科教学内容，可以发现许多文章中蕴含着丰富的《弟子规》精华。《离骚》中“纷吾既有此内美兮，又重之以修能”“路漫漫其修远兮，吾将上下而求索”昭示了屈原对美丽心灵的探索与追求；《岳阳楼记》中“不以物喜，不以己悲”“居庙堂之高则忧其民，处江湖之远则忧其君”表现出范仲淹不怕挫折，以天下为己任的壮情。“醉卧沙场君莫笑，古来征战几人回”是报国的豪迈；“谁言寸草心，报得三春晖”是对母亲的孝爱；《与妻书》是亲情的眷眷；《双桅船》是对理想之帆的升扬……这些都是我们在渗透《弟子规》教育中取之不尽用之不竭的题材。

1. 在文本研究中渗透

在语文教材中，许多材料都有让我们挖掘的价值。讲授《师说》《论语》，我渗透尊师的教育；研讨《季氏将伐颛臾》，我渗透“泛爱众”的思想；学习《劝学》，我强调学生要“博学而日三省乎己”；吟咏《琵琶行》，我教育学生要有同情心；朗诵《沁园春》，我激发学生的豪情壮志。

2. 在作文教学中渗透

文以载道，没有思想的文字就如没有根的芦苇。在指导学生进行作文的立意时，我特别倾向弟子规精神的渗透，每一个学期都举行专题类作文竞赛，如感恩、孝敬、坚守等。

3. 在指导课外阅读中渗透

课外阅读的材料很多，我首先教会学生选择古今中外精品刊物，如《青年博览》《散文》《杂文》《外国精品文摘》等，名家的有莫言、毕淑敏、韩少功、马尔克斯等人的作品。通过阅读熏陶，撰写读书笔记，丰富的人文素养就会滋润学生的心灵！

《弟子规》历来是一份教育弟子敦伦尽份、防邪存诚，养成淳厚社会风气的好读物。在言传身教、班级建设、日常行为、学科四个方面进行弟子规渗透教育，是一种立体式的德育教育，对培养学生良好的生活习惯、纯朴善良的操守、积极进取的学习心态有极大的作用。让学生渊博的学识与美丽心灵同行，这是每一个教育工作者孜孜以求的教育境界！

爱粮节粮，从我做起

■ 阳江市特殊教育学校　高　飞

为了进一步提高学生自身勤俭节约意识，弘扬中华民族优良传统美德，让学生在实践中进一步感受到“爱粮节粮”的重要性，在2011年10月16日暨第31个世界粮食日来临之际，我校把10月作为学校“爱节俭”八爱教育活动月，与学校社会实践基地——嘉吉粮油（阳江）有限公司共同开展了以“爱粮节粮，从我做起”为主题的社会实践活动。通过本次活动，学生参与社会活动，融入主流社会，形成一座连接聋健心灵的桥梁，并以此为学校教育载体，让学生充分感受作为社会一份子的快乐，和健全人一起为节约粮食做出自己的贡献。我把本次活动共分为两大部分：一是“爱粮节粮”手抄报制作；二是杂粮糕点制作。

一、我是“爱粮节粮”宣传者

国庆节前夕，我在得知学校即将开展这样一次极具意义的社会实践活动后，就开始做本班的活动前准备。我把学生分为三个小组，每组分配一定任务。

第一组：“陋习大搜捕”

组织学生在国庆假期以及在校期间进行两周的“陋习大搜捕”，利用假期走进社会，发现身边存在的一些浪费粮食的现象。让学生用照相机拍下或用文字记录下来，把平时大家都习以为常或见怪不怪的一些陋习搜集起来并在班里进行展示，让学生们明确浪费粮食的现象在我们身边时有发生。

第二组：“节粮小使者”在行动

组织学生进入社区，通过走访、观察、记录等方式，发现、了解身边爱粮节粮的人，把他们的节粮事迹记录下来，突出感人的地方，搜集成册，供班级相互传阅、学习。

第三组：节粮知识搜集员

鼓励学生充分利用国庆假期生活，通过上网、阅览相关书籍，了解世界粮食日的由来及有关知识；利用网络、书籍寻找节约粮食的小窍门，或者向亲戚朋友了解他们在生活中有哪些节约粮食的好习惯、好方法；搜集生活中爱粮节粮的故事，编写成节粮小册，让全班同学共同分享。

经过两周的准备活动后，同学们都有了很大的收获。第一组的学生们从多个角度拍摄到了许多浪费粮食的照片，组长林晓伦把本组的收获展示给大家看时，班上的学生都发出了感慨——原来生活中有那么多浪费粮食的现象啊！班上小盼也成了第一组的拍摄对象，看到自己把米饭倒进垃圾桶的“证据”时，他羞愧地低下了头。第二组组长徐多多告诉大家，我们学校就有许多“节粮小使者”，他们从不浪费一粒米饭。第三组的成员也搜集了大量爱粮节粮的学习资料，有漫画版、文字版，还有绘本版等，让班上的学生在阅读中对“爱粮节粮”有了更进一步的了解。

准备任务完成后，我让学生把感想分三步走，先自省，再交流，最后反思。学生有了自己的亲身体验和社会实践经验后，对爱粮节粮有了基本的认识。在此基础上，我组织全班同学开展手抄报制作，因为有了前期准备工作的铺垫，“爱粮节粮”主题手抄报完成得非常顺利，一些图画都是从学生的日常生活中提炼出来的，他们从中也受到了很大的教育。

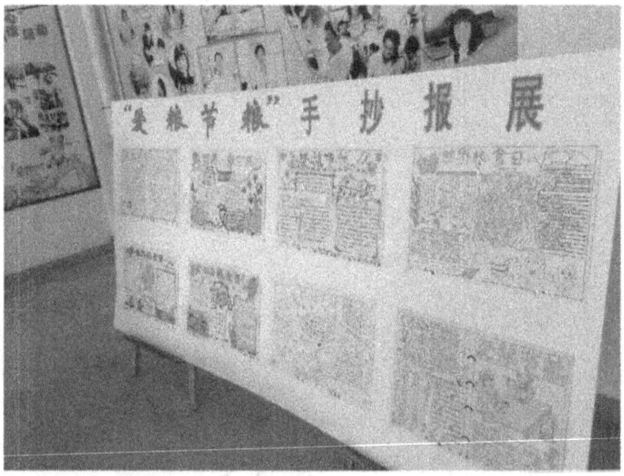

手抄报制作完成后，我带领学生，把他们制作的手抄报在学校进行展出，邀请家长及嘉吉粮油（阳江）有限公司的员工们前来观看，学生们也充当起“节粮宣传者”，大家把第三小组制作的“节粮小册”发给前来观看的人们。我们的节粮宣传行动受到了大家的好评，观众对我们的学生纷纷竖起了大拇指，这让学生感受到自身的价值，也充分体验到成功所带来的快乐。

二、我是小小糕点师

通过我们“爱粮节粮”主题手抄报的宣传，嘉吉粮油（阳江）有限公司的员工们受到了启发，他们决定在第31个世界粮食日来临之际，为我们学校免费提供各类糕点、面食制作的材料，充分发挥大家的主观能动性和丰富的想象力，与我们的学生共同制作出各具特色的糕点，进一步加大对“爱粮节粮”的宣传力度。

当我带领学生来到糕点制作现场，这才知道分到我们班的主要材料是面粉、糯米粉、番薯和红豆。看到这些材料，学生们表现得有些不知所措，他们在家里虽不是“小皇帝”“小公主”，但要让他们用眼前这些有限的材料来做糕点还真是有一定的困难。站在一旁的嘉吉志愿者提示学生，平时他们吃的东西当中有哪些与上述材料有关呢？学生们似乎有了主意，有的说可以做馒头，有的还说可以做番薯红豆汤，大家各抒己见。看到学生们积极的样子，我心里乐开了花。我把他们分为两组进行，同时每组有两位嘉吉志愿者参与，因此在制作过程中，学生必须要通过各种方式与志愿者实现有效沟通，才能顺利合作完成。制作前，我首先给他们提出条件：在不浪费的前提下，充分利用有限材料，做出独具创意的糕点或面食。学生分组后，有的在思考，有的在观望，也有的在和嘉吉志愿者沟通。不一会儿，两个小组就开始行动了。

活动过程中还发生了一段小插曲。制作开始不久，李妍就红着脸跑过来和我告状，她说蔡小谨不让她削番薯了。蔡小谨连忙解释道：“李妍削番薯太浪费了，有些番薯只烂掉一点儿，她就把它扔掉了，老师你看，这些都是被她扔掉的。”说着便把拿在手里的番薯递给我看，“还有她削番薯皮时，削掉了很大一块果肉，这样很浪费。所以……”听了蔡小谨的解释，李妍刚才的气焰一下子没了，立刻向蔡小谨道歉。我会心地点了点头，示意他们回去继续做。第二组看到第一组出现的状况后，在削番薯时就更为小心了。

第一组的小创意：

“爱粮节粮”是本次活动的主题，更是对同学们的检测。制作中，两组同学都在较着劲儿，所以他们每一步都很小心，不敢有一丝浪费。第一组的学生叫我过去，把他们的小创意悄悄地告诉了我：“老师，我们打算用糯米粉和红豆做成红豆糕，这是嘉吉志愿者的提议，您能教教我们怎么做吗？”这个创意不错啊，可我也不敢打包票，但学生正期待着他们的创意得到实现呢！想了想，我就凭着有限的经验开

始教学生。学生做得很细心，连不小心撒在桌子上的面粉，他们都会立刻把它捡起来。先煮红豆，再用红豆水和面，最后把它放到器皿里蒸，学生们一步一步地认真地制作着，每个人都在期待红豆糕的新鲜出炉。最终，第一组的红豆糕创意非常成功，在场的每一个人品尝后，纷纷表示很好吃。

第二组的大惊喜：

伴随着第一组小创意的成功，第二组的糕点也出炉了。哇，这简直是艺术品，一个馒头中有两种不同的颜色，学生告诉我这叫“双色馒头”，是嘉吉志愿者教他们做的。原来他们把面粉分成了两部分，一部分用红豆水来和面，就变成了红色，另一部分在面粉中加入番薯，就变成了黄色，于是就有了这种“双色”馒头，这“双色”还真是给我们带来了惊喜。

两组学生在制作糕点的过程中都尽量避免了材料的浪费，大家表现得很出色。通过自己实践动手制作，学生都深刻地感受到粮食的可贵，同时也学会了制作一些简单的糕点、面食。有几个学生还悄悄地告诉我，他们已经学会怎么做了，回家要做给爸爸、妈妈吃呢！

三、让学生成为社会的一员

社会即课堂，生活即教育。作为聋校班主任，我深知开展社会实践活动是让学生参与社会活动、服务社会、融入主流社会的重要途径。所以在本次活动中，我紧紧抓住了“2011年世界粮食日”及“爱节俭”教育活动月这个良好的契机，组织开展了“爱粮节粮，从我做起”的社会实践活动，学生从中获益良多。我想任何一项社会实践活动都应建立在学生的主动性上，只有充分发挥学生参与社会实践的主动性和积极性，才能保证社会实践活动的有效性。此次活动准备初期，我让学生们分组完成任务，使他们对“爱粮节粮”有了初步的认识，再通过手抄报的制作和展出，让学生加深理解。在糕点制作环节，学生通过亲身体验巩固了“爱粮节粮”的意识和责任。

聋校教育教学融于社会是促进聋校学生发展的实践，也是实现我们常说的“聋健融合”的一种行之有效的途径。把学生带入社会，把教育延伸到社会上去，让我们的学生充分感受到自己也是社会大家庭中的一份子，也能通过自身的努力为社会贡献力量。让他们在社会这个大舞台上，学习课堂上学不到的东西，体验更为丰富多彩的现实生活。

四、学生反思——节粮在身边

从小，爷爷就教育我要勤俭节约。那时候，我一直不明白，总认为老一辈人是穷怕了，这都21世纪了，为什么我还要节约呢？所以我每次吃饭，总像小鸡刨土似的，把饭粒撒得满桌子都是，每逢被爷爷看见了，他都会语重心长地教诲我说：“孩子，农民伯伯种粮食很不容易。你可要珍惜粮食啊！”说完后，他总会拾起饭粒放进自己嘴里，年幼的我却把爷爷的话当作“耳边风”。

上了小学以后，我慢慢明白了一些道理，但浪费粮食的坏习惯还是没有改掉。这次活动，我走进了社会，还担任了“陋习大搜捕”小组的组长，发现别人浪费粮食，我一下子明白了，原来自己以前是那么不懂事，不应该不听爷爷的话。从现在开始，我要用自己的实际行动去当一名“爱粮节粮”宣传员，告诉身边的人，浪费粮食是可耻的，《悯农》这样写道：“锄禾日当午，汗滴禾下土。谁知盘中餐，粒粒皆辛苦。”

现在，如果我和妈妈到饭店吃饭，最后有剩余的饭菜，我都让妈妈打包带回家。同学们，我相信你也可以做到的，我们一起开始吧！

浅谈如何做一个智慧型的班主任

■ 阳江市高新区平冈镇桐山小学　林若菊

摘　要：班主任，是班级工作的领导者、组织者和实施者。创建一个和谐的班集体，就要有一个有智慧的班主任。本文从教师自身修养、研究学生能力、班级管理、家校联系这几方面阐述如何做一名智慧型的班主任，轻松享受幸福工作。

关键词：智慧型　班主任　学生管理

班主任，是班级工作的领导者、组织者和实施者。作为班主任，每天面对的是几十双渴求知识的眼睛，每天接触的是几十颗等待滋润的心灵。如何让这一双双眼睛充满智慧之光，使一颗颗心灵健康成长呢？这就需要有智慧的班主任。怎样才能当好一位有智慧的小学班主任呢？

一、教师的自身修养

（一）以身作则，引导学生

班主任的自身素质、道德修养，班主任的一言一行、一举一动，无形之中都会成为全班学生的榜样。因此，在班级工作中我时刻注意自身形象，事事从我做起，以良好的形象率先垂范，潜移默化地影响着学生。平时要求学生做到的我首先做到：上课不迟到，总是提前五分钟到达教室；每次劳动和大扫除和同学一起干，不但做好指挥，还要做好示范；在教室内外随时捡果皮纸屑，结合自己的表现教育学生讲究卫生、爱护环境等等。

（二）认知自我的能力，做好班主任角色的定位，积极进取

班级是一个集体，犹如一个社会，班主任就是一个“社会工作者”，是传授知

识、开发智力、塑造个性的"灵魂工程师"，也是班级这个小社会的"引路人"，还是班级人际关系的"协调员"。班主任角色的多重性、班级"小社会"的复杂性，为班主任工作提出了更高的要求，不仅要注重工作方法，而且要讲求工作艺术，从而扮演好这个多层面角色，与班级一起成长。

创新思维的引导者：为培养创造性人格而进行发展性班级教育系统的创新。

人人成才的激励者：因材施教，从而抓住每个学生身上的闪光点加以引导，激励他们扬长避短，立志成才。

良好班风的培育者：良好的班风对班级每个成员无不起着积极的潜移默化的教育影响。

教学相长的沟通者：班主任是协调班级教学的主导，班级教学各方面的教育影响要形成合力，依赖于班主任的不懈努力。

课堂外的交心者：用真心去与学生交朋友、交心，与学生共同成长。

（三）具备相当的专业理论知识基础，以及不断学习的能力

1. 具有良好的学习心态，不断更新专业理论知识

"活到老，学到老。"自己现有的知识是远远不够的，要不断更新专业理论知识，要善于为自己营造一种良好的学习心境，时时想到学习，处处想到学习，事事贯穿学习，并持之以恒。特别是在读书时，要静下心来，钻进书的世界，去领悟书中的一切，这样才能不断更新现有的专业理论知识，"活学活用"。

2. 熟练掌握现代信息技术

在网络时代如果与网络绝缘，那无异于新的睁眼瞎，更何况现代信息技术设备已经越来越多地进入我们的教学生活。合理地运用信息技术手段为课堂教学服务会收到事半功倍的效果，形象直观、快速便捷、海量信息，更高层次地运用现代信息技术也是老师必备的能力。

3. 勤思考、多反思、写收获

光学习是远远不够的，只有思考，才会闪现每个教师的个性智慧光芒。我们面对的是一群天真活泼的孩子，他们的思维在一定程度上是作为成人的我们难以理解的，因而进行反复的思考和推敲才能提高我们自身的应对能力，这也是我们教师提高自身水平、获取经验的一个重要手段。多写教学反思是一种通过提高教师的自我察觉水平来推动教师专业成长、改善教师教学行为、促进教师能力发展、提升教师专业素养的有力手段和有效途径。这样，我们的教育教学才会有收获。

4. 教师要多向别人学习

教师要善于向周围的人学习，包括向学生学习，并善于自省和自我教育。除了向书本学习外，要注意向周围的人学习，甚至不耻下问。在教师之间要形成一种互相合作的关系，打开自己的课堂，让同行们一起来观摩教学，在互相学习和批评中不断调整自己的教学方法和策略，使自己的教育教学水平和能力不断提高。一个人关起门来上课是永远也不会进步的。

二、具备深入了解、研究学生的能力

1. 爱学生

班主任工作比较琐碎、繁杂。在处理问题时，如果没有一颗真正关爱他们的心，就很容易流于简单化，或者是千篇一律，道貌岸然，表面上唬住了他们，但他们心里并不服气。班主任除了做好一些常规工作外，还应有一颗爱心，把自己真正融入孩子们中间，多理解他们，使他们信服班主任，愿意把班主任当作他们的好朋友，愿意与我们多方面地交流思想。“一双眼睛看不住几十个学生，一颗爱心却可以拴住几十颗心。”但是爱并不是一味的纵容，要严出于爱，爱寓于严；严而不凶，宽而不松；严在当严处，宽在当宽处。我班的学生在我的心里都是平等的，不论他们是成绩好的，还是不好的；也无论他们是懂事一点的，还是调皮的。因为这份爱，虽然班主任工作有一点累，但我全然没有了这种感觉，乐在其中，感受着为人师的快乐。

今年的教师节，梁晓锋同学回到母校，把一束鲜花送到我手上时，我非常感动：“付出是有收获”。记得去年刚接手六年级，发现梁晓锋原本是一个比较开朗的孩子，但半个学期后他变得沉默寡言了，不跟老师同学交谈，无论老师如何询问，他也不说一句话，自闭抑郁现象相当严重。为了做好他的工作，我多次找他谈心，找同学谈话、找家长谈话，了解他的情况，最后找到原因：他父亲对他要求严格，有时还会打骂他，一定要他考上重点中学，他的心理压力非常大，所以沉默寡言。于是在帮助梁晓锋的过程中，我和家长沟通，家校两方尽量让他感受到爱。虽然他成绩不那么优秀，但只要他有一点进步我都会表扬他，让他感受到老师是爱他的，平时我还加强对他的学习辅导，让他感受到爱。一学期下来，他开始慢慢说话，变得活泼开朗了，成绩也提高上来，最后还考上了重点中学。

一位优秀的班主任应该努力做到于细微处见真情，真诚地关心孩子，热心地帮助孩子。我深信，爱是一种传递，当教师真诚地付出爱时，收获的必定是孩子更多的爱。感受孩子们的心灵之语，便是真正地成为了一位优秀的班主任。

2. 懂得赏识和激励学生

一个班级，几十名学生，性格不同，脾气不同，内在需求不同，因此，赏识激励要有不同的针对性。力求在平凡、普通中捕捉、搜寻闪光点，把握学生的常态内力，使其发扬长处，避其短处；在成功中品味、赞扬其优点、优势，以促进个性特色形成；在失误挫折之中寻找正确和有利的因素，增强自信，开发潜力。

特别是要善于捕捉后进生身上的“闪光点”，教师要表现出欣赏的态度，积极肯定的评价能大大提高他们的自信，使他们认为自己是一个有能力的人，是一个“我能行”的人，从而建立自信。

3. 巧用批评教育的艺术

批评形式多样，掌握尺度。我们要细心揣摩学生心理，具体问题具体分析。批评他们时的态度有时温和相劝，有时严肃指正，也有雷霆万钧，但最终一定要和风细雨，有理有据，让学生心服口服，才能达到教育的效果。

对直来直去的学生，用直来直去的批评；

对倔强刚强的学生，用以柔克刚的批评；

对自尊心强的学生，用刚柔相济的批评；

对温和顺从的学生，用和风细雨的批评；

对毛手毛脚的学生，用长鸣警钟的批评；

对粗暴急躁的学生，用避开锋芒的批评；

对沉默寡言的学生，用耐心教导的批评；

对傲慢自负的学生，用挫其锐气的批评。

4. 设置主题系列活动，体现学生的能力

学生的能力是在各类不同的活动中体现出来的，这就有赖于教师精心设计不同的主题活动，让学生的能力在活动中体现出来。

开展读报、读书活动，既调节学生的学习生活，又丰富学生的课外阅读知识；

每月各自画一幅板报，锻炼学生的动手、动脑能力；

自己动手布置教室，培养学生的集体意识；

争当学习之星、纪律之星、岗位之星，培养良好的学习氛围；

走出学校，走进社会的实践活动，让学生开阔视野，增长知识，体现生活；

利用节假日和重大纪念日，开展中华传统和爱国主义教育活动，培养学生的爱国情感和感恩的意识；

个性化的活动：体育、美术、音乐等，让学生发现自己的爱好和特长，培养自己的专长；

安全教育活动：交通安全教育、夏季游泳安全教育；法制教育讲座；地震大演练等实用有意义的一系列活动，培养自我保护的能力。

通过一系列的主题活动，学生的能力在活动中体现出来。

三、具有打造良好班集体的管理能力

1. 营造良好的班级氛围，构建班级人文环境，实现价值引导

营造良好的班级氛围，首先要制定班级的目标：让每个学生成为真正的自己，会思考、敢表达、自信、阳光、乐观。

环境虽无声却能“说话”，一个充满深感文化气息的环境，能营造良好的教育氛围，往往能起到“随风潜入夜，润物细无声”的作用。因此，作为一名智慧型的班主任，首先要善于从人文的角度诗意地营造班级氛围，形成班级蓬勃向上、奋发进取的主旋律。

第一，搜集名人名言，用中英文双语书写，制成精美的小挂牌。

第二，让学生给自己的学习、生活环境起一个美丽的雅名，并富有含义。如：磨

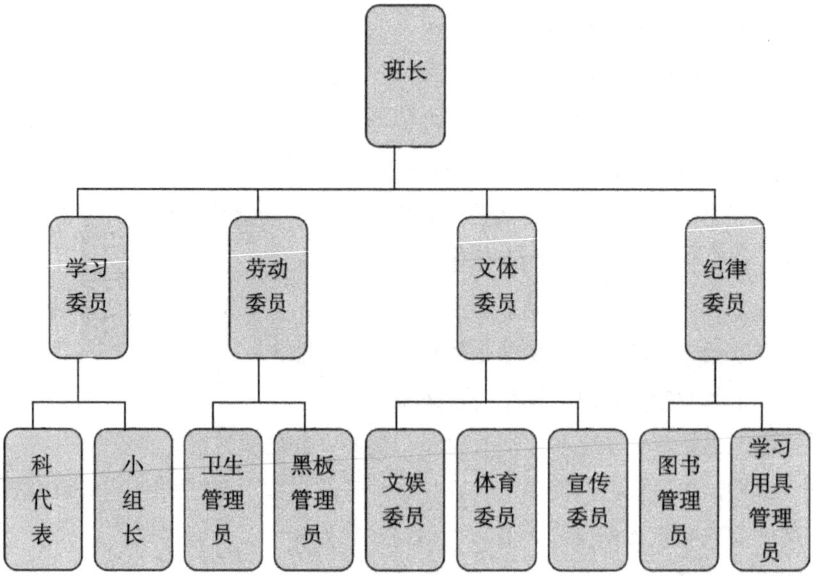

砺轩、忧乐阁等。

第三，也可以组织朗诵会、班会、节日晚会等活动，让学生在活动中感受到班级的融洽，人与人之间的人文关怀。

2. 设立班干部，还班级民主，实现“区域自治”

班干部的选拔要注意三点：一要有组织能力；二要胸怀开阔；三要办事敏捷。要选出“真正想办事，真正乐办事”的干部，全面实现“学生管学生，学生帮学生”的班级自治局面。在班干部的产生过程中，采用“二八定律”以少带多，让学生自由竞选，后民主投票，再由班主任经过多方面的考察、权衡，最终决定。可两套班干部领导班子轮流执政，互相监督，互相进步。尽量做到人人有事做，事事有人管，从而使学生体会到在班级中是主人翁。最后班级制度实施中要建立反馈机制，针对班级出现的新问题及时由班委会向班主任反馈，共同协商，对违规学生实行师生共同谈话制；先由班委会找其谈心，成效不明显者再由班主任出面谈话，建立和谐的对话机制。

四、家校联系帮助学生

要想当好一位班主任，就必须有一批优秀的家长。因此要想帮助学生，教师做好家校联系是必不可少的。

小学生自我约束力差，只靠教师的教育是不够的，更应该得到家长的协助。因此，有目的地联系家长，使家长家庭教育与学校教师教育密切配合，我认为在这方面应该做到以下几点：

做好家长的教育，让家长学习，懂得如何配合老师教育学生。

做好家校联系单，随时取得联系。

定期交换意见，观察学生动态。

定期开展家长会，家长之间交流，谈心得。

总而言之，班主任是班集体的灵魂。要想创建和谐的班集体，就必须有一位有以身作则、想学生所想、一切为学生的班主任，做一位有智慧的班主任享受幸福工作。

参考文献：

[1] 魏书生. 班主任工作艺术 [M]. 南京：河海大学出版社，2005.

[2] 魏书生. 教学工作漫谈 [M]. 桂林：漓江出版社，2005.

[3] 张万祥. 给年轻班主任的建议 [M]. 上海：华东师范大学出版社，2006.
[4] 黑柳彻子. 窗边的小豆豆 [M]. 上海：新经典文库，2003.
[5] 21世纪，班主任工作方略 [M]. 上海：人民日报出版社，2003.
[6] 怎样作一名好教师 [M]. 南昌：江西人民出版社，2003.
[7] 今天，我们怎么样做班主任 [M]. 上海：华东师范大学出版社，2006.
[8] 黎友焕，魏升民. 社会建设与社会管理创新 [M]. 广州：广东人民出版社，2012.

论德育在小学美术教学中的渗透

■ 肇庆市第六小学　罗志珍

摘　要：德育作为社会主义精神文明建设的一个重要内容，作为实施美育的一个有机的组成部分，我们要在美术教学中全方位渗透德育，充分利用美术使学生潜移默化地受到美的感染和熏陶，让学生感到美本身就是一种心灵的净化。美育和德育应是相互作用、相互联系的，德育应贯穿于整个美术教学中。

关键词：德育　美术教学　道德品质

《义务教育美术课程标准（2011年版）》指出，美术课程以社会主义核心价值观为导向，弘扬优秀的中华文化，力求体现素质教育的要求……提高审美品位和审美能力，增强对自然和人类社会的热爱及责任感，形成创造美好生活的愿望和能力。美术是情感的艺术，具有强烈的艺术感染力，鲜明的美术形象生动地表现和影响着人的思想感情，能浸入人的内心世界，通过审美体验的积淀，产生巨大的行为力量。因此，美术教育也是对学生进行思想政治教育的最佳方式之一。

美术教学含有丰富的德育内容。美术教学中的德育是以爱国主义教育为中心展开的。此外，美术教材还能教育学生爱家乡、爱自然、爱学习、爱劳动、爱科学，树立远大理想、继承革命传统，尊敬师长、互相友爱等，从多种角度帮助学生形成高尚的道德品质。笔者认为，在美术教学中应通过生动的艺术形象，在进行审美教育的同时，动之以情，晓之以理，寓德育于美育之中，不断发展学生德育上的自我教育能力。

一、认真备课，挖掘教材中的德育因素

教师应当以教材为内容，以课堂为阵地，牢固树立德育意识，认真钻研教材，分析和挖掘教材中的德育因素，做到每堂课都能有德育的侧重点。有些教材具有明显的

思想教育目的，如《浩气长存》《烽火岁月》《我们爱和平》《我为奥运喝彩》等，还有一些教材，如《群居的动物》《生肖邮票》《我的艺术收藏》《写意动物》等内容。这些教材丰富的德育内涵和深刻的哲理需要教师在备课时去挖掘、发现和理解。如《写意动物》一课，让学生初步认识和体验中国画的特点及表现，并能进行技法学习。通过学习，学生在学习中体验到民族传统艺术的魅力，在学习中既培养认真观察、仔细分析、勇于表现的工作态度，又培养了欣赏动物、保护动物的情感和意识，树立起敢于表现自我、勇于创造的人生价值观。

二、在美术教学中渗透德育，寓德育于美术教育之中

（一）在美术教育中进行爱国主义教育

1. 利用优秀的中外作品

优秀的中外历史名作是进行爱国主义教育的好教材。在教学过程中，结合欣赏过程，挖掘其中的爱国主义思想内容，可以使学生受到很深刻的爱国主义思想教育，唤起学生浓厚的爱国热情，振奋学生的民族精神。如《淮海大战》，宏大而富有动感的画面，表现了人民解放军歼灭敌人的雷霆万钧之势，让人感受到力量的迸发和正义的伸张；又如《流民图》，真实地再现了日寇侵华期间中国人民遭受空前灾难的悲剧场面，让人不由得愤恨侵略者；再如《萨布罗什人写信给土耳其苏丹》（俄罗斯•列宾），欣赏各种不同身份、不同性格的人物形象，让人感受到这是一群英勇善战、不畏强暴的萨布罗什人。

2. 利用文物史迹

中国是文明古国，有着极其丰富的文物史迹，其中无不蕴含着丰富多彩的传统艺术。祖国的优秀传统艺术，体现着中华民族的聪明才智和卓越的创造力，介绍或参观这些文物史迹有助于激发学生的爱国主义情感，增强民族自豪感与自信心。如武昌起义（浮雕）、黄花岗七十二烈士墓、广州中山纪念堂等。

3. 利用民族艺术

我国历史悠久，有着深厚的文化积淀和丰富而优秀的文化遗产，如《多姿多彩的民族服饰》《形形色色的民族乐器》《有声电影的鼻祖——皮影戏》《走近传统戏曲人物》等。通过学习这些民族艺术中有关造型、色彩、审美、制作工艺等方面的知识，培养学生热爱祖国、继承民族优秀文化遗产的思想感情。体现了民族文化精神，注入了中华民族文化的审美理想、优良的艺术传统和我国劳动人民的聪明才智。

（二）在美术教育中进行爱自然、爱科学教育

从绘画和制作中感受保护环境、保护大自然的重要性。如《动物的花衣裳》关注动物世界的花纹美和色彩美，感受生命美，培养环保意识；又如《群居的动物》，让学生感受到大自然的奇趣无比，动物也和人类一样，喜爱群居生活，它们亲密合作，十分友爱。通过这课的学习，学生知道关心和爱护大自然、关爱同学，养成热爱科学的好品质，并且在以后的生活中要和大自然建立和谐的关系，爱护和保护动物。

（三）在美术教育中进行热爱和平，关爱他人、服务社会等的教育

从反映儿童题材和动物、花卉题材等的大量优秀美术作品中体会到人类对和平、友谊、美好生活等的愿望和追求。如蒋兆和的《儿童与鸽子》、毕加索的《和平的面容》、齐白石的《荔枝》、潘天寿的《映日》等等。通过拟人化的手法和联想，或采用某种形式强烈地表达了这些愿望和追求，反映了画家们对生活的深刻的观察和体验，了解到艺术家对艺术不懈的追求精神，懂得艺术是属于全人类的，珍惜人类文化遗产，以此激发学生学习热情，为争取世界和平和发展做出自己的贡献。

三、寓德育于教学的全过程

美术课不是政治课、品德课，不是靠理论说教和标语口号式的教育，而是靠视觉艺术形象或通过艺术审美活动感染、熏陶，使学生受到启迪，领悟道理，受到教育。因此，教师要认真设计教学中的各个环节，使德育渗透在教学的全过程，不追求形式生硬说教，要见缝插针联系实际。从课前学习用品的准备到自己动手绘画、操作，以培养遵守纪律、举止文明、尊敬老师的良好行为；课上，不断提醒学生的用眼卫生，并在手工制作中渗透安全教育，提醒学生不要划破手指等；课堂辅导要面向全班各类学生，鼓励他们发扬优点，克服缺点；课后，指导学生学会整理，讲究卫生，把手工课产生的废品进行分类处理，这些使学生逐步养成良好的习惯和高尚的行为，在教学过程中也渗透了情感教育。

在小学美术教材中，每幅作品都蕴含着一定的思想品德教育内容。如美术教材中家乡绿梦、家园小景、开平碉楼、门画、家乡的桥等等，都是进行爱家乡、爱祖国教育的好内容。教材还通过童眼看世界、呼唤环保的小海报等创作，培养学生热爱社会主义美好生活、保护环境的教育。只要教师在教学过程中引导得当，就能有效地进行思想品德的教育。

四、寓德育于各种课型之中

小学美术教学的内容主要包括欣赏、绘画教学和手工制作等，教师要分析这些课型的特点，寓德育于各种课型之中。欣赏教学通过对古今中外美术作品的欣赏，培养学生健康的情趣，开阔视野，提高鉴赏能力，培养高尚的情操。特别是对我国民间艺术的欣赏，使学生热爱祖国民族文化，激励其爱国热情和民族自豪感。欣赏教学时，要使学生身临其境，去感受痛苦，享受欢乐。一旦学生全身心地投入到美妙的美术世界，就能唤起他们爱国主义的感情，让他们感到劳动的自豪，并从同龄儿童的美术作品中感受健康的、积极的生活乐趣，陶冶美好情操。教材中，除欣赏课外，还有大多数的课都提供了较为典型的儿童作品供学生参考。这些作品尽管不及美术家们的作品的表现技巧和思想深度，但更接近儿童自己的生活，容易被儿童接受。如《环保小发明》中的儿童作品，通过运用废旧物品，如用废旧饮料瓶塑造台灯柱，用画报纸折叠成富有创意的灯罩，这些稚趣的作品让学生在创作中做了一次环保小发明，既培养了动手能力，又表达了保护地球，从我们做起的愿望。

现代美术教育的目标不是培养美术家，而是面向全体学生。通过美术特有的形式、手段和循序渐进的教育和影响，达到陶冶学生心灵，塑造学生人格的目的。德育作为社会主义精神文明建设的一个重要内容，作为实施美育的一个有机的组成部分，通过完美的艺术形象的感染来树立学生对美好事物的追求，从而培养出具有良好行为习惯、健全人格、高贵品质的优秀的人。美术教育对德育教育是潜移默化的影响，是潜在作用，如“凉水泡茶慢慢浓”，让学生在不知不觉中接受教育，自身素质得到提高，形成高尚的情操和良好的品格，灵魂得到洗涤，品质得到升华，并最终使学生更加热爱艺术，热爱生活。因此，美术教育和德育应是相互作用、相互联系的。

抓住切入点，激励学生参与课堂

■ 四会市东城中学　项顺明

摘　要：在新课程理念下，成功的教学应该是最大限度地激发学生的个体参与意识，这要求在思想政治课堂教学中，教师要选准切入点，充分地调动学生积极参与课堂教学，让学生做学习的主人，成为生活的强者。

关键词：课堂教学　激发　参与　切入点

在新课程理念下，如果要想让我们的课堂变得越来越富有生机和创意，要想让学生变“恨”思想品德为“爱”思想品德，思想品德课教师就必须选准激发学生参与课堂的最佳切入点，引导学生积极参与课堂教学，这往往能体现教师的教学艺术和匠心。

一、抓住“导入点”，激发学生学习兴趣，打造快乐课堂

俗话说：“万事开头难。”而“良好的开端是成功的一半”，课堂导入这一环节设计的好坏，对整堂课的教学效果有很大的影响。因为它是连接新旧知识的桥梁，是引导学生思维方向的航标，是一出好戏的序幕，是一首好歌的前奏，是一堂优质课的起点。在教学中，笔者特别注重精心设计导入新课的不同方式，如“表演小品”、“成语（词语）接龙”、“故事大比拼”、“播放乐曲”、漫画、时政热点等，因为它一下子就能抓住学生的心，吸引学生的注意力，调动学生的情感，为整堂课提供良好的人口，能激发学生的学习兴趣和求知欲，还能造成思维悬念，引发深思。根据学生喜欢表演和吸收新鲜事物能力强的特点，在七年级“文明交往”的教学中，先是设计学生迟到的小品表演，让学生观察分析：老师处理的结果有何不同，你能猜出老师处理的原则吗？第二步让学生观看视频一是在公共汽车上，一位中学生坐在“老弱残疾专座”上，旁边站着一位老人。二是一学生拿着一份调查问卷表向一位老人做调

查："老头，填个调查表好吗？"老人头也不回地走了。通过学生讨论交流感受，得出了礼貌待人就能得到他人的接纳，对人不礼貌，就会得到他人的厌恶，就会伤害他人，礼貌能帮助我们成功，礼貌能增进人际和谐，使学生体验到了礼貌的重要性。这样巧设情境，营造出人性化的教育氛围，在潜移默化中影响学生，达到了"润物细无声"的效果。第三步让学生玩礼貌用语成语接龙，掌握礼貌用语。下课铃响了，同学们沉浸其中，依依不舍。

"参与是开心的，体验是开心的，成功更是开心的！"这是中学生发自肺腑的感叹。师能在乐中教，生能在乐中学，不亦乐乎！

由于教育对象、教学内容的不同，每节课的开头不会相同；同一教学内容，不同的教师也会有不同的处理方法，正所谓"导入有法，但无定法，贵在得法"。

二、抓住"争议点"，激发学生主动探究的欲望，打造主动课堂

新课程倡导合作、探究的学习方法，这是学生主动参与课堂的最好方式。把学习的主动权真正交给学生，把课堂的主位"让"给学生，在"让"字上动脑筋，问题让学生尝试，规律让学生寻找，疑难让学生提问，结论让学生思考，课本让学生阅读，见解让学生发展，课内让学生实践。只有善导巧让，学生才能真正成为学习的主人。因此，抓住学生有争议的地方，设置争议，让学生辩论，让学生主动寻找知识，解决争议，也是激发学生兴趣的好方法。

如在学习初三年级第八课"什么是人才"时，请学生举几个他们心里想讨论的人物，然后请大家讨论"这些人是不是人才？谁是？谁不是？为什么？"有的同学认为有丰富的知识，有一定是见识的人，是人才；有的同学认为赚大钱做大老板的人，是人才；有的同学认为对社会有用的，对国家有用的人，是人才；有的同学认为发明家，创造家，科学家，是人才；有的同学认为人才大概就是天才吧……这些引发了同学们激烈的讨论。

在讨论中教师应多一点欣赏的眼光、赞赏的话语、满意的点头、会意的微笑、热烈的掌声，少一点责难和批评。对学生提出的问题或回答多给予肯定，如"这是答案的一部分，但不是全部""你的思想是正确的，你为什么这样想？我对你的推理很感兴趣"等等。同时在教学中还应正视学生的个体差异，提问题由浅入深，照顾到每一位学生，让每位学生都有收获。整节课，学生在惊叹、感慨中，踊跃发言，激烈讨论，学生主动参与课堂，探究知识，成为学习的主人。

三、抓住“困惑点”，激活学生的思维，打造有效课堂

古人云：“学起于思，思源于疑。”学生的思维能力是其主动在思考和解决问题中不断滋长而发展起来的。教师在教学过程中精心别致的设疑问难，就是抓住学生的“困惑点”，往往能有效地点燃学生思维的导火线，撞击学生思维的火花，激起学生思维的波澜，促进师生互动，让课堂更加开放，打造更有效的课堂。

在讲到“保护环境人人有责”时，当说到保护环境要敢于牺牲一切甚至生命时，有的学生小声嘀咕，有的学生嗤之以鼻。笔者发现后，便让一位“有情绪”的同学，大胆发表自己的见解，学生说：“保护环境我一人不行，与其做无用功，还不如算了，更没有必要牺牲生命。”这位同学讲完后，教师里顿时鸦雀无声，同学们以为肯定免不了一顿骂。这时，笔者说：“咱们也来一场人生AB剧”吧，然后把赞同与反对的同学分成A组和B组，让同学们围绕刚才这位同学的观点展开辩论。辩论会进行了一段时间后，才让同学重新选择赞同和反对，有意思的是那位“有意见”的学生也加入了反对自己的行列，并且反对的已远远多于赞成，最后在同学们的一阵大笑声中，最后两名同学也加入了反对的行列。至此，笔者又“趁热打铁……’”，播放了一曲《一个真实的故事》。歌声凄婉动人，催人泪下。同学们听完歌曲久久沉思……我想这节课带给他们的不仅仅是书本知识，更重要的是做人的准则，这将使他们终身受益。从此，教室里乱扔杂物的现象绝迹了，这也是班级管理的一大福音。相反，如果在课堂上对那位“有情绪”的同学采取简单粗暴的方法，将不仅教育不了他本人，还会引起其他同学的逆反心理，思想政治课的德育功能也就无以发挥，只有这样才能教书育人双丰收。

生活中的快乐和宝藏很多，缺少的是一种发现。课堂教学组织过程中，教师根据教学内容抓住学生的两个“困惑点”，一是保护环境是否要牺牲一切，甚至生命；二是保护环境我一人不行，与其做无用功，还不如算了，更没有必要牺牲生命，将学生融入到生活情境之中。人情、人理、人心，通过“争议点”的引领，把学生带入知识的海洋，让学生学会观察、思考、探究知识，知、情、意、行合一，引导学生形成正确的观点，使学生轻松地把教材中的难点突破，化难为易，使课堂教学效果达到最大化。

四、抓住“热点”，拓展学生的思维，打造生命课堂

学生认为政治课是讲大道理，考试只需要死记硬背就行，离现实很远，因此政治课往往死气沉沉，毫无活力。

时政热点具有强烈的时代性和针对性，很贴近学生实际，学生愿意接受。时政热点本身又包含了新知识、新信息和新问题，将之引入课堂，不仅对课程、学生、教师会产生重要积极的作用，而且充实了思想政治课的教学内容，弥补了教材内容的不足，在一定程度上消除了教材的滞后性，使课堂显现出时代的活力。

政治来源于现实，也必须扎根于现实，并且应用于现实。政治学习的最终目的是为了让学生能运用所学的知识去解决问题。如在上“可持续发展”一课时，利用多媒体展示漫画“举不动”，表明世界人口总数2000年已达60亿；展示漫画“垃圾包地球”、播放动画“这样就合法了”，表明环境资源遭到严重破坏；再播放实况录像“在中国……”，看人们是如何浪费水资源，如何污染江河湖海，如何乱砍滥伐森林等等，让学生直观感受到我们面临严峻的资源、人口、环境形势，从而落实教学目标：我们必须积极实施可持续发展战略，自然而然去寻找有关资源政策法规，发展高科技，解决资源、人口、环境等问题。

授课时把课堂延伸到生活和现实，我们的课堂就会是鲜活的，就会涌动生命活力。这要求老师要充分调动和利用学生已有的生活经验，结合他们现实生活中实际存在的问题，关注身边的热点、焦点，引导学生观察生活，共同研究学习主题，丰富发展他们的生活经验，让他们的生命更有意义。

总之，寻找最佳的切入点，让教学贴近学生、贴近生活，鼓励学生大胆参与课堂，用生活的底蕴去诠释，用生活的经验去解读政治课本和生活，说出自己的独特体验，实现与文本的对话，并真正受到启迪。这样，才能赋予课堂以生命和活力，更好地揭示其全新的潜在意义；才能引导学生在一个广阔的天地中，积极自主地探索，懂得生活、学会生活、改造生活，做生活的强者，做生活的主人。

参考文献：

[1] 惆丽．教育思想探新［M］．南昌：江西高等出版社，2001．
[2] 程德春．新课程理念下思想品德课教学的几点思考［J］．中国教师，2007（49）．
[3] 刘国鑫．浅谈思想政治课教学的导入方法［J］．思想政治课教学，2008（11）．

实践教育服务的三个关键

■ 云浮市新兴县实验小学　叶少丽

摘　要：本文从对自己的学校管理实践进行理性思考、概括出发，提出要借鉴现代企业管理的方法，用教育服务的全新教育哲学去管理学校，要求把握住观念、教师、质量三个关键去落实教育服务观，不断提高社会的认同度。

关键词：教育服务　学校管理　教育哲学

一、前言

新兴县实验小学是县委、县政府为增强全县教育综合实力、建设教育强县而于1996年9月创办的一所县属示范学校。学校实行公办民助办学体制，贯彻“优质优价，自愿选择”原则，没有固定服务半径，面向全县招生。创办短短十三年，学校取得跨越式的发展：学校被评为“全国现代教育技术实验学校”“全国课题实验优秀学校”“广东省一级学校”“广东省绿色学校”“广东省‘朝阳读书’活动先进集体”。学校由创办时的14个教学班400多人发展到今天的54个教学班2800多人，树立起稳定的优质教育的品牌形象，学位供给远远不能满足社会的需求。回顾梳理学校十三年的发展，我们发现，支撑学校快速发展的因素很多，但核心的一条就是始终牢固树立教育服务意识，以教育服务外取人信，内聚人心。这十三年来，实验小学所走的就是一条以优质的服务换取过硬的质量，以过硬的质量赢得良好的声誉，以良好的声誉吸引充足的生源，以充足的生源保障充裕的财源，以充裕的财源支撑快速发展的生存发展之路。

二、观念是服务的灵魂，把“教育就是服务”的理念贯穿到学校工作的每一个层面

我校作为一所公办民助的学校，服务对象的满意度是学校生存和发展的关键。今天的服务决定了明天的质量，后天的生源。生源就是生命！为此，我们提出必须要牢固树立起“教育就是服务”的理念，把向每一个学生提供优质的教育服务作为我们最郑重的承诺，把服务学生、服务家长贯穿到学校工作的每一个层面。

规范教育行为，为学生营造宽松和谐的发展环境，让学生能“亲其师而信其道”，让学生能“在赏识中成长”。我校为了开发学生的潜能，努力创设赏识教育的氛围，充分利用“学生作品展览室”“我们身边的榜样”等阵地，坚持每学期三次的“校长鼓励卡”制度，利用让进步学生担任升旗仪式护旗、让优秀生在国旗下讲话等形式大力表彰学生的点滴进步；为学生多方面的才能提供展示的舞台，让学生作品上架，照片上墙，名字上榜从而更加上进；为了转变后进生，学校建立起严格的跟踪帮教制度，学校领导和全体科任教师均至少要承担一名后进生的转化任务，建立转化档案，强化过程管理，实行转化效果的述职制度，组织师生的经验交流会，大力推介成功经验，引导教师把更多的热情和精力向后进生身上投放，做到“每周五问”：有没有与家长交换意见、有没有找同学结对帮助、有没有找其谈心、科任教师有没有形成合力、本周表扬过他（她）多少次；多从教学主观因素着力，相信他们“给点阳光能灿烂，洒点雨露能发芽”，饱含热情地帮助后进学生赶队，不让一个学生掉队。

要虚心聆听家长意见，把家长意见视为办好学校的重要资源。从某种程度讲，家长是教育服务的“购买者”，家长既可以用人民币投赞成票（前来报读），也可以用双脚投反对票（不来或转学）。我们深知，家长认同是社会认同的前提。近几年来，我们做到尽可能邀请家长代表来参加学校的重大活动，坚持了对学生的“普访”制度，给每一个家长印发了含校长、任课教师的电话和学校网址、电子邮箱等内容的“家庭和学校联系卡”，使家长的意见和建议能及时反映到学校和老师。我们还对全校家长进行了问卷调查，设置了“孩子喜欢或不喜欢的科目及原因”“学校最令你满意和不满意的地方是什么”等13个栏目让家长选择，比较全面和准确地征询了家长对学校管理、教师教学等方面的评价和意见，做到了从家长期望的地方做起，从家长不满之处改起，取得了良好的效果。

三、队伍是服务的基础，用高素质的教师去提供优质的教育服务

每一个教师的言行举止、师德风范都代表着学校的一种发展环境，提供优质教

育服务的基础是具有一支高素质的教师队伍。多年来，我校立足于特色化的“校本培训”和“校本教研”，努力引导教师在需要的状态下学习，在研究的状态下工作，从而在创新的状态下发展。

一方面，我们注重引导教师在需要的状态下学习，确立“终生学习，终身与书籍为友”的意识。学校将通过健全科组学习等制度来保障教师学习的时间，通过“天网”（因特网）、“地网”（校园网）、“人网”（校园学术沙龙、教育理论专题辩论会、读书看报活动、各类观摩活动）相结合的形式为教师构筑起智能化、综合性的便捷学习平台，充分搜集信息，整理、筛选和交流发布信息，丰富学习资源，让教师们及时了解掌握最新的教育教学信息，促使教师们的教育教学理念、方式方法及目光视野都与时俱进，保持教师和学校发展的先进性。我们坚持了相互听课、观摩、评议的制度，实施了“全天候的教学公开”制度和开展“人人听我一节课，我听人人一节课”活动，规定领导和教师的听课节数，以随机听课为主要形式认真开展课堂教学评估。我们在抓好“教师读书活动”和“建立个人教育图书专柜”活动开展的同时，实施了“动态互学”的教学常规检查方法，让级组之间、科组之间互相检查教学设计、作业批改、读书笔记等内容，从中“发现一个亮点和一个缺点，提一个建议”，以达到相互学习、共同提高的目的。

另一方面，学校努力创设条件引领教师走上研究之路，把问题变成课题，将零散的研究整合起来，以改变教学方式和学生学习方式为最终目的，使“校本培训”提高的是教师，得益的是学生。我们坚持了每周至少2节课的科组学习制度，把每学期的“预备周”办成“培训周”“级组学习和科研成果展示周”，在“预备周”里让每个科级组都向全体教师进行一场讲座。学校要求教师进一步树立“在研究的状态下工作”的意识，善于从常规教学环节中发现研究问题，大胆假设，小心求证，善于进行教学反思和教学行为的调整，不断提高业务水平，以课堂教学为“试金石”，积极参加学校组织的学校领导和科组长的引路课、科组教师的研究课、新教师的汇报课等三个层次阶段教研课，从中博采众长，展现自我，在典型课例的研究中形成新的课堂教学理念，打造新的课堂教学结构模式。同时，为进一步推进小学英语课程教学改革，创建英语教育品牌，丰富素质教育的内涵，我校主动与广东省外语艺术职业学院结成教研联盟，在学校创建“教育科研实习基地”。借助这个平台，我们不但能及时地接受了高等院校教育科研成果的辐射，而且无偿获得了参与该学院承办的各种学习研讨会和外籍教师到校指导教学的机会，为学校教育科研的开展注入了新的活力。

四、质量是服务的核心，始终把提高教学质量作为学校发展的第一要务

教育服务，家长、社会最关心的一个问题就是质量，质量的高低决定了服务水平的好坏，教育质量的高低决定了学校办学水平的强弱、优劣，决定了一所学校对学生、对家长、对社会是否有吸引力，是否能在这个竞争激烈的社会中存活下来。21世纪教育改革和发展的方向，就是教育要适应国家和社会发展的要求，满足人民群众的需要，这是教育的安身立命之本。追求教学质量甚至追求考试高分本来就无可厚非，关键是采取什么途径，让学生付出什么代价。近年来，我们以构建新型的学习方式为目标，确立“素质教育、全程备考、学得灵活、考得更好”的教学培养策略，促进了教学质量的提高。

一是十分注重培育和保护学生的学习兴趣。我们提出要挖掘和释放学科自身魅力，改革课堂教学，让学生在课堂上既“有所获”又“有所乐”，用学识吸引学生，用常规规范学生，用情绪感染学生，用赏识调动学生。在教学实践中，各教师能围绕传授知识、训练思维、培养学习习惯、指导学法等四个方面的目标创设具有挑战性的问题情境，营造民主、互动、宽容的课堂氛围，搭建起平等交往的平台，让学生在获得知识的同时享受心灵的愉悦，取得了较好的效果。

其次是十分注重培养学生的学习能力。我们努力加强对学生学习策略的指导，确立“不是所有教学任务都必须在课堂内完成”的教学任务观，按照“课前预习产生疑问，合作学习提炼问题，探究中再生新疑”的要求处理好预习、听课、复习的关系，把培养学生自学能力放在突出位置。如我们在语文科以积累、感悟、实践为核心，以导向、导读、导议、导悟为基本方法，构建起“查找资料、尝试自学、合作探究、交流信息、语言实践、表情达意”为特征的新型学习方式。同时，学校还建立“春晖”文学社，在学生中实施“书香校园计划”，通过“评选阅读之星”“倡导藏书”“指导读书”“作文考级”等活动引导学生广阅博览，以读促写，使读书成为习惯，让书香洋溢校园，丰富了学生的语言积累，提高了学习能力。

眼界决定境界，思路决定出路。教育就是服务，为学生的健康成长服务，为家长的美好愿望服务，为国家和社会的繁荣文明服务。

参考文献：

[1] 芮火才. 谈学校的可持续发展 [J]. 江苏教育研究，2000.
[2] 芮火才. 培育一颗服务的心 [J]. 江苏教育研究，2003.

把握小学生的心理特点，提高品德教育的实效性

■ 云浮市第一小学　李丽仪

摘　要： 小学生是祖国的未来，是中国梦的实现者，他们的思想道德品质直接关系到国家的前途和命运，关系到民族的兴旺发达。改革开放以来，随着社会主义市场经济的发展，人们的生活观念及教子观念有了很大的变化，现代城区小学生的成长环境、物质条件以及他们的心理特征都呈现出不同以往的特点。在信息时代的新起点上，如何加强和改进学校德育工作，确保思想品德教育的实效性呢？笔者认为，应依据信息时代小学生的心理特点，因材施教，探寻小学生品德培养的有效途径。

关键词： 小学生　心理特点　品德教育

一、城区小学生的心理特点

当前，城区家庭“望子成龙、冀女成凤”的迫切愿望普遍存在。据不完全统计，独生子女在城区小学生中占到90%以上。抓好独生子女这个庞大的、特殊的学生群体的思想品德教育，已成为我国小学思想品德教育工作的重点之一，也是信息时代小学思想品德教育面临的新课题。由于特殊的家庭、社会环境和所受教育的影响，作为独生子女的小学生除具有当代少年儿童的共同心理特点外，还形成了他们特有的心理特征，主要表现为以下四个方面：

以自我为中心，合作意识较差。

自尊心、自信心强而自理能力差。

内心有孤独感和寂寞感。

喜欢上网，有的已形成网络依赖症。随着电脑的普及，网络以强大的辐射力和感染力吸引着众多的小学生。小学生可以从网上获取更多的娱乐的信息，但也对他们的

身心健康造成许多负面的消极的影响。比如上网打游戏成为日常习惯，由于上网时间过多影响了学习成绩和自己身体的不在少数。更为严重的是网上传播色情暴力信息等道德失范行为和黑客攻击诈骗赌博等犯罪行为，正在蚕食着小学生纯洁健康的灵魂。当前，有的学生能做到正常利用网络，但也有不少小学生形成了网络依赖症。

二、提高思想品德教育实效性的途径

1. 要抓好课堂教学，提高课堂教学的实效性

课堂是学校思想品德教育的主战场。在教学过程中要重视学生的活动，重视经验与体验的获得，在活动中生成，在活动中导悟，也是对新课程教学的一种极好的补充。我们在教学中要充分挖掘教材中的活动因素，化教材内容为学生喜闻乐见的活动形式，发挥学生的主体意识，让学生积极参与到活动中来，让孩子们在课堂上“动”起来，多进行活动并且每一次活动都紧紧围绕课堂学习的主题，时时注意做到精益求精。抓好课堂教学要注意：一是要吃透教材，改进教学方法，优化课堂教学，提高课堂教学效率；二是要精心设计教学情境，激发学生学习的兴趣。好的教学方法，能使学生具有良好的学习情绪，满怀激情地投入学习，使学生获得精神上的满足。例如导入新课时，教师设计与学习生活相关的有趣的教学情境，结合教材内容做游戏、实物演示、智力竞赛、猜谜语等趣味性活动，直观导入；还可以运用幻灯、实验、图画、故事、游戏、语言等多媒体，精心设计出妙趣横生的教学情境，把学生领入充满诗情画意的境界之中，学生就能以愉快的情绪投入学习；接着，教师动之以情，晓之以理的讲述就能水到渠成地收到良好的效果。三是提高学生思想品德教育的实效性还可以借鉴其他学科的教学方法，更好地促进学生思想品德的形成。小学思想品德教育课主要是以课本为载体的，掌握课文内容是接受思想品德教育的基础。在教学内容中教好课文，让学生从课文内容中悟出道理，进而形成正确的认知，并指导自身的实践活动。在思想品德课堂教学中，教师要引导学生运用抓重点词、重点句、重点段以及朗读、背诵等教学方法进行学习，就能收到良好的学习效果，更有效地提高学生对所学课本知识的理解和运用。

2. 要构建小学生思想品德教育体系，拓宽思想品德教育的有效空间

小学生思想品德的发展，道德观、人生观和价值观的形成，与家庭、学校、社会的总体环境息息相关、密不可分。家庭是组成社会的单元，大多数孩子在成人之前是与家人一起度过的。实践证明，家庭教育在未成年人思想道德建设中具有基础性的作用。学校是对未成年人进行系统的思想品德教育的主渠道。社会既是孩子成长的外在

环境，又是形成学生思想品德的沃土。因此，应该使学校教育、家庭教育以及社会教育相互衔接，学校、家庭、社会密切配合，多管齐下，加强小学生思想品德教育。一是学校应加强与家长的沟通和交流。比如通过家访、家长会、家长代表座谈会、家长开放日活动或者网络等手段让家长及时了解孩子的学习情况、思想动态，便于家长与学校共同商讨教育学生的良策。二是应建立学校、学生、家长共同参与德育实践及德育行为评价的模式，强化道德实践活动，如在学年的始末采用学生家庭表现对比问卷调查、学生活动图片展示等形式，举办德育成果展。三是学校还应该拓宽教育空间，借助更多的社会力量和社会资源提升学生进行思想品德。比如“请进来”“走出去”两手抓，两手都要硬。“请进来”的形式有很多，如学校与医疗卫生机构合作，开展讲卫生活动和心理咨询，可举办卫生常识讲座、疾病防治讲座；进行警民共建，举办法制讲座、消防知识讲座、交通知识讲座。“走出去”，即组织学生到校外参加社会实践活动，如到公园参加种植花草的劳动，到社区进行文化宣传等。

3. 规范、引导学生上网，加强网络道德教育

信息时代，网络连接了千家万户，网络信息对小学生的思想品德有不可低估的影响，加强小学生网络道德教育是当务之急。学校和家庭对小学生上网要进行引导而不是封堵。一是学校不仅应加大对电脑课硬件的配置，广泛开展小学生网络知识培训普及活动，为小学生上网提供良好的环境，而且应在德育课中增加网上道德教育，培养青少年学生对网络有害信息的鉴别能力；要保护和鼓励孩子科学用电脑，同时又要讲清道理引导他们不沉迷于网上游戏和有害信息。加强网络道德教育建立网络道德规范。一方面要采取监控措施对非法网站进行打击；另一方面把管理和教育结合起来，自律和他律结合起来，通过各种学生喜闻乐见的形式，加强伦理道德教育、法律意识教育和安全意识教育，引导学生树立良好的网络道德，培养学生健全人格和高尚的道德情感。二是学生家长要提高使用网络的能力，引导学生正确上网，利用网络提高孩子的道德素养。首先，家长要提高自身的网络素养，这是教育子女的基础。家长不能因为整天奔波忙于工作生活或只顾自己玩乐而不顾及对孩子的教育，要抽出时间管管自己的孩子，了解孩子的上网情况，主动承担教育自己孩子的责任。一旦发现孩子与黄色网站有染，就要及时采取措施，如使用屏蔽不良资讯的软件，有效地规范自己的孩子上网时的行为；同时，鼓励孩子通过网络寻求更多有利于自己成长、学习的信息和知识。万一孩子不慎迷恋网吧，千万不要急躁和打骂体罚，也不要因噎废食禁止孩子接触电脑。总之，对于孩子适度上网，保护孩子对网络的兴趣，教育和引导至关重要。

论初中班主任说服教育效果不佳的原因

■ 云浮市特殊教育学校　莫洪华

摘　要：初中教育是我国学生教育过程中非常重要的一个环节，起到一个承前启后的关键作用。大多数的初中生正处在青春的萌芽阶段，对他们正确地引导就变得尤为重要。但现在许多初中班主任都反映这样一个问题——对学生的说服教育效果并不是很理想。要解决好初中生的教育问题，分析说服教育为何效果不佳已经势在必行。

关键字：初中生　说服教育　素质教育　情感教育

在传统的教育当中，说服教育占据了十分重要的部分，大部分的老师在教育学生的时候也是采用说服教育，然而这种教育方法所能起到的效果却并不能让人满意。对一名“问题学生”采用数次说服教育，带来的作用也是微乎其微。特别是初中生这个群体，由于其心智尚处在一个从未成熟到成熟的过渡阶段，普通的说服教育更是对其起不到很好的效果。究其原因，经过调查发现，主要包括以下几点。

一、说服教育对于初中生在“情感”上的不足

现在初中教育的对象基本上都是出生于新世纪之后的孩子，伴随着我国经济总体的发展，这些孩子的心性也与以前80后或者是90后有了很大的不同。也许在若干年前说服教育还能起到一定的作用，但在这些00后的孩子们面前，说服教育显然已经显得太过于老套与呆板了。

简单来说，作为初中学生的班主任，首先要做到的就是用“爱”来感动学生。虽然不能否认的是说服教育也饱含着老师对学生深深的爱，但却不能让学生感受到这份“爱意”，这就使得说服教育在初中学生面前很难奏效了。

在面对学习态度不端正或者是其他类似的问题学生时，作为老师，首先要想的

并不是如何去说教，而是去深入了解这些学生之所以不爱学习的原因，晓之以情，动之以理，不要只针对学生的缺点去批评他，更应该看到他的优点，对他予以适当的鼓励。在学生建立起信心之后，老师下一步要做的就是和学生沟通、谈心，以聊天般的话语从侧面提醒学生在学习上的不足，这样学生也就更能够体会到老师的良苦用心并正确认识到自己以往的缺点。所谓“亦师亦友”，正是如此。

二、说服教育对于初中生在“道理”上的不足

许多传统的老师都会知道，说服教育基本上就是那么一个套路，简单点来说就是找学生谈话，让他们不要辜负父母或者老师的期望，这是个非常固定的一个模式。这样虽然表达方式直接，一语中的，并且初衷也是与学生从道理的角度分析其对错，但却并不容易被学生所接受。

比如说在初中的“问题学生”中有这样一类人，他们十分喜欢打架，爱打抱不平，是学校里的“小霸王”，那么我们就不能用寻常的方法去教育他们。一个非常有效的方法就是让他们自己了解到这样做的缺点，有哪些危害。比如说可以让他们担任班级上的纪律委员，维持课堂或者课外班上同学的作息纪律。这样当他在面对像他一样喜欢打架或者是上课爱搞小动作的同学的时候，他也就会同样的伤脑筋，也就借此可以认识到自己平时所做得不对的地方。

如此从道理上学生也不会产生排斥感，会从心底里发现自己的错误。初中生大多正处在青春期，叛逆的心理十分明显，也只有让他们自己从内心认识到自己的错误或者缺点，他们才会真正心服口服地去改正。

三、说服教育对于初中生在“科学逻辑”上的不足

其实大多数学生在接受了老师或者家长的用心教育之后都会认识到自己到底哪里做得不对，但他们却没有一个正确的方法来改正自己的这些错误。作为一个好老师，最重要的就是引导学生用正确的方法使其变得更加优秀，对于问题学生同样如此。而这又恰恰是说服教育所不具备的。

首先，对学生的教育是一个循序渐进的过程，特别是问题学生的教育，由于其基础相对较差，更是要一步一步来改进，万不可操之过急。最为重要的莫过于要知道每一个学生的身上所存在的问题、产生这些问题的原因和问题的严重程度等等。因材施教，针对不同情况的学生，作为老师应该制定各不相同的应对策略，对基础较差的学

生最开始的要求不应过高，要适合其本身的实际情况。

其次，对于进步中的学生，不要吝惜对其的鼓励，不管是语言上或者是物质上的鼓励，让学生在自我改进的时候能够更加充满动力，对自己的改变更加有信心。对于进步最快的学生，我们可以对其颁发一个“最快进步奖”之类的奖项，或者是在开家长会的时候点名表扬该名学生。往往在老师和家长的双重积极影响下，很多问题学生都会朝着越来越好的方面发展。

四、非“说服教育”在教学上的成功

一位初中班主任王老师有过这样的切身体会，他当时接到的班是当时校里有名的“差生班”，班上问题学生的比例相对来说非常高。他是数学老师，往往向学生出一个非常基础的数学题，学生也要挠头解答半天，甚至有许多学生根本解答不出来。针对这种情况，王老师采取了以下措施：

首先便是在班级中分别设立一个“学习督查小组”以及一个“进步学生荣誉小组”。进步学生小组中表现良好，进步很快的学生进入学习督查小组，可以让同学们互相监督，起到共同进步的效果。

其次是经常找班级中学习较为困难的同学谈心，了解他们学习不好的原因是什么，帮助他们克服学习上的畏惧心理、厌学情绪以及自卑心理等等。老师切记不可用太过严肃的口吻，要以平和的口吻如朋友般与他们谈心，否则容易适得其反，将问题变得更严重，起不到引导学生的作用。

最后便是在学习测评之后尽量淡化排名，多鼓励有进步的学生，让学生们爱上学习，而不再觉得学习是一个互相攀比的过程，不要让成绩稍差的学生觉得自己不如他人。

就这样，在一个学年之后，王老师班上的学生发生了非常大的变化。而这种变化不仅体现在成绩上，更重要的是体现在学生们对待学习的态度上。

五、总结

时代在进步，而老师们的教育方式也同样应该与时俱进。说服教育曾经影响了我们许多人，但当其在新时代的教育中慢慢地不再适用的时候，我们就有必要去探索更有效的教育方式。我们不仅仅需要拥有一颗称职的人民教师的心，更需要去了解莘莘学子的拳拳求学之心。将心比心，素质教育也就变得更加容易实现。

参考文献：

[1] 廖敏. 特质性、情境性调节匹配对说服教育效果的影响 [J]. 中国科教创新导刊，2011，（19）：213-214.

[2] 曹园. 新课改背景下初中班主任工作中的问题及对策 [D]. 上海师范大学，2009.

对中小学品德测评的分析与思考

■ 云浮市特殊教育学校　陈红梅

摘　要： 立德树人是教育的根本任务。提出当前学校品德测评中存在的一些问题，分析其产生的原因并提出有效的对策，对于如何改进当前学校品德测评工作，增强学校德育的实效性，提高青少年的道德素质，有着极其深远和重大的意义。

关键词： 品德测评　中小学德育

十八大报告把“立德树人”首次确立为教育的根本任务，是对十七大“坚持育人为本、德育为先”教育理念的深化，指明了今后教育改革发展的方向。起步于二十世纪八十年代初的学生品德测评研究受到了社会各界，尤其是教育界的广泛关注，经过全国各地众多学者和专家的研究，现已取得了阶段性成果。诸如对学生品德测评的基本原理的认识、品德测评的指标（要素）和他们内存的关系的探索、学生品德测评的计量技术、测评过程的方法和手段、学生品德测评的类型、品德测评结果的处理和解释、学生品德测评的学校组织管理和人员培训、品德测评各子系统的相互关系与相互作用等等，并由此构成了一个有理论基础和科学方法，有特定对象和具体形式的比较完整的科学体系。但由于德育的复杂化与滞后性，品德的内隐性与不稳定性，品德测评研究在取得一定成果的同时，我们也应该看到它们并非完美无缺。因此提示当前学校品德测评中存在的一些问题，分析其产生的原因并提出有效的对策，对于如何改进当前学校品德测评工作，增强学校德育的实效性，提高青少年的道德素质，有着极其深远和重大的意义。

一、品德测评的概述

品德测评，就是依据一定的测评指标，运用一切科学可行的方法技术，系统地收集有关的资料信息，对学生的品德作出肯定和否定的价值判断。品德测评是一种建立在对品德特征信息“测”与“量”基础上的分析与评判活动。在这种活动过程中，测评者通过“测”与“量”的活动，获得所要搜集的品德特征信息，然后对它们进行综合分析与评判解释。由概念我们可以知道，“测”是为了更好评，而“评”是为了促进学生发展，故此，“测”和“评”是并存并重的。

二、品德测评存在的问题

从目前我国各地试验的情况来看，学生品德测评，主要应抓测评主体、测评内容、测评机构建设、测评结果分析与报告、评定信息的利用及加强学生品德的自我评价等方面建设。而从目前的情况来看，中小学基本上没有正式和完备的品德测评机构，即使有学校做学生品德测评，也多数是流于形式，随意跟从，德育的实效无法在测评结果中得到体现。现行中小学校品德测评现普遍存在以下问题：

1. 品德测评主体单一

品德测评主体究竟是学生自己还是教师？是以学校为主，家长为辅，社区齐参与？是一方测评还是多方测评呢？从目前中小学状况来看，多数是由班主任一个人担任测评人，在家长会上、校会上、学生家庭报告书中，学生的品行基本上是班主任在唱主角，学生的品德表现也大多在班主任鉴定中定格。

2. 品德测评方法、技巧不科学

在全面推行素质教育、深化课程改革、落实新课标过程中，中小学没有始终坚持做到“立德树人”，教育工作者没有经过专门和专业的培训，对学生的品德测评没有标准，掌握不住分寸，对品德结构中的质、量、度尚不十分清楚，对品德结构中的因素不明确，定性与定量难以结合，难以落实，容易单一片面地对学生进行品德的错误的判断。测评不注重过程的规范和结果的分析，缺少质量及实效。

3. 品德测评结果失真

对学生的品德测评要由道德认识、道德情感，道德意志和道德行为四部分进行，但很多学校忙于应付教学及管理工作，对学生的品德关注不全面，忽视对学生的细致观察、深入了解，容易把学生行为与动机分离，测评的方法不科学，表面现象没有得到深化。测得随意、不合理，评得主观，当然不合情。因此，学生品德测评项目得到的结果往往失去可靠的数据，结果失真，道德失真。

4. 品德测评内容简单，表述类同

学校的校会、班会、家长会、《素质报告书》等是反映学生品德主要形式，这些形式对学生的评价内容基本上是千篇一律的，是固定化的大条大框，很少把测评的内容细化，所反映的情况是大同小异。而测评结果的分析与表述相当简单，大多采用“评等评分评语综合测评法”。如在期末，班主任评卷阅卷、要写总结、要验收各项工作又要写学生《素质报告书》，于是，班主任可能出现草率从事，给予学生基本是一致的评价，甚至有些班主任写好一份，让学生改改分数然后代抄写若干份。这种用一个学生代表全班学生，用一个学生代表全校学生的做法，使品德测评的个性化及人性化荡然无存。

三、品德测评存在问题原因分析

学生品德测评属于学校德育的组成部分，学校德育发展与成效可以反映出学生品德测评的成与败。

1. 教育改革未得到深化

中国的教育还是应试教育唱主角，多数学生还是通过高考“独木桥”走向人生新阶段，教育主管部门仍以考试成绩来评定学校的教育教学质量，社会各界仍旧以成绩来衡量学校的等级，而学校同样以学生的考试成绩概括学生的优劣，现实中仍难走出“高分是英雄、成绩受器重”的怪圈。在当地，上至领导，再到校长教师，再到家长，都没有树立正确的教育教学理念，没把“以人为本”“以发展为要务”作为办学理念，只是把品德测评作为一种管教学生的手段，用来束缚学生。

2. 学校德育地位尴尬

正因为中国教育受传统教育桎梏，即使素质教育提出多时，学校德育工作处于“报告时重要，管理时次要，开展时可要可不要”的地位。品德测评发展近30年，经历探索到实践，在边远地区实质上成效不大，学校或流于形式、或盲目跟随，德育突破不了难关，实效性不高。从中可见，品德测评研究发展大大受制于学校的德育发展。

3. 品德测评主体缺损

一直以来，中小学校的教师教育教学任务繁重，工作压力大，社会地位及待遇不高。学校缺少激励机制，对品德测评认识不到位，参与热情不高涨，学生的品德测评得不到重视，开展调查少。为了减少人力、财力、物力投入，学校一切从简，品德测评自然落在班主任一个人的身上。而班主任由于种种原因，自然也会想到办法从简操作，减少其他科任教师评价、学生自我评价，把社区参与、家长联合等方式删除，最后把测评的内容、表述、范围、结果以偏概全。

4. 品德测评缺乏培训

品德测评的内容有很多，方法在慢慢扩展，需要遵循的原则非常严格，各类测评的指标（要素）也专业，这就要求参与测评的人接受学习与培训，掌握一定技巧，熟悉操作，懂得分析与报告。把“测”的质量提高，把“评”的结果强化。

5. 测评机构不完善

学校很多时候应付检查、评估、社会和家长而对学生进行品德测评。学校只重视品德测评的诊断和管理功能，忽视品德测评的教育和发展功能，没有建立健全的测评机构，对测评没有进行系统科学的操作和分析研究，材料没有建立跟踪，缺少共同研究、共同参与、相互监督。

四、中小学品德测评的思考

参与品德测评理论研究的不少专家学者都提出要构建品德测评的新体系，要求回归真实，追求激励，提出“以教育发展为主、以诊断管理为辅”观点，以促进学生个体发展的需要和社会发展的需要。如何去凸显中小学品德测评的教育性、时代性、主体性、发展性，提高学校德育有效性，本文避开理论层面论述，选择中小学实际工作的层面入手，进行了浅薄的思考：

（一）深化教育改革，更新教育观念

“深化教育改革，全面推进素质教育”早就摆在国家教育战略发展重要位置上，随着《基础教育课程改革纲要》和《新课标》执行落实，城乡免费九年义务教育的实施，我国已初步建立较为完善的教育体制。树立正确的现代教育观势在必行，一场教育理念的变革也要实实在在地动起来。

1. 转变观念，更新测评功能

教育工作者要改变过往“阶段精英式教育”，引领学生要向终身教育进发，让教育适应社会的需要，让学生适应社会的需要；教师要抛弃“权威”和“中心”，以学生为主体，让学生的主观能动性得到充分的发挥，尊重学生的个性与发展，把测评的功能拓展，用“评”促“发展”。

2. 确保学校工作立德树人

德育是素质教育的核心，学校在素质教育全面铺开过程中都提倡“五育并重，德育为首”的办学宗旨。由此可见，搞好学校德育，等于把素质教育要求“要成才，先成人”思想落到了实处。其实，学生品德测评的收成就是看学校德育的成效显著与否。

（二）健全机构，培养专人，建立“美德袋”

学校要建立一个学生品德测评的专业机构，由专人负责学生品德测评的研究与开展，这样就既可以保证该项工作的顺利进行，又能规范操作的程序，大大提高工作效率。

对学校进行全员的培训，将品德测评工作摆上议事日程，全员重视该项工作的开展与执行，提高理论水平，提高实操水平。学校严格要求全校师生共同参与、共同研究、相互监督。

利用“美德袋”进行品德测评资料的收集和存放保管，便于日后的资料分析与材料跟踪。

五、加强品德测评研究的探索

（一）关于品德测评的主体

品德测评的主体，既可以是教师，也可以是学生，或者甚至可以是其他相关的人员。品德测评主体究竟应由哪些人组成，目前未能实行一致性统一。有的地方由班主任一个人测评，有的由学生本人及班主任共同测评，有的地方由学生、学生小组和班主任三方测评，还有的则扩展到校外教育机构，陪同家长、社区有关人员共同参与测评。那么，品德测评的主体人数如何确定呢？事实证明：测评主体中人越少，测评的结果越好汇总，但易产生主观片面；测评主体中人越多，测评结果越趋于客观公正，但工作步骤和程序增多，不好进行汇总综合。要体现品德测评的科学性与客观公正性，现行中小学在这方面可以进行以下考虑：

1. 明确品德测评态度

测评主体是否越多越客观，越少越主观呢？这实际上也一言难尽，它取决于测评主体所选择的成员对测评对象是否了解，测评人员工作是否认真、公正。只有在了解的基础上态度才公正、工作才认真，程序才规范。显然，测评主体成员越多测评结果就会越科学。

2. 采用多方测评

学生品德表现是既内隐又外显、既可测又模糊、既稳定又变化的，具有不可精确预测。单一评定信度与效度都不高，很难反映学生品德的真实情况。如果把品德测评作为一种教育学生、促进学生更好地全面发展、保证教育更加地、有效地进步的措施或手段的话，则要求中小学品德测评要多方进行。在校联动班主任、科任教师、学生小组及学生自身；校外联动教育研究机构、社区相关人员、家长等参与。

3. 要与时俱进

品德测评主体是人，肯定会受到社会环境的制约，会受到情绪、情感、情境信息的影响；加上学生自身发展的主观因素，学生的品德发展与社会要求会呈现出矛盾，在社会大环境的影响下，学生的思想观念也会发生深刻的变化。所以，品德测评要针对时代特征、社会问题，立足于现实，因势利导，探讨未来，与时俱进。

（二）关于品德测评的方法

定性的方法过去采用得较多，这种方法可以给学生一个总体评价，利于与人比较，便于其他进行参考，但对于促进发展、再教育提供不了可靠数据，误差比较大。随着教育统计学和教育测量的发展，人的一些品德指标也可以通过量表进行定量分析和评定。为达到科学客观，定性与定量的结合是品德测评研究主攻方法，亦有现行新引进的“OSL和FRC品德测评法”。

（三）关于品德测评结果报告及利用

品德测评结果的报告，应根据报告对象、需要及测评目的，采取适当的形式。对以区分性或人才选拔为目的的测评来说，一般以分数形式报告为主，评语报告为辅；对于诊断性或以配合教育工作为目的的测评，一般以评语或分项报告为主，分数等级报告为辅。

1. 正确使用测评结果

品德测评结果的使用范围与效果有明确的规定，防止滥用、误用。在实际工作中，无论是形成性的品德测评还是考核性的品德测评，许多学校都把其测评结果与评优、升学或工作绩效直接挂钩，这无疑强化了品德测评对促进学生品德发展的作用。

2. 重视学生的行为结果

由于品德测评对促进学生品德发展起作用，容易导致他律的道德，而不是自律的道德。瑞士著名心理学家皮亚杰在《儿童的道德判断》一书中就明确指出，他律道德是儿童道德发展的低级阶段，处于这一阶段的儿童，把规则当作外在的东西去遵守，而没有真正理解其意义。品德测评中强调的是学生的行为后果（尤其在品德量化中，只注重得分与扣分情况），而对学生道德认识状况、动机与意图则缺乏考虑，这样所带来的后果是导致行为的强化与改善，只起行为训练的作用。然而，行为改善并不等同于道德，因为道德的行为是发自内心、自觉自愿的行为，外在强制下的行为是不能看作是道德的行为，这个要引起我们重视。

3. 利用好“美德袋”

柯尔伯格指出，机械的行为训练实则是一种“美德袋”方法，学生固然有了一袋子美德，但并不表示他就是一个高道德水平的人。因此，对于学校的品德测评，只能作为道德教育的一种方法和手段，它还必须与提高道德认识、陶冶情操、锻炼道德意志同步进行。

（四）关于品德测评中学生品德的自我评价

学生品德的自我评价，是学生依据一定的品德评价标准，对自己的品德行为作出的肯定或否定的价值判断。它是品德规范内化为个体品德的重要环节，是品德评价的一种主要形式。

素质教育要求要突出学生主体地位，以学生发展为本，因此素质教育中的学生品德测评也必然要求要以学生为本。品德自我评价是具有主体性的活动，通过自我评价，主动地接受新思想、新观点、新道德，自觉地认识自我与社会，使自我与社会更有机地融合在一起，并使社会品德规范逐步内化为自觉的行动。

目前中小学普遍存在忽视学生主动性的倾向，学生自我评价放任自流。教师不想麻烦，免得学生添乱，学生自身不重视，意识不到位，因此，在学生品德测评的进一步研究和实践中要加强学生品德的自我评价。

1. 体现学生主体

学校树立正确办学理念，教师树立现代学生观，在教育教学各环节中做好“导演”，把“主角”还给学生，突出学生的主体地位，更好地发挥品德测评的功能，提高品德测评的效率。

2. 培养学生品德自我评价能力

注意学生自我评价能力的培养，提高学生品德修养上的自觉能动性。培养学生品德自我评价能力可通过以下途径来实现：一是他评，通过社会他评（如师长的、同学的、同伴的）来评价自己；二是自评，通过个人对自己的分析，了解自己，接纳自己，欣赏自己从而实现自我评价。

品德测评作为品德教育的重要内容，时时刻刻在社会生活中发挥作用。加强学生的品德测评研究，才能改变现状，才能提高学校德育有效性。

参考文献：

[1] 胡卫. 学生品德测评 [M]. 上海：华东师范大学出版社，1992：20.

[2] 肖鸣政. 品德测评的理论与方法 [M]. 厦门: 福建教育出版社, 1995: 39-40.
[3] 肖鸣政. 品德测评量化的几个理论问题 [J]. 教育研究, 1993 (9).
[4] 汤萌. 当前学生品德测评存在的问题与对策 [J]. 教学与管理, 1996 (2).
[5] 廖英, 檀传宝. 中小学思想品德测评中的问题与对策 [J]. 河北师范大学学报 (教育科学版), 2003 (9).
[6] 姚远, 樊宏宇. 近20年学生品德测评研究综述 [J]. 首都师范大学学报 (社会科学版), 2006 (1).
[7] 肖鸣政, 温云云. 现代中小学教育评价中常规方法——操行评语法操作中的问题分析 [J]. 现代中小学教育, 1995 (6).
[8] 郝贵生. 更新教育观念, 深化教学改革 [J]. 天津师范大学学报, 2006 (12).
[9] 田建国. 立德树人 (全面实施素质教育系列讲座) [Z]. 中国石油大学出版社, 2013 (1).
[10] 李旭炎. 立德树人实践论 [M]. 北京: 中国文史出版社, 2014 (1).
[11] 骆风. 广东沿海地区中小学生品德状况的调查分析 [J]. 广州师院学报, 1999 (12).

揭阳市高中生偶像崇拜现状及教育策略的研究

■ 揭阳第二中学　林洁丹

摘　要：偶像崇拜是青少年成长过程中的一种普遍现象，它的产生具有心理学和社会学等方面的原因。当前有很多老师和家长没有全面认识偶像崇拜，要么把偶像崇拜妖魔化，认为偶像崇拜对学生的学习只会产生消极影响；要么对学生的偶像崇拜现象置之不理，认为无关痛痒。本文试图通过对揭阳地区高中生的偶像崇拜现状的调查，探究作为一名中学教师应该如何针对这些问题提出可行性较高的引导和教育的方法，以便更好地促进高中生的身心发展和教育教学活动的有效开展。

关键词：高中生　偶像崇拜　特质

一、揭阳地区高中生偶像崇拜的现状

偶像崇拜是青少年成长过程中的一个普遍的现象。偶像崇拜作为一种普遍存在的社会现象和生活方式，正越来越多地影响着高中生的精神生活和个性的发展，并成为社会各界关注的一个热点。高中生作为青少年中的一个主要群体，正由少年期向青年期过渡的特殊时期，他们往往缺乏较高的是非分辨能力，在这样一个特殊的阶段，对他们进行引导就非常必要。

本文以笔者所做的有关高中生偶像崇拜的调查结果为依据，结合相关的理论知识对揭阳地区的高中生的偶像崇拜现状和存在问题进行一定的阐述。

由于目前国内外还没有统一的、权威的关于中学生的偶像崇拜的问卷，所以本次调查问卷是在参考前人的研究等基础上并基于对高中生有了一定的了解后编制的。笔者采用分层随机抽样的方法，从揭阳市选取了揭阳市第一中学、揭阳市第二中学和揭东梅岗中学共三所高中学校，在高一、高二和高三各随机抽取一个班级，共获得有效问卷589份，主要从偶像崇拜的主体、偶像崇拜的对象、偶像崇拜的内容、了解偶像崇拜的途径和学生对偶像崇拜的自我理解等几个方面设置了问题。本调查问卷采用不记名的方式作答，以求尽可能得到学生们的真实回答，能够比较客观地反映了高中生偶像崇拜现状及存在问题。

1. 偶像崇拜的主体

在调查中，大部分的学生都承认自己有过崇拜的偶像，占所调查人数的83.99%；9.68%的认为自己没有偶像崇拜；5.93%的不清楚。说明在当前的高中生群体中，偶像崇拜是一个普遍的现象。

2. 偶像崇拜的对象

对于学生崇拜哪些偶像，我把学生崇拜的类型大致分为十一种类型，主要为歌星、影视明星、体育明星、科学家、文学家、英雄模范、政治家、神像、节目主持人、动漫人物和其他。学生普遍认为偶像就是指歌星、影视明星和体育明星，认为偶像是科学家和文学家的只有大约16%；而对于英雄模范，只有15.02%的学生认为是偶像，是崇拜的对象。除了大众传媒的影响外，这种现象还与传统教育的缺失有一定关系。传统的教育总把学生学习的榜样指向英雄模范，而且英雄模范总是被定位为十全十美的伟人，是不食人间烟火的圣人。这就与现实生活有些脱节，让部分学生觉得英雄模范是可望而不可即的，离学生太远了。毕竟，要做到和伟人一样的完美，对于很多人来说是很难的。

3. 偶像崇拜的内容

那么学生到底崇拜偶像的哪些方面呢？总的来说，学生崇拜的价值取向是积极的、健康的、向上的，是与社会主流意识的要求相贴近的。大部分的学生对所崇拜的偶像，都集中在崇拜偶像的杰出的才能或技艺（68.58%）、优雅的气质与潇洒的风度（60.28%）、突出的事业成就和社会贡献（60.28%）、自信乐观（54.15%）和诚实善良、助人利他（48.62%）、勇敢进取、坚持不懈（44.66%）上面。说明学生想从偶像身上获得的是良好的品质和才能，并把偶像看成是学习的榜样（52.57%）、人生的动力和精神支柱（48.22%），或者是奋斗的目标（46.05%）。这一点教师们可以因势利导，在对学生进行思想教育的时候应该进行很好地利用，帮助学生通过对偶像优秀特质的学习中来达到自我的进步。

但是我们还应该看到，还有相当一部分学生崇拜偶像的俊美的仪表、漂亮的容貌（36.96%）、很有钱（6.91%）、拥有权力（7.11%），对偶像的崇拜仍停留在崇拜偶像的外貌、权势上面；而且部分学生认为偶像就是帅、酷的形象（19.76%）和梦中的恋人（9.88%）。

4. 了解偶像崇拜的途径

通过调查，发现学生主要是通过电视（85.57%）、杂志（44.07%）、报纸（38.93%）和网络（24.31%）等几个途径认识和崇拜偶像的，其中特别以电视最普遍，高达85.57%，说明电视等传媒对学生的偶像崇拜影响很大。此外，学生通过同学或兄弟姐妹认识或了解偶像的比重也较大（47.04%），这可能也体现了学生之间的偶像崇拜在相互影响。

另一方面，学生主要通过听或看偶像的作品（歌曲、影视片、比赛等）（81.42%）、收集明星的照片、影集（32.41%）、买明星代言的产品（10.67%）或给明星写信（10.28%）等方式来表达对偶像的崇拜。

5. 学生对偶像崇拜的自我理解

一直以来，学校、家长和社会对偶像崇拜的看法很多都带有贬义的色彩，认为偶像崇拜就是对明星的崇拜，崇拜的是明星光鲜的外表和奢靡的生活。要对学生的偶像崇拜加以引导，就要了解学生自己对偶像崇拜的真实想法，并从中找到解决问题的症结所在。41.11%的学生反对把明星崇拜看成是一种赶时髦的表现；36.56%的则认为说不清；高达72.92%的学生反对把崇拜明星看成是很低俗的行为。而且学生认为明星崇拜跟学习成绩的好坏和学生的品德都是无关的。

对于偶像和榜样的看法上，84.98%的学生认为崇拜明星与崇拜杰出人物并不矛盾，他们崇拜明星并不一定就是想成为明星那样，但还是有23.32%的学生认为崇拜明星只是好玩而已，没有想过什么。

二、高中生偶像崇拜引导和教育的策略

偶像崇拜是青少年成长过程中的一种必然现象，在当前的高中生中存在较为普遍的偶像崇拜是社会、文化等在青少年心理和行为上的一种特殊表现。适当的偶像崇拜对青少年的影响有积极的一面，但如果是过度和盲目的崇拜则会使青少年沉湎于虚幻的心理世界之中，最终会削弱和干扰他们对社会和自身的认知。因此，对青少年的偶像崇拜现象，社会、家长和学校不能一味地否定偶像崇拜或对偶像崇拜采取不理不睬的态度，而应该对青少年予以正确引导和帮助，使青少年能够认清偶像和自己，使他们能理性地认识偶像并超越偶像，健康快乐地成长。

1. 正确认识和对待学生的偶像崇拜

家长和学校首先要摒弃对偶像崇拜行为的刻板认识，对青少年的偶像崇拜要给予正确认识：偶像崇拜是青少年成长过程的一个正常的心理现象，与道德无关。对于

青少年的偶像崇拜，教师和家长一方面不能放任自流，置之不顾。因为毕竟高中生相对于成年人，他们既容易受新事物和外界影响，但又缺乏较强的是非分辨能力。面对社会生活的错综复杂和变化莫测，一些不谙世事的学生就容易受到拜金主义、享乐主义、极端个人主义的影响，对社会中流行的表层文化思想和行为方式就更容易接受和模仿。另一方面，也不能把成年人的价值取向强加给他们，对他们崇拜的偶像不要进行简单的道德批判。并不是崇拜科学家、英雄模范等名人就是好的，崇拜歌星、影星和体育明星就是不好的，因为偶像也有值得学生学习的地方，比如偶像成功的经验和良好的特质等。

2. 积极帮助学生对自己所崇拜的偶像建立以内在优秀特质为核心的社会学习和依恋

榜样，是指“主流文化树立的人生楷模，是在价值观、世界观和人生观方面有非凡品质的一类人”。偶像教育则是“在社会的引导和干预下，通过对自我认同的人格形象的感知和理解，使人们受到启迪和鼓舞并进而自觉效仿的教育活动”。

榜样学习和偶像崇拜都是青少年成长过程中对其喜欢的人物的一种社会认同和依恋。二者的区别主要在三方面：

第一，认同的层次不同。崇拜偶像主要表现为欣赏偶像人物的形象性、流行性特征，比如偶像的身材容貌、发型和动作等；而榜样学习则表现为欣赏偶像的人格魅力和气质特征，如偶像的性格、风度、品德等。偶像崇拜停留在欣赏偶像人物的外表层次，但榜样学习则是对榜样的深层次了解和学习。

第二，崇拜的特点不同。偶像崇拜的特点主要是理想化、浪漫化和绝对化。理想化，即对依恋对象加以强化和理想化，使青少年把对偶像及其特征想象得完美无瑕；理想化，即对偶像产生浪漫的幻想，使青少年沉湎于对偶像的情爱假想中，以此来梦幻自己的爱情生活；而绝对化则是对偶像投以绝对的信任，使青少年对其所崇拜的偶像采取一种近似狂热的迷恋。

榜样学习的特点主要表现为现实化、理性化和相对化。现实化，即对偶像的特质做现实性的评估，使青少年积极认同那些可具模仿价值的人物；理性化，即对青少年较为冷静、客观地认同自己所喜爱的偶像，不盲目模仿他们，并能认清他们的优点和特长。

第三，学习和依恋的核心不同。偶像崇拜是一种以人物为核心的社会学习和依恋，这种学习和依恋可能会导致学生对所崇拜的偶像的一种直观的、非理性的和神圣化的社会认知，由于学生对偶像的外表等外在因素的过分依恋和学习，会不利于学生的成长。而榜样学习则是一种以特质为核心的社会学习和依恋，由于这种依恋和学习是理性的、现实的，是对榜样的内在特质的学习，因而会促进学生的成长。

以人物为核心的社会学习会日益导致学生对偶像的直观、非理性和神圣化的学习和效仿。学生对偶像的崇拜，很多都是只停留于对偶像的外表特征的感性崇拜上，比如偶像的长相、金钱、地位等。假如对偶像的崇拜能以特质为核心，更深一层地认识偶像的良好性格、敬业精神等，则可能产生对偶像的理性的学习和效仿，从而促使学生的健康成长。所以，不管学生崇拜的是哪一种类型的偶像，作为教师都应教育和引导他们全面分析偶像的各种特质，发现偶像身上的优秀品质，从偶像身上汲取智慧和动力。

偶像在青少年心中的形象往往是完美无缺的，其实这在很大程度上是由于大众媒体的商业炒作。高中生喜欢追求外在美的东西，而往往忽略了内在美，他们对事物的认识比较片面，缺乏深入和全面的了解，这种情况会随着他们年龄和心理的逐渐成熟、学识的提高而有所改善。作为教师，要善于引导学生全面地去认识他们的偶像，要学会辨别取舍，吸取偶像成功的特质。每个人的成功都是需要汗水和付出的，带着光环的偶像也不例外。

对学生进行偶像教育可以采用认知疏导的方式。认知疏导"是一种关于偶像意识的认知性交流，帮助学生学会用正确的价值分析方法，形成对偶像正确的认知方式"。有的青少年之所以会狂热地崇拜偶像，做出一些极端的行为，往往是由于缺乏科学完整的偶像认知，只从偶像的外部特征去追求偶像，把偶像的外部特征理想化，从而进入了超现实的偶像想象的虚幻世界中。通过对这些学生的认知疏导，用心去倾听他们的喜怒哀乐，真诚地与他们交流，肯定他们的合理行为，而不是一味地否定他们的偶像崇拜行为，了解学生们为何崇拜偶像、崇拜偶像的什么、怎样崇拜偶像，从而帮助学生全面认识他们的偶像并给予正确的指导，改变学生对偶像的片面的认知，摆脱虚幻的偶像印象，引导他们科学地对待偶像崇拜。

3. 帮助学生找到自我，培养学生发现自己潜能优势的能力

苏霍姆林斯基曾经说过，只有能够激发学生去进行自我教育的教育，才是真正的教育。每个人都有自己的闪光点，教师要对学生加强自我观念的教育。自我观念是作为个体的人对自己区别于他物的性质、地位、作用以及由此宣传的与他物关系的根本看法和观点，包括个人对自己具有什么样的作用、价值的看法，自己与他人、自然和社会具有何种关系以及自己应该如何处理这些关系的看法。让学生认识到自我存在的意义，学生在关注自己中发现自己并肯定自己，把认识理想从对偶像的寄托中回到自己的身上。教师要善于引导学生学会从崇拜偶像到崇拜自我，所以教师要创造更多让学生有表现自我机会的条件。

此外，教师在对学生进行教育引导时，要摒弃以前那种空洞的说教，而应该采用民主、尊重和平等的教育方式进行教育，把偶像教育融入日常的教学中。比如，可以在班里开展“我找同学优点”的方法，让学生感到榜样就在我们的身边，人人都可以是榜样，人人争做榜样。

今天的高中生很多都把明星作为偶像的原因是很多的，偶像崇拜是青少年时期普遍的、正常的心理现象。适度的偶像崇拜对青少年成长具有积极的功能，而过度和盲目的偶像崇拜可能削弱和干扰青少年社会认知的扩大和分化过程。作为教师，我们要正确认识和对待他们的偶像崇拜现象，不能片面地认为崇拜明星都是不好的；在了解学生的偶像崇拜后，要对学生进行及时的积极的引导，克服盲目的偶像崇拜，培养学生学习偶像特质和善于发现自己潜能优势的能力。

参考文献：

［1］尹庆元. 解读偶像崇拜，引导中学生健康成长［D］. 湖南师范大学硕士学位论文，2007.
［2］何小忠. 青少年偶像崇拜与教育［D］. 苏州大学，2005：180.
［3］尹庆元. 解读偶像崇拜，引导中学生健康成长［D］. 湖南师范大学硕士学位论文，2007.
［4］罗晓珍. 关于当前我国青少年偶像崇拜的理性认识［D］. 华中师范大学硕士学位论文.
［5］阎嘉陵，颜世富，孙时进. 当代青年心理学［M］. 上海：复旦大学出版社，1998：257-261.

《高中生自我教育与自主成长的实践与研究》结题报告

■ 揭阳一中　林杰辉

一、问题的提出

学生既是德育的对象，也是德育的直接参与者。在德育工作中，只有充分发挥德育的主体——学生的主动性、积极性，才能有效地做好学校德育工作。但从学校的德育工作现状来看，却还是由老师主导的多、管理的多，学生处于被动接受的状况，学生自主参与的积极性不高，学生的主观能动性未被发掘出来。

问题就是课题，我们决定开展本课题研究，希望在借鉴国内外关于学生自我发展研究成果的基础上，能在指导高中生自主成长方面有新的突破、新的经验，以更好地促进学校德育工作科学、有效地开展。

二、课题研究的概述

1. 课题研究的目标

通过实践与研究，初步探索实施学生自主成长的运行机制，形成自主成长的培养思路及具体做法；探索有效的教育策略和方式，创设学生自主发展的时空，提高学生自主能动发展的能力。

2. 课题研究的内容

以活动为载体培养学生自我教育、自我管理的践行能力；

建构“以班主任为指导、班团干部为主体”的班级管理模式；

建构有利于促进学生自主成长的评价体系；

建构有利于学生自主成长的德育模式。

3. 课题研究的对象

本课题的研究对象为我校全体学生。

4. 课题研究的方法

调查分析法；行动研究法；文献研究法。

5. 课题研究的步骤

第一阶段：课题申报（2011年3月—2011年4月）；

第二阶段：课题实施（2011年5月—2013年5月）；

第三阶段：课题总结（2013年6月—2013年7月）。

三、课题研究的实践

（一）建章立制，引导学生自我约束

高中生的年龄阶段特点决定了他们正从半幼稚半成熟走向逐步成熟，从感性逐步走向理性，自控力也逐渐增强。作为市重点高中，我校绝大部分学生还是较为自觉遵守纪律的，但这一代学生崇尚自由，加之现在独生子女较多，有些学生对自己要求不严格，存在一些不良行为习惯。针对这样的情况，首先，我们建立必要的规章制度来明确纪律要求；其次，加强制度的学习宣传，让学生认识纪律的重要性，明白纪律是为大家创造一个良好有序的学习环境；再次是加强对遵章守纪情况的检查评比，奖惩分明，维护纪律的严肃性。让遵章守纪逐步内化为学生的自觉行动，引导学生进行自我约束，建设优良的校风。

我们根据学校教育的特点和本校的实际建立了一系列的规章制度，编印了《揭阳一中规章制度汇编》《揭阳一中学生教育手册》。特别是我们将学生在校一天的要求具体化，制订了《揭阳一中学生日常行为“十要十不要”》，从尊师、交友、学习、健体、考勤、卫生、夜修、宿务、就餐、车辆停放等方面作出切实可行的规范要求。这“十要十不要”以提高学生文明素养为核心，以“可执行、易操作、有实效”为原则，与落实日常行为规范相整合，成为具有一中特色的学生行为规范养成教育方案。我们还通过“一中生应有怎样的行为规范”大讨论、行为规范征文活动、行为规范教育活动月等多种形式，开展日常行为规范宣传教育活动，学生认识养成良好行为习惯的重要意义，并综合运用教育、校规、舆论等多种手段，引导学生的思想，规范学生的行为。同时，各班也根据班级的实际制定班规，有的班级将从学生收集起来的经集体讨论确定的班规设计成简单明了的“班规”贴在教室墙上，让全班学生人人都知道自己该做什么，不该做什么。由于班规是学生自己商定的，所以执行起来也较为顺利。学校、班级的二级规章制度成为学生在校学习、纪律、生活的指引。

（二）有序管理，形成自主管理框架

在管理实践中，我们构建了“学校德育领导小组——政教处、团委会、学生会——团支部、班委会自管小组”三级管理机制，并明确了各自职责。

在德育管理上我们突出了两个重点：一是实施班风评比制度，按区域分成若干个小组，每个小组由一位区域值班班主任和三位学生干部组成，每天进行互查，每周小结，每月评比公布，发挥学生干部的自我管理作用；二是学生个人量化管理，制订了《揭阳一中学生量化管理暂行规定》，分课堂、晚自修、日常行为规范、宿舍四大项，每个大项再细分共计为32小项，引导学生对照有关要求进行自查自纠，让学生自己管理自己。

注重发挥学校团委会、学生会与团员、学生的联结、纽带作用，强化学生的自我教育、自我管理。学校放权让学生通过民主程序自己确立团委会、学生会人选，培养学生的自主组织能力。团委会、学生会组建的几支自管队伍也是由学生自己报名竞选。由于是学生自己愿意，所以做起来也乐意：纪律检查监察队负责配合每天的校门值班、班风评比和内宿纪律检查评比工作；卫生监察队负责对学生食堂的食品卫生检查和用餐纪律工作；社团部负责学生社团管理工作；文体部负责配合做好各类文体活动的组织；志愿者服务队负责大型活动的接待服务等。

各班团支部、班委会干部组成自管小组，做好本班早读带读、夜修管理、主题班会、班团活动等工作。实验进行一段时间后，更有不少班级实施“人人有事做，事事有人管”的制度，努力使每一位学生都可以在班级中找到一个合适的位置，担负一项具体的工作，包括班会课的设计、出版黑板报、班级布置的管理、教室内电器的管理、大课间的管理、眼保健操的检查、饮水机的清洁等。让每位学生都意识到自己是班集体不可缺少的一员，人人都有为班集体服务的义务。

（三）多彩活动，构建自我教育平台

苏霍姆林斯基指出，没有自我教育就没有真正的教育。学校认识到活动在引导学生自我教育中的重要作用，组织了一系列丰富多彩的活动，让学生在活动中展示才华，体验情感，感悟人生，升华思想，提升素质。主要有以下几个系列的活动：

1. 艺术节、体育节、读书节活动

每年5月份举办体育节，有师生篮球友谊赛、师生乒乓球友谊赛、师生羽毛球友谊赛、拔河比赛、棋类比赛、太极拳表演等；12月份结合校庆举办的艺术节，提前一个月先由各班、各社团组织文艺活动，筛选节目，在校庆日举行文艺汇演；结合创建书香校园活动的读书节，让师生“读经典好书，享诗意人生”。这一系列丰富多彩的

文体活动，营造浓烈的校园文化氛围，丰富了学生的课余生活，为学生搭建展现个性和才华的舞台，提高学生的综合素质，促进学生发展。

2. 社团活动

学校有履缘文学社、笨鸟文学社、蜗牛文学社、榕水谜社、寻真辩论社、随想艺坛、太极拳社、音缘乐社、剪纸班、机器人、英语角以及一中电视台、广播站等十多个学生社团。学生会专门设立社团部进行管理，引导学生社团常年开展活动，各社团的活动由各社团学生自行组织。如寻真辩论社每年都与市区的二所兄弟学校举行“三校辩论赛”，履缘文学社还被评为“广东省优秀中学生文学社”。

3. 主题教育活动月活动

我们围绕素质教育要求，面向全体学生，以“学会做人、学会学习、学会做事、学会生活”为育人内容，以主题教育活动月为平台，根据学生实际和时段特点，育人工作做到每月一中心，每周一主题。以2011—2012学年度为例：第一学期9月份为“尊师守纪、勤学努力”主题教育活动月，结合教师节引导学生以守纪勤学的实际行动来尊师；10月份为“热爱祖国、感恩奉献”主题教育活动月，结合国庆节对学生进行爱国主义和民族精神教育；11月份为“家校联系，共促成长”主题教育活动月，分别召开了高三、高二、高一年级的家长会议，向家长们提供了一个了解学校、了解子女的平台，加强学校和家庭的沟通，共同做好下一代的教育工作；12月份为“爱我一中、喜迎新年”主题教育活动月，结合校庆和元旦，开展征文、演讲、歌咏、书画等一系列活动；第二学期3月份为“践行规范，养成习惯”主题教育活动月，将能够做到日常行为规范视为对学生进行做人教育的基础性内容；4月份为“学会学习，提高效率”主题教育活动月，通过学会学习专项教育，引导学生明确学习目的，端正学习态度，激发学习兴趣，讲究学习方法，培养学习习惯，提高学习效率；5月份为“劳动光荣，青春飞扬”主题教育活动月，结合“五一劳动节”“五四青年节”教育引导学生热爱劳动、学会生活、继承传统、树立理想；6月份为“遵纪守法，安全文明”主题教育活动月，在高考后重点加强对高一、二级年学生的管理，继续通过常规量化、班风评比、后进生教育转化、请法制副校长做法制教育讲座、发放《致学生家长一封信》等途径加强对学生的法纪安全教育管理，引导学生以良好的精神风貌迎接学年考试的到来，并过好一个健康、安全、文明、充实的暑假。

4. 主题班团活动

除了学校层面的主题教育活动外，各班、各团支部还结合本班、本支部实际开展主题班团活动，如“榕水寄情”“绿色情怀”“圆梦六月”“寻找闪光点”“态度决定高度”“安全在我心中”“我的青春我做主”“想说爱你不容易”“1+1爱心行动”等。这些活动因由学生自己策划、自定主题、自行组织，所以更能起到自我教育的作用。

（四）校园文化，营造自主成长环境

注重校园文化环境的创设。在校园显眼处悬挂社会主义核心价值观、广东精神、揭阳精神宣传画及“今天我以一中为光荣，明天一中以我为骄傲”等宣传联，一些宣传画和宣传联可以根据需要进行及时更换；在宿舍区前面设置文化长廊，由各学科组负责定期更换；在体育馆前、教学楼一楼设置宣传栏、阅报栏；教学楼区张挂学生的书画、剪纸作品；教室有班级格言及各班自主布置班级文化；对绿化进行精心设计，形成了桃李园、竹林园、樟树园、玉兰路等，体现审美性；选取有教育性、经典性的诗词名句、名人名言形成校园石头文化、路标文化等高雅校园文化。充分发挥环境育人作用，努力使课堂内外、每个角落处处形成浓厚的文化氛围，给学生以强烈的文化感染和精神启迪，美丽的校园成为陶冶学生心灵的场所。

加强对学生的校史教育。揭阳一中的前身，榕江书院创建于公元1743年12月7日，有270逾年的办学历史，文化积淀丰厚。我们注重发挥揭阳一中悠久、优良、丰厚的传统精神这一潜在的教育软件资源，对学生进行校史教育。每年新教师进校、新生入学训练的时候安排校史教育讲座，发放校史教育资料；不定期邀请学校退休老教师到校开座谈会，介绍一中的辉煌历史以及老一辈一中人的感人事迹，以此来培养师生对一中的情感，增强做“一中人”的自豪感，激发学生立志成才、报效母校的情怀。我们提出“打造一中精神，自觉塑造一中人形象”的口号，一中精神的内涵包括以天下为己任的革命精神、敢为人先的创新精神、坚忍不拔的拼搏精神、造福天下的奉献精神，形成引领一中人的精神图腾。

探索具有一中特色的校友文化。揭阳一中作为一所历史悠久的名校，二百多年来培养的人才数以几十万计，分布于各行各业、世界各地，犹如星汉灿烂。其中不少佼佼者已成为社会的精英、国家的栋梁，他们为国家的繁荣富强、世界的文明发展做出了各自的贡献，在他们的身上，更是折射出一种自强不息、艰苦奋斗、勤劳勇敢、感恩奉献的“中国精神”的光辉。我们将校友文化作为具有一中特色的校园文化来做大做强，编印了《揭阳一中校友通讯》作为校本德育教材，并有目的、有计划地邀请各届各地的优秀校友回母校为学生做报告、座谈交流，对学生进行励志教育，让学生从他们的师兄师姐身上汲取精神的力量，优秀的校友成了学弟学妹们的精神楷模。课题实验两年来，我们邀请了中国科学院院士、中山大学博士生导师陈小明，深圳众智投资有限公司董事长、企业家郑宇平，东南亚知名金融家汪林佳、美国加州斯坦福大学终身教授、著名画家谢晓泽，美国西北大学博士后研究员、揭阳一中校歌作曲者罗鲁斌，广东外语外贸大学西方语言学院院长、博士生导师、留法博士郑立华，中山大学信息技术学院院长、博士生导师黄继武等优秀校友回母校观光，给师弟师妹们开设讲座、座谈交流，让学生在这些学有所成、事业有成的师兄们师姐们身上汲取进取的力量，激发学生自主成长为像师兄师姐们一样的社会精英的欲望，产生了良好的自我教育效应。省德育示范学校专家评估意见指出：揭阳一中校友文化资源的开发，为在校学生提供了道德人格的榜样示范，有利于学生的心灵生长。

（五）完善机制，建构层级评价体系

完善学生综合素质评定、班级量化考评、班主任绩效考核、教师师德考核等德育评价机制，建构层级评价体系，为学生自主成长保驾护航。

学生综合素质评价——以促进学生全面发展为出发点和落脚点，做到定性评价与定量评价相结合，过程性评价与终结性评价相结合，自评、互评、师评相结合，评价结果作为评定三好学生和优秀学生的依据。学生综合评定目的在于激励学生不断规范自己的行为，最终引导学生达到知情意行的统一，体现评价的激励性、发展性功能。

班级量化评价——实行班级常规管理量化考评，分考勤、夜修、内宿、卫生、眼保健操、仪容仪表等，每天由值日导师和学生纪律检查小组检查登记，每周汇总一次，每学期总评一次，作为文明班、表扬班的评选依据。

班主任绩效评价——关注班主任过程管理的细节，注重班级管理的实效，兼顾班主任自身素质的提高，定性与定量相结合，部门评价与学生评价相结合，建立班主任工作发展性评价机制。制订《揭阳一中班主任工作情况调查表》，分为师德人格、工作态度、思想教育、纪律管理、班风建设、家校联系、班级成绩七项共计100分，由学生给班主任打分，民主评议班主任，对最受欢迎班主任作为评优选先的依据，对评价差的班主任由政教处落实帮助指导，对连续两年评价差的在一定时间内暂不安排担当班主任。

教师师德评价——实行教师师德考核，从教师自身职业道德、参与育人情况及效果等方面评价；由自我评价、科组评价、部门评价及学校考评领导小组评价构成，促使每位教师加强师德修养，并关注每位学生的全面、健康发展，落实全员育人要求。

四、课题研究的成效

1. 学生自主成长的意识得到了增强

人有自我实现的需要，高中生也必然存在实现自身价值的需要，这是学生自主

发展的内因。我们通过学习教育、创设平台、激励评价等途径唤醒学生的自我实现意识，使自主成长逐渐内化为学生的发展需要，在学习、生活、纪律等方面表现得更加自爱、自觉、自主。

2. 学生自我教育、自我管理的能力得到了培养

充分发挥团组织和学生组织的积极作用，初步建立起“团委会、学生会——纪律督察、食品检查、社团管理、志愿服务等专项队伍——团支部、班委会轮值自管小组”的学生自治自管脉络，学校团委会、学生会及班级团支部、班委会广泛参与了学校、班级的管理事务，如校门值日、班风评比、早读带读、班级黑板报、内宿考勤及室务卫生检查等。学生社团组织文学社、英语社、辩论社、棋社、广播站、合唱团、舞蹈队、篮球队、太极拳社和剪纸班等在学校宣传如出版刊物、宣传专栏及各项文体活动的组织等方面做了大量工作，在学生中有广泛的影响。学生自我教育、自我管理、自我约束、自我服务的能力得到了较好的培养。

3. 实验研究成果得以多形式呈现

原来一线教师往往长于教学教育实践，疏于理论研究。通过本课题实验研究，一批教师特别是课题实验教师得到迅速成长。参与课题研究，迫使教师带着问题主动学习有关理论，积极参与培训，加强合作交流，撰写研究论文，从而更新了教师的教育理念，逐步由包办式管理向指导式管理转变，也提高了育人能力和研究创新能力，一批教师迅速脱颖而出，成为德育骨干。一些实验教师的德育经验在省、市教育会议上介绍、交流，德育、管理论文在教育专刊发表，如林杰辉撰写的《依托校史校友资源，加强“中国精神”教育》德育典型经验材料在广东省关工委会议上介绍推广受到了好评。廖杰斌的《谈班级的感动教育》、冯梅的《只要肯付出，就会有成效》、倪宏芬的《唤醒道德意识，强化养成教育》、谢晓燕的《因人而异，注重心灵沟通》以及林杰辉的《凝聚育人智慧，提高德育实效》等多篇课题研究论文在《揭阳教育》上发表；此外，还有教育案例和问卷调查，学校出版了《揭阳第一中学德育论文集》和德育校本教材《揭阳一中校友通讯》。实验研究成果通过经验、论文、案例、报告、问卷调查、校本教材等多种形式呈现出来。

4. 学校德育工作取得了显著的成效

开展德育科研课题实验两年来，学校德育工作取得了更为显著的成效，学校安全无事故，师生违法犯罪率为零，德育考核优良率达到100%。两年来学校获得的德育专项荣誉称号就有：广东省德育示范学校、广东省书香校园、广东省交通安全文明示范校、潮汕星河培育星星先进单位、揭阳市德育示范学校、揭阳市朝阳读书活动先进单位、揭阳市禁毒先进单位等。由60多位学生组成的“圆梦爱心小组”被评为潮汕星

河品德奖集体奖、揭阳市首届助人为乐道德模范先进集体、揭阳第一中学青年志愿者服务队、笨鸟&羽中联盟社团助学爱心小组被评为揭阳市优秀青年志愿者服务集体。课题主持人林杰辉副校长被聘为广东省中小学德育指导委员会委员、省德育示范学校评估专家，并被评为广东省朝阳读书活动先进个人。课题组主要成员廖杰斌老师被确定为广东省名班主任培养对象，杜泽喜被推荐为揭阳市名班主任工作室成员。

5. 自我管理经验受到了省德育专家的肯定评价

2012年5月，学校接受广东省德育示范学校的评估，我校德育工作尤其是学生的自主成长工作受到评估组的高度肯定。反馈会上，评估专家组组长、广州大学社科部副主任罗明星教授这样评价：揭阳一中将学生自我管理落实于生活实践，注重从生活细节培养学生的道德自觉。学校放权让学生通过民主程序自己确立学生会人选，培养学生的自主组织能力；让班团干部做好本班早读带读、夜修管理等工作，培养学生的纪律自觉性；让学生协助宿管老师做好内宿考勤、室务卫生等管理工作，培养学生的卫生习惯。特别是在日常生活的细节上，学校注重对学生道德自觉的培养。比如，通过教师的教育与示范，让学生学会在播放视频时主动拉上窗帘，视频播放完毕后主动打开窗帘等，这些都是很小的生活细节，但小细节蕴含着生活的大道理，学生的细小举动诠释的是人与人之间的尊重、理解和关爱。学生自我教育自我管理成为揭阳一中的德育亮点、德育特色。

五、课题研究的结论

经过两年多的实验研究，我们得出了以下结论：

本课题实验能够较有效地唤醒学生的自我成长意识，挖掘学生的潜能，为他们的发展提供更加自由广阔的发展空间，学生在自我管理、自我教育、自我服务中得以自主成长。

学生的自我管理、自我教育需要学校提供有利于自主发展的环境和平台，需要教师从“管”到“引”到“放”策略的正确实施，在实施过程中应把握好“管”与“放”的度，该管该规范的还应管、应规范，但管不能太死。“放”并非放任自流，是教师适度指导下的“放”，更多的是“引”。

六、问题与反思

相关理论学习及对实践做理性提炼的工作还需进一步加强。自主成长的教育理论作为现代先进的教育思想，内涵丰富深刻。在实践探索中，我们对理论的认识和把握有待进一步深入，特别是在学校课程、教学、德育管理中，如何体现自主成长的教育思想，还缺少深入的理性思考。

学生的发展不平衡，一些学生的自主成长还不够成熟。一是学校放手让学生自我管理还是不够大胆，提供给学生自主成长的平台还不够多样化；二是一些老师对学生的自主性引导不够；三是现在的学生都是90后，一些学生的自我约束力、心理承受能力较差，自我教育与自主成长在这些学生身上实施起来比较困难。

基于存在的这些问题，我们在该课题实验的基础上以“高中生自主发展教育策略的研究”为研究课题继续申报2013年度广东省中小学德育课题，以求将自主成长实验研究进一步引向深入。

班主任——社会主义核心价值观的传播者和践行者

■ 揭阳市揭东区第二中学　李桂华

大力建设社会主义核心价值体系，既是一个重大的现实课题，又是一项长期的历史任务。中小学面对这一重大的现实课题、长期的历史任务，面对自身所指向的人生观、世界观、价值观正在形成关键期的广大青少年学生，显然，具体的教育方式和方法是每一个学校在推进和落实核心价值观教育过程中务必要高度重视、深入研究、致力解决的关键问题。恰如相关专家指出的那样，“社会主义核心价值观的教育，关键的问题是如何将这些大的、抽象的、理论性的、与孩子现实生活有一定距离的，甚至是相对较为空洞的观点、理论转化为孩子们切实需要、乐意接受、能够理解的东西”。所以，实现教育理念、观念的转变，进而实现教育方法、工作方式的突破与创新，必然成为社会主义核心价值观教育有效性的根本保障。而作为学校德育工作骨干力量的班主任，就必须成为社会主义核心价值观的传播者和践行者。

那么，如何当好社会主义核心价值观的传播者和践行者呢？笔者认为应该做好以下几方面的工作：

一、因势利导传播社会主义核心价值观

党的十八大报告用十二个词语精辟概括了社会主义核心价值观，其内容从国家层面来看，是富强、民主、文明、和谐；从社会层面来看，是自由、平等、公正、法治；从公民个人层面来看，是爱国、敬业、诚信、友善。

近段时间，媒体广泛宣传了一批人物——歼-15总负责人罗阳；工作到最后一刻的林俊德；讲诚信的还债局长胡丙申；残疾医生夫妇周月华、艾起；最美女教师张丽莉；背着妈妈上班的陈斌强……他们都是“感动中国”的模范人物，他们都在用自己的实际行动做出了“爱国、敬业、诚信、友善”的最好诠释。作为班主任，除了完成

自己的教育教学任务以外，我们应该及时地关注社会热点问题，关注教育中的“正能量”，懂得在教育中选取正面、积极的事例来说明问题；对社会中确实存在的问题，要引导学生正确看待，消除媒体中某些负面报道给学生带来的消极影响；鼓励他们从深层思考如何解决目前的各种社会问题，而不是一味地抱怨。教师要满腔热忱地帮助学生解惑，引导学生在批判中树立自我责任意识。

要做到这一点，关键是班主任要提高甄别信息的能力。当今的信息时代，学生、教师每天都可以接受到来自媒体的铺天盖地的信息。哪些是符合社会主义核心价值观的，哪些是媒体刻意炒作的，哪些对学生有积极引导作用，哪些会让学生意志消沉，这些都需要班主任不断去粗取精，去伪存真，做好学生接受信息的把关人。班主任也应该多学习先进知识，多了解国内外重大时事，尤其要多学习、多观察、多研究，提高自己的教育能力，做一名与时俱进的教育者。

二、言传身教践行社会主义核心价值观

作为一名班主任，关键是要有强烈的事业心和责任感。这是爱岗敬业、关爱学生的保障，也是教师职业道德的核心，同时也是班主任践行社会主义核心价值观的基础。班主任只有珍爱自己的教育教学岗位，才能做到潜心育人，真心为学生服务，教育学生才能做到像对待自己的子女、自己的弟妹一样严格细致地管理，无微不致地关爱。我们有些班主任都是把教书育人当成一种职业，其实唯有把教书育人当作一种事业来奋斗才能做到这一点。

教育界流传着一句话：“班主任是全天下最小的主任，却承担着天底下最大的责任。”不可否认，班主任的工作繁杂琐碎，吃力不讨好，且责任重大，很少有人主动要求当班主任。但当班主任也有当班主任的乐趣，当班主任也有当班主任的幸福感。班主任的幸福感源于学生的成功和学生对班主任的真情回报，源于教育教学工作的成就，源于家长社会的信任、尊重，源于领导的肯定和支持，源于豁达的生活态度、自觉高雅的生活情趣，源于和谐的人际关系。

我们学校有位班主任在工作经验交流会上这样说：“尤记得当年的班主任喊出自己的名字时的快乐，所以我用了四天的时间把全班学生的名字和相貌都记了下来；尤记得自己刚上高中住宿时的不知所措，所以刚接手班级的时候总是很勤快地往学生宿舍跑，以至学生都知道了‘Miss Hong exists everywhere’（洪老师无处不在）；尤记得自己当年看到老师的留言时的欢欣雀跃，所以每一次学生的周记都会批改得很认真，对学生积极鼓励，和他们一起讨论他们在周记里提到的事物，偶尔看到有学生写

散文和诗歌相当抽象的，也会回以同样的文体，提升一下个人魅力，使我亲切随和、博学负责、亦师亦友的偶像派形象深入人心。”

“……虽然疼爱着这些学生，但我也明白作为班主任老师也要兼顾好‘严’和‘爱’。因为爱护，所以严格。我们班只有一条班规，就是不违反校纪校规，一旦违反这条规矩，就要由班主任进行批评教育之后，再和违反的同学共同协商出处理的办法。当然，在这种情况下，犯错的学生都明白‘坦白从宽、抗拒从严’，垂死挣扎只会激发我无限的智慧思索处理他们的非一般办法，于是干脆束手就擒。上学期班里有一个男生宿舍，每周都要扣上十几二十分的内宿分，对这个宿舍，我由一开始的让他们集体为班级打扫卫生到换了里面最核心的学生作室长再到分而治之、各个击破；让怕英语的写英语作文，然后帮他细细讲解让他感动羞愧；故意找机会让爱面子的在全班最可爱的女生面前答应从此以后洗心革面、改邪归正等一系列措施，终于让他们的内宿扣分由十几分降到七八分再到后来较少被扣分。当然，每次处理之前，我都会先让他们明白为什么他们错了、怎么做才是未来正确的方向，毕竟，我们要做的不仅仅是治标，还要治本。这几个比较调皮的男生在寒假QQ聊天时对我说：‘我们对你的看法有些矛盾，因为你在我们犯错后会很严厉，手段惊人，所以有些不满，但回过头再去想想，又觉得你是为我们好。对你，我们真是又爱又恨。’又爱又恨？有点夸张的说法，但就如同电视剧里女子经常流着泪对负心的男子说着‘我恨你’一样，这里面的恨不就是因为爱么？这一学期，当他们的内宿纪律终于比较好了，睡眠质量好了，上课听课效率提高了。成绩提升了的时候，看着他们发亮的眼睛，我知道他们终于理解了我的做法。”

“我，真是一个幸福的班主任！……”

诚然，当班主任们用心去经营这份事业时，就会收获不一样的“幸福”。

这就是班主任用言传身教在践行着社会主义核心价值观：用班主任独特的魅力影响着学生；用精湛的专业素养引领着学生；用正确的理论指导着学生；使之养成正确的人生观和价值观。

三、启智导行促进学生社会主义核心价值观的形成

学生接受信息及其效果的大小可以分为三个层面：第一，教师把社会要求的思想观念、道德规范等教育信息作用于学生的知觉和记忆系统，引起其信息量的增加和信息内容构成的变化，属于认知层面上的效果；第二，作用于学生的观念和价值体系而引起情绪或感情的变化，属于心理和态度层面上的效果，即对社会主流价值的内化与维护；第三，这些变化通过学生的言行表现出来，即成为行动层面上的效果，即社会

行为范式或行为习惯的养成。

这些层面是一个完整意义上的效果形成的不同阶段，从认知到态度再到行动，是一个教育效果累积、深化和扩大的过程。

教育传播效果是在一定的环境和情境中产生的，而班主任教育中，通过师生的互动，无疑会提供一个良好的情境。如何成功地设置情境，如何让学生通过班主任的教育和班级活动，心悦诚服地认同社会主义核心价值体系，并自觉地践行社会主义核心价值观，这是当前班主任教育管理中的一个难点。为此，需要教师们不断探究新策略，解决新问题。

举个例子，社会主义荣辱观是社会主义核心价值体系的基础，但在班级教育中，如果我们班主任只是空喊什么是荣，什么是耻，让学生熟记“八荣八耻”的具体内容，肯定是收效甚微。针对现在学生对明星的认同感，我组织学生在班会中精选了一些案例来进行社会主义荣辱观的教育。在一次题为“光荣与梦想一起飞翔”的班会活动中，我让学生在班会前搜集姚明参与的公益活动。班会上，学生们热烈交流，从姚明带头参加中华骨髓库活动，加入骨髓捐献志愿者行列，到2003年中国抗击SARS，姚明参加了长达三小时的电视节目募捐；从姚明参加预防艾滋病宣传活动，到慰问美国灾民；从姚明慈善一捐几十万到自己的生活算计每一分钱。当学生们讨论告一段落后，我又引导他们发表对体育界“假球”“黑哨”事件的评价。两方鲜明的对比，让学生在美与丑、崇尚与鄙视的冲突中，辨别何为荣，何为耻，从而帮助学生提升了树立正确世界观与人生观的自觉性。从一味地盲目追星，到学生意识到荣辱善恶，这就是学生的自我教育和自我提升。

高中时代是学生们孕育自己人生梦想的时期。班会上，我提到了首届国家最高科技奖获得者袁隆平院士的梦想：水稻比高粱还高，稻穗比扫帚还长，稻谷像花生米那样大，他和他的助手们就坐在稻穗下面乘凉。袁隆平院士以千百万中国农民的梦想为己任，为了让人民不再挨饿而挑战权威，相信自己能够依靠科技的力量和自己的努力自主创新，终于获得巨大的成功。学生们被袁隆平院士对梦想的执着、对国家民族深厚的感情和执着坚毅的创新精神深深打动。袁隆平院士为学生们树立正确的世界观和人生观提供了榜样。

青少年正处于世界观、人生观、价值观逐步形成的重要时期，把社会主义核心价值观融入教书育人全过程，坚持以社会主义核心价值体系引导青少年，促进他们健康成长，是新时期党和国家赋予教育的重大责任和神圣的使命。加强学生的思想道德教育，是关系到国家命运的大事。时代需要教育工作者把党的创新理论，把社会主义核心价值观融入到班主任教育中去，以学生喜闻乐见的形式向他们传播，让班级教育成为宣传社会主义核心价值观的主阵地，这是班主任们责无旁贷的政治使命。

用机智的教育激发灵动的生命

——国培感言

■ 揭阳市揭东区第一小学　刘金娜

9月的武汉凉风习习，秋意浓浓，伴着和煦的阳光，让人心情格外惬意。在这丰硕的金秋季节里，我和来自全国各地的兄弟姐妹们相约武汉，聆听各位资深辈高的教育专家的教诲，共享他们宝贵前沿的教育理念与经验，并与各地的优秀老师畅谈教育的经历。这是我人生历程上的一笔财富，是心灵的新启迪、新思索、新能源。

记得国家督学主任成尚荣教授在国培班上说："至今世界上有三个苹果，第一个苹果被亚当和夏娃偷吃了，所以创造了人类；第二个苹果砸在牛顿的头上，因此便有了牛顿定律；第三个苹果被美国的乔布斯发现了，所以有了"苹果手机"。那么能不能让第四只苹果从中国出现呢？"这是一种美好的愿景，也是中国教师对未来教育应该思索的问题。面对每一个灵动的生命，我们该怎样激发他的最大潜能呢？如何让花季少儿绽放美丽的色彩、散发迷人的芳香？这是我们教育机智的集现。那么机智教育包括什么？包括教师的爱、智慧。我们要有一双慧眼、一颗慧心、一种智慧的方法。

一、要做一个具有一双慧眼的老师，成为美的践行者

在国培班里，我从各位教授专家讲述的事例中感悟到：教师既要擅用明亮的眼光，发现孩子们身上的"美"，并激发孩子最大的潜能，让他成为天上最闪亮的"星星"，又要懂得每个孩子存在的差异性。在孙庆华教授的"多元智能"研究里，我们更明白了因材施教的重要性。

华德多元智能教育研究院的孙庆华教授从事研究"多元智能教育"多年，在研究历程中总结出了很多宝贵的教育经验。他深入浅出地为我们讲述了"多元智能教育理念"，从科学的角度解剖人体大脑中存在着的各种智能结构，包括逻辑智能、语言

智能、人际智能、内省智能、空间智能、音乐智能、运动智能、自然智能。学生大脑中哪种智能的比例大小与学科知识的掌握是密不可分的。例如：逻辑智能高的学生比较擅长进行复杂的运算，能够发现事物之间的联系和关系，能运用“如果—那么；因为—所以”等具有逻辑性的模式表达观点、看法，能够认识抽象图形。比如法国著名的心理学家皮亚杰、德国物理学家牛顿，他们的逻辑智能发展优势很好，是科学界的泰斗，但是你不能要求他们同时也是音乐明星。姚明是球坛明星，运动智能发达，但你不能要求他又是一个科学家。每个孩子都有自己的智能优势，每个孩子都有一种最大潜能，只是表现不同、层次不同。例如：班里“调皮大王”虽然学习成绩不好，但他是绘画的高手；“文静胆小的小黄莺”虽然不善表达，但是歌声悦耳动听……孩子们隐藏的多元智能，需要老师的慧眼去发现、去挖掘、去培养，因势利导；以鼓励、赞美的眼光，细观每个孩子身上的“宝藏”；以引领、疏导、优化的教学手法让他们实现人生的价值。

二、要做一个具有慧心的老师，成为爱的实施者

“没有爱就没有教育”在教育中已成为亘古不变的至理名言，阐述着教育中不可缺少的一种思想、力量。因为“教师的爱是滴滴甘露，即使枯萎的心灵也能苏醒；教师的爱是融融春风，即使冰冻了的感情也会消融”。“爱心是一片照射在冬日的阳关，它能让贫病交加的人感受到人间温暖；爱心是广袤无垠沙漠中的一股清泉，它能使濒临绝境的人获得生存的希望；爱心是一首动人的歌谣，它能使心灰意冷的人获得精神的慰藉；爱心是一场久旱的甘霖，它能使悲观的人获得心灵的滋润”。虽然爱不是教育，但教育需要爱，我们要使爱变得有味道。

面对当今科技日益变化的世界，我们对孩子爱的教育也要与时俱进，懂得巧爱。这一点在全国道德模范桂贤娣老师身上体现得淋漓尽致。桂老师爱的方式很多样，她把责任心、细心、耐心、信心、恒心融合一体，注入智慧的心智，成就她的成功。桂老师反复告诉我们：教师千万别打学生、骂学生，他们是每一位父母身上的一块肉，小孩子要慢慢教，不着急。桂老师的成功教育经验给我们一个深深的启示：“爱”要得法，要让孩子真正感受到，要让师爱成为架起沟通学生心灵的桥梁，要成为激发灵动生命的一把钥匙，让孩子们在师爱的力量助推下敞现心胸，展翅翱翔！

三、要做一个具有智慧法宝的老师，成为善的传播者

北京教育学院的李方教授说："教师的职业就是一种'以生命哺育生命、以智慧启迪智慧、以德育人'的伟大历程。"在这个历程中，班主任的核心价值追求充满着挑战性。因为在时代的感召下，班主任不仅仅是只会埋头辛勤耕耘的老黄牛，而是要学会思索探究，能根据学生的年龄特点和生理特点，进行切实可行的探究和施教引领。一个拥有智慧法宝的班主任是学生喜欢又可亲的老师，是一个能使事情达到事半功倍效果的老师，是一个能创造奇迹的老师。国培班上很多专家教授的讲座里都为我们敞现了班主任管理的"智慧法宝"。

班主任要有童心。童心是智慧班主任的第二特征。不变老的是童心，童心是赤子之心、创造之心。

班主任要有平等心。平等心是智慧班主任第二特征的重要因素。

班主任要帮助孩子发现他的可能性。成尚荣教授说："对待儿童就是对待'可能性'，认识儿童、发现儿童、发展儿童。"作为小学教师的我们要把"儿童的研究"作为班主任的第一专业，只有充分了解儿童，才会实行正确理智的教育方式。因为儿童是"自由者"，自由是儿童的天性；自由是儿童存在的本性；自由是儿童创造的保姆。童年好比是一座森林，有天使、魔鬼；童年好似是一颗糖果，也可能是一颗药丸；我们不能因为有魔鬼就放弃一座森林。如果每个学生都是天使，那还要我们的教育干什么？成教授倡导班主任要回到儿童原来的意义、最伟大之处和生活方式上，让各种各样的孩子喜欢你，我们对孩子们要怀有积极的期待。

班主任要设计富有创意的班级活动，营建自主型、民主型班级。班主任工作最有效的方式是以恰当的活动为载体，让学生在参与中完成体验，并在活动中发现学生的长处、优势，予以赞美和肯定，实现自我教育。李伟胜教授说："如果教育让学生感到自卑，那么就是失败的。"民主型班级是我们追求的境界，它能让每一位学生个体得以充分展现自己的精神世界，形成主动发展的动力和能力。班级要在师生、生生之间的充分交往中，创造一个相互欣赏并共同开拓的精神世界，提高生命质量的精神家园，使之成为21世纪新型学校的有机组成部分。我们要学会把"师生交往、生生交往、个体自主"相柔合，运用"乾坤大挪移"的方法，激发学生内在潜力。

班主任要有评价学生的智慧——"成功是成功之母"。叶圣陶先生曾说过，教育是农业，农业中的万物生长讲究时节。对儿童的培养不能像工厂的流水线上生产一样的产品。教育像农业，播下一粒种子，让它在水分、阳光、土壤的环境作用下自由地

成长。学校教育工作者就是创造环境的人，是能让儿童自由生长的人。湖北大学的叶显发教授告诉我们：班主任在学生评价中，赏识是评价的基础，激励是评价的核心，方法是评价的保证。我们要找到学生的闪光点做加法，成为丰富性动机。选择适合于儿童的教育并把它变为创造适合于儿童的教育，让每个孩子自由幸福成长。

亲爱的班主任，让我们乘着“国培”的春风，以爱做小事，以大诚做实事，以大责做难事，把真善美播撒在孩子们灵动的生命里，让它慢慢生根、发芽，结出美丽芳香的硕果。

高中生学习策略调查研究

■ 揭阳华侨高级中学　王银华　高焕祥　陈　莉　陈　建　朱海燕

摘　要：目的——了解高中生学习策略的使用情况，为有针对性地对其进行辅导提供参考。方法——运用中学生学习策略量表对高中生的学习策略进行问卷调查。结果从高一到高三，学生的学习策略水平没有表现出随年级增长而升高的趋势，高一年级学生在各分量表上的得分较高。态度和动机策略与年级有关。不同学习成绩的学生在学习辅助分量表上的得分差异无统计学意义，在其余分量表上的差异有统计学意义（$P<0.05$或$P<0.01$）。女生在动机、焦虑、学习辅助和自我测试分量表上的得分高于男生，差异有统计学意义（$P<0.05$或$P<0.01$）。结论——高中生的学习策略使用情况存在年级、性别及学习成绩差异，需要教育者根据不同情况给予相应的帮助。

关键词：高中生　学习策略　年级　性别　学习成绩

教会学生学会学习是学习策略的核心问题，它已成为近年来教育学、心理学研究的热门课题。国内外的大量研究证实，学习策略与学业成绩之间有显著的正相关，学习策略的应用能有效地提高学习成绩。目前，大多数研究者普遍认为，学习策略是指学习者针对某一特定学习目标，主动操作信息来促进学习效能的活动，主要包括认知策略、元认知策略和资源管理策略。

国内外研究者对学习策略的应用进行了大量研究，Zimmerman和Martinez-ponS考查了小学、初中、高中学生在学习策略运用方面的个体差异。研究结果发现，学优生比普通学生会更频繁地使用某些学习策略。张向葵等人的研究结果表明，在学习策略的运用上，初高中存在着年级的差异，并随着年级升高呈逐渐下降的趋势。辛涛等人的研究结果则表明，初、高中阶段学生的学习策略水平没有显著差异，初中的优、差生学习策略有显著差异，高中阶段在学习策略上则没有发现优差生之间有显著差异。余欣欣指出，高中女生运用学习策略的水平显著高于男生。潘颖秋等人的研究表明，从初中到高中学生在学习策略的使用上没有表现出随年级增长而提高的趋势，在时间管理、焦虑和信息加工策略上甚至出现了下降的趋势。总而言之，关于中学生学习策略应用的研究结果表现出较大的不一致，这反映了中学生应用学习策略特点的复杂性。

由于良好的学习策略能有效地提高学生的学习成绩，因此，本研究的目的在于通过中学生学习策略量表测验，了解中学生学习策略的使用水平，以便有针对性地采取对策，帮助他们迅速掌握并有效使用学习策略。

一、对象与方法

（一）对象

在揭阳市某高中的91个班级中，随机选取高一至高三各2个班的320名学生进行施测，收回有效问卷292份，有效回收率91.3%。其中高一92人，高二104人，高三96人；男生139人，女生153人；学优生102人，中等生95人，学困生95人。学优生的划分是依据各班调查前的期中考试成绩进行的，将各班在年级排名在前25%的学生划为学优生，后25%划为学困生，中间50%的学生为中等生。

（二）方法

1. 测量工具

本研究采用Claire E. Eeinstein和David R. Palme等于1990年编制的中学生学习策略量表（LASSI-HS）来测查学生的学习策略使用情况，该量表由76个有关如何学习的题目组成，要求被试在“完全不符合（1）”到“完全符合（5）”的5级量表上回答每道题。LASS-HS包括态度、动机、时间管理、焦虑、专心、信息加工、选择要点、学习辅助、自我测试、考试等10个分量表。潘颖秋等在北京地区试用该量表，证明具有较好的信度和效度，总量表的Alpha系数为0.9166，分量表Alpha系数在0.5246—0.7967之间，国外的研究结果是分量表的Alpha系数在0.68—0.82之间。根据本研究资料，总量表的Alpha系数为0.9516，分量表的Alpha系数也在0.6987—0Alpha8428之间。

2. 施测程序

采用团体测试方式，以班为单位，由研究者使用统一的书面指导语和口头指导语进行集体施测，一次性作答，当场回收问卷。

3. 统计学方法

使用SPSS115.0软件进行数据的统计分析，计量资料用（$\bar{x}\pm s$）表示，多组间均数比较用单因素方差分析，事后比较用SNK法，P<0.05为差异有统计学意义。

二、结果

1. 不同年级学生的学习策略水平比较

表1显示，态度、动机策略与年级有关，事后检验显示高一和高三态度策略得分高于高二，动机策略得分高一高于高二、高三年级，差异有统计学意义。

表1 高中3个年级学生的学习策略水平差异比较（x± s）

	高一	高二	高三	F
态　度	3.46±0.44	3.28±0.58	3.44±0.46	3.557*
动　机	3.43±0.45	3.15±0.50	3.14±0.50	10.494**
时间管理	3.04±0.52	2.90±0.69	3.00±0.61	1.364
焦　虑	2.58±0.66	2.71±0.66	2.56±0.61	1.536
专　心	3.12±0.59	2.99±0.61	2.99±0.67	1.307
信息加工	3.01±0.67	2.84±0.64	2.92±0.61	1.837
选择要点	3.40±0.58	3.21±0.57	3.30±0.62	2.381
学习辅助	2.82±0.58	2.66±0.54	2.76±0.58	2.140
自我测试	2.90±0.53	2.77±0.51	2.80±0.60	1.380
考试策略	3.14±0.54	3.01±0.64	3.14±0.53	1.621

注：*P<0.05，**P<0.01。

2. 不同学习成绩学生的学习策略比较

表2显示，不同学生成绩学生在态度、动机、时间管理、焦虑、专心、信息加工、选择要点、自我测试及考试策略等9个方面在分量表上的得分差异有统计学意义。学优生在除焦虑分量表外的其他分量表上的得分均较高，学困生在焦虑量表上的得分最高，在其他分量表上的得分均较低。

表2　不同学习成绩学生的学习策略水平差异比较（x± s）

	学优生	中等生	学困生	F
态度	3.51±0.51	3.42±0.49	3.23±0.48	7.754**
动机	3.36±0.46	3.33±0.47	3.03±0.51	13.819**
时间管理	3.14±0.72	2.96±0.49	2.81±0.55	7.494**
焦虑	2.48±0.60	2.66±0.58	2.72±0.74	3.703*
专心	3.10±0.61	3.13±0.56	2.85±0.66	5.928**
信息加工	3.11±0.65	2.97±0.62	2.68±0.59	12.303**
选择要点	3.47±0.57	3.33±0.53	3.08±0.69	10.643**
学习辅助	2.72±0.53	2.84±0.59	2.66±0.60	2.581
自我测试	2.89±0.58	2.87±0.52	2.69±0.52	3.976*
考试策略	3.35±0.58	3.04±0.50	2.88±0.53	19.201**

注：*P<0.05，**P<0.01。

3. 不同性别学生的学习策略水平比较

表3显示，女生在动机、焦虑、学习辅助和自我测试等分量表上的得分高于男生，差异有统计学意义。

表3　高中男女生学习策略水平差异比较（x± s）

	男生	女生	F
态度	3.37±0.48	3.42±0.53	0.827
动机	3.14±0.51	3.34±0.47	11.870**
时间管理	2.91±0.56	3.03±0.65	3.119
焦虑	2.52±0.65	2.70±0.63	5.734*
专心	3.01±0.64	3.05±0.61	0.310
信息加工	2.86±0.69	2.98±0.60	2.260
选择要点	3.32±0.65	3.27±0.60	0.382
学习辅助	2.63±0.60	2.84±0.54	10.464**
自我测试	2.71±0.54	2.92±0.54	10.294**
考试策略	3.12±0.59	3.08±0.56	0.420

注：*P<0.05，**P<0.01。

三、讨论

1. 不同年级学生的学习策略水平

本调查结果显示，总体上高一学生学习策略 水平要高一些，高二年级学生除在焦虑分量表上的得分最高之外，在其他分量表上的得分与其他年级相比最低。出现这一结果的原因是，高二年级的学生在经过高一这一年的努力学习后，发现仍有很多知识掌握得不够牢固，没有达到预定的目标，想起只有一年多的时间可供利用，对于自己在这一年多的时间里能否把成绩赶上去心里还是个未知数，于是就感到紧张焦虑。高三年级的学生在焦虑水平上低于高一和高二年级的学生，这一研究结果与潘颖秋的研究结果相同。出现这种情况的原因主要有两个方面的原因：1. 高三年级学生整体的心理成熟水平要比高一和高二年级学生要高，心理承受能力要强一些。2. 学校和教师更重视对高中学生的心理辅导特别是考前的焦虑调节。高一学生在态度和动机方面比高二和高三高，是与他们刚进高中时，教师和家长经常对他们进行思想教育有关，同时也与他们刚进高中时就确立了明确的学习目标有关。

2. 不同学习成绩学生的学习策略水平

本调查结果表明，学优生在态度、动机、时间管理、焦虑、专心、信息加工、选择要点、自我测试及考试策略等方面要比学困生好，学困生在各种学习策略的使用方面均不如学优生和中等生，这与曹立人和周永垒的研究结果相同。出现这种情况是由于学困生还没有掌握有效的学习策略，在学习动机、学习兴趣以及知识背景方面还不够全面，同时没有主动探求适合自己的学习方法。

由于良好学习策略的掌握与使用能有效地促进学生学习成绩的提高，因而对于学困生，教师在教育与教学中要注意激发、加强和保护他们的学习动机，同时教师还要有针对性地对他们进行学习策略的教学与训练，以帮助他们提高学习效率和学习成绩。

3. 不同性别学生的学习策略水平

女生在动机、焦虑、学习辅助和自我测试等得分高于男生，这与袁立新和潘颖秋的研究结果相同。出现这种情况，是由于女生的学习态度较好，动机水平较高，在学习过程更注重借助一些外在的学习辅助手段来帮助学习，更重视对知识的复习与记忆巩固。女生在焦虑程度方面也比男生高，这说明女生在情绪调节方面比男生弱。这就要求教师在教学过程中，要加强培养男生良好的学习态度，提高他们的学习动机水平，要求他们对知识及时复习、巩固、掌握，并较灵活地使用一些学习辅助手段来帮助学习。对女生则要求教师对他们进行更多的心理辅导，并教会他们学会放松的方法。

参考文献：

［1］刘志华，郭占基．初中生的学业成就动机、学习策略与学业成绩关系研究［J］．

心理科学，1993，16（4）：198-204.
［2］王恩国，阴国恩，吕勇. 中学生学习策略发展研究［J］. 心理与行为研究，2007，5（3）：183-187.
［3］谷生华，辛涛，李荟. 初中生学习归因、学习策略与学习成绩关系的研究［J］. 心理发展与教育，1998，14（2）：21-25.
［4］陈琦，刘儒德. 当代教育心理学［M］. 北京：北京师范大学出版社，1997.
［5］董奇，周勇. 10—16岁儿童自我监控学习能力的成分、发展及作用的研究［J］. 心理科学，1995，18（2）：78-93.
［6］张向葵，张林，王颖. 中学生学习策略应用特点的研究［J］. 心理与行为研究，2003，1（2）：15-16.
［7］辛涛，李茵，王雨晴. 年级、学业成绩与学习策略关系的研究［J］. 心理发展与教育，1998，14（4）：41-44.
［8］余欣欣. 中学生学习策略发展的研究［J］. 广西师范大学学报：哲学社会科学版，2001，37（1）：61-65.
［9］潘颖秋，刘善循，龚志宇. 北京地区中学生学习策略水平的调查研究［J］. 心理科学，2000，23（6）：694-698.
［10］袁立新，温健仪. 中学生学习策略与学业成绩关系研究［J］. 广东教育学院学报，2003，23（1）：7-12.
［11］周永垒，韩玉昌，张侃. 学习困难生学习动机对学习策略的影响［J］. 中国临床心理学，2005，13（2）：200-202.
［12］曹立人，陈艳. 高中生学习策略调查研究［J］. 心理科学，2006，29（4）：954-956.

勤教力学，为人师表

■ 揭阳市揭西县棉湖中学　陈鸿钦

不可否认，社会的发展变化会对教育产生极大的影响，而新的时代背景又赋予教师更加神圣的使命。在当前的社会转型中，师德面临着某些挑战。其一，对青年教师而言，面临经济人与道德人的失衡。以“80后”为主的青年教师具有学历高、反应快等特点。但在许多地方，教师已是落后与贫穷的代名词，并且在市场经济的环境中，人们往往追求利益的最大化，从而使大量的青年教师拿着微薄的工资挣扎在师德的底线，使其奉献精神和爱岗敬业的职业态度大打折扣。其二，对老教师而言，则是面临着传统人与技术人的失衡。众所周知，伴随着新课标理念的落实和现代教育技术的发展，教学技能不再是三尺讲台和黑板加粉笔的综合，熟悉和掌握现代教学媒体成为驾驭课堂教学的必要因素。但老教师的教学方式已固定化、模式化，加上无法驾驭现代教学媒体，所以对老教师而言，往往是想要有为但却无所作为，其传统人的教学方式与技术人的教学技能发生严重冲突。

那么，在新的时代背景下，加强师德建设就必须去协调经济人与道德人的失衡，解决传统人与技术人的冲突。我在长期担任班主任工作和承担各种教学任务的经验中，总结出了解决问题的八个字——勤教力学，为人师表。

一、用“勤”体现师德之责任

许多教师从教的时间长了，大概都有着这样的一种感觉：从教之初的豪情壮志逐渐消失了；桃李满天下的希冀淡漠了；安于现状、平淡无为、得过且过的想法增多了；原先可爱的学生似乎都变得令人生厌；甚至有了放弃教师职业的消极想法。这种想法是可怕的，如果任其恶性发展，其道德底线必将崩溃。所以教师必须在心里谨记一个“勤”字。正所谓“业精于勤，荒于嬉”。践行“勤”字就应该做到：其一，在思想上勤于诱导，培养学生树立远大的前途理想，做学生的知心人；其二，在教学上勤于因材施教，尽最大的努力发扬学生的优点，做学生的有心人；其三，在生活上勤于热情关照，用自己的满腔热情去感化学生，做学生的贴心人。教师对学生的课堂表现要心中有数，对学生的作业要及时批改；在处理学生之间的矛盾时，要公正无私，不偏袒，不护短，耐心地进行思想教育，讲事实，摆道理，以理服人。其实，教师的这种积极努力，本身就是一种引导、一种鼓励、一种美德。这样做，能使学生也养成严谨治学、公正无私的人生态度。教师的积极进取是学生奋发向上的动力源泉。教师勤奋上进，有强烈的进取心并付诸实际行动，这就直接感染着并鼓舞着学生，引导他们形成积极向上的正确人生观。

那么，什么是教师勤奋进取的动力呢？那就是一种责任心。歌德说：“责任就是对自己要求要做的事情有一种爱。”其实，教师对教育事业的奉献就是对学生的一种爱。作为一个教师，当你站在讲台上望着几十双求知的眼睛时，当家长握着你的手一遍遍地说“拜托”时，一种责任感便会在心头油然升起，你会感到肩上的担子不轻啊。《中华人民共和国教师法》第三条指出：“教师是履行教育教学职责的专业人员，承担教书育人，培养社会主义事业建设者和接班人，提高民族素质的使命。教师应当遵从于人民的教育事业。”一名合格的教师必定会对教育事业表现出高度的责任感，视教育为毕生追求的理想，以高度的敬业精神献身于教育事业。所以，要用一种无私的责任心去推动教师的“勤”，这样就能为塑造新时代的师德找到巨大的动力。

二、用“教”体现师德之灵魂

教，是教师当之无愧的神圣使命。教师教的是一代人，为的是一个民族，所以教是师德最核心的体现。塑造高尚的师德应特别重视教师的教，从根本上来讲必须讲究“廉洁从教，安贫乐教”。首先，为师者应廉洁从教。在当前市场经济的环境中，名利的诱惑无不挑战着师德的底线，教师的经济人角色也越发明显。但越是如此越应该廉洁从教，应时刻记住自己是人类灵魂的工程师，别让名利蒙蔽了自己的双眼，不能为了经济回扣而教学生盲目订资料；不能为了自己的一己之私而暗示学生家长进行“感情投资”；不能为了奖金与名次而教学生弄虚作假。这样不仅是毁了自己，而且是毁了一代人，更是毁了一个民族。其次，为师者要安贫乐教，显示自己的道德角色。鲁迅先生说过：“牛吃的是草，挤出来的是奶。”当前经济发展不平衡，又由于竞争机制、分配体制的不健全，使社会收入分配差距拉大，一些个体或私营主的收入迅速增加，甚至一夜暴富，与之相比教师收入明显偏低。于是，教师队伍中出现不热心本职工作，对本职工作不尽职尽责，把主要精力用于校外创收或第二职业上，特别是出现那种以职谋私、职钱交易的行为。在这种现实下，教师应调整自己的心理，要有一种“知足常乐，安于贫穷”心态。从另一方面来说，“比上不足，比下有余”，看看广大农民家庭中，有一些家庭连学生的生活费用都很难支付，相比之下，教师就应该知足。在学校里，有的老师会发“高付出，低回报”“与其他地区、学校比较，同工不同酬”“真不想再管学生了”之类的牢骚，但事后仍兢兢业业，严谨治学。再问这些老师时，回答几乎是一致的“不能为了几个钱毁掉一代人”“教育凭的是一份良心，一份责任”。这些老师令人敬佩，他们用自己的行为体现了师德的高尚，做到了经济人与道德人的和谐统一。

三、用“力”体现师德的美善

力，在教师的教学行为中应体现为教师的身体力行，也是教师的人格魅力。而对学生而言，则是一种潜移默化的影响。所以，身体力行地去表达师德的美与善，对培养学生完善的人格有着积极的意义。身体力行应先做到“正人先正己”。“其身正，不令而行；其身不正，虽令不从”。一个优秀的教师无不把关心留给社会，把热心留给学校，把忠心留给教育，把爱心留给学生，把真心留给同事，把耐心留给自己，用心去工作，用爱去育人。教师良好的品质是无声的命令，是潜移默化的精神力量，是维护学生身心健康的血液。试想一个随地吐痰脏话连篇，举手打人的教师，怎么可能培养出彬彬有礼的学生？一个经常丢三落四、上课迟到的老师，怎么能教育出严谨守时的学生？所以，教师的言行举止应当符合社会发展方向，体现人类进步的理想和愿望；应当充分显示教师作为人的自由、自觉和创造的本性；应当帮助学生及他人寻找人生价值与人生意义，学会选择人生道路。

其次，正己是为了正人。教师榜样像一面旗帜，树立在学生面前。教师的一言一行，具有鲜明的示范性。学生们由于处在身心急剧发展、心理素质正在形成的基础阶段，往往缺乏辨析能力。因此，教师的言行，学生极易照样接受，很少去鉴别。近朱者赤，近墨者黑，不是空论。教师人格中的自我、责任心、态度、爱心、道德等，教师的一言一行作为一种榜样在学生人格中发挥着潜移默化的作用。教师人格完美，对学生的心灵就有感召作用。因为教育力量只能从人格的活的源泉中产生出来，任何规章制度，任何人为的机关，无论设想得如何巧妙，都不能代替教育事业中教师人格的作用。确实如此，凡是成功的教师无不以人格之光烛照耀学生的心灵，潜移默化地影响着学生的人格。这正是所谓“随风潜入夜，润物细无声”。

四、用“学”体现师德之奋进

学，是师德中一种锐意进取的行为，只有学才能不断适应时代赋予教育事业的各种挑战，才能做到与时俱进，科学发展。落实新课标改革以来，教学人才新旧交替。从我市的客观情况来看：一方面，老教师凭借多年的教学经验继续在教育事业中奋战在最前线，在教学团队中充当骨干作用，但学生反映，“课堂教学平白无奇，除了讲还是讲”，这就是传统人的难处。另一方面，新一代青年教师凭借熟练的现代教学媒体技能，在课堂教学中形式多样地演绎着课堂的趣味性，但学生反映“课堂教学轻松愉快，但除了笑还是笑，感觉不充实”，这就是技术人的难处。那么，如何将传统人与技术人统一起来呢？做法就是一个“学”字。

首先，在信息化时代，教师要能跟上发展步伐，敢于和善于接受新鲜事物，变封闭型思维为开放型思维，敢想敢干，不断为自己确立新目标，创造性开展教学工作。在快节奏的现代社会里，时间就是金钱，效率就是生命。因而，教师各项工作都必须体现出高效率，要惜时如金，追求时间的节俭。要有竞争意识，要敢于参与竞争，敢于打破铁饭碗。要确立正确的求实观念、价值观念、人生观念等。其次，要重视信息。在当今的信息时代，信息对每一个教师都非常重要，掌握了信息就可以了解事物的最新发展动态，可以为自己的工作提供参考，减少盲目性。因此，作为教师，必须重视对信息的收集，不仅收集与本专业有关的信息，也要收集非相关信息，以求开拓视野和思路。再次，要重视交流。交流也是一种学习，没有永远的老师，也没有永远的学生。正所谓“三人行，则必有我师”，要多问。青年教师要向老教师请教经验，在教学中突出重点，突破难点，使课堂具备丰富的内容。老教师要放下架子，向青年教师学习现代教学技术，在教学中用多种方式去表达教学内容，从而增加课堂的趣味性。这样，传统人与技术人便得到和谐的统一。其实，任何一名才智出众的教师靠自己的力量都不可能穷尽当今的任何一门学科。为了弥补个人智能的不足，必须发挥群体优势，在平等的学术交流中，团结协作、互相尊重，取人之长，补己之短，不断地从其他学科或其他教师身上吸取养料，充实自己，提高自己。

总而言之，在师德建设中，要用勤教力学践行为人师表，用为人师表鞭策勤教力学。作为一个教育工作者，应立德树人，立教圆梦。中国梦不能只是梦，也不再是梦。为师者只要拥有一份真诚的爱和一颗忠于国家民族的心，就一定能驱散心中的阴霾，融化心中未解冻的冰雪。教师应头顶蓝天脚踏热土，在实现中华民族伟大复兴的道路上留下一片绿荫。那么，我们的下一代必将更出色，我们的民族必将更强大。

浅谈如何培养学生在心理活动课上的主动性

■ 雷州市第二中学　苏赐坚

2006年至今，我一直在初中任教“心理健康教育”这门课。在工作过程中我常会听到个别学生说：“我的心理没有问题，我不需要学这门课程。”在辅导室值班时，会听到路过的个别学生对同伴说：“你的心理变态了，快进去让老师治疗一下……”由于部分学生对心理健康教育存在这样那样的误会与偏见，学生在课堂上的主动性会大打折扣。如何提高学生在心理活动课上的主动性呢？经过多年的摸索，我总结出如下三点经验。

一、提高学生对心理健康教育的认识，端正态度

必须消除学生对心理健康教育的偏见，提高理性认识。在每届初一新生入学时，我都会给学生上“认识心理健康教育”一课，首先介绍2008年在雷州地区发生的三起校园突发事件，引起学生对心理健康的注意与思考；然后讲解健康与心理健康的概念、青少年心理健康的标准、心理健康教育的目的与作用、国内外心理健康教育的现状与未来。通过本课两个学时的学习，学生明白了“健康的心灵是一切财富与成就的基础”这一科学道理，形成了正确的心理健康观念，开始重视心理健康教育。

二、在课堂中提高学生的兴趣与参与度

我校初一年级就开设了心理健康教育课，可本地区的其他中小学基本上尚未开设，因此学生对这门课既好奇又排斥。为打消学生的排斥心理，我在课堂上注意师生间的互动，大量运用心理小游戏提高学生的兴趣与参与度。

在学期初，我给学生上了“破冰之旅”，课是这样设计的：第一环节是鼓掌欢迎在座的各位学生成为雷州二中7000多学子中的一员。首先，教师提出发现的问题：鼓掌的差异很大。教师夸张性的模仿，引起学生的欢笑进而拉近彼此距离。然后一起学鼓掌：龙的呼唤，节奏——一二，一二三，一二三四，一二。分组练习竞赛，提高团结协作观念。第二个环节是相互认识。教师先简单自我介绍并留下适当悬念引起学生的兴趣，然后提问个别学生：开学至今，你认识了多少位同学？说说他们的姓名、兴趣等。最后是写一写“我眼里的自己”，每人拿一张空白纸，在纸上写上“我的姓名、我最喜欢的事、我最成功的事、我最讨厌的事。”写完后四人一组相互交换看一看，相互握手并说：“你好！我叫×××，很高兴认识你！”第三个环节是“我信任我的集体与同学”。选定数位学生，一半人扮盲人，另一半人当向导带他们在班内走一圈，然后互换角色，最后说说在游戏中的感受。这节课以活动为主，通过几个小活动让师生、同学之间打破“坚冰”，相互认识，为学生形成融洽的人际关系奠定了基础。

又如，我在“沟通合作”一课，通过团体康乐辅导的形式，让学生玩以脚代手猜拳、兔子舞、丢沙包认识、组名发布、爱在指间等游戏，增强沟通与交流，形成了集体观念。此外，在学习技能主题课时插入手指操、健脑操等小游戏，让学生放松情绪健康身心。

除了心理小游戏外，我还注重运用分组讨论调动学生的主动性，比如“做一个受欢迎的人”一课，我让学生分组讨论受欢迎的人与不受欢迎的人分别具有哪些特点，然后再让学生代表到黑板上写一写，比较哪一组做得最好。在“成才靠什么”一课也是采用了分组讨论与写一写的方法。

根据上课主题选用心理小游戏及分组讨论和写一写等方法，适合初一年级学生的日益独立与爱表现的心理特点，很好地提高了学生对心理活动课的兴趣与参与度。

三、调查了解学生的心理需要，在讲课过程中解决学生的心理问题

在课余或期中、期末时，我会通过开放性的问卷调查，让学生匿名写出困扰自己的心理问题，并记录下代表性的问题，做好备课工作。比如在这学期初，我经过调查发现学生对如何适应初中的学习、如何与人交往、时间的管理等方面存在较大的困惑。我开设了破冰之旅、认识心理健康教育、适应初中新生活、做一个受欢迎的人、沟通合作、知识改变命运、如何制订学习计划、学会学习等十多节主题心理活动课，给学生提供必要的指导与帮助，让学生体会到解除困扰后心灵成长的快乐。

又比如在这学期的期末，通过问卷调查五十多位学生，我发现了十多个焦点问题：住宿生如何管好自己、与父母吵架怎么办、世界上是否有鬼、如何控制情绪、青少年常有的坏习惯、遇到挫折如何调整心态、学习与考试焦虑、平凡人如何找到幸福、爱情的困扰等，这为下学期顺利开展心理活动课提供了充分的选题依据。

提高学生学习的主动性是教育界关注的焦点，也是各科教师需要正视的问题。以上经验与各位同仁分享，不足之处恳请多多指正。

儿童多动症的心理治疗方案

■ 华南师范大学附属小学　孙　露

一、儿童多动症

早在1845年，德国医生霍夫曼第一次将儿童活动过度视作病症。此后，许多精神病学家、儿科专家、心理学家及教育家从不同的角度，对这类儿童的行为问题进行了更深入的研究。1947年，斯特劳斯等人认为多动症是由脑损伤引起的，故将该症命名为“脑损伤综合征”。格塞尔和阿姆特鲁德在1949年对此提出了新的看法，认为这种症状是“脑轻微损伤”的结果。在之后的近二十年间，不少学者在对具有这一病症的患儿实施神经系统检查时发现，约有半数出现轻微动作不协调，以及平衡动作、共济运动和轮替动作等障碍，但没有发现瘫痪等脑损伤引起的其他体症，故认为多动症不是脑轻微损伤的结果，而是由脑功能轻微失调所引起的。1962年，各国儿童神经科学工作者会聚牛津大学，决定在本病病因尚未明确之前，暂时定名为“轻微脑功能失调”（Minimal Brain Dysfunction）。1980年，美国公布的《精神障碍诊断和统计手册》中，将此命名为“注意缺失障碍”（Attentional Deficit Disorder），简称ADD。

二、儿童多动症案例分析

1. 个案基本情况

姓名：小熙

性别：男

年龄：7岁

年级：小学一年级

特殊表现：多动，影响班级课堂秩序，原本就读的学校以此为由劝说父母让其转校。

2. 家庭背景

小熙的父母是生意人，家庭生活条件优越。其父母把小熙送到我校，希望其在这里能够得到老师的特殊教育。

3. 个案现状

第一次见到小熙同学是在一年级下学期的一次年级会上。小熙由班主任领着，第一个到达阶梯课室。我拉着小熙的手，欢迎他的到来。小熙冲着我笑，很大声地喊："老师好！"我吩咐他坐在第一排的位置，他坐在座位上，手不停地拍桌面，一只脚不停地踢桌底，桌子和椅子都被他弄得砰砰作响。过了一会儿，他就离开了老师安排的座位，四处跑动。年级会开始前的十几分钟，小熙一刻未停地走这里敲一敲，跑那里碰一碰，还不时发出尖叫和喊叫声。

年级会期间，我特意坐在小熙旁边让他安静下来，用手臂揽着他的肩膀。小朋友们齐声向老师问好时，小熙喊得特别大声，而且在老师讲话的过程中，他偶尔会喊出一些句子，如"校长好！""老师好！"阶梯室的椅子是折叠式的，小熙坐下不够一分钟，又站起来，而后重复地坐下再起立，椅子发出的响声在安静的阶梯室里显得尤为突出。我把食指贴在嘴唇上向小熙示意要安静下来，他安静地坐了半分钟，猛地把脚踩在椅子上，身体又挨着椅子摇晃起来。

第二次与小熙见面是在"六·一"儿童节游园活动时。班主任老师为每位小朋友派发了零食，小熙拿到了一袋苏打饼干和一包话梅糖。其他小朋友都在认真听老师说话，而小熙拿到饼干后，立马用牙齿把饼干的包装袋咬开，再猛力地撕开，饼干掉得满桌子、地上都是，我帮助他把饼干重新放到包装袋中。他用一只手抓起一块饼干塞到自己嘴里，用另一只手又挑了一块饼干拿到我面前。我说："小熙真大方，孙老师不吃，你留着慢慢吃。"他硬是把饼干塞到我嘴里。期间，他一会儿玩玩手中的糖，一会儿冲着我笑，一会儿踢踢桌子椅子，他无意中发现了我裤袋中的手机。手机引起了他的兴趣，他要抢我的手机看。我对他说："如果你能坐在座位上不发出任何声音，坚持5分钟，我就给你看。"小熙认真地履行他的承诺，他安静地坐了两分钟，然后转过头来轻声问我："时间到了吗？"我说："还有4分钟。"我不时地表扬他"小熙今天的表现真好！""小熙真乖！"他多坚持了两分钟，又转过头来问："还有多长时间？"我说："还有3分半钟。"他在努力地克制自己不乱动、不发出声音，我观察到他的身体偶尔会抽动一下。又过了几分钟，他再转过头来问时间，我说："还有两分钟。"他继续坚持着，身体抽动的频率高了，而且喉咙会不自主地发出打嗝的响声。在徐校长发言的后半段，他自个儿玩弄手中的糖，除了偶尔的身体抽动和打嗝外，就没怎么到处乱动。到后来，小熙就把手机的事情忘记了。

三、对小熙症状的分析

根据国际诊断标准，多动症的儿童有注意涣散、冲动任性和活动过多三个特征。

1. 注意涣散，至少具备下列之中的三项

做事情往往有始无终；上课常常不听讲；注意力容易随环境转移；很难集中思想做功课和从事其他需要长时间集中注意力的事情；很难坚持做某一种游戏或玩耍。

根据班主任的介绍，小熙确实存在上课注意力不集中、晚自修做作业时难以集中注意力完成作业的症状。在插班生会议上，也能看出小熙很难坚持做同一件事情，小熙对于我和他的承诺是有始无终的。以上几点，在小熙身上都有所体现。

2. 冲动任性

往往想到什么就做什么；过于频繁地从一种活动转移到另一种活动；不能有条不紊地做事情；需要他人予以督促照料；常在教室里突然大声叫喊；在游戏或集体活动中不能耐心地等待轮换。

通过观察，我发现小熙在这六点上都有体现。

3. 活动过多，至少具备下列之中的两项

坐立不安；经常奔跑；难于待在教室座位上；躺在床上还常常扭动翻身；终日忙忙碌碌，没完没了；7岁以前开始出现多动现象；至少持续6个月以上小熙存在坐立不安、经常奔跑难以待在座位上等症状。

4. 在判断的时候，还要注意以下两点

第一，在允许活动的场合，如下课时、放学后，不管孩子的活动多么厉害，也无诊断意义。只有在不该活动的场合，如上课时、做作业时，而他仍约束不住，始终动个不停，才有诊断意义。

第二，如只有活动过度，而无注意力涣散，不能诊断为多动症。相反，若注意力涣散明显，而无活动过度，才应考虑有多动症的可能，因为有的儿童属所谓“不伴多动的多动症”。在美国，从1979年起，根据多动症最为常见和突出的症状是注意力集中困难，已把“多动症”改称为“注意缺陷症”，并分为“注意缺陷伴多动”及“注意缺陷不伴多动”两种，后者也就是“不伴多动的多动症”。

通过对小熙的观察，结合班主任的描述，我们基本可以判断小熙患有儿童多动症。

四、儿童多动症的危害

1. 对个人的危害

轻微多动症儿童只是在学习上不能专心，不能主动去学，造成学习成绩下降；在行为上不能自控，表现为不服管束，被人歧视。重症多动症儿童则学习成绩明显下降，不能跟班，难以读完小学及初中；在行为上惹是生非，干扰他人；随着年龄增长，因无法自控易受不良影响和引诱，可发生打架斗殴、说谎偷窃，甚至走上犯罪的道路。

2. 对家庭的危害

多动症儿童学习不仅成绩较差，还厌学、逃学，扰乱课堂秩序，因此常常被老师批评，使家长又羞愧又恼火，回家后便对孩子进行责骂、棍棒教育。有的高价请家庭教师，浪费大量时间和金钱也无济于事；有的使孩子对家长产生对抗、仇恨情绪，影响家庭和睦。

3. 对学校的危害

在学校里，多动症儿童经常扰乱课堂秩序，打架斗殴，偷窃破坏，成绩低下，即使老师花很大精力也收效甚微。如果一个班多几个这样的孩子，则教学质量必然受到影响，使老师特别恼火，总想让他们留级，甚至把他们开除。

4. 对社会的危害

多动症儿童如不及时治疗，到成人后由于自控能力差，冲动，好逸恶劳，贪图享受，往往犯罪率较高，并屡教不改成为惯犯，影响社会安定及人民人身和财产安全。

五、对小熙的心理治疗计划

目前对多动症的治疗主要是药物治疗。所选用的药物大多是一些精神兴奋剂，如哌醋甲酯（Ritalin）、右旋苯丙胺（Dexedrine）、苯异妥因（Pemoline）等，这类药物的副作用不是很严重，服用后可使多动症儿童注意涣散状况有所改进，攻击性行为减少。但仅靠药物是远远不够的，因为这种病症原本就存在着生理及心理的多重病因，所以在使用药物疗法时还需要结合一系列的心理治疗。

1. 自我控制训练

这一训练的主要任务是通过一些简单、固定的自我命令让小熙学会自我行为控制。例如出一道简单的题目让小熙解答，要求他命令自己在回答之前完成以下四个动作：停——停止其他活动，保持安静；看——看清题目；听——听清要求，最后才开口回答。这一方法还可以用来控制他的一些冲动性行为。例如带他过马路时，要求在过马路之前完成停、看、听等一系列动作。由于在训练中，动作命令是来自于小熙内心，所以一旦动作定形，他的自制力就能大大提高。在进行自我控制训练中要注意训练顺序，任务内容应由简到繁，任务完成时间应由短到长，自我命令也由少到多。

2. 放松训练

由于小熙的身体各部位总是长时间处于紧张状态，如果能让他的肌肉放松下来，多动现象就会有所好转。放松训练可采用一般的放松法或使用生物反馈法。训练时间要集中，可以一连几天，从早上一直训练到晚上，其间除了吃饭、休息外，其余时间都按计划进行训练。在施行放松训练时，每小时放松15分钟，小熙一达到放松要求就给予物质奖励。其余45分钟可安排他做感兴趣的游戏，但一到放松时间就必须结束游戏。

3. 支持疗法

这一方法主要是与其他治疗相结合，用来帮助小熙解脱受挫折以后的情绪抑郁和由学习困难而导致的自尊心不足。在实施过程中，父母和老师要经常对小熙进行鼓励，帮助他树立信心，一旦病情有所好转，就给予奖励。

对待小熙的多动症状，除了实施药物治疗和专门脑心理训练外，家长和老师还要做到以下几点：明确疾病性质。克服对小熙粗暴、冷淡、歧视的态度，做到相互协作，耐心而有计划地进行教育；要求适当。一开始对小熙的要求不能与一般孩子一样，只能要求将他的行动控制在一定范围内，随后再慢慢提高要求；满足小熙的活动需要，对他过多的精力要给予宣泄的机会，可让他帮忙发发作业、指导他们参加跑步、踢球等体育训练，同时要劝止一些攻击性行为；做到生活规律化。家长、教师督促小熙遵守作息制度。在他吃饭、做作业时，要控制环境，不要主动去分散他的注意，以培养他一心不二用的好习惯。

班主任工作中渗透人文关怀

——用责任心和爱心守护学生心灵

■ 华南师范大学附属中学　刘　莉

摘　要： 人文关怀和严抓纪律同等重要，在整顿纪律的基础上，辅之以人文关怀，学生不仅更容易接受，有利于他们获得学业上的成功，而且有利于建立良好的班风学风，班级管理工作的教育效果影响更深更远。所以，我一直从人文关怀的角度去管理班级。主要通过四个方面的开展：保持亲和力优势，开展微笑教育，培养笑对人生的态度；提高自身素质培养，增强班主任个人魅力，使学生们“亲其道，信其师”；坚持运用发展性眼光，贯彻赏识教育；全方面关心学生的学习、生活及情绪。总之，我会一直坚持用赤诚之心教育学生，用真挚之情关心学生的人文关怀教育信念。

关键词： 人文关怀　责任心　爱心　心灵　心理教育

心理教育是一种师生心理互动的过程，是一种积极的诱导教育。学生要从班主任提供的信息中获得启示，产生相应的情绪反应，必须是建立在对班主任有充分的信赖和期望的基础上。因此，以人为本、以爱感人、建立良好的师生关系是打开心理教育的通道，是班主任在工作中实施心理教育的前提。

世界上最无私的爱是母爱，最温暖的礼物是爱心。初为人母的我，在担任高二（10）班主任以后，一直在班主任教育中渗透着人文关怀。

所谓人文关怀，就是班主任工作中秉承着华附“以人为本”的办学理念，关注人的生存与发展；关心人、爱护人、尊重人；对他人的同理、共情。从同学们所处的境况及需求为出发点，尽可能多给学生以理解、同情、信任、便利与关爱，设身处地为同学们着想，增强其战胜困难的信心和勇气，向既定目标奋进。

我一直把班级全体同学当作自己的小孩，精心呵护和培养，用责任心和爱心守护着学生的心灵，尽力呵护学生的自信心和创造力，让他们明白先做人、后做事的道理。做人，首先教会同学们学会宽容和保持一颗爱心，对周围的人奉献爱心。令人欣慰的是，经过一年的和谐相处，高二（10）班逐渐形成团结上进、宽容仁爱的班风，彰显文人儒雅气质，颇受学校领导和年级老师喜欢。班级的团结、上进、宽容，使他们能战胜一切困难，树立信心，增强本领，强化素质，提升竞争力。如果一如既往保持这些良好的品行，我相信，他们在今后的学习和工作中一定会脱颖而出。因为，有善良的品行、宽容的心胸，远大的抱负，他就能成功，成为社会需要的人。

我在班主任工作中渗透人文关怀主要坚持如下四点：

一、保持亲和力优势，开展微笑教育

知识是可以短期内传授的，但真正让学生敬佩华附的绝不仅是知识，而是华附“以人为本”的魅力；能够让学生记住的老师们，绝不仅是他们讲授的知识，而是他们的个人魅力。如果班主任能笑对人生，自信乐观地迎接一切挑战和困难；如果班主任能够充满人文关怀的理解、帮助及管理，能使学生倍感来自学校的关心和爱护，不仅能增强克服学习困难的信心和勇气，而且能增强师生的情谊和班集体的凝聚力和向心力。

我做班主任的最大优势是亲和力。我由衷地爱着教师这个职业。面对学生，我始终保持微笑，因为笑容是最能感染和感动人的，开展微笑教育有利于展示个人魅力，展示一种对待生活的积极态度。在我做高二（10）班班主任期间，不管是上课、班会还是个别教育，我都始终保持微笑，耐心细致，体贴周到，善于观察同学的情绪，嘘寒问暖，让学生感觉很亲切。我也善于利用课间时间，和同学们进行口头、短信或书面交流开展个别教育，希望做到润物细无声，教育无痕。

例1：给你一段宁静的空间。

我们班蔡建平同学从高一开始学习就非常认真，进入高二文科班之后，一如既往地刻苦学习，惜时如金，上课认真听讲，每次小考成绩也还行，但是每逢期中、期末考试等大型考试，就会非常紧张，压力很大，每次都会受到影响，考完就会很沮丧。我在高二上期期中考试之后，面带微笑，亲切地关心他、鼓励他说一次失败不算什么，人不会一辈子失败。他很懂事地说会继续努力的。高二上学期期末，他依旧发挥失常。他主动发条短信过来说，他已经尽力心去学习了，老师暂时不要找他沟通，明白老师的良苦用心，老师的鼓励会让他更加内疚。我看后明白了，自尊心和上进心极强的小孩，不是需要老师总去用语言关怀的，他需要的是时间，需要的是经验的积累，有时需要的仅是一个认可和鼓励的眼神，需要给他默默的关心和鼓励。因为你认为对他过多的关心，他理解为你对他失望，就会感到很大压力。看到短信之后，我就没有再为学习的事情找过他谈话，他也心领神会，更加刻苦地学习，调整自己的学习方法。经过一个学期的学习和调整，他上课积极回答问题和提出疑问，学习更加主动，他高二上学期期中成绩在年级进步了20多名。我发短信恭喜他进步很大，他很高兴，并且很自信地发短信告诉我这还不是他的正常水平，他的名次还可以靠前。这一点，我是相信的。路遥知马力，我会一直在心里默默支持着他。学业水平考试的时候，我也发短信鼓励了他，他很自觉，也很自信，相信自己可以考好。

例2：关爱、鼓励比责备、批评更有效。

我经常和同学们通过短信沟通，比如，喻晓同学到美国交换一年，高二回来后对学校规定诸多不适应，主要是与宿舍老师和年级老师的沟通方面，因为她想问题比较自我，有时比较偏激。有一次，她的情绪比较激动，询问原因，是与宿舍老师有些不愉快。因为每天她在宿舍都会扣分，又和宿舍老师沟通少，所以难免产生误解，她总觉得宿舍老师就是要存心针对她。本来她因为出国考试，想争取多的时间复习，想出去租房子住，宿舍这边的不融洽的事更加刺激了她出去租房子的念头。我一直短信鼓励她和生活指导老师多沟通，她也很乖巧地接纳。通过与其家长的电话和面谈，抓住这个教育契机，教育她除了学习能力培养，还要注意生活能力、与人沟通能力的培养。之后，我都定期发短信关心她复习注意身体，鼓励和支持她早日通过出国考试。终于，功夫不负有心人，她待人处事日渐礼貌，与生活指导老师及年级老师相处越来越融洽。

不久后，喻晓又有一件事没有处理好，也是因为参加出国考试的事，要请长假。她觉得很紧急就先离开学校复习，没找教学处邱主任请假，只是让父亲向邱主任电话请假，邱主任同意可以请假，但要立刻补假条，但是过了十天，喻晓才找邱主任批假。针对这件事，我和喻晓父亲又反复沟通，抓住这个教育喻晓处事待人的最好契机，希望她以后能更好地、更有效地与人沟通，解决问题。经过这件事之后，我也总是以朋友的身份给她鼓励和开导，此后，喻晓处事待人更加理智、成熟，让师生更加喜欢。

二、注重自身素质培养，提高班主任个人魅力

营造良好氛围，注重榜样教育。榜样的力量是无穷的，班主任应身体力行，注意平时的一言一行，对学生起潜移默化的影响。班主任的一举一动都会深深地影响着班集体的每一位同学，以身作则的班主任会成为他们的榜样。所以，班主任人应遵守集体纪律，而且应当成为守纪的典范。

班主任作为班集体的组织者、领导者和管理者，怎样才能扮演好这些角色呢？我认为应该在心理教育上下功夫，班主任应“深知每个学生的内心世界”，这样学生方能“用心灵感觉出教师的情绪，并以好心还好心”，才能达到“亲其师，则信其道”的境界。

从学生跨入学校那一刻起，班主任用最短的时间记住他们的名字，带领他们熟悉班级规章和环境，让他们感受学校如家的人文氛围。同时，班主任要保持仪表端庄、举止文雅、言行得体的良好形象，散发强大的人格魅力，使学生感到亲切和信任。

班主任要注重精神关怀和鼓励，成为学生的良师益友和贴心人，做学生的贴心人，方可做到心往一处想，劲往一处使，开创班级工作新局面。作为良师，班主任的自身素质非常重要，他除了要具备良好的政治素质、道德品质修养及敬业精神外，还要不断提高自己的业务水平和管理能力，并起表率作用；作为益友，班主任应善待学生，平等相处，多与学生交流，关心、理解、尊重他们，善于与学生沟通，经常倾听他们提出的各方面意见，做到及时发现问题，有效地处理问题，以赢得学生的信赖。这样，学生才能“亲其师、信其道、学其理、仿其行”，各方面的工作配合才能更加默契，从而提高工作效率。具体有以下几点：

1. 把思想品德教育放在首要位置

培养学生高尚的思想道德品质、具有比较全面和扎实的专业知识及自我教育和自我实现的能力，这就需要班主任正确引导，针对不同层次、不同年龄和不同需求的教育对象进行品德教育，获得预期效果。

2. 根据同学特点和思想实际，有针对性地做工作

班主任应是忠实履行职责的当家人。作为当家人，班主任要身体力行地履行好义务，其要诀就是寓管理于服务之中，靠满意的服务来赢得学生的信任。班主任充当学生素质养成的领路人。在中学生的世界观和人生观正在形成的关键时期，班主任从人格品德和专业素养去引导学员，脚踏实地地投入紧张而有挑战性的学习生活当中，努力摸索适合自身的学习方法，寻求学习规律，提升个人的综合素质和社会竞争力。通过人文道德素质教育，提高他们的思想觉悟和认识水平。

3. 发挥学生自我管理作用，班主任给予扶持、搭台，使学生之间、师生之间形成互动关系

聚集班级的人气和互帮互学的良好氛围，加强集体观念，使人文关怀深入人心，变成每个人的自觉自愿的行动。在日常班级管理中，班主任要抓好有利时机，营造一种积极向上、互相尊重、友好和谐的氛围，达到润物无声的育人效果；正确引导同学关爱集体、他人，确立心中有他人、心中充满爱的人文关怀理念；要求学生当自己受

到关爱时，同时请关爱周围的人，以倍数递增的方式扩展关爱他人的群体；培养学生关爱他人、快乐自己的新风尚，让他们懂得爱的回报，进而形成“关爱链”。如自习课需问问题，到课室外小声讨论；同学遇到难题时，主动、耐心讲解；当同学生病时，端水送药，嘘寒问暖……在这样充满人情味的氛围里能感受到比专业知识更加受用的人文环境，是对人文关怀最好的诠释。

三、坚持运用发展性眼光，贯彻赏识教育

梦想，人人都有。梦想就是希望。有时候，人就是为梦想活着。如果一个人连梦想都不敢有，他还能做什么？他还有什么动力可言呢？理想信念教育的目的就是使同学们敢想。在树立信心的基础上，寻找自己的奋斗目标，进而知道自己今后该如何去做。

理想信念教育是重中之重。世上并不是缺乏美，只是缺乏发现美的眼睛。我很喜欢这群多才多艺的孩子，准确地是说欣赏这群活泼可爱、善解人意、能力极强的孩子，我从他们身上看到了很多优点，我也学到了很多东西。我经常怀着一颗谦虚好学之心，希望感染身边的这群孩子。常怀感恩之心，我很珍惜这段和他们相处一个班级的来之不易的机会。

我会抓住一些好的契机，放大同学们的优点，特别是宽容、团结、上进方面。我会用书面、短信和纸条的方式，表达我的欣赏之情。

例1：欢送会后震惊高二（10）班的短信。

经过乒乓球赛、运动会开幕式、校运会、学农、艺术节、教学和班会的开放展示，充分铸就了这群多才多艺的孩子可爱、团结有爱、宽容上进的性格。所以，当有同学要出国或者回海南时，同学们都准备了温馨的欢送会。特别是何清回海南之后发短信给全班同学：“谢谢老师帮我转告（10）班的同学们，我会记得大家的。想我的时候面朝南方，说不定我正望着北方与大家同在。”

例2：不管出国还是参加高考，都是一家人。

我们班出国的同学较多，共有六个。我很心疼和钦佩他们能够付出比其他同学多一倍的努力。他们准备出国考试会与学校大型考试冲突，所以，我不会责备他们的期中、期末成绩不理想，拉了我们高二（10）班的后腿，而是鼓励他们协调好两者的关系，及时调整好自己的目标。因为我相信他们一定会笑到最后，而不是看过程。所以，不管同学们选择怎么样的出路，我都相信（10）班同学都会容纳和包容他们。

例3：水运会，展翅遨游。

我们班四个男同学和四个女同学参加水运会比赛，奋力拼搏，获得女子团体第四名、女子团体第五名。其中，王雨嫣获得一枚金牌，她遵守班级纪律，班级荣誉感极强；另外，叶伟坤同学平时学习劲头不是很足，上课有时会迟到，但是集体活动还是很积极地参加，在游泳比赛上他奋力拼搏，赢得了同学们的喜爱和认可。

例4：自我认识与自我完善贯穿始终。

一个人最可贵的品质是能够认识自我，并能够战胜自我。从高二开始，我一直培养他们的自信心，让他们做好定位，寻找目标。为了开展理想信念教育，激励他们立志成才，我精心召开了“领袖群伦、激荡未来——90后的自我认识与自我完善”班会；为了帮助学生定好位置，寻找奋斗目标，我精心准备了高二自主招生模拟面试班会。

四、关爱同学们学习、生活及情绪

1. 关爱学生的学习

作为班主任，我把高二一年的教育工作重心放在了培养学生的习惯和方法上。还有高三过渡的心态调整问题，我没有采取任何强制性的措施，而是采用了人文关怀整顿纪律。多给学生一份爱，多给学生一份关心，让他们在爱的氛围里建立起良好的学习习惯和生活习惯。我相信，这些良好的习惯不但对他们在校期间的学生和生活带来巨大的好处，即使他们走向社会，也会获得巨大的收益。

在学习管理中融入人文关怀教育。我像对待孩子一样鼓励同学们刻苦学习，注意身体，劳逸结合；另一方面，老师通过言传身教，让同学们在潜移默化中关注现实，胸怀天下，忧国忧民。实际上，学习并没有什么捷径，贵在脚踏实地和持之以恒。在平时的聊天中，我经常用这两方面鼓励学生。“想到的要做到，做到的要有效……”我认为这是世界上最完美的学习方法。

于是，每个学期开始，我要求他们为整个学期做计划，制定整个学期的学习目标，要学到什么程度，要考多少分，要进步多少；如何把一个学期的计划分解到各个星期来执行，各个星期要完成什么工作、做什么练习、做多少；这些计划是否具有可操作性，是否具有可检查性，是否把这些计划都付诸实践行动，做了多少，做完后是否进行检查，检查发现了什么问题，如何改善计划……

2. 关爱学生的生活

作为班主任，我认为应该更多地关心学生的日常生活，力所能及地帮助他们解决一些困难，让他们不因日常琐事而分散精力。

例：经常和这群孩子交心谈心。

以人为本、以爱感人、以真感人，真心为学生着想。喻晓、廖依晨同学总因宿舍问题扣分而情绪低落，我组织宿委鼓励、引导和帮助她们；廖依晨比较爱上网，我就晓之以情、动之以理，并鼓励他多锻炼，注意减肥。

3. 关爱学生的情绪

高二下学期，大部分同学有些松散、骄傲，学习劲头明显不足，期中、期末考试成绩有所下滑。我认为，作为班主任，在班集体管理上应该注重学生的学习情绪，进行适当的调整。强制性管理对于素质较高的学生来说，只会使其产生某些不良的逆反作用，对学生整体及个体的提高都是不利的。通过对其学习情绪的关爱，学生真正认识到教师的做法是出于真心的爱护。

总之，班主任工作归根到底是做人的工作，涉及的是人细致微妙的内心世界。如果班主任能有效地实施心理教育，从心理上激励学生，从感情上感召学生，就能扮演好班主任的角色。苏霍姆林斯基说过，教育技巧的全部奥妙在于如何爱护学生。我们的每个学生心里都有一架天平，时时对班主任的爱心进行衡量。当班主任用赤诚之心教诲学生时，就会调动起学生心灵中沉睡的那部分，向你吐露心声；当班主任用真挚之情去关爱学生时，即使水火也能相融。

参考文献：

[1] 李继峰. 旁观我国成人高教的人文功能障碍 [J]. 中国成人教育，2002（4）.
[2] 王永志. 成人学生思想特点分析及对策初探 [J]. 中国成人教育，2002（1）.
[3] 田建国. 培育新的人文精神 [J]. 中国高等教育，2002（23）.
[4] 林海兵. 人文关怀与班主任工作 [J]. 教师，2009.
[5] 刘建平. 从人文关怀的角度实践班主任工作 [J]. 广东广播电视大学学报，2003.

一堂没有准备的班会课

■ 深圳市南山区育才三中　张文涛

这是一堂没有预设、没有准备的班会课。它的到来那么突然，让我措手不及，没有任何铺垫和酝酿，就如一场无预报的强台风，迎面刮来，令人躲闪不及，也不知风将向哪个方向吹去……

星期五下午第三节课是自由活动课，因为要去听一堂公开课，作为班主任，我就安排了班委带着大家进行体育活动，为下周即将到来的运动会做准备，之后我就匆匆离去了。

下课铃响了，听课结束后我兴冲冲地去操场看同学们，只见班长左萌正带领两列整齐的阵营拔河，我心中大喜，看来同学们民主选举的班委正在发挥巨大的作用。

当我正陶醉在学生自主管理的大好形势中时，几个学生向我跑来，七嘴八舌地向我诉说："老师，欣妍被他们气哭了！"我一看，卫生委员欣妍正在泣不成声，两个同学在旁边安慰她。

"老师，你不在时，他们都不听班干部的话，男生自顾自玩篮球，不好好练拔河和跳绳（这两个项目是运动会集体比赛项目），我们喊破了嗓子他们都不听！"数学课代表诗远说。

"老师，你现在看到的大好形势是靠几个班委的眼泪换来的！"副班长罗玲说。我定睛一看，几个围着我的学生眼睛还是红红的，刚哭过的样子。

听着同学们七嘴八舌的讲述，我心中一惊，正欲详问，一个男生走到我面前说："张老师，您认识我吗？我是八班的高诚。我刚才一直在操场，看到你们班和我们班在练习。我记得前不久您教我们的"团队意识""集体荣誉感""团队凝聚力"，我们都记住了并努力这样做，您瞧我们（8）班做得多好！可是您不在时，你们班的同学各行其是，班干部怎么喊都不听，您要好好教育他们！"我放眼望去，八班的学生正井然有序地练跳绳和拔河。

当听到和看到这些后，我一股怒气油然而生，大脑飞速地思考该怎样处理这件事，正想着，班长左萌跑来怏怏地问我："老师，我们该回班了吧？回班后我想说几句话。"我点头答应了。

从操场走向三楼教室需要两分钟的时间，我希望这两分钟变得漫长一些，好让我能想出一个漂亮的处理办法。是回班后调查哪些同学不听班干部指挥，然后批评、惩罚吗？不！这样处理太简单也太粗暴了。这才是初一年级第一学期，同学们刚刚民主选举产生了班委，如果我用这种方式只会让学生单纯服从管理，而没有真正建立起班干部的威信，甚至会起到破坏作用——让班干部与同学之间变成对立关系，如果是这样，日后班干部的管理就困难了。再说，从这件事中可以折射出同学们的集体荣誉感尚未形成，如果用这次事件来让同学们意识到个人的事就是集体的事，对自己的行为负责就是对集体负责的道理，又加强了班干部的管理能力，岂不是一举两得？这是一次绝好的教育时机啊！

这样思忖着，不知不觉走到了教室，同学们看我阴沉着脸立即安静下来，有的同学低着头一副等候发落的样子，还有的同学用期盼的眼光看着我，等候好戏开场。

班长左萌用眼神示意我，我点下头，她走上讲台。一向沉稳冷静的她只说了一句话："我问你们，我还是你们的班长吗？"就忍不住哭了起来，哭了一阵，强忍住，哽咽着继续说："我是你们大家全票选举出来的一班之长，可是班长选出来，你们都不听，既然这样，我也不当这个班长了！"

爽朗坚强的体育委员万仟一瘸一拐走上了讲台："看你们今天练习的样子，下周就是体育节了，今天班委却用了大半节课来叫人、整队！你们这副样子能练好吗？！"

一贯热情泼辣的副班长罗玲走上讲台说："你们看看万仟的腿，她为了大家能练好接力跑，腿被砸伤了还在坚持带同学们练接力。可是有的同学还在自顾自地玩！今天的活动，大家好好反省！"

此时班里一片寂静。温文尔雅的副班长沈龙看到其他两个班长都说了，也走上来说："我们是大家民主选举出来的班干部，既然是民主选举出来的，你们又不听，为所欲为，我也当不了这个副班长了！"

看到几个主要班委都说完了，而且说得很好，大大出乎我的意料——班委们已经把自己放到了合适的位置，正在执行着说服教育和管理的职能，如果我再循着这个思路说下去，没有新意也没有太大的意义，不如激发同学们自己感悟、自我教育……

想到这儿，我清清嗓子，开口了："刚才（8）班的同学跟我说了这样一番话，听了这番话，我就像被人抽了一记耳光一样。作为你们的班主任和思想品德课的老师，我很惭愧，我在课堂上所讲的“团队凝聚力”“集体荣誉感”只在别的班起了作用，我看到其他班在操场上井然有序、认真训练，而在咱们班并没有起到作用，所以有了今天这样一场闹剧！我认为对你们的教育十分失败，我要好好反思一下。我决定惩罚自己——罚站半小时，到六点！（此时是17：25）”说完我纹丝不动地站在讲台下方，缄默不语。

所有的同学听到这儿，震惊地看着我，教室里一片沉寂。

5分钟后，只听副班长罗玲说了一句话：“大家好好反省吧！”于是同学们都惭愧地低下了头，作沉思状。

一片寂静。10分钟过去了。我有点头晕，心脏“突突突”跳得很厉害。我知道这30分钟将十分漫长，但是我无怨无悔。

罗玲又走上讲台，在黑板上写下“11月12日”几个大字，然后愤愤说：“今天这个日子请大家记住！这是耻辱的一天！这是（12）班耻辱的一天！你们好好记住这一天！我们进入初中两个多月了，这两个月我们班从互不相识到团结互助亲如一家，我越来越爱我们（12）班。可是今天有些人的举动令人伤心，让人心痛！”说完抹着眼泪。

倔强而感性的卫生委员兼数学课代表欣妍激动地走上台来，指着黑板上方的班训说：“同学们，你们看看我们的班训——凌云之志，力争上游！再看看教室后面我们一笔一画绘制的条幅——没有任何一个地方能与这儿相比，（12）班，我们的第二个家！可是你们今天下午的所作所为却让人失望透顶……”她哭着说不出话来。

15分钟后，副班长沈龙上来，说：“我是大家选举出来的副班长！当初支持我选我的同学，如今仍然支持我的同学举手！”三十多个同学举了手。他又说：“我们的张老师已经站了15分钟！我决定陪张老师一起罚站。如果支持，就一起站起来！”

几十个同学纷纷站了起来，很快所有的同学都站立起来。我的心被感动了，我的眼泪忍不住流了下来，但我仍然保持沉默。我相信此时无声胜有声！我更愿意看到有责任感的同学站起来，让同学们的自我教育胜过我的说教！

接着，石萱，平时爱说爱笑，懂事善良的好女孩，走上来泣不成声地给大家朗读了她刚写的短文感言《让我们团结起来爱班级》。

刘林，一个阳光向上、聪明自信的男孩儿，刚才在操场上还悲愤地向我诉说他是怎样声嘶力竭地呼唤参加拔河比赛的同学赶快组队，此时走上台来激昂地说：“同学们！看这是我的左手，现在握成一个拳头，它代表一个有凝聚力的团结的集体！我的右手是张开的手掌，此时它什么也抓不住！它代表一盘散沙！现在我要用我的右手打我的脸，因为正是这样的一盘散沙让我们的班级蒙羞，让我们的老师蒙羞！我希望用这一耳光打醒所有执迷不悟的同学，唤回一个崭新的团结的（12）班！”说话间，刘林重重地打了自己一巴掌，清脆的声音传遍了班级的各个角落，所有同学愕然，没想到平时那么傲气的男生能这样对班级用心用情。

接下来，又是一阵沉寂，所有的同学都沉浸在刚才同学的发言中。此时传来一阵抽泣声，抽泣声越来越大变为哭声，同学们循着哭声望去——原来是严岳，我们班的篮球高手，当然也是运动场上的常胜将军，是这氛围触动了他吗？正想着，他哭着站了起来，带着颤抖的声音说：“我对不起大家！我对不起张老师！是我带头去打篮球的，我没有听班长的安排，还带着几个同学去打篮球，我太不应该了！我错了！请大家原谅我！”

我带着赞许的眼光看着他。时钟正慢慢走向六点整，我正欲张口作总结，这时聪明伶俐，口才很好的史社课代表杨帆走上台来说：“我给大家讲个故事吧！故事的名字叫《尽力和拼死力》。于是他用生动精练的语言讲述着……故事就是这样，我想通过这个故事告诉大家要为争取班级荣誉拼尽全部的力气，让我们用尽全力为班级荣誉而战！”

接着文艺委员许津、数学课代表诗远等一个接着一个走上台发表自己的感言……

班长左萌又站了起来：“我看到刚才班委们的发言，也想了很久，我说不做你们的班长是不负责任的，是一时气话。如果再有一次选举的话，你们还会选我吗？”

“会！”“会！”声音此起彼伏，很多同学举了手。

左萌继续说：“既然这样，我还要当好这个班长，我还要带领大家创造一个崭新的（12）班，你们愿意和我一起创造一个新的（12）班吗？”

“愿意！”

“那好！我会为大家撑起一片天！”左萌说。

副班长罗玲说：“我会为大家撑起一片天！”

副班长沈龙说：“我会为大家撑起一片天！”

语文课代表李可说：“我会为大家撑起一片天！”

卫生委员欣妍说：“我会为大家撑起一片天！”

很多同学一起说：“我会为大家撑起一片天！”

同学们哭成一片，我的泪水也如决堤的洪水般流下来。

左萌说：“我想说，我爱你们，我会继续为你们服务！”

罗玲说：“我爱你们，我会继续为你们服务！”

沈龙说：“我会继续为你们服务！”

此时已是18:10，我已经站了45分钟——整整一堂课的工夫！我双脚发麻，头晕眼花。

刘林走上来："大家看看表，我们的张老师已经站了45分钟，我代表大家给张老师搬一把椅子。张老师，您请坐！"

同学们纷纷说："张老师，请坐吧！"

我摆摆手说："谢谢大家！今天我站了一节课。这是我人生中第一次罚站，也是第一次当着学生的面流了这么多泪水——当然这是感动的泪水。但愿我这一站能换来团结向上的（12）班，换来崭新的（12）班，换来你们的醒悟！放学了，赶快回家吧。"

当我走出教室时，只听到班长和副班长正给大家布置作业："今天大家回去写一篇周记，把今天发生的事记下来，写出自己的感受，时刻提醒自己；还要给张老师写一封信，今天犯了错误的同学要给老师道歉！"

台风过后虽然摧枯拉朽，满目疮痍，但也孕育着新的开始：狂风暴雨洗涤了污浊的世界，残枝断壁重整一新，天空湛蓝，空气清新，带来了崭新的面貌。

正是因为没有预设，它的过程才显得那么真实和震撼人心；正是因为没有预设，它的结果才摄人心魄，让人每每回忆起来，次次都历久弥新；正是因为没有预设，这过程的每个人、每句话让我回忆起来都感动不已，赞叹不已……

这次没有任何准备的班会是学生自我教育的真实记载，这其中蕴含的巨大教育力量远比老师的说教更有力度和深度……

我内心十分感激我的班干部，他们用自己的言行树立了威信，承担起了责任。我为他们叫好！

一个学期过去了，当我提笔写下这段记忆时，犹如昨天发生的事。苏霍姆林斯基说：没有自我教育的教育不是完整的教育。这是学生自我教育的真实记录，同学们用自己的言行教育自己，不断成长和进步。

回顾刚刚过去的2010年，我们曾一起经历过风风雨雨，在纵横驰骋的体育场上，我们奋力拼搏，恣意挥洒着汗水与泪水；在各种评比竞赛中，我们集中智慧奋勇向前，舞动青春的活力。

我们不断进步，每一个成长的足迹，都烙下我们永恒的记忆，在成长上的道路上，我们拥有让兄弟班级羡慕的凝聚力与向心力，拥有让兄弟班级羡慕的尊严与荣誉，我们看到了（12）班更美好的未来。

小学生心理健康的问题与对策研究

——以广东省中山市火炬开发区第二小学为例

■ 中山市火炬开发区第二小学　郑硕果

摘　要：在今天这个科技日新月异、竞争日渐激烈的时代，全面推进素质教育、促进学生健康成长已成为我国基础教育的主要理念，而此时此刻青少年的心理健康状况却正呈现下降的趋势。为深入了解小学生心理健康的问题及其对策，笔者对中山火炬开发区第二小学四至六年级的学生总数约900人进行问卷调查。结果表明，教育行政部门领导要高度重视学生心理健康的问题；制度和人员的培训落实到位；营造良好的心理育人氛围，帮助学生学会自主创新学习；加大投入，重视心理健康教育活动的开展等。

关键词：小学生　心理健康问题　对策

中国教育改革经过多年的发展取得了较辉煌的成绩。全面推进素质教育，营造和谐的育人氛围，促进学生全面发展、健康成长成为了我们今天教育的目的和宗旨之一，国家对青少年一代的培养要求是：全面提高学生的身心素质，努力将青少年培养成有理想、有道德、有文化、有纪律、有责任感的社会主义建设者和接班人。这体现了党和国家对我们青少年寄予殷切的期望；同时，心理的健康是社会发展对人素质要求的需要，也是学生自身全面发展、健康成长的需要，是全面推进素质教育的重要组成部分。

一、调查对象

本人所在的中山市是一代伟人孙中山先生的故里。虽然近年来在学校心理健康教育方面已取得一定的成效，但大量的理论与实践问题等待我们去解决。当中也存在着一些不足：整体水平不高，与发达地区间有差距；教育部门领导、学校领导、教师对心理健康教育的观念与认识有待转变和提高，全面开展心理健康教育的力度需加大；从事心理健康教育的师资力量严重不足；缺乏规范的理论与实践指导，导致专业化水平不高，评价工作不到位等。所以本研究调查就以中山火炬开发区第二小学四至六年级的学生为对象进行问卷调查，参与调查的学生总数约900人，男女生的比例为1：1。以教学班为单位，按测验量表规定的规则，采用统一指导语，由教师在场具体指导，收回有效问卷714份。其中男生371份，女生343份。

二、调查工具

本研究的调查采用的是适用于中小学生的标准化心理健康测验具有全国常模的《心理健康诊断测验（MHT）》量表，它是由我国著名心理测量专家华东师范大学心理系教授周步成等主持修订的。该量表主要是由冲动倾向、过敏倾向、恐怖倾向、孤独倾向、学习焦虑、身体症状、对人焦虑、自责倾向八个因素组成，每个因素以标准分8分为临界点。内容量表总分反映个体心理健康总体水平，第一种水平：总分在1至55为正常；第二种水平：总分在56至64说明有心理不适；第三种水平：凡64分以上的是有较严重的心理不适。就单项量表而言，如果某项的标准分在8分以上，根据各分量表统计结果，可诊断个体在某一方面的心理不适倾向与严重程度，需要给予特别指导。测验题目总数是100题，约40分钟可完成。该量表具有题量少、用时短、操作简便、效度高等特点，适用于小学生且效度和信度的指数较高。

三、统计方法

以班级为单位，由经过集中培训的测试员集中施测，平均用时40分钟，所有测验均按要求在下午进行，测验结果用SPSS软件统计。

四、调查结果

（一）小学生心理健康教育的现状

1. 小学生心理健康现状调查结果分析

（1）小学生心理不适检出率

表1显示：中山火炬开发区第二小学学生心理健康诊断整体的总分是37.42分，该

分数在正常焦虑的分数值范围内，是属于低焦虑。其中，正常低焦虑的占92.44%，稍超出正常焦虑范围的有42人，约占5.88%；12名小学生约占1.68%，远远超离正常焦虑值，属于有严重的心理不适的范畴。所以，1.68%就是中山火炬开发区第二小学学生生心理不适的检出率。

表1　心理不适分布

心理不适倾向标准分值	1至55分	56至64分	64分以上	总体情况
人数	660	42	12	714
百分率	92.44%	5.88%	1.68%	100%
平均分	35.45	58.74	71.32	37.42

（2）小学生各分量心理健康水平

中山火炬开发区第二小学学生心理健康诊断整体总分在正常的焦虑范围内，说明这是一个健康的低焦虑群体，其中有12人，约占1.68%，远远超离正常焦虑值，属于有严重的心理不适的范畴。各因素超过8分得分情况如下表。

表2　高焦虑小学生各因素超标准分人数分布

因素表	学习焦虑	对人焦虑	孤独倾向	自责倾向	过敏倾向	身体症状	恐怖倾向	冲动倾向
人数	11	8	5	6	8	8	4	10
百分比	91.67%	66.67%	41.47%	50.00%	66.67%	66.67%	33.33%	83.33%
排序	1	3	5	4	3	3	6	2

表2显示：11名高焦虑小学生在八个因素中超过8分的人数按从多到少顺序排列为：学习焦虑、冲动倾向、对人焦虑、过敏倾向、身体症状、自责倾向、恐怖倾向、孤独倾向。除此以外，还有一部分的学生表面上看总分值不高，即64分以下，但某此单项因素却在8分以上（如下表），说明这部分学生总体上看不出有心理不适，但不代表某些方面没有心理不适，所以他们也应该接受心理辅导。

表3　受测的全部学生各因素超标准分人数分布

因素表	学习焦虑	对人焦虑	孤独倾向	自责倾向	过敏倾向	身体症状	恐怖倾向	冲动倾向
人数	248	29	35	41	58	85	42	55
百分比	34.73%	4.06%	4.90%	5.74%	8.12%	11.90%	5.89%	7.70%
排序	1	8	7	6	3	2	5	4

表3显示：所有接受心理健康诊断测试的小学生容易出现各类心理不适的顺序是：学习焦虑、身体症状、过敏倾向、冲动倾向、恐怖倾向、自责倾向、孤独倾向、对人焦虑。表2与表3充分显示共同的一个信息：学习最容易产生心理不适，不管是在

高焦虑人群，还是其他正常的群体。

（3）男女生心理健康状况的不同

表4显示：小学男女生心理健康水平相差较大，男生的心理健康总水平为96.49%，女生的心理健康总水平为88.04%。16名男生有严重心理不适，约占男生的4.31%；38名女生有严重心理不适，约占女生的11.08%。相比之下，女生的心理不适比男生的严重得多。

表4　小学男女生心理健康问题分布

标准分值	1—55分		56—64分		64分以上	
性别	男	女	男	女	男	女
人数	355	305	12	30	4	8
百分比	96.49%	88.04%	3.23%	8.75%	1.07%	2.15%
平均分	34.52	36.53	57.43	59.26	72.14	70.91

（4）小学生总分与各因素分的差异

表5显示：所有接受测试的的小学生在总分与各因素分上有较明显的差别。

表5　小学生在总分与各因素得分比较

因素表	性别	人数	总分	平均分	P值
总表	男	371	13232	35.66	P<0.01
	女	343	13486	39.32	
学习焦虑	男	371	2452	6.61	P<0.01
	女	343	2644	7.71	
对人焦虑	男	371	1417	3.82	P<0.01
	女	343	1533	4.47	
孤独倾向	男	371	1075	2.90	0.01<P<0.05
	女	343	1118	3.26	
过敏倾向	男	371	1754	4.73	0.01<P<0.05
	女	343	1745	5.09	
自责倾向	男	371	1921	5.18	0.01<P<0.05
	女	343	1883	5.49	
身体症状	男	371	1777	4.79	P>0.05
	女	343	1742	5.08	
恐怖倾向	男	371	886	2.39	P<0.01
	女	343	1262	3.68	
冲动倾向	男	371	1317	3.55	P<0.01
	女	343	1444	4.21	

3. 存在的主要问题

通过对四至六年级的部分学生开展问卷调查，客观存在着以下一些问题：

（1）重视度不够，流于形式

调查中反映：因心理健康教育与其他学科不一样，不能直接提高学生的学习成绩，所以在一些校长看来是可有可无之事，没有把它当一回事。课程表上虽然是安排了每周0.5节，也就是每两周一节的心理健康教育课，同时也指定了几位老师作为心理健康教育辅导教师，并跟他们说了要开设心理辅导课。学校也专门腾出一个教室作为心理咨询室，但由于没有统一的教材，上级和学校又没明确地引领和要求，老师们对心理健康教育这个事物本身就是一知半解，所以上的课都是流于形式，应付了事。较多时候将心理健康教育课上成是思想品德育教育课，中午休息时有空才去一下心理咨询室值班，但由于宣传的力度不够，知道有这回事的学生不多，前来咨询的人也不多，心理咨询室成为一个应付上级检查的空摆设。据调查反映，有部分学校根本从来没有开展过心理健康教育，一有检查就进行资料造假。但每当市、区组织心理健康教育评优课时，他们就会“临急抱佛脚”，积极派员参加，甚至个别学校还精心策划，想尽办法拿好成绩。因学校都没配备专职心理健康教师，所以没有形成心理健康教育的一整套体系，学校的心理健康教育的活动相对显得较零散，学校领导、行政、德育工作者大都充当心理健康教育的成员，写开展心理健康教育的“假文章”。

（2）师资薄弱，学科和德育倾向明显

心理健康教育与其他的学科教学对教师的素质要求不一样，上这门的教师必须要有丰富的教育学和心理学专业知识为基础，并对其他所涉及到的相关联的知识也要略知一二。小学心理健康教育无论是从量还是质来看都是人才紧缺，心理学专业毕业的不多，大都是半路出家兼职从事心理健康教育的班主任或德育工作者，多数都没经过心理健康教育专业训练；有的还根本不懂心理学，或懂一点点皮毛，对心理健康教育工作一知半解，直接影响到心理健康教育的效果。尽管近年大搞短训班，但由于缺少详细认真的规划及培训的随意性，效果不明显。因此，当前迫切需要解决的问题是加强师资队伍建设。

（3）心理健康教育系统整体化不够

小学心理健康教育的方式方法可多种多样，应该加强干群的结合；课内、外的结合；校内、外的结合；家校教育全方位多层次的结合；学校教育与社区正确引导的无缝对接。调查中发现，大多数的学校由于重视度不够，缺少统一组织协调、专家学者的理论指导和自身的努力钻研，表面上活动形式较多，但还是比较零散，在整体性方面有待努力。包括心理健康教育课的设计与心理健康教育辅导活动的开展、心理发展环境、心理咨询、心理档案的建立等没有系统完美的配合，而是存在着各自为营的现象，没有逐层面、逐角度有效地解决在学校心理健康教育中存在的共性和个性问题，降低了教育的效果。另外，有的学校在开展心理健康教育的同时忽视了社区的配合和家庭的参与，没有形成多层次全方位心理健康教育系统等。

（4）心理健康标准不一，教材不规范

调查中显示：小学的教师对心理健康的判断标准不一。如老师对学生厌学这一问题的看法不一：有视其为“差生”，有认为是思想方面问题，也有认为是心理方面问题。造成心理健康标准不一的主要原因是专家学者们对心理健康的含义看法不相同，因此心理学界对心理健康标准的认同度也就不完全一致。国内外学者对于心理健康的标准都曾发表过不尽相同的看法，如马斯洛和密特曼、美国人格心理学家奥乐波特、我国学者佐斌、叶一舵教授等。从学者们对“心理健康标准”的看法中可知，要对一个人的心理健康状况做出准确判断并非是一件容易的事。无论是实际生活还是临床医学，都没有一套令所有人都信服的标准。因此，当前我国心理健康标准一般认为是：情绪稳定、智力正常、意志符合标准、行为反应协调、人际关系和谐、积极适应、主动发展。所使用多为自编的校本教材，且教材的名称不一，有“心理健康教育”、“心理咨询技术”“心理辅导”等名目，但在内容、目标、形式和方法等方面基本上是相同或接近的。

（5）忽视教师心理健康

教师是一个焦虑高发的行业。调查显示，大部分老师都存在着由于行业压力过大而产生的精神紧张、焦虑情况。因此，教师的心理健康水平比其他行业人群要低，但一直以来教育主管部门及社会各界只关心学生的心理健康，从来没有人关心和过问教育工作者的心理健康。由于科技的不断进步，社会日新月异的发展，也随着党和政府对教育工作的重视，在提高教师的待遇的同时对教师的要求也高了，社会各界及家长对老师的期望值也随之提高，无形中增加了教师的压力，使一部分教师产生心理上的压抑，同时又得不到有效的排解。如果教师本身又不善于协调与控制自己的不良情绪，那就很容易在教育教学中将自己的不良情绪宣泄到学生身上，随之有可能产生的就是体罚学生与心理惩罚学生。这样一来，小学生幼小的心灵受到严重无辜的创伤，如果处理不好，有可能出现师源性心理问题。

（四）小学生心理健康教育问题造成的原因

以上问卷调查及访谈显示：自上世纪八十年代起开展的心理健康教育在中山市城乡结合部小学中成效初现，在提高小学生的心理素质、促进青少年健康成长方面取得了良好效果；但由于系统性研究不足，尤其是城乡结合部学校发展不平衡，整体水平不高，部分教育部门领导、校长、教师对心理健康教育思想认识不到位、教育方法不到位、师资培训不到位、资金投入不到位等，心理健康教育在学校的开展受到不同程度的制约。

1. 思想认识不到位

首先是对心理健康教育的认识不足，重视度不够。教育部门领导在开会时虽有时也提到心理健康教育，但多数只是随便说说而已，没有真正把这项工作落到实处。大多数的校长都是只重视教学和关注成绩，大多数教师更没把心理健康教育当一回事，没有在教学中随机渗透心理健康教育。学生犯错误只从思想层面去批评教育，而没有从心理层面加以疏导；其次是把心理健康教育当作是学校德育工作的一部分，以思想道德教育代替心理健康教育；把心理健康教育看成是心理咨询，以为设了心理咨询室就是重视心理健康教育；把心理健康教育当作一门学科来对待，只关心学生的生活心理教育而忽视了学生的学习心理教育；只针对学生开展心理健康教育而忽视了教师的心理健康等。凡此种种是思想认识不到位的表现，更是心理健康教育不能深入开展的根本原因。

2. 组织机构不到位

国家对中小学生的心理健康教育非常重视，专门颁发了《中小学心理健康教育指导纲要》这一文件，在文件中明确规定了学校心理健康教育的工作机制和如何进行心理健康教育队伍的建设，要求学校的“一把手”校长要亲自挂帅，学校全体教师共同参与，并成立开展工作的机构或领导小组，成员由心理健康教育的骨干教师及班主任充当，分工落实，任务责任到人。有一部分小学能把组织机构建立起来，但还有较大一部分学校把心理健康教育工作归到其他部门负责管理，导致效果不是那么理想。究其缘由是缺乏可执行的规章制度，整个组织松散，工作落不到实处；再加上城乡结合部小学由于经济不宽裕，人员经费没有落实到位，心理健康教育教师的编制没解决或培训没办法落实，专兼职心理健康教育工作者专业知识缺乏，导致心理健康教育工作无法正常开展。

3. 教育方法不到位

人们常把小学生比喻成祖国的花朵、家庭未来的希望、国家未来的栋梁。小学生正像八九钟的太阳，应该是朝气蓬勃、乐观向上。但人始终是社会的人，随着年龄的增长，小学生或多或少都会遇到一些不顺心的事，或有这种那种的压力，如人际关系，升学考试等。如果没有心理健康教育的知识，自已不会排解，有可能会产生严重的心理问题。据调查，有个别流失生不是因为家庭经济困难辍学，而是因为学习压力过大，对学习不感兴趣而离家出走。还有的学生专门与老师作对，不服教导，这些表现都是心理出现了种种问题。而很多教师对这些现象不了解，草率地给学生下结论是学生品质有问题。这样一来，学生自暴自弃，家长们漠不关心，久而久之，便生成了品学都不优的学生。因此，应有必要在全社会大兴心理健康教育之风，让全社会都来重视学生的心理健康教育。

4. 理论研究不到位

小学心理健康研究还十分薄弱，心理健康教育的实践得不到应有的理论指导，研究资料十分缺乏，科研培训工作滞后。目前小学心理健康教育的课题研究还没有形成浓厚的氛围，课题研究还没有取得很大的成果，缺乏心理健康教育研究的学科带头人，还没有组建一支心理健康教育研究的骨干队伍。一些教师有时也写了些心理健康教育的论文，但有的人仅仅是为了评奖，对真正的理论研究与实践指导意义不大。

5. 教师培训不到位

小学心理健康教育迫切需要一支有较高素质的专业教师队伍，需要组织相关教师进行专题培训。但我市心理健康教育的师资培训工作还处于起步阶段；教师自己本身不懂得心理健康教育且不重视，缺乏专业的心理健康教育专业教师。由于心理健康教育在城乡结合部还是一个相对较新的学科，没有专业的人才，心理健康教师大多是由德育工作者和班主任兼任。他们一是本学科教学经验不足；二是没有新知识和理念，不了解学生的思想动态，难以对症下药。心理健康教育是一项专业性很强的工作，从教者必须具备相关的专业知识和技能。教育部《关于加强中小学心理健康教育的若干意见》中指出：对专业知识和实际能力达不到要求的，绝不能随意安排做专职心理咨询教师。但我们城乡结合部小学心理健康教育的教师绝大多数是由非专业人员兼任，来源十分复杂且不稳定。这些人都是缺乏系统的专业培训，没有持证上岗，直接影响了心理健康教育的效果。

6. 资金投入不到位

把心理健康教育与德育、校医的工作混在一起的情况在小学普遍存在，因此，在经费预算中没有设立专项资金用于心理健康教育，使心理健康教育成了“巧妇难为无米之炊”。调查显示：当前小学从事学校心理健康教育的教师大多数是半路出家，有团队干部、德育工作者、班主任、校医和其他管理人员，而且多数是兼职人员，对心理学知识尤其是心理健康教育的知识缺乏了解和掌握，对心理辅导方法不熟悉；在教育过程中往往受德育思维模式的影响，违背心理健康教育的原则，对教育对象产生副作用；加上保障机制不完善，对心理健康教育的经费投入、管理机制、从业人员编制、待遇、职称评聘都没有得到很好落实，从而影响开展心理健康教育的积极性。

五、小学生心理健康教育的有效策略

因为我校处于城乡结合部，文章通过对小学四至六年级的部分学生开展问卷调查研究表明：我们的学校心理健康教育方面已取得一定的成效，但仍旧不是十分理想，客观存在着以上所述的一些问题。为此，笔者在充分调查掌握大量事实依据的基础上提出几点个人建议：

1. *转变观念，加强领导，形成制度，注重发展*

当今社会的发展日新月异、变幻莫测，国家与国家、人与人之间的竞争日益激烈。综合国力和素质的竞争实际上就是人才的竞争，而且有一种适者生存，不适者被淘汰的趋势。因此，培养身心健康的社会主义建设者和接班人是这个时代对人发展的要求，心理的健康是健康人生、健全人格不可缺少的要素。根据“洛伦兹关于人类心理发展关键期理论”和“布卢姆的早期心理健康教育在人类社会和个性发展中的重要性”的理论阐述，在小学阶段就应该开始对学生进行心理健康教育，培育身心健康、人格健全、全面发展的下一代是党和人展赋予我们教育工作者历史使命。这就要求我们人类灵魂的工程师要不断更新思想、观念和课堂，将心理健康教育渗透到我们日常的教育教学中，渗透到学校管理的各个层面，使之逐渐演变成为学校教育教学有力保障。正因为这样，党和政府高度重视学校心理健康教育工作的开展，多次以红头文件的形式要求将此项工作落到实处。但调查中所反映出来的对心理健康教育重视程度不高，说明仍有部分学校校长和教师对此项工作不够重视，认识片面，认为心理健康教育乃一时之需，简单应付了事，因此在实际工作中所表现出来的都是形式主义，这是当前乃至今后直接影响小学心理健康教育全面开展的真正原因之一。因此，教育行政部门和学校一定要高度重视心理健康教育，要加大宣传力度，使心理健康教育个个知晓，人人重视，齐齐参与，全社会上下一心，共同关注和关心学生的心理健康，牢固树立心理健康教育的意识，努力培养学生良好的心理素质，并把这种意识渗透到我们日常的教育教学中。笔者认为，要维护学生的心理健康，应制定一整套的检查制度和保障措施，将小学心理健康教育工作纳入学校素质教育评价体系。其次，逐步建立和完善各级心理健康教育组织网络，以地级市为单位，由市教育行政主管部门的主要领导亲自挂帅直接负责担任市心理健康教育指导中心的主任统管全局，各区、镇教育行政主管部门要相应成立以“一把手”为主要负责人的心理健康教育指导中心，各校也要成立以校长为组长的心理健康教育领导小组，并建章立制、统筹安排、规范管理，当好学校心理健康教育工作的“后勤部长”，以保证心理健康教育工作正常、有序、有效运作。另外，要切实解决学生学业负担过重的问题，保证小学生每天有足够的休息时间；改革课堂，使每一节课都是“高效课堂”，让学生在“愉快中学习”，在快乐中成长。

2. 加大投入培训专兼职的教师，建立区域研究中心，加强交流

缺乏一支高素质的心理健康教育师资队伍是制约小学心理健康教育发展的一大障碍。当前的首要任务，教育主管部门要充分认识到心理健康教育对全面提高学生的素质和实现素质教育的重要意义，在一定程度上加大资金投入力度，制定相应的实施办法，全面开展心理健康教育，并且从实际行动上重视心理健康教育，多招聘专业人才，争取尽快实现心理健康教育工作者的专业化；教师继续教育培训机构要开设与心理健康教育有关的课程并作为每年在职教师继续教育必修课之一，以帮助教师掌握心理健康教育的基础知识和基本技能。除此以外，还要通过多种培训形式包括集中、脱产、自学等不断提高现有心理健康教育教师的专业水平，对于长期从事该项工作的教师可实行任教资格的认证及职称的评定，解除教师们的后顾之忧。学校方面可多提供心理健康教育教师培训学习的机会，在经费上给予一定的支持，以不断提高他们工作的积极性及专业技术水平。

此外，学习和借鉴别人的先进经验，可以使小学心理健康教育工作少走很多弯路。当前小学心理健康教育的开展大多都是在“闭门造车、各自为营”，自己怎么想就怎么做，缺少理论的指导和学校之间的信息互通，所以心理健康教育的研究到目前为止都是一片空白。因此，笔者认为，可以通过地级市的“心理健康教育指导中心”或“心理健康教育研究会”的牵头，与本省师范院校、教育学院建立友好共建的合作伙伴关系，随时掌握当前心理健康教育的发展动态；市级以下的各“心理健康教育指导中心”或“心理健康教育研究分会”要定期组织成员交流，成员由各校的心理健康教育骨干教师充当；各“心理健康教育指导中心”或“心理健康教育研究会”要定期开展研究出科研成果，做到科研促教。如果能够建立区域性心理健康教育中心，不仅实现了信息资源得共享，避免了心理健康教育学科化、德育化的倾向，还有效地推动了小学心理健康教育工作规范化进程。

3. 构建“三位一体“教育模式，建立健全心理档案和评价体系

小学心理健康教育必须依靠学校、社会和家庭三位一体的密切配合。一方面，学校要努力营造心理健康教育的良好环境氛围，每个教师都应重视对学生进行心理健康教育，关心学生心理健康的意识培养。根据“维果茨基的儿童心理发展离开了学科渗透教育也就无法实现的思想”，每一位教师都能通过现行课程在课堂教学中对学生渗

透心理健康教育，提高学生课堂学习活动中的认知、情感和行为水平。同时，健康的校园文化可使学生在潜移默化中逐步形成健康的心理，勤奋学习，积极上进，团结友爱，提高抗挫折和主动进行心理调适的能力。另一方面，家庭、社会对学生的人格也有很大的影响。人们常说：家庭是孩子的第一所学校，父母是孩子的第一任教师，也是终身的教师。这句话体现了家庭教育的重要性。父母的人生观、价值观、道德观等潜移默化地直接影响着孩子的成长，教师们常常慨叹：学校辛辛苦苦地教育了学生一周五天，抵挡不了家庭消极教育的两天，真是“5＋2＝0！”另外，小学生处于一个生长发育期，明断是非的能力不强，有时已经形成的良好心理品质也会受一些不良社会因素的影响而出现倾斜，这样，学校辛勤教育的结果很容易被家庭、社会的负面作用抵消。所以，学校应以校为本有针对性地成立学校家长委员会，选出有一定社会影响力的、在教育孩子比较成功的家长代表充当成员，定期通过家长学校学习，向家长们传授心理健康教育知识，帮助他们树立心理健康意识和正确的教养观；以学校为基地，着眼于学生在校的表现，与家长沟通，对学生进行多方面协同辅导的模式，家长也可随时发现问题，随时与教师进行沟通，共同分析原因，寻找解决的办法。因而，要全面推进素质教育，使学生健康快乐的成长，仅仅依靠学校一方的力量是有限的，一定要有家长的大力支持、社区关心、有力地宣传和净化社会不良风气的行动，必须是学校、家庭、社区“三股绳”扭成一团一起用劲，才会地使心理健康教育不是一纸空话，能够有效地、较好地落到实处。

根据“柯尔伯格的道德发展阶段论”，小学生心理发展是可塑的。无论是思维能力，还是个性、社会性和品德，都易于培养这一理论。学校建立学生心理档案之前，可以先让学生进行自我了解，提高其自我认识、自我教育、自我成长的能力。学生心理档案的建立必须要保证资料管理的准确规范、安全可靠，进而提高工作效率。心理档案建立后，心理辅导教师可以通过档案了解学生，发现学生的心理问题，主动找学生联系，更好地开展心理辅导工作；并且通过同一学生在不同年级的心理发展情况，可以看出心理健康教育的效果和不足，以便及时巩固好效果，及时采取措施，改进心理健康教育中不足的地方。教育部印发的《中小学心理健康教育指导纲要》中指出：要加强对中小学心理健康教育工作的指导与管理，各地教育行政部门要把心理健康教育工作纳入到学校素质教育督导评估中去，加强对心理健康教育工作者的管理并建立相应的规章制度。小学的心理健康教育由于受条件所限，较多的学校没有建立合理的评价体系。所以，为保证心理健康教育工作的正常运行，让心理健康教育真真正正在素质教育中发挥它应有的作用，应当尽快建立、健全学校心理健康教育评价体系。在评价体系的建立中应包含以下几方面内容：第一，学校对心理健康教育的组织管理；第二，队伍建设；第三，工作开展情况；第四，工作成果。通过定期与不定期、校内自评、校际互评、上级主管部门巡查评估等方式，全面、合理地评价心理健康教育工作的成效，以推动学校心理健康教育的有效开展。评价不是目的，使心理健康教育能摆上学校教育教学工作的议事日程，为社会主义社会建设培养身心健全的接班人才是目的。

4. 根据实际开设心理健康教育课程及开发教材

我国学校心理健康教育起步较国外晚，地区差别大，到目前为止，省、市教育部门都没有编印出一套统一规范的小学心理健康教育教材。虽然有专家学者出版了一些关于心理健康教育的教师用书或学生用书，但由于理论与实践的脱节或是城乡的差别等问题，都不完全适用于对小学生进行心理健康教育。为此，小学的心理健康教育应从自身实际及学生实际出发，有自己的心理健康标准，整合校际与区域心理健康教育教师的力量，积极开发心理健康教育课程与教材。开发过程应重点关注考虑以下四个方面的因素：以国家及省市教育行政部门最近颁布的有关心理健康教育的文件精神为指导，普及心理健康教育知识，树立心理健康意识，了解简单的心理调节方法，认识心理异常现象；初步掌握心理保健知识，重点是让学生学会学习、学会生活、学会交往和适应社会发展等方面的常识；适当借鉴国内外中小学心理健康教育的先进实践经验，特别是心理健康教育活动设计与自助教育的内容；从本市政治、经济、文化的发展以及学校自身教育的实际出发，多关注青少年学生身心发展的阶段性、连续性、差异性、不均衡性等特点，力求内容选择有针对性，符合本地区的生活实际。

5. 重视教师心理健康，营造宽松的心理育人氛围

人民教师是一个焦虑高发的职业，因为教师的教育对象是活生生的人。有学者曾经这样说过："没有健康的教师就不会有健康的学生，当然这里的健康是指心理的健康，所以只有心理健康的老师才能很好地对学生实施心理健康教育。"有调查显示：教师的心理健康水平比其他职业人群要低，大多数的教师因感受到了巨大的职业压力而产生精神紧张和焦虑情况。教师心理健康问题的具体表现：职业倦怠、高原现象、认知偏差、情绪问题、人际关系问题、心理亚健康状态等。如果这些问题未能及时引起教育部门领导、校长、教师的注意，采取有效的方式加以正确引导，很可能会导致师源性心理问题。由于现代生活的紧张和工作的繁忙、激烈的竞争及有形无形的压力，给老师们带来许多心理变化，会使一些教师产生心理压抑感。教

师不健康的心态，必然导致不适当的教育行为，对学生会造成不良影响。因此，教师要重视自身的心理健康，用科学知识调整好自己心态，使自己时时都平和稳定、积极乐观，以丰富的情感、旺盛的精力、健康的情绪投入到教学工作中。与此同时，学校在制度建设过程中要遵循教育规律，依法治校，以人为本，实行“人性化”管理，尽量为教师营造宽松、自主发展的心理氛围；加强对教师心理健康知识的培训，并以此作为教师继续教育的一项重要内容，使每一位教师都掌握心理健康的基本知识，提高教师心理健康教育能力，有利于正确对学生进行指导。培养一支身心健康，掌握心理健康教育专业知识和辅导技能的教师队伍，是加强心理健康教育的关键所在，全面提高教师心理健康教育水平和学生心理素质，才能更好地为建设社会主义和谐社会服务！

参考文献：

[1] 国务院. 中国教育改革和发展纲要 [N]，1994（7）：3.

[2] 国务院. 中国教育改革和发展纲要 [N]，1994（7）：3.

[3] 梁剑玲. 中山市中小学生心理健康状况的调查与研究 [J]. 教育测量与评价，2010（6）：12-13.

[4] 周步成. 心理健康诊断诊断测验（MHT）[K]. 华东师范大学出版社，1991.

[5] 周步成. 心理健康诊断诊断测验（MHT）[K]. 华东师范大学出版社，1991.

[6] 梁剑玲. 中山市中小学生心理健康状况的调查与研究 [J]. 教育测量与评价，2010（6）：12-13.

[7] 梁剑玲. 中山市中小学生心理健康状况的调查与研究 [J]. 教育测量与评价，2010（6）：12-13.

[8] 俞国良. 中小学心理健康教育现状与发展 [J]. 教育科学研究，2002（3）：65.

[9] 陈家麟. 学校心理健康教育—原理与操作 [M]. 北京：教育科学出版社，2002：3.

[10] 吴发科. 师源性心理影响与小学生个性品质形成 [M]. 北京：中小学心理健康教育，2005（3）：6.

[11] 俞国良. 未成年人心理健康教育的探索 [J]. 北京：北京师范大学学报（社会科学版），2005（1）：7.

[12] 教育部. 关于加强中小学心理健康教育的若干意见 [N]，1999（8）：13.

[13] 俞国良. 心理健康教育（学生用书）[M]. 北京：高等教育出版社，2005：28.
[14] 胡永萍. 学校心理健康教育 [M]. 广州：中山大学出版社，2003（7）：55.
[15] 胡平. 中小学心理危机预警、干预及管理 [M]. 北京：清华大学出版社，2010（1）：32.
[16] 吴发科. 师源性心理影响与小学生个性品质形成 [M]. 北京：中小学心理健康教育，2005（3）：9.

班主任如何帮助青少年学生戒除网瘾？
——牵手沉迷网吧男生走出泥潭

■ 廉江市第二中学　陈振东

摘　要：作为班主任，如何帮助青少年学生戒除网瘾？结合成功干预的个案，归纳总结如下策略：建立信任关系，洞悉个案有性格内向、自尊心强、自信心不足等特点；树立活动育人理念，创设情境，鼓励他自我表演，增强个案在班级的归属感和自尊心；建立学习合作小组等形式，采用鼓励、赏识等方法，强化个案在现实生活和学习中能体验到成功的快乐。通过以上干预策略，从外因到内因，从他律到自律，最后网瘾学生顿悟，由心而发，拒绝沉迷网吧。这个成功戒除网瘾的个案具有现实的意义。

关键词：青少年　个案　网瘾

班主任如何帮助青少年学生戒除网瘾？这是每位班主任每个学期不可回避的难题，在教育他们的过程中也给班主任带来不少的挫败感。然而，我喜欢当班主任，特别对如何帮助青少年学生戒除网瘾感兴趣。这不是因为我有什么非凡的本领，而是缘于我发自内心的对他们的关爱。当我亲眼目睹一个个戒除网瘾的学生茁壮成长，我仿佛又获得了新生，这种收获的喜悦，简直奇妙至极！这种幸福感会萦绕我平凡的一生。下面我结合多年的班主任工作经历，谈谈如何帮助青少年学生戒除网瘾。

一、个案的基本情况

某男生，原来在广西柳州二中读高一，2010年9月转学到我班读高二。他性格内向、沉默寡言、自尊心强、自信心不足；家庭比较富裕，一家三口，是独生子，父亲在柳州做医疗器械生意，对儿子的教育比较粗暴，母亲性格比较随和，爱唠叨。从小学一年级开始，他就跟随父亲到柳州念书，从小学到初中，他都十分听父母的话，遵守学校规章制度，学习成绩名列前茅。但是，中考他没能如愿考上重点中学，心情一直闷闷不乐，开始上网、玩游戏，上QQ聊天，慢慢沉迷网络游戏，学习成绩每况愈下，高一期中考试成绩倒数第一，并且结交了一些社会青年，父母亲每天提心吊胆，最后强行将儿子转学到廉江。

二、个案网络成瘾原因分析

他的中考成绩不理想，未能如愿考上重点中学，自信心受到极大的打击，自认为低人一等。这一挫折是他走向滑坡路的直接原因。

他性格内向、沉默寡言、自尊心强、自信心不足，总独来独往，遇到困难不懂得与家人、老师、同学倾诉。这是他走向滑坡路的根本原因。

他读高一时，不懂得调整自己的心态，不了解、熟悉和掌握高中的学习方法，期中考试成绩倒数第一，这跟他从小学到初中学习成绩一直名列前茅形成极大的反差，造成了他心理极大的落差，接受不了现实，最后只好选择网络，逃避现实。

玩游戏，上QQ聊天，能够满足他的自尊心，在虚拟的空间里能够找回以前成功的感觉，而这些在现实的生活、学习环境中荡然无存。所以，他只有依赖网络，通过玩游戏、聊天等方式来满足他的心理需求。于是，上课迟到、课堂睡觉、课后不交作业、偶然旷课，甚至逃学等不良行为时时出现。他知道这不是一个好学生的行为，但自己又无力改变，在同学和老师面前感觉抬不起头，心理负担极重。

三、辅导个案戒除网瘾的过程

（一）辅导个案戒除网瘾的策略

1. 调查摸底，全面了解

全面了解和研究每个学生是做好班主任工作的前提，更是使个案戒除网瘾的关键。通过填表调查、交心谈话、电访前班主任、约谈家长，询问同学等方式，全面了解他的家庭背景、成长经历、父母亲的教育方式及其个人习惯、兴趣爱好、知识能力、理想前途，中考失利的痛苦等。

2. 营造氛围，融入班级

为了让他感受到班集体家一般的温暖，我特意做出了一些安排：指定一些学习成绩较好、性格开朗的同学在课余时间与他聊天交流；上学放学时，安排与他同路的同学主动约他一起上下学；星期六、日安排同学找他打球或爬山；让他负责记录每天的班务日记，整理当天学校送来的报纸及收集名人励志故事或校园身边的学习榜样。

3. 以学促变，重拾信心

（1）精心设计比赛活动。为了找好切入点，我与语文老师精心设计了特殊的背诵古诗的检测。当天，语文老师上完了古诗专题后，就布置了一道作业，下星期一语文老师会随意点名，被点名的同学需要从10首古诗中抽出3首，进行现场背诵。星期天，语文老师发了一条短信给他："明天我抽查背诵古诗，我打算让你抽签背诵，你准备好了没有？"一会儿，他回了短信："只能熟背第1、5、8三首，其他的正在努力练习。""你进步了，继续加油！老师相信你能行！""谢谢老师。"第二天语文课时，语文老师将设计好的第1、5、8三首古诗标签摆到他跟前，他翻开标签一看，脸上露出了惊喜的表情。标签上写着："请背诵第1、5、8三首古诗。"当他非常流利地背诵完三首古诗时，教室里响起了一阵阵热烈的掌声，他有点不好意思，但脸上还是露出了成功的喜悦。

（2）创设"独立性"与"合作性"的奖励方式。"独立性"奖励，是指拿自己的成绩跟以前的比较，如果比以前进步了，就能获得此奖励。"合作性"奖励，是指将一些成绩不好的学生与成绩好的学生捆绑在一起，形成学习合作小组。合作小组的总分达到一定的要求，才能获得此奖励，如果总分没有达到要求，即使小组有个别同学特别高分，也不能获得此奖励。在这种原则下，我将他安排在适合他的小组里，他虚心请教同学，主动帮助同学，最后不但获得了独立性奖励，而且获得了合作性奖励，这大大增强了他的自信心。到高三后，外出上网的次数由原来一周10次减少到2次，他的学习成绩已跃居中上水平。

（3）帮助定标，激发动力。帮助他制定高中阶段的奋斗目标。教育心理学家维果斯基提出，儿童的现有水平与经过他人帮助可以达到的较高水平之间的差距，就是"最近发展区"。我根据这一理论并结合他的实际情况，帮助他制定了让他"跳一跳"就能摘到葡萄的具体奋斗目标。近期目标是争取高二第一学期期末考试比中段考进步十名；中期目标是高二第二学期期末考试比第一学期再进步十名；远期目标就是力争通过两年的拼搏，高考考上本科B线以上。

4. 家长座谈，形成合力

先将学生的问题分类，然后分别约相同或相似问题的学生家长到学校办公室座谈。座谈开始时，我分别简述学生的情况，然后指引家长各抒己见，共同探讨。整个座谈过程中，我没有发表评论学生的内容，也没有评价家长的做法。我像一位主持人，引领各位家长表达不同的观点或看法，最后，我作简单的总结，结束了家长座谈会。日后在他写给我的感谢信中，有这样的一段话："不知什么原因，最近我妈妈不再像以前一样唠叨我了，更多的是像陈老师一样鼓励我，让我去尝试，我感到很开心……"

（二）个案戒除网瘾初见成效

经过调查研究，全面了解，达到了两个教育目标，一是比较全面了解了他的性格特点、成长背景、优点缺点；二是与他建立了信任的关系。

让同学们主动帮助他，让他认识到除了网络，他还有一大班好同学，同学们对他很友好。安排他负责记录班务日记，让他每天都在"忙碌"中度过，生活踏实而有意义，减少了他课堂睡觉和外出上网的机会。他说收集名人故事的过程，是自主学习的过程，受益匪浅。

他获得了独立性和合作性奖励，强化了他在现实生活和学习中的自信心和自尊。他坚信只要自己努力和付出，就能赢得别人的尊重。这样，促使他从外因到内因的转化。

帮助他规划的近期、中期、远期奋斗目标，犹如黑暗中的火把，引领他继续前进。确实，他制定了具体目标后，不再谈论网络游戏的事情，在最近的一次高三模拟考试（月考）中，他的总分已超过了去年高考省本B线。在他成长的反思中，他写道："直到今天，我才突然明白，沉迷网络游戏是不归路，勇敢面对现实，踏实生活和学习，才是明智的选择。"

四、个案戒除网瘾的反思启示

1. *教师应该树立自己的教育哲学*

教师从事一切教育教学活动的前提是建立正确的教育观和学生观。特别是班主任在面对个案网络成瘾时，仅仅有爱心是远远不够的，更需要有足够的耐心和信心。这就要求班主任必须百分之百地相信学生、鼓励学生、尊重学生、欣赏学生。如果班主任没有这一份坚定的决心，即使拥有再高超的技巧或策略，最终还是事倍功半甚至徒劳无功。

2. *教师要不断提升自己的人格魅力*

俗语说，话顺，则事成。人格魅力的核心是"语言魅力"，语言既可以让沟通无阻，又会让人产生误会；既可以温暖学生的心，也可以让学生受伤。因此，班主任平时需要阅读教育学、心理学、哲学、伦理学、法学等书籍，不断提高自身的知识水平，同时需要大胆实践，不断提升自己的综合素质。

3. 要讲究青少年学生戒除网瘾的策略

充分了解学生，做到心中有谱。

树立“活动”育人理念。众所周知，学生的思想教育工作越来越严峻，班主任老师如果还是老办法，一本佛经念到西，对于今天富有个性的学生来说，已经无法奏效了。班主任需要树立“活动”育人理念，创设各种表现机会，充分调动全班每个同学的积极性，使学生的自我表现欲得到满足，民主意识得到培养，管理能力得到增强，真正从心与心交流的角度，激发学生的积极性，发动学生、引导学生，让学生参与管理，直至成为管理的主体。

要善于鼓励、创造体验成功的机会。鼓励是学生前进的动力。体验成功是强化学生自信心的源泉。教育心理学家罗森的“成就动机”理论指出，鼓励是让人感觉到他现在做的事情被认为是重要的、有价值的。所以，鼓励是让人们乐意去做事情的最有效手段。因为鼓励，他赢得主动的心理优势。因为成绩进步，他的自信心就不断增强了。

家长是学校教育的同盟军。家庭教育是不容忽视的，班主任是学校教育与家庭教育沟通的桥梁。班主任需要积极主动与家长联系，创新沟通方式，构建家校合作的新模式。

作为班主任，面对网瘾的学生，我们要以对孩子终身发展高度负责的精神来重视其教育，积极协调各种有效的教育力量，使他们早日成功戒除网瘾；培养他们积极、乐观、自信的人生态度，增强他们承受各种心理压力和处理各种危机的能力，提高心理素质，以迎接明天社会的严峻挑战。

参考文献：

[1] 陈琦，陈儒德主编. 当代教育心理学 [M]. 北京：北京师范大学出版社，2007 (2).

[2] 尤敬党，吴大同主编. 青少年生涯规划指南 [M]. 南京：南京师范大学出版社，2004 (1).

[3] 李宽宽. 德国人怎样教育孩子 [M]. 北京：昆仑出版社，1999.

关注后进生成长，提高班级管理工作实效

■ 梅州市蕉岭县逢甲纪念中学　邓应孜

摘　要： 班主任怎样才能面向全体学生，营造良好的班风、学风，很重要的一条，就是要尽力做好后进生的转化工作。做好后进生的转化工作，提高他们的学业成绩，是班主任的一项重要任务。班主任应研究后进生形成的原因，了解后进生的一般心理特点，并采取正确的方法，做好转化工作。

关键词： 后进生　关注　转化　方法

提起后进生，老师们摇头，家长叹息，后进生更觉得自己矮人三分。后进生在同学们眼中，找不到自信；在老师面前，更是觉得自愧。在课堂上，他们也渴望能像优秀生一样，得到老师赞许的眼光，可惜他们就是得不到。于是，他们便哗众取宠。其实，他们也不喜欢自己如此。著名教育家陶行知曾说过："你的鞭子下有瓦特，你的冷眼里有牛顿，你的讥笑中有爱迪生。"所以，如何转化后进生对教育工作者具有重要意义。本人担任班主任工作多年，对转化后进生、提高班级管理成效有一些体会。

一、全面了解分析后进生

（一）后进生的主要表现

后进生，是指那些思想品德和学习成绩都比较落后的学生。主要表现为：1. 自卑感强。由于各方面较差，受到的批评较多，产生了自卑感，进而自暴自弃；2. 逆反心理较强。因为深感别人对自己的轻视，他们的言行常有较强的逆反现象，在日常生活中言行不一，处理同学关系时则重感情、讲义气。

（二）后进生形成的原因

1. 后进生形成的外因

受社会的不良影响。目前社会上出现的许多腐朽思想及各种社会丑恶现象给青少年带来许多消极影响；受家庭教育的影响，过激的家庭教育使学生丧失信心，自暴自弃，甚至走向犯罪；学校教育的盲点。在应试教育压力下，以分数定优劣，后进生便成了惩罚对象；个别教师教育方法不当，加剧了学生的不良行为。

2. 后进生形成的内因

年龄和心理特点的不足是后进生形成的内因。如：有的学生对行为的意义、性质、后果缺乏深刻的认识，单凭主观上的兴趣、欲望、好奇行事；有的学生难以分清是非、善恶、美丑，极易上当受骗，误入歧途；有的学生本身性格有缺陷，构成人格障碍，逆反心理严重，存在对立情绪，不听管教；有的学生由于先天或后天因素导致智力低下，难以达到正常学生的水平。通常情况下，后进生各有不同的特点。

二、后进生的类型

1. 逆反心理型

有些家长对孩子的期望值过高，认为孩子可塑性强，在“高压政策”影响下，孩子承受着超负荷的压力，致使学生产生逆反心理。这类学生与家长的交流很少，大脑超负荷地开发，形成厌学心理。长期家庭武断式的教育，使后进生产生逆反心理。有些后进生从小得不到家长的呵护，长期得不到教师关心爱护而产生逆反心理。有些教师的“特殊对待”使后进生产生了疑惧心理和对立情绪。

2. 自卑心理型

自卑心理型的后进生主要表现为对自己缺乏正确的认知，在交往和学习中缺乏自信和勇气。以自卑为特征的心理障碍是学习困难的学生最为普遍的情形，他们在学习中遇到困难，自己也下了功夫，但不能解决，便对自己的能力产生怀疑，逐渐丧失了交往和学习的信心和勇气。

3. 自由散漫型

表现为在交往、学习和生活过程中，采取不负责任的态度，只是按照自己的意愿，随着自己情绪的变化来交往、学习和生活。这类学生在群体中表现出放纵、蛮横、自私、唯我独尊的行为，难与他人相处。

4. 孤僻冷漠型

这类学生由于家庭因素，或从小受到外界过多的批评，自卑感强、行为怪癖、偏执，几乎不愿与人交往，渐渐在心理上建立起情感的屏障，对集体和他人的事漠不关心、麻木不仁，班集体的任何活动都不想参与，集体荣誉也似乎与他们不相干。

5. 意志薄弱型

这类学生表现为抗诱惑能力差，受客观因素的引诱而作出越轨行为。当学生处于特定情境中时，新奇刺激的事物恰好与学生好奇心和求知欲强的特点相作用。虽然学生也能判断出错误行为，但是由于意志力薄弱，无法控制自己，所以容易误入歧途。作为教育工作者，要分析后进生的不同类型，根据实际情况对症下药，才能取得事半功倍的效果。

三、转化工作的策略及实效

1. 开展相关的活动，进行思想品德教育

针对后进生由心理偏差引发的不良行为对症下药。例如，2006年针对我班有个别学生沉迷于网络的实际情况，我组织了全班学生开展“网络的利弊”的大讨论。根据学生们搜集到的有关网络利弊的相关材料进行展示、讨论，经过全班同学充分讨论、修改，最后得出青少年文明上网“五要五不要”，解决了思想问题。

2. 以小组合作学习来促进后进生

学生在组内合作学习，不但能认真听讲，而且能更好地与其他同学共同完成小组的学习任务，培养与他人共同参与活动的好习惯，这对于后进生在学习中提高交往能力、促进学习能力的提高有很大的帮助。

后进生因为平时学习自觉性差，读书少，各方面的能力都比较差，因此在课堂上老师提问后，最怕举手发言。但是，在小组合作学习中，因为面对的不是老师和全班同学，而是自己熟悉的几个人共同探讨和争论问题，更能消除他们的紧张情绪。为了不断增强他们的自信心，我在设计问题的时候还注意题目的梯度，让他们有话可说，有时还故意在课前把上课将要讨论的问题透露给他们，使他们有足够的时间去准备。这样一来，后进生的学习积极性就能大大提高。

开展小组合作交流学习既可以减轻教师的辅导工作负担，又可以培养学生的帮辅能力与组织能力，取得较好成效，可谓是一箭双雕。

3. 开展有益的第二课堂活动

后进生都有各自的闪光点，针对后进生的这些特点，我们开展了各种各样的第二课堂活动，如篮球赛、文艺汇演、参观博物馆、野炊等。这些活动能让他们找到适合自己的土壤，发挥自己的潜能。平时，我注重发现和挖掘他们身上的闪光点，提高他们的自信心，通过各式各样的活动，学生们多余的精力得到了宣泄，自尊心在活动中得到了提升，班级的凝聚力得到了加强。

4. 用“人情”来感化学生

俗话说，人非圣贤，孰能无过？在发现学生违纪时，尤其是初次出现小问题时，就要从其身心发展的规律出发，宽容一些，允许其犯错误，给其改错的机会。进入初中开始独立生活的孩子，出现些小问题是难免的，教育者要懂得做“人情”，将按规定应该上报的问题“私了”，让学生知错，更要让其能改，并不再犯同样的错误。与此同时，又不能过度宽容学生的不合理要求和不良行为，不能给其一种错觉：老师心软，好对付。2007年，我班上有一位叫丘志发的学生，经常无故旷课，我教育了他多次，但他就是屡教不改。有一次他又无故旷课，经调查他是去网吧玩了一天。第二天，我找到他单独谈话，告诉他我已经知道了他旷课的原因，但我跟他约定，只要以后他不再逃课上网，认真学习，这件事情就将成为我们之间的秘密。然后，我专程去他家，当着他父母的面前表扬他，说他近期进步了很多，他感到很惭愧。之后我又密切关注他的动态，帮助和关心他。过了一段时间，他终于认识了自己的错误，痛改前非，改掉了不良行为。

5. 争取家长配合形成德育合力

班主任只有取得家长的配合，形成教育合力，才能使教育效果更好。近年来，特殊的单亲家庭和留守家庭有增多的趋势，这对我们教育工作者是一项严峻的挑战。我坚持做到每学期普访一次，问题学生多次访问。2008学年，我班有个叫傅亭的女学生。一天她母亲打电话告诉我，说傅亭同学前一天半夜溜出家门，直到凌晨四点多才回来，她以前也出现过类似情况，屡教不改，请求老师帮忙教育。第二天，我找她谈话，她说她只是跟朋友出去玩，还说她母亲对她管得太严，她的电话也不让她接，女同学来到她家时也板着脸孔，等等。我告诉她交友是人的正常心理需要，但要讲原则。你母亲这样做也是为你好，只是方式方法不对，应该理解母亲的良苦用心。在当天傍晚的家访中，我向她母亲转达了她的要求和保证，并与她母亲协商、统一好教育方法。后来，她母亲打电话给我说：“我女儿乖多了，真的感谢老师。”

6. 加强与各科任老师的联系，形成教育合力，充分发挥任课教师的作用

俗话说，一个好汉三个帮，一个篱笆三个桩。班主任应团结各科任老师，将各科任老师组织起来，成为坚强有力的教师集体，共同了解各科教学情况，互通情报，共同研究，改进教学工作和班级工作。这样，才能形成教育合力，教育好后进生。

实践证明，针对后进生的兴趣、爱好、特长和心理，教师要多方位、多渠道地创设条件；形成良好的学习氛围，给后进生多点“表现”机会，使他们自身潜能得到充

分的发挥，让他们获得并体验成功的喜悦，增强自信心，逐步向优秀生靠拢。

以上是我在后进生转化工作方面的一些探索，取得了一定的成效，但仍存在不少问题和困惑，需要继续努力探索和钻研，力求找到更有效的途径，提高班级管理工作实效。

参考文献：

[1] 皮连生. 学与教的心理学 [M]. 上海：华东师范大学出版社，2003.

[2] 袁振国主编. 当代教育学 [M]. 北京：教育科学出版社，2004.

[3] 扈中平，李方，张俊洪主编. 现代教育学 [M]. 北京：高等教育出版社，2005.

[4] 徐艳. 新课程背景下的绿色责罚 [J]. 中小学心理健康教育，2008 (1).

[5] 魏书生主编. 如何做最好的班主任 [M]. 江苏：南京大学出版社，2009.

[6] 曹长德主编. 当代班级管理引论 [M]. 北京：中国科学技术大学出版社，2010.

中小学培育社会主义核心价值观的实践与探索

■ 广州市荔湾区教育局　罗锦虹

“建设社会主义核心价值体系，培育社会主义核心价值观”是我国思想道德领域一项长期的战略任务。作为人生观和价值观可塑性较强的学生群体，在中小学开展社会主义核心价值观的培养和教育，无疑是一项“功在当代，利在千秋”的奠基工程。一直以来，荔湾区委、区政府把未成年人思想道德建设作为经济社会发展的重要指标，提出了“文化是学校办学的灵魂”“文化是学校发展的核心竞争力”的办学理念，从引导广大师生的价值追求入手，积极探索社会主义核心价值观建设的有效途径，开展了一系列主题鲜明的校园文化活动，进一步弘扬了社会正气，凝聚了思想共识，形成了“向上向善向前”的荔湾教育人精神家园，为建设教育现代化先进区提供了强大正能量。

一、抓引领、促认知，夯实构建社会主义核心价值体系的思想基础

社会主义核心价值体系是兴国之魂，是社会主义先进文化的精髓。坚持以马克思主义指导思想为灵魂，以中国特色社会主义共同理想为主题，以爱国主义为核心的民族精神和改革创新为核心的时代精神为精髓，以社会主义荣辱观为基础，是我们党在思想、文化、精神上鲜明亮出的一面旗帜，体现了当今时代社会发展进步的价值要求，顺应了各阶层各方面群众的价值期待。而校园文化活动是社会主义核心价值体系的重要载体，潜移默化地影响着人们的思想观念、价值取向和道德情怀。荔湾区教育局坚持“文化是学校办学的灵魂”“用文化的方式发展有生命的教育”理念，通过“健康向上的内容、通俗易懂的语言、喜闻乐见的形式、精彩纷呈的活动”引领广大师生对社会主义核心价值体系的感知、理解和认同，进而转化为师生团结奋进的共同思想基础。

1. 以健康向上的内容凝心聚力

坚持正确舆论导向，坚持内容健康向上，把社会主义核心价值体系的要求融入各项文化活动中，唱响主旋律，凝聚正能量；坚持典型引领，组织“身边好人”评选推荐活动，开展“小道德模范”和“美德少年”评选；开展“荔教青年标兵”评选，积极推进学校和班级“道德讲堂”建设；组织拍摄《荔湾区教育系统共产党员风采录》专题片，通过不同侧面采写了我系统六位共产党员的先进事迹，充分展示了我系统共产党员精于教书、善于育人、乐于奉献、勇于进取的精神风貌；通过用身边事感召人，用身边人教育人，进一步形成了崇德向上、见贤思齐的良好风尚；组织开展“我心中荔湾——走新型城市化发展道路”大讨论，开展以“中国梦·广州梦·我的梦”为主题的征文写作和漫画创作比赛，引导广大师生对社会主义核心价值体系认同的广度和深度，使新时期广东人精神内化为广大师生的价值取向、道德情怀，外化为敬业奉献的实际行动；加强与省、市媒体及各级网站的联系协调，全面展示我区教育发展成果；在荔湾门户网站、《少男少女》之《文话荔湾》和《广州青年报·新绿校园》开设栏目，宣传体现社会主义核心价值体系的思想观念、践行社会主义核心价值体系的实践成果，进一步统一思想，凝聚力量，推动发展。

2. 以通俗易懂的语言入脑入心

社会主义核心价值体系四个层面的基本内容十分丰富，社会主义核心价值观“24个字”的内涵也极其深刻，要取得良好的教育效果，就要说学生听得懂、听得进的话语，用简明易懂、生动形象的语言，使社会主义核心价值体系宣传教育清新鲜活、富有感染力。首先，重视课堂教学。课堂教学始终是培育工作的基础，搞活课堂教学对中小学生培育社会主义核心价值观意义重大。我们借鉴、吸纳优秀的传统教学方式，不断创新教学手段和授课方式，抛弃说教式、灌输式教学，让学生在体验式、分享式学习中了解社会主义核心价值体系四个层面的基本内容，掌握社会主义核心价值观“三个倡导”的丰富内涵。其次，重视开展丰富多彩的课外实践活动。让学生在课外活动和实践锻炼中增长见识、磨砺品质、提升素质，加强学生的爱国主义教育、人生观教育、社会公德教育、集体主义教育、革命传统教育、荣辱观教育、劳动观教育、自觉纪律教育和法制教育等等，全面提高培育工作的亲和力、说服力和感染力，教育学生砥砺品格、磨炼意志，树立正确的理想信念和道德情操，着力锻造和培育中小学生积极向上的人生观、价值观。潜移默化地使有利于国家富强、民族振兴、社会和谐、人民幸福的思想和行为成为师生的普遍追求，达到入脑入心。

3. 以喜闻乐见的形式营造氛围

正确价值观的确立，良好社会风尚的形成，离不开学生亲切可感、喜闻乐见的文化形式，通过富有活力的形式使社会主义核心价值体系宣传教育产生春风化雨、润物无声的效应。深化“我们的节日”主题活动，在元旦、春节、元宵节、清明节、端午节、中秋节等传统节日中，增加弘扬中华民族文明礼仪和主流价值观的活动和节目；连续三年组织学生参加“三月三，转文塔”、“五月五，龙船鼓”等特色鲜明的活动；在荔枝湾和文化公园开展国庆大型游园活动，推动优秀传统文化教育普及；对于广州市举办的每一届的广府文化节，我们都组织学生参观，旨在让学生通过参观各具特色的展厅领略到广府文化的独特魅力；从2011年开始，在教育系统广泛开展“学习向秀丽，倡导雷锋社会，争当党的好儿女”宣传教育活动，坚持传承与创新相结合，不断赋予雷锋精神鲜明的时代内涵，广泛开展学雷锋实践活动和社会志愿服务活动，关心弱势群体和困难学生，普及爱国、敬业、诚信、友善道德规范，引导广大师生努力成为新时代雷锋精神的传播者、弘扬者和践行者；充分发挥学生党校、业余团校、广播、黑板报、电子显示屏、学生电视台、校园网、微博微信等各种宣传途径和手段的作用，实现核心价值体系与人民群众的有效对接，形成弘扬社会主义核心价值体系的良好氛围。

4. *以精彩纷呈的活动增强感染力*

广大师生是社会主义核心价值体系建设的主体，应关注他们的精神需求，努力满足他们的发展愿望，科学有效地把社会主义核心价值体系融入文化活动中。我局以新年、春节、元宵节、清明节、端午节、乞巧节、中秋节、重阳节等传统节日为契机，大力弘扬民族精神。定期举办各类读书节、艺术节、科技节、体育节等丰富多彩的校园文化活动，不断丰富师生精神文化生活，使师生在参与中受教育提素质。从2007年开始，每年1月举行新年音乐会，用高雅艺术庆祝传统新年；每年9月28日孔子诞辰纪念口定为“尊孔敬师活动日”，举行尊孔敬师暨学校文化建设研讨会；举办“党旗飘扬我成长”中小学主题教育活动，组织“学党史、知党情、跟党走”党团队知识竞赛；开展“羊城校园党旗红”征文比赛；组织开展“童心向党”红歌传唱活动；举办“葵花朵朵向太阳、童心向党作栋梁”庆“六·一”红歌传唱展演活动，激发学生爱党、爱国、爱家乡的淳朴情感；连续七年，组织少先队员赴江西瑞金开展红色之旅学习活动，探访老红军，参观革命圣地；先后开展纪念长征70周年书画比赛、奥运火炬传递、纪念建国60周年游园活动、“我们的节日——清明节”美文诵读比赛，纪念建党90周年系列活动、广州亚运火炬传递、喜迎十八大系列活动和“中国梦”主题教育活动等。充分展示了我区广大师生昂扬向上、争创一流的精神风貌，激发了全体师生参与文化建设的热情和积极性。

二、抓融入、促提升，形成构建社会主义核心价值体系的强大合力

党的十八大对加强社会主义核心价值体系建设做出全面部署，倡导“富强、民主、文明、和谐”，倡导“自由、平等、公正、法治”，倡导“爱国、敬业、诚信、友善”，积极培育和践行社会主义核心价值观。习近平总书记对社会主义核心价值体系建设做出了重要阐述，为我们深入推进工作指明了方向。我们将社会主义核心价值体系融入渗透到思想文化工作的各个环节，大力倡导和谐理念，弘扬社会正气，使社会主义核心价值体系化为广大师生的愿望要求和自觉行动，形成践行社会主义核心价值体系的强大合力。

1. 融入公民道德建设中

围绕牢固树立社会主义荣辱观，大力实施公民道德建设工程。在全区中小学广泛开展“讲文明、树新风”活动，增强公民意识、诚信意识、责任意识；在社区和家庭积极开展评选表彰“书香家庭”“书香社区”创建活动，大力弘扬中华民族传统美德；在学校继续开展“做一个有道德的人”主题实践活动、“十佳读书人物”“美德少年”评选推荐活动、“诚信教育”活动、“中国梦我的梦”主题教育活动和教师师德演讲比赛。按照参与广泛、形式多样、活动经常、机制健全的要求，整合社会资源，大力开展志愿服务活动，奉献爱心、传承文明、服务社会，彰显社会主义核心价值体系的道德力量。

2. 融入西关文化培育中

挖掘我区历史文化资源，传承独有西关文化，使主流价值观念借助西关文化培育的美好成果展现出来。粤剧粤曲、西关大屋、骑楼、西关风俗和饮食等，是荔湾区悠久的西关文化的重要元素。为让学生了解和热爱西关文化，2007年我区举办“我心中的荔湾30元素”评选活动，经过实地考察、网上评选，最后选出“陈家祠”“西关大屋”等具有西关人文特色的30个元素。评选活动使这30个散落在西关大地的文化符号成了一颗颗璀璨的星星，在学校教育和学生生活中闪烁。2008年我局组织了“我心中的荔湾元素”诗歌创作比赛，大赛共收到诗歌1070多首。2010年，我们组织学生参观“十三行史料陈列馆展”和“荔枝湾涌新旧对比展”；2011年开展“我写我爱荔枝涌”系列活动，充分反映了荔湾学生热爱西关，立志建设西关的情怀；2012年组织开展“喜迎建党90周年，广州荔湾红色记忆”探访活动。

3. 融入荔湾人文环境中

我们坚持在人文环境中寻找资源，充分发挥我区德育资源的独特作用。赵广军、刘奕鹏、艾连娣等道德模范、先进典型，广州一区农会旧址、葵蓬凤溪村、西朗裕安

围等爱国主义教育基地，文化馆、博物馆、图书馆、纪念馆、青少年宫等公共文化服务设施和陈家祠、荔枝湾涌等旅游资源，这些都是我们的德育资源，为深入开展社会主义核心价值观的培育工作，锻造学生良好的品行和积极向上的人生观、价值观，发挥着课堂教学不可比拟的作用。我们充分发挥这些德育资源在大力弘扬和培育民族精神，提高民族自尊心、自信心、自豪感，树立国家利益高于一切的观念方面的重要作用，充分发挥本地德育资源在传播先进文化、弘扬社会正气、倡导科学精神，抵御西方腐朽思想文化的渗透方面的重要作用，充分利用本地德育资源，有效提高全民族思想道德和科学文化素质。

三、抓示范、促践行，激发构建社会主义核心价值体系的持久活力

以打造西关文化品牌为代表的一系列主题文化活动，丰富和完善了社会主义核心价值体系的实践，展现我局创建教育现代化先进区以来的新面貌、新气象和新成就。全局上下进一步坚定争创一流的决心，鼓足敢闯敢为的勇气，树立健康向上的思想，培树格调高雅的情趣，“向上向善向前”的文化氛围日益浓厚，为荔湾区走新型城市化发展道路提供了精神动力和文化支撑。

1. 彰显向上的精神面貌

区委、区政府提出的建设“传统、自然、现代”新型城市化发展道路，为全区人民干事创业指明了方向。广大党员干部在区委、区政府的带领下，以高度自觉的历史使命感，以追求一流、力求完美为工作标准，用自己的热情和干劲，在教育领域奋勇争先，高规格、高标准建设教育现代化先进区。近年我区高考本科和专科上线率均位居全市第一，涌现出一批用爱播撒种子的教育人、勇于担当奉献的教育教改领头羊……他们以实际行动践行社会主义核心价值体系，成为广大师生身边的“正能量”辐射源，感染和激励着每一个荔湾教育人以昂扬的斗志、振作的精神、奋发的状态，迈着坚实有力的步伐向既定目标阔步前进。

2. 体现向善的宝贵品格

随着我区社会主义核心价值体系建设的持续开展，“择善而行、向善而为”的道德风尚深入人心，社会公德、职业道德、家庭美德、个人品德得到了不断提升，知荣辱、讲正气、做奉献、促和谐的良好风尚已逐步形成。广大师生自觉以善言善行做善事、以善道善德当善人、以善学善才尽善职、以善思善念修善心，涌现出了一批“至善”典范。各中小学成立了学雷锋志愿者队伍，面向居民长期开展志愿服务活动，真正做到了“以服务人民为荣、以团结互助为荣”。学校大胆创新，开展校园特色和品

牌建设，使广大师生真切感受到这个时代的真善美。从2011年开始，每年在广大师生中评选“小道德模范”和“美德少年”，大力崇善扬善，生动诠释着社会主义核心价值体系的真谛，激励更多的人积善心、行善事。

3. 突出向前的奋斗精神

教育学生为实现中华民族伟大复兴而努力读书，实现“中国梦”。社会主义核心价值体系建设使我系统的教育大环境不断完善。党员干部牢固树立抢抓机遇、善捕先机的意识，进一步坚定教育理想信念，呈现出一往无前、奋力向前的热情和干劲，以敢为人先、敢于胜利的亮剑精神，推动素质教育的全面实施；以昂扬向上、争创一流的争先精神，推动教育教学质量持续上升；以任劳任怨、追求卓越的奉献精神，深入开展生态型德育，实施春风化雨工程，促进学生的全面发展，走出了一条建设教育现代化的新路子。

培育和践行社会主义核心价值观，既是一个理论课题，也是一个实践课题；既需要在理论上不断深化研究，也需要在实践中不断探索积累。荔湾区教育局将继续加大培育社会主义核心价值观探索之路，开展各具特色的核心价值观教育实践活动，为我区走新型城市化发展道路提供人才支撑而贡献力量。

中小学心理老师如何灵活运用保密原则

■ 韶关市第一中学　白　琦

咨询人员必须遵守心理咨询保密原则，对咨询内容必须保密，不能向咨询双方以外的人披露，这也是心理咨询必须严格遵守的道德标准。中小学心理咨询老师也不能例外，保护来访学生的隐私和来访学生其他应该保密的资料，是中小学心理老师应该严格遵照执行的原则，是心理老师职业道德的一部分。但中小学校心理教师又不同于社会机构的心理咨询师，中小学校的心理咨询是学校德育的重要组成部分，担负着对学生德育教育的重要责任。如果来访学生咨询的问题与学校的教育思想不一致，或者学生咨询员的问题恰有违反校规的情况时，如果是同事（如某个班主任）或者领导希望了解学生的状况时，老师是否要将学生的情况做汇报呢？班主任老师或学校领导要求看学生的心理档案？咨询员是否应该同意？这类问题常常会在学校中出现，这就又要求心理咨询老师对学生咨询的问题要没有道德评判，使得心理老师的工作存在一定的矛盾。有的老师为了学校更好地教育学生，就违背咨询原则，把来咨询学生的问题不分类别地告诉班主任和学校领导，严重违反了心理咨询保密原则的问题，侵犯了学生的隐私权，伤害了学生的心灵。所以中小学校心理老师在进行心理咨询时，对学生中存在的需要保密的问题要灵活运用保密原则，妥善处理学生的隐私问题，做到既能遵守保密原则，不使学生的隐私泄露，又能借助于学校其他方面的力量正确地教育引导学生，这才是最好的选择。

一、中小学校心理老师要灵活运用保密原则的原因

因还有些心理老师坚守学生心理咨询保密原则，对学生咨询的问题一概保密，不向学校做任何反馈，这样做不利于学校更好地对学生进行教育。学校心理老师对学生进行咨询的同时还兼顾着对学生综合素质的教育，心理健康教育是学校德育的一部

分，同时肩负着学生品德的教育，担负着引导学生形成正确的世界观、价值观的教育使命。所以，学校心理老师在为学生做咨询的时候，目标应该是让学生摆脱心理困惑，又要有利于学生形成正确的世界观和人生观，为学生一生的发展服务。所以，学校心理老师在为来访学生咨询的时候，不仅要考虑学生问题的保密性，还要考虑争取各方力量对学生进行更好的教育，因此要灵活运用保密原则。如果一定要向有关人员反映时，必须把学生的心理问题分类，经过加工处理后，做变通后才能反馈，而且一定要征得学生的同意，决不能因学生隐私的泄露对学生造成心灵的伤害。

二、根据学生的自我觉察力和自我改变能力灵活运用保密原则

学校心理工作是德育工作的一部分。心理老师不但担负着为学生做心理咨询的职责，而且也肩负着教育学生，正确引导学生的世界观价值观和人生观的任务；同时学校心理咨询工作又是德育工作的重要组成部分。如果来访者（学生）咨询的问题与学校的教育思想不一致时，或者学生见心理咨询员时所带来的问题恰恰有违反校规的情况时，要分析来访学生的自我觉察力和自我改变能力来决定是否告诉班主任或家长。

对自我觉察力和自我改变力强的学生，不必把学生的隐私告诉班主任、学校领导或者家长，尽力要求学生学习自我改变，通过自己的力量改变自己的错误行为或不适当状况。这样不仅有利于学生与咨询老师的关系，而且对学生的成长也会更加有利。例如，高二男生小明有吸烟的习惯，而且每天都必须吸上几根，如果不吸烟，就感觉难受。由于学校不允许吸烟，他不得不经常找机会去男厕所里吸烟。但他知道吸烟对自己的学习与身体都不利，而且自己家里的经济条件也不允许，他很想戒烟，不知道怎样做，就来找心理老师咨询。像小明吸烟这种情况就不必告诉其他人，虽然他吸烟违背校规，他本人已有觉察力而且想改变，而且正处于力求改变之中。如果把这种情况告诉其他老师或者家长，就会造成该生对心理老师的不信任，影响咨询关系，很可能当小明遇到其他需要咨询的问题时，都不会找心理老师咨询。

对觉察力好，但自己没有能力改变自己状况的学生要给予适当的帮助，不得不把该生的情况告诉相关人员时，一定要征求来访学生的意见，在取得来访学生同意的情况下，做详细周密的计划，并按保密原则的要求，把对学生的隐私情况的泄露降低到最小程度。如果有条件，可以咨询有经验的心理专家或者督导，甚至可以咨询律师。例如，来访的学生小丽在自愿的情况下与他人发生了性关系而怀孕，此时该学生不知道应如何处理，便找心理老师咨询。这时候，心理老师就不能按照保密原则上的固定条款“咨询人员对咨询的内容不能告诉双方以外的任何人员”来做事，咨询老师必须

明白其父母应该有知情权。因为处于未成年的学生，其法律责任者不是老师，而是父母或其他监护人，咨询老师所应该做的是要帮助该来访学生一起面对就堕胎跟父母沟通的问题，要让该生知道，遇到这样大的问题，他们不仅仅需要心理老师的帮助，也需要父母的帮助。咨询老师需要帮助来访者面对父母可能不理解甚至惩罚的现实。但咨询老师不需要自己亲自向家长汇报，而是要帮助和鼓励学生自己告诉家长。如果学生一再坚持不告诉父母，则心理老师要向学生明确说明自己必须将此事向有关人员汇报，这不是泄密，而是出于对来访者生命的关怀。心理老师需要向来访者承诺自己的行为是出于对来访者的关心。

对于没有觉察力但有能力改变自己行为的学生，要引导学生提高自己对事情的看法，提高觉察力，通过自身的力量改变自己的状况。例如：女生小美本来已经高中毕业两年了，而且还谈了做公务员的男朋友，因又想上大学就通过关系进入一所重点高中学校读书。当时她和男朋友正处于热恋之中，所以，她每天都会用手机和男朋友联络感情。一天课上她的手机被班主任发现收走的时候，她顿时浑身起疙瘩，打颤，且站立不稳，班主任猜想她的情况应该跟收手机引起的心理问题有关。所以，班主任把带她到心理咨询室。通过咨询，小美逐渐摆脱了惊恐状态，知道了可以通过其他电话告诉男友实际情况，打消男友的顾虑；明白了用手机对自己的危害，天天与男友手机聊天会对考学不利。她决心改变，全身心地投入学习。小美恢复了正常状态后，班主任想了解小美的情况，心理老师就没有必要把该女生的恋爱情况告诉班主任，只是说明她对手机的依恋造成的急性惊恐而已。

三、灵活运用保密原则的同时要严格遵守保密原则

灵活运用保密原则和必须遵守保密原则并不矛盾。对来访学生坚决不同意向外透露，且对本人和其他人没有生命与安全危害的咨询内容时，心理老师应该答应为学生保密。对学生一些隐私性的问题，心理老师要信守严格执行保密原则，不管学生有没有要求心理老师为他保密，心理老师都应该保密。

一定要信守承诺，答应为学生保密的事情，则一定要保密。学生不同于社会成人，他们对很多事情的看法与成年人有很大的差别，中学生对保密原则更加看重，对自己的隐私重视度更高，有些事情对成年人来说不算是什么重要的事情，而他们却认为相当的重要。只要学生有保密要求，并且心理老师答应学生为他们保密，就要信守承诺，为他们保密。如果心理老师认为不能保密，就不能当面给学生承诺。例如，高一新生小燕去咨询，由于刚刚入校，没有认准心理老师，把校医当成心理老师，校医

出于好心，就答应帮她咨询。小燕咨询的问题又是跟班主任有关，她认为班主任偏心，对自己有成见，自己也很讨厌班主任，辞去了班干部职务后，更加认为班主任对自己不公平，想转学，并告诫那位校医不要将她咨询的事情告诉班主任，因为她怕转学不成功，班主任以后就会更加讨厌她。那位校医当面同意了学生的要求，但后来又把这件事情很详细地告诉了班主任，班主任也没有这方面的经验，又把那位医生告诉她的信息反馈给了小燕。小燕觉得很难堪，认为心理老师不守信用，从此不再去找心理老师，后来发展成了对其他人也不信任，影响了人际交往，出现了很严重的抑郁情绪。所以，不能保密的事情，要为学生讲清楚。不能当面承诺保密，事后却又泄露出去，不管出于什么目的都是不正确的，对学生造成的伤害是很大的。

不管学生有没有要求老师为他（她）保密，只要是应该保密的一些事情，心理老师都要为学生做好保密工作。中小学生更易坦露心中的秘密，包括一些难于启齿的秘密以及与生理发育有关的过失行为等。而他们又不懂得保护自己的隐私，心理老师要告诉学生保护自己隐私的重要性和方法。例如：有对早恋的学生是高中同班同学，假日时他们发生了性关系，不知道保密却把这件事情说给好友听，不料好友却传了出去，后来早恋的同学感情破裂，导致该女孩受到同学的歧视，以至于该女孩险些自杀。又如：高一女生小红暗恋本班男生小林，找心理老师咨询时还带了自己的闺蜜小玲。当心理老师问她是否要小玲回避一下时，她说小玲是其很好的朋友，不用回避。她当着小玲说出来了自己对林的好感与仰慕。可是不久之后，小玲把小红的秘密告诉了自己的另一闺蜜，结果这件事情就这样一传十、十传百地传播开来。小林对小红没有好感，怕别人误会，就不再搭理小红。小红认为都是自己的闺蜜小玲没有诚信，答应给自己保密却没有做到，认为小玲不可信，最后发展成为小红认为所有人都不可以信任，不愿意搭理班上的任何一位同学。小红失去了朋友，整天处于孤独的状态，情绪抑郁苦闷，学习成绩下滑。所以，当学生不知道或者不懂保护自己的隐私的时候，心理老师有责任告诉来访学生怎样保护自己的隐私。

学校心理老师的角色具有双重性，而在学校这个特定的教育环境，学校咨询人员除了具有心理咨询老师的角色，具有对学生进行心理咨询的职能外，还是学校的教师。教师有教育的功能，具有对学生的德育思想教育职能。心理老师的这两种职能存在矛盾，使得心理老师的工作处于两难境地。但只要心理老师在严格遵守心理咨询保密原则的同时，又能灵活地运用它，就能使自己的工作变得更加顺利一些，工作效果也会更好一些。

自卑与自负健康心理自我构建策略探究

■ 阳江市实验学校　成　杰

摘　要：中学生在心理发展的关键时期容易产生自卑和自负心理，两者均表现为不能够客观、准确地评价自己和他人，要么过高，要么过低。通过两个心理辅导案例，我找到了帮助学生进行心理自我构建的有效策略。

关键词：自卑　自负　健康心理　自我构建　策略

案例一：初一（3）班李明浩同学，成绩一般，而且在班里人际关系紧张，没有同学喜欢他。当其他同学叫他帮忙拿橡皮的时候，他总是认为别人影响了他自己的学习，感到很厌烦。他时常有认为自己很笨的念头，不敢问别人问题。别的同学课间活动或者讨论问题的时候，他经常一个人发呆，感觉插不上嘴，无法参与。

案例二：初二（10）班石玉婷同学，好胜心强，事事不让人，总想自己出人头地，感觉别人不如自己，别人和她下棋必须输给她才行，否则就不依不饶，总是找一个借口为自己的失败找理由，不承认自己输掉。久而久之，学习好的同学不理她，学习差的同学也不问她问题，同学关系比较紧张，感觉很孤单。

一、案例分析

从上面两个案例，我们可以看出，李明浩同学的自卑使他已经无法端正心态，无法参与同学们的集体活动，自己感觉被同学“另类化”。石玉婷同学是自负的典型案例，事事要强，自以为是，往往过高估计了自己的能力，也逐渐被班集体“另类化”而无法融入其中。针对以上案例通过一个学期的跟踪心理辅导，两位同学都有很大进步，下面跟大家分享一下。

二、辅导策略

1. 充分认识自卑和自负两种心理现象的本质

自卑是一种消极的自我评价或自我意识。自卑感是个体对自己能力和品质评价偏低的一种消极情感，不敢大胆去肯定自己，缺乏自信，总认为自己的缺点太多。与自卑恰恰相反，自负就是一种高度的自我肯定，把生活的重心基于自己身上的一种个性心理特征，它的表现几乎与自卑形成互补。自卑与自负是两种截然不同的心理状态，但是究其产生的根源却有一致之处，都是由于不能正确地认识自我、过度关注自己造成的。

初中生由于身心发展的不平衡性，不能够确切地认识自己的智力潜能和性格特征，很难对自己做出一个适当的评价。偶然的成功，加上家长老师的过度表扬，学生就会沾沾自喜；一次不经意的失败，也会使他们感觉自己愚蠢透顶，极度自卑。一般来说，自我认识与其自身实际情况越接近，就越能保持自身的心理健康；相反，自我认识与其自身实际相距越远，明显低于或明显高于其实际情况，都容易产生心理障碍。

2. 同理倾听，故事引领

在与这两位同学第一次接触时，我没有多问，而是让他们先把自己的大致情况写下来，大约半个小时的时间。把写的材料交给我之后，并让他们简单复述了一遍自己的境况。从表情看，他们心情好像平静了一些，我也没有立即给他们讲什么，而是给他们布置了一个作业。回去之后，自卑的同学去读一个“自卑的女佣和他儿子的故事”；自负的同学读“坐井观天”的故事。下次回来，他们把读后的感受跟我交流。同时我把这两个故事发给了他们的班主任老师和家长，并邀请他们抽时间和我交流。

自卑的女佣和他儿子的故事：有一天，主人家举行晚宴，女佣要工作到很晚，她只好将四岁的儿子带到主人家。她很自卑，怕儿子知道自己是一个佣人，于是把儿子藏在卫生间里，并告诉他，他将在这里享用晚宴。男孩在贫困中长大，从没见过这么豪华的房子，更没有见过卫生间。他不认识抽水马桶，不认识漂亮的大理石洗漱台。他闻着洗涤液和香皂的香气，幸福得不能自拔。他坐在地上，将盘子放在马桶盖上，盯着盘子里的香肠和面包，为自己唱起快乐的歌。晚宴开始的时候，主人想起女佣的儿子。主人看女佣躲闪的目光就猜到了一切。他在房子卫生间里找到了男孩。他问：“你躲在这里干什么？”“我是来这里参加晚宴的，现在我正在吃晚餐。妈妈说这是主人单独为我准备的房间。不过，我希望能有个人陪我吃这些东西。”主人默默走回餐桌前，对所有的客人说：“对不起，今天我不能陪你们共进晚餐了，我得陪一位特殊的客人。”然后，他从餐桌上端走了两个盘子去陪孩子吃饭，保护了孩子的自尊。

多年后男孩长大了，他有了自己的公司，有了带两个卫生间的房子。他步入上流社会，成为富人。每年他都拿出很大一笔钱救助一些穷人，可是他从不举行捐赠仪式，更不让那些穷人知道他的名字。有朋友问及理由，他说：“我始终记得许多年前，有一天，有一位富人，有很多人，他们小心翼翼地保护了一个四岁男孩的自尊。

3. 故事分享，心灵沟通

一周之后，两位同学分别找到了我，分享了他们的感受。

我给李明浩同学提出了两个问题。第一，关于自卑的女佣和她的儿子，你猜她的儿子后来知道不知道自己当时是在豪华别墅的最差的地方用餐？第二，知道之后他有没有自暴自弃，看不起母亲，抱怨母亲，他是如何做的？我们讨论的结果是：小男孩很有感恩之心，不但没有抱怨母亲的卑微，还积极投入到学习之中，改变自己，拥有了自己的公司，还把这种感恩意识发扬光大，积极投身于社会公益事业，帮助那些有困难需要帮助的人。我问他知道怎么做了吗？他点点头离开了我的办公室，还说了六个字：“成主任，谢谢你。”

对于自负的石玉婷，我先让她谈了自己的感受：“井底之蛙，目光短浅，还跟小鸟理论天的大小……井底之蛙，总觉得天很小，自己很大，但是跳出井口之后，感觉天很大自己很小。我们现在应该如何跳出井口，你把你的想法写在纸上好吗？”她沉默了许久，在纸上逐渐写下了下面一段话：“老师，谢谢你，我知道自己该怎么做了，我要学会接受同学的意见，端正态度，学会关心他人，不能总是认为什么都是人家的不对，不能好高骛远。”

4. 团结协作，共渡难关

学生是未成年人，特别是青春期的孩子，心智还没有成熟，心理转化工作必须得到家长和老师的帮助。在与学生交流之后，我约了两个班主任和他们的家长，与他们谈读故事的感受，并给出了三点建议。

第一，明确自己的责任。井底之蛙之所以看到了天的大和自己的小，是因为有了小鸟的对话和小鸟的建议；自卑的女佣和她的儿子中儿子的成功源于什么？源于保护了自己自尊心的富人。老师和家长就是扮演小鸟和富人的角色。

第二，根据认知行为疗法，正确地评价孩子。根据认知行为疗法“ABC”理论，认知行为治疗认为：人的情绪来自人对所遭遇的事情的信念、评价、解释或哲学观点，而非来自事情本身。例如，一个人一直“认为”自己表现得不够好，连自己的父母也不喜欢他，因此，做什么事都没有信心，很自卑，心情也很不好。治疗的策略便在于帮助他重新构建认知结构，重新评价自己，重建对自己的信心，更改认为自己“不好”的认知。“认知行为治疗”认为治疗的目标不仅仅是针对行为、情绪这些外在表现，而且要分析病人的思维活动和应付现实的策略，找出错误的认知加以纠正。而找出错误认知的关键，就是正确评价学生，对学生的评价要实事求是，不能够过高（容易自负），也不能够过低（容易自卑）。家长和老师不能够因为溺爱而不切实际地吹捧，亦不能以偏概全，总是强调孩子的不足，容易造成学生错误的自我意识，而自卑和自负性格的形成就是因为错误的自我意识。

第三是给学生创造成长的机会。自负者，目光短浅，没有远大理想和抱负，容易自我满足，停滞不前，自负之人很难与别人相处，因为他们不能够做到平等对待他人，对别人的失败往往幸灾乐祸，于是“坐井观天”，特别是独生子女、家庭条件优越的学生更容易产生自负心理。家长和老师要给创造跳出来的情景和机会，创造一些自然的遭遇挫折的机会，经历适当的挫折，才会让孩子逐渐认识到自己的不足，良药虽然“苦口”，但这是孩子心理机制健全的“必经之路”。

自卑者在自我意识中盲目否定自己，往往只看到自己的缺点和别人的优点。家长和老师应该像那位富人一样，保护孩子成长的心灵，甚至发动同学帮助和关心他们。这样学生通过具体的情境不断发现自己的长处，重新构建自己的认知形象，获得成功感；同时，要注意积极的情感投射和迁移，或者选择积极的代偿性为，把精力投入到自己喜欢做的事情中去，不断构建自信。

参考文献：

[1] 林崇德. 发展心理学［M］. 北京：人民教育出版社，2005（3）：352-355.

[2] RobertL. Leahy，张黎黎译. 认知治疗技术从业者指南［M］. 北京：中国轻工业出版社，2007：232-251.

[3] 张大均. 教育心理学［M］. 北京：人民教育出版社，2005（1）：356-357.

[4] 王勇. 如何纠正孩子的自负心理［J］. 青春期健康，2013（148）：36-37.

儿童情绪障碍的元认知心理干预个案

■ 深圳龙岗区中心城福安学校　杜英萍

摘　要： 儿童情绪障碍是一组特发于儿童少年期，以心理社会因素为主要病因，表现为焦虑或恐惧情绪的精神障碍。数据显示，我国各类情绪问题的发生率为17.7%，女性患病率高于男性，城市高于农村。儿童情绪障碍的治疗原则是以心理治疗为主，配合使用小剂量抗焦虑药或抗抑郁剂。本案例在无药物配合治疗的情况下，运用元认知心理干预技术对一名患有儿童情绪障碍的初中生进行心理干预，在短期内获得了较好的干预效果。

关键词： 儿童情绪障碍　情感组织者　元认知干预　个案辅导

一、个案介绍

小玉（化名），女，15岁，初中三年级，独生女。母孕期体健，足月顺产，生长发育无明显异常，一直由父母抚养长大。性格内向，人际关系良好，小学学习成绩优秀，初中开始成绩下降。从初一开始，每到周一就说头晕，家人曾带她到医院做过心脏彩超检查，并无明显异常。来访者自称自初一开始经常感到"压抑"，有时会有一阵心慌、胸闷感。来访者擅长画画，一有空就会看些漫画书，以提高自己的绘画技能。

有一次看漫画书时，小玉受到了父亲的批评。父亲认为马上要中考了，应抓紧时间学习而不是看漫画书，情急之下对其进行了打骂。小玉当时伤心而泣，并且呼吸急促，一度嘴唇发紫，双手做用力状，持续两小时后情绪渐渐平复。事情发生后的第二天，小玉上课时突感胸闷、心慌、头晕、手脚麻木，忍不住用手抓自己的手臂，在班主任和同学的帮助下，症状持续半小时后缓解，但在此后几天连续发作。与咨询师交谈时情感协调，描述目前的心情是"感觉压力大""有点急躁""有点难受"，并伴有失眠现象。

家人曾怀疑小玉的上述症状是身体问题或精神问题所致，曾带她到医院做过全身检查，但没有发现任何器质性病变。精神科医生诊断为儿童情绪障碍，没有精神问题。于是家人带小玉来到了心理咨询中心。

二、心理机制形成分析

小玉小学成绩优秀，升入初中后学习量和学习难度加大，而各小学优秀的学生又都集中到了一起，竞争激烈，原来引以为豪的学习成绩不再占优势，因而内心压抑，感觉难受。进入青春期，性激素的分泌会通过反馈增强下丘脑部位的兴奋性，使下丘脑神经过程总的趋势表现出兴奋性的亢进，与大脑皮质原有的调控能力发生矛盾，使大脑皮质与皮下中枢暂时失去平衡，因此，青春发育期的中学生情绪和情感多变，带有明显的两极性。小玉未能理解自己烦躁情绪产生的原因，认为是自己有心理问题。当时她的人际关系良好，能从同学的关心中得到安慰，社会功能尚可，并未引起父母和老师的关注。但是在父亲强烈的斥责打骂下，在中考的巨大压力下，她再也承受不住，在应激事件下诱发了症状。

三、辅导过程

1. 认知调整

帮助来访者理解儿童情绪障碍形成的心理机制，了解条件性情绪反应原理，使其能够解释自己遇到的问题。如果一出现烦躁情绪就焦虑，就担心自己有心理问题，情绪反应就会越来越严重。长期如此，循环增强，就会最终形成条件反射，导致稍有刺激就烦躁、焦虑。而错误消极的认知评价又导致症状不断加重，形成恶性循环，出现胸闷、身体不适等躯体症状。干预的关键在于控制对每一个刺激（S）所产生的条件性情绪（E）（见图1）。

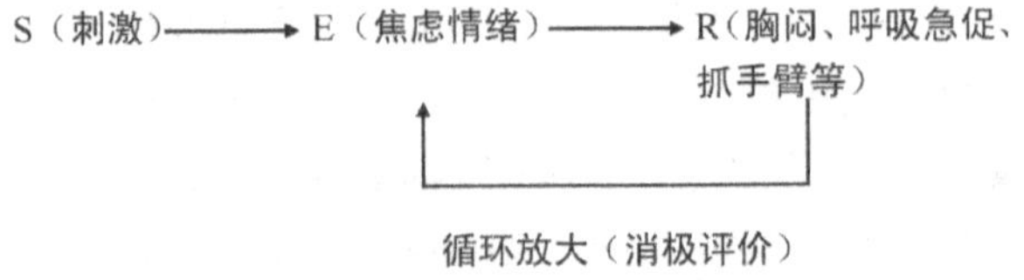

图1　儿童情绪障碍形成的心理机制

要帮助来访者认识到，父亲在打骂自己时（S），焦虑情绪突然升高（E），导致了一些躯体症状（R），如呼吸急促、嘴唇发紫等。这些躯体症状是由于焦虑产生的，只要焦虑下降，这些躯体症状就会消失。当来访者了解了这些情况后，就不会再担心自己的心理问题，有利于进一步的辅导和干预。

2. 暗示训练

在认知调整的基础上，要通过放松训练重塑新的条件性情绪反应。在暗示训练之前，咨询师先给来访者讲清楚暗示训练的原理和注意事项，与其商讨情感组织者的内容，即什么样的情境能唤起她的积极情绪。接着，在柔和舒缓的音乐背景下采用渐进式肌肉放松、想象放松、深呼吸等方法使来访者进入一种轻松、宁静的状态。在这种状态下，来访者获得一种积极的情绪体验（E），同时在指导语的引导下，让来访者对其产生的问题情境（S）进行想象，建立一种积极的条件性情绪反射（见图2）。

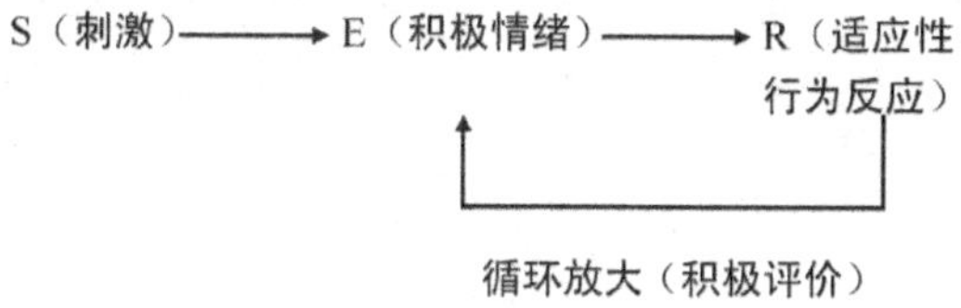

图2　暗示训练建立的积极心理过程

3. 愈后指导

在咨询过程中，让来访者做好笔记，加深对自己心理机制形成的认识，并将自己取得的点滴进步和积极情绪体验等都记录下来。教会来访者自我诊断的方法，遇到问题时能用原理解释，并且知道用小程序放松将恶性循环及时打破，用积极的情绪和认知取代焦虑情绪和消极认知，及时调整行为，从而达到消除症状的目的。此外，让来访者在日常生活中多做运动，并辅以深呼吸、小程序放松、积极心理暗示等，通过长期的自我训练，巩固干预效果，达到彻底治愈的目的。

四、辅导效果

1. 焦虑自评量表测试得分

干预前用焦虑自评量表（SAS）对来访者进行测试，得分为58，属于轻度焦虑；干预后得分为42，达到正常值。

2. 被试自评

小玉感觉自己又恢复了以前的状态，身体轻松了，睡眠良好，通常一觉睡到天亮。上课状态正常，情绪平稳，再没出现胸闷、呼吸急促等症状，能专心投入到中考复习中。

3. 班主任及家长评价

班主任反映，小玉所有的症状都已经完全消失，学习状态良好，已经完全恢复正常。母亲也反映，小玉在家做作业认真，学习效率高，注意力集中。

4. 咨询师评价

第一次进咨询室时，小玉脸色苍白，嘴唇发紫，面部肌肉绷紧，表现出焦虑、难受表情。干预后，她的情绪状态有了很大变化，面带笑容，阳光自信，恢复了往日的朝气和活力。

5. 回访结果

一个月后电话随访，小玉情绪状态很好。父母说小玉情绪状态平稳，又变回了以前开朗、阳光的样子。半年后，电话随访，小玉的不良症状没有复发。

五、咨询反思

本案例能取得明显治疗效果与以下因素有关。第一，咨询师与来访者之间建立了良好的咨访关系，来访者对咨询师非常信任，积极配合咨询，按时完成布置的作业，而且咨询师自始至终给予来访者的积极向上、坚信一定能康复的信念在很大程度上促进了咨询效果的实现。第二，来访者症状行为的表现是条件性情绪反应循环放大的结果，在一定时期内由于焦虑情绪形成恶性增强循环，不断积累达到一定程度，最终导致胸闷、抓手臂的症状。来访者在清晰地了解了自己心理问题形成的机制、干预原理和应对策略后，就能通过小程序放松将焦虑情绪恶性循环快速打破，将情绪慢慢降下来。经过八次治疗，逐步缓解了症状，最终达到了治愈效果。

高考备考与应试的心理调节

■ 梅州市梅县区高级中学 刘伟淦

每年高考即将来临之际，许多考生考前紧张焦虑的心理越来越严重，过度紧张焦虑的心理已影响到考前的复习，甚至将影响到高考时的正常发挥。如何以良好的心态做好备考复习并在高考中发挥应有的水平呢？笔者结合多年高三心理咨询的经验谈谈几点看法。

一、保持适度焦虑，按部就班地进行备考

心理学研究表明，过高或过低的焦虑都会对行为造成一定干扰，从而对行为结果造成负面影响。只有处于中等焦虑水平，才能激发动机，变压力为动力，从而处于最佳状态。

现在整个社会对高考都高度关注，家长也对自己子女有非常高的高考期望值，而考生自己也认识到高考成绩的重要性，致使一些考生在备考阶段就处于过度焦虑状态，出现慌乱、急躁、心跳加快、头痛、失眠等情况。对于过度焦虑的考生来说，最重要的是避免提前对高考状态、高考成绩进行担忧与猜测，不要空想诸如“高考期间心跳过快怎么办？”“高考成绩不理想怎么办？”“高考期间睡眠不好怎么办？”等问题。只有脚踏实地地安排好每一日的复习，按部就班地做好备考工作，才能使自己在高考中发挥得更好。对所有考生来说，明天的事情就等到了明天再去面对，高考的事情就等到高考时再去面对，高考成绩就等到6月28日再去面对。今天要做的事并不是空想着明天的事，而是完成今天的复习任务。只有这样才能降低高考目标造成的压力，从而使自己全力做好备考工作。

一些考生也存在错误的认识，认为焦虑就会造成负面影响，致使他们过度放松，学习无紧迫感，对什么都无所谓。这样就会造成复习过于随意、松懈，高考时完全紧

张不起来，神情恍惚，造成高考失利。

所以说，考生们要根据自己的实际情况调控情绪，保持适度焦虑，在学习中扬长避短，讲究学习方法，按部就班地完成备考任务，坚持不懈地奋进、拼搏。

二、转移高考动机，激发潜能

对于考生来说，高考的成败就意味着能否上理想的大学、能否“光宗耀祖”、能否有理想的前途等等。但高考也与所有的考试一样，都有检验考生掌握知识程度的功能。考生和家长不应过度“功利性”地看待高考，应尽可能地把高考动机转移到检验高中三年所掌握的知识程度上来，看自己三年的辛勤汗水到底换得多少“收成”。这样考生们不但不惧怕高考，反而期待高考，希望通过高考验证自己的实力。同时，这个高考动机也可充分激发考生们的潜能，使他们在备考阶段关心知识的掌握程度，关心自己成绩的提升空间，甚至有一些考生在复习过程中因解决了较难的知识点而更加自信，更加相信自己高考会比模拟考考得更好。对于高考而言，考生们不要指望“超水平发挥”，只需尽自己的最大能力去完成试题，争取容易得分、会做的题目拿到分，发挥自己应有的水平就可以了。这样考生们就避免过度关心高考的“功利性”后果，转而信心百倍地“攻城夺地”“寸土必争”，争取最好的结果。

三、准备充分，坚定信心

有些考生临考前精神紧张、记忆模糊、文字表达混乱，皆是缺乏自信所致；而信心十足的考生则神态自若、平心静气，能集中注意力，反应敏捷。所以，树立信心显得非常重要。在高考备考后期，考生们已通过了四次大型模拟考试，对自己知识的掌握程度有了一定的了解，所以这个阶段要重点做好“查缺补漏”。同时在复习过程中，尽可能地进行系统的复习，把零乱的知识点通过整理置于某个系统中复习，这样利于考生们思路清晰而增加对知识的把握信心。也有一些考生因复习枯燥乏味、自己感觉复习无明显进步而出现“高原现象”，从而影响信心。对此，考生可适当变换复习方法，通过新的方法提高兴趣，并注意劳逸结合，从而提高复习效率，达到重树信心的目的。

自信心一方面是建立在自己对知识的掌握程度，另一方面也可通过加强自信心训练来实现。最常用的自信心训练方法是进行积极的心理暗示。考生可经常对自己说一些激励的话（甚至进入教室准备考试时仍可进行积极心理暗示），如“自己已进行了几轮全面的复习，自己一定能发挥正常水平”“模拟考试中体现出来的未掌握的知识点已补习好了，相信高考能比模拟考考得更好”“高考和所有的考试一样，只要尽自己的最大能力去考就行了”等等。在考试过程也可先易后难，逐步适应，从而较好地进入考试状态。

四、保持常规的生活习惯，营造轻松氛围

有些考生因觉得复习得还不够好而在备考期间完全杜绝文体活动，日夜加班加点，这种做法很不科学。这样虽浏览了不少知识点，但因过度疲劳而造成反应迟钝，记忆力衰退，思维活动不集中，反而会加重焦虑程度。因此在备考期间，考生们仍需保持常规的生活方式，在避免意外的前提下参加一些小的娱乐活动，以保证吃得香、睡得沉。考生们在高考期间也不要大幅度改变作息习惯，从而避免因生物钟的突然改变而影响睡眠质量。另外，一些考生和家长错误地认为在高考期间需要加营养“补一补”，甚至不根据自己身体的实际情况，食用一些营养品、补药，致使考生出现口干舌燥、头痛、失眠等现象，从而影响考试发挥。其实成绩并不是靠药“补”出来的，特别是高考期间，天气已越来越炎热，饮食反倒要以清淡为主。

五、掌握一些放松方法，缓解心理压力

自我松弛训练，对保持正常备考以及调节考试焦虑情绪都有着非常重要的作用。常用的放松方法有以下几种：缓慢深呼吸松弛训练。吸气时用鼻慢慢地吸，先扩张到腹部，在扩张到胸部，吸足气后屏一屏气，然后用鼻和嘴将气慢慢地吐出，这个过程连续多次就可以达到平静的心理状态，消除紧张和忧虑的效果；肌肉松弛训练。从头部开始到脚趾，通过肌肉先紧张后松弛的交替反复，以生理上的放松引起心理上的放松；自我暗示训练。利用积极的语言暗示自己，以保持良好的心态。如“全身肌肉放松，不要紧张，考试没什么可怕”“不要紧张，人人如此”“我有办法解决”，等等。通过一定的放松训练，从而达到缓解压力的效果。

对如何确立小学生价值观教育德目的思考

■ 深圳市福田益田小学　袁仕弘

在现实生活中我们经常看到，不少小学生在日常生活中、在与人交往相处、在承受负面冲击时，表现出了责任感缺失、不讲信用、爱撒谎不诚实、人与人之间的情感淡漠、集体荣誉感不强、缺乏包容与忍耐、唯我独尊、不懂得分享与给予、过于自我、自私自利等现象。因此，正确的价值观教育作为德育的重要内容，必须从娃娃抓起。近年来，益田小学开展了对小学生价值观教育的课题研究，就如何确立小学生价值观教育德目进行了深入的思考。

所谓小学生价值观，指的是基于小学生的认知水平和社会环境，小学生对自我、对他人、对社会及外界正面的、积极的、必须具备的基本认知与判断，并能以此作为道德标准，辨认是非对错，指导并提升自己的素质，规范自己的行为，最终对他人及社会形成积极影响的一套系统性思想认识。

所谓德目，是为了便于有针对性地开展小学生的价值观教育，根据小学生的身心特点和社会环境确定的具体的价值观教育内容。如何确定小学生价值观教育的德目，我们认为，一要落实社会的教育功能，二要符合小学生的身心发展教育的需要，三要有较强的可操作性。

我校的价值观教育体系所提到的“德目”是指价值观教育系统里的一条条具体教育项目。我们知道，浩瀚五千年的中华文明，对中国人的思想、行为产生着不可估量的影响，中华传统文化中积极向上的价值观念深刻地影响着社会的每个人。因此，学校价值观教育中的德目，沿用了古代圣贤在规范人的伦理道德时所形成的标准和要求。

在儒家及道家思想中都存在相应的“德目”名称及相应条目。孟子提出“仁、义、礼、智”，董仲舒扩充为“仁、义、礼、智、信，后称“五常”。这“五常”贯穿于中华伦理的发展中，成为中国价值观体系中的最核心因素。仁，不仅是最基本的、最高的德目，而且是最普遍的德性标准。以仁为核心形成的古代人文情怀，经过现代改造，可以转化为现代人文精神。义，与仁并用为道德的代表，义是人生的责任和奉献，如义诊、义演、义卖、义务等，至今仍是中国人崇高道德的表现。礼，与仁互为表里，仁是礼的内在精神，重礼是“礼仪之邦”的重要传统美德。“明礼”从广义说，就是讲文明；从狭义说，作为待人接物的表现，谓“礼节”“礼仪”；作为个体修养涵养，谓“礼貌”；用于处理与他人的关系，谓“礼让”。这些已经成为一个人、一个社会、一个国家文明程度的一种表征和直观展现。“礼之用，和为贵”，其价值取向为“和谐”。继承发扬礼，是构建和谐社会的需要。智，从道德智慧可延伸到科学智慧，把科学精神与人文精神结合和统一起来，这是我们今天仍要发扬的。信，是做人的根本，是兴业之道、治世之道。守信用、讲信义是中华民族共认的价值标准和基本美德。

纵观中华上下五千年，一直被圣人贤才广为推崇与传承，并一直以此作为道德伦理准则对百姓进行伦理教育最核心的德目，都是由“仁、义、礼、智、信”这五常延伸开来的，亦可被归纳概括为“仁爱，孝悌、忠信，礼义、廉耻、和平”。为此，我们把“仁、义、礼、智、信”作为学校构建价值观教育德目体系的重要依据。

学校的价值观教育结合小学生的认知发展水平和社会人才需求，意在承接中华传统美德。“仁、义、礼、智、信”不仅是五千年来中华民族世代相传的中华传统美德，而且是当今社会生活之中、小学生行为规范和小学生守则中、市民公约中、各行各业的职业道德中、治家之道、兴业之道、治国之道中所浸透着的民族精神。

为确定小学生价值观教育的德目内容，我们学习了国内外相关研究成果，如联合国生活价值教育计划（简称LVE）、《新加坡的国民教育价值观》、《教会孩子学做人的14个关键》、《来自未成年人价值观教育的最新调查报告》、《生活的价值》等材料。从研讨、考究传统美德入手，以“仁、义、礼、智、信”为着眼点，兼收并蓄、集中归纳、最终发散统筹，初步确定了7个基本的核心价值观德目作为研究的内容，分别是：关爱、责任、诚信、坚韧、尊重、合作和快乐。

“关爱、尊重、合作”表达的是人与人之间的良好关系；“责任”是人的一种承担；“诚信”是人在社会中的立身之本；“坚韧”是人对目标的一种坚持，更是意志的表现；“快乐”是人对生活的积极感受。

我们相信，通过积极的探究、实践，我们必能赋予价值观教育丰富的内涵，使学校“以爱国主义教育为核心，以养成教育为基础，以善本德育为牵引的小学生价值观教育模式”得以完善，并在实践中对学生发挥积极的教育作用。

对中国孩子想象力排名倒数第一的冷思考

■ 东莞市黄江镇第二小学　余小燕

据早前《重庆晚报》报道，在全球21个受调查国家中，中国孩子的计算能力排名第一，想象力排名倒数第一，创造力排名倒数第五。这是2009年教育进展国际评估组织对全球21个国家进行的调查结果。

与此相关的还有几个数据。一是美国几个专业学会共同评出的影响人类20世纪生活的20项重大发明中，没有一项由中国人发明；中国学子每年在美国拿博士学位的有2000人之多，为非美裔学生之冠，但美国专家评论说，虽然中国学子成绩突出，但非常缺乏想象力。因此，他建议修改相关条款，通过立法来强化对中小学生的“想象力教育”。

著名教育家、武汉大学原校长刘道玉此前也表示，中国孩子的想象力状况令科学界忧虑，“一考定终身”的应试教育严重束缚了学生的想象力和创造力，中国教育的解放必须从解放孩子的好奇心开始。刘道玉拿世界上两个最重视家庭教育的国家——中国和以色列做比较。以色列家长教育奉行狮子育儿法：母狮让小狮子离开独自学会生存；中国的家庭教育则走向两个极端：要么娇宠，要么棒喝。结果是，以色列的诺贝尔奖获得者有近10位，而中国却寥寥无几。

事实上，中国人想象力倒数第一只是个“了无新意”甚至是“没有想象力”的调查数据。看看我国社会中模仿、抄袭盛行的现状，就知道中国人究竟有多缺乏想象力或不喜欢“想象”了。

中国科技大学校长、中科院院士朱清时教授多次在公开场合指出：中国教育目前最大的问题是年轻人缺乏创新能力，这也是我们国家今后发展的瓶颈。他认为，中国的教育追求学生知识的系统性、完整性，这样导致学生要上的课程越来越多，学习的压力越来越大，根本不能做自己感兴趣的事情，更谈不上培养想象与创新能力。

到底是谁把中国孩子的想象力夺走了？

有人会说，是中国教育。寻找标准答案，是当下这个教育体制教会学生的唯一思考方式，也是中国人想象力倒数第一的根源所在。把事物、问题标准化，认为世界一元，这是一个悲剧——更可怕的是，教育的悲剧往往被扩大至民族未来的命题上。

还有人会说是中国家长。据说，哈尔滨市少儿活动中心曾创办一个想象绘画班，开班一段时间后，主办方举行成果展，没想到的是，看着孩子们把马画成蓝色、绿色，家长们生气了，质问这是怎么教的？这不是误人子弟吗？尽管校方再三解释这是要给孩子一个想象的创作空间，可班上80%的家长还是让孩子退了学。

这不由得让人想起一个故事：作家歌德小时候，他母亲常给他讲故事，且方法独特，总是在讲到中途的时候停下来，留下一个让小歌德想象的余地，让他自己发挥想象，继续说下去，这就很好地激发和保护了孩子的想象力，使歌德后来成为了举世闻名的大作家。我们现在许多家长和老师也喜欢用讲故事的方法来引起孩子的兴趣，但方式却是大相径庭。

爱因斯坦说，知识是有限的，而想象力概括世界上的一切，推动着进步。如今，世界上第一人口大国却不是第一人才大国，更不是第一创新大国，而是山寨大国、翻拍大国、抄袭大国，这是想象力教育缺失的必然结果。教育的更大悲剧在于，目前的体制下，我们仍然没有看到希望。

解决中国人想象力问题，革除应试教育是必然选择。但我们不要忘记另一个根本性的东西——让每位公民都有否定“标准答案”的权利，让每位学生和家长都能有否定学校及教育行政机构的决策的权利。否则，所谓个性、创造力及想象力都会在教育权力的淫威与考试体制之中成为空谈和奢望。

“微时代”带给中学生的影响

■ 中山市板芙镇第一中学　邹丽琼

在大街上，你如果看到某人使劲甩自己的手机，甩过之后猛看屏幕，不要担心，不要害怕，这是新兴的玩意儿，此人正在使用微信，甩手机是微信寻找附近在线用户的方式。你要是不知道，就明显落后了。微信作为一款新兴的通讯工具，在广大人群中迅速流行并普及开来，成为当下最流行的聊天方式。学生是接受新事物的佼佼者，自然成为了微信的忠实用户，他们每天在用微博微信分享自己的生活，评论别人的得失。“微时代”的到来，在带来方便、快捷、空间的同时，也给中学生带来了很多负面的影响，给学校的教育工作带来新的挑战。

一、微信盛行的原因

1. 零资费和占用流量少，符合中学生消费需求

用学生的话语来说，“用微信，省钱”。众所周知，学子们拥有智能手机的不在少数，而微信则只要是iPhone、Android等手机系统，只要有WiFi的地方都是免费使用，即使要用流量，占用的流量也很小。所以，微信以“零资费和占用流量少”受到了广大中学生的青睐。据《广州青年流行文化生活状况调查报告》显示，57．6%的中学生经常使用微信。

2. 多形式信息发送，多渠道交友，增加朋友间互动交流的趣味性和广泛性

微信支持语音、图片、视频、文字等各种格式信息的发送，让学生们之间的沟通变得更加丰富有趣。与好友聊天时，可随时随地拍下视频、照片与好友分享，这对于追求新鲜潮流的中学生们，是一种极大的心理满足。特别是微信中的“摇一摇”功能，可以结交更多的好友，增加了中学生交往的广泛性，更因为这一功能可以摇到同时摇一摇的“有缘人”，增加了交往的刺激性和神秘感。

3. 随时随地晒生活，张扬个性，宣泄情感

通过微信，中学生可以随时随地上传自己当天的生活写照，包括所见、所闻、所想，通过这个方式告诉他人他们的成长经历，展现自己的个性，宣泄自己的情感。

二、微信带给中学生的影响

1. 微信满足了中学生关注与被关注的心理需要，改善了人际关系

在现实生活中，学生的生活除了在校学习之外更多的时间就是在家里，他们需要朋友，需要受到关注。而微信这个独特的方式，让中学生与同学、朋友或他人之间有了一种非同寻常的互动机会，特别是微信中好友间的关注，这使得他们获得了更多的关注，同时也合理地关注了他人，这样的互动消除了平时人际交往的孤独感和不安全感，没有了现实生活中的隔阂，缩短了人际距离增进了亲密关系。有很多中学生通过微信认识了更多的朋友，这些都扩大了中学生人际交往圈，改善了中学生的人际关系。

2. 微信满足了中学生宣泄情感的心理需要，有利于心理健康发展

中学生处于青春发展阶段，随着自我意识的发展，他们开始有了自己的想法与主张，逐渐形成自己独特的个性特点。但在当今的教育制度下，受到诸多方面的限制，他们不能够追求个性的张扬，而是更多地压抑自己的个性，使自己的行为符合要求。因此在微信这个虚拟的世界里，他们可以张扬个性，追求创新与时尚。更重要的是通过微信，他们可以表达自己的理想和宣泄情感。中学阶段是一个多愁善感的阶段，他们很容易产生情绪，而在现实社会中他们需要做好“好学生”“好孩子”的角色，因此，他们在日常生活中会压抑自己的情感，隐藏自己的情绪，而通过微信这个方式，他们可以随时发泄情绪，发表人生感叹等。

3. 沉迷微信浪费学习时间，影响学业

中学生使用微信这一新潮的通讯娱乐工具，在满足自身娱乐、通讯、交友等需求的同时，由于对微信没有较好的自控力，有很多学生沉迷于发微信或发表评论，从而影响了学习。有一些学生每天花费大量的时间上微信，发表自己的感想，关注他人的空间，评论好友们的得失，这样一来，影响了正常的作息和浪费了大量的学习时间，从而影响了学习。特别是那些成绩一般的学生，他们面对学习没有兴趣，没有目标，他们比成绩处于良、优的学生拥有更多的剩余精力来利用微信，充实校外生活，这样，他们的成绩只有越来越差。

4. 沉迷虚拟世界的交流，影响正常的人际交往

在日常生活中，与人交流沟通的方式多种多样，如面对面聊天、发短信、网络

聊天、写信、发电子邮件等等，而微信的出现则给中学生的人际交往提供了一个新的平台，使得中学生在微信上的交友更快捷、更广泛。但是微信交流属于虚拟世界的交流，在这个虚拟世界里与陌生人交流时，你可以大胆地表达自己的真实想法或无所顾忌地发表意见，在虚假的身份之下，人际关系很少有真实可言，时时充斥着不信任感。如果中学生沉迷于虚拟世界中的自己，就容易与周围人的人际关系变得冷漠，甚至会出现焦虑、抑郁等情绪。特别是对于性格内向的青少年，微信为其提供了展示自我的平台，但也使他们在现实生活中变得更加内向和自我闭锁。

三、因势利导，在微信世界里读懂学生，教育学生

对孩子的教育就如大禹治水，堵不如疏。面对日益成为学生学习、生活、娱乐第一空间的“微信”，作为教育者，我们应主动走进他们的微信世界，关注学生校外的学习、行为、思想、生活等，寻找应对的举措和方法，扬长避短，帮助学生利用好微信。

1. 加强正面宣传与教育

学校、家庭及社会要加强对中学生的正面引导，帮助他们正确认识微信的作用，端正使用微信的动机，特别要引导他们避开微信里“摇一摇”功能带来的负面影响，对于陌生人好友所传递的信息，要提高警惕，加以甄别，注意人身安全等；教育学生要控制使用微信的时间，不可沉迷于发微信晒生活等社交娱乐活动，不对他人的日志随便发表评论，注意文明用语。

2. 丰富学生课余文化活动

学校应充分利用校园集体生活的特点，大力开展丰富多彩的课余文化生活，组织青少年社团，吸引学生对健康、科学、积极的社会生活和文化生活的兴趣，增强学生的健康人格和健康心理。

3. 教师要加强学习，改变观念，了解、尊重学生

教育是常新的事业，教师必须与时俱进，我们不能封闭孩子接受新事物，那么我们就必须改变观念，提高自己的认识，特别是班主任，要了解学生在校外、网上的言行，多侧面地了解学生，这些有助于我们及早发现学生身上隐藏的问题，及时加以引导，减小新事物带来的负面影响。

四、家校合作，营造和谐的成长环境

中学生的课余时间主要是在家中度过，能使用手机微信的地点也主要是家中，抑制学生沉迷微信，家庭的教育、监管极为重要。所以教师必须与家长时常联系，共商教育对策。特别是要关注那些性格孤僻的学生，由于他们在家庭中缺少关爱，与外界交往较少，他们越容易想在微信这个虚拟世界里寻找精神寄托。家长们应给孩子创设一个和谐幸福的家庭环境，让孩子时时能体会到家的温暖和安全，让家对他有吸引力，这样就会减少微信对他的诱惑。

重度智障儿童新生班级品德教育初探

■ 深圳市元平特殊教育学校　邹瑜红

摘　要：智障人士是在十八岁之前被评估出智力明显低于普通人的人，即智商在七十或以下，并且在以下的生活范畴中有两项或以上相对于同文化同年龄的人发展得迟缓且适应有困难的——沟通、自我照顾、家居生活、社交、使用社区资源、认路、学术、工作、余暇、健康及安全。智障分三个等级。（a）轻度智障：智商介乎50-69；（b）中度智障：智商介乎25—49；（c）严重智障：智商在25以下。对于重度智障儿童的新生班级来说，学生的年龄普遍在7岁左右，其年龄小、智力程度低，对他们进行思想品德教育既重要，又有难度。

关键词：重度智障　品德教育

本学年，我接手了重度一年级的新班，成为他们的班主任。这些孩子以前都是在家里自娱自乐，没上过一天学。因为又是特殊的孩子，家长们都宠爱得不得了，生怕这群特殊的宝贝受半点委屈。智障班级的学生各方面的差异很大，重度班的孩子程度更是千差万别，包括智力、性格、行为等。弱智儿童由于智力的缺陷，限制了活动个性的发展，很难形成正确的是非标准和道德观念，行为不易受理性的约束和调节。所以，只有结合日常生活加强养成教育，授以正确的行为方式才能培养良好的行为习惯。而对于重度班级的学生来说，他们的品德教育不是理论教育，而是实实在在形成良好的行为习惯，教师要把握好这一评价的重要性。

一、深入了解本班学生

每个孩子都有自己的特性，尤其是特殊孩子，因此我们要深入地、全面地了解学生。如我班的学生刚来的时候，有全盲加重度智力障碍的鑫鑫，有严重多动的琳琳和泽泽，有自闭的蓉蓉，有可爱的唐宝易易等。这些不一样的孩子，在刚到校时都各自为政，课堂上闹成一片。为此，我经常跟家长、家辅了解学生在家各方面的情况。如：他们感兴趣的东西；他们发脾气比较有效的处理办法；他们的饮食习惯；他们的个人卫生问题，等等，以便及时调整自己的教育教学方案。深入了解每一个学生，根据每个学生的特点，制定行之有效的方法对他们进行品德教育，这是进行品德教育的第一步。对于重度智障儿童来说，形成良好的行为习惯，就是德育良好的表现。

二、善于发现学生身上的“闪光点”

重度智障班每个班级的学生各方面的发展差异都非常大，包括学习能力、社会适应能力，等等，对于重度智障儿童更要保护好他们的求知欲望，对于他们的点滴进步，教师要及时给予表扬，使他们拥有良好的心态。教师要善于制造宽松的班级氛围，对于这一群体的学生，既不能过于严肃，也不能完全放纵，制造活力、阳光的班级氛围，形成正确的班级舆论对于规范每个学生的行为习惯至关重要。

对于教师本身而言，要看得到学生的进步，他们的进步尽管比正常孩子慢很多，但通常也在慢慢前进，尤其是重度智障的孩子，其进步的速度更是缓慢。如A学生本学期学会自己穿衣服了、B学生不乱扔垃圾了、C学生能安静地上课了，等等。教师要善于从学生的点滴进步中，肯定孩子所取得的成绩，让他们感觉到：原来我也很棒。而所有的这些，也正是逐渐形成良好行为习惯的开始，提高学生思想品德的基石，可以使学生极大地提升自己的自信心，拥有良好的心态。这对于他们保持一颗积极向上的童心非常重要。每个孩子都希望得到老师的肯定，他们同样不例外，有爱笑的老师，学生的心灵更阳光。

三、给予特殊的孩子特殊的爱

对于这些特殊的孩子，总会有在人群中更特殊的孩子，需要教师运用教育智慧，给予他们特殊的爱。我班小毅同学情绪非常不稳定，在班上也很霸道，经常欺负弱小同学，但他又不是自闭症孩子，不属于自身控制范围外的情绪失控。而且作为教师，跟学生硬拼显然也不合适。于是刚开始，在他情绪暴躁时，我都显得很无助，过后才慢慢跟他讲道理。但后来发现这种方法并不理想，虽然可以使他情绪激动时不伤到别人，但这种行为一点都没收敛，反而越来越严重，情绪越来越暴躁。我跟他家人沟通，家人说小毅在家情绪一直都不好，动不动发脾气。因为得知是这样的孩子，所以爷爷奶奶爸爸妈妈都宠着他，当他跟哥哥、妹妹起冲突的时候，家人都让哥哥、妹妹让着他，不能让他受半点委屈。这也许就是他一而再、再而三地发脾气的根源：觉得这个世界上，所有人都不能委屈我。我决定改变策略，寻找突破口。经观察发现，他不怕我却非常畏惧班上的一个同学，原来那个同学在他发脾气时，人家也好不客气回敬了他。后来再发脾气，我就没有听之任之，而是以严厉的口吻批评他，当他要动手时，做出不怕受伤的姿态迎接他，他反而胆怯了，把手收回来了。经过反复的几次，他开始对我畏惧了。当然，在平时，我一直加强对他进行思想教育，有进步及时表扬他，并给予物质奖励，他开始慢慢喜欢上我了，也不顶撞了，欺负弱小同学的频率慢慢降低，大家都说他好像变了个人，变乖、变懂事了。

四、家校结合，共同教育

作为一位母亲，我深知父母对孩子的期望，虽然班上的孩子都有重度智力残疾，但家长们毫不吝啬地爱着自己的孩子，尽管家长也能了解到孩子在校的基本情况，但更希望与老师面对面交流，了解孩子的详细情况，并就一些困惑一起交流。为此，我经常采用电话、约谈的方式与家长保持良好的沟通，也能使自己更了解学生在家的表现，更全面地了解学生。

与家辅保持良好沟通，及时跟进学生在家的表现，指导家辅在家如何教育孩子，使孩子尽可能地持续保持良好习惯，不至于家里家外两个样。如刚入学的孩子上课坐不住，我们老师在学校培养孩子安坐的能力，也要求家辅在家多给孩子训练安坐的能力。如多动症的小琳，我刚向她奶奶提出配合学校每天静坐十分钟。奶奶刚开始半信半疑，这个孩子出生到现在，从来都是跑的，在家从不肯安静坐下，连吃饭都边跑边追，要她安静地坐下来，简直比登天还难。我让她奶奶到班级听课，了解孩子在班上的表现。当奶奶看到小孙女在班上居然能坐一节课，配合老师的教学时，奶奶很激动，说从来不知道孙女还能这么好，还能坐下来好好听课。于是，我又指导她如何培养孩子的安坐能力。半年过去了，小琳各方面的进步都非常巨大，在家再也不像以前总乱跑了，能安安静静地坐着玩套杯、搭积木、看电视了。重度智障的孩子，往往就是一件件普通人认为很简单的事情，但要教会他们，都要付出巨大的精力和心血。家校合一，才能共同教育好孩子。

五、身正为范，教师的言行在品德教育中起着巨大作用

教师的天职是教书育人，因此，在教好书的同时也要育好人。教育家乌中斯基讲过：道德不是口头禅，而是包含在各个方面儿童参加的，并随时随地透到他们的心灵深处的生活本质。在特殊学校，面对这些智力有缺陷的孩子，培养他们良好的行为习惯尤为重要。重度班的孩子本身的理解能力较差，而重度新生班级的学生，对于言语的说教，更是不知所云。所以，单纯的说教对他们的影响远不如老师的模范作用大。教育学生在升旗时要行注目礼，我自己升旗时就行注目礼，尽量让自己的身体笔直地站立，并一遍遍示范给学生看；教育要认真做好广播体操和眼保健操，我自己在做广播体操和眼保健操时就认真对待，做好每一个动作，手把手教他们做好每一个动作，尽管任务很艰巨，但慢慢地，他们也会开始尽自己的能力做好；教育学生不乱扔垃圾，我自己就把垃圾丢垃圾篓，碰到地上有垃圾就随手扔垃圾篓；教育学生爱护公物，我自己平时就要对公物爱惜等等。让学生养成这些良好行为，教师就是一个重要的典范。

对于重度新生班学生的品德教育是一项持之以恒的长期工程，老师要常抓不懈，家校结合，使学生不断提高思想品德修养，形成良好的行为习惯。

广东学校德育“百系列”丛书——科研引领系列

GUANGDONG ZHONGXIAOXUE BAIPIAN YOUXIU DEYU LUNWEN

广东中小学百篇优秀德育论文 上

广东省教育厅◎编著

南方日报出版社
NANFANG DAILY PRESS
中国·广州

图书在版编目（CIP）数据

科研引领系列 ：广东中小学百篇优秀德育论文 ：全2册 / 广东省教育厅编著. — 广州 ：南方日报出版社，2018.1
（广东学校德育“百系列”丛书）
ISBN 978-7-5491-1358-3

Ⅰ. ①科… Ⅱ. ①广… Ⅲ. ①中小学－德育工作－广东省－文集 Ⅳ. ①G631-53

中国版本图书馆CIP数据核字(2016)第010349号

GUANGDONG ZHONGXIAOXUE BAIPIAN YOUXIU DEYU LUNWEN
广东中小学百篇优秀德育论文（上）
广东省教育厅　编著

出版发行： 南方日报出版社
地　　址： 广州市广州大道中289号
出 版 人： 周洪威
出版统筹： 周山丹
责任编辑： 方　明　杨柳青
特约编辑： 梁小冬
封面设计： 劳华义
内文设计： 胡馨怡
责任校对： 王　燕
责任技编： 王　兰
经　　销： 全国新华书店
印　　刷： 虎彩印艺股份有限公司
开　　本： 787mm×1094mm　1/16
总 印 张： 39
总 字 数： 754千字
版　　次： 2018年1月第1版
印　　次： 2018年1月第1次印刷
总 定 价： 90.00元（全2册）

投稿热线：（020）83000503　**读者热线：**（020）83000502
网址： http://www.nfdailypress.com/

编委会

顾　问： 罗伟其

主　任： 景李虎

副主任： 邢　锋

成　员： 袁本新　朱建华　倪　熙　陈丽霞　刘科荣
汪永智　高家方　陈　琦　汪　芸

序

p r e f a c e

◎景李虎

党的十八大明确指出，要全面贯彻党的教育方针，把立德树人作为教育的根本任务，培养德、智、体、美全面发展的社会主义建设者和接班人。这一重要论断深刻揭示了学生思想道德素质培养在学生教育中的基础性地位及德育工作对于学校教育的重要意义，为我们进一步做好学校德育工作增添了动力、指明了方向，我们必须全面学习领会、深入贯彻落实。

在贯彻党的十八大精神、落实立德树人要求的过程中，广东紧紧围绕培育和践行社会主义核心价值观，着眼课堂教学、校园文化、社会实践、学校管理“四育人”平台建设，着力推进课堂育人，创新高校思想政治理论课和中小学德育课教学，探索建立高校党委书记、校长上第一堂思想政治理论课制度，把学科育人纳入学科教师日常培养培训及教育教学考核；着力推进文化育人，举办学校校训、校徽、校歌展示活动，引导师生对学校文化蕴含的传统文化和时代精神进行挖掘、阐发，持之以恒分类开展高校、中小学、中职学校主题教育活动，促使活动教育化、系列化、品牌化；着力推进实践育人，加强大学生社会实践活动的正确引导，让大学生通过实践增强对中国特色社会主义的政治认同、情感认同和实践认同，加强中小学生综合实践基地建设，破解中小学生社会实践安全难题；着力推进管理育人，全面深化德育管理队伍培养，精心打造“三项赛事”（高校思想政治理论课青年教师教学基本功比赛、辅导员职业能力比赛、中小学班主任专业能力比赛）、“三种培养”（高校思想政治理论课名教师骨干教师培养、名辅导员培养、中小学名班主任培养）、“三类工作室”（高校思想政治理论课名师工作室、名辅导员工作室、中小学名班主任工作室），形成优秀德育教师从发掘选拔到培养成长到辐射带动的完整链条。凡此种种，不胜枚举。

总结广东近几年学校德育工作的成功实践，有一条基本经验——重视学校德育工作的“四性”建设，即科学性、创新性、实践性、实效性建设，其中，科学是基础，创新是动力，实践是关键，实效是根本。可以说，新形势下广东学校德育工作取得的每一点进步、每一分收获，都得益于对“四性”的深刻理解和自觉运用，得益于在对“四性”一贯坚持中的丰富发展。

一是突出科学性。德育工作的对象是活泼的学生个体，其工作成效如何不仅影响学生当前成长，更关乎学生长远发展，来不得半点任性和马虎，必须认真遵循学生身心成长规律和德育自身工作规律。把握科学性，广东依托高校成立了中小学德育研究与指导中心、中职学校德育研究与指导中心、中小学心理健康教育指导中心等专业机构，建立起行政推动与专家指导相结合的工作推进机制，使得省级德育工作宏观管理具备了坚实的学术支持、学理支撑和科学奠基。

二是突出创新性。当今时代，经济社会深刻转型，思想文化多元多样多变，互联网、手机等新兴媒体迅猛发展，“新”和“变”已然成为学生所处环境的重要特征。做好德育工作，我们比以往任何时候都更加需要创新，“老办法”可以不灵，但绝不能够不会“新办法”。把握创新性，广东设立了省级学校德育创新项目和高校思想政治教育工作创新项目，积极鼓励和支持各地各学校进行德育理念创新、手段创新和基层工作创新，促使德育创新蔚然成风、德育创新成果竞相迸发。

三是突出实践性。常言道，实践出真知，没有经过实践的道德认知难免苍白无力，难以支撑起学生终身认同和践行的道德法则和价值准则。德育的入耳、入脑可以通过课堂教学实现，但要入心、要真正刻入学生心灵，唯有通过实践、通过学生亲身经历、亲身体验和自我感悟、自我理解才能达成。把握实践性，广东在推进“创强争先建高地”教育中心工作的过程中，明确将实践育人、青少年校外活动场所建设等写入创建教育强市、强县（市、区）、强镇及推进教育现代化先进市、先进县（市、区）指标体系，并对推进教育现代化先进市的中小学生综合实践基地建设指标、推进教育现代化先进县（市、区）的青少年宫建设指标实行“一票否决”。

四是突出实效性。加强德育工作的科学性、创新性、实践性建设，根本目的就在于增强德育工作的实效性，让德育在学生中更好地落地、生根、开花、结果，让德育真正润进学生心田。也就是说，德育要见实效，工作的科学性、创新性、实践性必须落地，落实到德育工作的各个实施层面。把握实效性，广东对学校德育科研工作进行大胆改革，树立实践导向，把重心下移到德育实践操作层面，通过整合零散的理论研究力量，集中优势团队进行少数重大理论问题研究，大力释放实践研究空间，大幅度提升了德育实践研究项目的立项比例，引导各地各学校多出德育方法载体、渠道途径等实施层面的成果，减少那些缺少新意、反复注解、难以推广运用的理论“研究”成果。

一分部署，九分落实。广东各地各学校在推进“四育人”、加强德育“四性”建设的过程中，坚持务实进取、主动作为、积极探索，创造了一大批优秀德育理论和实践成果。为加强各地各学校间的学习交流，发挥先进典型的示范引领作用，广东省教育厅于2014年在全省范围内组织开展了“百系列”学校德育优秀成果展示活动。活动面向各级教育行政部门和各级各类学校，分为“教书育人”“践行社会主义核心价值观”“以德立校”“科研引领”“聚焦课堂”“实践育人”六个系列，经层层推荐、严格遴选，集中展示了“百名优秀德育教师”“百名优秀学子”“百个优秀德育案例”“百篇优秀德育论文”“百个优质中小学德育课、高校思想政治理论课课例”以及“百项优秀校外教育成果”。这套“百系列”丛书所呈现的就是展示活动中的部分优秀成果。通过这些成果，我们对基层一线的德育工作也有了更深的认识。

第一，基层一线德育经验之丰富多样，令人欣喜。这些优秀成果从实施途径来看，涵盖了课堂教学、校园文化、社会实践、学校管理等各种育人渠道；从实施内容来看，包括了理想信念教育、中国精神教育、道德品行教育、法治知识教育、职业生涯教育、心理健康教育等各类教育内容；从实施主体来看，大到一个区域、一所高校，小至一所中（小）学、一个院系、一个班级。难能可贵的是，这些成果来自基层一线，符合基层实际并经基层实践检验，操作性、实用性、可学性都很强，普遍具有较高的推广应用价值。

第二，基层一线德育方法之不断改进，令人振奋。从这次展示活动来看，基层一线对德育方法的科学性越来越重视，再也不是囫囵一堆、不管先后、不分轻重地一拥而上、使劲灌输，而是注重针对学生身心特点和思想实际，采用适合的德育方法。例如，更加关注学生的个性化需要，更加重视与实践的结合，更加突出学生的主体性，更加发挥手机、网络等新媒体作用等等，呈现出多样化、精细化、特色化的良好态势。

第三，基层一线德育教师之奉献精神，令人感动。随着时代发展和社会进步，无论是教育部门和学校，抑或是家长和社会，都对教师的期盼越来越多、要求越来越高。即使这样，基层仍然有大批德育干部和教师承受住重重压力，刻苦钻研、辛勤耕耘，全身心投入到德育工作中，并取得骄人的业绩。尤为可贵的是，这些优秀德育干部和教师不仅有爱心，更有智慧、有思想；不仅敬业爱岗、辛勤付出，更能将科学的思想和理念贯彻到工作实践中。他们可以说是治教、教书和育人“全面发展”的优秀教师，希望大家把他们立为标杆、树为榜样，见贤思齐、不断进步。

大学生思想政治教育和未成年人思想道德建设任重道远，必须持续用力、久久为功。殷切期望德育战线全体同人抖擞精神，在巩固好“百系列”展示活动成果的基础上，继续保持改革创新的锐气、昂扬向上的朝气和争创一流的勇气，继续开阔视野、开动脑筋、开拓思路，争创广东学校德育工作新优势，为我省教育“创强争先建高地”不断做出新贡献！

是为序。

（本序作者系中共广东省委教育工委书记、广东省教育厅厅长）

目录

contents

班级管理中的“非常6＋1”

■ 深圳市翠园中学初中部　王　莉

摘　要：说实话，我并不是怀揣着教育的梦想走进课堂的，我那时的理想是当一名记者或者是女军官。虽然未能如愿，但我的个性就是不服输，因此走向三尺讲台的我，工作第一年就担任班主任，并且还把班主任工作做得风生水起。期末评估，综合考核竟然全校第一。校长说：“你天生就是做班主任的料。”年轻时的我不知道自己是不是天生做班主任的料，反正一做就是20年，而且做得如痴如醉。无论走向什么岗位我都不愿意放弃我钟爱的班主任工作。

关键词：班主任工作　班主任管理　学生信任

上个学期，我在教学处工作兼初三年级部主任，执教两个初三毕业班的数学，外加担任一个班的班主任。领导体恤我的辛苦，几次想让我不做班主任，以把更多的精力放在学校管理工作上。可是我割舍不下那份对班主任工作的执着，为此每天只得超负荷地运转。

王老师的学生

许多老师对我如此眷恋班主任工作觉得不可思议，并惊叹工作如此繁重，我又是如何坚持下来的？难道我不是血肉之躯？事实上我就是一名普通的班主任，有着浪漫情怀，且积极追求生活情趣的班主任。我之所以能坚持下来，离不开我班级管理中的六个“第一次”和我对教育的一片痴心。我把我的这个秘诀叫作班级管理中的“非常6+1”！

一、第一次和学生见面——让学生信任班主任，爱上班级

开学第一天和学生的第一次见面，班主任如果能做到先声夺人，秀出自己的个性，秀出自己的风采，博得学生的信任，就有可能“hold”住学生，让学生爱上班级。

开学前两天，校长找我谈话的时候很严肃：“王老师，你已经连续三年带初三了，今年本打算让你休息一年的，可是没办法，你还得救救火。原来的二（6）班，到现在为止不到一年时间已经换四位班主任了，全部被学生气跑了，班风不但没有好转，反而越来越糟糕。具体情况你问问前四位班主任吧！希望你能扭转局面。”校长这几句话把我推向了煎熬，那一晚我彻夜未眠，先生劝我婉言推辞，而我明知山有虎，偏向虎山行，还是不愿放弃这样的考验机会。我怀着忐忑不安的心情接下了新一届的初三（6）班。利用一上午的时间，我走访前几任班主任，了解了班级学生问题所在，不问不知道，一问吓一跳。

班级学生没有凝聚力，没有向上的动力。班内男生有两大帮派，经常为所谓保护女生的“正义”大打出手，这两派把班级搅得乌烟瘴气。

其中一派，理一样的发型，而且在右鬓角的上方用剃须刀做了造型“F”，据说来源于对“F4”的喜欢，因此称之为“F4帮”。这一派的孩子有几个唱歌、跳街舞、演讲特别棒。

另外一派，由上一届初三打架休学回来的三个学生纠集五个人组成“红鞋帮”，八个男生每天都穿一样的红色运动鞋，而且把裤脚放在鞋里面穿，那阵势很唬人，确实是学校一道独特的风景。这八个男生体育很棒，篮球打得不错。

班主任既不能让人家理光头也不能不让人家穿一样颜色的鞋子。只要班主任想改变他们，两派就“同仇敌忾”把班主任气跑。而且每一次换班主任，第一次和学生见面，校长一行会声势浩大地把班主任送到班级，先把学生“镇压”一下，以提升新班主任的气势，而每位班主任都没能“辉煌”下去。

开学本是平常而又平凡的事情，但因为这个特殊班，对于我却既不平凡又不平常，开学第一课让我充满期待，我要绞尽脑汁做最好的准备。

根据这个班的特点，我开始制订方案。关键是人心，据说这些孩子叛逆得惊人，越是校长夸奖的好班主任，他们越是觉得不好。我和领导说，他们不用陪我到班。开

学第一天我要低调出场，高调做事。

首先，从教室布置入手。教室文化是一个班级的灵魂，是班级老师和学生人生观、价值观的集中体现。一个学生爱上教室就是爱上班级，爱上班级才能全力以赴地为班级争光。

主旋律定好后，我拿出看家的本领先把教室布置得漂亮温馨。我把上一届学生毕业联欢用过的丝带、气球、花条全部拿出来，用了整整一下午的时间把教室装扮一新，把每个学生的桌椅擦得锃亮，把地板拖得干干净净，然后在黑板上写好“欢迎你们进驻新家”八个醒目的大字，用心形来点缀。看着焕然一新的“家”，我心中燃起了希望。

开学的那天早上，我特地早早起床把最漂亮的衣服穿上，又精心化了淡妆，据说这些孩子们有点以貌取人，就算是投其所好吧！我对着镜子中的自己展开大大的笑脸，然后，自信地走向学校。

到校后我把教室的前后门和窗户都打开，意在吸引过路学生的眼球，其他班一群一群学生从门前经过，流露出羡慕的表情，而我很真诚地在门口等待我的每一名学生，并给予每个孩子一个灿烂的微笑。也许他们很久没有受到如此待遇了，也许他们内心柔软的神经被触动，每个孩子也都露出天真的微笑。我忽然很激动，激动来自和其他班主任不同的感觉：我觉得孩子们很单纯、很可爱。笑，证明还可以挽救，学生并没有他们描述的那么刀枪不入，不可救药。

看到孩子们眼中的自豪与好奇，我更有信心了。于是打开我精心制作的课件：开学第一课——感动与奋进。当我把每一名学生的优点如数家珍地展示出来，当我把肯定的话语和鼓励的目光送给“F4 帮”和“红鞋帮”时，这群大男孩微红的脸上露出惊喜和感激。我感受到我们的心在慢慢靠拢。班长说：“您就是我们要找寻的班主任。我们一定不会再把您气跑了。”所有的同学都齐声赞同班长。

我知道他们只是被眼前的惊喜迷惑，喜欢上了我这个不一样的班主任，爱上了这个不一样的班级。班级的管理绝不是一蹴而就的事情，它需要一个漫长的过程，但是班主任和学生第一次见面的印象对班级管理来说至关重要，班主任给学生留下的好的印象是博得学生信任的关键。有了信任就有了希望。

二、第一次班会——让科任老师成为班级的管理者

班主任与科任老师的关系协调得好与坏，直接影响到双方在教育教学中的情绪。关系和谐，才能有良好的工作氛围，心才能往一处想，劲才能往一处使。

我的做法是：第一次班会就把科任老师全部请到前台就座。

我用PPT把每位科任老师的成绩和闪光点放大给学生看，着重夸夸他们的优点，让每位科任老师体验被重视、被尊重的感觉，让每名学生从内心深处崇拜和尊重科任老师。我告诉学生："课堂上如果不尊敬我这个班主任我还可以谅解，如果漠视科任老师的辛苦付出，顶撞科任老师，不服科任老师的管教，那么我作为班主任一定不能原谅这样的学生！"

宣传科任老师的同时，也请科任老师提出要求和希望，在后续的工作中逐一实现，让科任老师从第一天起就参与到班级工作中来。

班主任号召学生尊敬科任老师，那么就必须从我做起。

第一次班会对科任老师的尊重，为学生做出了表率，让科任老师亲近了班级。

当然，工作是必须有延续性的，此后的系列工作也很重要，如给科任老师过生日。我带班有一个惯例，就是每一名学生的生日我都会带着全班学生一起采用简单难忘的形式和学生一起过，我亲自给学生写生日祝福语或者送一首嵌着学生名字的祝福诗或者送点小礼物，而这总是能引起学生的惊喜和感动。我同样也把每位科任老师的生日记下来，让学生也采用这样的方式给科任老师过生日。

李老师的生日

周四最后一节辅导课是我的课，我托词说我有事想早走，请李老师帮帮忙。上课铃一响，马上有一名学生跑来问李老师问题（其实这个学生是个托，就是想多几分钟的时间让学生布置教室）。上课5分钟后，当李老师急急忙忙走进教室时，蛋糕、气球、鲜花、祝福歌扑面而来。当学生们大声朗诵班委会特意为李老师的生日写的祝福词时，年近五十的李老师激动得哭了，我泪眼婆娑地拥抱了李老师，我看到了李老师感激和幸福的眼神。从此李老师对班级比我这个班主任都负责，和孩子们走得更近了，教学更努力了。

其实老师的要求就那么一点点：真心的尊重和真心的关爱。班主任和学生做到了，那么科任老师也就全力以赴了。科任老师全力以赴了，班主任工作就相对轻松了。

三、第一次班委会——让班级干部成为班级管理的主力军

信任的力量是无穷的。第一次班委会，班主任要把自己对班委干部的信任传递给他们，让每一名班委干部都明白自己在老师心目中的分量是独一无二的，要鼓励他们

只要付出努力就能把工作做好。

第一次班委会我会赠送每名班干部一本工作日记本，日记本扉页上写有我殷切的希望和鼓励。例如，给班长的赠言是：“看到你，仿佛看到昔日的我，年轻时的我有和你一样的热情，却没有你如此出众的才华，班级能有你这位班长是班级的大幸，希望你不辜负全班同学对你的信任，别埋没你出色的管理才能，做个任劳任怨的好班长！更坚信你一定可以带领班级走向辉煌。”给学习委员的赠言是：“你是同学们心中学习最棒的，当同学们把信任票投给你时，他们也把学习的重任压到你的身上。现在我也把我的信任投给你，希望你把好的学习方法奉献给全班同学，带领大家勇夺学习的桂冠。”每个看完赠言的班委干部都热血沸腾，相信有了信任和希望，他们的工作可以做得更好。

王老师的学生

第一次班委会，班主任还要向班干部传传经、送送宝。我手头上有许多适合他们读的书籍，所以第一次班委会我根据每个班委的特点推荐他们读一本书，如《哈佛女孩刘亦婷》《清华男孩》《李宁传》《只要敢想你就行》……“一个人是否成功不在于他有多少有利的条件，而在于他怎样看待自己。”大师的话让孩子们看到自信对一个人成功的作用，同时让他们明白成功的路上一定会遇到磨难，但更需要坚持，那么班级管理也一样。我告诉他们，能管理好一个班级，未来就能管理好一个单位或者一个企业，乃至一个国家，所以做班委应该是最能锻炼人的岗位。不是谁天生就能做好的，而是需要自身的努力，需要一颗愿意为同学服务的心，更需要坚韧不拔的毅力。

第一次班委会给了学生自信，给了学生希望，给学生定了一个目标，学生管理从此就拉开了序幕。在后续的班级管理中，班主任只需要做幕后的指导者、台前的鼓掌者，学生能力自然就提高得更快。学生能力提高了，成了班级管理的主力军，班主任工作也就得心应手了。

四、第一次家长会——让家长成为教育的同盟军

一个权威机构调查得出以下结论：在一个孩子成长的决定性因素中，50%左右是家庭教育，30%左右是个人修为，而20%左右才是学校教育。可见家庭教育在孩子的教育中何等重要。家长是孩子的第一任老师，对孩子的影响非他人可比。班级管理中如果能让家长成为教育的同盟军，班级运作起来一定可以事半功倍。而第一次家长会上家长对班主任的认可至关重要。

首先要精心设计开场白。第一次家长会我的开场白是："亲爱的家长们，为了咱们孩子的成才，今天我们站在同一个战壕，我很荣幸可以成为诸位教育孩子的同盟军。孩子是你们的掌上明珠，他们也是我的掌上明珠，我也爱我的这一群孩子。所以我们的目标是一致的——望子成龙，望女成凤。每一个孩子都是聪明可爱的，我一个人的力量可能完成不了所有家长的希望，我一个人的力量不可能让每个孩子都满意，这期间一定需要家长的支持和配合。我恳请各位家长，为了我们的孩子，一切从教育好孩子的角度出发，一切从教育的大局出发，让我们携起手来，为了我们的孩子，努力努力再努力。"这样的开场白博得了家长热烈的掌声，而这掌声正是家长愿意配合我的信号。

家长给予一个班主任持久热烈的掌声更说明每个孩子都是家长的唯一。家长期待班主任能带好他们的孩子，使他们的唯一变得更加优秀。家长的热情与期待也是激励我带好这个班级的动力。

再次要选择恰当的主题。我在第一次家长会上不只谈学习，更关心孩子的衣、食、住、行，目的是要让家长看到一个真正关心孩子的班主任而不是一个充满功利的班主任。

谈"衣"，就是提倡让孩子穿得整洁，穿出学生的精神面貌。面对学生追求名牌的攀比风，我们一定不能只是一味满足孩子的欲望。从穿衣延伸到孩子的仪容仪表，学校的仪容仪表规范不是简单的规则和条条框框，而是关系着孩子的审美趣味、品质发展。

谈"食"，我谈到许多孩子早上为了多睡一会儿不吃早饭，有的孩子严重挑食，有的孩子一大早买一瓶他们最爱的碳酸饮料解决早餐，而这种早餐方式直接损害孩子的健康。每一次升旗仪式站立20分钟左右，我就看到有几个孩子晕倒（营养不足，低血糖）。饿着肚子听课，是不可能有效果的。当我把我的担忧一一传递给家长时，家长能感受得到一个班主任对孩子的关爱，同时这也给家长提了醒，如何关注孩子生活，如何管理孩子零花钱。我恳求家长——为了孩子的健康，为了给孩子一个高效课堂，一定要让孩子吃好、吃饱。

谈“住”，就是给孩子一个安静的学习环境。有些家长喜欢打牌打麻将，在家里吵吵闹闹，有的家长喜欢看电视、玩电脑游戏等。作为班主任，我不能直接说“请家长停止这样的行为”，家长会反感这样的班主任。我从关心学生的角度就事论事——孩子进入初中很辛苦，科目增多，因此孩子回到家需要一个相对安静的空间预习、复习，完成作业。我恳请家长率先垂范，给孩子创造一个这样的空间，这样孩子不但能学好还能休息好。

谈“行”，就是谈学生的行为习惯。从关心孩子的安全角度出发，父母们就会逐步明确从早到晚对孩子的时间要求。我讲述了美国教子“四W原则”，即父母在任何时候都要了解孩子是跟谁在一起，在什么地方，在干什么以及什么时候回家。讲明时间安排、行为习惯的利害关系，家长自然信服。

第一次家长会要求不能太高，更不能苛刻，只能真诚地建议：

有时间多和孩子待在一起（陪孩子下棋、散步，一起看孩子喜欢的益智电视节目）；

做孩子最好、最知心的朋友；

父亲要成为孩子心目中的英雄，母亲要成为孩子心目中的天使（榜样）。

五、第一次比赛——让学生为自己是班级的一员自豪

圣克雷芒说：“如果你不去希望，你就不会发现什么东西超出了你的希望。”

原来完美仍可以被超越，原来精致还可以更精致！

我从来不放弃任何一个可以凝聚班级、锻炼学生的机会。我坚信只要付出了就一定有收获。想起那次篮球比赛我依然为班级的孩子们自豪。

九月份入学，十月初学校举行班级篮球循环赛活动，这是学生入校后的第一次活动。我精心组织策划，亲自带着学生在球场上训练。比赛时，我在旁边指挥，为他们加油。“小华退防”“小国看死他们的二号”“小青把球拦住”……当他们进球时，我和啦啦队们一起狂叫，嗓子喊哑了我不在乎，其他老师的眼光我也不在乎；我在乎的是孩子们打出了士气，打出了自豪，打出了凝聚力。当我们以36∶8、28∶4、30∶6连胜三局，以绝对的优势夺得冠军时，我和孩子们一起狂欢，我的提包被他们当作球传来传去。

庆功会上，每一个运动员都发表了激情洋溢的获胜感言。班长总结：“我们班男同学是最棒的，我们在其他方面也会表现得更好，我们是自豪的团结的六班。”班长说出了我的心里话。那一次活动让每一个学生为自己是六班的学生自豪，让孩子们深

深地爱上六班，让男生进入了空前崛起的日子，班级成绩前十佳原来一个男生没有，到最后和女生平分秋色，那该是一段怎样的激情日子啊！现在回想起来我都感动。

第一次比赛的完胜是全班的自豪，这对学生而言也是莫大的鼓励，这样的教育力量胜过老师的千言万语。利用第一次比赛的成功，可以给学生以信心，更要以此为契机，注意后续教育，让学生在一个更高的平台上起飞。直到毕业，孩子们依然不能忘记那次比赛带给他们的感动和自豪，并自此之后不断创下一个又一个第一。

六、第一次谈话——让每一位学生扬起自信的风帆

和学生的第一次谈话很重要，一定不能操之过急，切忌在班主任对学生一无所知的情况下开展，应该在学生入学两周后进行最好。

第一次和学生谈话不仅让班主任期待，学生也期待。第一次和学生谈话不能兴一家灭一家，即谈话的时候不能表扬一批学生，批评一批学生。即使有些学生满身的缺点，在其他学生的眼里一无是处，老师也不能批评、不能贬损，要绞尽脑汁找出这些学生的优点，让他们知道自己在老师心目中还是有位置的。即使一些学生在老师和同学们心目中是完美的，也不能一味赏识，在肯定的同时，也要鞭策他们：没有最好，只有更好。所以和学生谈话前对学生情况的了解至关重要。

和每个学生谈话前要隐蔽地先和家长沟通，了解孩子的性格和喜恶。如果有条件还可以和孩子以前的班主任沟通，做到胸有成竹后，第一次谈话就可以开始。

通过两周的时间先对学生的情况有个大致了解。和学生谈什么，以怎样的形式谈，谈话中会出现什么问题，这都是第一次谈话之前要预设的内容。

此外，还要注意营造氛围，选好时地。我第一次和学生谈话就提前告知学生：下一周班主任要请一位同学“喝茶”。其实把谈话换个形式，是想消除学生的紧张感，拉近彼此之间的距离，融洽双方的感情，更便于沟通。

总之，第一次谈话让学生感受到班主任对他们的关心，让他们看到自己的闪光点，明白自己在老师心目中的位置很重要，每位学生就能高扬起自信的风帆。

七、痴心教育，做一位主动的班主任

戴尔•卡耐基说：“除非我们能确实地喜欢自己，否则我们真的无法让别人喜欢自己。”作为班主任，我必须喜欢自己的工作，必须喜欢我的一群孩子们，如果连我自己都不喜欢，别人会喜欢吗？家长和学生能认可你的工作吗？所以在班主任工作

中，我总是用自己对教育的痴心来带动家长对孩子教育的痴心，带动科任老师对课堂的痴心，带动学生对学习的痴心。

我明白班主任是一个班级的核心人物，是学生的引领者。所以我做任何事情都会积极主动，目标清晰，争取做到最好。班主任的积极主动并不是唯我独尊，而是做好班级的引路人，用积极主动的身份演好配角，愿意为学生服务，愿意为老师服务，愿意为学校服务，愿意为家长服务。只有积极主动做好配角，才能成为真正的主角。

六个“第一次”和对教育的一片痴心，让我轻轻松松做了二十年班主任。并不是所有的班主任都要经历“破茧成蝶”，并不是所有的班主任都要经历“三部曲”，我坚信只要我能一如既往地做好六个“第一次”，加上对班主任工作的痴心，我还能轻轻松松再做二十年班主任。

高中生人际关系与学业成绩的相关研究

■ 佛山市第二中学 缪祝意

摘　要：为了考察高中生的同伴关系、老师关系、父母关系的总体状况及其与学业成绩的相关性，从而了解人际关系对学业成绩的影响作用，研究者随机选取了佛山地区三所普通高中的447名学生进行高中生人际关系问卷的调查。结果表明，总体上高中生人际关系处于中等偏上水平；不同年级、独生与否在同伴关系上有显著差异；男女生在与老师关系、与父母关系上有显著差异；高中生的同伴关系、师生关系、与父母的关系都与学业成绩有显著的正相关，其中师生关系与学习成绩的相关性最高。

关键词：高中生　人际关系　学业成绩

学业成绩是评定学生在某一阶段学业成就的一个指标，从某种程度上讲，学业成绩是衡量学生是否成功的标准之一。影响学生学业成绩的因素众多，如能探察其中的影响因素，便可对学生的学习提供有针对性的支持。高中生处于青春发育期，人际交往是他们学习之外的一件大事，他们的人际观念和人际关系也由幼稚、简单走向成熟、复杂，但由于其生理、心理发展的不平衡及社会阅历的限制等原因，在人际关系方面常出现很多的困惑和矛盾，直接影响到他们的学习。探讨高中生人际关系的总体状况及其与学业成绩的关系，有利于改善高中生不良的人际关系，提高学业成绩，促进高中生身心健康发展，因此具有重要的实践意义。

一、研究程序

1. 被试取样

本文选取了佛山地区三所普通高中作为施测单位，随机抽取各所学校的高一、高二、高三年级的各一个班的学生做被试。本研究统一由施测员按指导语的要求统一分发，由被试自行填写问卷，问卷填写完毕后当场回收。共发出问卷447份，删除错答、漏答和有规律作答的问卷18份，共回收有效问卷份429份，有效回收率为95. 97%。有效被试特点分布如表1：

表1　被试样本分布

	人数	比例（%）
男生	217	50. 6
女生	212	49. 4
高一	158	36. 8
高二	143	33. 3
高三	128	29. 9
独生	174	40. 6
非独生	255	59. 4

2. 测量工具

高中生人际关系问卷。采用王才康编制的高中生人际关系问卷，包括与同伴关系、与老师关系和与父母关系三个维度。由27个以自我报告形式的项目评价条目组成，采用5级记分，选项从“完全不符合”逐渐过渡到“完全符合”。问卷各维度的内部一致性Cronbaeha系数分别为：同伴关系（0. 836）、师生关系（0. 787）、与父母关系（0. 876）。经检验，该问卷有较高信度和效度。

学业成绩自评等级问卷。让学生先给自己打分（最低0分，最高100分），然后把学业成绩分为三等：较好或很好、中等、较差或很差。学生根据自己的分数选择相应的学业成绩等级。

3. 问卷施测

问卷测试采用的是团体无记名的测试方式。在施测中，使用统一的书面指导语，要求被试仔细阅读指导语，然后按指导语的要求完成整个问卷，全部问卷当场完成回收。由于本研究采用团体无记名的测试方式，因此我们在学生的学业成绩问卷的设计上，采用学生自评等级的方式。

4. 统计工具

用EXCEL的格式录入原始数据，并采用SPSS 15. 0进行统计分析。

二、结果与分析

1. 高中生人际关系的总体状况

表2 高中生人际关系的总体状况（n=429）

	Min	Max	M	SD
与同伴关系	17.00	45.00	34.33	5.87
与老师关系	9.00	45.00	32.19	6.32
与父母关系	9.00	45.00	31.51	7.75
人际关系总分	51.00	131.00	98.03	14.11

由表2可以看出，高中生整体人际关系的平均分为98.03，这说明我国高中生的人际关系处于中等偏上水平。从人际关系的各个维度来看，与同伴关系最好，其次是与老师关系，最低的是与父母关系，平均分为31.51。

对于高中生来说，生理上的迅速成熟使他们产生了强烈的成人感，希望像成人那样对自己的事情做主。而大多数的父母并没有尽快适应自己孩子迅速成熟所带来的一系列问题，仍然把他们当作孩子，生活上和学习上对他们限制得过多，从而使高中生觉得父母不理解自己，进而不愿和父母交流，并对父母的意见表现出很大的反抗性，与父母的关系也就明显地下降。这时期学生的情感依恋重心也逐步地由父母转向了同伴或朋友，与同龄人之间的交往越来越频繁。他们在心理方面最重要的发展是对友伴的亲密程度的增强，友伴交往的选择性和稳定性也同时有了飞跃性的增长。同伴关系在人际关系中占了重要的地位。高中生学习任务较为繁重，而师生关系对学生的学习又有直接的关系，因此高中生也会关注老师对自己的态度和期望，以加强与老师的沟通和理解。

2. 不同年级高中生人际关系各因子的比较分析

通过F检验，了解高中生人际关系各因子在高一、高二、高三各年级的得分及其差异性。结果见表3。

表3 高中生人际关系各因子的年级差异分析

	高一（n=158）	高二（n=143）	高三（n=128）	F值
与同伴关系	34.41±5.87	35.36±5.77	33.15±5.81	5.05**
与老师关系	23.82±6.01	22.15±6.77	23.57±6.09	3.00*
与父母关系	32.32±7.84	30.72±8.37	31.40±6.89	1.62

注：*$P \leq 0.05$，**$P \leq 0.01$。

由表3可得各年级学生在与同伴关系上具有显著性差异，其中高二学生的同伴关系最好，最差是高三学生；在与老师关系上，*F*检验所得显著性概率为0. 51，其中高一学生与老师的关系最好，最差是高二学生；但各年级学生与父母的关系没有显著性差异。

我们可以根据高中三个年级学生的学习与交往的特点来分析其同伴关系和师生关系的变化。在与同伴关系上，高一学生刚进入高中，在新的集体中，同学之间还不是非常熟悉，同伴关系开始慢慢形成；到了高二，经过一年的认识和了解后，基本上有了较为稳定的同伴关系，而高三要面临高考这一重大事件，学习几乎占据了学生全部活动内容，使得他们没多少时间去营造良好的同伴关系，加上学习竞争激烈，同伴关系可能也会受到影响；在与老师关系上，高一学生面对新的老师会充满着期待，建立良好的师生关系的愿望较为强烈，到了高二，升上高中的新鲜感慢慢消失，而高考似乎有点遥远，这时候他们可能会比较重视同伴交往或兴趣爱好这些方面，而有高考任务的高三学生，请教老师的机会更多些，这会促进师生之间的交流。

3. 男女高中生人际关系各因子的比较分析

通过独立样本的t检验，了解高中生人际关系各因子在男女生上的得分及其差异性。结果见表4。

表4　高中生人际关系各因子的性别差异分析

	男生（*n*=217）	女生（*n*=212）	*t*值
与同伴关系	34. 38±5. 80	34. 43±5. 96	-0. 09
与老师关系	22. 61±6. 33	23. 88±6. 32	-2. 07*
与父母关系	30. 25±7. 45	32. 80±7. 96	-3. 43**

注：*$P\leqslant 0.05$，**$P\leqslant 0.01$。

由表4可知，男生和女生在同伴关系上没有显著差异，而在与老师关系和与父母关系上则有显著性差异，其中，女生与老师和父母的关系比男生好。

我们认为这和男女生身体发育的时间差异及男女生性格特点有关。一般说来，女生身体发育与性成熟一般比男生早一两年，心理的成熟也早于男生。另外，男女生的性格特点也是造成差异的主要原因之一。由于社会角色期望的不同，男生比女生要表现出更大的独立性和情感的内隐性，因此他们所表现出来的人际关系质量水平要低于女生。

4. 高中生人际关系各因子在独生与否上的比较分析

通过独立样本的t检验，了解高中生人际关系各因子在独生与非独生上的得分及其差异性。结果见表5。

表5 高中生人际关系各因子与独生与否的差异分析

	独生（n=174）	非独生（n=255）	t值
与同伴关系	35.31±5.63	33.76±5.95	-2.72**
与老师关系	23.70±6.34	22.89±6.34	-1.30
与父母关系	31.43±7.98	31.53±7.68	0.12

注：*P≤0.05　**P≤0.01。

由表5可知，独生与非独生的高中生在与同伴关系上具有显著性差异，其中，独生子女的同伴关系比非独生子女好，而在与老师关系和与父母关系上，独生子女与非独生子女没有显著性差异。

在刚才的讨论中，我们知道同伴关系在高中生的人际关系中占有重要的地位，非独生子女可以有来自兄弟姐妹的交往，这在一定程度上满足了学生强烈交往的愿望，而独生子女则很少有这样的机会，所以他们会更加重视和渴望与同伴的交往，这符合现实的情况。

5. 不同学业成绩自评等级高中生人际关系各因子的差异分析

通过F检验，了解高中生人际关系各因子不同学业成绩自评等级上的得分及其差异性。结果见表6。

表6　不同学业成绩自评等级高中生在人际关系的问卷得分及比较

	好（n=68）	中（n=246）	差（n=115）	F值
与同伴关系	33.81±5.82	34.69±5.80	34.16±6.04	0.74
与老师关系	24.32±5.91	23.98±5.88	21.03±7.03	10.15**
与父母关系	31.37±6.76	32.77±7.25	28.91±8.81	10.13**

注：*P≤0.05，**P≤0.01。

从表6的结果可知，对不同成绩自评等级的学生来说，他们的同伴关系没有显著性差异，而师生关系和与父母关系则有显著的差异，其中自评成绩好的学生师生关系最好，自评成绩中等的学生与父母的关系要比自评成绩较好和自评成绩差的学生好。

原因可能是对于高中生来说，他们的情绪、情感体验比小学时更为丰富多彩性，选择朋友更看重对方的性格、兴趣爱好，更注重朋友间的真诚、信任、关心和谅解等，而成绩未必是择友的首先条件，因此在同伴关系上没显著差异。“亲其师，信其道”，高中生有时会因为某科成绩好而喜欢上该科任老师，所以成绩好的学生的师生关系可能会更好。对于成绩中等的学生与父母的关系比成绩好和成绩差的学生好，我们认为是父母对子女的期望值以及子女所感受的压力所导致的。成绩好的学生，父母的高期望值会使子女感到有压力，同时，有些父母可能会因为自己的子女成绩好，在其亲戚朋友面前表现出一种优越感，这也会给学生制造一种无形的压力；而成绩差的学生，父母可能会经常流露出不满的情绪，子女感受到的更多是一种指责、气馁，这些都会影响子女与父母之间的和谐关系。

6. 高中生人际关系与学业成绩自评等级的相关分析

对高中生人际关系的各个维度与学业成绩自评等级进行相关分析，具体结果见表7。

表7 高中生人际关系与学业成绩自评得分的差异分析

	学业成绩
与同伴关系	0.102*
与老师关系	0.255**
与父母关系	0.205**

注：$*P\leq0.05$，$**P\leq0.01$。

由表7可知，高中生的同伴关系、与老师关系、与父母关系都与学业成绩自评等级有显著的正相关，其中师生关系与学习成绩的相关最高。由此可以推测，与老师的关系越好，学生在学业上的成绩可能就越好。与父母的关系对学习成绩的影响也较大。

原因可能是师生关系能够通过多种方式影响到学生的学习和成绩，学生如果想从老师那里得到赞赏，也会以积极的学习表现得到认可。而且，教师的支持能增强学生学习动机，促进他们对学习课程的参与，即便对这些课程原本没有兴趣。所以我们可以推测，与老师的关系越好，学生的学习成绩可能就越好。同伴关系良好可以增进学生学习之间的相互交流和启迪。英国文豪萧伯纳说过："两个人在一起交换苹果与两个人在一起交换思想完全不一样。两个人交换了苹果，每个人手上还是只有一个苹果；但是两个人交换了思想，每个人就同时有了两个人的思想。"同伴的这种交往与促进可以使学生学习得更好，而与父母的关系和谐有利于减轻这时期的心理叛逆，营造更佳的学习心理氛围。以上这些都可能会促进学生的学习，以提高他们的学业成绩。

三、对策与建议

从调查结果来看，高中生人际关系与学业成绩密切相关。为营造高中生良好的人际氛围，下面从学校、家庭及学生三个层面提出教育建议。

（一）学校层面

1. 开设人际关系方面的相关课程，培养人际交往技能

区别于大学生，高中生的人际交往课程以活动、体验的形式开展更为合适。在活动课中设置相应的交往情境，引发学生讨论与思考，让学生掌握沟通、合作、倾听的技巧，了解、分析人际冲突的内在因素，克服人际交往的障碍，掌握非报复性冲突化解的原理与方法，培养学生对冲突事件自我反省的负责态度。

2. 开展丰富多彩的校园交往实践活动，让学生在交往中学会沟通

古人云："纸上得来终觉浅，绝知此事要躬行。"同样，高中生通过相关课程的学习所获得的沟通知识如不应用于实践就等同于"纸上谈兵"。因此，学校要多从沟通教育的角度设计、组织各种课外交往实践活动，为学生进行人际沟通提供实践的舞台，如集会演讲、辩论赛、社会调查及社团活动等。其中，高中生的社团活动是锻炼学生人际交往能力的一个重要途径，因为学生自己组织的活动更有利于提高学生的实际工作能力，包括沟通、组织、领导、说服等能力。在社团实践活动中，能够满足高中生内在的人际交往需求，并借助交往行为的自然后果提高独立解决人际冲突的能力，最终实现在交往中学会沟通。

3. 创造师生间的平等、民主的氛围

本研究结果表明，高中阶段师生关系对学生学业成绩具有影响作用。因此，在教育教学活动中，教师要注意与学生人际关系的培养。良好的师生关系，不但有助于教师教育教学措施的有效实施，有助于学生在教师的指导下有效地学习，更有助于学生自尊、自信、自我发展、自我成长。建立良好的师生关系，首先在于教师形成新的适应新课程改革的学生观和教师观，尊重学生、爱护学生，学习教育理论知识，掌握与学生有效沟通和交往的技巧，培养师生间彼此的信任和尊重，避免发生冲突和敌对。

4. 实行人性化管理，通过自我教育培养合作意识

对学生的教育、管理、服务做到以人为本，提倡人性化，培养学生自我教育、自我管理、自我服务的意识和能力，并对学生进行感性教育。通过自我教育活动，学生学会关心他人，学会宽容和理解，从而使人际关系和谐。

5. 开设心理咨询机构

当学生在人际交往中碰到问题的时候，可以通过打电话或面谈等方式得到心理辅导老师的帮助、指点，及时化解矛盾，消除心理障碍。特别是对刚入高中的高一学生要更加关注。由于初高中的学习及学校环境的变化，他们可能产生包括人际交往在内的许多不适应，而且，新生人际关系的和谐与否对其今后人际关系的发展影响较大。因此，学校要通过心理咨询机构对新生进行心理测试和心理辅导，了解新生的心理动态，对他们人际交往中碰到的问题，要耐心解答，热情帮助。

（二）家庭层面

1. 家长要有意识地营造一个民主平等的和谐家庭氛围

家长为亲子间的有效沟通打下一个良好基础，并在此基础上有意识地多向子女传授一些人际沟通的技巧，有意识地带孩子参与一些人际交往活动等。

2. 家长要多与学校合作

学生家长要多与学校、教师保持顺畅有效的沟通，积极参与学校的有关活动，除了了解子女在学校学业表现外，也要关心其人际交往状况，全面了解子女各方面的表现。只有建构起家校共育的社会化教育模式，发挥家校教育的合力作用，才能更好地促进学生人际沟通能力的发展。

3. 注意与子女的沟通方式

高中生在精神上越来越倾向于独立，人生观、世界观、价值观逐渐形成，对周围的人和事有了自己的看法，这个阶段学生要求父母处理和子女的关系上不仅是物质上的满足，更多的应该是精神上的关心和支持，这就要求父母与孩子的沟通首先要以理解和尊重为前提，主动与子女沟通，并学会倾听。

（三）学生层面

1. 学会正确认识自我和他人

首先要正确对待他人。学生要学会关心、尊重他人，只有尊重他人的人格和尊严，尊重他人的利益，才可能建立良好的人际关系。心胸狭窄、自私自利的人很难处理好各种人际关系。要正确评价老师和同学，要多看别人的长处，要体谅他人，主动关心他人，才能得到别人的理解和关心。

其次要正确认识自我。人要有自知之明，即正确的自我认识、自我评价。自卑或者过于自信的学生在交往中都容易出现交往障碍，影响人际关系。正确认识自我才能自我调适、自我控制和自我完善，才能悦纳自我，从而正确地对待别人。

2. 学会主动交往，培养良好的个性特征

人际关系是互动的，不要总是消极地等待别人来主动关心自己，主动交往会使人感到你和蔼可亲、容易接近、容易相处而愿意与你交往。开放自我是有感染性的，你对别人开放，别人也会对你开放。人的个性是有差异的，那些具有诚实、正直、通情达理、热情、开朗、可信、乐于助人、认真负责等性格特点的人往往具有一种人际吸引力，它像磁石般使众人聚集在他的周围。高中生要注重以上良好个性的培养，这有利于建立良好的人际关系。

3. 积极参加集体活动，有目的地锻炼自己的人际交往能力

在集体活动中，每个成员都要扮演一定的角色，完成一定的任务，在完成特定的角色任务的过程中，自己的人际交往能力也得到锻炼和提高。

4. 提高处理人际冲突的能力

在师生之间、同学之间、与父母之间有时会出现不同的意见和观点，产生不同程度的冲突，这种人际冲突有时是难以避免的。在解决冲突时，在尊重对方观点的同时，更重要的是要学会换位思考，站在对方的立场考虑问题，求同存异。

参考文献：

[1] 薛桂英，赵小云. 青少年学生人际沟通能力的教育和培养 [J]. 教学与管理，2011（1）.

[2] 孙宏碧. 中学生人际关系的特点及交往能力的培养 [J]. 德育与理，2002（12）.

[3] 周小娟. 中学生父母教养方式、应对方式与学业成绩的关系研究 [J]. 哈尔滨学院学报，2010（9）.

[4] 沃建中，林崇德. 中学生人际关系发展特点的研究 [J]. 心理发展与教育，2001，3：9-15.

[5] 陈树婷. 高中生情绪智力、人际关系与学业成绩的相关性研究 [D]. 浙江大学，2006.

[6] 李春苗. 关于师生关系对中学生学习影响的研究 [J]. 教育探索，1998（1）：15-17.

[7] 陈辉. 石家庄市高中生学习动机师生关系及其与学业成就的相关研究 [D]. 河北师范大学，2005.

单亲家庭中学生的心理健康状况调查

■ 广州市铁一中学　周　虹　苏宜欢

摘　要： 为研究单亲家庭结构对中学生心理健康水平的影响，采用周步成教授等人修订的《心理健康诊断测验》（MHT）量表对中学生进行测查。研究结果表明，单亲家庭中学生在量表中各个维度的平均数（M）都高于非单亲家庭的孩子，并且除了学习焦虑维度外，其他维度都达到了显著性或极端显著性差异水平；高一年级的单亲家庭中学生比初一年级的单亲家庭中学生心理健康水平更低；单亲家庭女生的心理健康水平比男生更低。因此，我们要提高单亲家庭中学生的社会支持度，增强与单亲家庭家长的家校联系，从而关注并促进单亲家庭中学生的心理健康。

关键词： 单亲家庭　中学生　心理健康　心理测量

单亲家庭是指由于丧偶、离异、分居等原因导致的家庭主体成员不齐全的家庭，由母亲或父亲独自承担抚养义务的孩子，即为单亲家庭的子女。研究表明，单亲家庭对子女的心理健康带来不良的影响，单亲家庭子女在认知、人格、情感等方面与双亲家庭子女比较，心理问题发生率较高。张志群和郭兰婷（2004）应用父母教养方式问卷、beck抑郁问卷和青少年生活事件量表等对1393名中学生进行调查发现，单亲家庭子女较少体验到情感温暖和理解，而且比双亲家庭子女有更多的抑郁症状；王玲和赵玲（2005）采用MHT心理健康诊断测验对263名离异家庭中学生研究显示，离异家庭初中生明显感到安全感缺乏，高分组初中生对家庭有更多的抱怨和怨恨。李学容（2005）等采用MHT心理健康诊断测验对187名离异单亲家庭子女和931名完整家庭子女进行调查，结果显示，离异单亲家庭子女心理健康总体水平较差，与完整家庭子女相比有显著差异，他们的心理问题在焦虑、孤独倾向、自责倾向和冲动倾向几个方面表现得较为广泛，并且心理问题所引起的身体症状也非常明显。李春华（2008）研究显示，离异单亲家庭子女的心理健康水平要远远落后于完整家庭的孩子，与完整家庭子女相比，离异单亲家庭中女生对生活适应优于男生，男生相对容易产生更多的心理问题。

以上研究发现的种种不良心理特征，对于中学生的认知能力发展、学习成绩的提高、人际交往、自我发展及良好道德品质形成等均产生一定的负面影响。因此，关注单亲中学生的心理健康状况是中学心理健康教育工作的重要内容。

一、研究对象与方法

本研究对广州市某中学初一和高一两个年级新生进行测试，有效样本1191人，具体分布如表1。

表1　受测人员具体情况

	单亲家庭		非单亲家庭	
	N	Valid Percent	*N*	Valid Percent
总体	39	3.3%	1152	96.7%
男生	13	33.3%	544	47.2%
女生	26	66.7%	608	52.8%
初一	12	30.8%	455	39.5%
高一	27	69.2%	697	60.5%

研究采用华东师范大学心理学系周步成教授等人修订的《心理健康诊断测验》（下称MHT）量表对中学生进行测查，对照分析单亲中学生与非单亲中学生MHT各个因子的差异。测查采用团体上机测试的方式对被试进行施测，被试的问卷测试结果直接录入电脑。

所有数据使用SPSS 16.0软件进行统计分析。

二、研究结果

MHT量表共包括学习焦虑、对人焦虑、孤独倾向、自责倾向、过敏倾向、身体症状、恐怖倾向、冲动倾向八个维度量表，各维度量表的结果可诊断出个人的焦虑中哪个方面问题较大，任一维度量表总分大于8分则表明该维度上有明显的问题存在。全量表总分是除去10题效度量表的项目后，剩下的90个题得分累加得到的总分，是从整体上表示焦虑程度的强弱以及焦虑范围的广泛性。一般认为总分如果超过64分，即该学生各内容量表大多数超过8分，即可表示其总体心理问题非常严重，需要关注和指导。本次测查结果如下。

1. 单亲家庭中学生与非单亲家庭中学生的心理状况比较

表2　单亲家庭中学生与非单亲家庭中学生在MHT的检出率比较

维度	单亲家庭中学生		非单亲家庭中学生		$P(x^2)$
	N	Valid Percent	*N*	Valid Percent	
学习焦虑	19	48.7%	473	41.1%	0.214
对人焦虑	4	10.3%	65	5.6%	0.185
孤独倾向	0	0	24	2.1%	0.446
自责倾向	9	23.1%	145	12.6%	0.054
过敏倾向	14	35.9%	195	16.9%	0.004**
身体症状	13	33.3%	167	14.5%	0.003**
恐怖倾向	1	2.6%	36	3.1%	0.656
冲动倾向	6	15.4%	44	3.8%	0.005**
全量表	4	10.3%	19	1.6%	0.006**

注：*N*表示存在心理问题的人数，* $P<0.05$，** $P<0.01$（下同）。

由表2可知，在恐怖倾向这个维度，存在心理问题的非单亲家庭中学生所占比例要稍高于单亲家庭中学生，但并没有统计学上的差异（$P>0.05$）。恐怖倾向是指有恐惧心理，如害怕关灯睡觉，怕高等，有可能是因为经历过家庭变故的中学生对恐惧的承受能力更强，或者说因为经历过更大的情绪波动而对这些具体情境恐惧承受力更强。其他维度则是存在心理问题的单亲家庭中学生所占比例要高于非单亲家庭中学生，这说明家庭稳定是影响孩子心理健康的重要因素之一，单亲家庭的子女在各心理维度上的焦虑程度更强，不适应的行为更多，更值得我们关注。同时，经过卡方（x^2）检验发现，在过敏倾向、身体症状和冲动倾向及全量表这四个维度，两组家庭中学生心理问题的分布达到了极端显著性差异（$P<0.01$）。

表3　单亲家庭中学生与非单亲家庭中学生MHT各维度分数比较（$x\pm s$）

维度	单亲家庭中学生	非单亲家庭中学生	*T*	*P*
	N=39	*N*=1152		
学习焦虑	7.79±3.74	6.86±3.00	1.90	0.058
对人焦虑	4.72±2.16	3.96±2.16	2.17	0.030*
孤独倾向	2.62±2.28	1.58±1.96	3.22	0.001***
自责倾向	5.51±2.36	4.54±2.41	2.49	0.013*
过敏倾向	6.13±2.39	5.27±2.28	2.32	0.02*
身体症状	5.29±3.58	4.18±2.96	2.28	0.023*
恐怖倾向	2.77±2.50	2.01±2.25	2.07	0.039*
冲动倾向	3.63±2.87	2.64±2.24	2.76	0.006**
全量表	38.56±15.86	31.04±13.65	3.37	0.001***

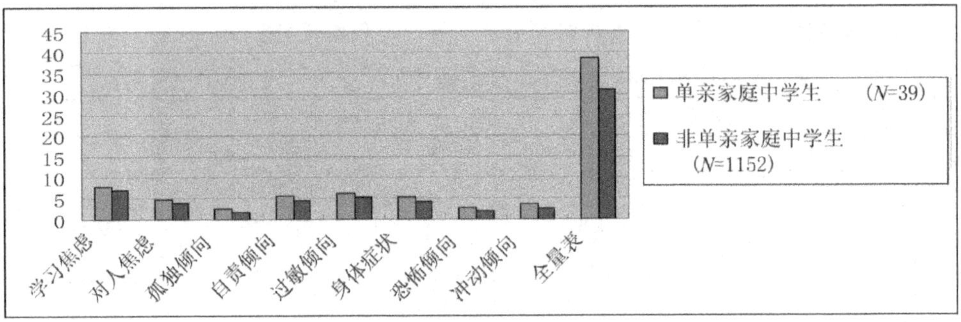

图1　单亲家庭中学生与非单亲家庭中学生MHT各维度分数比较

由表3和图1可知，单亲家庭中学生在量表中各个维度的平均数（*M*）都高于非单亲家庭的孩子，并且除了学习焦虑维度外，其他维度都达到了显著性差异水平（$P<0.05$），尤其在孤独倾向、冲动倾向和全量表三个维度上，两组家庭中学生的心理健康水平更是达到了极端显著性差异（$P<0.01$）。由此可知，单亲家庭中学生更容易出现心理健康方面的问题，更容易封闭自己，更容易无故哭泣或产生极端想法，他们在这些方面的心理健康更值得关注与指导。

2. 不同性别、不同年级的两组家庭中学生的心理健康状况的交互差异比较

为了深入了解两组家庭中学生的心理健康状况，进行2（性别：男、女）×2（家庭类型：单亲家庭、非单亲家庭）的多因素方差分析。结果见表4。

表4　不同性别与不同家庭类型中学生交互差异分析比较

维度	性别		家庭类型		性别与家庭类型	
	F	*P*	*F*	*P*	*F*	*P*
学习焦虑	0.77	0.379	1.99	0.159	0.04	0.835
对人焦虑	1.67	0.317	1.70	0.193	0.00	0.995
孤独倾向	1.00	0.317	6.04	0.014*	0.91	0.341
自责倾向	2.22	0.136	1.84	0.175	0.18	0.672
过敏倾向	3.19	0.074	1.75	0.186	0.23	0.634
身体症状	4.81	0.028*	1.04	0.308	0.27	0.603
恐怖倾向	4.29	0.039*	1.181	0.277	0.01	0.914
冲动倾向	0.815	0.367	4.72	0.030*	1.19	0.277
全量表	2.99	0.084	4.58	0.033*	0.014	0.907

表5 不同年级与不同家庭类型中学生交互差异分析比较

维度	年级		年级与家庭类型	
	F	*P*	*F*	*P*
学习焦虑	1.43	0.233	0.27	0.600
对人焦虑	8.17	0.004**	1.74	0.183
孤独倾向	4.80	0.029*	3.82	0.051*
自责倾向	2.31	0.129	3.32	0.069
过敏倾向	12.03	0.001***	3.55	0.060
身体症状	4.29	0.039*	2.17	0.141
恐怖倾向	1.65	0.199	4.90	0.027*
冲动倾向	7.80	0.005**	1.29	0.257
全量表	9.28	0.002**	4.70	0.030*

表4和表5呈现的是不同性别、不同年级的两组家庭中学生的心理健康状况的交互差异检验，表4显示的是性别和家庭的主效应和交互作用。结果表明，在身体症状、恐怖倾向这两个维度性别的主效应显著（$P<0.05$），由此反映出男、女生在这些方面的心理健康水平存在显著性差异，事后检验发现在这两个维度上女生平均分均高于男生，说明女生在这些方面的心理健康水平要低于男生。而家庭类型在孤独倾向、冲动倾向和全量表中的主效应都具有显著性（$P<0.05$），事后检验发现在这三个维度上单亲家庭中学生的平均分均高于非单亲家庭中学生。性别与家庭类型的交互作用不显著。

表5呈现的是不同年级的主效应以及年级和家庭交互作用。结果表明，在对人焦虑、孤独倾向、过敏倾向、身体症状、冲动倾向、全量表等维度上，年级的主效应存在显著性或极端显著的差异（$P<0.05$，$P<0.01$），说明初一和高一的学生在这些方面的心理健康水平存在显著或极端显著的差异，事后检验发现，除了恐怖倾向外，其他所有维度上，高一学生的平均分均高于初一学生的平均分，这说明高一学生在这些方面的心理健康水平要低于初一学生。年级与家庭类型的交互作用在孤独倾向、恐怖倾向和全量表等维度上存在显著差异（$P<0.05$），进一步检验发现这三个维度方面，高一年级单亲家庭的中学生平均分最高，即这些维度上的心理健康水平最低，其他类型的中学生平均分相近。说明了高一年级的单亲家庭中学生是最需要关注和指导的群体。

3. 两组家庭中学生心理健康状况的性别差异

表5 两组家庭中学生心理健康状况的性别差异

维度		男生				女生					
	家庭类型	*N*	M±SD	*T*	*P*	*N*	M±SD	*T*	*P*	*T*	*P*
学习焦虑	单亲	13	7.54±3.15	0.16	0.693	26	7.92±3.74	7.38**	0.007	1.96	0.170
	非单亲	544	6.55±3.08			608	7.15±2.86			5.131*	0.024
对人焦虑	单亲	13	4.38±1.89	0.38	0.536	26	4.88±2.30	0.20	0.659	0.36	0.554
	非单亲	544	3.71±2.20			608	4.17±2.10			1.06	0.303
孤独倾向	单亲	13	3.00±2.52	3.14	0.077	26	2.42±2.18	1.93	0.166	0.72	0.401
	非单亲	544	1.59±1.98			608	1.58±1.94			0.42	0.516
自责倾向	单亲	13	4.92±2.43	1.09	0.297	26	5.81±2.32	0.19	0.660	0.21	0.650
	非单亲	544	4.30±2.46			608	4.75±2.35			0.65	0.421
过敏倾向	单亲	13	5.69±2.72	0.56	0.454	26	6.35±2.27	0.018	0.894	1.04	0.315
	非单亲	544	5.00±2.37			608	5.51±2.17			3.87*	0.049
身体症状	单亲	13	4.15±2.67	0.00	0.947	26	5.85±3.89	6.22**	0.013	2.88	0.098
	非单亲	544	3.70±2.84			608	4.61±3.00			1.63	0.202
恐怖倾向	单亲	13	2.31±2.46	2.06	0.151	26	3.00±2.53	0.235	0.628	0.00	0.990
	非单亲	544	1.58±2.01			608	2.39±2.39			23.62**	0.000
冲动倾向	单亲	13	3.69±3.22	8.81	0.003**	26	3.62±2.74	2.05	0.153	0.58	0.453
	非单亲	544	2.24±2.03			608	2.99±2.30			9.01**	0.003
全量表	单亲	13	36.00±15.57	0.61	0.436	26	39.85±16.15	1.99	0.159	0.03	0.858
	非单亲	544	28.67±13.52			608	33.15±13.43			0.023	0.879

为了进一步讨论不同家庭类型的男女生心理健康状况的差别，经（LSD）平均数检验发现，单亲家庭的男生在各个维度的平均分（M±SD）都要高于非单亲家庭的男生，在冲动倾向上存在极为显著的差异（$P<0.01$），即单亲家庭的男生比非单亲家庭的男生在遇到事情时更容易冲动，情绪控制能力更弱。而对女生而言，单亲家庭的女生在各个维度的平均分（M±SD）都要高于非单亲家庭的女生，并且在学习焦虑和身体症状这两个维度上存在极端显著的差异（$P<0.01$），即单亲家庭的女生更看重学习成绩，更容易因为学习而产生焦虑，也更多出现因焦虑产生的躯体反应或对身体的担忧，这可能与单亲家庭的女生缺乏社会支持有关。家庭类型的主效应差异总体反映出生活在单亲家庭的中学生在这些方面的心理健康水平明显落后于非单亲家庭的中学生。

另外，就单亲家庭而言，除了孤独倾向和冲动倾向外，在其他维度上单亲家庭女生的平均分（M±SD）都要高于单亲家庭的男生，不过都没有统计学上的显著性差异（$P>0.05$）。只能说明，在单亲家庭环境下，女生受到的冲击要比男生大，心理健康水平稍落后于男生；而非单亲家庭下，除了在孤独倾向维度上男女生平均分（M±SD）持平外，其他维度上女生的平均分（M±SD）都比男生高，并且在过敏倾向、恐怖倾向和冲动倾向上都有显著或极端显著的差异（$P<0.05$，$P<0.01$）。这说明非单亲家庭中，女生比男生感受性更强，更敏感，恐惧心理更大，更容易无缘无故哭喊或容易受刺激而做出危险的行为。

三、讨论与分析

1. 单亲家庭中学生比非单亲家庭中学生的心理健康水平低

这个结果与已有的研究结果相似（王挺、沈永健，2010；李春华，2008），单亲家庭中学生在许多维度上占的人数比例都要高于非单亲家庭的孩子。另外，经描述性统计分析发现，单亲家庭中学生在除了学习焦虑这个维度外，其余维度的平均分（M）都与非单亲家庭中学生存在显著或极端显著的差异。Kilmann PR（2006）等对来自完整家庭的147名女大学生和157名父母离异家庭的女大学生进行评估发现，离异家庭的学生安全感更差，自尊水平更低。这一研究结果表明，家庭结构缺损是影响孩子心理健康水平的重要因素之一，家庭稳定的三角形关系已经变得淡化、脆弱，孩子得不到应有的教育和照顾，享受不到家庭的温暖和父母亲的抚爱，会给孩子的心理带来不良的影响。我们的研究结果显示，单亲家庭中学生更容易在孤独倾向、恐怖倾向和冲动倾向上出现相对严重的问题，这是我们每一个心理工作者应该注意的问题。

2. 单亲家庭结构对男女中学生造成不同程度的影响

本次调查发现，与非单亲家庭中学生相比，单亲家庭的中学生在量表的各个维度上的平均分都高于前者，部分平均数还存在显著或极端显著的差异。单亲家庭女生在大部分维度上的平均分都高于单亲家庭男生，而在非单亲家庭里，这一结果更加明显。这与前人部分研究一致，如王挺、沈永健（2010）对单亲男女大学生的研究得出，与单亲男生相比，女生的心理问题更加严重，更需要我们密切关注；认为可能是因为男生、女生对单亲这个因素的耐受性不同，男生固有的个性特点也许更容易使他们克服这种逆境的影响，而女生则会受到较多不良的干扰。但也有部分研究指出，离异家庭男生的心理健康状况低于女生，如王畅、陈庆良等，李春华（2008）等，认为这是与抚养者有关，本文暂时并未对这一问题进行研究，后续若有进一步研究可以深入探讨。

3. 单亲家庭结构对不同年级的中学生造成不同程度的影响

本次研究发现，初一和高一的学生在对人焦虑、孤独倾向、过敏倾向、身体症状、冲动倾向、全量表等维度存在显著或极端显著的差异，事后检验发现，除了恐怖倾向外，其他所有维度上，高一学生的平均分均高于初一学生的平均分，这说明高一学生在这些方面的心理健康水平要低于初一学生。这结果与李春华（2008）的研究结果一致，说明随着年龄的增长，单亲家庭中学生的心理问题将显得越来越突出，但这与Allisom（1989）、Smith（1990）［参考自李春华（2008）］的研究结果不一致，可能是文化背景和年代的关系所造成的影响。

四、建议

不幸的家庭各有各的不幸，我们作为教育工作者，虽然没有办法让每一个家庭完整并幸福，但我们可以尽自己的能力让不完整家庭的孩子得到更多的关心和爱护，以弥补生活带给他们的伤害。可以从下面几点着手。

1. 提高单亲家庭中学生的社会支持度

周敏娟等（2003）认为，单亲家庭中学生青少年的个性未定型，可塑性大，给予他们及时、多层面的干预，可以改善不良心理和偏差性的个性。同时，她们探讨了离异家庭青少年心理和社会支持度的干预问题，显示了离异家庭青少年的社会支持度与SCL-90各因子分呈现显著负相关。因此，对单亲家庭中学生应该采取积极的心理干预，从家长、教师到同伴都积极关注，促进他们的个人成长，尤其在他们容易出现问题的方面，以减少具体心理问题的出现，培养其人格健康发展。

2. 提高与单亲家庭家长的家校联系

单亲家庭结构的残缺是造成亲子关系不良和学生心理问题的重要原因，有的家长将生活中的不满和工作压力等情绪转移到孩子身上，否定或过分严格要求孩子，又或者无暇顾及孩子，这些都是不良的教育方式，使这部分学生产生怀疑、否定自己或他人的心理和行为，这些都严重地影响学生的心理健康水平。单亲家庭家长的心理健康亟待关注，作为学校和老师，在与这部分家长联系的时候，应该做到共情和教育相结合，从家长的情绪和孩子的角度综合考虑，使家长能意识到自身存在的教育问题，配合学校关注学生，提高学生的心理健康水平。

参考文献：

[1] 张志群，郭兰婷. 单亲家庭学生心理状况调查［J］. 中国公共卫生，2004，20（5）；598-599.

[2] 王玲，赵玲. 父母离异初中生的心理健康状况［J］. 中国行为医学科学，2005，14（2）：139-140.

[3] 李学容. 单亲家庭子女的心理辅导、心理健康现状调查与分析［J］. 重庆教育学院学报，2005，18（2）：18-82.

[4] 李春华. 离异单亲家庭子女的心理问题研究——以东莞市寮步中学研究为例［D］，2008，4：1.

[5] Kilmann P R，Carranza LV，Vendemia J M. Recollections of Parent Characteriatics and Attachment Patterns for College Women of Intact Vs［J］. Non-intact Families，J Adolese，2006，29（1）：89-102.

[6] 王挺，沈永健. 单亲大学生明尼苏达多项人格调查表测试结果［J］，2010，18（1）：101-102.

[7] 王畅，陈庆良等. 三类型中学离异家庭子女心理健康状况比较研究［J］. 贵州大学学报（自然科学版），2004，22（3）.

[8] 周敏娟，姚立旗，王蕾敏. 综合干预对离异家庭青少年个性和心理状况的影响［J］. 中国学校卫生，2003，24（4）：343-344.

构建童梦文化视野下的品德教学策略

■ 广州市花都区骏威小学 杨婉敏

摘 要：对儿童现实生活的关注和道德价值的培养，已成为当前品德学科教学的研究重点。品德学科课堂教学应在童梦文化的视野下，以生为本，关注儿童的年龄特征和心理特点，将童梦文化与品德学科课堂有机融合，充分体现儿童主体地位，建构高效品德童梦课堂，促进儿童的生命成长和个性发展。

关键词：童梦文化 品德课堂 教学策略

“任何文化都是人把自己一步一步地变得更像人的一种行为和过程。文化追求的最终目的都在于一个‘人’字”，并且，一切文化都寓于一定的文化载体之中。正如新课程所主张的，品德教育存在于人的全部生活之中，并且要将它置于实际的具体生活。

教育是一个寻梦、追梦、圆梦的过程。童年，也是一个放飞七彩童梦，绽放生命的历程。童梦文化视野下的品德教学，是一种新的教学思想，也是一种新的教学形态。它是我校课题研究的一种有意义的实践和探索，是指立足于儿童的全面发展、个性发展和身心健康，从儿童实际出发，在课程实施上寻找适宜儿童成长的“生态系统”，营造充满童真、童趣、童乐、童心的童梦文化，让儿童在这种文化氛围中获得熏陶和精神满足，为儿童的生命灵动和个性张扬营造展示舞台，使儿童在学校生活中真正体验到快乐和幸福。儿童在这种童梦文化的熏陶和滋润下，其童真得到回归，童趣得到激发，童心得到舒展，童梦得到放飞。品德教学如何让儿童回归为儿童，让七彩童梦得到放飞，是我们研究的一个重点。儿童作为自己生活和教育的主体，有不同于成人的年龄特点、心理特征、生活方式和生活需要，也有属于儿童时期自我的观察、体验和思考方式。因此，我们认为，品德课堂教学不只是信息和知识的传递，更是与儿童精神、心灵进行对话的过程，也是放飞童年梦想的过程。结合本校“童梦教育”课题研究与品德教学的实践探索，笔者认为应在童梦文化视野下，根据儿童好奇好玩、爱梦想爱活动的天性，实施如下教学策略，构建高效品德童梦课堂，确保品德学科课堂教学的有效性和针对性，让儿童在放飞梦想的同时初步形成正确的人生观和价值观。

一、童梦化生活策略

《品德与社会课程标准》明确指出："儿童的品德和社会性源于他们对生活的认识、体验和感悟，儿童的现实生活对其品德的形成和社会性发展具有特殊的价值。"品德学科具有明显的以儿童社会生活为基础的特点。童年本身就蕴藏着极为丰富的发展内涵与价值，童梦具有童真、童趣、童乐、童心的特征。由儿童的真实生活与虚拟生活有机融合构筑的理想世界，必然引发孩子对生活的探究兴趣，回归孩子的天性，张扬孩子的个性，滋润孩子的灵性。我们的童梦教育是依据美国哈佛大学教育学教授霍华德·加德纳（Edward Gardner）博士提出的"多元智能理论"构建的。多元智能理论强调通过生活中亲身实践学习的重要性，发掘学生的潜能。由此可知，品德学科课堂教学应关注于童梦化的生活，寓道德感悟和教育于儿童熟悉的真实生活环境中，凸显生活性和人文性。

因此，"教育的内容和形式必须贴近儿童的生活世界，反映儿童的需要，让他们从自己的世界出发，用自己的眼睛观察社会，用自己的心灵感受社会，用自己的方式研究社会。"教学内容需要站在儿童的角度，从儿童生活中选取有代表性和普遍意义的事例，进行加工转化，让儿童特点和生活经验成为儿童品德教学的主要素材。在源于儿童实际生活的教育活动中，通过课堂上的情感体验和价值认知，引导学生树立自信，追求梦想，进行积极的自我完善和意志锻炼。

如教学《家乡的文化瑰宝》时，可以在课前以学生生活的社区为中心进行岭南文化的了解、调查，依托多媒体资源，从岭南名胜古迹入手，在儿童实际生活中捕捉有教育意义的内容，有机结合教材原有材料与学生现实生活中的鲜活材料，并结合学生春游参观岭南艺术园的经历，适当补充岭南文化中的"活"材料和学生身边的"真"事，在贴近儿童生活的材料和经历中再一次进行主观感悟，在引导学生从认识和热爱家乡的文化瑰宝中生发童年的梦想："我将来也能创造家乡的文化瑰宝，因为我也是家乡人的骄傲！"让孩子自然而然地滋生对家乡的自豪感和骄傲感，并由衷地唤醒自身潜能与价值取向。

二、童梦化情境策略

“可能性”作为儿童文化的社会属性之一，值得引起教育工作者的重视和思索。品德教育也应极力挖掘儿童的可能性，创设适当的情境为儿童可能性的实现提供一个平台。通过典型情境，以切合儿童认知方式的教育教学范式，触动儿童的精神世界，带领他们进入一个放飞梦想、实现梦想的世界。这就要求我们的品德教育不是直接告诉学生什么是对的和错的，应该和不应该怎么做，而是给学生创设一个自主参与和体验的困难情境。正如卢梭所说的：“任何一种良好的行为之所以能产生良好的道德效果，只是因为在你做的时候就意识到它本来是好的。”

由于品德与生活、品德与社会中包含大量的综合知识，涵盖面广，而道德情感也属于抽象范畴，因此最佳的学习方式也应该是“自主、合作、探究”。只有“做过了”，学生才能真正理解并记忆于心，才能在逐渐的学习和成长过程中树立正确的价值观，深化自己的道德感。因此，品德教学要创设一个与孩子日常生活相似相关的情境，并将孩子容易遇到的各种各样的道德问题、有疑问需要解决的问题，转化为具体的道德情境，通过参与、感受、选择、假想，获得真实的体验。这就要求教师必须要站在孩子的角度，预测种种孩子可能想到的生活情境，与孩子共同感受、品味道德情感。

如教学《健康、安全要牢记》时，可结合儿童日常情况，通过生动形象的画面形式模拟生活片段，设置问题情境，引导孩子放飞童梦，设计自己的健康可爱形象。情景片段为：暑假时，明明的爸爸妈妈工作很忙，考虑到安全问题，便将明明反锁在家里。你认为应不应该锁？假如你是明明，你准备怎样设计自己的暑假家庭生活，让爸爸妈妈放心，并夸你是个机灵可爱的孩子？在这样的情境里，孩子们个个兴致高昂，纷纷说出了自己的看法。一个个健康、活泼、可爱而又安全生活的孩子形象从孩子的嘴里描摹出来，而不需要老师一味地灌输要求。

三、童梦化语言策略

品德教学要回归儿童生活的终极目标，即通过改进儿童的生活，形成基本的道德感和责任感，引导儿童过有道德的、美好的生活，从而树立初步的人生观、价值观，实现童年的梦想。因此，教师要通过儿童语言的回归，让儿童拥有自我话语权，用自己的说话方式和思维模式与文本、其他儿童和老师进行对话交流。

教材是与学生进行对话的重要文本工具，正如哈贝马斯说：“文本是一种语言，也就是说，它像一个‘你’一样说话。它不是一个客观对象，而更像对话中的另一个人。”在品德学科课堂教学中，应力图使“教材中的儿童”和“教学中的儿童”形成一种“我—你”之间的对话关系。在解读、对话过程中，结合文本对自己的生活经验进行新的自主建构，通过儿童与文本、儿童与儿童、儿童与老师之间的互动，指向于更有价值、更有意义的道德生活。

因此，教学中要运用儿童化语言进行对话，让儿童成为课程的表达主体。如“我是家里的小主人”“我爱秋天”“我的家”“新的学期新的我”“我们播种春天”“我的这一年”“我们同有一个家”等。课题已经充分表明了儿童作为第一主体的重要性，因而，课堂教学应围绕儿童这一表达主体进行设计，通过特定情境的创设、童趣对话的开展，教师隐身其中，适时引导，从而让每一个学生都成为具体的、有个性的主角，畅所欲言，将普遍的道德要求内化为儿童个体的自觉诉求。同时，教师要使用儿童化语言唤醒孩子已有的生活经验，激发他们的情感需求，提高孩子学习的主动性。

如《上学真快乐》教学时，教师扮演童话中的仙女，拿着一根教鞭，说：“亲爱的小朋友们，我是仙女姐姐，我能帮助你们实现你们的愿望。现在你们告诉我，作为一名小学生，你有什么愿望呢？”儿童开心地笑了，纷纷说出了自己的愿望。这时，仙女姐姐趁机引导儿童讨论如何努力才能实现愿望。在充满童话色彩的语言和对话中，引导儿童用对话描摹自己、设计自己，归还儿童自我话语权。

四、童梦化情感策略

苏霍姆林斯基曾说：“人的文明最精细的表现在情感里。”情感是一切品德形成的催化剂，也是促使综合化知识教学走向人文化的基础。它在品德学科教学中具有无法替代的重要价值。再者，儿童认识的发展并不能代替情感的发展，只有情感才能引起并深化人对某种价值的认同。情感更是儿童认知和行动的重要动力机制，起到一定的启发、指引和调控作用。《品德与生活课程标准》早已指出：“只有源于儿童实际生活的教育活动才能引发他们内心的道德情感、真实的道德体验和道德认识。”《品德与社会课程标准》更是强调在教学中始终要以情感作为主线，串连、聚焦相关的“面”和“点”，在深切的情感体验中逐步深化儿童内心的道德意识。

因此，品德教师必须要重视课堂教学中情感因素，创造一个良好而积极的课堂教学情感环境，让情感成为传授知识、培养情趣、启迪思想、放飞童梦的催化剂，以情感带动儿童对梦想的向往与追求，在情感体验下将抽象的道德和知识具象化。如《可爱的祖国》一课，教材重点介绍我国地理位置、国土面积、地域范围以及自然概况等内容，难免枯燥而难以理解祖国的可爱。因而，在课堂教学中，教师还应赋予教材特殊的情感价值。通过开展“漫游中华”寻秘活动，以情的驱动，让儿童在探究过程中自主发现我国的种种壮观景象、伟大发明和源远流长的文明，更多地唤起学生对祖国的强烈热爱、自豪，主动承担起爱国的责任。这也是对儿童梦想的正确引导和有目的的升华，让孩子在自由体验和幻想的过程中，有明确的道德情感导航。

五、童梦化活动策略

形式多样的体验活动将有助于健全人格的形成，而开展童梦化活动是引导儿童经历生活、播种理想的种子、形成良好的行为习惯的重要手段。“离开了参与社会生活，学校就没有道德目标，也没有什么目的”。正如杜威所说：“所需的信仰不能硬灌进去；所需的态度不能粘贴上去。”《品德与社会课程标准》也明确指出：“要引导学生从自己的世界出发，用多种感官去观察、体验、感悟社会，获得对世界的真实感受，让学生在活动中探究，在探究中发现和解决问题，要及时鼓励学生的各种尝试和有创造性的思考，引导学生得出有价值的观点或结论。”

因此，品德教学应充分重视童梦化活动这一重要形式。在多样态的生活中，鼓励儿童参与活动，体验多样化的角色，深化情感体验，形成积极的生活态度，强化参与社会的能力，成为有爱心、有责任心、有良好的行为习惯和个性品质的人。如教学《品德与生活》中《祖国真美丽，建设成就大》一课时，设计了“旅游棋”这一童梦化活动环节。首先，教师与儿童一起设计一幅类似“飞行棋”的旅游棋，再画一个游览路线图，标出标志性建筑，并注明游览注意事项。在游戏体验活动中，引导学生假想旅游活动，既可以让孩子感受祖国河山的壮丽，还能培养他们对环境保护的责任意识。再如教学《我爱秋天》时，通过带领孩子到大自然中寻找秋天，用自己喜欢的方式和秋姑娘玩，感受秋天带给他们的快乐和大自然的美，从而在内心深处产生保护大自然的意识。

综上所述，品德学科教学要在童梦文化视野下进行，去“成人化”“理想化”“空洞化”，关注儿童正在进行的生活和内心精神需求，适应儿童天性发展，将童梦的追求和人生观、价值观的形成有机统一。

参考文献：

[1] 中华人民共和国教育部．全日制义务教育品德与社会课程标准（实验稿）[M]．北京：北京师范大学出版社，2002：1.

[2] 约翰·杜威．学校与社会·明日之学校[M]．赵祥麟等译．北京：人民教育出版社，2005：140.

[3] 杜威．民主主义与教育[M]．北京：人民教育出版社，1990：13.

“做中成长”高中教师心理健康教育模式初探

■ 广东番禺中学 陈慧瑜

摘　要：该篇论文即要探索有效的高中教师心理健康教育模式。使用方法为以广州市番禺区一所省示范性高中教师为对象，开展为期四年的行动研究，采用《世界卫生组织生活质量测定量表（WHOQOL-100）》《生活质量测定量表简表（WHOQOL-BREF）》和自编量表来评估效果。结果在生活质量的心理领域反映，所有后测得分都高于前测，在思想、学习、记忆和注意力方面有显著性差异，在消极感受方面差异极其显著。所得结论是“做中成长”高中教师心理健康教育模式对提升高中教师心理健康水平有效。

关键词：教育模式　心理健康　高中教师

一、问题提出

2004年秋季，广东省在普通高中开展了新课程实验改革。在新课程背景下，高中教师面临着新的挑战。教师角色要求由“知识的传授者”转向“学习的参与者、促进者、指导者”，由“权威型、稳定型、单一型教师”转向“反思型、创新型、综合型教师”等，职业要求明显提高。课程改革目标的实现要以教师的充分发展为前提。然而，新课程对教师关注太少。多项调查结果表明教师普遍感到职业压力大；教师超负荷工作，日劳动时间比学校内其他岗位的职工多1—2小时；心理健康水平低，职业倦怠，心理问题检出率比较高。健康的“执行者”是新课程改革顺利进行的重要因素之一，也是防止师源性心理伤害的需要。

以往的研究工具比较单一，大多为症状自评量表（SCL-90）。而该量表属准则参照测验，有其一定的适用范围，80年代修订的常模也与目前情况有差距，不能准确地推断教师的心理健康水平。采取另一研究工具——《世界卫生组织生活质量量表

（WHOQOL-100）》和《生活质量测定量表简表（WHOQOL-BREF）》，可能会更全面准确地反映高中教师的生活质量现状和心理状态。

全国各地区对教师心理健康教育的研究不均衡，北京、上海、浙江等地对此较早关注，如上海七宝中学开展的教师心理成长工作坊，杭州市成立教师心理保健中心、开通教师心理热线电话。受港台地区团体心理辅导经验的启发，近年来深圳、广州等市也开展了许多相关的培训和调研，例如广州市教育局对全市教师生活质量状况的调研，市教科所开展的教师团体心理训练班。

另外，许多研究只是从教师心理问题、职业倦怠的干预等补救性角度着手，很少从教师心理潜能、自我成长等发展性角度探讨。因此，本研究以陶行知先生“做中学”“教学做合一”的生活教育理论和积极心理学的关注于力量和美德等人性论为理论指导，初步探讨适合高中教师的心理健康教育模式，以期关心教师生活质量和促进新课程改革。

二、研究方法

1. 研究对象

2006年，在广州市番禺区一所省示范性高中教师群体中随机抽取60人，男性30名，女性30名，包括青年教师、班主任、各学科教师、各级别职称等群体。由于研究历时四年多，有人员调动和退出等情况，因此参与后测有45人。

2. 研究工具

采用《世界卫生组织生活质量量表中文版（WHOQOL-100）》，由调查对象填写完成。该量表包含103个问题，除英文版原有6个领域的24个方面，各含4个问题以及关于总体健康状况和生活质量的4个问题外，另有3个问题是中文版所特有的。各个领域和方面的得分均为正向得分，即得分越高，生活质量越好。

信度：在量表的6个领域中，内部一致性系数以生理领域最低（0.4169），环境领域最高（0.9323），除独立能力领域为0.571外，其他均高于0.7000。在量表的24个生活质量方面，行动能力方面最低（0.3816），对药物及医疗手段的依赖性方面最高（0.9034），其他方面均大于0.6500。内容效度：量表的各个领域及方面之间均存在一定的相关性，其中，各方面与其所属领域之间相关较强，而与其他领域相关较弱。区分效度和结构效度：在14个方面能区分开病人和正常人，模型的拟合优度指数为0.904，有较好的结构效度。综上所述，WHOQOL-100量表中文版具有较好的信度和效度，是一份较好的用于测量中国人生活质量的量表，可以应用于公共卫生和其他医学领域。

世界卫生组织《生活质量测定量表简表（WHOQOL-BREF）》精简为24个问题，与WHOQOL-100量表各个领域得分具有较高的相关性，Pearson相关系数最低为0.89（社会关系领域），最高为0.95（生理领域）。WHOQOL-BREF在测量与生活质量有关的各个领域的得分水平上能够替代WHOQOL-100。

自编《教师心理健康教育调查》问卷，通过6道封闭式问题和2道开放式问题，了解教师对自身和学生心理健康教育的态度和做法。

3. 影响因子

自变量：高中教师队伍培训建设研究、高中学科渗透心理健康教育研究、高中班级团体心理辅导研究、高中学生个别心理辅导研究。

因变量：高中教师心理健康指标的变化。

控制变量：人员变动因素、期望因素、教育内容因素、个人成长因素等。

4. 实施时间

准备阶段（2006年4月—2007年1月）：确定课题、研究方案、研究成员，申报课题；培训学习，任务分工，拟定子课题计划；确定实验班、对照班；现状调查，实验前数据收集整理等。

实施第一阶段（2007年2月—2009年1月）：开展行动研究，修改研究方案；在实验班开设班级团体心理辅导活动课；在不同层面教师群体内进行心理健康教育尝试；培训学习，自我成长；阶段性总结，撰写教案、个案、反思、论文等。

实施第二阶段（2009年2月—2009年12月）：开展行动研究，修改研究方案，进一步深入完善各子课题研究，做好结题的准备等。

推广总结阶段（2010年1月—2010年4月）：成果收集，撰写教案、个案、反思、论文等；汇编课题成果集；向本地区介绍推广经验教训；实验后数据收集整理，完成调研报告和结题报告；申报结题、成果鉴定等。

5. 实施程序

本研究假设通过以下四方面的实践可以提升教师自身心理健康水平：做培训促完善、做课堂树意识、做活动懂知识和做个案提能力（如图1），构成“做中成长”高中教师心理健康教育模式。

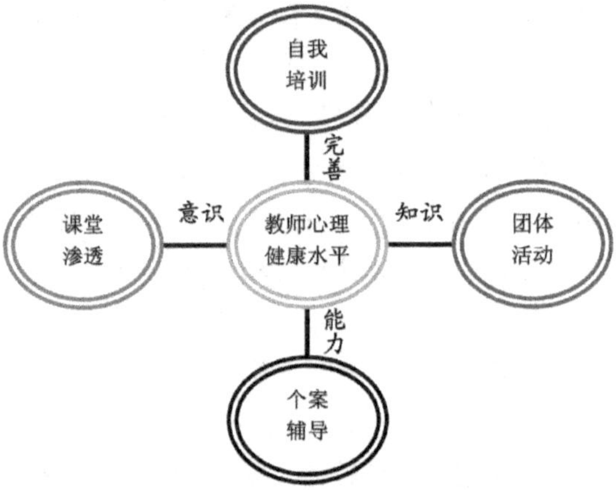

图1 “做中成长”高中教师心理健康教育模式

不定期组织教师参加各级各类心理培训，例如校本培训、班主任心灵成长工作坊、“B证”“C证”心理教师培训、教师训练营、撰写个人成长分析报告等。鼓励教师全身心地去“做培训”，从中获得更多更新的个人体验，促进自我完善。

要求教师建立积极和谐的学科课堂氛围，从新课程的三维目标出发，渗透心理健康教育内容。在“做课堂”的过程中，既培养了学生全面的认识、积极的情感和良好的行为，同时教师自身也树立了全面发展的意识。

规定班主任每学期至少组织2次以上的班级团体心理辅导活动课，主题可以是备考心态、抗挫折、励志、异性交往等。教师在“做活动”设计过程中，增长了大量的心理健康知识，如交往技巧、心理保健方法等，师生教学相长。

提升教师心理健康教育能力，包括：认知基础——对学生心理特征的知觉与判断，知识基础——对学生心理健康标准的认识，操作基础——解决学生心理健康问题所采取的策略。教师通过“做个案”、与后进生“结对子”和每学期撰写1个个案心理辅导报告等，以提高自身心育能力。

三、结果与分析

1. 教师生活质量前后测结果分析

2006年1月，该校配合广州市教育局进行了《世界卫生组织生活质量测定量表（WHOQOL-100）》的调查，60名被试，平均年龄32岁，男性30名，女性30名；

行政人员5名，教师55名；高级职称16名，中级18名，初级22名，见习4名；取得了前测数据。2010年1月，该校自行组织了后测，向45名被试发放世界卫生组织《生活质量测定量表简表（WHOQOL-BREF）》和自编《教师心理健康教育调查》问卷，回收45份，43份有效，2份为废卷；平均年龄34岁，男性16名，女性27名。

为了简化工作，选取了简表施测。WHOQOL-BREF简表与WHOQOL-100量表各个领域得分具有较高的相关性，得分间具有可比性，量表得分越高越好。对前后测进行了t检验，结果如表1。

表1　该校高中教师生活质量的前后测的差异比较（$x\pm s$）

	后测2010年（n=43）	前测2006年（n=60）	t
Ⅰ　生理领域			
1 疼痛与不适（反向计分）	2.79±0.88	3.15±0.91	-2.01*
2 精力与疲倦	3.05±0.75	3.12±0.84	-0.44
3 睡眠与休息	2.79±0.95	2.96±1.05	-0.84
4 行动能力	3.53±0.79	3.91±0.86	-2.29*
5 日常生活能力	3.49±0.79	3.65±0.87	-0.96
6 对药物及医疗手段的依赖性（反向计分）	3.74±0.87	3.23±0.78	3.12**
7 工作能力	3.65±0.89	3.80±0.83	-0.88
Ⅱ　心理领域			
8 积极感受	3.24±0.73	3.00±0.88	1.46
9 思想、学习、记忆和注意力	3.56±0.76	3.25±0.67	2.19*
10 自尊	3.63±0.78	3.50±0.83	0.80
11 身材与相貌	3.47±0.69	3.45±0.83	0.13
12 消极感受（反向计分）	3.37±0.84	2.12±0.86	7.35**
13 精神支柱、宗教、信仰	3.44±0.76	3.37±0.82	0.44
Ⅲ　社会关系领域			
14 个人关系	3.51±0.69	3.55±0.76	-0.27
15 所需社会支持的满足程度	3.77±0.47	3.60±0.78	1.27
16 性生活（后测36人，前测41人）	3.81±0.66	3.66±0.78	0.90
Ⅳ　环境领域			
17 社会安全保障	3.26±0.69	3.26±0.70	0.00
18 住房环境	3.47±0.69	3.27±0.87	1.25
19 经济来源	2.72±0.90	2.73±1.06	-0.05
20 医疗服务与社会保障：获取途径与质量	3.09±0.80	2.90±0.93	1.08
21 获取新信息、知识、技能的机会	3.12±0.65	2.98±0.79	0.95
22 休闲娱乐活动的参与机会和参与程度	2.47±0.62	2.60±0.78	-0.91
23 环境条件（污染/噪声/气候）	2.95±0.86	3.08±0.80	-0.79

续表

	后测2010年（n=43）	前测2006年（n=60）	t
24 交通条件	3.02±0.95	2.77±1.07	1.22
总体 评价生存质量	3.16±0.91	3.42±0.88	-1.44
健康状况满意程度	2.88±0.89	2.97±1.03	-0.46
自我评价的总体生活质量（满分为100）	77.50±10.23	75.70±13.33	0.74

注：$*P<0.05$，$**P<0.01$。

两次测量结果表明，该校教师对生活质量和健康状况的评价、社会关系领域和环境领域无显著性差异。总体生活质量评分后测略高一些，与常模对比无显著性差异。

在生理领域显示，目前该校教师比四年前在疼痛不适和行动能力方面有显著性差异，得分更低。这可能与教师工作强度、年龄增长和女性偏多有关。而在对药物及医疗手段的依赖性方面，前后测有极其显著性差异，后测得分更高，表明该校教师极少依赖药物及医疗手段。

在心理领域反映，所有后测得分都高于前测，在思想、学习、记忆和注意力方面有显著性差异，在消极感受方面差异极其显著。这可以初步推断目前该校教师比4年前心理健康水平有所改善，消极感受减少，可能与老师们心理健康意识和心理健康自我教育能力增强有关。

2. 问卷调查结果分析

《教师心理健康教育调查》问卷反映，有关注自身心理健康状况的老师占88%，关注学生心理健康状况的占100%，占75%的老师有主动参加心理培训，占98%的老师有鼓励学生学习心理知识技能，有运用心理知识技能提高个人生活质量的老师占85%，运用心理知识技能服务于教育教学工作的占96%。调查结果说明，在多年的实践研究后，该校教师有较强的心理健康意识，能主动学习心理知识技能，并运用于生活和工作。相对而言，老师们关注学生的心理多于自身。

3. 社会效应

本研究至今有四年多时间，取得了良好的社会效应和声誉。2009年5月，该校顺利通过了广州市心理健康教育示范校评估；2010年7月，该课题研究成果荣获广东省中小学德育科研课题优秀成果奖；2010年11月，在教育部举办的2010年全国中小学心理健康教育优秀论文评选活动中荣获三等奖。老师们撰写的40多篇心理健康教育论文、教学设计、活动设计、个案报告等获得省市奖励。

由此可见，本研究预定的研究假设可以成立，“做中成长”高中教师心理健康教育的新模式对提升高中教师心理健康水平有效。

4. 讨论与反思

本研究选取了教师自身心理健康水平为研究对象，这是基础教育新课程改革背景下，加强学校心理健康教育的一个独特视角。我们普遍关注学生的思想品德和心理健康问题，却往往忽略了一个重要的影响源——教师。实际上这是一个不容忽视的方面，许多相关性研究证明，教师自身的心理健康状况和心理健康教育能力都深深地影响着每一位学生的健康成长。

陶行知先生经过长期的教育实践，把“做中学”改进为“教学做合一”，其中“做”已非适应环境的本能活动，而是以现实生活为基础的实践。陶行知提倡人们掌握科学思维方法，即行动生困难，困难生疑问，疑问生假设，假设生试验，试验生断语，断语又生了行动，如此演进于无穷。这种科学思维过程与唯物主义的认识论的基本原理是一致的。借助“做培训”“做课堂”“做活动”和“做个案”等途径，教师在各种各样的“教学做”实践活动中主动获得心理体验，促使积极心理品质和教育能力的形成。

积极心理学是一门研究如何正确把握人生的科学，关注的是那些可以提升生命价值的事件，倡导探索人类的美德——爱、宽恕、感激、智慧、控制和乐观等人性中的积极方面，致力于使生活更加富有意义。积极心理学认为，不仅无助是可以习得的，乐观也是可以通过学习而获得的。我们的研究，着眼点不再是教师的心理问题，而是把教师作为“追求幸福的常人”来看待。无论是心理培训内容、学科渗透心育、团体活动设计，还是个案辅导，都强调教师的积极的主观体验（快乐、愉悦、满意、实现感）、积极的个人特质（性格、优点、天赋、兴趣、价值观）和积极的社会关系（师生、同事、家庭、社交圈），努力激发教师自我成长的潜能和美德，提升幸福感。

在以上理论研究的基础上，我们通过四年的实践探索，验证了新的教师心理健康教育模式——做中成长。这一教育模式可供同类型学校参考借鉴。

当然，虽然本研究成果有一定的推广价值，但研究局限在一个国家级示范性高中教师群体，没有做横向比较研究，未能代表其他各级各类学校教师群体。特别是新构建的教师心理健康教育模式对教师群体整体素质要求较高，这是值得注意的。

本研究只在教师心理方面显效，不能，也不可能解决教师生理、生存环境等方面存在的问题。另外，教师心理健康水平提升的因素分析、教师心理健康教育能力的形成机制表现与评价等问题未能深入研究，需要我们在后续研究中进一步加强。

参考文献：

[1] 颜中玉. 新课程与教师发展 [J]. 湖南师范大学教育科学学报，2005，4（5）：45-48.
[2] 王玉萍. 中小学青年教师心理压力问题的成因与对策 [J]. 教育探索，2005，8.
[3] 刘磊，傅维利等. 关于新课改中教师压力调查研究 [J]. 教育实验研究，2004，3.
[4] 靳岳滨，张汉强，陈敏莉. 武汉市中小幼教师心理状况调查报告 [J]. 中小学心理健康教育，2006，10：14-16.
[5] 韦韧. 广西壮族自治区百色市重点高中教师心理健康状况的调查及分析 [J]. 中小学心理健康教育，2006，10：18-19.
[6] 韩文根. 改善教师生存状态——从"工作体"向"生命体"回归 [J]. 教育探索，2006，7：89-91.
[7] 张昕，戴克明. 对江苏省苏州中学教师心理健康状况的调查研究 [J]. 中小学心理健康教育，2010，3：19-21.
[8] 申艳娥，叶一舵. 我国教师心理健康研究存在的主要问题 [J]. 中小学心理健康教育，2001，10：33-34.
[9] 杨敏毅. 教师心理成长工作坊 [J]. 中小学心理健康教育，2004，1-3.
[10] 张群英. 浙江省杭州市教师心理支持系统的建立和运作 [J]. 中小学心理健康教育，2006，6：32-33.
[11] 广州教育学会学校心理教育研究专委会. 广州市中小学教师心理健康现状调研报告 [J]. 教育导刊，2008，4：22-25.
[12] 张伯兴. 陶行知的课程观及其现代价值 [J]. 中国教育学刊，2004，10：20-23.
[13] 江峰. 从"生活即教育"看当代中国教育改革 [J]. 南京晓庄学院学报，2008，2：1-4.
[14] 马勇军. "做中学"、"从做中学"、"教学做合一"的比较研究 [J]. 青岛大学师范学院学报，2009，26（1）：22-26.
[15] 黄书光. 实用主义教育思想在中国的传播与再创造 [J]. 高等师范教育研究，2000，12（5）：1-11.
[16] 彼得森. 打开积极心理学之门 [M]. 侯玉波，王非等译. 北京：机械工业出版社，2010.
[17] 李金珍，王文忠，施建农. 积极心理学：一种新的研究方向 [J]. 心理科学进

展，2003，11（3）：321-327.
［18］任俊，叶浩生．当代积极心理学运动存在的几个问题［J］．心理科学进展，2006，14（5）：787-794.
［19］曹新美，刘翔平．学校心理健康教育模式的反思与积极心理学取向［J］．教师教育研究，2006，18（3）：65-69.
［20］方积乾，郝元涛，李彩霞．世界卫生组织生活质量量表中文版的信度与效度［J］．中国心理卫生杂志，1999，13（4）：203-205.
［21］郝元涛，方积乾．世界卫生组织生存质量测定量表中文版介绍及其使用说明［J］．现代康复，2000，4（8）：1127-1129.
［22］申继亮，王凯荣．论教师的心理健康教育能力的构成［J］．北京师范大学学报：人文社科版，2001，01.
［23］陈慧瑜．新课程背景下高中教师的生活质量［C］．中国心理卫生协会第五届学术研讨会论文集，2007.

以同伴交往提升小学德育有效性的探索

■ 广州市越秀区东风西路小学　陈伯良

摘　要：现在小学德育教育往往是“宣教式”“教科书德育”的僵化教育模式，从而导致德育教育缺乏有效性。然而，道德是存在并依赖于人的现实生活，又在人的现实的交往活动中表现出来。因此，依据德育过程中的主体性原则，构建同伴交往活动的德育模式，通过同伴交往促进道德的亲社会性，提升道德判断；改变道德的他律模式，促进道德自律；解脱道德的自我中心，践行道德行为。使同伴交往成为学生德性品质的源泉，有力促进学校德育教育的有效性。

关键词：同伴交往　道德

道德是指个体对社会准则与行为规范的认知与判断，以及由此产生的情感体验及其反映出的行为。道德范畴涵盖以下密不可分的三部分：其一，道德认识是道德品质的基础，是对规范准则的认知与判断，因而又称为道德判断。其二，道德情感是伴随以上认识而出现的内心体验，是道德的自我构建。其三，道德行为则是道德认识和情感的具体表现和外部标志，是道德的最终反映。由此可见，道德是人们在处理人际交往问题中的表现，是各种社会规范准则在个体的自我构建过程。因此，我们必须扬弃与超越传统的灌输德育，尊重道德活动的主体“学生”，让德育回到原点“交往”，让德育不再是老师的“赐予”，而是学生的交往互动、融合提升的自我实现过程。

同伴交往，是指年龄相同或相近的儿童之间的一种共同活动并相互协作的活动，或者主要指同龄人间或心理发展水平相当的个体间的人际交往活动。不管由于小学生身心发展的特点，还是小学生在校与同伴交往时间变长，及同伴交往的平等性、自愿性及归属感等，所有这些都决定了同伴交往在儿童道德构建和身心发展过程中起着成人无法替代的独特作用。

因此，学校德育要打破僵化的“知性”德育模式，实施同伴交往德育活动，让学生真正成为道德活动的主体。重视和引导学生的交往活动，才能了解和理解道德、体验道德，才能主动改造自己的德行，构建自我品德，充分发挥出德育本性和人性功能，使学生在健康、有益的交往性活动中追求道德的进步和德行水平的提高。

一、同伴交往促进道德的亲社会性，提升道德判断

道德判断就是对好与坏、善与恶、对与错等的判断，是社会道德在人身上的具体化。小学生和成人一样，在社会生活中对许多需要运用自己的道德认识进行判断，从而做出行为决策，其道德判断行为具有典型的亲社会性。科尔伯格道德发展阶段论认为，带有冲突性的交往和社会生活情境最适合于促进个体道德判断能力的发展。学生的社会生活与交往更多的是同伴的交往，学生在与同伴的社会性交往中能从成人设定和控制的、被动接受的外部规则中解脱出来，更好地融入同伴群体的生活情景中，促进学生产生的道德判断提升的内在需要。

小学生的同伴交往的核心是处理学校同伴之间的关系，它最深刻、最根本的体现是社会道德的行为准则。其行为准则必定要遵循该社会中人与人之间的道德关系及其社会规范，也就是要遵循学校的行为规范、校风、校纪等学校道德规范。掌握对这些规范的道德判断，才能成为合格的社会成员融入集体，而学生在融入集体的社会需求下，能更自觉、有效地在与同伴的交往互动中构建自我的道德判断。

1. 直接和坦率的同伴反馈，有利于对道德做出正确的判断

小学生年纪较小，对喜好反应较为直接。对积极行为，同伴做出肯定和喜爱的反应；对消极行为，同伴则做出否定、厌恶和拒绝的反应。如学校开展文明对手赛，当你对同学做出友好、礼貌的行为时，会得到同学及对手的认可，学生就判断自己行为是对的。而如果你做出不文明、粗暴的行为，将会被同伴否定甚至排斥等，学生很容易就能判断其行为是错误的。

2. 及时的同伴反馈，有利于对道德行为做出调整

德育教育具有及时性，道德的构建在离其道德行为发生时间越短效果越好。因此，当学生根据对方的反馈做出正确的道德判断后，如果都依靠教师或成人进行指导教育，将无法保证教育的时效性，从而降低了教育效果。我们必须重视同伴交往对道德的及时反馈，使学生及时进行自我调整，培养自我调控能力。如学校在文明对手赛中，运用文明光荣榜和文明巡查员等手段，建立学生对道德行为进行及时反馈的平台，引导学生形成对文明或不文明行为做出判断并及时反馈同伴的习惯，进而激发其积极改正错误行为从而得到同伴的认可，激发学生为了融入集体，自觉养成良好的品

德行为，提升其道德判断能力。

3. 针对性的同伴反馈，有利于提升道德判断能力

美国心理学家科尔伯格认为：“学生道德判断能够理解和同化高于自己一个阶段的同伴的道德判断，拒斥低于自己道德阶段的同伴的道德判断。”处于成长期的学生有较强的道德向上意识，就会如常人所说：人往高处走。当学生与道德判断水平高于自己的同伴相处时，就会受到正面的目标、榜样作用，自主提升能力。同时由于在同伴交往过程的耳闻目睹，与同伴道德判断的策略进行对比进而产生道德元认知的矛盾。这种矛盾促使学生对自己原有的道德情感价值观产生质疑，并从同伴策略中得到启迪，进而有针对性地修正自己的道德区辨力与判断力，同时在解决矛盾过程中形成新的判断能力，促进个体道德认识的自我建构。如学校开展文明对手赛，就是利用同伴的示范作用，利用对同伴高阶道德的追求，形成你追我赶、互相督促的氛围，使学生自觉构建、提升道德的判断能力。

二、同伴交往改变道德的他律模式，促进道德自律

马克思曾经指出：“道德的基础是人类精神的自律。”现代道德教育家布尔（N. J. Bull）认为儿童在8—12岁这一阶段，道德主要受外因与内因两方面影响，形成儿童德育构建的他律与自律两种模式。

道德他律相对于道德自律，是指个体所在群体及社会环境等外因影响，是屈从于外部压力或受外界影响，而不是出于内在的需求的道德规范和行为准则的。处于他律阶段，道德是被动接受，外界因素缺乏、失效甚至低效时，道德主体可能表现出不道德行为。常规德育教育中，学生处于完全的他塑地位，被动地等待和接受锻铸和型塑，道德教育收效甚微，导致出现大量的道德问题。然而并非外因的道德他律就毫无用途，合适的道德他律甚至是形成道德自律的主要途径与方式。就小学生而言，同伴的拒绝、首肯、榜样等对其道德建构起到极大作用，这种同伴间的态度、看法或评价等外因是学生由道德他律向道德自律转变的一个主要介体，是影响儿童道德自律建构的主要外在动力，其远比成人对道德建构的影响更有效、更直接。

道德自律则是个体在对自身行为、态度的道德判断下，进行自我调控的道德自我构建过程。即个体通过自省的方式对其行为、态度等进行道德判断，审定其对于自身道德观或社会准则的符合与否，并随之产生的道德情感伴随而来的道德行为、态度调整等自我道德构建的过程。而此道德自律是学生与同伴交往过程，受到同伴的首肯和群体认可等外因的道德他律影响，将自我道德认知和行为与同伴的态度和行为比较，

认识到与同伴的区别，并对此进行对比与反思，继而在大量变化的例证理解下对道德进行重新自我构建。同时也只有在与同伴交往的过程中，学生才能走出成人为他们构建的所谓“权威”堡垒，并在同伴中得到尊重、互助，协同发展主观评判能力。

利用同伴交往开展主动需求的德育活动，发展自律道德，促使学生的他塑地位被转换为主动的自塑地位，正如学校开展的文明礼仪的同伴互评、小组互助、班级自主管理等活动，为学生提供一个自我管理、自主评价的良好自主交流空间和文化氛围，让学生从教师、学校的他律逐渐转变为自我构建、自我发展的道德自律，提升德育活动有效性，实现德育的最终目的。

三、同伴交往解脱道德的自我中心，践行道德行为

自我中心是一种严重影响人际交往和道德构建的心理障碍，其为人处世总是以自己的需要和兴趣为中心，从自己的经验出发来解释世界。这种心理现象常见于1～5岁的幼儿，是该年龄段出现的正常现象，然而在6—11岁的小学生中则会成为其融入社会和道德构建的严重心理障碍。因此，如果学生要在道德判断与认知后，形成自我的道德行为，就必须解脱道德的自我中心。

皮亚杰、科尔伯格认为：“同伴讨论和争论促使儿童从道德实在论和自我中心解脱出来的必要条件，同伴关系也是儿童品德形成的主要因素。”日本教育家山下俊郎在其《独生子女》一书中指出：“儿童的同伴交往，开始从自我中心的壳中解放出来，了解个体与同伴的异同，培养道德品质，不是社会和非同龄人的灌输，而是在其交往、游戏、实践等活动中构建的。”而且学生在群体或同伴交往过程中，同伴们更容易认同、接受与品德规范和社会准则相符的行为；同时同伴们更会排斥、拒绝与品德规范和社会准则不符合的行为。因此，为了更好地与同伴交流进而融入群体，个体发自内需而自觉反思厘正自己道德行为与态度，以便更为符合交往原则和群体准则。

但是，不少家长、甚至教师对学生同伴间的交往要么不重视、要么认为是贪玩、要么害怕学坏，限制儿童与同伴的交往，更为加重了学生道德的自我为中心，结果导致了学生道德构建更为困难。因此，教师一定要转变观念，认识到同伴交往能促进孩子德育品质的形成。充分利用如“文明对手赛”“礼仪我能行”“文明小伙伴”等同伴群体和交往这一种非常有益的教育资源，使学生在群体中得到尊重和满足，促进自我概念和人格的发展，摆脱“自我中心”，促进学生融入群体中。并通过学生为得到群体认可，而出自内心对道德发展的追求，有力地促使学生在交往过程中不断修正、践行道德行为，提升道德品质。

总而言之，在小学阶段，同伴交往活动中的道德体验，能促使学生道德判断、品质、行为的自我构建，提升道德教育的有效性。然而，在这一过程中，儿童也可能受到同伴一些错误观念和不良行为的影响。我们还必须发挥教师主导作用，对学生的同伴交往活动进行良好的道德引导和品质培养，并运用教师、父母评价引导学生进行正确的道德同伴评价，让学生同伴交往活动在正确引导下，以趋利避害，真正实现学校道德教育的有效提升，促进小学生品德的健康发展。

参考文献：

[1] 客洪刚. 科尔伯格德育理论特点及其对学校道德教育的启示 [J]. 黑龙江高教研究，2012,1 (4).
[2] 李秀娟. 如何提高低龄儿童的道德判断力 [J]. 考试周刊，2009 (5).
[3] 张文新. 儿童社会性发展 [M]. 北京：北京师范大学出版社，1999，133.
[4] 刘宣文. 学校发展性辅导 [M]. 北京：人民教育出版社，2004，35.
[5] 宋希仁. “道德的基础是人类精神的自律”释义 [J]. 道德与文明，2000，03.
[6] 刘志军. 中学生的道德判断推理水平，同伴关系和亲社会行为关系的研究 [D].《宁波大学学报（教育科学版）》，2001，04.
[7] 纪红艳. 论同伴关系对儿童社会化的影响 [J]. 教育科学论坛，2005，09.

听障学生责任意识的调查研究

■ 广州市聋人学校课题组* 周慧怡

摘　要：为了全面了解目前听障学生责任意识的现状，进一步研究聋校提升听障学生责任意识的策略，我们以广州市聋人学校为研究基地，对100名听障学生、50名教师、50名家长进行了调查，并在番禺、韶关、惠州、肇庆、中山等地的聋校抽取了52名听障学生进行调查。调查结果表明，从总体来看，被调查听障学生的责任意识达到中等水平，家长和教师对听障学生责任意识的评价也为一般水平。听障学生对个人、对他人、对家庭、对集体、对社会的责任意识有待提高，建议聋校通过志愿服务等社会实践活动有效提升听障学生的责任意识。

关键词：听障学生　责任意识

一、研究目的

所谓责任意识，就是清楚地知道什么是责任，并自觉、认真地履行社会职责和参加社会活动过程中的责任，把责任转化到行动中去的心理特征。责任意识是一种自觉意识，表现得平常而又朴素。责任意识也是一种传统美德。人在社会中生存，就必然要对自己、对家庭、对集体甚至对祖国承担并履行一定的责任。

听障学生在听力上有缺陷，与人沟通交往上存在障碍，需要我们帮助听障学生融入社会，培养健全人格，提升责任意识，做对社会有用的人。

---

*本文为2011年广东省中小学德育科研课题《通过志愿服务提升聋生社会责任意识的研究》阶段成果之一。指导老师为广州市教育科学研究所戴育红副研究员。参与本课题研究的成员有广州市聋人学校郑伟杭、周慧怡、李杰雄、侯苑英、朱锐江、张晓娜、李倩莹、马丽、潘建惠、张宏乐、叶小微、梁嘉琦。

二、研究对象

研究对象包括广州市聋人学校的100名听障学生，其中男生50人、女生50人；小学10人、初中40人、高中（含中职）50人；还有番禺、韶关、惠州、肇庆、中山等地聋校听障学生52人；聋校听障学生家长50人，其中直系亲属40人、其他亲属或监护人10人；聋校教师50人，其中男教师19人、女教师31人，平均教龄为14. 48年。

三、研究内容和方法

为了全面了解目前听障学生责任意识的现状，进一步研究聋校提升听障学生责任意识的策略，我们采用了自行设计的《听障学生责任意识调查问卷》《关于听障学生责任意识的家长问卷》和《关于听障学生责任意识的教师问卷》这三份调查问卷。共发出252份问卷，有效回收率为100%，为本次调查研究的准确分析提供了数据的支持和保障。

听障学生责任意识调查问卷的内容，包括个人责任、他人责任、家庭责任、集体责任和社会责任五个方面，还有听障学生责任意识的自我评价调查。家长和教师的调查内容主要是“重视听障学生的责任意识培养”和“对听障学生的责任意识现状评价”两个方面。调查时间是2012年5月至7月。我们使用EXCEL对数据进行初步整理，采用了SPSS 10. 0统计软件进行数据处理和统计分析。

四、研究结果

（一）听障学生的责任意识水平和特点

1. 听障学生对自己的责任意识

调查结果表明，在被调查的听障学生中，如“你生病的时候，会看医生”的占54%；“自己买药吃”的占27%；认为“小病不用管的，过几天就好”的占19%。说明大部分听障学生是关注自己的健康状况的，但仍有少数学生对自己的身体健康状况不够重视。

我们发现也有一部分学生的责任意识在意志毅力方面较为薄弱，如“遇到挫折时会迎难而上”的占52%；“想放弃又不甘心”的占40%；“毫不犹豫地放弃”的占8%。说明有相当一部分的听障学生意志不够坚定，在困难面前会表现出较大的畏惧。

在学习求知方面，如“做作业时会自己专心完成”的占70%；“需要参考别人答案完成”的占15%；“随随便便完成”的占15%。现大部分学生的学习态度是端正的，对自己的学业也有一定的责任意识。

在情绪控制方面，我们发现有部分学生不懂得合理宣泄，如“心情不好的时候，你会自我调节，找人倾诉或做运动等”的占51%；“自己闷在心里”的占39%；“喜欢发脾气”的占10%。后两者的学生都需要适当的心理调节，正确缓解自己的情绪。

调查还显示，听障学生在责任态度方面表现出“你的工作任务没能完成，你会接着完成没完成的工作”的占58%；“感到伤心、内疚”的占34%；“找借口逃避”的占8%。现超过一半的听障学生有良好的责任态度，做事情能坚持到底，但也有一部分学生知道自己应该怎样做却没有用行动来证明。

在关注健康和责任意识方面，广州聋校的学生略优于外校的听障学生，其他项目数据比较接近，并无太大的差异。

2. 听障学生对他人的责任意识

调查显示，“遇到别人需要帮助时，你会主动帮忙”的占60%；“别人叫的话就去帮”的占33%；“少管闲事”的占7%。在热心助人方面，听障学生比较愿意去帮助别人，但其主动性就有待提高。

认为“自己做错事或对不起别人时，你会主动认错道歉”的占75%；“觉得很惭愧”的占19%；“认为没什么了不起”的占6%。说明大部分听障学生对自己的过错能勇于承担。

“你的朋友做了对不起你的事，你会理解朋友，原谅他”的占72%；“当时很生气，过一段时间还是做朋友”的占23%；“永远也不原谅他”的占5%。现得知，在宽以待人方面，听障学生待人宽容，做得不错。

“假如你发现你最好的朋友考试作弊而且没有被老师发现，事后你会劝告他今后不能这样做”的占54%；“不理睬他，羞于与他为友，并告诉老师来批评他”的占34%；“为他庆幸”的占12%。调查显示，有部分的听障学生没能真正理解团结友爱的含义，对朋友作弊的行为处理不当。

调查中发现，听障学生在诚信待人方面表现得不理想。如“你答应别人的事，你会尽力去做”的占42%；“有时间就做，没时间就算了”的占49%；“没把事情放在心上”的占9%。现有的学生严重缺乏责任意识，答应过别人的事可以无所谓，自己没有时间的话就不再理会了。

在宽以待人方面，外校听障学生“你的朋友做了对不起你的事，你会理解朋友，原谅他”的占46. 2%；“当时很生气，过一段时间还是做朋友”的占42. 3%；“永远也不原谅他”的占11. 5%。在诚信待人方面，“没把事情放在心上”的占25%，这些项目的数值与广州聋校有较大的差异，其他的项目广州聋校和外校听障学生的数据均相似。

3. 听障学生对家庭的责任意识

调查表明，听障学生对家庭的责任意识表现得有些有心无力，如“你对父母或家人因病卧床不起时，你会照料他们”的占46%；“心里难受，经常看望一下，但不知如何做好”的占49%；“几乎不管”的占5%。

“与爷爷、奶奶等老人相处时，常与老人谈心，做到不任性、不顶嘴”的占50%；“有时能听老人的话，心里是不愿意的”的占45%；“几乎不理不睬”的占5%。现有一半的听障学生是尊重长辈的，但是也有相当一部分听障学生是不愿意甚至不懂得尊敬长辈、关爱老人的。

通过调查我们发现，部分听障学生没有养成与家人主动沟通的习惯，如“每次外出是否跟家人说明去哪里，你会每次都说明”的占49%；“有时说，有时不说”的占43%；“没有说明的习惯，也不想让家人知道自己的去向”的占8%。

在承担家务方面，有相当一部分的听障学生是不爱做，也不愿意做的。如“假期你在家，父母上班或出外办事中午才回家，你会做好饭菜等父母回家吃”的占29%；“煮好饭等父母回来炒菜”的占43%；“等父母回来煮饭炒菜或去餐馆一个人吃”的占28%。

“在商场你看见自己喜欢的东西，但价格不便宜，你会考虑家里的经济承受力后，再向父母商量能否购买”的占79%；“强烈要求家长一定要买，不买就发脾气”的占9%；“想办法悄悄拿家长的钱，自己去买”的占12%。调查结果表明，我们大部分的听障学生能理解他人，做事会考虑后果。但也有少数听障学生有不良的行为习惯，需要我们更多的关注和教育。

外校听障学生在关爱家庭方面表现为懂得照顾生病的家人，“几乎不管的”这项为零，做得很好。在承担家务方面，“假期你在家，父母上班或出外办事中午才回家，你会做好饭菜等父母回家吃”的占53.8%；“煮好饭等父母回来炒菜”的占13.5%；“等父母回来煮饭炒菜或去餐馆一个人吃”的占32.7%。会煮饭炒菜的人多了，但不愿意做的人也多了。通过调查，我们看到目前的听障学生在学会尊重和理解他人方面有待加强，不能过分以自我为中心，应多关注身边人的感受。

4. 听障学生对集体的责任意识

调查显示，“你代表学校参加校外的竞赛，你会有压力，感到自己代表了学校的荣誉”的占41%；“感到十分荣幸，有点飘飘然，十分自傲”的占33%；“认为我是被选出来的代表，成绩好不好是我个人的事，不关任何人的事”的占26%。表明听障学生对珍惜荣誉的认识还不到位。

大部分听障学生当学生干部的服务意识是比较正确的。对于“你想当学生干部的主要原因”选择“为大家服务”的占22%；选择“锻炼自己的能力”的占65%，为数较多；选择“可以管同学，逞威风”的占13%。

调查中发现“周六班上组织一次郊游，刚好你与朋友约好周六出去玩，此时你会对朋友说明情况，放弃与朋友的约会，参加班上的郊游活动”的占33%；“带朋友一起参加班集体活动”的占41%；“心里明白参加集体活动是大家的义务，但还是跟朋友一起出去了”的占26%。表明大部分听障学生在集体活动中表现出较强的全局观念，但也有部分学生在这方面是有待提高的。

“你所在的宿舍被盗窃，知道了情况后，你会积极配合学校破案，及时向学校反映情况”的占59% ；“知情却不敢说，问到只好说了”的占23%；“不关我的事，不说也不管”的占18%。调查显示，大部分的听障学生是扶持正气的，也有一部分的学生缺乏应有的正义感。

在关心集体方面，认为“当你值日搞卫生时，你会既然是值日就应该尽自己的能力把卫生搞好”的占68%；“既不积极也不偷懒，如果有老师和同学的监督会搞得干净认真些”的占21%；“想办法少做一点，最好就是不用干”的占11%。看来，在值日工作中“小懒虫”还是存在的。

外校学生在当学生干部的服务意识方面，“可以管同学，逞威风”的仅占3.8%，远低于广州聋校的学生；在全局观念方面也优于广州聋校的学生，“心里明白参加集体活动是大家的义务，但还是跟朋友一起出去了”的仅占7.7%；在关心集体方面，“值日时想办法少做一点，最好就是不用干”也仅占5.9%。这些数据表明，我校听障学生对集体的责任意识较为薄弱，需要进一步的提升。

5. 听障学生对社会的责任意识

在培养健全人格方面，“对黄色书刊及黄色音像制品的态度，你会坚决抵制，并会举报”的占41%；认为“现在年龄小，不看”的占41.7%；认为“好奇，会偷偷看或认为能增长见识，想方设法借来看”的占17.3%。调查数据表明，听障学生在坚决抵制不良刊物方面有一定的意识，但也有少数人是好奇心作怪的。

在文明行为方面，“在公共场所随意吐痰、扔垃圾或乱写乱画，你会认为没什么大不了的，想吐就吐，想扔就扔”的占8%；“知道这样做不对，但有时不注意也会这样做”的占35%；“从不这样做，并教育同学讲究卫生”的占57%。由此可见，听障学生在文明卫生意识方面做得还不够好，今后有待加强。

在关心时事方面，“看报纸或电视，了解社会时事新闻，你会经常关注”的占30%；“偶尔会看的”的占62%；“没兴趣看，和自己没多大的关系”的占8%。大部分的听障学生还是会关注时事新闻的。

在交通意识方面，“闯红灯或横跨栏杆过马路，你会冲过去更快一些，跨栏也是小事一桩”的占10%；“知道这样做不对，但路上车辆少的时候偶尔也会这样做”的占51%；“从不这样做，劝告身边的人注意交通安全”的占39%。表明大多数听障学生是比较自觉遵守交通规则的，有安全责任意识的，但也有一些学生会违反交通规则，需要加强交通安全知识学习。

在志愿服务方面，“学校组织志愿者报名，你会积极主动报名参加”的占48%；“大家去，我也去”的占28%；表示“没兴趣参加”的占24%。现大部分听障学生对志愿态度表示认同，但有一部分听障学生是属于从众心理，别人去我也去。笔者认为这也没有问题，多参加公益实践活动，对听障学生了解社会、融入社会是有帮助的，当然如果能主动参加的话，效果会更加理想。

外校学生“看报纸或电视，了解社会时事新闻，认为没兴趣看，和自己没多大的关系”的占13. 5%；“闯红灯或横跨栏杆过马路，你会冲过去更快一些，跨栏也是小事一桩”的占23. 1%。这两项数据表明，广州聋校的听障学生更关注新闻时事，更具有交通安全意识。

（二）听障学生责任意识的自我评价

表1显示，在被调查的听障学生中，认为自己的责任意识总体很强的学生占10. 6%，较强的占29. 5%，一般的占49. 2%，较弱的占11%。其中，认为自己的个人责任意识很强的学生占7%，较强的占27%，一般的占56%，较弱的占10%；认为自己对他人责任意识很强的学生占7%，较强的占32%，一般的占48%，较弱的占13%；认为自己对家庭责任意识很强的学生占21%，较强的占38%，一般的占34%，较弱的占7%；认为自己对集体责任意识很强的学生占6%，较强的占24%，一般的占57%，较弱的占13%；认为自己对社会责任意识很强的学生占12%，较强的占24%，一般的占52%，较弱的占12%。从平均水平的数据来看，在责任意识的五个方面，学生认为自己的家庭责任意识相对较强，其次是社会责任意识、他人责任意识、个人责任意识和集体责任意识。可见，听障学生的责任意识水平一般，有待进一步提升。

表1　听障学生责任意识的自我评价情况（n=100）

评价内容	很强（4）	较强（3）	一般（2）	较弱（1）	平均水平
个人责任意识	7%	27%	56%	10%	2. 31
他人责任意识	7%	32%	48%	13%	2. 33
家庭责任意识	21%	38%	34%	7%	2. 37

续表

评价内容	很强（4）	较强（3）	一般（2）	较弱（1）	平均水平
集体责任意识	6%	24%	57%	13%	2.23
社会责任意识	12%	24%	52%	12%	2.36
责任意识（总体）	10.6%	29.5%	49.2%	11%	2.32

（三）家长对听障子女责任意识的培养和评价

调查结果表明，在被调查的50名家长中，大部分家长重视培养听障子女的责任意识，在培养子女责任意识的某些方面做得较好。例如，家长总是或者经常做到“鼓励孩子积极参加集体活动，并承担集体工作”的占92%；同意“鼓励孩子成为一个有责任心、乐于奉献的人”的占90%。这些行为都比较有利于听障学生责任意识的提升。

“教导孩子答应别人的事就要努力做到，实现对别人的承诺”的占82%；“要求孩子自己事情自己做”的占82%。在这些方面，还有家长是有时能做到或者不会去做的，这里还有很大的提升空间。同时，我们也发现有部分的家长忽视了培养子女的责任意识，在一些方面做得不够好，例如，对于“让孩子做一些力所能及的家务”，有26%的家长只是有时才让子女做做家务，这样做不利于听障学生责任意识的提升。

表2显示，家长对听障子女责任意识的评价为中上水平。家长评价听障子女的责任意识的结果远高于自我评价，很明显是家长对听障子女的责任意识的要求不高，所以比较容易满足。个别家长们对在哪些方面加强培养孩子责任意识的认识不足，家长缺乏有效的培养方法和技巧而导致教育效果并不理想。从总体来看，家长提升子女的责任意识水平仍有待进一步提高。

表2　家长对听障子女责任意识的评价（*n*=50）

评价内容	很强（4）	较强（3）	一般（2）	较弱（1）	平均水平
孩子的个人责任意识	16%	46%	34%	4%	2.74
孩子的他人责任意识	10%	54%	34%	0%	2.74
孩子的家庭责任意识	16%	42%	36%	2%	2.72
孩子的集体责任意识	22%	62%	40%	0%	3.06
孩子的社会责任意识	8%	46%	16%	2%	2.60
孩子的责任意识（总体）	14.4%	50%	44%	1.6%	2.77

（四）教师对听障学生责任意识的培养和评价

调查结果表明，在被调查的50名教师中，大部分教师重视培养听障学生的责任意识，在培养学生责任意识的某些方面做得较好。例如，我们的教师总是或者经常能做到“当学生做错了事，会鼓励他大胆承认错误并教导他改正的方法”的占96%；“鼓励学生参加公益活动，并与他人分享经验”的占90%；“开展活动让学生体会尊敬长辈、关心父母”的占86%；“鼓励学生积极为集体做事”的占98%。这些行为都比较有利于听障学生责任意识的提升。

但是调查发现，我们有部分的教师在某些方面做得不够好，例如，“在教学中渗透时事新闻知识”总是或者经常的只占64%。表明还有一些教师在这一方面是不够重视的。表3显示，教师评价听障学生责任意识的情况也为一般水平，教师对听障学生责任意识的评价较为客观。

表3　教师对听障学生责任意识的评价（n=50）

评价内容	很强（4）	较强（3）	一般（2）	较弱（1）	平均水平
学生的个人责任意识	0	20%	58%	22%	1.98
学生的他人责任意识	0	16%	48%	36%	1.80
学生的家庭责任意识	0	16%	62%	22%	2.14
学生的集体责任意识	0	36%	60%	4%	2.28
学生的社会责任意识	0	8%	62%	30%	1.76
学生的责任意识（总体）	0	19.2%	58%	22.8%	1.99

五、结论与分析

总体来说，被调查的听障学生的责任意识达到中等水平，仍有待进一步提高，有较大的提升空间。图1显示的是听障学生的自评、家长评价和教师评价的情况，相比之下，听障学生的自评和教师评价的数据较为接近，而家长的评价有点偏高。从平均值数据来分析，听障学生的个人责任意识高于他人责任意识，家庭责任意识高于社会

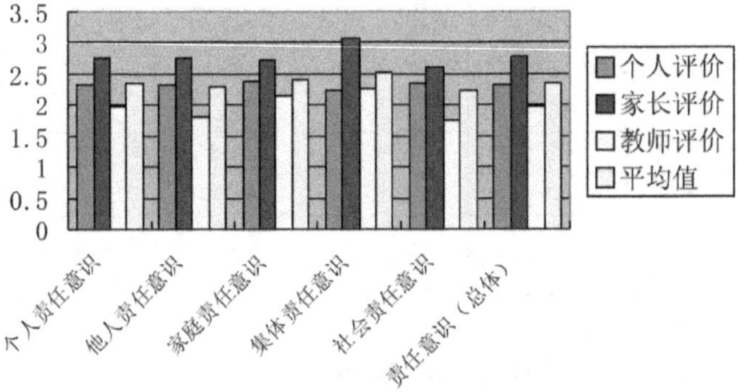

图1　听障学生责任意识评价情况的对比

责任意识，集体责任意识较强，社会责任意识最弱。针对听障学生特点，研究听障学生责任意识的提升是聋校德育工作者应认真探索的重要课题。

六、建议

根据上述调查结果，结合以往的实践经验，我们认为应着力培养听障学生的责任意识，帮助听障学生从各种体验学习中树立正确的责任意识，激发关爱自己、他人、家庭、集体、社会的情感，锻炼为他人、家庭、集体、社会服务的责任意志，养成自强自立、互帮互助的责任能力和责任行为，提升学生的责任意识，促进听障学生学会对自己、他人、家庭、集体和社会负责，更好地融入主流社会中，培养健全人格，更好珍爱自己，关爱他人，关心社会。在众多的社会实践活动中，我们觉得让听障学生参与志愿活动能有效提升责任意识。

1. *引导听障学生积极参与志愿活动*

听障学生最终需要回归社会，融入主流社会中，让听障学生当志愿者，可以让他们通过实践活动的形式走进社会，了解社会，为将来顺利步入社会打下基础，提高与人沟通交往的能力，培养健全人格，用自己的行动回馈社会，做社会有用的人。对听障学生个人而言，参与志愿活动具有以下几点积极意义：一是回馈奉献社会，尽一份公民的责任和义务；二是融入主流社会，增强归属感；三是丰富生活体验，加强与人沟通交往的能力；四是获得学习的机会，增强自尊心和自信心。

我们可以在志愿服务活动中通过以下几个方面培养听障学生的责任意识。第一，在学习培训中体验自强自立，提升个人责任意识；第二，在交往活动中体验互爱互助，提升他人责任意识；第三，在亲子活动中体验我爱我家，提升家庭责任意识；第四，在集体活动中体验团结协助，提升集体责任意识；第五，在社会公益中体验服务社群，提升社会责任意识。

2. *家长要支持孩子参加志愿服务活动*

家长是学校教育中不可忽视的后背力量，特别是14岁以下听障学生志愿者，需有监护人共同参与志愿活动，我们邀请家长们一起来参加，组织亲子志愿活动。例如，在校运会上，广州市聋人学校有13位家长参加了志愿行动。让家长配合班主任开展工作，家长活跃起来了也带动了听障学生，教师们的工作变得轻松了，活动效果更理想了。在研究中发现，参加志愿活动的家长，亲子间的沟通好了，关系有了明显的改善。又如，在安养院的“阳光送温暖”志愿活动、“童心向党”庆六一活动、“读书之星”表彰会活动中，家长志愿者都起了积极的作用，赢得了家长的大力支持。我们相信，参加志愿活动的家庭，听障学生的家庭责任意识一定会有明显的提升。参加志愿活动的家长，一定会支持听障学生参与志愿服务活动，重视听障学生责任意识的培养。

3. 教师要积极组织学生参加志愿服务活动

目前而言，在聋校开展志愿活动，听障学生和家长都是被动的，教师是学校活动的发动机，要做好活动方案，安排好人员、交通、物资服务等，组织听障学生和家长参与活动。有人说，这无疑是增加了聋校教师的工作负担。也有人回应道：活动做出成效，学生进步了，这难道不是聋校教师最开心的事？我们应该看到让听障学生参与志愿服务不仅对促进社会进步有一定的积极作用，对听障学生个人的健康成长带来了诸多的积极意义，提升听障学生责任意识，符合特殊教育的需要，强调回馈社会、全面康复的发展理念。聋校教师应积极为听障学生组织志愿服务，带领听障学生在志愿活动中体验自身价值，感受到助人自助的快乐，逐步提升听障学生的责任意识。

参考文献：

［1］戴育红，袁慧，孔虹．学生责任感与家长、教师提升学生责任感能力的调查分析［J］．中小学德育研究，2009（2）．

［2］谭小宏，秦启文．责任心的心理学研究与展望［J］．心理科学，2005，28（4）．

试论非原发性缺陷所致学困生的学习心理辅导

■ 汕尾市教育局教育教学研究室　黄永能

摘　要： 非原发性缺陷是产生学困生的最重要原因，加强对这类学生的学习心理辅导意义重大。让学生了解学习潜能、激发学习动机、指导科学的学习方法和策略等方面并加强学习心理辅导，使学生敢学、想学、会学，达到转化的目的。

关键词： 非原发性缺陷　学困生　心理辅导

学困生，即学习困难的学生，是指那些要比其他学生花更多时间和精力，才能基本达到掌握知识技能的及格水平的学生。学困生的情况分两类：一类是由于学生的生理缺陷（如盲、聋、哑、身体残疾或视力问题等）所造成的，本文称之为原发性缺陷；另一类占绝大多数，这类学困生智力正常，他们在某些课程的学习中有一些特殊的缺陷，而这些缺陷并不是由于生理缺陷所造成的，本文称之为非原发性缺陷。本文就非原发性缺陷学困生的心理辅导谈谈自己的体会。

一、了解学习潜能，树立学习信心，使之敢学

目前，大多数学困生由于其自卑心态较为严重，对自己往往倾向于否定性评价，导致学习无信心，畏学情绪也较为严重。因此，辅导的首要任务是帮助他们了解自己的学习潜能，树立和强化其学习信心。同时还必须让学困生们相信：人脑与生俱来就有记忆、学习与创造的莫大潜力，我的大脑也一样，而且能力比我所能想象的还要大得多，我需要做的就是懂得如何去开发脑中的无限潜能，才能真正运用这份力量。只有当学生真心相信自己与生俱来的潜力还没完全展现出来，通过自己的努力也可以学好，那么他们才会从“畏学”转为“敢学”。

了解自己学习潜能有多种方法和途径。在过去，由各学科成绩（分数或名次）来推测自己在有关领域的学习能力水平的高低，是一种常见的经验性的方法，但这种方

法往往会造成认识上的失误，并不是很科学。因为，影响学生学习成绩的因素很多，除能力外，已有的知识经验、学习方法、学习动机等都是重要的制约因素。在帮助学生评估学习潜能时，教师可以从以下三方面进行：

第一，指导学生反思自己的学习过程，分析作业中典型错误的性质和原因。学生从中总结成功的经验并坚持之，吸取失误的教训并改正之，从而使学习不断进步，有助于他们了解自己的学习潜能。

第二，培养学生树立多元智能的理念，多维度评估自己的能力，从而树立自己学习的信心。传统的单一认知智能已不能适应现代社会对人的有个性全面发展的要求，哈佛大学霍德华·加德纳的多元智能理论越来越被人们认可。该理论认为，智能是一个多元的体系，每个学生都拥有言语、人际、音乐、空间、数学、内省、自然观察、肢体动作八种智能因素。而当今就是多元化、多选择的时代，“条条大道通罗马”。因此，学生对特定领域知识及活动的兴趣与爱好和特长，也可视作他在该项领域具有较高发展潜能的参考指标。

第三，通过学习潜能测验工具进行各种能力测验，帮助学生了解自己的学习潜能，改变学困生对自己学习能力的否定性评价。例如，周步成主持修订的“学习适应性测验”，林传鼎、张厚粲改编的“少年儿童学习能力测验”等都是合适的测验量表。

二、激发学习动机，使之想学

1. 帮助学生设立明确、适当的学习目标

由于这类学生往往没有明确的学习目标，因此设立明确、适当的学习目标显得尤为重要：不仅使学习目标具体化，让学困生知道如何去做，而且学习目标的难度也适合学困生的能力，通过其自身的努力是可以达到的，更能够激励学困生的学习动机，调动学困生的学习积极性。当然，也要注意确立特殊的学习目标：即目标的近期性和缩小化。因为一个长期性的学习需要必须通过特殊目标的实现而得以落实。

2. 创设问题情境，采取启发式教学，激发学困生的认知好奇心

启发式教学最大的特点是充分调动学生学习的积极性，不是用教师嚼烂的知识“喂”给学生，而是引导学生积极思考，自己概括出结论。而启发的关键，又在于创设一种问题情境。所谓“问题情境”，就是创设一种使学生产生疑问，并渴望得到答案，经过一定的努力能够得到解决的学习情境。在这种情境中最容易激发学生的求知欲，获得理想的教学效果。同时，认知好奇心是学生内在的学习动机的核心，是一种追求外界信息、指向学习活动本身的内驱力。因此，要想激发学困生的认知好奇心，必须考虑信息量的水平和大小。

3. 采取新颖、多样化的教学方法，激发学困生学习动机

新颖的东西才能引起学生的注意，引起学习者的兴趣，对学困生来说尤其如此，所以教学内容和教学方法的不断更新和变化，可以使学困生保持积极的学习态度。另外，在保证教学内容新颖的前提下，采用灵活多样的教学方法也是非常重要的。教师应不断更新教学方法，发挥创新意识，运用发散性思维教学模式。如根据课堂内容的难易程度，把握学困生的思想状况，以及针对学困生的思维特点，运用讨论法、实验法、练习法等多种教学方法，使教学内容新颖丰富，让学习成为一种乐趣，把学习变成一种愉悦的需求，满足学困生的求知欲。

4. 对学困生进行竞争教育，适当开展学习竞争，鼓励学困生的进取精神

竞争是激发学生学习动机和提高学生学习成绩的一种有效手段。通过竞争活动，学生的成就动机更加强烈，学习兴趣和学习毅力也会有所增加。这对学困生来说也是一样，因为任何学生都有进取心。为了保证竞争对动机的激发产生积极作用，避免不良后果，应注意以下几点。

竞争内容应多样化，以培养学生广泛的兴趣，使每个人都有展现自己才能的机会；

在多种竞争形式中，应以团体竞赛为主，既可以增强学生的协作精神，又有利于集体精神的培养；

竞赛活动要适量。竞赛本身在一定程度上会增加学生的情绪紧张度，产生一定心理压力。因此，竞赛不应过于频繁，竞赛题目也不宜过难；

按学生的能力等级进行多指标竞争，让每个学生都有获胜的机会，这对学困生来说尤为重要。

5. 建立信息反馈机制，激发学生的学习动机

从韦纳的归因理论中可以看出，教师在教学时给学生的反馈（尤其是对学生考试成绩的评定）信息会给学生的学习动机的形成产生很大的影响。无论教师的反馈是正面还是反面，都会成为学生对自己成败归因的根据。因此，教师对学生学业成绩进行评定时，要针对学生的个别差异，使每位学生都获得成功的经验，尤其是对于那些缺乏信心、个性较依赖的学困生，教师的肯定反馈会促进其学习的进步。

同时，教师在教学中对学困生的学习结果的反馈应及时。值得注意的是：反馈的内容应包括学生对教师课堂提问的回答、课外作业和各种考试结果，并且使学困生知道什么是得到反馈结果后的正确反映，随时让学生了解距离自己所定的学习标准到底还有多远；对学困生不能单纯看其分数的高低，还应从学习态度、学习潜能、学习发展及学习过程的各个学习环节上发现其可取之处，并给予表扬和鼓励，以增强其自信心和上进心。

三、指导科学的学习方法和策略，使之会学

（一）培养提高学困生学习能力的“三要素”

学习能力三要素是指规范的学习行为、良好的学习习惯、有效的学习方法。这三个要素不是三个方面，而是三个层面，它们相互关联。首先是从学生的规范的学习行为开始，学生规范的学习行为需30天才能形成，学生良好的学习习惯3个月才能形成，有了规范的学习行为、良好的学习习惯，才能形成适合学生有效的学习方法。培养学生能力的四个方面：1. 学生在新课前能有效预习；2. 做作业前先进行有效复习；3. 教师要控制学生完成作业的时间；4. 学生必须有错题本。这四个方面是“三要素”中的哪一个要素？应该是学习行为的要素。如果教师不改变学生的学习过程，学习结果是不会改变的。正如一只飞鸟，若大门是敞开的，其他地方都是关闭的，不冲着大门的方向飞去，它永远也飞不出去。有的学生通过一个月的老师的督促辅导或校外补习，成绩上来了，过后又回到了原点。为什么学生的成绩不能稳步提高呢？其原因很简单，就是学习过程没有改变，只有调节学生的学习行为，尤其是学困生的学习行为，才能改变学生的学习过程，提升学生的学习能力，带动学生成绩的直线上升。

（二）培养提高学困生学习能力的“五字经”

提高学困生学习能力的“五字经”：教学过程突出一个“情”字；教学速度体现一个“慢”字；教学内容体现一个“异”字；教学方法强调一个“活”字；教学效果讲究一个“实”字。

1. 教学过程突出一个“情”字

新课程主张面向全体，这就是说，要努力创造“均衡教学”。因此作为教师，应当把更多的爱倾注在学困生身上，以真情的爱唤醒沉睡的心，以此来点燃他们自信的火种，使他们获得克服缺点的勇气和信心。如一位学生不喜欢数学，做数学作业很马虎。教师通过观察发现他原来是因为“讨厌”以前的数学老师对他很“凶”而“讨厌”学习数学。这时教师应该以“大朋友”的身份去接触他，以耐心的教育方式去对待他，用爱心和微笑赢得他的信任，拉近师生间的距离。有了第一步的成功，教师还要在生活上、学习上对他多加“关心”，如在课余时间谈话的时候不时地“考一考”他，培养他的数学细胞；叮嘱家长回家后多与他谈谈学习上的收获。相信有了自信心的孩子，哪怕是所谓的学困生都能激发出无限的学习潜能。

2. 教学速度体现一个“慢”字

为了顾大局，也就是为了学困生能够跟得上，教师要将教学的内容放慢，在正常的课时安排中，多出一课时来巩固所学习的内容，尽可能地使每一步走得扎实一点，

让接受慢的学生不掉队。这样学困生就相应地和好学生减少了差距，不过这个过程很漫长，需要教师一如既往地坚持。

3. *教学内容体现一个“异”字*

学困生一般都由于知识系统某项残缺，造成学习新知的障碍，因而教师必须完善他们的知识结构，教学活动要适应学生的个性，目标弹性化，知识层次化。

目标因人而异。教师根据学困生的实际情况，放低要求，适当补“困”，掌握学困生的最近发展区，创设一个“小目标”，使学困生在短期内能达到小目标要求，体验成功的喜悦。

作业因人而异。作业布置要有梯度，可适当安排基础题、扩展题，思维训练题等。优等生可选扩展题、思维训练等难度较大的题目做，而“学困生”起初则可选基础题做，慢慢地根据其基础题的完成情况而适量提高要求。不断鼓励他们，引导他们向扩展题、思维训练题“跳一跳”。让学生在“跳一跳”的过程中不断地提高学习能力，获得学习的乐趣。

“学困生”的作业当面批改。学困生的作业要面批，是进行个别辅导的一种极为有效的方法。面批时不仅要注重作业的结果，更注重思维的过程；发现他们的作业有错误，先不打错号，而是面对面地点拨思路，让学生一次次地自行纠正，直到对了以后再打对号。这样，学困生对做作业便产生了一种“我不笨”“我也能行”的情感体验，乐于通过自身的努力去获取成功，让学困生体验到成功的快乐。

单元分层次测试。把单元测试卷分AB两份卷子，规定学困生完成难度较小的A卷。事实表明，这些做法可以使学困生体验成功的喜悦，减少心理压力，从而激发学习数学的兴趣，增强自信心。

4. *教学方法强调一个“活”字*

针对学困生的教学方法，要提倡灵活多变，强调知、情、意的协调统一，以便把他们的情绪、思维从低沉、僵化的状态下激发出来。如数学科关于“圆的认识”一课中有这样一个教学内容，“经过一点能画无数条直线；经过两点只能画一条直线”。为使学生理解掌握该知识点，教材设计了两个题目。第一，画一画。让学生学会画圆、半径、直径。（经过圆心能画无数条半径和直径。）第二，练一练。让学生根据圆的半径或直径计算圆的面积，或者根据圆的面积计算半径或直径。“画一画”是为了习得指定的数学知识，“练一练”就是对数学知识的应用。在这样的教材处理下，学生完全处于被动学习之中。虽然知识是由学生操作后自己概括而来，但为什么要操作？得出这个结论后有什么用处？学生一无所知。教师在处理这一教学内容时，可以这样灵活设计，比如出示一个长条形的挂衣架、若干个钉子和一个榔头，请两位学生把衣架钉到黑板左上方的木质边框上，用来挂安全日志、点名册等物品。学生完成后，汇报是怎样钉的?用了几个钉子?然后提问：你们用两个钉子来固定衣架，用一个钉子行吗?为什么?让学生四人小组展开讨论后汇报各自讨论结果。教师提示，如果把衣架看成一条直线，把一个钉子看作一个点，过一点能画几条直线?过两点能画几条直线?最后引导学生用规律解释钉衣架的原理。这样做，不仅培养了学生的多元智能，突出了学生的主体地位。更重要的是引导学生去发现生活中的数学，让数学与现实生活紧密地联系起来，让学生觉得数学是有用的，让学困生觉得数学就在身边，只要自己用心，也能利用数学知识解决生活问题，从而使教学超越课堂，发挥巨大的能量。

5. 教学效果讲究一个“实”字

“实”有两层含义：一是充分考虑学困生的实际水平；二是牢牢把握教学的实效。

弥补学困生的不足。学困生由于基础太差，在学习中面临的知识“壁垒”会源源不断。为了能较顺利地突破这些“壁垒”，教师要及时地给学困生提供辅导，巩固所学知识与技能，为后续学习扫除障碍。教师在课内要关注他们的学习过程，参与程度，课外要深入了解，重点关注他们在作业中可能遇到的困难，及时加以点拨引导。做到及时了解反馈及时辅导纠正，采取“短、平、快的战术”及时消灭其学习障碍，避免过多地占用学生的课外时间与活动时间。

强化学困生的记忆。教师要善于用简明扼要的口诀、风趣幽默的比喻、形象直观的演示、分层递进的变式等，使教学关键点、重难点得以凸现或突破。这有利于提高学困生掌握知识的实际效率。

参考文献：

[1] 陈琦，刘儒德. 当代教育心理学［M］. 北京：北京师范大学出版社，2007.
[2] 王飞飞，冯维. 国外学习障碍研究的整合化视角［J］. 现代特殊教育，2005.
[3] 田华. 尊重人的多样性是多元智能理论倡导的学习理念［J］. 中小学心理健康，2004.
[4] 蒋长好. 教育学［M］. 武汉：华中师范大学出版社，2011.

亲子义工活动性德育课程的研究与实践

■ 中山市东区教育事务指导中心　卢展红

摘　要：亲子义工队是广东省中山市东区中小学校始创的家校合作社团组织，经过六年的时间从实践的探索上升到理论的研究，形成东区中小学亲子义工独特的组织文化，融入志愿文化的活动性德育系列课程内容、管理模式与评价模式的探讨，有效推动东区区域德育品牌的形成。

本文从亲子义工活动性德育课程的实践与探索等几方面展开阐述东区亲子义工活动性德育课程产生的原因与背景、亲子义工活动性德育课程的基本理论以及开展亲子义工活动性德育课程的开发意义。

关键词：亲子义工　活动性德育课程

一、亲子义工活动性德育课程的思想渊源

（一）德育滞后，时代呼唤活动性德育课程

“百年大计，教育为本。”学校的德育工作是学校工作的主轴心，然而由于德育方式的滞后、德育内容的僵化教条、德育工作脱离学生实际以及德育管理的单一化等原因导致德育工作处于缺乏实效的瓶颈。要彻底扭转这种局面，就要探讨新的教育模式。

活动课程对道德教育十分重要，活动课程实际上是道德教育最关键、最重要的课程形式。德性的本质是德行。亚里士多德说过：“我们做公正的事情才能成为公正的人；进行节制，才能成为节制的人；有勇敢的表现，才能成为勇敢的人。”也就是说，只有在德行或道德实践中才能修养德性。

《青少年教育：廿一世纪宣言》指出，教育作为一项社会活动，主要通过三类途径或教育模式施行，它们是正规教育（如学校）、生活教育（如家庭、友伴、传媒）和非正规教育（如青少年团体）。这三类教育途径或模式在青少年的成长过程中分别

扮演着不同而明确的角色，各有其贡献和重要性。它们并且是相辅相成、互补不足的，因此必须共存，以达致理想效益。大致说来，知识和工作技能一般通过正规教育获得；大多数的社会和社交技能可通过生活教育获得；而个人整体的价值取向、社会与人生态度、以及生存技能等则更多地是通过非正规教育取得的。

自进入21世纪以来，中山市东区一直将未成年人思想道德建设作为经济社会发展的重要内容和软生产力，纳入经济社会发展总体规划，积极探索“营造和谐人文环境，合力联动，教化育人”的新路子新途径，构建德育社会化育人模式，“坚持文化引领，注重身教示范，营造和谐环境，强化实践体验”。东区德育人通过不断研究，创造性地成立了东区亲子义工组织，总结出活动性德育新课程。

（二）亲子义工的起源

“东区亲子义工”的起源是2003年在中山市教育局战略性地提出了“走进家庭，同育新人”的中小学教育发展策略构想的大背景下，东区德育人基于对以往家校合作在内容、形式、方法等方面的检讨，基于营造积极合作的文化氛围、调动家长的积极性，把家长潜在的资源变成现实的资源，把表面的合力变成真正意义上的合力的思考，更基于对独生子女在成长过程中出现的一系列问题诸如责任感缺失，缺乏互助精神，自我为中心，不懂得关爱与分享，缺乏与他人及社会沟通的能力等的忧虑，以及作为一个肩负神圣使命的教育工作者的使命感，“东区的亲子义工队”顺应时势应运而生，中山市东区第一个亲子组织——“亲子工作坊”在雍景园小学成立了，这是我区亲子义工组织的雏形。

“亲子工作坊”原先的活动内容仅仅停留在亲子性质的活动层面，例如举行亲子趣味运动会、亲子书法活动、亲子郊游活动等等。随着活动的深入开展，我们组织全区各学校的德育团队干部到香港交流学习，与香港童军进行联谊活动，走进香港社区，了解他们的社会义工。随着对志愿服务工作的深入了解，我们把志愿文化融入亲子组织当中，于2006年6月在东区雍景园小学成立了第一支亲子义工队。随后的2006年10月，东区柏苑小学于中山市孙文纪念公园成立了第二支亲子义工队。此后，我区全部中小学、部分幼儿园陆续成立了本单位的亲子义工队。四年后，东区的亲子义工逐步走向成熟，并成为东区德育工作的一张亮丽的名片。

（三）对亲子义工德育活动课程的思考

1. 为什么要用亲子的形式实施德育活动课程?

运用亲子的形式开展德育活动课程源于几个需要：一是对教育系统以外资源的

需要。著名教育家苏霍姆林斯基说过："若只有学校而没有家庭，或只有家庭而没有学校，都不能单独地承担起塑造人的细致、复杂的任务。"事实上大多数家长是来自教育系统以外的各行各业，他们拥有学校老师不一定拥有的专业知识，他们也有教育孩子的热情，他们还可能拥有丰富的有益于开展课外活动的物质资源。如果有一个载体可以把这些资源有效地整合起来，为教育所用，最终受益者将是孩子们，亲子义工组织就是这样的一个载体。二是安全的需要。学校组织活动，对象是无行为能力或限制行为能力的小孩。他们天性好动，加上学校教师编制普遍紧张，一名教师往往要带20—30名学生。特别是外出活动，学校出于安全的考虑，许多活动放不开，老师会定下许多规矩，这样不行那样不行，学生感觉郁闷。运用"亲子"的形式，大大减轻老师的负担，学生开心，更使家长放心。三是孩子对亲情的需要。家长参与到活动中来，与孩子亲密接触，共同面对问题与困难，在合作中加强沟通，有利于培养融融亲情，有利于家校携手，提高教育的效能。

2. 为什么亲子义工德育活动课程以体验为中心？

朱小蔓在《情感德育论》中指出："道德学习和道德教育依其特殊本性来看，体验性学习是主要和适切的方式之一。"亲子义工活动以体验为中心，学生在体验中获得道德"真知"。"德育课不同于智育课，它不仅要解决学生知不知、会不会的问题，更重要的是解决学生信不信、行不行的问题"。即不但要授之以知，而且要动之以情、激之以志、导之以行。德行的养成不是死记硬背书本知识所能实现的，更重要的是靠体验。如果教师只是讲有关道德的知识，学生只是背有关道德的知识，只是把学生当成等待填充的"道德之洞"（杜威）或"美德之袋"（科尔伯格），这样的道德教育必然是低效的。实践证明，"活动—体验—感悟"是德育的生长点。让学生走出课堂，构建"活动"的德育课堂，运用已掌握的理论，去体验生活、体验社会、体验职业岗位、体验人生。通过参与，学生直接体验到实践、活动中出现问题的多样性及解决问题方法的灵活性，体验到人与人交往的技巧，体验到现实生活中的真、善、美、假、恶、丑，体验到人在社会中应担负的责任与使命。在体验之中实现由感性到理性的升华，就可获得道德的"真知"，进而形成有良好的思想品德行为习惯的养成。

二、亲子义工活动性课程的德育意义

亲子活动性德育课程是以学生的年龄特点、兴趣需要和能力为基础，利用校内、校外的教育资源，开展形式多样、内容丰富多彩的活动。

1. 亲子义工活动性德育课程有利于培养学生主体意识

亲子义工工作是以“一大一小”的两代人同时出现为外部特征的，两代人通过在校内校外的各种活动中沟通感情增进亲情。学生通过自己的主观努力和深入探索，在活动中不断提高道德认识，培养道德情感，增强道德意志和信念，促进自身主体意识的形成和道德品质的发展。

2. 亲子义工活动性德育课程有利于培养学生的创新意识和实践能力

时代的发展要求人具有创新意识和实践能力，以主体参与为重要特征的亲子活动性德育课程在培养学生创新意识和实践能力方面具有优越性。它有助于优化学生的能力结构，为学生的积极思维创造了丰富多彩的问题情境，培养学生寻求创造性解决问题的方式与方法，以训练学生的创造性思维。

3. 亲子义工活动性德育课程有利于培养学生的人际交往能力

亲子义工活动性德育课程实施的始终，主题的确定、活动的实施、成果的展示等阶段，不可能由一人承担。在与同龄伙伴交往合作、与成人交往合作过程中，在广阔的社会生活中，学生通过实践、体验、真诚交流，学生的人际交往能力随之提高。

4. 亲子义工活动性德育课程有利于培养学生的责任意识

亲子义工活动性德育课程让学生在与家长、老师共同组织活动，在参与活动中，了解社会的现状，不仅看到光明的一面，还看到阴暗的一面；不仅看到生活幸福的人群，还看到生活悲惨的人群，从而培养健康的价值观和负责的生活态度，培养学生在现实生活中发现问题、研究问题、解决问题的意识和能力，使学生在活动中逐步形成社会责任感和生态伦理意识，能够和周围环境和谐相处。

5. 亲子义工活动性德育课程有利于促使学生学会爱与感恩

活动是学生道德形成发展的源动力，是学生自我教育与发展的基础。它关注的是学生整体生命的成长，满足的是学生兴趣发展的需要，服务的是生命的个体成长。亲子活动全方位、多角度地为学生提供可展示的机会与锻炼的舞台，让学生深入社会生活的方方面面，让孩子自己去体验生活，做社会调查，与人交流。在这个复杂的生活舞台上，孩子学会爱、学会感恩。

6. 亲子义工活动性德育课程有利于预防网络成瘾

网络成瘾症又称网瘾综合征，是对网络的一种过度依赖，表现为对现实生活失去兴趣。它与烟瘾、酒瘾、毒瘾以及病理性赌博等成瘾类病症类似，一旦形成，戒掉比较困难。网瘾成瘾重在预防，“疏”比“堵”更重要。

亲子义工活动，一方面为父母与子女营造了共同的生活场景，为增进家长与子女的亲情与沟通提供平台，减少两代人之间的生活隔阂，缩短了两代人的心理距离，父母与子女之间有共同的语言，有亲密的接触。在这种环境下，孩子更容易说出心里话，家长则更容易把握孩子的思想动向，并适时做出适当的干预；另一方面，亲子义工活动能转移青少年对网络的注意力，消耗青少年过剩的精力，这是“寻求替代性爱好（比如：运动、绘画、歌唱等娱乐）”的一种方式。

三、亲子义工活动性德育课程的实践探索

（一）健全亲子义工队组织机构与队伍

亲子义工队是一个介乎于正规教育与非正规教育之间的团体，其活动范围涉及课内课程与课外课程，但更多的是倾向于课外的课程。根据联合国教科文组织的定义，非正规教育（non-formal education），是指在正式教育体制之外，针对特定学习对象的有组织、有目的、有学习目标的教育活动。亲子义工活动性德育课程主要有以下几个特点：第一，以人为本，重视个人在学习过程中的主观能动性和责任意识；第二，自愿参与；第三，学习过程是体验式和参与式的；第四，学习过程中伴有同伴群体；第五，价值观的培养是教育过程的有机组成部分。

探索亲子义工活动性德育课程过程中，我们通过固化的模式，形成亲子义工的独特文化，以亲子义工独特的文化吸引人、引导人：

固化亲子义工队成立的程序；

规范章程的订立；

固化授旗仪式的模式；

统一入队申请和条件；

统一活动的队服；

明确权利与义务；

明确队员退队规定；

订立亲子义工誓言；

健全亲子义工组织架构；

喊响亲子义工的口号；

制定亲子义工的培训规范；

订立亲子义工队员服务守则。

（二）亲子义工活动性德育课程的探索

1. 丰富活动内容，构建德育课程

亲子义工队服务范围包括配合开展学校教育教学活动以及助老扶弱、扶贫济困、支教助学、环境保护、社区服务以及其他社会公益性活动。“亲子义工队”的服务主要是由成人带动孩子们通过开展丰富多彩的教育教学活动和义务服务活动，培育孩子责任感，学会对自己负责、对他人负责、对家庭负责、对社会负责，让爱心的种子在活动中播撒和萌发，学会感恩。

亲子活动性德育课程的内容是极为广泛、极为丰富的。就其内容的性质划分，可概括为以下几种：

（1）学习型亲子德育实践活动

学习活动是学生生活实践的主要内容，学习型德育活动包括各学科教学和研究性学习。家长在教师组织下，带着他自身钻研的领域或工作的专业知识与资源，深入孩子们的课堂。每一位家长就是一部精彩的教科书。在家长（同学家长）的指导下，学生从自身、社会和生活中选择和确定自己感兴趣的研究专题，主动地获取知识，运用知识来解决问题。在已有的基础上渗透研究性因素，既保持学科的知识的系统性和完整性，又强调培养学生的创造性和综合应用能力，以培养学生的探索精神和创新意识。由于身边来了个“亲密的新教师”，孩子们学习的情绪会有种别样的感觉——好奇与新鲜感，孩子们学习的积极性和主动性会更强。例如，来自消防大队的家长跟孩子们做关于“如何做好家居防火以及发生火灾如何自救的探讨”；来自人民医院的家长跟孩子开展“如何做好青春期的准备、如何通过营养增强记忆力”的讲座；市内知名书法家与孩子一起书写春联与“福”字并提出“写方方正正的字，做堂堂正正的人”的倡议；来自公安部门的家长与孩子探讨如何防拐防骗；来自供水公司的家长带领孩子走进自来水厂，了解自来水的净化过程；来自商业部门的家长组织孩子走进大卖场，了解商场的进货、销售的过程；来自林业部门的家长带领孩子登山护林；来自机关大院的家长可以告诉孩子行政办事的程序等等。新鲜感好奇心的驱使，使孩子能更投入的自主获取知识，获得在老师身上得不到的更专业的知识。

（2）人际交往型的亲子德育实践活动

美国总统罗斯福曾说：“成功公式中，最重要的一项因素是与人相处。”由于“90后”的孩子多数是独生子女，在“4-2-1”溺爱型的家庭环境下受到成年人的过多关注，往往形成以自我为中心，人际互动的社会技巧未朝正向发展，表现出任性、自私、霸道、不合群，甚至有攻击性等行为。人际交往型的亲子活动，则有效地创造出混龄的人际网。组织班级中的家长与孩子，利用周六、周日或寒暑假的时间，开展亲子登山活动、亲子游园活动、亲子赏花活动、亲子篮球比赛、亲子拓展活动等，孩子们通过与同龄或混龄孩子、长辈、老师等的人际交往的实践活动，亲身体验人际交往中的道德行为规范。

（3）社会公益性的亲子德育实践活动

社会公益性活动是亲子义工队的核心内容，按照活动的性质来分，社会公益性的亲子德育实践活动可分为以下四种：

①慈善公益活动

“一方有难八方援手，亲子义工走在前头。”从1988年起每年的正月十五是中山市隆重举行“慈善万人行活动”的日子，一大一小的义工穿着整齐的义工服，扛着捐款箱，拎着义卖品，走上街头，为弱势群体、红十字事业募集善款。亲子义工还以“点亮生命之灯”为主题，分别为白血病患童、患先天性心脏病的双胞胎兄弟筹措手术费用；为遭受冰雪灾害的湖南粤北同胞、遭受地震灾难的四川同胞募集衣物、棉被以及善款。

②敬老助残扶危济困爱心活动

关怀弱势群体，是亲子义工队的一个重要内容。关怀老人、帮助残疾人、给处于危难之中的人施以援手，给予在生活和经济上有困难的人以支持，是亲子义工不懈的工作。

如亲子义工总队在全区范围内为经济欠发达的毗邻广东省的广西省百色市开展募捐活动，筹集文具、图书、衣物、电脑等以及现金捐款，并组织100名亲子义工分开展跨省的“晨曦行动”。又如为广东省连南县地处高寒山区的马头冲小学筹集重建资金，组织捐款活动和题为“2008《明天会更好》中山清风暖流公益音乐会”。

爱心活动还包括到中山市福利院给孤儿唱歌讲故事，陪他们玩耍，带他们逛公园，与他们一同开大食会，给他们送去礼物；与中山市特殊教育学校长期结对开展的“奉上一份深情”活动；与来自四川省乐山市的留守儿童开展联谊活动，带他们游览伟人孙中山的故乡；在“社区敬老节”开展题为“捧出一颗真心”和与中山市颐老院老人联谊，开展“朝阳辉映夕阳红、共筑和谐新花苑”等系列敬老活动，给老人家们过生日，陪老人家聊天；慰问社区里五保户、军烈属、孤寡老人；开展“身边希望工程”，为身边的家庭经济有困难的同伴送上温暖与关怀；把“一缕阳光”普照到特殊家庭的学生身上与心里，开展一帮修德、二帮心态、三帮诚信、四帮礼仪、五帮就读、六帮残疾、七帮就业、八帮戒毒、九帮戒网瘾、十帮后进的“十帮活动”等等。

③环保公益活动

宣传环保，是亲子义工义不容辞的责任。开展保护环境卫生的活动，根据实际情况到公园、社区清理垃圾，回收废旧电池，到公共场所清理野广告，参加植树、保护绿草地，亲力亲为节电、节水并做好宣传等是亲子义工常做的工作。其中保留活动项目包括：每年3月份开展的“一片浓浓的绿荫”亲子齐植树活动；每年中秋节后的绿色环保回收月饼盒活动；“绿色•爱心”“变废为宝献爱心”废品回收活动；拒绝“白色污染”环保宣传活动等等。

④大型志愿活动

市区内经常开展大型的公益活动，需要大批志愿者，亲子义工作为工作人员协助主办方维持游行、演出、观看、拍摄的秩序。

每年3月5日学雷锋纪念日前后的假日，市区都组织公益性志愿服务集市。亲子义工们纷纷拿出自己的看家本领，有的开展电器维修，有的开展免费理发，有的开展法律咨询，有的教你金融理财，有的提供医疗义诊，有的提供专业心理咨询，有的免费英文翻译，有的给你支招，教你剪纸、插花，甚至是教你生活小百科……

“快乐暑假”“快乐假日”是我区德育的一个创举，区教科文卫办联动区团委、区妇联、社区居委会、区关工委等相关部门，为在假期里无人照顾的孩子提供免费的培训和活动。由此在寒暑假里，有一群活跃的身影走进社区指导孩子们阅读课外书，组织孩子看电影作影评，开展亲子游戏活动，组织孩子练书法、绘画、唱歌、跳舞、下棋……在这些身影中不乏亲子义工的出现。“快乐假日”实现了亲子义工活动项目化，更实现了亲子义工服务社区化的道路。

举世瞩目的奥运会落户北京，我区组织1070个亲子家庭3210名亲子义工参加了在市体育场举行的“和谐中山，情系奥运，祝福北京”2008个家庭绘制2008米奥运长卷绘画活动，为北京奥运加油，为北京奥运喝彩，创造了吉尼斯纪录。

（4）自主自觉性亲子德育实践活动

此类活动主要针对当前一部分青少年学生缺乏自立自理能力、心理承受能力而开展，如在校值日、做卫生、绿化、美化校园，在家承担家务劳动等，以此加强学生的自我管理、自我服务意识，锻炼独立生活能力。这种活动，家长可以以同伴的身份出现，以愉快的心情影响孩子，使孩子在劳动中产生积极的心理体验。例如，“亲子交通协管员”的值岗工作一般采用轮值的方式，一学期轮值一周。孩子与父母同值一班岗，一方面胆量、能力都得到锻炼，更重要的是学会自律，懂得守规则的重要性。

（5）心理疏导性亲子德育实践活动

近年来发生多起学生坠楼自杀事件，这些孩子由于心智的不成熟做出不明智的举动，造成不可逆转的严重后果。针对当今孩子心灵脆弱、缺乏自信心、意志薄弱、抗挫折能力差、情绪易暴躁、早恋早熟等问题，我们借助亲子义工队家长的力量，举办心理健康教育专题讲座，让家长带着“心灵的鸡汤”“心灵下午茶”来到学校，与孩子们共同分享。一个个个案的分析、讨论，使孩子们树立正确的自我评价，学会面对困难的自我调适，学会使用适当的方法自我宣泄不良情绪。

（6）感情沟通型亲子活动

父母在孩子心中的位置是任何人无法取代的。亲子沟通指父母与孩子的沟通，它是家庭生活中的“味精”，又是孩子成长过程中的“润滑剂”。例如，就孩子们某个感兴趣的话题举办亲子沙龙，运用倾谈的方式，父母们、子女们分享各自不同的观点，解决孩子心中的疑问。

例如，雍景园小学成立“星星篮球队”，由家长担任教练，热爱篮球运动的家长与孩子逢周日上午相约在学校的篮球场开展训练，既锻炼身体增长技术，又促进亲子的沟通。又如，开发“亲子同耕园”，学校把劳动基地承包给感兴趣的亲子家庭，每个家庭负责一小块土地，种植、浇水、松土、除草、除虫、收成，对植物进行观察，孩子在与家长的共同劳动中体验了劳动的艰辛与收获的快乐，收获到亲情与友情，同时收获了责任心。

还有“亲子书法爱好者协会”“亲子工作坊”“亲子读书月”等组织与活动，给孩子营造了良好的阅读、练字、手工制作的环境与氛围，变枯燥的学习任务为快乐的活动，父母与孩子的互动增进感情的沟通。

2. 创新活动形式，注重自主参与

亲子义工活动有一定的基本模式：策划—实践—交流分享—总结评价，在此基础上，不严格规定千篇一律，可以创新活动的形式，突出学生的自主参与。

首先，让学生积极主动地参与实践活动，获得多角色体验。学校应尽可能多地提供机会，让学生通过多种多样的具体角色的扮演，逐步体验自己应有的主体地位，强化角色意识，学会多角色实践，从而增强对角色的责任和义务的体验。

其次，引导学生参与亲子活动的全过程，获得自身的充分发展。学生活动的最大作用是让学生通过积极主动地参与各种活动，从而获得全面生动而又充分地发展。因此，让学生参与活动的全过程，有利于提高德育的实效性。可以让学生轮流担任活动的主策划、主执行，老师和家长在活动当中充当一个指导者、支持者、保护者的角色，更多地让孩子成为活动的策划者、组织者、实施者。

再次，让学生参与亲子义工队委工作，学会自我管理。实行“队委干部轮值制”，为更多的同学提供发展主体意识、提高服务能力的舞台。只有让学生在义工队集体中，在社会实践活动中，真正以学生的自身管理为主，才能让学生学会自我管理。

3. 规范活动管理，提高工作绩效

为了保证亲子义工活动目标有效达成，应须建立一系列运行机制，以推动、维持、保障亲子义工工作系统发展。

首先，应明确分工，各司其职。校内各个层次密切配合，明确分工，协调一致，形成教育合力。

其次，必须优化亲子义工队伍。亲子活动性德育课程的实施成功与否，教师、家长的作用不可忽视。建立民主、平等的新型师生、亲子关系是亲子活动性德育课程实施的必要条件。教师、家长应由教育的主宰者、操纵者转变为引导者、激励者、指导者和合作者。

再次，要密切联系社会、家庭、学校，形成三位一体的德育网络体系。学校德育不是学校唱独角戏，应与家庭、社会密切配合，形成合力，才能取得最佳效果。

4. 优化活动评价，促进全面发展

（1）建立亲子义工考评制度

亲子义工活动重视活动后的交流分享，在分享中感悟，在分享中评价。一般情况，在开展活动后，我们都会组织全体学生、家长与老师们围坐在一起，各自谈谈自己的感受，谈谈收获；也就活动的成败谈谈改进的意见或今后的设想；也可以就自己或同伴的表现做出一个中肯、公正、客观、全面、科学的评价。参与式评价形式可以多样，如学生自评、小组评议、师生互评，还可以采取由家长或社区介入等多种民主评议法。建立这种亲子义工考评制度，目的在于完善地反映学生的成长，培养学生的自我反思和自我教育的习惯，让学生成为评价过程的主人，学生既是评价者，又是被评价者。双重角色体验，调动了学生活动的积极性，增强了主动性。

（2）建立亲子义工志愿服务工时计算制度

我们的亲子义工活动除了校内的全员参与的活动以外，更多的是利用课外时间在校外开展的志愿活动。为了鼓励学生和家长积极参与各种的志愿服务，我们建立了亲子义工志愿服务工时计算制度，采用积分管理制度。积分登记根据各校的条件情况采取手工登记方法和电子登记方法两种。

①手工登记方法

每一对亲子义工队员自入队当天领到一张“亲子义工工时卡”，每次参加亲子活动，由义工队组长向参加活动的亲子义工派发写有工时的“爱心印章”，队员把“爱心印章”贴在“亲子义工工时卡”上，定期上交进行工时统计。为了减轻成本，也可以运用在工时卡上盖章的方式确认工时。

②电子登记方法

当前是信息时代，我区的网络建设已经相当完备，每个在籍在册的中小学学生都拥有学生电子智能卡和学生电子成长档案，我们可以考虑利用学生电子智能卡和学生电子成长档案计算志愿服务工时，减轻工作人员的工作量，通过一个终端设备进行读卡，就可以完成活动记录，在后台设置并确认工时数就可以轻松实现工时记录。每个亲子义工还可以通过网络了解到自己的服务时数与他人的情况，公开透明，并为每年的优秀亲子义工表彰提供实时准确的数据。

（3）建立优秀亲子义工表彰制度

为进一步推进亲子义工工作深入开展，激发广大亲子义工的参与热情和积极性，每年举行隆重的表彰大会，开展亲子义工积极分子、优秀队员评奖和表彰，我们经历了两个过程：

①定性评选

定性评选包括亲子义工队员自荐、大队推荐、总队审核确定三个程序。这种评选方式存在着明显的弊端：这种方式一般是凭借着书面材料来确定谁优秀谁不优秀。材料写得好，获奖的机会就大；要是队员组织文字材料能力不高，一则不敢申报或懒得申报，二则申报了也拗不过别人。这样会伤害了一部分队员的积极性，不利于工作。

②量化评定

量化评定这种方式是在做好服务工时登记的基础上，通过计算积分作为“优秀亲子义工”基础条件，在当年累积服务时数前20名者自动当选“优秀亲子义工队员”，后20名前50名自动当选亲子义工积极分子。除此以外，我们根据不同的服务时数划分八个不同的级别，队员通过多年的累计，达到一定积分，可以自动晋级。

四、问题与反思

亲子义工活动德育课程的开发和建设是一项艰巨复杂的工程，反映了当今德育改革的发展趋势，涉及对群众传统德育课程内容、实施、管理及评价进行一系列的变革。四年多来，我们在探索中不断完善，其中还有许多亟待改进的地方，这有待于我们在理论研究和实践探索中进一步完善。

参考文献：

［1］亚里士多德. 尼各马科伦理学［M］. 北京：中国社会科学出版社，1990：26.

［2］檀传宝. 德育原理［M］. 北京：北京师范大学出版社，2007：197.

[3] 詹万生. 思想品德教育读本 [M]. 乌鲁木齐：新疆科学技术出版社，2004.
[4] 杜威. 杜威教育论著选 [M]. 上海：华东师范大学出版社，1981.
[5] 杨洁，郭中兴. 民办高校校本德育活动课程的探究与开发 [J]. 河南社会科学，2008，16.
[6] 檀传宝. 德育原理 [M]. 北京：北京师范大学出版社，2007：179-209.
[7] 朱小蔓. 情感德育论 [M]. 北京：人民教育出版社，2005：110-127.
[8] 詹万生等. 和谐德育论 [M]. 北京：教育科学出版社，2008：304-449.
[9] 北京志愿者协会. 走近志愿服务 [M]. 北京：中国国际广播出版社，2006.
[10] 陶宏开. 回来吧，孩子——预防与戒除网瘾指南 [M]. 北京：中国人民大学出版社，2006.
[11] 郑航编. 学校德育概论 [M]. 北京：高等教育出版社，2007.
[12] 张澍军. 德育哲学引论 [M]. 北京：中国社会科学出版社，2008.
[13] 吴铎. 德育课程与教学论，新课程学科教学论丛书 [M]. 杭州：浙江教育出版社，2003.
[14] 储培君等. 德育论/德育理论丛书 [M]. 厦门：福建教育出版社，1997.
[15] 《中共中央办公厅、国务院办公厅关于适应新形势进一步加强和改进中小学德育工作的意见》. 2000.
[16] 庞伟芳. 中小学活动性德育课程：实践与思考 [D]. 华中师范大学，2006.
[17] 杨晴川. 美国为何志愿文化最发达 [J]. 半月谈，2008.

基于学生专业成长的德育体系构建

■ 中山市建斌中等职业技术学校　刘卫东

摘　要：面对社会转型时期中职学生管理难度越来越大的挑战，我们以“促进学生专业成长”为核心理念，以“建斌三元文化（军人意志、企业管理、人文精神）”为指导，确立“文质兼备、德技双馨”的人才目标，制定了学生职业素养评价标准，推进了专业德育方案的实施，从而有效地促进了学生的专业成长，逐步一形成了具有鲜明职教特色的德育工作模式。

关键词：中职学生　德育　专业成长　职业素养　专业德育

上篇　绪　论

一、课题的提出

我国对外开放的进一步扩大为广大未成年人了解世界、增长知识、开阔视野提供了更加有利的条件。社会主义市场经济的深入发展，社会经济成分、组织形式、就业方式、利益关系和分配方式的日益多样化，为未成年人的全面发展创造了更加广阔的空间，与社会进步相适应的新思想、新观念正在丰富着未成年人的精神世界。与此同时，一些领域道德失范、诚信缺失、假冒伪劣、欺骗欺诈活动有所蔓延；一些地方封建迷信、邪教和黄赌毒等社会丑恶现象沉渣泛起，成为社会公害；一些成年人价值观发生扭曲，拜金主义、享乐主义、极端个人主义滋长，以权谋私等消极腐败现象屡禁不止等，也给未成年人的成长带来不可忽视的负面影响。

互联网等新兴媒体的快速发展，给未成年人学习和娱乐开辟了新的渠道。与此同时，腐朽落后的文化和有害信息也通过网络传播，腐蚀未成年人的心灵。在各种消极因素的影响下，少数未成年人精神空虚、行为失范，有的甚至走上违法犯罪的歧途。

这些新情况、新问题的出现，使未成年人思想道德建设面临一系列新课题。

进入21世纪的学校德育，面临的时代背景发生了很多变化，其中影响最大的是信息网络化、文化多元化、经济全球化等。特别是处于时代变化风口浪尖的中等职业教育，面对社会的较高期望及学生的较低基础条件，学校如何摆正“德育首位”和“技能中心”的关系，促进学生的专业成长是当前中职学校必须思考的一个重大问题。为了让学校的发展及人才培养目标与时代变化和社会要求相一致，我们在研究当前社会经济形势、地方区域文化等特点的基础上，深入开展了基于学生专业成长的德育实践探索。

二、源于地方文化的德育思路

我校地处伟人孙中山先生故里广东省中山市小榄镇，高度发达的经济文化、优美的水乡自然环境为我校教育事业的发展提供了良好的文化氛围和经济支持。

1. 小榄镇拥有2008北京奥运祥云火炬生产厂家——华帝公司

火的文化昭示我们火是人类文化的象征。适时、适地的火种可以让我们有一个温暖的家，但其双面性让我们明白火是有内在规则的，且在这规则面前人人平等、没有例外。火让我们受到警示：谁违规就烫谁，且反馈及时、概不拖欠。火的文化对教育的启示就是我们对工作要激情如火，但不能忘记火的内在法则——教育应该是理性的，规则是公平、公正的，教育反馈要及时。

2. 小榄镇拥有乐百氏纯净水的制造商——广东省乐百氏集团公司

水的文化昭示我们水是生命之源，要求我们每个人都要敬畏生命；水滴石穿的故事告诉我们：教育需要一个过程，教育的效果具有后显性，我们不能急功近利；教育要有随风潜入夜，润物细无声的情怀。水的文化对教育的启示：做人要柔情似水，教育更不能简单粗暴，我们在教育中要注重情感的体验，所谓以情动人，方能入心入脑。

3. 小榄人爱菊如痴，小榄又有菊城的美称

花的文化昭示我们要有一双善于发现美的眼睛，教育者更要着力培养更多学生用自己的那双善于发现美的眼睛去看世界。花也用自身的经历告诉我们：使人人喜欢、让每个人快乐并不是不可能的。花的文化对教育的启示，学生成长如花，在他们如花的年龄，需要我们教育工作者能用心读懂他们，懂得欣赏他们，并能实施具有情趣的教育。

地方区域经济、文化特点给予我们的启示，作为教育工作者，我们在德育工作

中，要吮吸地方文化的乳汁，丰富自己的人生，再深入解读学生。从引领学生“学生活的知识、学生存的技能、学生命的意义”三个方面去努力，真正让我们的教育“贴近学生、贴近社会、贴近生活”，让德育像呼吸一样自然，让德育与学生的心灵无缝对接，让德育更富魅力和效力。

三、学校德育目标

我校坚持“面向市场，服务社区，重在素质，贵有特色”的办学思想，把思想道德教育、文化知识教育、实践技能培训结合起来，有效地提高了各专业学生的综合职业能力。在“办好职业教育，服务小榄经济”的思想指导下，以就业为导向，主动走向市场，努力培养适应本地经济发展需要的高素质的劳动者和合格的基层管理人才。各主干专业围绕培养技能型人才确定培养目标，以培养学生“学会生存，学会求知，学会做事，学会共处”为重点，使学生成为具备高中文化基础、掌握本专业基本理论知识、具有较强实践实操能力、熟悉本行业操作流程的技能型的高素质的劳动者和合格的基层管理人才。

在“以能力为本位，以技能为重点”的思想指导下，我们根据学校的办学目标及各专业的培养目标，结合各岗位的实际要求，制定了各主干课程的教育、教学目标，形成一个立体的目标体系。其中德育工作的重点是以职业道德教育这条主线，把“敬业、乐业、勤业”精神的培养贯穿育人的全过程。引导学生懂得要想成才，必须先学会做人，树立敬业精神和为人民服务的思想，使毕业生具有健全人格和熟练技能，成为一个符合社会基本道德、适应岗位要求的应用型的初、中级人才。

1. 基本德育目标

热爱祖国，具有报效祖国的精神，拥护党在社会主义初级阶段的基本路线；初步树立为建设有中国特色的社会主义现代化事业奋斗的理想志向和正确的人生观，具有公民的社会责任感；自觉遵守社会公德和宪法、法律；养成良好的劳动习惯、健康文明的生活方式和科学的思想方法，具有自尊自爱、自立自强、开拓进取、坚毅勇敢等心理品质和一定的道德评价能力、自我教育能力。

2. 职业道德目标

中等职业学校的德育工作必须以学生基本规范为基础，进一步强化与生产实践相结合起来，使学生逐步对职业道德、岗位要求、行业规范等方面有深入的了解，并通过学校的教学实践活动逐步养成，成为自己的一种内在素质和行为习惯。其核心就是职业道德的养成教育。所谓职业道德，就是同人们的职业活动紧密联系的符合职业特点所要求的道德准则、道德情操与道德品质的总和。

职业道德是一种职业规范，兼有强烈的纪律性，受社会普遍的认可。它是长期以来自然形成的，依靠文化、内心信念和习惯。职业道德代表了不同企业可能具有不同的价值观，承载着企业文化和凝聚力，影响深远。每种职业都担负着一种特定的职业责任和职业义务。各种职业因其职业责任和义务不同而形成了各自特定的职业道德的具体规范。各种职业道德的要求都较为具体、细致，表达形式多种多样。

为了让学生在校内就养成一些基本的职业习惯，更好地适应社会需要，根据学校管理体制及专业设置的实际，结合各专业服务岗位群的工作要求及其相应的职业道德要求，借鉴职业道德养成的基本原理，有针对性地实施了促进学生专业成长的德育实践方案，增强我校德育工作的针对性和实效性。

3. *学校的核心理念*

为了学生的专业成长。中职学校的一切工作的目标就是为了学生的专业成长，学校德育是为学生专业成长服务的，需要在学生职业素养的养成与提升方面下功夫。为此我们提出了以“建斌三元文化（军人意志、企业管理、人文精神）”为指导，军人意志的核心是纪律观念和执行力，要求一切行动听指挥，强调军令如山；企业管理的重点是精细化管理、质量效率观念，提倡管理讲规范、工作按流程、心中有质量，强调时间管理，注重教育效率；人文精神的关键是爱心与尊重，其目的是提升教师的服务意识，培养学生的社会责任感。

建立基于学生专业成长的专业德育模式，形成以常规管理为基础，以心理体验、活动感悟为载体，以职业道德为核心，以行业规范、企业文化及岗位要求为重点的德育工作思路。

四、理论界定

职业素养是人类在社会活动中需要遵守的行为规范。职业素养概括地说，包含了职业道德、职业思想、职业行为习惯、职业技能四个方面，其中前三项是职业素养中最根基的部分，属世界观、价值观、人生观的范畴，需要每个人从出生到退休或至死亡逐步形成、逐渐完善。而职业技能是支撑职业人生的表象内容，属职业技能范畴的技能，可以通过三年左右的时间学习、培训掌握入门技术，在实践运用中日渐成熟而成专家。企业更认同的道理是，如果一个人基本的职业素养不够，比如说忠诚度不够，那么技能越高的人，其隐含的危险越大。

基于学生专业成长的德育实践（以下简称“专业德育”），就是针对基本职业素养（即职业素养中的前三项）所进行的教育。它特指在职业学校德育工作中，以常规管理为基础，以心理体验、活动感悟为载体，以职业道德为核心，以行业规范、企业文化及岗位要求为主要内容，以课堂为重点，具有鲜明专业岗位特色的专业德育工作思路。

我们认为，专业德育的工作目标是基础德育目标与职业道德目标的总和。本课题研究的目的就是要在深刻解读学生的基础上，深入研究专业德育的内涵，科学规划中等职业学校的课程及实践活动，并以此为基础而建立的一套完善有利于学生专业成长的职业道德意识的养成及培育实践活动体系。

中篇　基于学生专业成长的德育实践

一、学生职业素养评价方案

我们紧紧抓住职业道德教育这条主线，把“敬业、乐业、勤业”精神的培养贯穿育人的全过程，引导学生懂得要想成才，必须先学会做人，树立敬业精神和为社会服务的思想。同时，结合行业行为要求，严格抓好学生校内行为修养，为实现良好职业行为迁移做准备，缩短学生的思想认识、职业思想与社会、企业需求的差距。通过加强就业指导工作，帮助学生树立正确的择业观、从业观。

为了促进学生的专业成长，我们制定学生职业素养评价方案，推行职业素养达标制。我校的学生职业素养达标评价方案主要包括以下内容：

第一，学生参加意志毅力训练活动，表现良好，成绩合格。我们将学校组织的新生军训、日常劳动、野外拉练、团康活动、拓展训练等意志毅力训练活动作为职业素养达标的基础要求，依据学生在活动的表现，通过自我评价、小组评价、教师评价相结合按优良中差四个等级进行评价。

第二，学生完成相关课程的学习，课时达标，成绩合格。我们根据国家中职学校德育大纲及课程规划开设“职业生涯规划”“职业道德与法律”“经济政治与社会”“哲学与人生”“心理健康”等课程，要求修满课时，考试成绩合格。

第三，实习实训的表现：按学校的教学计划，上好每节实训课，认真完成每一次实习任务，成绩合格。

学生职业素养评价分散于学生在校三年学习生活的全过程，反映了学生在职业道德、职业思想、职业行为习惯等职业素养养成方面的进步情况。采用分项记分、综合评定，以达标为标准，并将其作为学生毕业的一个重要条件。

二、专业德育实施方案

在教育实践中，我们以“以能力为本位，以技能为重点”为思想指导，根据学校的办学目标及各专业的培养目标，结合各岗位的实际要求，逐步形成了以知识、技能、价值观为核心的三组递进式的提升系列，以此为基础，制定了各主干课程的学科循环教育、教学目标，形成一个以知识、技能、价值观为重点的立体目标体系。通过这样的组合，在整体上形成一个螺旋提升、循环递进的教育目标体系。教学的重心向基本技能培训、岗位实际要求等方面倾斜，具有鲜明的中等职业教育的特色，也利于师生的全面发展和共同提高。

在知识学习方面，我们通过引导学生对文化基础知识、专业理论知识、专业拓展常识的学习，提高学生的人文底蕴和专业素养，促进其专业的不断提升；在技能训练

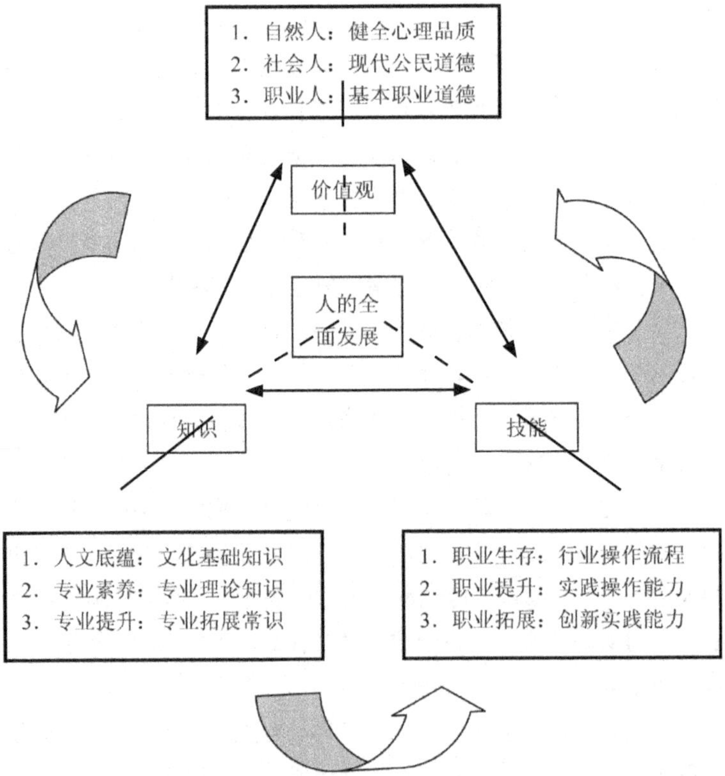

图1　螺旋提升式循环教育的目标及内容

方面，我们带领学生了解行业操作流程，通过模拟实训、企业实践使学生的岗位技能得以提升，并开展职业拓展训练，培养学生的创新实践能力；在价值观形成方面，通过思想品德教育、现代公民教育、心理健康教育等内容，学生不断提高自身素质，实现自然人向社会人的过渡，同时我们还着重引导学生养成基本职业道德，形成职业习惯，逐步向真正的职业人转化（如图1所示）。

为了保证学生在毕业后能迅速适应社会和岗位要求，我们在调查各专业的岗位服务群及岗位职责要求的前提下，深入分析学生的实际特点，从而有针对性地提出我校经管服务类（会计、电子商务、旅游与酒店管理三大专业）、信息技术类（计算机应用与维修、服装设计、广告设计与装璜三大专业）及工业制造类（数控、电子、机电、印刷四大专业）共十大专业的专业德育方案。通过理论认知课堂、模拟实训课堂、社会实践课堂的有效训练，学生能够在学校学习期间就广泛接触社会、参与社会实践、与企业合作实行订单式培养、定期到企业实习、由企业进行培训，从而实现了学校与社会、企业的零距离，真正达到“毕业生=熟练工”的目的。

三、专业德育的实施途径

我们认为中职德育必须以学生基本规范为基础，进一步强化与生产实践相结合，使学生逐步对职业道德、行业规范、岗位要求、企业文化等方面有深入的了解，通过学校的教学实践活动逐步养成，并成为自己的内在素质和行为习惯。

为此我校的德育思路是紧扣“文质兼备，德技双馨”人才培养目标，逐步形成以职业道德为核心，将市场需要、社会要求、公众道德等因素有机地结合起来，从而使学生成为具有健全人格、熟练技能的、适应区域经济发展需要、符合专业岗位要求的技能型人才。

专业德育主要通过常规管理、文化熏陶、心理体验、课堂德育、活动感悟、合力育人等渠道实施（如图2所示）。学生在学校学习生活的三年中，这六大渠道循环往复，其主题内容层层递进，呈现出螺旋提升的趋势。

常规管理是底线的教育让学生懂得基本法律规定，了解做人

图2　螺旋提升人才培养模式——专业德育

的原则，引导学生做一个遵守法律、不妨碍他人的人。

心理体验与活动感悟是从学生心灵成长的感情成熟的规律出发，让学生在体验与感悟中更加理解他人、接纳自己，学会与他人、与自然和睦相处，做一个有情感的人。

文化熏陶与合力育人的重点是努力为学生营造一个良好的成长环境，引导学生学会发现与欣赏美，逐步提高是非判断能力，成为一个有高雅情趣的人。

（一）培养良好习惯，夯实适应专业成长的基本素养

常规管理工作的主要目标是通过建立规范的管理架构、健全的管理制度、精细化的管理评价及反馈，让学生提高遵守规章制度、管理规范的意识，养成遵章守时、服从管理听指挥的良好习惯，从而让学生重视细节，从他律走向自律，逐步提升自我管理能力，为将来专业成长及职业发展奠定基础。

1. 健全管理架构

形成了“统一管理、相互协调、齐抓共管、三线并进”的德育管理格局。学校设四个专业部，实行两级管理，由学校德育处统一指导，各专业部副部长直接主管本部的德育工作，通过几年的实践，逐步培养了一支品德高尚、业务精良、具有奉献精神的优秀的德育干部队伍。在他们的带领下，通过校本培训、蓝青结队及实践引领，班主任队伍更加成熟，成为学校德育工作的中坚力量。

2. 开展网络化的德育管理实践

借助现代化的技术手段，提升德育工作的效率。建立教师互动交流平台，营造学习氛围；开发德育常规管理平台，提高管理效率；积累德育教育资源，逐步形成了影视资源、主题班会课件、系列化家庭教育资料等德育资源库，提高了效率，方便了广大班主任的工作。

3. 加强制度建设

实行班级管理达标制、四星班级评比制度，实施分类推进班风建设方案，执行建斌学生思想品德量化累积制、毕业管理制度、全员德育管理制度，从而调动全体学生自我教育的积极性，激发全体教师参与管理的积极性，提高教育的实效性。

4. 坚持学生自主教育

我们认为培养学生干部队伍、强化团队意识是学校常规管理的基础。只有坚持自主教育，提高学生自我约束、自我管理能力，才能不断扩大学生干部的队伍，让学生成为学校德育工作的重要力量。

总之，常规管理的重要任务是培养良好的习惯，而良好的习惯只有通过长期持之以恒的严格要求、适时的检查监督、客观公正的评价、及时准确的反馈等才

能形成。

（二）优化校园环境，打造适应专业成长的学校文化

学生的个人素质是以专业成长为前提的。我们让绿色植物进课室、走廊、厕所、楼梯转角处，让学生放慢脚步，起到潜移默化、逐步修身的目的；我们把“把简单的事做到最好就是卓越”“早来晚走，每天多做一点点”“能省则省，不要浪费一分钱”等企业家的名言引进校园，使之成为师生的共同追求，让学生在耳濡目染中受到文化的感召，产生提高自身修养的感悟；我们把企业规范转化成学校制度，让学生深刻领会“今天遵守学校规章，明天应能更好地适应社会要求”“现在养成良好的行为习惯就会为将来的幸福人生创造条件”等等。

同时，我们十分重视良好的学习环境的营造。在我校教育教学实践中，我们首先创设情境，在理论认识课堂中强调人与自然的和谐，通过绿化、美化形成班级文化的个性；在模拟实训课堂中强调营造浓烈的专业氛围，通过作品展示、生产流程介绍等形成专业室场文化的特色。学生在具体的情境中，学习环境得到了整体优化。深度交融的校企文化环境，和谐地呈现在学生学习生活的校园中，成为促进学生专业成长的助推器。

（三）关注心理体验，塑造适应专业成长的健康心灵

健康心灵是每个学生健全人格形成的基础，也是其专业发展的前提条件。为了提高学生心理健康水平，促进学生的专业成长，我们开展心育课程、辅导讲座，让学生学会自我调节，真正学会爱自己；组织新生团康训练活动，让学生增强团队意识，学会爱集体、爱社会；通过学生成长训练营、拓展训练营，学生学会对专业的尊重，逐步从爱专业向敬业过渡。我校的心理健康教育主要从以下几方面推进：

1. 开展团康辅导活动，营造良好教育氛围

团体心理健康辅导活动，为学生营造一个真诚、尊重和温暖的气氛，使他们能够坦诚地与其他同学进行沟通和探讨。通过观察、学习、体验，认识自我、探讨自我、接纳自我，调整改善与他人的关系，学习新的态度与行为方式，以发展良好适应的助人过程，从而培养团体信任感和在团体中的自我价值感，促进其个人成长，从而提高对学校环境的适应能力。

我们组织新生训练营、学生成长训练营、学生领袖训练营及拓展训练营，让学生通过鸡蛋撞地球、生命飞毯、高空加水、爱心早餐、死光电网、信任背摔、盲人夜行、荧光传情等27项心理活动的体验，得到了锻炼，也净化了心灵。目前我校已将这种形式逐步引入常规的教学班中，成为一门特色教育课程。

2. 开设心理教育课程，体验自我成长需要

我们认为学校心理教育主要是应该及时了解学生的学习、生活状况，根据学生容易出现的心理困惑及时向他们介绍有关的心理学知识，并提供有效的帮助，以减轻他们的心理压力，以维护和保持学生的心理健康。通过一定的手段优化学生的心理品质，强调学生的自我认识、自我教育、自我控制，发展他们的心理机能，开发他们的内在潜力，促进心理全面的发展。

目前，我校有由专业心理教师开设专题心理教育课，运用情景体验、角色扮演、讨论分析、实践锻炼、自评自述等创设了各种情境性的活动，给学生提供许多实践的机会，让他们在情绪体验与具体行动中受到感染和锻炼。此外，由班主任组织心理教育类的主题班会课，也成为影响集体成员心理、推动集体积极向上的重要手段。

3. 加强心理教育宣传，促进个别辅导与咨询

对学生的个性问题与特殊问题需采用个别辅导的方式，通过面谈、书信辅导、阅览、心理测验等形式为学生进行心理疏导。为此学校进一步规范了心理咨询室，添置了部分设备，为前来进行心理咨询的学生提供了一个良好的环境。目前，我校的心理咨询室每天定时开放，接受预约，一些学生开始主动上门寻求心理教师的专业辅导。同时，班主任、任课教师在教育教学工作中把认为需要帮助的学生也向心理教师介绍，由教师主动约见这些学生，在一定程度上缓解了学生的情绪，取得了良好的教育效果。

（四）聚焦课堂德育，提升适应专业成长的核心素质

课堂是学生知识学习、技能形成的主渠道，也是学生专业式的道德意识养成与内化的主渠道。充分把握好理论认知课程、模拟实训课程、社会实践课程三大课堂的教学特点，有针对性地引导学生对本专业的各岗位要求、职业道德、职业行为导向等方面进行深入的了解、体验和感悟，使之逐步内化为学生的与其专业相对应的职业素养。

在促进学生专业成长的过程中，德育工作的重心在课堂，重点是在专业技能的教学过程中科学培育、全面渗透，逐步提升学生的职业素养。为了稳步推进、综合考核，我们制定了专业德育实施方案，从而推动了对学生专业思想渗透和职业素养提升工作。

我校将课堂分成理论认知、模拟实训、社会实践三大课堂，希望学生逐步从“了解职业规范，培养劳动观念”到“体会团队合作，培养团队精神”，最后上升到能自觉地“感受企业文化，实现专业成长”，从而完成学生从健全的自然人逐步向专业的

职业人过渡的目标。我校的课堂德育主要从以下几方面依次展开：

1. 理论认知课堂

我们根据国家德育大纲的要求开设德育课，并逐步延长心理活动课时间，让学生在活动中获得体验和感悟，从而促进其人格的不断完善；根据学生专业成长的需要，外聘企业界资深人士到学校定期开展公共职业意识教育讲座，开设团队精神与职业意识、职业礼仪、敬业精神与时间管理、人际沟通与谈话技巧、人生规划与创业、就业观念与面试技巧六大专题讲座，使学生在职业意识方面得到系统的训练；此外，我们还以专业为单位，根据各职能岗位要求，设计并组织各专业职业道德教育讲座。

2. 模拟实训课堂

在教育教学中，我们将当地企业经营管理的具体案例引入传统认知课堂，有针对性地进行剖析，让学生在活生生的实例中加深对知识的理解；将企业生产场境、企业管理制度和操作规程搬进模拟实训课堂，引导学生发挥想象，融入实践场境，让学生在技能训练中体验生产实践的具体要求；在课堂教学上，我们采用理论与实践一体化的教学模式，根据各专业职业道德规范要求及实施方案，稳步推进各专业课程的德育渗透，基本形成符合我校专业特点的、能够体现各专业德育目标的基础课程德育、专业课程德育、课堂德育渗透的实施方案，促进了专业德育研究的逐步深入。

3. 社会实践课堂

我们带领学生深入社会实践课堂，进行社会调查，直接参与生产第一线的生产实践。在企业技术、管理人员的直接指导下，在工人师傅手把手的示范引领下，通过学生自己的实践体验，品味工作细节，感悟文化内涵。为了规范社会实践课堂的教育工作，我们编印了《中山建斌实习管理手册》，规范了《中山建斌实习动员报告的要点》，制定了《中山建斌实习成绩评定方案》。在社会实践课堂，经过六次近九个月系列性的企业实践，通过有针对性的技能培训、有重点的职业培养，学生对企业的文化以及岗位职责已经有了较深的认识，也基本适应了该单位的管理要求，其职业意识基本形成，所以他们在毕业时已经基本达到了一个熟练工人的标准。这种教育思路，有效地促进了学生的学习，提升了学生的价值，也为企业的发展、区域产业结构调整提供了强有力的技术支持。

理论认知课堂、模拟实训课堂、社会实践课堂三种课堂循环往复的过程，既是学生专业知识不断巩固和实践技能逐渐提升过程，也是学生职业道德、职业思想、职业行为习惯逐步形成和内化的过程。学生也正是通过这种螺旋式提升的过程，实现自然人格和社会人格的完善，并开展向职业人的过渡。

（五）注重寓教于乐，培育适应专业成长的意志品质

活动是学生专业式的职业道德意识养成与内化的一个重要渠道，学校要在充分理解学生心理特点及内在需求的前提下，结合专业及岗位需求的实际，认真策划各种形式的主题日教育活动，引导学生进一步地深化对本专业的各岗位要求、职业道德、职业行为导向等方面的体验，促进学生职业素质的提升。

1. 意志、毅力磨炼活动：新生军训、日常劳动、野外拉练

为了适应现代企业发展对人才的要求，培养学生有从基层起步的勇气和百折不挠的信心，我们十分注重对学生意志毅力的磨炼。我们通过新生军训，培养学生的纪律观念和服从管理的意识；通过平时的准军事化管理，将军人铁的纪律和作风融入校园之中。我们要求集体行动，不论是参加课间操、到其他地点上课，还是餐厅打饭、外出活动等都必须排队。通过检查评比，确保执行到位，让学生养成与团队合作、注重细节的良好习惯；通过组织日常的清洁值日、安排劳动课，提高“我的地盘我做主”的意识等，渗透“岗位无贵贱，态度有差异”“劳动最光荣”等职业思想；通过组织学生参加每学期一次的野外拉练，学生以班级单位，在走路、流汗、拉歌中感受阳光、品味集体，学生的意志毅力等到磨炼。

2. 体验成长教育活动：阳光系列、主题日教育活动

开展阳光学生系列教育活动：阳光男生、阳光女生教育活动通过有针对性的青春期教育和性教育，不断提高我校女生的青春期自我防范意识和自我保护能力。我校的特色男生、女生教育课程主要包括学生修养、个人形象、家庭理财、生活艺术、青春期知识、职场技巧等内容，各项训练合格者能获得“阳光男生/女生”的合格证书；开展义务献血、法制教育、消防演练、志愿者活动、团员宣誓主题教育活动；组织师生歌咏、校园歌手、文艺会演、18岁成人宣誓、师生艺术节等艺术活动；精心策划、组织安排了形式多样的创新型体育节、阳光体育活动，让大家在阳光下挥洒青春、追逐阳光，使学生在活动中感悟人生，在潜移默化不断成长。

3. 专业信心提升活动：科技节、技能展示活动

每个学期都举办“我爱我的专业”征文及演讲比赛，培养学生热爱专业的情怀；组织每年一次的以创作科技创新作品、撰写社会调研论文、手工小制作等活动为重点的科技节，让学生在自主创作、创新中，提升专业自豪感；搭建绚丽的舞台，组织突显专业特色的技能展示活动，让学生充分展示基本素养、专业风采和职业技能，从而也促进学生不断向更高的职业目标迈进。

4. 初次创业尝试活动：创业园

为使学生在校期间就能有初次创业的机会，我们在校园中建立了学生创业园，开

设了建斌师生对外服务部、组织学生参加小榄镇的休闲假日集市活动，有计划地组织学生到小榄创业基地实习等。学校为学生提供一切便利设备条件，并专门安排辅导老师解决学生在创业过程中遇到的困难，使学生顺利地开始他们的创业梦，从而在学生心中及时地播下创业的种子。

（六）整合社会资源，营造适应专业成长的区域环境

构建起融校园育人网、家校联系网、社区工作网为一体的三网合一的大德育网络。共同策划组织节假日社区教育活动，通过“学校放假、社区开学”实现学校与社区的无缝对接，加强了对学生校外生活的管理。通过长期的家校联系、社区交流与研讨，充分调动社会各界的力量，从而营造良好的教育环境，促进学生的健康成长。

下篇　课题实施的效果及启示

我校的专业德育工作思路，从2005年开始构思设计，2008年基本完成实施方案的设计，2009年开始进行相关的德育实践，并通过宣传发动、分步实施、总结升华三个阶段逐步修改、完善，成为一种适应小榄经济发展需要、符合学生身心发展特点的中等职业教育的德育工作思路。

一、课题研究成果

1. 形成具有明显中职特色的专业德育工作思路，建立了基于学生专业成长的职业素养培养模式

我们已经在学校德育的工作中基本建立了以“促进学生的专业成长”为主要目标、以常规管理为基础，以心理体验、活动感悟为载体，以职业道德为核心，以行业规范、企业文化及岗位要求为主要内容，以课堂为重点的、具有鲜明专业岗位特色的专业德育工作思路，并通过科学的规划形成了与之相适应的实施方案和评价体系，建立了以常规管理、文化熏陶、心理体验、课堂德育、活动感悟、合力育人等八大渠道合力推动的、基于学生专业成长的职业素养培养模式，为学生的专业成长奠定了坚实的基础。

编辑《建斌人：十年磨砺后的思索（德育卷一）》：我们总结了学校十多年来德育工作的基本思路，编辑出版了综合反映建斌德育思想的专著《建斌人：十年磨砺后的思索（德育卷一）》。该书已经在校内发行、使用，成为我校德育工作的基本指导依据。

制定“专业德育实施方案”：我们在深入系统分析各专业各岗位的特点及要求的前提下，结合学生的生源素质教育的实际，有针对性地提出了各专业职业素养的基本内容和评价标准，并全面设计相应的德育实践活动、专业课堂渗透要点等，并作为推进专业德育工作的指导文件。

编印《中山建斌学生实习手册》：我们根据学生实习管理工作的要求，建立了基于学生专业成长的社会实践课堂德育管理模式。《中山建斌学生实习手册》从实习动员及教育的要点、实习管理制度及要求、实习辅导老师的工作规范、日常实习过程记录及评价、实习小结、实习体会汇编、实习成绩评定等方面规范了内容结构，提出了工作及体验要求，成为我校实习管理的规范文件。

建立德育实践活动体验模式：科学规划了德育实践活动，建立了基于学生专业成长的社会德育实践活动体验模式。我校组织的德育实践活动分为以新生军训、安排学生日常劳动和野外拉练等构成的意志毅力磨炼活动；以阳光系列教育、主题目教育活动等构成的体验成长教育活动；以科技节、技能展示活动等构成的专业信心提升活动；以进入创业园构成的初次创业尝试活动四大类，让学生在训练中得到人生的体验与感悟。

2. 根据学生年龄特点，我们采用统分结合的方式，科学设计系列教育方案，以适应学生专业成长中各方面的发展需要

开设公共职业道德讲座：我们根据学生专业成长的需要，外聘企业界资深人士到学校定期开展公共职业意识教育讲座，开设团队精神与职业意识、职业礼仪、敬业精神与时间管理、人际沟通与谈话技巧、人生规划与创业、就业观念与面试技巧六大专题讲座，使学生在职业意识方面得到系统的训练。

组织阳光女生教育：在共同的开设公共教育课程的基础上，我们根据女生青春期的特点和发展要求，组织了十多个专题性的课程，2010年编辑成《阳光花季（阳光女生读本）》，成为学校阳光女生教育的教材和女生读本。

开展阳光男生教育：我们根据男生青春期的特点和发展要求，2011年编印了《阳光故事（阳光男生读本）》，作为学校阳光男生教育的教材。

3. 积累德育资料，建立教育资源库

为了积聚集体的智慧、方便教师组织设计各种教育活动，我们建设了主题班会课件资源库及主题教育影视资源库，存放在学校校园网中，供大家选择、使用。

在长期的德育实践中，我们通过不断地反思、修正和总结，将一些好的做法固定下来，使其成为学校工作的常规。其间，我们撰写的《“校企参股基础上的技能提升”教学模式》被广东省教育厅收编在广东省中职教学模式改革创新的典型案例中，

并上报国家教育部作为全国职业教育大会交流材料；《股份制实训中心基础上的校园文化探索》作为广东省中职学校校企文化交融与中职学生成长德育高峰论坛的交流材料，收编在广东省中职学校校企文化交融与中职学生成长德育高峰论坛论文集中。学校的德育工作也受到各级领导、同行的普遍好评。

二、课题实施的成效

第一，基于学生专业成长的德育实践，实现了校企文化的深度融合，有利于学生优良道德品质和正确价值观的形成。通过“股份制”实训中心基础上的校园文化的影响，能更加正确地引导广大学生处理好奉献与索取、效率与公平、自主与监督、竞争与协作等关系，加深对不同文化和多元社会的认识与理解，纠正他们认知上的偏差。尤其是企业员工的团结协作、积极进取、精益求精等优秀的文化价值理念，更能够激发学生的求知欲，净化他们的人格品质，使他们逐步树立正确的世界观、人生观和价值观。学生在真实的股份制的实训基地提升技能的同时，也逐步加深对职业道德、行业规范、企业文化和岗位要求等方面的了解、体验和感悟，并内化为与专业相对应的职业素质，形成基本职业习惯，实现向真正的职业人转化。

第二，基于学生专业成长的德育实践，实现了校企文化互动，有助于学生形成综合职业素养并顺利走上工作岗位。现代企业用人时更看重其职业素养，他们认为学生除了应具备必要的文化素质和职业技能外，更应具有忠于职守、严谨负责、顾全大局、团结协作的职业道德和精神。

第三，基于学生专业成长的德育实践，有利于学生在真实的企业实践情境中更容易感悟优秀的企业文化，逐步把外在的行为要求内化为校园文化主体自身的内在需求；学生在与企业员工的交流中，学习他们高超的技艺和爱岗敬业的精神，确立科学的职业生涯规划；学生通过亲眼目睹现实生活中竞争的激烈性，会认识到“市场不相信眼泪”，从而增强竞争、效率和成才意识，练就不怕艰难、锐意进取、顽强拼搏的意志品质。在此基础上，学校的教育教学工作也取得了丰硕的成果，我校学生在各类各级大赛上屡次获得大奖，林坚泉同学被评为2009年全国优秀学生干部。

第四，基于学生专业成长的德育实践，帮助学生渐进式融入社会，较易适应，就业稳定性高。让学生通过系统性的实践体验，经常深入企业生产第一线，直接参与岗位生产实践，使其逐步适应社会，并不断加深对行业、专业发展前景及企业文化的认识和对专业的认同感，从而增强了就业的稳定性。目前我校的毕业生就是熟手工，找工易，起薪点高，学生毕业率和推荐就业率均为100%，受到用人单位的广泛好评，其中数控、印刷等专业的毕业生就业优势尤为明显。许多毕业生已经成为本地区各级政府、各行业企业的管理干部或技术骨干，一批自主创业、从事私营经济的优秀毕业生已经成为本地经济建设的中坚力量。

第五，基于学生专业成长的德育实践，有利于学校更新教育理念、丰富校园精神文化。许多成功的公司所倡导的价值观和制定的行为标准，常常激励着全体员工，并成为对外界的一种精神象征。现代企业一系列优秀的管理理念和精神不仅激励员工不断进取，同时更值得在校企合作中为我所学、为我所用。借鉴与学习这些，有利于学校良好校园学习风气的形成，也有利于我们更好地开展教育教学工作，更好地培育人才。

我校以高水平的办学质量、优越的办学条件和优良的校风赢得了良好的社会声誉，学生及家长对学校的认同度日益提高。

三、课题研究过程中的启示

1. 学校德育需要回归本真（原点）

基本原则：不妨碍他人

基本规范：守法、守纪律

基本道德：求真、向善

启示一要求学校能全盘规划，从基础做起，从细微处入手；严格要求，原则面前不放松。博弈：对学生—社会的过度保护与学校严格规范之间的平衡。

2. 中职学校德育应该立足专业成长（基础）

职业规范：遵规、守时

职业道德：吃苦、共进

职业素养：忠诚、敬业

启示二要求学校能真正关注学生的专业成长，以德技双馨为目标，把握好技能培养与职业素养提升两方面，提倡以职业素养的提升带动技能水平的提高。博弈：对学生技能水平的成长与职业道德素养之间的平衡。

3. 德育工作者要能守望成长，只要播下了希望的种子，就一定会有收获的那一天

慈悲心：相信每个人都有进步的可能

守望心：成长需要时间（不急功近利）

辩证心：发展别人，修炼自己（利己）

启示三要求学校能关心老师的成长、了解老师的心理，让幸福的教师去引领、陪伴学生的专业成长。博弈：对教师—过程管理监控与工作结果评价之间的平衡。

当然，我们也清醒地认识到学校发展过程中面临的困难和存在的问题，在今后的工作中我们会着力为学校准确定位，推进学校向更高层次发展。

参考文献：

中共中央国务院．中共中央国务院关于进一步加强和改进未成年人思想道德建设的若干意见［Z］，2004．

培养具有可持续发展能力的中学生
——广东省中山市实验高级中学自主德育模式探索

■ 中山市实验中学 吴明红 杨德才

摘　要：基于近九十年师范办学历史和传统，在发展教育理论的基础之上，我们提出了“发展教育”的办学理念，涵盖增长极限观、综合发展观、以人为中心的发展观、可持续发展观等内容。我们认为，学校的办学规模和办学质量的发展要取得内在平衡，特别是当办学规模达到极限后，办学质量的提升才是学校的生命力所在。学校教育应以学生全面、富有个性、可持续发展为出发点和归依。因此，我们的教育目标应为“培养具有可持续发展能力的中学生”，教育方式和途径也日趋多元化和人性化。

关键词：“三元”模式　德育　发展教育

一、“三元”模式践行德育理念

“发展教育”办学理念所涵盖的发展观主要包括增长极限观、综合发展观、以人为中心的发展观、可持续发展观。增长极限观对我们主要有两方面的指导意义：一是学校的办学规模和办学质量的发展要取得内在平衡，特别是当办学规模达到极限后，办学质量的提升才是学校所关注的焦点。二是学生的发展不应仅仅是智力单方面的发展，而应是德智体美多方面全面而有个性的可持续发展。这些观点都强调学校教育以学生全面、富有个性、可持续发展为出发点和归依。

基于发展教育办学理念，我校提出了自主发展的德育理念，并由此确立了自主教育、自主管理、自主发展的“三元”自主德育模式。在此模式中，自主是核心，是灵魂，通过“自主教育”和“自主管理”，促进“自主发展”。学生良好品德的形成，只有通过学生自己积极主动地追求、参与、感悟才能真正实现，教师的教育和指导，只有通过学生的自主探求才能真正发挥作用。我们认为，学生的成长是一个由低级走向高级，由稚嫩走向成熟，逐渐进步的过程。因此，我校发展教育办学理念，把学生发展过程划分为“三个阶段”：尝试发展阶段、自觉发展阶段和超越发展阶段。这“三个阶段”的发展，由浅到深，由简到繁，由部分到整体，符合人的认知规律和成长规律。对学生个体而言，是以学校“自主、责任、卓越”核心价值观为轴心，在原有自身道德水平和认知水平等条件下的不断尝试、不断发展、不断超越，然后又在新的、更高的起点上实现再尝试、再发展、再超越的螺旋上升的过程。我们把此理论命名为“三元自主提升”发展理论。此理论对我们的德育措施的设计和实施有重要的指导意义，我们的各项德育措施也因此能够遵循学生品德发展的客观规律，使德育工作能够取得预期的效果，有效促进学生的全面成长。

二、“三管”齐下形成自主德育

在德育工作中，我校采取“校本德育、体验式德育、全员德育”和“三管”齐下的德育方法和途径，促进学生“自主教育、自主管理、自主发展”能力的提升，促进学生良好思想道德品质的形成，从而促进学生的全面可持续发展，自主德育特色也在日积月累中逐渐形成。

（一）校本德育

为有效实施校本德育，我校制定了《中山市实验高级中学校内版权保护办法》，鼓励教师编写校本德育教材，根据不同年级学生的特点，设计了系列校本主题教育。这些主题教育贯穿于高中德育的全过程，同时又凸显各个年级的不同特点。高一年级侧重养成教育，通过反复的行为要求，把行为内化为学生的道德观念，这是现代文明人必备的基本素质，它是学生的“尝试发展阶段”；高二年级以“三观”教育为主，通过系列教育的内化与外化过程，形成学生正确人生态度和道德判断力，它是学生的“自觉发展阶段”；高三年级侧重理想信念教育，培养学生独立人格、独特个性和独到的道德批判能力，学生对人生充满期待，对未来充满憧憬，它是学生的“超越发展阶段”。当然，以年级为时限的三个阶段的划分，只是相对的，不是绝对的。学生个体不同，所经历的道德成长自然也不尽相同。通过对“三个年级”学生的系统教育，学生不断成长，逐渐走向成熟，他们的行为方式由“他律”走向“自律”，再走向“律他”；行为表现也由“规范”走向“示范”，再走向“模范”。这样的成长轨迹，正是学生由“尝试发展”走向“自觉发展”，再走向“超越发展”三元自主提升的体现，是实现发展教育理念可持续发展观的体现。

（二）体验式德育

在长期的德育实践中，我们感受最深的是，学生良好道德素养的形成不是靠灌输得来的，而是通过学生自主体验和感悟内生而成的。基于此，我校努力创设适宜学生道德体验的物质环境、心理环境、人文环境、活动环境和生活环境等，使德育文化化、活动化、生活化，让学生在潜移默化中实现道德规范的内化，养成良好的道德品质。

1. 德育文化化

众所周知，文化对学生道德品质的影响是在潜移默化中形成的。学校文化主要体现在精神文化和物质文化两方面。我们抓住学校改制和校舍改建的时机，把学校理念、校训等精神文化与学校建筑、景观等物质文化有机地结合起来。这些物质文化和精神文化相连接的纽带就是"时间"，我校的学校文化的精髓就是珍惜时间，热爱生命，担当责任，自主发展，成就卓越人生。如，在我校"发展教育"办学理念或"自主发展"德育理念中的"发展"一词中，本身就是一个时间概念，"发展"的轨迹就是"时间"的轨迹；"饮水思源，宁静致远"的校训词就隐含着"过去、现在、未来"的"时间"链条；在校舍建设上，新一轮扩建项目的校舍建筑，呈现出传统与现代相结合的独特建筑风格，展现着从过去到现代过渡的"时间"痕迹；规划建设中精心设置于校园各节点大小各异、表现手法迥异的日晷雕塑群，用最古老的方式向现代学子警示着"时间"的流变；第一教学区的太阳历广场，作为一种功能丰富的大型科普设施和地理课的实验场，标示着日月星辰的"时间"更替。学校文化处处昭示着时光飞逝，只争朝夕，成就理想，不可稍停。

2. 德育活动化

丰富多彩的活动已经成为我校区别于其他同类学校的重要标志，也是众多家长和学生乐于选择我校的一个重要原因。每到元旦，学校都举办社团嘉年华活动，而每每此时，都有许多家长和学生慕名前来观摩并参与。我校的学生社团是学生自主主办、自愿参加、自主活动的学生自治性组织，我校现有学生社团近40个。这些社团为学生搭建起了自主发展的重要平台，促进了学生个性特长的发展和综合素质的提升。

我们特别注重让学生参与班级建设和管理。通过"特色班级"创建，提升学生自主发展的意识和能力。特色班级的创建是在规范化班级评比的基础上开展的。我们把过去惯常的文明班评比改进为规范化班级评比，使班级达到学校的各种规范和要求，奠定学生自主发展的坚实基础。特色班级创建的目的则是促进班级有个性和有特色的发展，让班级充满凝聚力和勃勃生机。规范化班级评比一般由学校提出评价指标要求，学生主要是被评价对象。而"特色班级"创建则是由学生提出目标要求、设计过程与方法，并以学生为主体去创建，学生是主体，教师充当参谋和指导者。

3. 德育生活化

我们认为，德育应该基于现实生活，应该回归和服务于现实生活，这样的德育才有生命力和实效性。德育内容和活动的选择和重整，是突出德育“生活”性的主要途径。我们把关注、指导和引导学生的现实生活作为德育生活化的主要内容，一是关注并引导学生精神生活。现在的学生学习压力大，加上网络等现实社会的影响，心理健康问题不少。在德育工作中，我们坚持一切问题从“心”开始，找到治愈心病的各种良方，最重要的方法就是心理教师和其他教师一起追踪辅导学生，长期追踪帮助学生，和学生做朋友，让学生拥有阳光的心态和积极向上的人生态度，勇敢地直面学习和生活的各种挑战。二是关注并引导学生的日常生活。从文明礼仪到宿舍生活，对学生都给予足够的关心和指导，让学生养成良好的生活态度、行为习惯和生活方式。

（三）全员德育

德育需要学校、家庭和社团的互相支持、共同参与。因此，我校构建了开放性、规范性、自治性的“三元”德育工作大体系，全面而有效地促进学生健康成长。一是构建起学校、社会和家庭“三位一体”的开放性德育格局，增加了德育资源和扩大了德育渠道；二是构建了班级、年级、德育处“三圈一体”的规范性德育体系，确保学校德育工作的规范性、有序性和有效性；三是构建团委会、学生会和学生社团联合会“三会一体”的自治性德育体系，充分发挥学生在德育工作中的自治作用。

德育队伍水平的高低决定着德育工作水平的高低。为提高德育队伍的整体水平，我们做好各种培训，提升教师们的德育工作积极性和实际水平。

要坚持全员培训，对全体教师进行德育理论和实践培训。在全员培训中，我校坚持校办培训和教师自主培训相结合，实施了“三脑工程”：一是“健脑”工程，即师德教育和前途理想教育工程；二是“借脑”工程，就是“走出去”与“请进来”的社会培训工程；三是“富脑”工程，就是“关起门”的校办培训和教师自主培训工程。同时建立骨干教师班主任工作室和成立“班主任自主专业发展联盟”，促进班主任工作能力的提升。

学校德育科研遵循“以改革为中心，以解决问题为目的，以课题研究为载体”的指导思想，引导教师们以德育工作中的具体问题为研究课题开展学习和研讨，在研究中找到问题的答案，在研究中提升工作水平和工作实效。德育科研促进学校德育工作向高层次发展是我校德育工作的又一个显著特点，通过研究，教师们不断实现着自身的工作能力及水平的提升和超越，推动着学校德育工作不断向前发展。

就业视域下高职高专毕业生心理适应问题调查研究

——以广东石油化工学院高州师范学院为例*

■ 广东石油化工学院高州师范学院　李坤凤　袁文萍

摘　要： 高职高专教育是我国高等教育的重要组成部分，为国家建设培养了大批实用型人才。为研究高职高专毕业生在就业形势严峻背景下的心理问题，本课题组采用“社会适应能力诊断量表、症状自评量表和大学生就业意向调查”3份问卷对高职高专毕业生开展调查，结果发现被试群体存在社会适应能力总体偏差，有强迫、人际关系敏感和恐怖等心理问题，对就业前景较为悲观。建议政府要创造更多的就业机会，建立公平公正的社会环境；高职高专院校要科学设置专业与课程，致力于培养高质量人才；高职高专学生要养成良好的思想品格，储备精湛的专业素质，更新就业观念。

关键词： 高职高专毕业生　心理适应问题　就业　对策

高职高专教育是我国高等教育的重要组成部分。近年来，我国高职高专教育发展迅猛，据教育部教育统计数据，普通高校2012年专科毕（结）业生人数为3208865人，本科毕（结）业生人数为3038473人。高职高专院校在专业结构与课程设置及学生素质培养等方面较之社会发展有一定的滞后性，致使其毕业生结构性失业现象较为严重。《2013年中国大学生就业报告》（以下简称《就业报告》）表明，从2012年10月29日至2013年4月10日，被调查的2013届高职高专毕业生签约率为32%，低于2012届同期13个百分点。特别是在当前我国基础教育师资趋于饱和的情况下，师专生的就业问题更是突出。本研究通过3份问卷，研究与高职高专毕业生就业密切相关的社会适应、身心症状和就业观念等问题。

* 基金项目：2012年度广东省高等学校思想政治教育课题“提高大学生就业指导服务的针对性和有效性研究”（2012CZ014）资助。

一、方法

1. 被试群体

本研究被试群体来自广东石油化工学院高州师范学院350名在校大三毕业生。课题组共发放问卷350份，回收350份，有效问卷310份，有效率为88.57%。其中女生230人，男生80人；地理教育专业86人，历史教育专业80人，学前教育专业49人，英语教育专业60人，中文教育专业35人。

2. 研究工具

本研究使用的测量工具：1. 社会适应能力诊断量表（选自郑日昌主编的《大学生心理诊断》，山东教育出版社，1999）。该量表共20道题，主要是测量个人适应社会生活和社会环境的能力。在计分上，凡是单号题（如1，3，5，7，…）选择A项计“－2分”、B项计“0分”、C项计“2分”；凡是双号题（如2，4，6，8，…）选择A项计“2分”、B项计“0分”、C项计“－2分”。将各题的得分相加，得到社会适应总分。量表所得总分分5个等级进行评价：35—40分为社会适应能力很强；29—34分为社会适应能力良好；17—28分为社会适应能力一般；6—16分为社会适应能力较差；5分以下为社会适应能力很差。2. 症状自评量表（Sympton Checklist 90，SCL-90）是目前国内测量身心症状的主要工具，包含比较广泛的精神病症状学内容，如思维、情感、行为、人际关系、生活习惯等，通常是评定一周以来的时间量表中所列问题影响被试群体或使被试群体感到苦恼的程度。该量表由90个项目组成，共9个分量表，即躯体化、强迫症状、人际关系敏感、抑郁、焦虑、敌对、恐怖、偏执和精神病性。量表采用1—5分的5级评分标准，从1分代表无症状到5分代表症状严重。分析统计指标主要包括总分、总均分和各因子分。总分即90个项目单项分相加之和，能反映其病情严重程度，160分为临床界限，超过160分说明被试群体可能存在着某种心理障碍；总均分即总分除以90，表示从总体情况看，该被试群体的自我感觉位于1—5级间的哪一个分值程度上；因子分即为组成某一因子的各项目总分除以组成某一因子的项目数，可以反映被试群体某一方面的情况，因而通过因子分可以了解被试群体的症状分布特点。3. 自编的大学生就业意向调查问卷。该问卷在参考大量问卷的前提下，结合高职高专院校实际列出23道题目，问卷内容涵盖了就业观念、毕业去向、就业地区、就业准备、希望从事的职业、期望的就业薪金及就业前景等因素。

本研究采用SPS 17.0统计软件包对数据进行处理。

二、结果与讨论

1. 社会适应量表问卷结果与讨论

被试群体的社会适应量表总分描述性统计结果如表1所示。

表1 社会适应总分等级描述性统计

总 分	5分以下	6—16分	17—28分	29—34分	35—40分
N	149	90	59	10	2
百分比 / %	48.1	29.0	19.0	3.2	0.6

表1显示，被试群体5分以下的占48.1%，6—16分的占29.0%，也就是说有77.1%的被试群体社会适应能力很差或较差，社会适应能力良好和很强的仅占3.8%。

由表1可知，高职高专学生社会适应能力较差的原因有：1. 高校和社会未能提供足够的机会让学生参加社会实践活动；2. 学生“校园人”身份决定其不像“社会人”那样全面认知社会，对社会认知片面；3. 90后高职高专学生“宅”与“娇”的特点，影响其社会适应能力；4. 高考把高职高专学生与本科生拉开了距离，求职时常遇到用人单位对其专科身份的歧视，他们的自卑心理一定程度上影响其社会适应能力。

对有无担任学生干部的社会适应总分差异进行独立样本t检验，结果发现担任过学生干部和没有担任过学生干部的学生在社会适应总分上有显著差异，担任过学生干部的学生社会适应总分要高于没有担任过学生干部的学生，理由是学生干部有更多的深层接触社会的机会，有更多接受老师和领导指导的机会，使他们的社会适应能力更强（见表2）。

表2 担任过学生干部与没担任过学生干部的社会适应总分差异比较

	干部	N	M	SD	t	sig
社会适	是	238	7.69	12.47	1.97*	0.049
应总分	不是	71	4.45	10.94		

注：*表示在P=0.05水平上差异显著。

另外，通过方差分析比较不同专业学生社会适应总分的差异，结果表明各专业社会适应总分差异不显著（F=0.376，P=0.826>0.05），可能与这些学生所面临的客观环境如考岗、插本基本相同。通过t检验分析，发现男、女生社会适应总分没有显著差异；做过兼职和没有做过兼职的学生在社会适应总分上也没有差异，可能与被试群体所处院校较偏僻，被试群体很少有机会做兼职有关。

2. 症状自评量表（SCL-90）问卷结果与讨论

症状自评量表（SCL-90）的统计指标主要为两项，即总分和因子分。被试群体在SCL-90的总分能反映其病情的严重程度，结果见表3。

表3　症状自评量表（SCL-90）总分

总分	频数	百分比/%	M	SD
低于160分	193	62. 3	124. 54	19. 75
高于160分	117	37. 7	200. 51	36. 04

表3显示，总分低于160分的占总人数的62. 3%。

被试群体在SCL-90测试的自我感觉具体位于1—5级间的哪一个分值程度上，如表4所示。

表4　总症状指数分布比率

指数分布范围	症状表现	频数	百分比／%
1—1. 5	无症状	132	42. 6
1. 5—2. 5	有症状，不频繁	155	50. 0
2. 5—3. 5	有症状，轻到中度	22	7. 1
4. 5—5	有症状，中到严重	1	0. 3

从表4中总症状指数分布比率看，无症状表现的占42. 6%；有点症状但不频繁的占50. 0%. 可见92. 6%的被试群体在SCL-90的调查结果中总体表现较好。

被试群体在SCL-90上各因子得分统计见表5。

表5　SCL-90各因子症状表现程度统计

因子	症状表现			因子	症状表现		
	不明显/%	有症状，不明显/%	有症状，明显/%		不明显/%	有症状，不明显/%	有症状，明显/%
躯体化	13. 5	69. 4	17. 1	敌对	15. 5	59. 7	24. 8
强迫	4. 2	45. 2	50. 6	恐怖	21. 9	57. 4	20. 6
人际关系敏感	8. 4	56. 1	35. 5	偏执	13. 2	64. 8	21. 9
抑郁	7. 4	59. 7	32. 9	精神病性	10. 3	67. 4	22. 3
焦虑	10. 3	60. 3	29. 4				

表5中，被试群体在强迫和人际关系敏感两个因子中表现最突出，在症状较明显中分别为50. 6%和35. 5%，这可能与高职高专学生就业压力过大和自卑心理有关；其他因子占大多数的在“有症状，不明显和症状较明显”之间。

对不同性别被试群体在各个因子分的差异分别进行独立样本*t*检验，结果发现男女学生在躯体化因子分上有显著差异，男生躯体化因子分要明显高于女生。这是因为社会对男女角色的期待有别，男女分工不同，男性被赋予以社会和家庭的顶梁柱角色，面对就业，男生的压力远远大于女生（见表6）。

表6　躯体化因子分值比较

	性别	N	M	SD	*t*	sig
躯体化	女	230	17.80	5.44	-2.00*	0.048
	男	80	19.61	7.44		

注：*表示在$P=0.05$水平上差异显著。

对是否担任过干部在各个因子分的差异分别进行独立样本*t*检验，结果发现担任过学生干部和没有担任过学生干部的学生在恐怖因子分上有显著差异，担任过学生干部的学生恐怖因子分要明显低于没有担任过学生干部的学生。学生干部有更多接触社会的锻炼机会，且“学生干部”身份使他们在就业方面更有优势，这些优势使他们对就业的恐怖程度降低（见表7）。

表7　恐怖因子分值比较

	干部	N	M	SD	*t*	sig
恐 怖	是干部	237	10.59	3.57	-2.14	0.03
	不是干部	69	11.67	3.95		

注：*表示在$P=0.05$水平上差异显著。

通过方差分析比较不同专业学生在SCL-90中各因子分的差异，结果发现不同专业学生在抑郁、焦虑因子上有显著差异（见表8）。

表8　不同专业学生在抑郁、焦虑因子上的差异

专业	N	抑郁因子				焦虑因子			
		M	SD	F	sig	M	SD	F	sig
地理	86	24.73	9.25	3.41**	0.01	18.64	7.24	5.16**	0.00
历史	80	23.60	8.58		16.80	6.08			
学前	49	19.47	6.28		14.10	4.09			
英语	60	22.95	7.58		17.72	5.06			
中文	35	22.77	7.16		16.00	4.90			

注：*表示在$P=0.05$水平上差异显著，**表示在$P=0.01$水平上差异极显著。

表8结果显示，不同专业间抑郁、焦虑因子分差异极其显著。通过事后分析的结果表明，学前专业的学生抑郁、焦虑因子分明显低于地理、历史、英语，而其他各专业之间抑郁因子分无显著差异，地理专业学生焦虑因子分明显高于历史和学前专业

的学生。

学前专业的学生抑郁、焦虑因子分明显低于地理、历史、英语，这主要与学前专业目前大好的就业前景有关，其他专业学生就业艰难。对于“地理专业学生焦虑因子分明显高于历史和学前专业的学生”，主要与广东地方教育部门目前招聘地理教师的做法有关，因为广东地方教育部门哪个年份招聘或不招聘、招聘多少名额的地理教育专科毕业生是不确定的，这种不确定使该专业学生在希望与失望的巨大落差中煎熬，导致其更焦虑；而历史教育专业专科毕业生，虽在地方教育部门招聘中几乎没有考岗资格，但我国目前就业职位总体能满足求职者，他们早已做好以其他方式就业的打算，反而降低其焦虑程序。

3. 大学生就业调查问卷结果与讨论

课题组设计了23道“大学生就业意向调查问卷”客观性问题，基本上是每道题提供4个选择答案。在回答“对自己的就业前景持何种态度”这个问题时，被试群体选择“很有前途”的仅占6.42%，“较有前途”的占29.06%，“一般”的占53.58%，总体显示被试群体就业信心较好，但也有10.95%的被试群体是悲观失望的。这是对我国就业现状的真实反映，被试群体对就业前景的预测与国家经济现状呈正相关。

在“你最理想的就业渠道”问题中，56.60%的被试群体选择“应聘”，17.36%的被试群体选择“学校或老师推荐”，16.98%的被试群体选择“自主创业”，9.06%的被试群体选择“家庭安排”。这与国家双向选择就业政策、学生独立意识和学生主要来自农村家庭有关。值得关注的是学生创业意识有所增强，与《就业报告》称“2012届高职高专毕业生自主创业比例是2.9%，远远高于本科毕业生的1.2%”的结论有相同之处。

在“你预期的毕业去向”问题中，80.75%的被试群体选择“就业”，12.83%的被试群体选择“升学”，6.04%的被试群体选择“自主创业”，0.38%的被试群体选择“出国”。排前两位的是“就业”与“升学”，这与专科生就业压力有关；选择“出国”的仅占0.38%，主要原因是该群体主要来自农村家庭，无力承担高昂费用。

在“你认为目前大学生就业难的主要原因”问题中，37.36%的被试群体选择“大学生就业观念不适应和能力不强”，22.26%的被试群体选择“高校专业结构及课程设置与社会需求不相适应”，20.75%的被试群体选择“高校扩招使高知人才相对过剩”，19.62%的被试群体选择“缺乏社会实践实习等机会和平台”。被试群体选择最多的是“大学生就业观念不适应和能力不强”和“高校专业结构及课程设置与社会需求不相适应”。《就业报告》指出，31%的大学生“学非所用”，“无论是本科毕业生还是高职高专毕业生，毕业时对基本工作能力掌握的水平均低于工作岗位要求的水平”。高校要认真做好调整专业结构及课程设置和学生培养质量等工作。

对于“找工作时对你影响最大的因素”“你目前欠缺的主要素质”和“求职中最困扰你的事情”3个问题，被试群体选择“实践和工作经验”的分别占44.91%、63.02%和43.02%，可见被试群体十分强调“实践和工作经验”，因为较多单位要求应聘者要有一定的相关工作经验。

三、对策

就业事关高职高专毕业生的生存与发展，如果不能正确对待就业压力，则会对他们的社会适应能力产生负面影响，反过来，社会适应能力又会影响其就业。较差的社会适应能力和就业压力交织，必然引发他们焦虑、抑郁等身心症状，这些不良身心症状反过来又影响其就业和社会适应能力。政府、高职高专院校及其毕业生要共同解决这些问题。

（一）政府要努力创造优越的就业条件

1. 政府要创造良好的就业环境

一是以经济建设为中心。政府要紧紧围绕经济建设这个中心，实施创新驱动发展战略，加快经济转型升级，创造更多更好的就业岗位。二要着力消除就业歧视。《中共中央关于全面深化改革若干重大问题的决定》指出，改革“以促进社会公平正义、增进人民福祉为出发点和落脚点”。政府要进一步制定和落实社会公平公正的措施，消除就业歧视，社会公开公正招聘人才，让各级各类毕业生公平公正竞争就业岗位。三是开拓高职高专毕业生就业平台。如2013年广东省教育厅以“落实政策、搭建平台、注重服务、促进改革”为工作主线，引导高校毕业生树立正确的择业观，开展“春暖校园”系列招聘活动，针对困难群体毕业生开展“三助、三力、三心”的就业帮扶活动，促使广东省2013年普通高校毕业生初次就业情况良好。

2. 政府多为毕业生深造铺路

本次调查中问到被试群体预期的毕业去向时，选择出国深造的只占0.38%；而《中国教育在线2013出国留学趋势调查报告》数据显示，中国留学人员数量急剧上升。1978年至2012年，中国总计送出了264.47万留学生，其中超过90%是自费留学生。2012年出国留学人数达到39.96万，同比增长17.65%，中国继续稳坐全球最大留学生输出国的宝座。政府要开拓高职高专毕业生深造的渠道，如建立学分积累和转换制度，打通从中职、专科、本科到研究生的上升通道；由政府、社会、学生各承担一部分费用，为品学兼优的高职高专毕业生出国深造创造机会。

（二）高职高专院校要培养社会所需人才

1. 高职高专院校专业结构及课程设置要符合社会需要

在就业调查问卷中，22.26%的被试群体选择“大学生就业难”的主要原因是“高校专业结构及课程设置与社会需求不相适应”，《就业报告》也指出31%的大学生“学非所用”。高职高专院校要把就业市场与所学专业、就业岗位与所学课程联系起来，按照先调研“就业市场”、后确定专业方向的原则调整专业方向，培养产销对路的毕业生。

2. 高职高专院校要搭建学生社会实践平台

为解决高职高专学生“社会适应能力差”及“工作与实践经验不足”的问题，一是认真落实《关于进一步加强和改进大学生社会实践的意见》文件精神，加强以教学实践、专业实习为主要内容的实践教学，把实践教学作为课堂教学的重要组成部分和巩固理论教学成果的重要环节，落实到每一个部门、每一门课程和每一位教师，体现在专业培养计划、课程教学大纲和教师的岗位职责中；开展文化、科技、卫生“三下乡”和科教、文体、法律、卫生“四进社区”活动；探索建立社会实践与专业学习、服务社会、勤工助学、择业就业、创新创业相结合的管理体制。二是鼓励学生创立就业类社团和专业社团。就业类社团以发展大学生就业能力为宗旨，通过举办职业发展论坛，邀请企业家进校讲学、开展主题调研、组织就业实训等活动为大学生就业提供帮助。专业性社团以就业交流为目的，通过与企业保持长期的联系，从而获得企业的一些相关的就业信息、岗位要求以及行业的一些最新发展状况，使大学生能够更快更便捷地了解企业。三是多创造学生当干部的锻炼机会，如在高年级实行学生会干部、班团干部、社团组织干部的轮换制，以增加学生的社会适应能力，降低其恐怖心理。

3. 高职高专院校要有针对性地进行学生心理引导

有学者认为，当代教育陷入了双重悖论：一是人的专门化、技术化培养和工具化、奴隶化的危险；二是知识、技能的烦琐化、僵硬化和个性、心灵的脆弱化、荒芜化危险。一方面，高职高专院校要开展思想引导和心理咨询活动，对学生在过渡年思想和心理等方面进行疏导。如在心理健康方面，各毕业班设心理委员，每月向辅导员和心理咨询中心汇报学生心理状况；建立朋辈心理辅导机制。高职高专院校心理咨询中心要针对社会适应量表和症状自评量表中反映的普遍性问题，如“强迫”和“人际关系敏感”问题，或举办团体心理咨询活动，或通过媒体如网页、广播等宣传相关心理知识，以缓解乃至消除学生在抑郁、焦虑、敌对、恐怖、偏执和精神病性等方面的症状。另一方面，高职高专院校要切实解决学生就业中遇到的实际困难，如提供大学毕业生在校期间的就业信息指南，增加对已就业大学毕业生半年期的指导，开展未就业大学毕业生的系列暖心活动等。

（三）高职高专毕业生要理性对待就业问题

1. 高职高专毕业生要储备综合素质

一是思想素质。思想素质中，“三观”（世界观、人生观、价值观）是根本，它是人生的“总开关”。高职高专毕业生要树立正确的“三观”，解决“人是什么，人为什么活着和怎样活着才有意义”的问题，明确人生的价值在于对人民奉献而不是向社会索取，将个人理想融入实现中华民族伟大复兴中国梦的进程中，到城乡基层、到中小企业、到中西部地区、到祖国最需要的地方成长成才、建功立业。正如马克思在《青年人在选择职业时的思考》一文中所说：“在选择职业时，我们应该遵守的主要指针是人类的幸福和我们自身的完美。人只有为同时代人的完美、为他们的幸福而工作，自己才能达到完美。”

二是专业素质。专业素质是大学生整体素质中的关键因素，是大学生求职择业，乃至立足社会、服务社会的基本保证和根本依据。高职高专学生要对职业目标、职业道路、职业道德、职业能力、职业信念、职业发展等问题进行系统地思考，要有高度的责任心、强烈的好奇心和持续的进取心。作为高等技术应用型专门人才，还要掌握本专业内的高新技术和正在推广或即将推广的新技术，具有较高的职业素质，如创业、创新、合作精神等。

三是心理素质。现代科学研究显示，在求职择业过程中，智商IQ影响只占25%，而情商EQ影响却占75%。可见，心理素质在求职择业过程中起着举足轻重的作用。首先要有信心，信心是人与自我关系的首要因素，是指相信自己的愿望或预料一定能够实现的心理。信心比黄金还要珍贵，高职高专毕业生要相信“天生我材必有用”，以饱满的精神状态迎接就业。其次要有良好的情商。情商是一些非智力因素的有机结合，包括人的情意特征、气质类型、性格特点、兴趣爱好、道德品质等，其中性格特点、情感品质是主要因素。高职高专毕业生要摒弃自负自傲、自卑怯懦和过于苛刻等不良个性。

2. 高职高专毕业生要转变就业观念

高职高专院校学生多为农村孩子，其教育费用对于农村家庭来说是笔大数目，他们有较高的就业期待以回报家庭。同时，受官本位思想影响，他们希望学而优则仕，囿于选择安宁和稳定的“铁饭碗”，因此，“工作单位要有编制的、工作地点是在沿海的、工作薪酬是较高的”成为他们对就业的希冀。《就业报告》显示，“体制内”单位仍最受青睐，2012届高职高专生毕业半年后在“政府机构、科研事业单位”的就业满意度最高，为64%；在“中外合资、外资、独资”的就业满意度最低，为45%。要转变高职高专学生的就业观念，从国家层面看，要着力解决地区与行业间发展不平衡的问题，缩小国有单位与私营单位的鸿沟，摒弃社会中以财富和权位为标准衡量人价值的不良倾向；从学生方面看，要有竞争意识，打破“一次就业定终身”的观念，及时调整择业方向，不过分强求专业对口，敢于进入邻近岗位就业甚至反串就业，立足多层次就业。

当前，社会对师范生需求接近饱和，就业形势日益严峻，但我国教育事业尤其是幼儿及幼儿家庭教育和社区教育正处于上升期，特别是随着我国新农村建设和城市化进程加快，我国教育市场的潜力还有很大空间。据统计，未来20年我国将有3亿到5亿农民进城，其中有20%的人需要低层次的教育培训。师专毕业生可以通过到基层自主办学、合作办学等方式闯出一条成功的就业创业之路，从而实现自身价值。

政府、高职高专院校及其毕业生要各司其职，各尽其责，共同致力于解决高职高专毕业生问题，让职业教育为国家和社会源源不断地创造人才红利。解决问题的诸多路径中，社会适应问题是基础，就业问题是根本，社会适应和就业问题的解决会有效地缓解高职高专毕业生的身心症状。

参考文献：

[1] 邓晖. 就业观、教育观、用人观都该转了[N]. 光明日报，2013，6（06）.
[2] 于金刚，焦飞鹏等. 新纲要下高等院校的课程教学改革发展探究[J]. 西南师范大学学报：自然科学版，2012，37（11）：128-132.
[3] 李坤凤. 过渡年：我国大学毕业生存在的问题与对策[J]. 西南农业大学学报：社会科学版，2013，11（8）：177-182.
[4] 张华. 教育终极关怀的现实检视与诗意栖居[J]. 西南大学学报：社会科学版，2012，38（3）：56-61.
[5] 许晓惠. 基于就业导向的高职学生职业能力培养[J]. 西南师范大学报：自然科学版，2012，37（6）：220-224.
[6] 周磊. 新形势下的高职高专毕业生应如何做好就业前的心理准备工作[J]. 辽宁教育行政学院学报，2010，27（4）：33-34.
[7] 林崇德. 心理和谐：心理健康教育的指导思想[J]. 西南大学学报：社会科学版，2012，38（3）：5-11.
[8] 张德亮. 关于师范类大学生就业观念和择业意向的研究[J]. 知识经济，2013，281（11）：79-80.

心本管理：学校现代教育的新理念

■ 华南师范大学附属中学　李之宁

摘　要：企业管理学将心本管理思想作为管理学的第三次理论革命——企业管理从过去的“物本管理”走向“人本管理”，再走向现代的“心本管理”。心本管理的逻辑起点是：企业的管理要围绕着全体职工一致认同的企业发展目标来开展。受此理论的启发，本文作者认为，中小学校心本管理的逻辑起点是中小学的管理要围绕着全体教职员工一致认同的核心价值观来开展。这样，学校管理过程就形成一个全体职工一致认同的“共同愿景”，也叫“共同心境”。本文基于第一线的教育经验，旨在深入探索心本教育的内涵和实践模式。

关键词：心本管理　学校教育　实践

企业管理学将心本管理思想作为管理学的第三次理论革命——企业管理从过去的“物本管理”走向“人本管理”再走向现代的“心本管理”。20世纪50年代以前，企业管理学提倡“以物为主体”的管理思想；到20世纪60—70年代，以马斯洛（Maslow，1908—1970）、罗杰斯（Carl. R. Rogers，1902—1987）等人为代表的美国的人本主义心理学（Humanistic Psychology）思潮的出现，企业管理学提倡“以人为主体”的管理思想；进入21世纪初期，企业管理学提倡“以心为主体”的管理思想，主张管理“以管心为本”。因此，心本管理思想有一个概念：企业管理围绕着全体职工一致认同的企业发展目标来开展。这样，企业管理过程就形成一个全体职工一致认同的“共同愿景”，也叫“共同心境”。围绕着“共同心境”的管理是心本管理思想的重要理念之一。华南师范大学心理系吴发科研究员在最近提出了心本教育的概念，它包含两重意思：狭义的心本教育是心品教育，也就是心理健康教育；广义的心本教育是一种教育思想，即教育以心为本，从心开始。华南师范大学附属中学在心品教育实践中，探索了一些做法，取得了一些效果。

一、实践心本管理，学校现代教育的新理念

作为素质教育重要组成部分，学校心品教育正在经历与企业管理类似的理论变革——从过去的“物本管理”走向“人本管理”再走向现代的“心本管理”。心本教育思想认为，“共同愿景”或“共同心境”实际上是人的认知行为统一性。没有教育者和被教育者两元之间的“共同愿景”和认知行为统一性，教育是难于施展和难有效果的。因此，心本教育思想强调学校教育的“共同愿景”与认知行为统一性，倡导学校心本管理、班级心本管理。

班级心本管理是学校现代教育的新理念。心本教育思想认为，当今不少学校教育仍然同时存在两种教育思想：传统教育思想主张教育以教师为主体、中心，教育教学过程中学生跟着教师转，结果造成师道尊严制约人性自由和约束学生个性发展，造成学校教育管理有时出现对学生的人格伤害、自尊诋毁和人身体罚的现象；人本主义思想强调学校的教育教学以学生为主体、为中心，认为教育教学要从学生的生存、发展需要出发，要从学生的实际出发，教学过程要围绕学生而展开，结果造成教师难于施教，班主任不敢严格管理，造成班级管理出现“小霸王”“小捣乱”，家庭教育出现“小皇帝”“小贵族”，难以教育引导。心本教育思想认为，这是学校教育思想之间冲突的结果，教者与学者之间心际隔阂的结果。心本教育思想认为，教育、教学和班级管理，不是以教师为主体、为中心，也不是以学生为主体、为中心，教育教学是以心为主体，以心为中心，教与学是一个整体，不可人为地分割，教师与学生之间就像两个星球相互绕着运转，谁都不能偏离运转的中心，否则教学无法运转，而这个运转中心就是“以心为中心”。教育以心为本，从“心”开始，就是强调教与学之间以心为中心、以心为纽带，联结师生之间教育的心际，才能保证教学相长，这实际上是强调师生之间的向心性。班级管理也是如此，只有以心为主体，以心为中心，班主任与全班学生之间形成“共同愿景”的向心性关系，全班上下心往一处想，劲往一处使，班集体才能正常运转、和谐运行，班级管理才有最佳效果。因此，班主任要树立心本教育新理念，要善于班级心本管理。

班级心本管理是共同目标关系、心际融合关系的管理。华师附中推选的班级管理文化是：以德育平台为依托，强调师生达成“目标共建、师生融合、教学相长”的培养实效。这种班级管理思路与传统的观念是不同的。传统班级管理围绕“班级事务”进行管理，并强调制度、规范和严格的管理，心品教育则注重“共同目标、心际融合”的管理，并强调以学生心品素质为前提的管理。为了完善学校教育这个大舞台，班级教育与管理必须实践心本管理，更新教育理念，必须拓展新的实施领域，一定要与德育相结合，全面推进素质教育，增强学校德育工作的针对性、实效性和主动性，

帮助学生树立在出现心理行为问题时的求助意识，促进学生形成健康的心理素质，维护学生的心理健康，减少和避免对他们心理健康的各种不利影响。

华师附中认为，班级心本管理的目标任务，首先是培养学生心品素质，促进学生身心健康，培养团队精神、协作精神、创新精神和提高实践能力；其次是班级事务、班会活动、各种文体活动等的管理，最终达到培养有理想、有道德、有文化、有纪律的一代新人。华师附中的育人总目标是“面向全体，着眼未来”。围绕这一育人总目标，班级管理要依托心育平台，树立以心为本、以心为主体的理念，努力实践班级心本管理，促进新型的师生关系，建立了班主任队伍为骨干、全体教师共同参与的全员班级心本管理模式，推进了全面素质教育的顺利实施，形成了华师附中的特色。

二、实践心本管理，促进学生心品素质的发展

近年的班级心本管理实践，使华师附中的班会活动和心品教育课各具特色，成为培养学生自主发展能力的两朵奇葩。

首先，班主任引领的学生自助、互助的心品教育是以班级为本位的心品教育，是学校实现全员参与心品教育的措施之一。班级心理辅导能够充分开发、运用同辈群体的心品教育资源，为每一位同学的心理发展提供平台。在辅导活动中，通过积极的人际互动关系，激发学生自我教育的强大力量，达到助人自助的辅导目标。

在华师附中，主题班会的主题是根据学生的终身发展需求自主选择设计的，内容有针对性。在活动中，作为团体的一员，每一位同学既是受助者，又是助人者。这种互助能够促进学生自我意识的发展。

在活动的组织、策划和操作过程中，锻炼与提高了学生的自主能力、合作与自我调控能力。更重要的是在一次次的思想交流碰撞中，不少同学时有新发现、新认识、新观点，这激发了学生自我教育的强大力量，促进学生自我意识健康的发展，从而走上自我管理、自我完善之路。

在实践中，华师附中的班主任老师也获得了可喜的成绩。华附连续两年参加全省班主任技能大赛都取得优秀的成绩。班主任们还在全国中小学德育论文及德育优秀活动评选中多次荣获嘉奖，仅最近三年，已经有18人次荣获论文、班级活动及个别辅导案例全国一、二、三等奖。

其次，在专职心理老师的心品教育课堂上，教师针对学生学习、生活和交往中的一些问题、社会热点、现象以及他们的成长需求，结合各个年级的具体教育目标，通过心品教育课，把心品教育的目的寓于表演、辩论、游戏、讨论、谈话等丰富多彩的活动之中，每一位学生在参与不同的活动中得到锻炼和发展，形成乐观、向上的心品素质。

在心品教育的活动课中，学生俨然成了最出色的设计师。活动的自主性不仅激发了学生的热情，而且使他们的个性得以释放和发展，满足了他们渴望独立、展现自我、体验成功的心理需求。同时，学生在参与、体验和分享的过程中，培养了责任心，锻炼了能力。正如学生所说："心品教育课让我们一起分享了一次次成长经历和一段段心路历程。同时，在策划活动过程中，我们所培养的团队协作精神，面对困难的能力和信心都是十分宝贵的。这些又何尝不是良好心品素质的体现呢？"

三、实践心本管理，促进教育教学质量的升华

首先，心本教育已渗透到学校教育、教学工作的各个方面——队伍建设、教师培训、学校管理、课堂教学、班主任工作、学生心理自助团体、团委与学生会工作、家庭教育以及社区心理服务；尤其是班级心本管理、心品教育班会课、学生团体辅导活动、教师职业成长等方面都取得了一定的成绩，已成为我校和谐校园文化建设的一道道亮丽的风景线。由此，华师附中获得了"广东省心品教育示范学校"的光荣称号。

其次，心本教育理念在华师附中的教学实践中不断得到彰显，以促进学生全面发展的教育价值观得到前所未有的升华。现在，广东省正在进行新一轮的课程教材改革，"二期"课改的宗旨是让课程适应每一位学生的发展，为学生提供学习经历并获得学习经验，强调以学生发展为本。而在传统的课堂教学中，教师比较重视知识、能力认知教学目标的实现，忽视了情感、态度、价值观等情感教学的目标。当华附的教育理念不断更新，教学理论不断成为教学实践时，教师们必然会意识到在课堂教学中存在这些缺陷。而这些缺陷的存在，阻碍了学生的心理发展，阻碍学校全面推进素质教育。如何探索发展性心理辅导与学科课堂教学的关系，把心品教育与学科教学的目标整合好，寻找学科课堂教学对促进学生心理发展的有效途径，这是目前华师附中的心品教育正在研究的内容。

根据高中生心理发展的特点，让教师在课堂教学中有意识地将教学和心理辅导结合起来，运用教师的人格影响，发掘教材对学生心理发展内在的作用，在促进学生合作学习、自主学习、和谐交往的过程中，有助于每个学生健全人格的培养与潜能开发，为学生终身发展奠定内在的基础。这样的途径有助于老师建立正确的知识观、学习观、学生观、健康观和价值观，由此保证学生心理的健康发展；也有助于改变教师的教学方式，实现民主、平等的互动式、体验式、探究式的现代课堂教学模式；有助于激发学生学习的兴趣和积极性，提高学生的自主学习能力，达到课堂教学"双赢"效果。

目前，学科教学渗透已成为华师附中培养学生良好个性和积极心理、健康心理

的有效渠道。各科任老师结合学科特点和相关教学内容向学生渗透了不同的心品教育内容。比如，在社会学科类课程的教学上，主要渗透的是个性品质修养、社会认知能力、建立自信心、消除自卑感、情绪调节、品德与行为、珍惜生命与热爱生活、亲子关系与感恩情怀、集体精神与团队协作、社会环境适应、人生规划与生涯指导等；在自然学科类课程的教学上，则着重关注学习动机与学习品质、学习行为习惯、逻辑思维和发散思维、创造力和潜力开发、崇尚科学与严谨态度等；而艺术与体育类课程则主要发挥其情绪调节和陶冶情怀的功能，并在教学中培养学生的意志力与耐挫力、合作与协助精神、团队凝聚力等。

四、实践心本管理，营造和谐校园文化氛围

实践心本管理。在和谐校园文化环境的建设上，华师附中坚持以心为本、育人先育心的理念，努力营造和谐校园文化的育人的氛围。华师附中的校园文化建设充分考虑育人的功能，让校园的每一棵树、每一根柱、每一条道、每一面墙、每个角落、每一幅画、每一个字都发挥“育心、怡心”的作用，让学生沐浴在校园文化之中，有一个温馨、和谐、平和的心态，有一个乐观、向上的精神境界。

华师附中的团委、学生会每年都会组织校园美景摄影与征文活动，华师附中的学子们拿起相机，把校园的美丽景色定格于方寸之间。华师附中的校园，洋溢着艺术的气息；华师附中的美景，蕴含着做人的哲理；华师附中的空气，弥漫着人文的芳香。同学们通过对校园美景的深层次的挖掘，在建设校园文化的同时，对学校共同的愿景和充沛的文化氛围达到了进一步的认同，更加清醒地认识到清洁、优美、安静、舒适的校园环境使人赏心悦目，寓意深刻的校园景观传递着华附人的传统、精神和理念。“聚清园”“状元桥”“怡心站”“舒心阁”“名人墙”等校园景观都给予华师附中师生以巨大的成长动力和成功目标。华师附中的坚持与努力，不但促进了学校的软硬件的整体水平提升，也使先进优良的华附文化得到了很好的积淀和继承。

“教育要抛弃功利的思想。眼睛不能只看到高中这几年，心里不能老想着高考升学率，要为学生一生的幸福着想。说到底就是全面育人，终身发展。如此，心品教育就成为中学教育题中应有之义。”华南师大附属中学校长吴颖民的一席话，道出了华师附中多年来以“教育—发展”为主线的“大教育观”。心本教育是现代教育的新理念，心本管理是学校管理的新尝试，我们倡导：学校教育要从“师本”走向“人本”，再走向“心本”。

青春期孩子亲子沟通特点与主体性尊重策略

■ 北京师范大学南山附校　李　彬

摘　要：与青春期的孩子建立良好的亲子沟通关系是孩子正处于青春期的父母们迫切需要解决的问题。文章分析了青春期亲子沟通存在的主要问题、青春期孩子的心理行为特点及在亲子沟通中尊重青春期孩子主体发展地位的必要性和策略。

关键词：亲子沟通　青春期　主体性

随着孩子进入青春期，和谐的亲子沟通关系的建立成为家庭教育的主要难题，由于亲子沟通不畅所带来的家庭冲突让父母和子女均感到困惑。据本人调查显示，约有69%的学生感到无法与父母交流和沟通，对于成长过程中遇到的困惑、烦恼和问题很少与父母交流；42%的学生认为难以与父母交流；27%的学生表示从不与父母交流。青春期亲子沟通不畅不仅影响到青春期孩子的身心健康成长，甚至会形成不良的亲子沟通模式而影响到以后的家庭亲子关系和家庭生活幸福感。

一、青春期孩子亲子沟通存在的主要问题

青春期孩子与父母之间沟通出现的问题归纳起来主要有以下三个方面：

1. 沟通内容单一

学习问题占据父母与孩子沟通内容的主要方面。父母发起的沟通中，关注“学业成绩”“学习勤奋程度”的内容占多数，话题单一，易引起青春期孩子的反感、对立。叶思思对厦门双十中学初中三个年段的学生进行了一次关于亲子沟通现状的无记名问卷调查，参与调查的学生一共590人，共12个班级，平均年龄为14岁，其中男生343名，女生247名。调查结果如下。“你觉得父母亲最关心你的哪个方面？”73.9%的学生选择“学习”；11.1%的学生选择“情感、感受”；10%的学生选择“爱好、兴趣”。

2. 沟通方式单一

家长对于孩子最常见的沟通方式就是唠叨。家长对孩子的不同状态下的需要不了解，只要有机会，便一厢情愿地向孩子反复唠叨自己认为重要的同一件事。如本人对深圳特区七年级孩子的访谈中，学生陈述：“我爸几乎每星期都会对我说，学习就好比吃饭，要一碗一碗地吃，所以学习也要一天的任务一天完成，不能堆积到一起来完成。有时我很烦时他也照说不误。”家长这种不考虑当时孩子需要的唠叨只会引起孩子的反感和抵触。

3. 沟通效果不佳

孩子拒绝沟通或者消极应付父母发起的沟通成为家庭中亲子沟通的主要状态。一些孩子与同学伙伴电话聊天，QQ上网能聊几个小时，却只愿用“嗯、啊”等只言片语来应付父母，甚至完全拒绝与父母进行沟通，回家后将自己的房间门一关，立起与父母进行沟通交流的屏障。

把上面列举的三点青春期亲子沟通存在的问题归纳起来，可见这些沟通都是“我向”的，其核心都以“父母”自身认识、感受、情绪体验为出发点，而忽视青春期孩子自身的主体性发展需要。

二、青春期孩子的心理行为特点

1. 身体发育使其具有儿童和成人的双重心理

孩子步入青春期，其身体形态的变化最为明显，在外形上已经接近成人，这就使青少年增加了许多心理体验。青春期的另一生理变化是性成熟，出现了第二性征。由于生理上的成熟，青少年产生了成人感，具有强烈的平等意识，渴望自己像成人一样受尊重，做事希望从自己的意愿出发，还会重新审视家长及老师曾经影响他们的价值观。

2. 主体性日益增强

从心理学看，人的主体性是个性的核心，也称自我意识，是指能够自觉、主动地认识和调控自己的心理和行为。主体性越鲜明，越清楚地知道自己在做什么、为什么而做、该怎样去做。而主体性不强，也称自我意识不成熟，他们往往被动机械地适应环境。学生主体性发展可以理解为学生自主、主动、创造性地发展，这一发展要求在青春期阶段表现得尤其强烈，同时又与孩子的发展状态充满着矛盾，即自我发展的愿望和自身发展状态的不成熟之间的矛盾。这使得在青春期孩子的家庭教育中进行亲子沟通时，尤其需要关注孩子的主体性发展，尊重其主体性发展的需要，为青春期的孩子提供安全、支持的心理成长环境，帮助他们顺利、平稳地度过“狂风暴雨”般的青春期。

3. 既依恋父母又想摆脱父母的矛盾心理

青春期的孩子一方面渴望父母的理解与帮助，另一方面又希望处处发出自己的声音，能像成人一样被尊重。美国心理学家约塞森将青少年与父母关系的发展分为四个阶段：第一阶段是分化阶段，步入青春期的少年开始意识到自己与父母有着不同的兴趣爱好和价值观，因此而质疑他人多年来指导自己的价值观念和行为；第二阶段，青少年会过分高估自己，喜欢按自己的意愿行事，拒绝别人的建议和忠告；第三阶段，亲子关系处于和谐状态，这一时期的青少年对父母的指导采取了尊重性的选择态度；第四阶段是自我巩固阶段，这一时期的青少年已经懂得作为自主的个体，必须面对生活做出选择，同时也意识到听取忠告的重要性。可见青少年的这种心理变化，尤其是在第一、第二阶段，使得亲子关系面临着最为艰难的时期。它需要家长对原有的亲子沟通方式做出新的调整，以适应青春期孩子的心理变化。

三、青春期孩子亲子沟通的主题性策略

在亲子沟通中，注重培养孩子真正成为自己发展的主人，让孩子真正清楚地知道自己在做什么、为什么做、该怎样去做，自主地、主动地，甚至是创造性地发展自己。

1. 接纳孩子发展的现状，尊重作为主体的孩子的发展状态

尊重孩子发展的主体性首先是接纳孩子成长的规律。作为家长，每天与孩子朝夕相处，在不知不觉中孩子的青春期就已经到来。很多家长是在对于“青春期”模糊认识的状态下，就伴随孩子进入青春期了。对于青春期孩子的心理和行为热点没有充分的认识，只是感性地抱怨“我的孩子怎么越来越任性了”。由于没有充分的认识，应对情绪容易起伏和变化多端的青春期孩子就显得有些力不从心。把本来孩子作为青春期孩子的正常反应，如拒绝沟通、任性、情绪多变等当作自己孩子的特殊状态，甚至以自己的情绪来应对孩子的情绪，造成亲子沟通渠道堵塞，家长丧失教育的权利。

其次是接纳孩子的个体差异。孩子都是有差异的个体，加德纳的多元智能理论关于人具有不同的智力潜能的论述更是说明人是差异存在的个体。家庭教育中，家长们往往不能接受自己孩子与别的孩子的发展的差异性，尤其是在某方面显得落后的差异性。因此亲子沟通中，家长们常常将自己的孩子与别的孩子进行比较，带来孩子在亲子沟通中的抵触和对抗。

2. 从对学习的简单关注到培养孩子的自主性

亲子沟通中，家长发起的对学习的关注更多的是关注孩子的学习结果，多数家长较少有意识地培养孩子成为“学习的主人”。在主题性教育理念下，自主性就是“把人还给他自己”，是对依赖性的一种扬弃。家长应当引导孩子自己的学习活动进行自我调节和控制，使孩子自己成为学习的主人。

一是引导孩子确立学习目的或帮助孩子明晰学习目的。在对深圳市某初中七年级六个班关于“学习目的”的开放式问卷中，77.4%的学生将初中三年的学习目标定位为“考上满意的高中”，这样的学习目标显然是表浅的。青春期的孩子多数不明确自己的学习目的到底是什么，要么跟从于他人，要么跟从于父母的要求。父母常常忽视引导孩子确立或者明确着眼于培养自己全面发展的正确学习目标，孩子也少有真正内化于心的学习目标。

二是培养孩子在自觉状态下的自主学习习惯和思维习惯。引导孩子自主地安排好自己的学习时间，养成在一个时间段自主地制订学习计划，并按计划执行的习惯；在学习中取得进步或不尽如人意时，善于进行自我反思、总结的习惯；善于提炼学习方法，把学习方法的运用从不自觉的行为变为一种自觉的行为的习惯。如，在进行知识学习时，善于从知识结构的整体框架来建构的习惯；在学习中勇于质疑的思维习惯；在阅读过程中善于联系和拓展的思维习惯等等。真正做到在亲子沟通中将对孩子学习结果的关注转变为对孩子学习过程的沟通。

三是培养孩子对学习的自我效能感。自我效能是指个体能够成功完成某一任务的信念。而自我效能感是指关于自我效能的知觉，其中包括提供机会，让孩子有机会在学习中体验到成就。

引导孩子在活动中关注自我效能，强化自我效能。家长应该十分注重在与孩子沟通的过程中，一方面，鼓励孩子参与一些展示学习成就的活动；另一方面，敏感地关注一些可能激发孩子自我效能感的细节，通过有效的亲子沟通帮助其强化。

3. 平等地关注孩子的情绪和情感

青春期的孩子自主自立的愿望在情绪、情感方面体现得最为强烈，他们渴望自己的情绪、情感能够得到成人平等地对待，而不再像小时候那样，仅仅被呵护，却得不到理解和认可，更不能接受父母与他们情绪和情感上的对立。因此，在亲子沟通中，对青春期孩子的情绪、情感表示理解和支持比对立、关心、呵护都更能达成有效沟通，这种理解和支持有时甚至不需要言语，对于男孩子来说，拍拍肩、握握手等非言语行为即可。

4. 尽可能满足孩子的兴趣发展需要

孩子的兴趣爱好是孩子区别于他人最重要的特点，青春期阶段的孩子根据个人的情况发展兴趣爱好是其彰显个性的最重要的表现途径。当孩子做其兴趣所及的事情时，是他的学习主动性表现得最为强烈的时候。因此，父母需要和孩子一起评估他的兴趣爱好对于个人发展的意义，以及在发展兴趣爱好时如何处理好与其他方面兴趣的关系，而非一味地把孩子发展的着力点放在学业成绩上。

总之，青春期是孩子主体性即自我意识发展的关键期之一，是高中阶段的学生价值观、世界观形成的准备阶段。亲子沟通的有效性与孩子自我意识的发展高度相关，尊重孩子的自主性是达成有效亲子沟通的重要原则。

参考文献：

[1] 叶思思. 关于“青春期亲子沟通现状及对策”的调查研究[J]. 教育教学论坛，2010（26）.
[2] 美芬，金一波. 青春期亲子沟通中的共感调适[J]. 宁波大学学报：教育科学版，2006（2）.

四维一体　教学相长

——浅析思想政治教学评价体系

■ 汕头市岐山中学　佘琼海

摘　要：教学评价是新课改的重要内容之一，要求建立促进学生全面发展的评价体系。思想政治新课程评价应该既重视学生知识、技能的掌握和能力的提高，又重视其情感态度价值观的变化。本文分析当前思想政治学科教学评价存在评价取向奖优罚劣、评价内容唯智倾向、评价主体一元权威、评价方法机械僵化等弊端，并尝试构建“四维”评价体系，推动思想政治课教学改革，促进师生教学相长。

关键词：思想政治　“四维”教学评价　教学相长

新的课程改革，要求建立新的评价体系。教学评价是新课改中的一个重要方面，要求建立促进学生全面发展的评价体系。评价不仅要关注学生的学习成绩，而且要发现和发展学生多方面的潜能，了解学生发展的需要，帮助学生认识自我、建立自信，发挥评价的教育功能，促进学生再发展，即构建发展性、多元化教学评价体系。中学思想政治新课程评价体系必须以《基础教育课程改革指导纲要（实验稿）》为依据，以课程标准为参照，全面落实发展性评价思想。这就要求建立和完善公平、公正、科学、合理的思想政治课堂教学评价机制，充分发挥评价功能，不断激励师生，充分调动教与学两方面的积极性，实现教学相长。本文尝试从思想政治教学评价体系中的评价取向、评价内容、评价主体、评价方法“四维”评价进行分析，寻找构建科学的教学“四维”评价体系，推动思想政治课的教学改革，促进师生教学相长。

一、思想政治课教学评价体系现状

当前，随着新课改的推进和深化，思想政治学科在教学评价方面进行了一系列改革，在一定程度上减轻了学生的学业负担，有利于提高学生的综合能力。但这些改革毕竟是低层次的、局部的，没有从根本上改变旧教学评价体系的现状。

1. 评价取向：奖优罚劣，忽视学生个体差异

教育首先是一个人成长的“内心旅程”，它不仅帮助人取得知识和能力，更为重要的是教人认识社会发展规律和形成真善美的思想观念，促使人格更加完善。从这一点来说，教育是非个人化的过程。在教育实践中，评价学生的课堂学习活动，历来几乎都以奖优罚劣为基本价值取向。在实践中，学生表现优秀，教师就以各种方式表扬学生。反之，教师就以各种方式惩罚学生。有人形象地把现行的教学评价比作大筛子，学生怕成为漏在筛子下面的失败者，在考试中拼命竞争。考试竞争又造成课业负担过重和人才畸形发展。由此，评价成为奖优罚劣的代名词。

2. 评价内容：唯智倾向，淡化德育功能

教育家叶圣陶说：“思想政治教育重在实做而不在于能说会道。”但传统的思想政治教学评价在内容上普遍存在轻过程重结果、轻综合素质重学业成绩的唯智倾向，关注学科知识，特别是在升学竞争中起作用的学科知识。教学质量不是抽象的分数，而应是学生在具体情况中解决问题的思想和能力。评价内容过于单一，使得思想政治学科教育工作者把思想政治课当作一门纯智育学科对待，只重视学生的记忆、主观理解，忽视了对学生德育的考查，轻视了学生的综合素质、实践能力、创造精神、心理素质、学习态度和习惯的培养和考查，严重影响学生的全面发展。

3. 评价主体：一元权威，忽视学生情感体验

长期以来，在思想政治教学评价中，学生是教师、学校评价的单一对象，教师评价占有重要地位，具有示范性、指导性和权威性，是一元权威的评价主体。学生处于他评状态，居于消极被动的地位。这种评价主体错位的现状，忽视了被评者的实际需要及情感体验，使教育评价对学生心理构成威胁，伤害了学生的自尊心、自信心、自学情绪。学习过程是学生自己做主、主动参与，发挥自己主动地位，主动构建知识的过程，而不是学校、教师通过考试逼迫学生学习的过程，也不是简单地对学生进行阶段性评价和终结性评价的过程。学校、教师都应该是教育评价主体，但目前的评价体系总是思考评价学生，而很少想到评价学校、教师，给学生造成很大的心理压力，影

响学生创造力的发挥。

4. **评价方法：机械僵化，不能全面考查学生的综合素质**

在学校里，作为学生，追求优秀、追求好的学业成绩是应该提倡的。作为学校，如果不取得好的教学质量和好的教学业绩，也是不被社会和家长所接受的。质量得不到保证，教育也就失去了存在的价值。一切教学活动以分数为目标，学生和教师整天为分数奔忙，学生为取得高分，死记硬背，承担过重的学业负担，成为分数的奴隶。教师不考虑学生综合素质的发展，对学生其他方面的素质视而不见，对学生智能和情感的发展也不重视，特别是对学生道德表现的轻视，给学生心理造成严重的焦虑感和恐惧感，严重挫伤学生的积极性，使学校教学走上教条主义的极端。

以上问题与当前思想政治教学教育评价发展的特点不相符合，是对思想政治教育教学改革的极大阻碍，必须对其进行改革，推动构建新“四维”评价体系，实现教学相长。

二、构建科学的教学“四维”评价体系

1. *评价取向：发展为本超越奖优罚劣*

时代发展要求现代教育是发展人的教育，把人的发展当成教育的目的，确立促进人的发展和社会发展相统一的价值取向。随着教育观的转变，教学评价功能也发生了变化。教学评价功能不再只是检查学生知识、技能的掌握情况，而更为关注学生掌握知识与技能的过程及方法，以及情感态度价值观的形成；评价不再是为了选拔、甄别与排队，而是掌握学生成长和进步情况，提出新的教学策略和方案进一步激励、促进学生发展。教师面对的是一群活生生的孩子，这就注定评价没有固定的模式。不同学生由于性格、智力上存在差异，评价内容自然也应该有所不同。对于某阶段或某方面学习有困难的学生来说，这种多层评价标准具有特殊意义，甚至可以改变他们的一生。从根本上说，评价的目的在于促进学生学习活动的发展与完善，即以学生学习为基本立足点，为学生学习服务，力求使学生学习潜能得到最大限度的发挥。简言之，评价以学生的学习发展为基本的价值诉求。

2. *评价内容：整体多维超越唯智倾向*

思想政治教学应把评价视野从学生的知识掌握程度、学习能力拓展到参与状态、交往状态、情感状态、思维品质等领域，做到知、情、意、行综合评价，实现整体多

维评价，即包括心智、情感、精神和心理力量等素质。整体多维的评价内容意味着不仅要评价学生的智力活动，而且应关注学生参与学习活动的态度，在学习活动中表现出来的合作精神、创新精神和实践能力，以及对学习方法和学习策略的掌握情况等。所有这些，使学生的学习评价成为一个相互关联的整体。在课堂上，好的评价能够做到知识评价不放松，情感态度要跟进，鼓励学生在学习过程中表现出来的努力程度，肯定学生在学习过程中协调合作品质等。

3. 评价主体：多元主体超越一元权威

《基础教育课程改革纲要》提出的“建立促进教师不断提高的评价体系。强调教师对自己教学行为的分析与反思，建立以教师自评为主，校长、教师、学生、家长共同参与的评价制度，使教师从多种渠道获得信息，不断提高教学水平。”在思想政治教学评价中，应该充分体现学生的主体地位，实现评价主体多元化。一旦学生成为评价主体，各评价主体处于平等的地位，学生主动参与评价，其他评价主体也会自觉参与评价和被评价，促使各评价主体进行自我反思、自我教育、自我发展。同时，这种评价会增强各评价主体之间的了解和理解，形成积极、友好、民主和平等的评价关系，有利于评价者和被评价者之间互相帮助和监督，并产生共同认可的评价结果，促进教学参与者共同进步和发展。

4. 评价方法：灵活多样超越机械僵化

多维度评价内容和多元评价主体，要求在评价过程中采用灵活多样的评价方式，实现对学生知识与技能、过程与方法、情感态度价值观的全面评价。随着评价内容的综合化，以量化方法评定一个人的发展状况表现出明显的僵化、简单化和表面化特点，使学生发展的丰富性、个性特点和学生的智能、情意、身心方面的努力、进步被掩盖在抽象的终结评价数字中。新课改要求的思想政治教学评价指标应多样化，即评价方法既有量化的终结性评价（笔试测验），又有课堂的行为记录、项目调查、书面报告、作业、成长记录、研讨评价、情景测验等质性评价。即评价体系应该能全面、客观地反映学生的学习结果、学习成就、优势和不足，在此基础上提出对学生发展有针对性的意见，从而达到促进学生全面发展的目的。

表1　多维度的全面评价体系

评价指标 评价方式	组织协调能力	自主合作能力	实践能力和创新精神	信息收集加工能力	理论联系实际能力	人文精神与科学精神	概括分析能力	实际操作能力
社会调查报告		√	√	√	√	√	√	
时政观察与评论、新闻报告会	√	√		√	√		√	
案例分析					√			√
自拟政治试卷		√		√		√		
模拟法庭、听证会，辩论，演讲	√	√		√	√	√	√	√

教学相长，追求师生的共同进步是评价的宗旨和根本目标。构建科学的以教学评价取向、评价内容、评价主体、评价方法为标准的“四维”评价体系，一方面有利于促进教师教学方式的转变，及时跟踪和掌握学生的学习情况与表现，判断学生学习中存在的不足，提高思想政治课的教学效率；另一方面，有利于培养学生的合作意识、竞争意识和自我认识与自我教育的能力，有利于学生形成积极的学习态度、科学的研究精神、正确的情感体验和价值观，为学生提供展示自己能力、水平与个性的机会。

和美校本课程润泽和美人生

■ 深圳市滨河小学 孔文东

摘　要：建设好校本课程，是每一所学校贯彻落实新课程改革的重要任务，也是建设有特色的学校文化、培养“各美其美”阳光少年的基础。我校在形成“和在自然、美在卓越”的“和美”文化推进过程中，通过环境文化课程、理念文化课程、校本活动课程、书香文化课程、社区教育课程等多元化、开放性校本课程的建设，全方位培育学生，润泽其“和美”人生，促进学生既和谐又有个性地不断迈向幸福未来。

关键词：和美　校本课程　和美人生

培养“和谐发展、各美其美”的阳光少年，形成“和在自然、美在卓越”的和美文化，是我们深圳市滨河小学办学的主要目标。开发、建设好校本课程，是我校贯彻落实新课程改革的重要任务，也是建设有特色学校文化的基础，更是“和美教育”理念的核心体现。开设和美校本课程，有利于促进学生更和谐、更全面地发展，为学生和美人生奠基。

我校在和美校本课程体系完善、推进和美校园文化建设上，主要从如下几个着力点去润泽学生的和美人生。

一、环境文化课程浸润熏陶

在学校环境课程资源开发过程中，我校遵循“整体规划，全面推进，体现和美”的原则，千方百计建设隐性文化，打造德育教育课程，充分运用景点文化、墙壁文化、走廊文化、橱窗文化开发育人资源，使校园里的每一个景点、每个地方都成为学生学习的场所。

我校走廊文化具有针对性和序列性：一楼走廊针对低年段学生张贴了《弟子规》

《新三字经》《和美儿歌》等内容；二、三楼走廊针对中年段学生张贴了小学生必背古诗词；四楼走廊针对高年段学生张贴了中国传统节日介绍；五楼走廊则张贴了科技类宣传画。此外，还有分布于校园中其他地方的法制长廊、和美文化长廊、学生书画作品展示厅等，内容丰富，同时做到适时更新，使学校处处体现和美文化、德育书香文化特色。我校在建设长廊主题文化的同时，利用通道、圆柱、楼梯设立“阅”“勤”“静”“惜”“仁、义、礼、智、信”等标示字牌来教育引导学生做一个诚实守信、珍惜时间、勤奋学习、文明有礼的阳光少年。学校同时还利用操场、围墙、过道等适当位置设立展示学生文化活动风采的橱窗、温馨安全提示、学生特长展示等宣传栏，让学校处处体现教育，让学生在浓厚和美文化的熏陶下健康成长。

二、理念文化课程感召引领

学校的魅力在于它有先进的办学理念和深厚的文化底蕴。校园文化是学校的重要特征，校园精神则是校园文化的升华。我校通过立校训、定校规、谱校歌、树校风等活动来丰富校园文化、塑造学校形象。在学校校门口，一块大圆石上刻着学校办学理念——以人育人，以生命激活生命；在学校的教学大楼正面，悬挂着学校的校训——“明理、励志、厚德”六个镀金大字；在一进校门的右手边一块大石头上，则篆刻着学校的三风——校风：和谐、尚美；教风：和悦、立美；学风：和乐、共美；在教学楼的侧面，悬挂着学校办学目标：和在自然、美在卓越。为了更好地让师生和家长领会学校的文化，学校还专门将学校的环境文化、理念文化、制度文化、课程文化、行为文化、发展文化编撰成校本教材《和美文化》，发给师生、家长，共同分享学习。这些和美理念文化的呈现，构建了和谐、积极向上的办学气象，营造了和谐的教育生态，激励学生朝和美的目标不断迈进，不断追求卓越，让学生的个性特长得到全面发展，学生的智慧潜能得到深层挖掘，学生的情感能源得到充分释放。

三、校本活动课程多元滋养

学校为丰富校本活动课程，把德育课程与综合实践活动有机联系，以“和美阳光少年”行动计划为主线，积极开展“追星争章”、“红五月”才艺展、“坐拥书城、亲子阅读”等主题活动，培养和美阳光少年。

我校的校本德育课程、综合实践活动课程有明确的课程目标，为增强活动实效，我们开展了“和美阳光少年行动计划”和社会实践等方面的教育活动。学校通过主题教育活动让学生得到更多的锤炼，如“体验军人生活”、“模仿重走长征路”、春季秋季磨砺实践活动等，让学生们在活动中增长见识、提升能力。

在活动课程方面，我们积极引导学生参加课外文体活动和实践活动，发展学生兴趣，培养学生特长。我们成立了情智文学、开心英语、快乐数学、活力跳绳、藏书票、悠扬民乐等24个社团，专人负责，定期开展活动。另外，我校每年还举办“红五月”才艺展、科技信息节等重大活动。这些活动的开展，既陶冶了学生的情趣，锻炼了学生的特长，丰富了校园文化生活，使素质教育落到了实处，又促进了学生全面和谐健康的发展。我校举办过版画全国现场会，学生版画作品在国际比赛中获过大奖。同时，我们对德育课程的深度开发，对德育资源的有效整合赢得了很好的社会效益，2012年在深圳市德育绩效评估中我们荣获“深圳市德育示范校”称号。

四、社区教育课程全面锤炼

学生总是生活在一定的社会空间里，每一个社区都有自己独特的风采和文化，这都蕴含着丰富的教育资源。为了创造性地利用一切可用资源，为学生的体验教育、实践探索提供服务，我校创新家校合作模式，成立了“家教会”（即家庭与教师联合会）。“家教会”制度健全，家校和谐相处，家长跟着学校的政策走，到位不越位，参与不干预。我们开展了丰富多彩的活动，有效整合了教育资源，形成家校教育合力。我们通过“家教会”不断拓宽社区教育资源，将隐性的教育资源转化为培育学生全面发展“各美其美”的显性能量，取得了巨大的教育效益，在对学生成长产生影响的同时，对教师教育观念的转变以及学校管理模式也产生了显著的推动作用。学校采取精心谋划、宣传鼓动、情感感召、培训指引、自我教育等措施引导“家教会”，让更多的家长投身到学校校本课程的开发建设中来，进一步拓宽教育途径，使社区资源成为校本课程的有效补充。近年以“家教会”名义主办的全校性学生主题活动就有十多项，如驻港部队旗手升旗仪式、香港童子军野营体验、逃生技能训练等。这样的活动可以使学生在生活中学、在交往中学、在实践中学、在活动中学，各方面的能力都得到锻炼和提升。实践证明，优美的环境、和谐的氛围、积极向上的探索精神是一部立体的教科书，丰富多彩的社区、社会教育资源能给予学生智慧的启迪、行为的规范、全面的发展。

五、书香文化课程提升气质

近年来，我校在书香校园建设方面颇有成效，特别是学校以紧邻深圳书城得天独厚的优势开展的“坐拥书城、亲子阅读”系列活动更是独具特色。学校动员各个家庭每周至少在周末带孩子去一次书城，采取家庭共读一本书的方式，指导孩子阅读至少一本书籍，围绕书籍中的内容展开若干次的交流学习。交流的方式可以是对话、日记、小报、研究性学习等方式，让读书引领家长和孩子的精神世界，让家长和孩子一起读书，一起交流，一起写作，一起成长；让孩子能够有时间、有精力、有指导地阅读更多更好的书籍，同时实现家长的自我完善、自我超越。家长通过这些活动拓展了家庭教育知识，掌握了家庭教育艺术，成为孩子人格的榜样和知心朋友；通过营造浓郁的书香氛围，一起建设精神家园，引领孩子心理健康发展，并让孩子感受到终身学习对于自我发展的意义。学校每年开展“阅读之星”和“优秀阅读家庭”评比，收集保存了家长学生共读的上百幅摄影作品，收集了3000多篇读书笔记，书香文化建设成果不断呈现。2010年学校被评为“广东省书香校园”，2011年学校成为广东省首批分级阅读示范基地。腹有诗书气自华，通过书香文化课程的提升，学生文化素养不断提高，儒雅气质得到提升。

六、多元校本课程各美其美

我校严格执行《深圳市九年义务教育课程计划》和《切实保证中小学生每天一小时校园体育活动的规定》，开齐课程，开足课时，并通过上下午两段大课间活动保证学生每天一小时的体育活动时间。我们的课程设置既落实上级的科目要求，保证各级主管部门规定的课程进课堂，又充分发挥自主性与创造性，开设了有自己传统优势、旨在促进学生特长发展的校本课程，开发了如儿童版画、跳绳、笛子、校园音乐、电脑绘画、中国书法、国学书法、经典阅读等校本教材，并配备相应的教师用书。

我校的校本课程是在素质教育实践中对我校特色课程提升开发而成的。在开发校本课程的过程中，我们采取“继承与创新并举”的方式，坚持“以教师专长为基础，以学生发展为目标，以学校发展为动力”，以“和谐发展、各美其美”为理念，发挥师生的积极性进行开发。

在校本课程的开发上，我校始终秉持“为每个孩子的一生奠基，让每个孩子的梦想花开”这一宗旨，我校24个社团的开设，六种校本教材的开发，主要是围绕“三个学会，两个美”来构建课程体系。我们提出的“三个学会”指“学会下一种棋、学会一门乐器、学会一项运动技能”，两个美指“字体美、绘画美”。我校开设三棋、竖笛、校园音乐、绳操、中国书法、国学书法、校本书法、版画、电脑绘画等课程，都是为孩子们打亮底色、润泽生命的奠基课程，目的让孩子们的未来人生有健康的体魄，有音乐的情趣，有发现美、欣赏美、创造美的能力，有人生如棋的智慧，有中华情怀的底蕴。三年来，我校的校本课程开发取得了突破性进展，“绳操”“三棋”“版画”已成为我校的特色项目；同时，通过校本课程开发，大大提升了教师们的课程意识和课程实践能力，促进了教学常规的有效落实，带动了教师教学观念（评价观、课程观、人才观、教学观等）的转变，提高了课堂教学的有效性，也有力地促进了教师专业化发展水平。另外，这些校本课程的开发与实施，也丰富了学生的学习生活，为实现“和美教育”的“和谐发展、各美其美”的培养目标奠定了坚实的基础，很好地润泽了学生的和美人生！

人的和美发展，就是要让人最大限度地发挥出自己的潜能，和谐发展，各美其美。孩子天性好奇，对未知的世界充满探究的热情，对成长的需求更为多元，我校根据办学理念和培养目标去构建和美校本课程，就是要保护好孩子们的这份好奇心与求知的热情，满足他们和谐发展、各美其美的多元发展需求，为他们打开更多扇门，让每个孩子都得到滋养，让每个孩子体验成功，让每个孩子的梦想花开，为孩子的一生奠基，为民族的未来启航！

寻找爱的征途

——一例重组家庭亲子关系问题辅导案例

■ 深圳市育新学校 段新焕

摘 要： 重组使家庭结构发生重大变化，原本熟悉的一切在孩子眼中开始变得陌生，易使孩子产生恐惧、焦虑、安全感丧失等，各类心理问题不可避免地会出现。其中一些孩子变得情绪消沉、抑郁少动、沮丧失望、缺乏自信心，有强烈的自卑感等，严重时可能发生自虐行为；另一些孩子表现为情绪很不稳定，经常激动，无故愤怒、烦躁，对家及周围的一切采取猜忌、蔑视和非难的态度，甚至寻衅滋事，出现针对他人的攻击性行为。随着我国离婚率的上升以及由此带来的重组家庭的增加，重组家庭的子女教育问题已成为社会和学校普遍关注的问题。本文就一例来自重组家庭孩子的心理辅导，探讨了重组家庭孩子容易出现的问题以及辅导的策略。

关键词： 个案辅导 重组家庭 焦点短期家庭治疗 沙盘游戏

一、个案情况

刚在我校初中部做完心理讲座回到办公室，小C就来找我："老师，我想预约，您晚上有时间吗？"自我从事学校心理咨询工作以来，主动前来寻求帮助的学生并不多，一方面学生对自己的心理状况缺乏自知，另一方面对心理咨询的保密性原则顾虑重重。我跟他约好了当天晚上7点半在心理咨询室见面。

小C如约而至，跟我谈起了内心的困惑。

"明天是星期五了，周末放假，我一点儿都不想回家，可又很想我的妈妈，想见到她。我现在心里很痛苦，这种痛苦每天都困扰着我，让我没有办法学习。老师，你一定不了解这是一种什么样的痛苦。"他双眉紧蹙，神情凝重，一口气说了上面的话，让我不由自主地为他担心。

"我无法忍受那个人在我眼前晃来晃去，他霸占了我妈妈，害得我跟妈妈都没有办法说话。我妈以前非常爱我，就是因为他的出现，妈妈现在都很少理我了。其实我知道妈妈工作很忙，她要赚钱养活我。那个人很小气，他赚钱很少，从来不会给我们钱。他当初对我还可以，会带着我出去玩，但跟我妈妈结婚后，就对我一点儿也不好了，他当初分明是利用我，利用我得到了妈妈，我很恨他，有时真想杀了他。老师，你知道吗？我都不知道哪天会控制不了杀了他。”小C满脸通红，眼睛里透出愤怒，双拳紧紧地握着……

“明天是周五了，可我实在不想回家，但我又想妈妈，想见到她。”这是小C反复跟我说的一句话，我同理着他内心的矛盾、痛苦及愤怒。

小C是我校初一的学生，来自一个重组家庭，父母在他5岁的时候离婚了。当初他的监护权归父亲，可是父亲长期酗酒无法照顾他的生活，当他读小学三年级的时候，母亲将他接到自己的身边，将全部的爱投注在他一个人身上，悉心照顾着他的生活和学习。在小C读五年级的时候，继父闯入了他们的生活，从此，在小C看来“原本妈妈是这个世界上最爱我的人，现在变了”。母亲与小C现在沟通的机会很少，周末回到家，小C通常都是将自己一个人关在房间，“妈妈现在做什么事情，都不会叫我了，以前我们经常一起逛街，一起购物。现在妈妈有时也会叫我一起去，但三个人走在一起很别扭，而且我感到他根本不希望我跟他们去。说实在话，我也不想去，我都这么大了，老跟着妈妈也不好。”

来我校之前，小C在原来的学校曾经与教导主任发生过剧烈的争执，据现在的班主任反映，小C是一个特别容易愤怒、冲动的学生，会因为很小的事情与周围同学发生冲突，甚至打架，对老师也常表现出敌意和仇恨。

二、案例分析

可以看出，小C所体验的正是许多重组家庭孩子的普遍感受。在这个案例中，小C先是生活在单亲家庭中，后来又生活在重组家庭中，生活环境的变化对他影响很大。本来跟母亲两人过得很好，却要面临“陌生人”的闯入，原本平静的单亲家庭模式被打破了，旧的家庭系统的功能失效，而新的家庭系统的功能却发挥不出来，尤其是孩子丧失了原有家庭成员给予的安全感和爱。这些孩子往往对新父（母）充满了敌意，不愿意接受他们，觉得新父（母）夺走了母亲（父亲）对自己的爱，并认为母亲（父亲）对自己原来的感情发生转移，他们不再爱自己了。伴随这样的认识，在行为上常表现为轻则不按时吃饭、做事无精打采、不按时回家（上下学）、在外逗留很久，重则表现为对家人或周围人的明显不满、偏激，语言中常用一些消极的词语；情绪上表现出孤独、退缩、忧郁、冷漠、沮丧、焦虑，严重者表现出攻击、破坏，容易与人冲突、打架。

一个家庭系统发生改变，其中的孩子感觉到安全感将受到威胁，原本获得的爱将面临被剥夺，以他弱小的能量无法抗拒这种家庭系统的改变，于是他采取某种“无效”方式回应家庭其他人或周围人，但这种回应注定要失败。如果这个孩子反复地或持续地暴露在这种毫无出路的境地中，他就会学会借助于同样的回应方式比如攻击行为应对周围环境，如父母、同伴、同学、教师等，作为一种防御性的手段，这个个体将从此以扭曲的方式来应付和解释所有的关系。

三、辅导过程与策略

1. “空椅子”技术：处理愤怒情绪

在第一次与小C的会谈中，我认真地倾听着他说的每句话，观察着他的每一个细小动作。在会谈的前20分钟，小C一直紧握双拳，尤其在讲到“那个人”的时候，双拳握得更紧了，我能够感觉到他的这种愤怒已经压抑了很长时间了。

因此，第一次会谈，处理愤怒情绪是至关重要的环节。我搬来了一张空椅子放在他的对面，告诉他：“明天你回到家，看见‘那个人’就坐在这张椅子上，你想对他说什么吗？”以此鼓励小C将自己对“那个人”的不满和愤怒表达出来。在来访者需要倾诉或宣泄情绪的时候，“空椅子”技术是常用的一种技术，这里的“空椅子”代表的人是来访者小C认为曾经给自己带来伤害的继父。平时生活中，小C由于各方面的原因，不能直接把负面情绪发泄出来，长期郁积在心，此时他可以通过对空椅子的宣泄、指责，甚至是谩骂，从而使自己获得内心的平衡。从开始的愤怒到后来的哭泣，大概过了十几分钟，小C的情绪缓缓平复下来，他与我分享了上个周末家里发生的事情以及自己当时的许多情绪体验，有焦虑、有沮丧、有失落、有愤怒，当然也有这个年龄的孩子所期望的快乐和轻松。在结束这次会谈时，我对他能主动来心理咨询室寻求帮助给予了肯定，他很开心地接受了这种肯定。

2. 寻找“例外”情景：激发当事人解决问题的信心和潜力

第二次会谈的约定时间就要到了，说实话，我一直为小C在刚刚过去的这个周末家庭生活的状况有些担心。然而当小C准时来到心理咨询室，轻松和快乐洋溢在他的脸上。一看见我，他就迫不及待地跟我分享刚过去的这个周末与妈妈一起逛街的愉快情景，他滔滔不绝地叙述着，但整个叙述中都没有提到“那个人”。原来继父出差了，他有了与母亲单独相处的机会。

“看得出你今天非常开心，我也很高兴！我很想知道你们三个人在一起的时候，你曾经有过这么快乐和轻松吗？”小C回忆起继父刚成为家庭成员的第一年与自己的相处时光，那时候他年龄小，继父经常在周末带他出去玩，还带他去看过电影。

“那么最近一个月有没有令你感到愉快的时候？”小C想了一会儿，谈起了发生在一个周末的经历。由于与母亲闹别扭，自己任性跑到家附近的网吧，一天一夜未归。虽然母亲阻止继父来寻，继父还是趁母亲不在家时偷偷溜出来，到网吧后跟自己一起玩，没有半句埋怨，没有半句指责，甚至还指导自己如何获得高级装备，“我一开始觉得他好假，后来一起玩，很快我们就超越了其他玩家，很开心！”说这话时，小C显得非常轻松，随即又陷入了沉思中。过了一会儿，他向我谈起了继父，在小C的眼里，继父是一个不苟言笑、尊重别人的人，“很少强迫我做什么事情”，“对妈妈很体贴，感觉妈妈最近两年，脸上的笑容多了很多，这恐怕就是继父带给她的。”

谈话进行得很顺利，临近结束，我给他布置了两项家庭作业：1．写出继父的10个优点和尽可能多的缺点。2．写日记。记录接下来的周六一天的家庭生活，重点记录继父跟自己互动的情景。

3．*沙盘游戏：处理现实关系*

小C第三次来到心理咨询室的时候，跟我提到继父周五晚上出差回家的情景，在他看来，当时母亲太激动、太高兴了。继父还给他带来了一本书，他虽然不太喜欢，但这次感觉跟以往有些不一样，“好久没收到礼物了，挺感动的！”

我将他带进了沙盘室，给他布置了一个主题——“我的家”，让他完成心中的作品。小C并没有使用太多的玩具，有一座美丽的房子，房子的后面是一座小山，周围有一些小草，一条小路伸向远方，房子旁边站立着三个人：一位穿着晚礼服的美丽中年女性、一个蓄着络腮胡子的中年男性和一个踩着滑板车的小男孩。小C一直对三个人的相互位置犹豫不决，此时的他，内心充满了巨大的冲突，帮助他解决好这个冲突，正是我采用沙盘的用意所在。

最开始，他先将小男孩和中年女性紧贴着放在一起，将中年男性放在距离它们10厘米左右的地方，面朝着小男孩——随即又改成面朝中年女性；又将小男孩与中年女性分开，将中年男性与中年女性紧挨着放在一起，将小男孩挪得更远些；又将小男孩挪回中年女性身旁。这几个操作，被反复地修改着，渐渐地，他内心的冲突获得了解决。他跟我分享了自己的感悟，决定接受现实，接受继父成为家庭中的一员，尊重和理解母亲，并表达了希望母亲能过得幸福的愿望。

我查看了他的家庭作业，在这份作业里，小C将继父的缺点写得很少，优点倒写了许多。我跟他共同探讨了继父的优缺点，并告诉他每个人都有优点和缺点，要学会在享受别人优点的同时包容、接纳别人的缺点。另外，我又跟他分享了一些与他人进行沟通互动的技巧。会谈结束后，他向我表达了感谢，并祝我“母亲节快乐！”因为再过三天就是母亲节了。

4. 调动社会支持，合力解决问题

俗话说，“心病需用心药治”。离异家庭孩子的心理创伤需要用更多的关爱才能抚平。重组家庭子女尤其需要情感关爱，父母要对进入新家庭中的孩子用心去爱，用情去育。特别是与孩子没有血缘关系的父或母一方，需要献出更多爱心。只有这样，才能逐渐消除孩子在父母婚姻变故中产生的心理阴影，使他们重新树立信心，获得新的希望。

征得小C的同意，我与他的母亲进行了一次深入的电话谈话，希望她与现任丈夫能设身处地地站在孩子的立场，体察家庭关系变化给孩子生活投下的阴影以及给孩子心灵带来的伤害，希望她多观察孩子的变化并及时地给出反馈；多与孩子沟通，多听听孩子的心声，向孩子说出自己的爱；周末尽可能腾出点时间给孩子，利用周末孩子在家的时间尽可能多安排一些家庭活动，这些家庭活动尽可能考虑孩子的兴趣，如看画展（小C比较喜欢画画），鼓励丈夫和孩子参与，增加父子之间的互动。另外，就小C在班级中出现的问题，我与班主任达成教育和引导上的一致，鼓励小C多参加学校和班级的集体活动，置身于集体之中，以减轻小C的心理压力。

四、辅导反思

“家既是爱的最主要的传递者，也是恨的最主要的传递者。”在整理这个案例时，我想起了《广州日报》心理专栏作家武志红说的这句话。而传递的是恨还是爱，则取决于父母与孩子的关系，取决于父母对孩子的了解，也取决于孩子对父母的认识。著名的行为主义心理学家华生曾这样比喻环境对人的影响：给我一打健康的孩子，我将把他们培养成为总统、将军、企业家、诗人或歌手；我也可以把他们培养成无赖、小偷、杀人犯和流氓。尽管这句话本身有夸大的地方，但是这无疑说明了一个好的家庭环境对孩子身心健康成长的重要性。与普通家庭的孩子相比，重组家庭的孩子经历了父母婚姻的破裂、陌生人的闯入，经历了与一般孩子相比更深的心灵创伤，他们当中许多人体验着更深的“爱的缺失”，每天艰难地行走在寻找爱的征途上。而心灵创伤的愈合，爱永远是一剂良药。

联合办学背景下家校互助德育实践课程的探究

■ 东莞市凤岗镇中心小学　冯婉玲

摘　要：联合办学背景下家校互助德育课程强调以学生的经验、家庭和社会的需要和问题进行的课程，利用教师、家长自身的优势，结合社区的资源，为学生道德情操的体验、探究提供了广阔的空间，补充了学校教育资源，满足了学生成长的需要和家庭发展的需要，为学校教育、家庭教育、社会教育三结合打开了另一扇视窗。

关键词：联合办学　兴贤护苗　家校互助　体验探索究　德育实践

家校互助德育课程是在教师的引导下，在家长的参与帮助下，学生自主进行的综合性德育学习的活动，这是结合教师和家长和优势，基于学生的经验，密切联系学生自身生活和社会实际。体现对知识的应用的德育实践性课程。

东莞市凤岗镇政府为了整合教育资源，将兴贤、三联、五联、天堂围、竹塘，竹尾田六所村办小学一起并入中心小学，学生由原来的800多人增加到1900多人，老师从原来的30人增加到100多人。当地户籍的学生占了40%，新莞人子女占了60%，这些农村和城镇学生兴趣爱好是什么?他们的家庭结构有什么特点?开展德育实践活动对于联合办学的学校来说，家教互助显得尤为迫切。

家校互助德育课程是时代对新型家长价值观的呼唤。现代社会的功利取向和价值观发生了翻天覆地的变化，许多家长认为学校教育最重要的是使他们的孩子考到高分，而忽略培养学生良好的学习方式，忽视了培养学生的德育实践能力，所以，学生关心国家命运、社会问题、环境问题的社会责任感就成了空中楼阁。因此，德育实践活动课程的价值体现在学校教育、家庭教育、社会教育的针对性和实效性，家校互助的形式有助于满足学生成长的需要和社会发展的需要，使德育实践活动更好地面向学生的“生活世界”，密切了学生与生活、社会的联系。

一、联合办学背景下家校互助德育课程的特点

联合办学背景下家校互助德育课程强调以学生的经验、家庭和社会的需要和问题进行的课程，利用教师、家长自身的优势，结合社区的资源，为学生自主、合作、探究提供了广阔的空间，补充了学校教育资源，满足了学生成长的需要和家庭发展的需要。因此，联合办学背景下家校互助德育课程具有如下特点。

1. 家庭现实生成性

实践活动的本质特性是生成性，联合办学背景下家校互助德育实践课程具有很强的家庭现实生成性。家校互助德育实践课程从学生的家庭出发，从他们的现实生活情境中发现问题，确定活动的主题，在活动的开展过程中更具有现实生成。这样，德育实践活动根据学生的家庭现实和实际，学生能从他所能接触的生活情景和资源中收集到有用的资料，更能激发学生参与活动的兴趣，使活动的目的更有成效。在家校互助课程的实施过程中，进一步强调学生的家庭经历和父母的生活与工作的经历，并让学生获得实际发展性的体验，并且通过父母的共同参与和老师的必要指导，更好地促进学生的思想情操、综合素养的动态生成和发展。

2. 家校互动互助性

我校自从联合办学以来，加上近几年积分入学的学生，学校学生的总人数近有2000人，调查发现大部分学生是四二一型的家庭结构，就是一个家庭由孩子、父母、外公外婆、爷爷奶奶的家庭成员组成的。这样，家长的人数就是学生人数的6倍，家长的文化水平在高中毕业或以上学历的达90%以上，我们初步统计出，每个家庭都有很好的教育资源。比如，上学期，我们开展的四年级德育实践活动的主题是关于客家黄酒的功效和酒后驾驶的危害，就是在家长的参与和帮助之下完成的。我们了解到有几个家长是医生，而且是学中医的，对黄酒的酿制和疗效都很熟悉，于是我们邀请这位医生参与我们的德育实践课题实践研究，指导帮助我们完成了研究黄酒的“色、香、味”，以及黄酒的功效。学生通过在家校互助、师生互助、生生互助的过程中体验黄酒的酿制，学习研究黄酒的特性，提高了互动互助合作意识。因为家长的文化结构多种多样，有层次高、知识渊博的家长，有工程技术一流的家长，有消防能力的家长，有管理跨国企业的家长，也有参加过东江纵队的老前辈家长。正是有这些文化结构多样、分布于社会各个行业、阶层的家庭，组成了在联合办学背景下的一笔巨大的教育资源。联合办学背景下家校互助德育实践课程可利用家长的个人优势，在老师和家长、学生的互助互动下，更充分高效地开发和利用校外教育资源，为学生的发展开辟了面向生活、面向自然、面向职业、面向社会的广阔德育空间。

3. 家校优化统一性

苏霍姆林斯基说："教育的效果取决于学校和家庭的教育影响的一致性。"我们知道，学生的生活世界由个人、家庭、社会和自然等基本要素构成，这些基本的要素是彼此交融的，生活世界是丰富多彩的，学生研究处理各种问题需要教师的引导，同样需要家校互助结合。联合办学背景下家校互助德育实践课程就是为了更好地密切家校关系，由此形成家庭与学校一致的教育意见，更好地实现了家校互助、和谐统一。我们在开展《进村入户　感知敬老》的德育实践活动课题中，充分考虑了家校优化统一性，把《进村入户　感知敬老》课题的情感目标定位为培养学生和学生家庭成员的尊老、爱老、敬老的感恩意识，从而营造孝顺老人的社会风气。在实施过程中，强调学生的亲身经历，动员家长参与到感知老人的各项活动中，引导学生和家长一起，通过到凤岗镇政府的社会事务中心采访本镇人口老龄化的情况，到敬老院探望慰问老人，深入村委会了解调查采访老人节的举办，走访孝顺老人的典型模范家庭等一系列实践活动，学生、家长代表从他们所接触的情景和资源中收集活动方案的资料，获得了实际的体验和发展，以点带面，达到家校教育优化统一性的教育效果。

二、联合办学背景下家校互助德育实践课程设计

联合办学背景下家校互助德育实践课程主要以社区服务和社会实践为重点，利用家长的优势，把社区和学校课程有机结合，课程的内容关注家庭、社区存在的现实问题，综合利用社区教育资源，体现当地的风俗、文化、经济等地方特色，引导学生在社区生活中提出活动的内容主题，学生和家长代表一起参与社区情景和社会活动，体验社会成员的生活和活动，懂得他人和社会群体在个人发展方面的重要性。在联合办学的背景下，家校互助的德育实践课程包括交通堵塞、中国式过马路、环境污染、耕地减少、人口增长、老龄化、住房紧张、家庭种植养殖、家庭帮手、家庭特色菜、青少年活动场所、公园、当地的工业园特色、本地社区的风俗、特产、传统节日、人文景观、殊荣人物等等。

在我校联合办学背景下家校互助德育实践课程中，处处彰显着家校的互助和谐。比如四年级德育实践活动主题《和家人一起学礼仪》，充分体现了家校互助课程的特点，《和家人一起学礼仪》德育实践活动需要负责老师的指导，也需要在酒店当经理的家长、开礼仪公司的家长的协助。在《和家人一起学礼仪》的体验活动中，还要利用学校家庭教育讲师分年级队全体全校家长培训和学习。

2012—2013学年学校家校互助德育实践课程安排

年级	德育主题	负责老师	家长志愿者参与人次	采访调查课时效
四年级	走进家乡的排屋楼	罗俏婷	10人次以上	10课时以上
四年级	和家人一起学礼仪	谢翠娥	全校家长参与学习	10课时以上
四年级	安全上网	王梦雅	20人次以上	10课时以上
五年级	风岗客侨文化	廖鉴光	20人次以上	
五年级	进村入户　感知敬老	冯婉玲	40人次以上	15课时以上
六年级	走进凤岗烈士陵园	房月嫦	30人次以上	10课时以上
六年级	我养蚕　我快乐	黄小君	5人次以上	观察期3个月

三、联合办学背景下家校互助德育实践课程的实效

古罗马教育家普罗塔克说："儿童不是一个需要填满的罐子，而是一颗需要点燃的火种。"联合办学背景下家校互助德育实践课程打开了教育的另一扇视窗，点燃了学生主动参与德育探究实践的兴趣，培养了学生的创新能力和实践能力，提升了道德情操，也树立了家长的正面的教育观和价值观，让学生牵起家长的手，一起关心社会问题、环境问题，关注社会需要，并积极参与社会服务，形成社会责任感，加强了学校教育、家庭教育和社会发展的需要，加强了德育的针对性和实效性。

这几年，通过实施家校互助德育实践课程，家长的志愿服务人数从原来的10人增加到168人，2012年9月家长志愿服务队正式命名为兴贤护苗志愿服务队。兴贤护苗志愿服务队分为安全护卫组、后勤保障组、综合教学组、心灵关爱组。这两年，家长志愿队积极参加德育实践活动，得到学校和社会一致好评，2012年东莞市凤岗镇授予其"东莞市优秀志愿服务队"光荣称号。这几年学生在各种学科竞赛的获奖明显增加，2010年至2012年，学生获奖人次从26人增加到56人，家长的家庭教育知晓率从原来的25%提高到90%。联合办学背景下家校互助德育实践课程架起了学生和家长、学生和生活、学生和社会的密切联系的桥梁。

在交往和活动中，学生的文明礼仪习惯有了很大提升。这两年，在红旗班评比中，各班的文明礼仪纪律一个学期的扣分逐年减少（起点从100分扣起，扣完为止），说明学生的文明礼仪纪律不断好转，逐渐养成良好的生活和学习习惯。

从统计图看出，2010年上学期至2012年下学期，6个学期全校学生文明礼仪纪律扣分依次是81，72，68，62，59，55，曲线向下，说明了扣分逐年减少，反映出学生的习惯养成处于良好的趋势。这些数据充分体现了在联合办学背景下，实施家校互助德育实践课程取得了很好的成效。

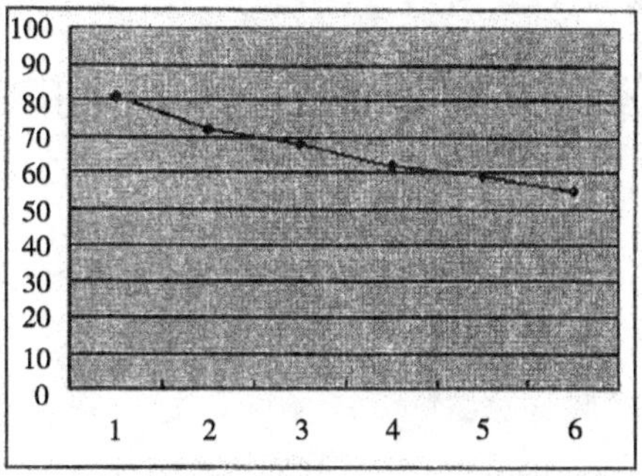

2010—2012学年的6个学期全校学生的文明礼仪纪律扣分统计图

总之，在实施家校互助德育实践课程过程中，发挥了家庭和社区的优势，学生能够超越学习书本知识的局限，从生活、社会现实出发，围绕人与自然、人与他人或社会、人与自我、人与文化等方面提出主题，开展各种采访、调查和研究，发展了良好情感态度价值观，培养了学生的德育实践能力、探究和创新精神。

风展国旗舞蓝天

——“国旗下讲话”德育功能的研究与实践

■ 东莞市长安中学 吴房添

一、产生背景

观看北京天安门广场的升国旗仪式，绝对是一件让人毕生难忘的事情。国歌奏响，国旗升起，人们心潮澎湃，胸中涌动着的神圣让人激动莫名。此时，国旗、国歌已升华为一种炽热的爱、一种坚定的信仰和力量。

在每周的星期一或重大节日、重大活动中升国旗仪式后进行的讲话，是学校德育的重要载体。然而，“国旗下讲话”在一些学校未受到应有的重视，主要表现有：首先，对升旗仪式及“国旗下讲话”的认识不到位，认为这是例行公事；讲话没有专人负责组织，没有讲稿，没有精心准备，临时想到什么就说什么，成为一般性发言、小结和布置工作。其次，主旋律不突出，对弘扬和培育以爱国主义为核心的伟大民族精神不够重视，讲话偏重就事论事，造成主旋律弱化，出现“五式”：1. 仓促应付式。临时拟题，匆忙准备，内容粗糙，缺少人文性，缺少激情。2. 就事论事式。讲话内容局限于校内近期发生的问题，教育缺少前瞻性和预见性。3. 照本宣科式。国旗下讲话成了照读文件和讲话稿，且内容成人化，未能贴近未成年人的生活，语言无味，缺乏文采和讲话技巧。4. 灌输式。讲话是信息的单向传递，缺乏启发性、艺术性，形式呆板僵硬，不注重演讲技巧，缺少典型事例，缺少具有创意、富于感情的语言，往往成为枯燥的说教，讲话过程中没有互动，不能引起共鸣，没有给人留下印象，极少有长留于心中的精彩语言。5. 指责训话式。批评、斥责多，熏陶、诱导、激励少，学生处于被动接受状态，易产生厌倦、反感情绪。

我校以课题研究推动对提高“国旗下讲话”德育功能的研究和探索，将“国旗下讲话”作为学校德育课程的重要载体，从1999年4月起，开展了优化“国旗下讲话”的实践活动，充分发挥“国旗下讲话”德育功能的研究，取得了显著和丰硕的成果。

二、理论支撑

《中共中央国务院关于进一步加强和改进未成年人思想道德建设的若干意见》（以下简称为《意见》）中要求：从增强爱国情感做起，弘扬和培育以爱国主义为核心的伟大民族精神；要抓住时机，整合资源，集中开展思想道德主题宣传教育活动。每周星期一或重大节日、重大活动中举行的升国旗仪式，是学校德育工作的重要资源。在这仪式后进行的“国旗下讲话”是学校德育的重要载体。与其他德育载体相比，“国旗下讲话”有其不可替代的价值。首先，是它的庄严性。国旗随着雄壮的国歌在校园中冉冉升起，整个校园弥漫着庄严肃穆的氛围，容易激发学生发自内心的高尚情感，引起学生深度的思考。其次，是它的及时性。可以结合最新发生的国内外大事和全校学生中最近出现的典型事例，大大加强德育的主动性和实效性。再次，是教育主体的群体性。全校师生聚集在一起，无论是欢呼、感慨，还是喜悦、悲愤，都让学生感受到同时代人思想和情绪的共振。最后，是充分发挥讲演的魅力和战斗力。能把语言艺术的优点充分发挥，实现讲话者与听众之间的现场交流互动。精彩的讲话甚至可以影响和改变人的一生。而国旗下的讲话不仅是一次精彩讲话，更是系列深刻而精彩的讲话，应列入学校德育课程之中，作为重要组成部分。

三、主要做法

我们的做法概括起来就是：一条主线、两个原则、三项措施、四点要求。

（一）贯穿一条以爱国主义为核心的民族精神和以改革创新为核心的时代精神主线

“国旗下讲话”必须奏响思想品德教育的主旋律，必须努力在全体学生中牢固树立社会主义核心价值体系观念，因此要大力加强以下五个方面的教育：

以爱国主义精神为核心的民族精神教育，包括国情教育、中华民族历史和优良传统教育、革命传统教育、国防教育等；理想信念教育，把个人成长与祖国建设事业、人民根本利益紧密联系起来的教育；良好道德品质和文明行为习惯的教育，包括实践社会主义核心价值观、“八荣八耻”和“爱国守法、明礼诚信、团结友善、勤俭自强、敬业奉献”的公民基本道德规范，实践集体主义、社会主义和人道主义精神的教育，学会处理人与人、人与社会、人与自然等基本关系的教育；辩证唯物主义和历史唯物主义教育，包括坚持从实际出发实事求是的教育，反对封建迷信、反对邪教的教育；全面发展教育，按照党的教育方针要求，努力做到德、智、体、美、劳全面发展的教育，引导学生珍爱生命、学会生存、热爱生活。

（二）坚持两个原则

1. 及时性原则

每个重大事件、重要节日和纪念日都是重要的教育时机，及时教育能提高教育的效果，引起受教育者对某些问题的注意，加深受教育者对正确理念的理解，接受特定情境的熏陶，形成集体成员之间的情感互动。如果不重视教育的时效性，等时过境迁才进行“补课”，就会降低实效性。因此，我们在安排“国旗下讲话”内容时十分注重及时性。国内外“包括本地区、本校发生”重大事件，各种法定节日、纪念日等，将世界风云和国家大事引入学生视野，及时对学生进行教育，引起学生深层思考。

2. “三贴近”原则

讲话内容贴近学生、贴近生活、贴近实际。我们坚持不讲空话，做到讲话内容贴近学生生活、贴近学生心理，讲学生关心的事，说学生想听的话。作为德育副校长，20多年来，我讲了近300次的“国旗下讲话”。我喜欢用讲故事的方式将其人生的感知娓娓道来，让一条条中肯的建议，一句句暖心的话语，一个个真实的细节，都是那样动人心扉、感人肺腑。

我们的做法首先是在“国旗下讲话”文稿中注重指导学生将正确的理念和高尚的情感化为实际行动，从我做起，从现在做起。其次是引导学生对自身的思想品德行为进行反思。最后是通过每年纪念建校的日子进行反思教育，成为最“接地气”、最贴近学校师生的讲话，我坚持每年校庆前夕进行“国旗下讲话”。

（三）采取三项措施

1. 加强对“国旗下讲话”的领导措施

领导小组由学校党支部书记、校长任组长，成员有德育副校长、法制副校长、团委书记、政教处主任、政教处副主任、学生会主席等人，负责“国旗下讲话”的决策、组织、研究和收集评价意见。

2. “国旗下讲话”讲稿质量严格把关的措施，建立讲稿的质量优化机制

集体拟题，确定每学期讲话的内容安排和重点题目。

（2）个人拟稿，集体审稿、改稿。

（3）适当安排试讲，要求脱稿演讲。

3. 建立“国旗下讲话”评价和激励机制的措施

评价机制，评价每次的讲话质量。

激励机制，对演讲者所在的班给予奖励文明班评分。

（四）做到四点要求

讲话者身份依主题而定，做到“一把钥匙开一把锁”，不搞“一言堂”。

讲稿文体、结构和表达方式等要多样化，敢于创新。

在讲稿体裁上更灵活。有立论，有驳论，有“答疑式”讲话，还有近似散文诗式的讲话。

讲话的谋篇布局更多样化。过去，讲话几乎是清一色的先总后分，开头必定是根据上级指示，先做号召后说具体要求，听多了非常乏味。经改进，在谋篇布局上出现了多种形式，如先叙后议式、层层递进式、夹叙夹议式、纵横交错式等。

在表达方式方面，改变了以往都是以议论为主的状况。

讲话过程要做到“五个注重”，即注重感情的流露、注重言语演绎、注重论辩性和战斗性、注重有声语言表达技巧、注重控场技巧。

讲话后要求深化教育，反馈提高。

四、基本成效

加强和改进未成年人思想道德建设是一个热门话题，我校的“国旗下讲话”教育活动，关注社会、关注生活，贴近学校、贴近学生，用真善美的事例来打动学生的心灵，对青少年学生进行了几个方面的教育：一是爱的教育，把爱祖国、爱党和爱学校等有机结合，使国旗下讲话成为生动、有效的世界观、人生观、价值观教育的重要平台；二是德的熏陶，对学生进行“活”的教育，既高瞻远瞩又润物无声地催生着学生心灵中良知、道义、守法、知礼的美德种子；三是智的启迪，一篇篇谈心式的谆谆教诲，让孩子们在无边的求知航程上，扬起理想、希望、意志和智慧的风帆；四是心的和谐，“国旗下讲话”讲的不仅是社会和现实生活的景象，而且更张扬着一种人文主义的精神，闪烁着理想、人本、人性的光芒，带给学生、带给老师、带给读者一种精神上的满足与心灵上的宁静，让青少年学生在成长中坚定对生活的热爱、对生命的崇敬、对他人的尊重、对自我的信心，潜移默化地萌发为优良心理品质的常青树。2007年，我校《“国旗下讲话”德育功能的研究与实践》研究成果荣获第六届广东省普通教育教学成果奖一等奖。

“国旗下讲话”使我校学生口头表达能力得到锻炼，水平明显提高，促进了学生全面发展。首先，很多同学认识到了演讲能力的重要性，创造了各种条件学习演讲知识，并请老师指导；为了争取得到上台演讲的机会，平时经常进行口头表达基本功训练，在课堂教学中争取主动回答问题，陈述自己的见解。2005届高三（3）班侯杰同学曾在我校“国旗下讲话”中初露锋芒，成为广播室、文艺表演的节目主持人，并考入中国传媒大学播音专业就读，并参加了2008年北京奥运会场地组的报道工作。

五、社会反响

1. 领导赞同，同行认可

2005年至今，我校出版国旗下讲话集有《风展国旗舞蓝天》《激情常伴国旗升》《润物有声》《真情告白》4本专著，惠赐序言的领导给予很高的评价。教育部原基础教育司司长、国家副总督学王文湛同志说：“吴房添《真情告白》书稿，其丰厚的思想教育，准确把握学生的思想脉搏，敏锐的观察力，孜孜不倦的求索精神，严谨孜学的态度，深深地感动我、激励我、鞭策我。这是一本优秀的“国旗下讲话”文集，特向中小学生、老师、家长、有关部门和社会推荐。”广州市政协原主席陈开枝同志说：“在本书中，您可以读到一位辛勤的园丁长期以来在国旗下一篇篇有声有色的激情讲话，努力用生动的案例和深刻的哲理坚定学生对中国共产党领导、社会主义制度的信念和信心，教育学生努力在老师指导下提高的学习能力、实践能力、创新能力，学会知识技能，学会动手动脑，学会生存生活，学会做人做事，促进学生主动适应社会，开创美好未来。”广东省教育厅原副厅长刘达中同志说：“吴房添的国旗下讲话是爱的教育、德的熏陶、智的启迪、心的和谐。”国家教育部原基础教育司德育处处长吕同舟同志说：“充满感情和智慧的创造，使国旗下讲话承载了丰富的德育。”

陕西略阳职中、山西长治实中和我省近200个学校校长慕名来信购书，广东教育厅教育科研学院、东莞市近10所中小学邀请主持人莅临讲座。

2. 部门赞可，媒体推介

广东省教育学会何锦发同志在2005年广东省中小学教育创新成果奖工作颁奖会上指出：“东莞市长安中学把在国旗下‘例行’讲话作为德育教育课程的组成部分。为了提高质量，他们从内容、形式、机制进行探索，强调讲学生关心的事，说学生想听的话，使学生爱国主义精神得到加强，思想品德有了提高，促进了学生的全面发展。

三年来，该校有1800人次得到全国、省、市级有关部门的表彰，学校被授予先进单位和文明单位称号。”东莞市教育局思政科原副科长何木星同志曾经说过：“全市各级各类学校特别是中小学校，都像长安中学那样，严格升降国旗仪式，坚持好国旗下讲话，那么全市学校的德育工作将会呈现一个更加生机勃勃的局面。”

我校的国旗下讲话的稿件曾在《中国教育报》、《中国德育》、《德育报》《师道》和东莞电视台等媒体宣传报道。

3. 家长赞扬，社会好评

我校开展“国旗下讲话”德育研究与实践得到广大家长的赞扬。彭睿智同学家长、长安第二小学彭云老师说：“吴副校长的国旗下系列讲话，有系统性和针对性，内容丰富，说理性强，为孩子们顺利完成中学学业、树立正确的人生观和价值观奠定了坚实的基础。作为长安中学的一位家长，我为孩子能在人生的重要阶段遇到这样一位引路人感到高兴与欣慰，忠心地感谢吴房添副校长极富价值的劳动。”张贤同学家长说：“我的儿子在东莞市长安中学读到高二了，不久前，他用刚刚入门的颜体书写了一幅岳飞的《满江红》贴在房里，学习、锻炼和做班干部的工作都十分认真。班主任老师告诉我，他是该级的优秀学生干部，多次受学校表彰。我与他谈心，他说他几年来进步的重要原因之一是受到学校‘国旗下讲话’的启发和感染。我感谢长安中学营造了爱国主义氛围浓厚的育人环境，我也十分赏识吴房添副校长国旗下的系列讲话。我有幸拜读了这系列讲稿，被一颗炽热的心灵所打动。我们当家长的，最大的愿望就是让子女健康成长，千万不要成为自私、虚荣、麻木、软弱的一代，很需要针对性的教育。吴副校长这些讲话的特点一是旗帜鲜明地弘扬爱国主义精神的主旋律；二是论据充分，事例生动，贴近生活，说服力强；三是短小精悍，言简意赅，使学生易于入耳入心，有不少地方说到我们家长心里，因而取得良好的效果。努力提高国旗下讲话的质量，加强学校德育，这是一项为年青一代精神生命‘供钙’的‘生命工程’，它完全符合广大家长的愿望和需求，因而也是一项‘民心工程’。”

长安镇关工委、长安报、长安电视台等对我校的“国旗下讲话”德育研究与实践给予好评，长安报社何梨萍记者说：“长安中学的‘国旗下讲话’把日常教育与主题教育相结合、校内教育与校外教育相结合、灌输教育与自我教育相结合，将爱国主义教育融入学校的日常教育之中，润物无声，让学生受到生动、深刻的教育，从而催人奋进，叫人自强。”

儿童心理健康和父母教养方式调查研究

■ 佛山市南海区桂城街道桂园小学　江晓晖

摘　要： 研究者为了解不同的教养方式对学生不同心理问题形成的影响，利用心理健康诊断测验（MHT）和父母养育方式评价量表（EMBU），对校内224名学生及家长进行了问卷调查研究，运用SPSS软件对数据进行分析，得出以下结论：（1）男女生在孤独倾向维度有显著差异，男生比女生孤独倾向突出；（2）六年级的学习压力比其他年级大；（3）惩罚、严厉的教养方式与学习不安倾向成负相关；（4）采取积极的教养方式（情感温暖、理解）可有助于孩子减低不安情绪和减少不好的行为倾向，而消极的教养方式（过干涉、过保护、拒绝、否认、惩罚、严厉、偏爱孩子）都会导致不同问题的产生。

关键词： 心理健康诊断测验　父母养育方式评价量表　回归分析

近年来，学生的心理健康问题越来越得到重视。我们在传授科学知识给学生同时，也不能忽视学生的心理健康问题。因为心理健康不但会影响学生的身心健康，还会影响到学生的学习、生活，严重的会导致问题行为的出现。美国有心理学家曾对100个天才儿童（EQ都在130以上）进行跟踪研究，发现他们在成长后实现高成就的并不多，他们生活也是中等或中等偏上水平。而有学者对实现高成就的人进行研究，发现他们不可或缺有高情商。可见，心理健康、拥有良好的心理状态和健康人格对个人的成长有着重要的关系。

我校在重视传授学生科学知识同时，也极其关心学生心理素质的培养。为进一步了解学生的心理健康情况，我们对224位学生进行了调查。

我们采用华东师范大学心理学系修订的心理健康诊断测验（MHT）对四、五、六年级的抽样学生进行了调查。此量表一共100个项目，分成9个因素：学习不安倾向、人际关系不安倾向、孤独倾向、自责倾向、过敏倾向、身体不适应征候、恐惧倾向、冲动倾向、学生答题的真实情况。此外，我们还采用我国学者修订过的1980年由瑞典Umea大学精神医学系C. Perris等人共同编制的问卷父母养育方式评价量表（EMBU）让学生填写，了解其对应的母亲教养方式。此量表一共66题，母亲纬度分成5个因子：1. 情感温暖、理解；2. 过干涉、过保护；3. 拒绝、否认；4. 惩罚、严厉；5. 偏爱被试。

收回有效问卷189份，其中MHT量表第9个因素（学生答题的真实情况）得分在5分以上的学生45人。根据量表设计，此因素得分在5分以上表示该学生在本测定中的结果缺乏可信性，所以这45位学生的数据不予以统计，则统计分析有效数据144份。以下是本次调查分析的结果。

一、全体数据MHT的描述性统计结果

MHT总分的平均分为31. 22，其中最低分为4分，最高分为73分。根据MHT设计，总分在65分以上或30分以下者都应引起关注；65分以上表明压力很大，学生已产生不安，可能会造成心理问题的产生；30分以下表明压力不明显，学生可能会懒散，不求上进，因为适当的压力是使人前进的动力。表1是对总分分层次的具体分析：

表1

MHT 总分	人数	比例
小于30分	66人	45. 83%
30分到65分之间	77人	53. 47%
大于65分	1人	0. 69%

被调查学生MHT总分平均分在30分到65分之间，表明大体上学生的压力适中，不会造成学生焦虑、不安的情绪和行为。而平均分31. 22是比较接近30分的，从表中也可以发现在30分以下者占有45. 83%不少的比例。可提示接近一半的学生还有承受适当压力的空间，督促进步。而在大部分学生都感觉压力不大的情况下，有一位学生分数超过了65分，这位学生是很值得关注的。

以下是MHT第1—8因素的分析。根据量表计分方法，各因素的总分在2分以下和8分以上都是需要关注的，因此在每个因素维度都分成三个等级来进行描述性统计分析。

第1因素：学习不安倾向

平均分为5. 85，最低分为1分，最高分为15分。具体如表2：

表2

	第1因素分	人数	比例
1	小于2分	15人	10.42%
2	2分到8分之间	96人	66.67%
3	大于8分	33人	22.92%

第2因素：人际关系不安倾向

平均分为3.32，最低分为0分，最高分为9分。具体如表3：

表3

	第2因素分	人数	比例
1	小于2分	50人	34.72%
2	2分到8分之间	91人	63.19%
3	大于8分	3人	2.08%

第3因素：孤独倾向

平均分为1.71分，最低分为0分，最高分为8分。具体如表4：

表4

	第3因素分	人数	比例
1	小于2分	102人	70.83%
2	2分到8分之间	41人	28.47%
3	大于8分	1人	0.69%

第4因素：自责倾向

平均分为4.38，最低分为0分，最高分为10分。具体如表5：

表5

	第4因素分	人数	比例
1	小于2分	28人	19.44%
2	2分到8分之间	105人	72.92%
3	大于8分	11人	7.64%

第5因素：过敏倾向

平均分为4.35，最低分为0分，最高分为9分。具体如表6：

表6

	第5因素分	人数	比例
1	小于2分	32人	22.22%
2	2分到8分之间	106人	73.61%
3	大于8分	6人	4.17%

第6因素：身体不适应征候

平均分为3.57，最低分为0分，最高分为9分。具体如表7：

表7

	第6因素分	人数	比例
1	小于2分	56人	38.89%
2	2分到8分之间	80人	55.56%
3	大于8分	8人	5.56%

第7因素：恐惧倾向

平均分为2.19，最低分为0分，最高分为9分。具体如表8：

表8

	第7因素分	人数	比例
1	小于2分	93人	64.58%
2	2分到8分之间	45人	31.25%
3	大于8分	6人	4.17%

第8因素：冲动倾向

平均分为2.06，最低分为0分，最高分为8分。具体如表9：

表9

	第8因素分	人数	比例
1	小于2分	93人	64.58%
2	2分到8分之间	50人	34.72%
3	大于8分	1人	0.69%

从以上9个表中，可以看出处于第三等级（因素分大于8分）占总比例比较多的是因素1学习不安倾向，提示在小学阶段，孩子的压力或者说焦虑的重要来源于学习。此外处于第一等级（因素分少于2分）在各因素中所占比例也不少，可见被试中有相当一部分还有承受适当压力的空间。按照MHT量表设计者认为第一等级也是应该值得关注的，就如第3因素，分数低表示合群，但也反映了学生可能缺乏个人的见解和独立探索的兴趣，但在这年龄层的孩子，建立良好的同伴关系是很重要的，因为他们开始慢慢步入青春期，对父母的依赖、崇拜度开始降低，而随之同伴的地位开始上升，良好的同伴关系可以相互学习、相互勉励、相互促进。

二、全体数据MHT的比较分析

1. 性别差异的比较

因为MHT反映的是学生不安、焦虑的指数，这与学生的性格是有很大关系的。因为在相同压力的状况下，不同性格的人会有不同的表现，也就是不同的不安、焦虑反应，而性别的差异也会造成性格的差异。所以在MHT，我对总分及各因素都做了男跟女的比较。采用独立样本t检验，比较结果表示在孤独倾向这个因素上，男生和女生有显著性差异P=0. 017，男生均数为2. 05，女生均数为1. 42。这与男、女交友方式差异是一致的。社会心理学研究表明，女性在交友上更多的是情感的交流和生活细节、经验的交流，而男性则注重一起去完成某样事情包括玩乐。相对来说男性会比女性独立，而在其他因素和总分上的比较，男女之间是没有显著性差异的。

2. 年级间差异的比较

由于抽样和数据收集的问题，造成年级间人数差异比较大，如四年级有15人，五年级有67人，六年级有61人，还有一位同学没有填写。由于四年级的人数样本少，所以不对四年级做比较。采用独立样本t检验方法。

	总分	因素1	因素2	因素3	因素4	因素5	因素6	因素7	因素8
P	0. 013*	0. 010*	0. 142	0. 300	0. 132	0. 467	0. 004*	0. 283	0. 009*
五年级均数	28. 46	5. 40	3. 05	1. 57	4. 08	2. 14	2. 97	1. 90	1. 55
六年级均数	33. 88	6. 54	3. 54	1. 85	4. 67	2. 24	4. 11	2. 34	2. 49

由上表可见，五、六年级在总分、因素1（学习不安倾向）、因素6（身体不适应征候）和因素8（冲动倾向）有显著性差异，而且都是六年级的分数比五年级的高，这应该与六年级面临升学压力有关。

三、六年级MHT总分、因素1、因素6和因素8的描述性统计分析

1. 总分

平均分为33. 89，最低分10分，最高分73分。具体分布如表10：

表10

六年级MHT总分	人数	比例
小于30分	24人	39. 34%
30分到65分之间	36人	59. 02%
大于65分	1人	1. 64%

由表10和表1比较可以看出，调查样本中MHT总分超过65的那一位学生在六年级，此外总分低于30分的人所占比例在六年级相对减少，反映了六年级的压力增大。而从整体总分的平均分看来，压力还是可接受，不算太大，可以促进学生发展。

2. 因素1（学习不安倾向）

平均分为6.54，最低分2分，最高分15分。具体分布如表11：

表11

六年级第1因素分	人数	比例
小于2分	5人	8.2%
2分到8分之间	37人	60.66%
大于8分	19人	31.15%

由表11与表2比较，可见高于8分的部分增多，学习压力增大，应教导学生应对压力的正确方式，或找出学生学习上的难题，帮助他们一起解决，这样才能让学生更好地完成学习任务。

3. 因素6（身体不适应征候）

平均分为4.11，最低分为0分，最高分为9分。具体分布如表12：

表12

六年级第6因素分	人数	比例
小于2分	21人	34.43%
2分到8分之间	35人	57.38%
大于8分	5人	8.20%

由表12与表7比较，可见高于8分的部分增多。传统观念上，人们都认为只要身体没病就健康，但现在发现心理健康也是很重要的，虽然心理不如身体一样看得见、摸得着，但如果心理长期处于一个不平衡的状态，就会引发身体上的疾病，就如现代最致命的心血管疾病，是与长期处于高压力和A型人格有关（所谓A型人格是做事执着、冲动、讲求速度的人），所以现在也就越来越重视心理健康的问题。对于小孩，我们也应该从小灌输他们珍惜生命、保护好身体的思想，拥有健康才能拥有更好的生活。所以我们应该从小教导他们如何保持心境平和，就如教导他们如何用筷子一样。

4. 因素8（冲动倾向）

平均分为2.49，最低分0分，最高分7分。这因素，六年级整体平均分升高，但并没有超出8分的学生。

以上是对被试MHT量表结果的描述性统计及分析，下面将探讨在相同教学环境中有不同的MHT测试结果的可能因素——家庭教养方式。

四、MHT与EMBU的相关分析

MHT是由华东师范大学心理学系修订的，编制者是日本心理学家铃木清，原名是广泛性不安测定（GAT）。它主要是对中小学生的不安、焦虑等性格表现进行分析反映的测试。同一人面对同一压力的焦虑、不安程度不同，与这个人的性格有关。性格有相对恒定不变的部分和相对变化的部分，相对恒定不变的部分主要是个人的气质。气质是一种与生俱来行为、情感方式，如初生婴儿有一些比较容易与人相处、活泼，而有一些则比较安静、不大喜欢与人接触，还有一些则比较吵闹，这是相对稳定的。当然通过后天的生活经验，会改变一些处理问题、情绪的行为，这是相对变化的。而小孩子出生后大多数时间都是和父母相处，而且父母是孩子的第一任老师，教会了孩子很多处理事情的方式，所以父母的教养行为对孩子的性格是有很大影响的。下面我们把MHT和EMBU的各个因素做相关分析，看看哪些教养方式对儿童的焦虑会有重要的影响，哪些教养方式会使儿童焦虑恶化，而哪些可以安抚儿童焦虑情绪，从而有助于家长采取正确的教养方式。

1. MHT总分与EMBU各因素回归分析

相关分析	情感温暖、理解	过干涉、过保护	拒绝、否认	惩罚、严厉	偏爱孩子
显著性水平P	0. 27	0. 04*	0. 22	0. 11	0. 052
Pearson相关系数*r*	−0. 13	0. 37	0. 17	0. 26	0. 34

每个母亲都不会只采取一种教养方式，以上五种教养方式都有可能用得上，只是每个母亲着重用哪一种方式不同而已。在回归前相关分析中可以看出，除了情感温暖、理解的相关系数为负之外，其他都为正数，这说明当我们采取情感温暖、理解的方式教养孩子，就会有助于帮孩子减低不安、焦虑的情绪，而采取其他四种都会使孩子焦虑情绪增加。其中相关系数达到显著性水平的是过干涉、过保护。采取这种教养方式过多，母亲事事都干涉，帮助孩子解决，就会使孩子失去了自我独立面对问题的机会，孩子也就不能掌握应对问题的方法。所以当孩子离开母亲后，有问题出现就不懂得怎么解决，导致焦虑、不安情绪的产生。

SPSS采用进入的回归方法，所有因素都进入回归模型，但由于因素还不全面（影响孩子不安情绪的，除了父母教养方式之外，还有其他因素，如学业、朋友等），ANOVA方差检验没达到显著水平，所以不建立回归方程。

从结果看，教养方式对孩子心理健康是有影响的，母亲应多采用情感温暖、理解的方式来对待孩子。

2. MHT因素1（学习不安倾向）与EMBU各因素回归分析

相关分析	情感温暖、理解	过干涉、过保护	拒绝、否认	惩罚、严厉	偏爱孩子
显著性水平P	0. 26	<0. 001**	0. 10	0. 48	0. 11
Pearson相关系数r	0. 14	0. 66	0. 27	−0. 01	0. 26

惩罚、严厉的教养方式与学习不安倾向成负相关，其他为正相关。采用惩罚、严厉的教养方式会促使孩子努力做好，孩子的学习成绩也比较好，所以学习不安的倾向会降低。但这不代表赞同用惩罚、严厉的方式去促使孩子取得好成绩，因为采用惩罚、严厉的教养方式过多，会产生很多负面的效果，如母子（母女）关系不好、孩子叛逆等。惩罚、严厉的方式并不能长期有效地教养孩子，就如挖土填洞，而且不一定能把要填的洞填好，同时产生更多的洞。或者家长可以转变一下这种行为主义心理学的教养方式，采用正强化的方式，也就是当孩子有好的行为出现的时候就应该多加鼓励和赞扬，让孩子好的行为更多次地出现，从而消退不好的行为。过干涉、过保护的教养方式在此还是达到显著性水平，现在独生子女增多了，但请父母注意不要太过保护孩子，在安全的情况下还是应该让孩子自我独立探索一下世界。

SPSS采用进入的回归方式，所有因素进入回归模型，ANOVA检验达到显著水平（P=0. 004），建立回归方程如下：

$$y=-6.612-0.055x^1+0.471x^2-0.069x^3-0.295x^4+0.407x^5$$

其中y为学习不安倾向的分数，x^1为情感温暖、理解因素的得分，x^2为过干涉、过保护因素的得分，x^3为拒绝、否认因素的得分，x^4为惩罚、严厉因素的得分，x^5为偏爱孩子的得分。

3. MHT因素2（人际关系不安倾向）与EMBU各因素回归分析

相关分析	情感温暖、理解	过干涉、过保护	拒绝、否认	惩罚、严厉	偏爱孩子
显著性水平P	0. 427	0. 065	0. 195	0. 217	0. 155
Pearson相关系数r	−0. 04	0. 318	0. 184	0. 167	0. 216

EMBU所有因素都进入模型，但ANOVA模型检验没达到显著水平，所以不建立回归方程。父母采用情感温暖、理解的方式教养孩子，能让孩子同样懂得理解、同情别人，拥有同理心是人际关系良好的关键。

4. MHT因素3（孤独倾向）与EMBU各因素回归分析

相关分析	情感温暖、理解	过干涉、过保护	拒绝、否认	惩罚、严厉	偏爱孩子
显著性水平P	0. 225	0. 484	0. 127	0. 21	0. 209
Pearson相关系数r	−0. 162	0. 008	−0. 242	0. 165	0. 173

ANOVA检验模型$P=0.050$，达到显著水平。

$$y=9.461-0.141x^1+0.121x^2-0.576x^3-0.113x^4+0.510x^5$$

这个因素与拒绝、否认成负相关，因此我们来讨论一下拒绝、否认这种教养方式。这种教养方式就是父母经常无视孩子的努力和优点，如父母经常对孩子说不满意孩子在家的表现，又或父母经常当着别人面批评孩子既懒惰又无用。其实每一个人都有自己的优点的，这样孩子长期得不到父母的理解，而内心是觉得很孤独、无助、委屈，因此这样的孩子外化渴望有理解他的朋友，也就是他们的孤独倾向不高。父母应该用看待其他人同等的眼光来评价自己的孩子，应该和孩子建立平等地位的关系，不应该常常认为养育孩子就有权利过分地要求孩子。其实自己的孩子也是一个人，一个有优点也有缺点的孩子。

5. MHT因素4（自责倾向）与EMBU各因素回归分析

相关分析	情感温暖、理解	过干涉、过保护	拒绝、否认	惩罚、严厉	偏爱孩子
显著性水平P	0.118	0.184	0.414	0.454	0.370
Pearson相关系数r	-0.251	0.192	0.047	-0.025	0.072

EMBU所有因素都进入模型，但ANOVA模型检验没达到显著水平，所以不建立回归方程。此因素与惩罚、严厉成负相关，可以反映一个问题：长期用惩罚、严厉的方式会失效。为什么？过分地自责是不好，会打击自信心，也会让人沮丧，但一丝自责的习惯都没有也不行，就如有些家长说，以前孩子不乖就打，但后来打也没用了，不知道怎么教好。当孩子做错事，父母用打骂来解决，这样是用一个错误去纠正另一个错误，孩子也会觉得父母做得不对，所以孩子就不会为自己做错事而自责，也就不会改正。父母刚开始用打骂的方式教导有效，只是孩子害怕，而不是真正地认识了自己的错误。当孩子渐渐长大，有能力不再害怕时，打骂就变得没用了。我建议当父母还是不得已用惩罚、严厉的方式教养孩子时，记得打骂完之后，要安慰回孩子，还要跟孩子分析、讲道理。

6. MHT因素5（过敏倾向）与EMBU各因素回归分析

相关分析	情感温暖、理解	过干涉、过保护	拒绝、否认	惩罚、严厉	偏爱孩子
显著性水平P	0.30	0.02*	0.49	0.20	0.15
Pearson相关系数r	0.113	0.423	-0.007	0.18	0.225

EMBU所有因素都进入模型，但ANOVA模型检验没达到显著水平，所以不建立回归方程。

7. MHT因素6（身体不适应征候）与EMBU各因素回归分析

相关分析	情感温暖、理解	过干涉、过保护	拒绝、否认	惩罚、严厉	偏爱孩子
显著性水平*P*	0. 155	0. 186	0. 224	0. 013*	0. 141
Pearson相关系数r	-0. 217	0. 191	0. 163	0. 456	0. 229

EMBU所有因素都进入模型，但ANOVA模型检验没达到显著水平，所以不建立回归方程。

8. MHT因素7（恐惧倾向）与EMBU各因素回归分析

相关分析	情感温暖、理解	过干涉、过保护	拒绝、否认	惩罚、严厉	偏爱孩子
显著性水平*P*	0. 37	0. 256	0. 171	0. 068	0. 053
Pearson相关系数*r*	-0. 072	0. 141	0. 202	0. 314	0. 337

EMBU所有因素都进入模型，但ANOVA模型检验没达到显著水平，所以不建立回归方程。

9. MHT因素8（冲动倾向）与EMBU各因素回归分析

相关分析	情感温暖、理解	过干涉、过保护	拒绝、否认	惩罚、严厉	偏爱孩子
显著性水平*P*	0. 139	0. 221	0. 47	0. 025*	0. 002**
Pearson相关系数*r*	-0. 231	0. 165	0. 349	0. 406	0. 568

EMBU所有因素都进入模型，ANOVA检验模型$P=0.049$，达到显著水平。建立回归方程如下：

$$y=1.588-0.096x^1+0.125x^2-0.164x^3-0.033x^4+0.456x^5$$

由以上的相关、回归分析，可以看出采取积极的教养方式（情感温暖、理解）可有助于孩子减低不安情绪和减少不好的行为倾向，而消极的教养方式（过干涉、过保护、拒绝、否认、惩罚、严厉、偏爱孩子）都会导致不同问题的产生。

五、综上所述

相信每一位父母都想让自己的孩子能快乐地过一生、能快乐地过日子，这不可或缺的一个因素是孩子拥有积极、开朗的性格。如何才能让孩子拥有这样的性格呢？心理学家卡尔·罗杰斯（Carl R. Rogers）认为积极的无条件关注是很重要的。什么是积极的无条件关注呢？也就是对孩子付出无条件的爱。要让孩子懂得父母是爱自己的，不因为自己长得漂亮与否，自己聪明与否，自己做好事的时候还是自己做坏事的时候，父母都是爱自己的。罗杰斯认为人的行为是与对自我概念一致的，也就是当人认为自己是好人时，他就会努力地使自己成为好人，并表现为好人，做好的行为；反之，就会有坏行为出现。而父母给予孩子无条件积极关注，能使孩子对自我有个好的概念，反之父母经常批评孩子，这非积极的关注会使孩子有认为自己是坏孩子的经验。孩子要成为好孩子，要首先否认、回避自己曾是坏孩子的经验，这样就造成孩子自我概念的混乱。另一方面积极无条件关注，会给孩子带来积极的情绪，也就有助于孩子形成积极、开朗的人格。所以不管家长采用了哪一种教养方式来对待孩子，积极的还是消极的，也请不要忘了，时时刻刻都应该让孩子明白父母是爱自己的，让孩子明白自己是值得爱的人，自己是有价值的。

参考文献：

［1］岳冬梅. 父母教养方式评价量表［J］. 中国心理卫生杂志，1993（增刊）：122-129.

［2］张青方. 青年研究. 青少年心理社会发展与其父母教养方式的相关研究，1998，5.

［3］徐远超，谭千保. 父母教养方式与儿童社会期望相关性研究［J］. 长沙民政职业技术学院学报，2002，4.

［4］刘金同，张敬悬，翟静等. 父母养育方式对个性的影响［J］. 中国心理卫生杂志，1995，3（2）：96-97.

让小岗位发挥大作用
——“三自一包”班级管理机制初探

■ 佛山市第九小学　邓　睿

摘　要：“三自一包”小学班级管理机制，即通过“任务包干”，让学生在“自我管理、自我教育和自主发展”的过程中，实现公民意识与自治能力的培养。此班级管理机制意在克服传统的班级管理中存在的参与管理受众面窄、仅仅为教师管理班级服务、忽视班级管理作为育人资源的弊端，真正做到“学生能做好的事教师不做，学校最难管的事交给学生管”，挖掘学生的潜能，提高班级管理效益。“三自一包”班级管理机制充分考虑学生的年龄特点、成长需要及其个体差异，由此，着力构建学生自我管理体制，为学生设置适合的岗位，让每个学生都有机会上岗“施政”，有服务同学、锻炼自己、表现自己、提高自己的机会。为此，笔者从岗位职能编排与制定、晋升渠道与方式、各系统（监督、评价与激励）设置等，从组级到班级两个层面进行了整体设计。

关键词：三自一包　班级管理　组级

一、组级层面制度概述

组级层面的管理实质上是四人小组的管理模式，它将班级事务和集中在少数班委班干部身上的权利与义务分割包干到各个四人小组，使组内每个人都能拥有其管理职能。四人小组人数根据实际情况可定为3—4人。小组成员按职能分工分别担任小组长、学习委员、纪律委员和生活委员（小组为三人时可根据实际情况撤销纪律委员或学习委员职能）。

四人小组长（下简称小组长）主要负责组内学习、纪律、生活三方面工作的统筹，包括管理、协调与监督。学习委员主要负责小组的学习方面的工作，包括作业回

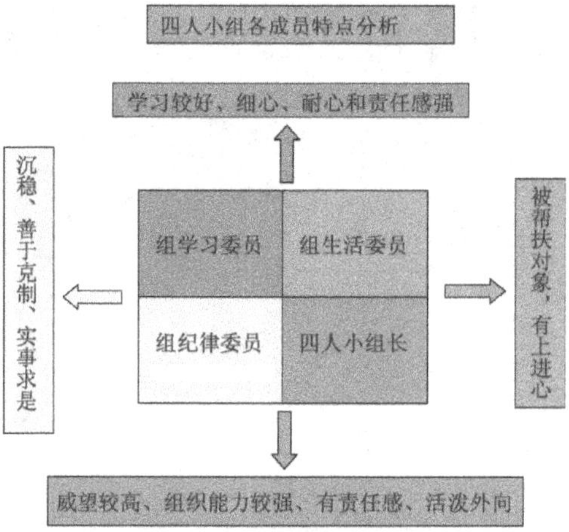

图1

收与小组内学习辅导。纪律委员负责组内纪律监督与维护。生活委员负责组内卫生、组员的仪容仪表管理、外出活动的后勤工作等。每个职位对学生的性格、能力、学习情况等都有特殊的要求（如图1）。

为了促进四人小组的管理，班级分别设置监督、评价与激励三大管理系统。

监督系统：四名大组长负责运行。班级按座位一般分为四个大组，每大组里挑选一位大组长作为监督员。为公平起见，大组长实行错位监督机制，即大组长不对所属大组的四人小组进行考评，由教师负责安排其监督、考评对象。如第一大组大组长负责监督与考评第二大组的三个四人小组，自制管理表格填写相应的扣分与加分的缘由，同时填写评价系统中所管小组的分数。

评价系统：包含每日、每周和学期三级内容。每日评价系统是实时记录各小组在学习、纪律和生活方面的基础分与加分情况。基础分是小组一日的总分，满分定为30分（如某小组一日没扣分，则该小组的基础分即为30分）。等于或低于25分的小组被评当日表现不及格，以此引起教师与小组长的重视。如果说基础分是评价学生的基本操行，那加分则用以激励小组的“士气”及激发潜能，争取在各方面进步。

每周评价系统是在各大组长结算每日评价系统中所管小组的分数后进行汇总。每周评价系统记录小组一周基础分的情况，设计原理是横向条形统计图，分小组类别与分数类别两个维度，其中小组维度中又同时包含五个维度分别代表星期一至星期五，目的在于让学生直观地掌握其小组一周表现的走势。如通过观察图表，发现小组的分数呈下滑趋势，这就提醒小组长在本组开始出现问题时，就必须马上寻找问题的根源并及时解决；同时，也提高了学生分析统计图的能力。学期评价系统则是对各小组每周表现情况进行汇总，呈现在表格中，目的在于让小组成员掌握该小组一学期的发展情况。

激励系统：定性和定量相结合。激励系统包括星级标兵小组评选、基础分排行榜、“班级农场”和期末先进个人与集体的奖励。这里的班级农场是让各小组在每周通过取得一定排名后获得小动物贴纸，并张贴在小组所属的农场上，意在让激励形式意义大于实际、集体荣誉大于个人。通过建立一套完善的激励机制以激发学生的内驱力、维持与调节学生的行为，使之能始终坚持目标。

“流水不腐，户枢不蠹”。为了让小组管理充满活力和生机，笔者还定期进行组内“轮岗”和组与组之间交流“任职”或“挂职”，使各小组“均衡发展”。如实践中发现某些组长或委员能力较强、管理效果明显，可调至某些薄弱小组进行任职帮扶；而能力较弱则可调至较先进小组进行任职学习，让差异驱动发展，环境影响个人。

二、班级层面制度概述

通过一段时间的锻炼和考查，以“人人有机会、全员来历练”为出发点，班级可根据各小组长、组级委员的工作业绩、各主管大组长与教师的评价进行班干部推选。班干部推选流程可参考图2。

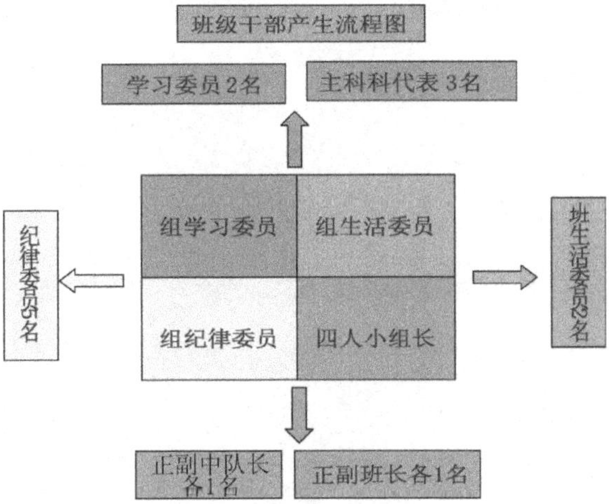

图2

班委会由正副班长、正副中队长、学习委员、纪律委员、生活委员及四名大组长组成。各班干部可根据自己的职能进行班级层面的管理。如班长与中队长各自分管班级学习、生活、纪律、学校活动、班级活动等各方面工作，并对班级的各方面情况进行管理、监督、活动策划与建言献策；学习委员则负责班级学习情况管理如作业管理、组织学习辅导活动、班级学习文化管理、小组学习评比与竞赛工作管理，以及管理有关学习、文化的小岗位，如导读员、讲故事员、主持人等；纪律委员则负责班级纪律的管理和学校值日工作的安排，另外还要为维护班级纪律建言献策，同时管理有关纪律的小岗位，包括体育委员、课间小巡警等；生活委员负责班级生活的各方面情况，包括卫生管理、学生仪容仪表管理、公物管理、活动后勤与协助老师完成收费、通知的任务等。

各班干部在老师的指导下根据实际情况和职能情况“组阁”，自行设置职能管理小组，包括组员的工作范围、工作内容。小组组长可向全班公开招募组员。如生活委员可设置公物维护小组，并设置桌椅保管员、电器保管员、班级小会计（管理班会费）、小园丁（管理班里的植物）等。

“三自一包”模式为学生创造了自我管理、自我教育和自主发展的资源和平台。学生通过参与模式的运作，不断丰富个体经验与情感。在学生自治的过程中，笔者则适时介入引导，指明方向，提出原则，给学生适当的帮助，不断培养学生的自治能力。

一年来的实践证明，“三自一包”改革是成功的。学生的自主意识普遍增强，自主管理的能力也普遍提高，多数家长反映学生的学习自觉性和生活中的自理能力增强了，班级形成了“人人管我，我管人人”的良好氛围。

学生“放假综合征”及预防措施

■ 佛山市三水区三水中学　李晓军　曾　靓

摘　要： 通过对广东省佛山市中学生的抽样调查发现，“放假综合征”在学生中是普遍存在的。产生的主要原因一是认识不够重视；二是对假期活动的安排缺少计划；三是父母和老师在角色上的缺位。对如何预防“放假综合征”，文章提出了一些措施，主要包括：加强指导力度，提高认识水平；健全家庭功能，营造“收心”环境；重视家校合作，保证督促到位等。

关键词： 放假综合征　假期教育　预防

一、引言

“假期每天上网到凌晨一两点才睡，现在还觉得眼睛涩涩的，而且浑身难受。”

“前些天才旅游回来，虽然休息了几天，但回到学校还是头昏脑涨的，四肢乏力，感觉一点精神都没有，无法集中精力听老师讲课。”

类似于以上的话，在每次假期返校的最初几天里经常听到的，这就是我们常说的“放假综合征”，表现在假期后的一段时间内，学生的学习和工作效率低下，精神难以集中，并且伴随出现头痛、胃口不佳、瞌睡、急躁不安等不良反应。据笔者对广东省佛山市中学生的抽样调查发现，假后能保证较好学习状态的仅占33.7%，66.3%的学生不同程度地出现“放假综合征”，其中较严重的占了约19%。“放假综合征”在学生中是普遍存在的。

二、原因分析

1. 认识不足

首先从学生的角度看，学生在校学习压力大，假期一到易产生一种“补偿心理”——彻底放松，大玩特玩。调查中，84%的学生认为目前学校放假时间太少，平时学习紧张，休息和娱乐的时间不够，假期就应“尽情玩耍”。假期适当的放松是应该的，但放松并不等于睡懒觉、上网、看电视等。这种消极的放松易打乱人体的生物钟，造成植物神经功能紊乱，其结果是越放松越疲劳。

其次是家长的认识不足，对孩子的假期安排没有足够的重视，不能帮助孩子对假期做出科学的安排。具体表现在两方面：一是过分迁就，放任自流；二是过分严格，让孩子过上“鸟笼”式的假期生活。

再次是学校放假前的宣传教育工作做得不够深入细致。通常学校在假前都会提醒学生注意若干事项，特别强调注意安全和完成假期作业。这种流于形式的提醒无法做到入“心”，甚至连入耳也做不到。就学生假期作业完成情况来看，42.7%的学生通过抄袭的方式来完成假期作业，22.9%的学生干脆不交作业，只有34.4%能按时独立地完成假期作业。由此可见，学校假前教育的效果是不容乐观的。

2. 缺少计划

对时间缺乏统筹的安排，会使得假期生活出现随意性和盲目性。调查统计，在假期时间安排上，学生用于学习的时间只占6%，用于体育运动的时间也只占7%，而用于上网的时间占到44%。一个丰富而有意义的假期生活，应该包含学习、娱乐休闲、社会实践等多方面的内容。学生应根据个人和家庭情况，合理地分配假期时间，做到既放松了身心，又充实了生活，尤其要保持一定的学习“惯性”，这样才能避免假后出现学习上的疲劳感。

3. 角色缺位

在看待“如何才能克服放假综合征”这一问题上，79.1%的学生认识到“合理安排时间”的重要性。之所以会出现事实与想法上的明显差异，主要是因为未成年的学生自我约束能力不足。换句话说，不少学生不是不想做，而是做不到。这就需要家长和老师的及时介入，帮助学生战胜困难，正确引导他们过上一个愉快而充实的假期。

在对孩子正确地引导方面，家长和老师存在严重的缺位。假期中，家长或因认识不足，或因忙于事务，对孩子的关注度不够，对孩子的一些所谓不良行为，往往也是用呵斥、责骂等简单的手段加以矫正，很少与孩子平等地对话与交流，共同找到合理的解决方法。从老师的角度来看，目前的情况是，放假期间基本上将教育的责任全部交给家长。学生在校时间长，比较适应学校的生活，这种责任的完全转移，必然会使假期教育的效果大打折扣。

三、防预措施

避免“放假综合征”的出现，重在预防。关键是做好假期教育工作，真正做到未雨稠缪，防患于未然。

1. 加强指导力度，提高认识水平

学校的假前动员教育工作不能停留于表面，要真正做到细致和深入。如可通过主题班会等形式，在学生中展开充分的讨论与交流，使学生对假期生活有更全面的认识，对假期生活的意义有更进一步的领会，让学生充分认识到，假期不是学习的终止，而是学校学习的延伸。学习内容是多方面的，不仅有科学文化知识，还包括思想道德、行为习惯、社会交往等诸多方面。对少数自制力差、时间观念不强的学生，更应做好个别指导工作，帮助他们制订假期活动计划、具体目标，甚至达成师生间的约定，尽量减少假期生活的盲目性。

有条件的学校，还可通过家长会、专家讲座、家长学校等途径，有针对性地给予家长理论和方法上的指导，提高假期家庭教育的水平。

2. 健全家庭功能，营造“收心”环境

假期时间较长且集中，大多数家长也有一定的空闲时间，因此假期是孩子参与社会活动的最佳时期。要避免“鸟笼”式的假期生活，让孩子长期与网络和电视为伴，易使孩子的性格变得孤僻、急躁。

有句话叫作“智力靠智力来培养，情感靠情感来培育”。家长要创造机会让孩子多与社会接触，与人交流，在实践中培养孩子正确的情感、态度和价值观。行为习惯的培养、社会实践活动、安全教育（尤其是网络安全教育）、亲子关系的培养等是假期家庭教育的着眼点。做好假期教育，家长要以身作则，尽可能多地空出时间来陪孩子参与到各种活动中去，关心孩子的内心感受，多与孩子交流。一个通宵打麻将、看电视，或整日忙于应酬的家长，是很难要求孩子做到坚持正常的作息及生活习惯的。

当前有一种倾向，假期家长热衷于送孩子参加各类培训班。是否参加假期培训班，要因人而异，关键在于孩子的态度。家长要充分尊重孩子的意愿，多与孩子沟通，达成共识。如果家长只是一厢情愿，效果往往就会适得其反。参加假期培训班，要避免两种倾向：一是“攀比心理”，看到人家的孩子学，生怕自己孩子落后，强迫孩子去参加；二是“甩包袱心理”，怕孩子在假期玩“疯”了，送到培训班去，省心。这两种心态都是不可取的。

3. 重视家校合作，保证督促到位

尽管家庭是假期教育的主阵地，学校在孩子假期“收心”教育中的重要性也不可忽视。老师可通过上门家访、电话或网络通讯等方式，及时了解学生在家表现，跟踪学生假期目标的达成情况。对好的表现，给予积极的评价；不好的方面，应帮助指导。如此一来，不仅让学生体会到老师对他的重视和关注，给学生以莫大的鼓舞，而且还拉近了师生间的距离。

中职学校学生网络德育工作的问题与对策

■ 广州市医药职业学校　陈　明　叶苑颐

摘　要： 以互联网为代表的计算机网络对我国各个领域都产生了深刻的影响，教育也不例外。德育作为我国教育事业的有机组成部分，同样也面临着这张“巨网”的包围和激荡。正处于世界观、人生观和价值观形成的重要阶段的中等职业学校学生，传统的德育工作方式、方法并不完全适合互联网时代，因此互联网时代的中等职业学校德育建设是一个重要且急迫的问题。

本文按照“提出问题—分析问题—解决问题”的思路，对本校3000多名师生进行了问卷调查。通过访谈、个案研究等方法，在对调查结果统计分析的基础上，揭示了中职生上网过程中存在的不良网络行为，并分析其产生的原因，最后提出了学校应该采取的相应的教育对策。

关键词： 网络　中职德育　调查　对策

一、前言

以互联网为代表的计算机网络对我国各个领域都产生了深刻的影响，教育也不例外。德育作为我国教育事业的有机组成部分，同样也面临着这张“巨网”的包围和激荡。“90后”的中职生与网络一起成长，网络以其无尽的魅力吸引着一批又一批自制力较为薄弱的职校生们。他们既是网络资源的享受者，同时也是网络负面影响的受害者。因此在网络环境下如何教育、引导中职生学会自律，规范自身网络道德行为，是做好新时期中职师生德育工作所需要探讨的新课题。

不可否认，网络不同于现实世界，其自身所具有的特性使得传统的德育手段难以收到理想的效果。这时的学校德育如果不能真正地入心、入脑，德育的效果就难以显现。事实证明，通过“围”“堵”把网络与学生隔离开来是行不通的，只有正视网络，加以“疏”“导”才是良策。职业学校德育工作应当以积极的态度适应网络的发展，充分利用网络的优势，探索网络环境下行之有效的德育新路。基于以上思考，本文采取对我校师生应用网络资源的现状进行问卷调查和个别访谈的方式，通过数据分析反映出目前网络环境下中职德育工作面临的若干问题，并针对问题分析了原因，提出了加强中职学校网络德育的应对对策。

二、中职师生“触网”基本情况调查

要探索网络环境下中职师生德育的新模式，首先得要清楚地了解中职师生接触和利用网络的现状。在新学期开学之际，我校课题研究小组以学校在校学生和教师为调查对象，分别编制了教师问卷和学生问卷对其进行上网状况调查。此次调查采取定向发放问卷的形式进行，虽然这一调查还不足以反映职校师生上网状况的全貌，但从中也发现了一些值得我们关注的问题。

1. 调研情况

本研究采用自行编制的《中职学校上网情况的问卷调查》教师卷和学生卷（见附录1和附录2）。此次调查，共发放学生问卷3197份，教师问卷126份；回收学生问卷2863份，其中有效问卷2531份，有效率88%；回收教师问卷126份，其中有效问卷102份，有效率81%。

2. 调查结果统计

表1　广州医药职业学校网络德育现状调查情况统计（教师）

研究变量		人数	百分比（%）
是否听说过网络德育	听说过	26	25
	没有听说	76	75
你对学生上网持什么样的态度	大势所趋，应适当指导	23	23
	上网弊大于利，应严格控制	79	77
开展网络德育是否有必要	很有必要	35	34
	可有可无	62	61
	没有必要	5	5
你认为贵校是否具备开展网络德育的条件	具备	15	15
	基本具备	76	74
	不具备	11	11

续表

研究变量		人数	百分比（%）
以下选项，你会使用哪些	E-mail	66	65
	BBC BLOG	22	22
	QQ或MSN	66	65
	建个人主页或班级主页	18	18
你认为网络德育中教师的角色最应是（多选）	组织者	35	34
	指导者	57	56
	知心朋友	93	91
	旁观者	8	8

通过中职学校上网情况的问卷调查（教师）发现，绝大部分教师对于网络德育了解甚少，有部分教师特别是一些上了年纪的教师对网络德育甚至对网络一无所知，信息意识普遍比较淡薄，信息面不够广泛，信息技术掌握不够系统，缺乏对信息的敏锐性及获取与利用的能力，导致德育工作与信息技术的严重分离，“只知使用之技，不懂整合之道”。

表2　广州医药职业学校网络德育现状调查情况统计（学生）

研究变量		人数	百分比（%）
上网地点	网吧	2025	80
	家里	410	16
	学校	96	4
周上网时间	7小时以下	202	8
	7—20小时	1317	52
	20小时以上	1012	40
有无为上网逃课或其他违纪行为	经常有	177	7
	偶尔有	329	13
	从来没有	2025	70
网络使用活动	查阅资料	784	31
	网络游戏	1443	57
	聊天	1923	76
你认为你的父母或师长对网络了解吗	了解	1290	51
	一点点	734	29
	一点都不懂	507	20
你的父母或师长对你上网持何种态度	禁止上网	506	20
	课余可以适量上网	1544	61
	任其自然	481	19

续表

研究变量		人数	百分比（%）
你认为网络上的德育教育资源怎样	比较缺乏，质量不高	785	31
	教学信息丰富，更新及时，交互性强	329	13
	不太了解，很少关注	1417	56
你对网恋持何种态度	刺激、浪漫、时尚，向往并积极追求	405	16
	不现实，有危险，不适合中职生，坚决反对	759	30
	随意，无所谓	1367	54
你是否曾接触过网上黄色或不良信息的站点	经常	734	29
	偶尔	1164	46
	从未接触	633	25

通过中职学校上网情况的问卷调查（学生）发现，大多数中职生对网络的认识和看法总体上是好的，不少同学都从思想上认识到如果网络利用得好，就会对自己的学习、生活和交往带来积极的影响，反之就会产生许多负面影响。但也存在不少问题：第一，大部分学生不能有效控制上网时间，平均每周上网的时间在10个小时左右；第二，网吧是学生上网的主要场所；第三，上网的目的主要是聊天交流和娱乐休闲；第四，大多数学生认为进行网络德育很有必要，但对现时的网络德育不感兴趣，希望校园网的内容更丰富些。

三、网络环境下中职师生德育工作存在的问题和原因

（一）网络环境下中职师生德育工作面临的困难和问题

1. *校园网无法抑制网吧对学生的吸引力*

调查显示绝大部分中职生都选择在网吧上网，比例高达80%。网吧内的环境虽然不太好，如光线昏暗、空气不好、声音嘈杂等，但是可以上网浏览的内容丰富，而且离学校都比较近，因此仍有近80%的学生愿意到网吧上网。究其原因，一是中职学生大部分为住校生，学生宿舍缺乏上网条件；二是学校的计算机房、电子阅览室人多机少，上网时间短，不能很好地满足学生上网的需求。部分家中购买了电脑，具备上网条件的学生则表示，家中上网的网费太高，上网时间、上网内容都会受到父母的严格限制；而在网吧上网尽管条件不太好，管理又不规范，但感觉自由，无拘无束，可以随心所欲地浏览各种信息，做自己想做的事。甚至个别学生周末或假期在网吧吃住，有的家长一连几天都找不到自己的孩子。如果学生不愿意或者很少在学校上网，很少浏览校园网的内容，学校又如何通过网络进行学生的德育教育呢？

2. 学生网聊过多使学校网育的难度进一步加大

调查中有76%的学生把聊天作为上网的主要目的。从学生的访谈中我们了解到几乎每个同学都有QQ号和微博，有的同学甚至有几个QQ号，不少同学一上网就会打开QQ和上新浪微博。在与学生就“为什么喜欢网上聊天”的访谈中，大多数的学生认为“可以拥有很多朋友”，其次是“使人快乐”“不感到空虚无聊”。学生网聊过多会影响学习，因此，有些中职学校为了让更多的学生利用网络学习知识，关闭了校园网的QQ聊天功能，结果学生纷纷反映上校园网没有意思，更倾向去校外网吧上网，使得学校花大代价建立的校园网络平台得不到充分地利用，网络德育工作的效果也大打折扣。因此学生网聊过多使学校网育的难度进一步加大。

3. 网络游戏吸引中职生的眼球，不利于学校网育的开展

调查显示，有57%的人喜欢上网玩游戏。在校园周边的网吧，每天总是有很多学生在玩网络游戏，到了周末通宵达旦的不在少数。一方面，中职生普遍精力充沛，喜欢争强好胜，表现欲强，喜欢追求刺激和挑战；再加上心理抵御能力不强等弱点，沉迷于各种网络游戏而流连忘返，不顾学校作息时间的限制，旷课逃课、夜不归宿，甚至有的学生每天十几个小时搭进去，荒废学业，辜负了大好时光。学生过多地沉溺于游戏中，使投入学业的时间与精力受到极大影响。他们长时间玩游戏，根本无暇关注网络中其他健康的信息，使网络德育工作无法深入。

4. 网络垃圾影响了中职生的道德判断能力，对学校网育产生了冲击

在我们的调查中，多达75%的中职学生曾经有意或无意地浏览过网络色情等不健康的内容。这些内容不仅会影响学生身心的健康发展，而且可能使学生的性道德观念产生混乱。虽然不少学生只是抱着“看一看，不会对自己产生坏影响”的态度；但是，中职学生正处于青春期，性意识正日益萌发，对各种黄色信息十分敏感，而其心理又很幼稚，意志力不强，自控能力较差，往往会出于好奇或冲动心理刻意去寻找一些色情、暴力信息，从而造成网络上大量不健康信息在职校生群体中广为传播，也严重影响了学校网育工作的开展。

通过上面的分析，我们不得不反思，在中职学生眼中，网络难道就只是高级的游戏机、自由的聊天室吗？我们的德育在五彩缤纷的网络世界中竟显得如此苍白无力，原因究竟是什么？

（二）原因分析

1. 外部原因

（1）学校方面

目前学校教育还没有跟上社会网络化发展的趋势和潮流。在对学校教育的期望

中，大部分学生希望开设网络指导课和举办网络德育活动。我们一方面可以看到学生对这方面教育的需求，另一方面也反映了学校德育网站建设的滞后和不足：大多数中职学校目前专业的德育网站不多，网络德育的软件开发研究也还处于起步阶段，多数的学校德育网站内容少、更新慢，很多学校网络德育是“无教材、无系统、无规模”，一些学校把德育网站变成了司空见惯的宣传栏和板报，把网络德育建设看成是做形式、走过场而已。职校住校生较多，学生基本过着“三点（教室、寝室、食堂）一线”的生活，学校的课外活动不丰富，课余生活相对贫乏单调，为满足自身的心理和生理的需要，他们找到了一条最简单刺激的休闲方式，那就是上网。

（2）教师方面

德育工作队伍的素质与水平和学校教师教育观念的转变还不能很好适应当代中职德育教育的新要求。网络上信息庞杂，良莠不齐。基于网络对中职学生进行教育，对中职学校的德育工作者来说是巨大的挑战。要使德育工作具有可靠性，就要求德育工作者必须增强自身综合素质，掌握网络信息技术，拓展自己的知识领域，提高政治敏锐性和鉴别力。虽然我校多年前已经要求教师使用多媒体上课，但教师在网页制作、BBS和BLOG方面的操作还比较欠缺，对于网络的运用尚未形成鲜明的专业特征。这种状况与教师的业余时间、信息环境以及对网络的认识局限有关，因此急需对教师进行相关网络信息技术的培训。很难想象，今天一个不懂计算机技术的德育工作者能够与学生进行真正的沟通和交流，难怪会有那么多中职学生宁可在网上跟陌生人聊天了。

（3）家庭方面

家庭教育欠缺，在网络世界寻找精神寄托。中职学生大多来自农村，家长文化素质普遍偏低，教育时间又少，由于工作和生活压力较大，因忙于生计而忽略了与子女的情感沟通，因此家庭教育严重缺失。也有的是家庭不和或家庭解体，从而使孩子很难享有充分的父爱和母爱，孩子由于在家里得不到父母亲的关爱转而沉溺于网络难以自拔。更有相当一部分网瘾学生从小就沦为“留守儿童”，他们从小无法得到正常的家庭教育，没有安全感和归宿感，只能在网上寻找精神寄托，而长期的网上的交流宣泄方式，又在一定程度上弱化他们在真实世界的交往能力，形成恶性循环，久而久之，上网成瘾，不能自拔。我们在调查访谈中也发现，确实有部分学生是为了逃避父母而去上网的。

【访谈一】访谈对象：梁某，学校二年级住校学生，年龄17岁，性别：女

问：经常上网吗？

答：每天差不多上2—3个小时，双休日会更久。

问：上网主要做些什么呢？

答：主要就是聊天啊。

问：和谁聊？同学吗？

答：不是。我有好几个QQ号，不同的账号和不同的人聊。我主要用的那个账号主要是和不认识的人聊天的，全国各地的都有，年龄都比我大，有的我们还见过面。

问：和完全陌生的网友见面，不怕有危险吗？

答：不用怕的！从没发生过问题啊。

问：那么，网上聊天都聊些什么呢？

答：随便啊，喜欢说什么就说什么，想怎么说就怎么说，心情不好的时候拿对方骂一顿出出气也没有关系。再说和他们聊天他们也不会把我当小孩子。

问：在网上说谎话吗？

答：在网上，谁会那么傻把自己的真实情况告诉网友，都是胡编乱说的，这是网上聊天的规矩。

问：为什么要在网上交朋友，现实中就没有能做朋友的吗？

答：初中有几个要好的朋友，但后来她们进了高中，我上了职校。相比之下，好像矮半头似的，感觉很差，也就很少走到一起了。再说现实中说话也不能像网上那么随意啊。

问：现在班级呢？

答：很少有交心的同学。可能我的人际关系不是很好吧。

问：那父母呢？你们经常沟通吗？

答：我爸脾气不好，经常打得我身上青一块，紫一块的，好几天才退。我不喜欢他，我们不太沟通。

问：那妈妈呢？

答：我妈对我很好，什么都依我。但是她和我爸离婚后，去年又嫁了人，而且跑到外地做生意了，就很少管我，只偶尔打个电话。

（4）社会方面

①社会网络德育资源自身缺陷。目前，我国虽然有一些与思想品德教育有关的网站，但大多内容枯燥、空洞、形式主义严重。例如，有人认为把网站建起来，把书本内容搬上去就完事大吉了，或内容不符合新时期中学生心理发展的特点。同时，网站德育内容更新缓慢，有的甚至数月未有新内容出现。网站的交互性普遍较差，相比于商业类网站，组织类网站基本上都没有开设网上论坛，青少年的意见无从反映。对于青少年以电子邮件方式提出的各类问题，网站的具体负责人不能擅自代表组织而无法及时答复。正由于这些原因，我们的德育网站很难吸引中职学生。这充分地说明了

一个问题，单凭纯粹的理论教育进行网络德育是绝对行不通的，必须将德育的内容穿插、渗透到别的内容和服务项目中去，打好渗透战，使青少年网络用户轻松地在学习娱乐中得到引导，受到教育，从而树立正确的人生观、世界观、价值观和良好的网络道德修养，使他们在活动中受到熏陶，从而增强德育的实效性。

②网吧管理、监控的措施不健全。目前网吧的总体现状是令人担忧的，最突出的问题就是网吧的不规范经营问题。调查结果显示70%的学生有过上通宵网吧的经历。网络中混杂着各种不健康的网站和网页，存在着大量对青少年学生具有极度诱惑的色情内容，如果在搜索中键入“性”字，则会出现一大堆的相关色情网站。不少网吧惟利是图，放任学生超时消费。据学生反映，到网吧上网，管理人员从未问过自己的年龄，学生通宵达旦上网，他们也从不劝阻，有的还在网吧内出售各类烟、酒。几乎在所有的网吧都能看到这样的广告——“通宵上网8～10元”，而且提供吃、住一条龙服务。这对学生的身心健康造成了极大的危害。在与家长的访谈中，一位家长愤怒地说：“有一次孩子又躲进网吧打游戏，我恨不得一把火把网吧烧掉。”

【访谈二】访谈对象：陈某，学校一年级住校学生，年龄16岁，性别：男

问：常在哪里上网？

答：经常在网吧。

问：去的时间长吗？上网主要做些什么？

答：通常是每次3～4个小时，但在周末或放假时也会玩通宵，多是玩网络游戏。

问：你父母知道吗？

答：不知道，他们不同意我去网吧，认为学生去那种地方会学坏。

问：当有学生旷课上网或者看色情内容，网吧老板会提醒学生吗？

答：从来不会，为了能让学生在网吧通宵上网他们还提供吃、住服务。

问：对网吧的看法如何？

答：多数是学生去那边玩游戏，因为价格不是太高，机器的配置也不差。但有时网吧太脏乱。

2. 内部原因

（1）中职学生自我价值感缺失

中职学生学习基础较为薄弱，很难在学习中找到成就和自我价值，中考的失利又是学生心中挥之不去的阴影，他们被由此产生的失落感和自卑感缠绕着，其自我成就感和价值感便无从谈起。根据笔者与学生的访谈情况，七成以上的中职学生对自己毕业后的出路不持有乐观的态度。总之，中职学生对自己学习和未来发展自信心不足。相较于现实社会中的失败和失落，在网络这个虚拟世界中他们找到了久违的成功体

验，精神上体验到了自身价值的“巅峰感觉”。

【访谈三】访谈对象：张某，学校一年级学生，年龄17岁，性别：男

问：你是从什么时候上网的，在哪里学到的？

答：很早了吧！上小学的时候就接触网络了，但那时还小，很多东西都不太懂。到了初中，尤其是初三，才比较厉害。

问：初三？不耽误你的学业吗？

答：没关系！反正我从小学习成绩就不好！老师也说我笨，不是读书的料。

问：进了新的学校，有没有打算？

答：混日子呀！我想赶紧上完学就找个工作或者做点小生意。

问：你最喜欢在网上干什么？

答：当然是玩网络在线游戏啊！

问：一般都喜欢什么时候上网打游戏？

答：只要有机会就可以啊，下午放学后，双休日，有时候也逃课到网吧去打，厉害的时候能连续打上好几个通宵。

问：为什么？网络游戏有什么好的呢？

答：刺激！我从小学习不是很好，父母老师都对我没有太高的期望，进入职校后，周围的人就更看不起我了。但是在网络游戏中，我可是个高手，有很多精良的战备，游戏技巧也很好，很多人都羡慕我呢。

问：班上很多同学上网打游戏吗？

答：多！到了周末，大部分同学尤其是男生都泡在网上玩游戏，如果我不玩，就退伍，插不上话了。

（2）中职学生心理成熟度不够

中职学生涉世未深，情感丰富，极易冲动，网络环境中非常容易形成“网恋”。“网恋”是在虚拟的环境中建立起来的，这种人际关系由于缺少真实的互动和交往，一般比较脆弱，很容易遭到失败，对中职学生而言，容易丧失对社会和生活的信心。“网恋”的结果往往是使学生只对电脑和虚拟情境做出反应，逃避现实，不愿与人交往，对他人漠不关心。同时，中职学生自制能力差，但专注能力强，一旦形成喜好，非常容易上瘾，成为“网虫”。网络已成为许多网虫课余生活必不可少的部分，无节制地上网使学生没有时间、精力投入学习，上课打瞌睡甚至旷课，不仅学业成绩一败涂地，还严重违反校纪。调查中超过20%的学生有过因上网而逃课的经历。中职学生正处于青春期，性生理日渐成熟。受内在生理因素的影响，他们对性知识非常感兴趣。少数不法分子为了赚钱，利用青少年这种身心特点，创办色情网站，大量传播淫

秽色情信息、游戏等。在对我校学生的调查过程中，有40%的学生热衷于上网，16%的学生正在进行网恋，29%的学生浏览过黄色页面。这些问题，很大程度上是由于自身心理程度不够而产生的。

【访谈四】访谈对象：学生家长王女士

王女士说："我家离学校并不远，以前我儿子总是回家吃午饭。可今年5月，儿子突然嫌回家吃午饭浪费时间，提出要钱买盒饭，于是我每天都给他5元钱中午吃饭。最近这孩子晚上回家总喊饿，像是白天没吃饱。前不久从同学那里才知道，儿子要钱根本没买盒饭，而是用来与班里的同学泡网吧。"

四、网络环境下中职师生德育工作的保障性措施和突破性对策

（一）网络环境下中职师生德育工作的保障性措施

网络环境下中职学校德育的有效运行，必须以一定的条件为基础，网络环境下中职学校德育工作的展开是一项系统的工程，涉及家庭、学校和社会。因此，建立社会、学校和家庭联动的保障机制，是网络环境下中职学校开展德育工作的不可或缺的组成部分。

1. 社会：为网络德育提供优良的网络环境

（1）政府加大投入，完善网络德育教育资源。没有一定的物质保障和依托，没有经费的投入，德育就无法开展。网络德育的资金投入，对于加强网络德育有特别重要的意义。要对非营利的德育网站提供财政扶持，设备到人员配备都必须到位，为此，政府必须把开展网络德育工作所需要的经费开支纳入国家财政计划以给予支持。

（2）加强网络信息传播者管理，大兴网络文明之风。当前，作为网络传播的主力军，网络媒体有义务为传播社会主义道德文明做出一定贡献，不能为了商业利益而置社会责任于不顾。因此，要加强行业自律，加强对网站从业人员的职业道德、网上公德教育，增强社会责任感，推动互联网行业健康发展；还要进行法规制约，抑制网上虚假腐败信息的出现。在互联网快速发展的同时，个别网站也存在着传播不健康信息、刊载格调低下的图片、甚至传播"黄色"内容等严重危害社会的问题。营造健康文明的网络文化环境已成为社会、学校和家长的共同希望。为推动互联网界文明办网，把互联网站建设成为传播先进文化的阵地、虚拟社区的和谐家园，社会要坚决抵制与社会公德和中华民族优秀传统美德相背离的不良信息，自觉抵制网络低俗之风，净化网络环境，坚持自我约束，实施行业自律。

（3）严格管理网络文化消费的场所。执法部门要建立相应的法律法规，规范网

络市场，加强对网吧、电子游戏室等类似场所的管理和监督。如要求网吧管理人员对学生进网吧的时间、年龄、上网内容等予以限制；对违法违规的网吧要加大处罚力度，杀一儆百。

2. 学校：加强网络管理，丰富校园活动

（1）加强领导、完善网络环境下德育的相关管理制度。中职学校应该建立由学校德育副校长主要领导，教务处、学管处、网络中心、班主任参加的网络宣传领导机构，并充分发挥学生会干部和全体教师的作用。网络德育是一个复杂的系统工程，需要一套完善、严密的管理制度对其进行科学管理。各中职学校可根据教育部《关于加强对教育网站和网校管理的公告》和《教育网站和网校暂行管理办法》精神，制定相应的管理制度（如校园网管理规定、电子公告服务规则、BBS管理办法等），落实学校相关部门的职、权、责，明确管理的程序和要求，鼓励师生积极参与网络德育活动，确保活动的落实。

（2）开展健康文明的校园活动，将思想教育渗透在丰富多彩的校园活动当中

①建校园论坛，放飞学生心灵

中职生迷恋网络，原因之一是网络角色的虚拟性可以给他们提供释放心理压力的空间，校园论坛正好可为学生找寻一个能让他们释放心理压力的正常交往的健康的虚拟空间。学校要以校园网为核心，以德育为支撑，有效发挥网络传播的优势，使校园网成为开展网络道德教育的新阵地和新载体。把校园论坛建成学生心灵放飞室，在论坛上可结合学生的喜好开设中职生感兴趣的话题：如“沁园文学”“粉色回忆”“影音娱乐”“运动天地”“动漫王国”“心灵驿站”等，学生在这里可以尽情交流，抒发情感，释放心灵。

②积极开展主题班会，建立班级网页，培养学生的集体意识和自我教育意识

班级既是中职生的学习集体，又是他们交流思想、沟通感情、交往互动的活动组织，同学间的交流可以说是中职生丰富网络知识的最主要方式。因此，我们必须加强班集体建设，积极创设以计算机网络为主题的班级文化活动，营造文明理性用网的班级氛围。

中职生有着强烈的展示自我的需求，希望能得到他人的认可，这也是中职生迷恋网络的原因之一。让学生在校园网上自己动手建立班级网页，集中集体的智慧，通过发挥集体协作的精神创立属于自己的天地。各班级可根据本班的实际情况和学生的思想动态，灵活地设置栏目，如班级展示、学习园地、我爱我班、团员之窗等，内容需丰富多彩，贴近学生的学习、生活，以灵活多样的形式对学生进行隐性道德教育，可以更好地促进学生自我道德判断、自我教育能力的提高。

③抓好第二课堂教学及节假日管理，引导学生文明上网

中职生的学习生活与高中生学习生活很重要的区别之一就在于职业学校不是以升学为目的，而是注重能力培养、素质提高，能适应社会要求的合格的专业人才。为此就不可能像中学阶段那样，把学生整天关在课堂上，让学生每天围绕着教室、宿舍、食堂三点一线转，而是要给学生更多的自由支配的时间，去发展自己的兴趣爱好。由于第二课堂活动的形式生动活泼，内容丰富多彩，每个学生都可以从自身的实际出发，有选择地参与，在活动中可以充分发挥自己的主体作用。第二课堂以班为单位在下午放学后的时间开展，学校向学生开放电脑室、电子阅览室，让学生有处可去，减少学生放学后无所事事、四处闲逛，因而走进网吧的机会。除了搞好第二课堂教学，还要抓好对住校生的节假日管理。在节假日各校的“网吧”向学生开放，并由专业教师负责管理。这样既有利于学校加强对学生上网的引导，也有效地抑制了学生因节假日无处可去而通宵达旦地到网吧上网的事件的发生，使学生在老师的指导下更加科学理性地上网。

④开展技能竞赛，引导学生正确使用网络资源

学校通过组织各种计算机知识竞赛，如打字高手赛、电脑绘画比赛、动画制作、网页制作大赛等，把学生的注意力吸引到学电脑、用电脑中来，使学生除了学习还可以通过其他的途径来展示自己的才能，形成文明理性用网的良好风气。

3. 家庭：引导子女正确上网

中职学校德育工作的顺利进行，也离不开家庭的教育与培养。中职学生身心尚未成熟，情绪容易波动，对于子女上网问题，家长要采取“宜疏不宜堵”的态度，家长的身体力行时刻影响着他们，子女总是通过父母的语言行动来观察、理解和认识社会。随着网络时代的到来，家长应该认真学习网络知识，掌握网络技术，提高对网络的认识水平。

家长应该以身作则，从行动上引导子女上网要严格自律。中职学生正处于青春期阶段，这是一个特殊的人生阶段，网络时代的到来使处于青少年的子女面临着更多的诱惑，鉴于子女成长阶段的特殊性以及网络可能会对他们产生负面影响，家长更应该多与他们进行沟通。同时，家长与子女沟通的方式也应该有所改变。过去，家长教育子女的方式多是“我说了你必须听”的模式，这样容易让子女产生逆反心理，最终达不到教育他们的目的。网络时代，在家庭教育中，家长可以在网络中与子女平等交流，以使自己与子女之间的关系处于和谐、融洽的状态中，从而缓和子女青春期带来的叛逆性心理。网络时代，网络是子女课余生活必不可少的内容，网络游戏以及网恋的魅力容易使他们流连忘返，因此，家长要对子女上网进行有效引导，以使他们免受

不良网络信息内容的腐蚀。比如，家长和子女之间可以形成一种相互尊重的关系，达成一个共识，让子女在一定的时间上网；家长可以激发他们的兴趣与动力，让他们带着一定的目的上网，同时对子女接触的网络文化进行严格把关，坚决反对他们玩带有暴力性质的网络游戏，反对他们观看品位低俗的网络文化作品；同时，家长还可以让子女多参加积极健康的体育、社会实践等户外活动以转移他们的注意力，避免其网络成瘾。

（二）网络环境下中职师生德育工作的突破性对策

中职学校在网络环境下的德育工作的现状和问题反映了中职学校在德育观念、德育内容、德育工作者、德育方法等方面的缺失。因此，要实现网络环境下中职学校师生德育工作的转向，必须从以下几个方面进行突破。

1. 网络环境下德育工作观念的转向

树立发展性的德育观。网络环境下的德育工作观念必须要破旧立新。为此，中职学校德育工作者必须迎难而上，积极主动地信息素养，学习信息技术，了解网络知识，从理论和实践相结合上探求网络条件下青少年德育工作的新途径、新方法，努力实现德育工作由单一封闭型向双向开放型转变，由说教灌输型向实践活动型转变，让学生在教师引导下，理性地选择吸收网上多元信息，从而提高自己的道德认识和道德能力。

树立开放性的德育观。网络的开放性、平等性和竞争性等特点，决定了网络空间就是一个大市场，多种思想和文化信息在这里交汇和冲撞，人们可以自由选择和认同。传统的“教育者谆谆而受教育者寥寥”、“天天只念一个经”、转来转去就是“豆腐煮白菜”的局面必须有所改变。中职学校的德育工作者，应该是采取开放的姿态，充分挖掘当前社会也包括网络世界中各种德育资源，让受教育者在保持与身心外在环境的密切联系、交往中培养稳定的道德观念，促使德育观念的更新和发展。

树立学生主体性的德育观。德育是学生的德育，它从学生入手，也落脚于学生，学生是德育的主体。忽视学生为主体的德育思想，缺乏积极的德育实践，教育的作用也难以持久。学生主体德育观要求学校德育从重视灌输道德信条和养成某些行为习惯，转移到着重引导学生自己去掌握道德概念、道德评价、道德判断和提高自我教育能力上来，培养学生独立的批判精神，不断提高对网络文化的识别、自律、抗诱惑能力，构筑一道信息“防火墙”。

2. 网络环境下德育工作内容的转变

网络环境下中等职业学校德育工作相对于传统德育，在工作内容方面须结合网络时代的特点，以学生的全面发展为本，同时充分利用好网络资源，使传统德育与网络理性结合，切实达到德育教育的最佳效果。

要加强中职学生的网络道德教育。计算机网络化技术容易使人只见其科技性要求，看不见其中包含的伦理道德要求。中职学生的认识水平和能力有限，更容易形成单纯追求技术操作知识的片面观念，产生网络行为的非道德取向。如果网络道德责任感不强，就会出现把能够进入他人的电子信箱看作是能力强的表现，并形成恶性循环，破坏社会公德。因此，应在对中等职业学校学生加强道德责任感教育的同时，重点做好“网风”“网德”教育，引导学生用道德理性来规范网络行为，自觉遵守网络规则。

要注重加强个人网上自律教育。“网络无国界，传播有是非”。网络作为新奇事物，对中职学生吸引力较大，中等职业学校学生对新事物具有强烈的好奇心，但他们心理不够成熟，社会经验不足，认识水平比较低，道德自律意识较差，容易出现“网迷”“黑客”，甚至成为网络信息污染的制造者。因此，要教育学生自觉抵制网络有害信息和低俗之风，以文明上网为荣，以不文明上网为耻，为构建追求真善美、抵制假恶丑的良好网络环境严格要求自己，努力成为一个有道德、重品位、讲文明、守秩序的网民。

要加强网络主体意识教育。网络时代，道德已从依赖型道德向自主型道德、从封闭型道德向开放型道德、从一元化道德向多元化道德转变。道德的核心是人的思想道德，其导向功能在网络时代更为重要。因此，中等职业学校德育工作要帮助上网学生提升主体意识，特别是要重点培养学生的道德判断力。只有判断能力增强，才能识别是非、真假、正误、美丑，才能在网络世界中把握自己，才能辨别和抵御垃圾信息；要以《全国青少年网络文明公约》为道德规范，选择网络文明语言，增强明辨是非的能力，让学生在明辨中学会正确选择，对大量的网络信息持扬弃的态度。

注重心理品质教育的渗透。是否具有良好的心理品质，对于一个人的正常学习、工作和生活有极大的影响。网络时代，社会文化变迁频繁、人际关系复杂等，给尚未完全成熟的中等职业学校学生带来了诸多困惑，导致了中等职业学校学生的生理年龄前倾、心理年龄后移的现象，普遍存在着不能客观认识自己、容易冲动、不能正确处理理想和现实矛盾等问题。因此，加强中等职业学校学生心理教育尤为必要。网络时代，中职学校德育工作者要教育学生以尊重、信任、友爱、宽容和谅解的积极态度与他人相处共事，帮助他们正确地应对网络社会的挑战；要对他们进行个性心理品质教育，培养他们的耐挫折能力和适应能力；帮助他们适当表达情绪、合理宣泄情绪、有效调控情绪，避免行为偏激、情绪失控现象发生。

3. 网络环境下德育工作者角色的转换

网络时代的到来，改变了传统的德育方式，也对德育工作者带来巨大的挑战。网络环境下德育工作者要积极转换自己的工作角色，主动适应信息时代对德育工作的新要求，积极应对网络挑战，认真研究网上思想文化交流的新特点，进一步增强德育渗透力与影响力。

德育工作者要从传统德育观念向网络德育观念转向。在网络时代下，网络不仅仅对德育提出了挑战，它还具有一种潜在的促进功能。面对网络的冲击，德育要积极创新，而网络德育的理念正是德育创新的一种方式。网络德育是以现代德育思想、德育目标和德育内容来开展的。与传统德育相比，网络德育有其自身的特点和发展规律，它所拥有的信息的丰富性、传播的便捷化、表现的多样化、交流的互动性、时空的无限制性和虚拟化等特点，弥补了传统德育的不足。《中国教育改革和发展纲要》指出："要进一步加强和改进德育工作，在实践中不断创造改革开放条件下学校德育工作的新经验，把德育工作提高到一个新水平。"如何适应网络传播的新方式、积极抢占网上宣传教育的制高点、树立网络德育新理念是摆在新时期思想政治工作者面前的紧迫任务。中职学校的德育工作者更应具有清醒的阵地意识、创新意识，树立网络德育的理念，大胆迎接挑战，学习、掌握网络技术，认真研究网上思想文化交流的新特点，积极主动地利用网络开展德育。

德育工作者要不断提高自身的网络信息素养。网络信息素养不高是制约网络环境下开展德育工作的重要要素，这也是目前中等职业学校的一个缩影。学校要加强对德育教师进行思想政治教育知识、技巧和网络技能的培训。通过培训，在加快自身网络技术学习的同时，要积极参与网络和了解网络信息内容，树立网络信息资源意识和网络教育意识，学会利用网络开展德育工作，实现德育内容表现形式的优化和德育时空的拓展：如充分利用多媒体，特别是超媒体技术，促使德育内容动态化、形象化；利用计算机和其他现代技术手段辅助德育活动课教学和校内外德育专题实践活动，提高德育的效率和实效性；在时间上，借助于信息网络技术，学校德育不仅限于班会课、团队活动等有限的在校时间，完全可以通过网络的信息、传递力一式延伸到学生的日常生活，延长学生接受德育的绝对时间，使学生得到最大限度的德育关怀；在空间上，借助于信息网络技术，学校德育活动的开展，在很大程度上可以冲破物理空间的限制，由学校、教师所构成的有限的德育空间，与现代化的"电子社区"等开放式的德育空间进行整合，逐步实现德育的电子网络化改造。只有这样，我们才能运用网上大量的正面材料对学生进行教育，引导青少年学生提高获取信息、分析辨别信息及处理运用信息的能力；才能对学生积极开展身心健康的指导，帮助他们树立健康的上网意识，培养健康的网上人格，建立一个规范、开放、理智的校园网络氛围；才能与学生在网络上交流沟通，引导他们走向健康的网络之路，从而达到一定的教育目的。所以，德育工作者必须要学习网络知识，了解网络，运用网络，把德育工作与网络技术结合起来，从而尽快占领网络阵地，有针对性地进行工作。

德育教师要成为多元角色的集合体。在网络环境下的德育中，德育主客体之间是隐蔽式交流与沟通，德育主体要自觉把德育要求渗透到网络环境中，通过网络信息承载丰富的德育内容，德育客体在不知不觉中接受陶冶，逐渐改变其价值取向。因此，德育工作者一方面肩负着对学生进行正面的德育工作，另一方面承担与学生进行网上交流、倾听学生心声、解决学生思想实际问题的任务。作为信息使用的引导者，要求中职学校的德育教师面对网络提供的取之不尽用之不竭的信息资源，要对青少年学生如何使用和处理网络信息进行引导；作为心理健康的咨询者，要求德育教师对青年学生的心理健康予以关注，并及时通过网络等形式为学生提供心理卫生指导，使之在学习上、生活上获得理想的自我选择与适应；作为情感沟通的发动者，要求德育教师在网络德育过程中，对学生的思想状况和关注点进行跟踪和整理，并有效引导学生树立网络自律意识。

4. 网络环境下德育工作方法的转向

网络环境下德育工作方法已经不能再局限于传统的单一的说教、讲授法，教学方法的应用应该摆脱传统的教育者和被教育的关系，向平等关系转变。网络环境下中职德育的工作方法可以从以下方面展开。

第一，网络环境下中职学校的德育实施多元方法相结合。

情理交融法：“情”，即情感陶冶；“理”，即说理引导。动之以情、言之有理、行之循理，情与理两者有机结合起来，就是情理交融法。这是中职学校网络环境下德育工作的一条基本工作方法。

说理引导法：指教育者通过摆事实、讲道理，引导中职学生对网上呈现的种种信息分清是非，明白事理，以提高其认识水平和道德觉悟的活动。它的精髓是面对网络充分发挥客观事实和科学理论的力量，对中职学生进行正面教育。

情感熏陶法：网络环境下德育工作者充分利用网络中呈现出的教育情境，对学生进行感化和熏陶，潜移默化地培养中职学生积极健康的道德情感，从而提高其道德水平的活动。例如，“毒品的危害”“早恋是枚青苹果”“考试舞弊的后果”等无法在实际生活中尝试的问题，都可以通过虚拟实验使学生身临其境，设身处地地去感受某种做人的道理，使传统的、常规的教育方法解决不了的问题在网络德育中得以顺利解决。

第二，开展网络心理辅导，加强心理健康教育。在原有的心理咨询室外，尝试在校园网上开设网上心理咨询，开通网上心理咨询热线，让学生毫无顾虑地倾诉平时难以启齿的心理问题，可以免除学生的思想顾虑和心理负担，有利于学生打开心扉，进行双向沟通，老师可以就学生在情感、学习、生活和人际关系等方面遇到的矛盾和困惑进行解答和开导，让学生一旦有心理困惑，可以把自己的不满情绪找个地方发泄出去，引导他们走出心理误区，及时地为他们解决心理问题，其效果是以往面对面谈心、上大课、开小会所不能比拟的。很多学生面对现实生活中的问题有心事不愿向身边的老师、同学诉说，但在网络世界却尽情倾诉渴望得到他人的帮助。要让网络成为师生之间交友谈心的一个重要场所，鼓励学生把自己关心和感兴趣的话题以及存在的情绪困扰通过网络直接反映、直率表达出来，让老师了解学生的真实思想活动，制定有针对性的教育对策，使学校德育贴近学生、贴近实际，达到比较满意的教育效果。老师要尽可能从校园内发生的事件选取寓含着丰富教育意义的主题进行在线交流，让学生就普遍关心的热点、难点问题进行自由讨论，利用网络的交互性进行正确引导。上网走进心理网站，有人理解你，有人指导帮助你，还有人与你有同感，这对学生无疑是一个极大的安慰。心理老师和学生在虚拟的空间中虽然不能面对面，但却可以心贴心，通过沟通感情，建立相互信任成为学生们的网上知心朋友，引导他们扬“网”之长，避“网”之短，从而抵制不良信息的影响和侵蚀，恢复健康的心态，走向心理的成熟。

第三，充分利用网络工具，拓展学校德育途径

微博。微博是现今中职学生最热衷的网上交流方式。三言两语，现场记录，发发感慨，晒晒心情，微博网站打通了移动通信网与互联网的界限。中职学生写长篇大论的博客可能有点困难，但写几句话应该是力所能及的，每天从早到晚发生的事情学生都喜欢用微博记录下来。因此，我们可以挖用微博掘学生思想的变化，预防某些不利事情的发生；我们可以用微博进行德育教育，宣扬我们的传统文化、校园文化等。家长不妨也注册个微博，把孩子的微博加关注，那么从孩子发微博的时间就能看出他有没有在学习时间偷懒；从微博内容也能了解到孩子的想法、心情变化。有的家长喜欢看孩子的日记，这可比偷看日记方便多了。而现实中的束缚又太多，通过微博这个平台可以实现学生倾诉的欲望，有利于保持学生自己的真实性。

网络QQ。网络QQ是教师了解学生心理的最佳窗口。现在很多学生都不愿意直接向家长吐露心声。有些问题，他们更愿意跟自己的同龄人说，甚至透过网络吐露自己心声。现在很多班主任都会建一个“QQ群”，然后可以通过QQ空间，或者与学生在QQ上聊天，以此“间接”地观察更加“真实”的学生心态与动向。笔者通过与学生QQ聊天发现，学生常常更换自己的个性签名，更换抒写心情，在QQ空间写日记，那是学生最真实的心理变化。通过了解，适时给予学生最及时的帮助，能收到意想不到

的效果。

博客。建立班级博客，丰富班级文化内涵，使师生沟通方式得以创新，使家校互动得以实现。教师可以在学生的博客留言，或在自己的博客上转载几篇励志的博文，或写些日记让学生阅读。把经过过滤的信息传递给学生，减少学生在网络中大浪淘沙做无用功，极大地提高了学生获取信息的效率，而学生之间也可以互相传递信息。例如教师可以在博客的界面中放入相关的德育教学的视频、录像以及相关的资料，这样，在无声的网络进行真诚的沟通，比简单地说教的效果要好得多。

QQ群。通过建立QQ群和相册，创级论坛等方式，把学校的通知及时放在班级论坛，让每位学生能在第一时间了解信息，甚至给学生传达关怀与温暖的信息。把学生参加活动的照片和视频传到QQ空间，让学生感受班主任或教师的良苦用心。这种方式能更好地树立教师在学生心中的形象，促进师生关系的建立。

电子邮箱。网络邮箱也为中职生提供了发泄的空间。中职生较有个性，对教师要求较高，可以让他们写邮件代替过去的“周记”。让学生写“周记”，他们常常不知道该写什么内容，这与他们的表达能力差有很大的关系。但让他们通过邮件来表达自己的情感却比较容易，而且发邮件对他们而言并不难。这样，既可让学生熟悉电脑的操作，又为学生与教师的沟通找到更好的平台。

校园BBS论坛。学校也要重视校园BBS的建立，校园论坛有助于学生的成长。一方面，论坛中大家各尽所能，相互取长补短，能不断提高学生的眼界和能力；另一方面，也容易在校园中形成良好的学习风气。学生通过论坛了解在校园发生的事情，可以开阔他们的视野，提高其修养。在论坛里，学生能学会换位思考，将心比心，因为他们可以经常与网友交换意见。笔者经常在论坛里看大家的回帖，可以帮助学生学会从不同的角度看问题。只要大家都站在对方的角度看问题，一切误会和冲突都能迎刃而解。这将有利于在校园中创建和谐的文化氛围。

五、总结和展望

网络环境下的中职师生德育工作，任重而道远。我们广大德育工作者要深入研讨，充分调动学校、家庭、社会和职校生自身的积极参与，坚持与时俱进，开拓创新，正确处理网络与青少年德育的关系，积极应对网络时代的挑战，努力克服其负面影响，充分发挥网络的积极作用，把握好网络时代的契机，推动新时期的青少年德育工作再上新的台阶，从而实现青少年健康成长的目标。

参考文献：

[1] 张冠梓. 互联网：当代中国青年的“双刃剑”[J]. 中国青年研究，2001，（6）：47-51.

[2] 沈央珍. 谈中职学生的心理健康教育[J]. 宁波大学学报（教育科学版），2000：3.

[3] 中国互联网信息中心第十九次中国互联网统计调查报告[R]. 中国互联网信息中心，2007：1-23.

[4] 王锢，沈绮云. 学生上网是“堵”是“疏”[J]. 中小学信息技术教育，2004：10.

[5] 严峰，卜卫. 生活在网络中[M]. 北京：中国人民大学出版社，1997：4.

[6] 曼纽尔卡斯特，夏铸九. 网络社会的崛起[M]. 北京：社会科学文献出版社，2001：569.

[7] 陈光金. 中国社会学前沿报告[R]. 社会学研究，2002：2.

[8] 美国几万家长同感“网瘾”害孩子[J]. 当代学生，2005，9：53.

[9] 刘彦单. 美国中小学信息伦理教育综述[J]. 外国教育研究，2004，6.

[10] 曹育南，常小勇. 职业道德教育的中外比较研究及启示[J]. 职业技术教育（教科版），2002，（19）：61-64.

[11] 李书琪. 网上人生[M]. 广东：广东人民出版社，2000，91.

[12] 互联网对青少年的影响有多大？[N]. 中国教育报，2003，（2）：10-19.

[13] 周海平. 网吧：何时让人放心[N]. 德育报，2002，5（13）.

[14] 马倩. 青少年上网交往的特点及所存在问题分析[J]. 青年研究，2000. 3.

[15] 李东宏. 网络德育形势分析及对策研究[J]. 现代中小学教育，2003，4：9.

[16] 陈启新. 戒“网瘾”从找原因入手[J]. 湖北教育，2005，6：20.

[17] 朱美燕，朱凌云. 重视青少年“网络成瘾综合征”[J]. 中国青年研究，2002，6.

[18] 杨珍. 初中生生活事件与电子游戏成瘾的相关研究[J]. 中国临床心理学杂志，2005，（13）：192-194.

[19] 翁优君. 中学生“网络成瘾综合征”成因与调适[J]. 教育探索，2005，（8）：9.

[20] 李三波. 网络成瘾的心理分析及预防[J]. 职教论坛，2004，（4）：8.

[21] 徐玉兰. 职高生学习状态调查与对策[J]. 中等职业教育，2005，（8）：6-7.

[22] 雷雳，柳铭心. 青少年人格特征与互联网社交服务使用偏好的关系［N］. 心理学报，2005，（4637）：797-802.
[23] 刘雪，胡敏洁. 网络传播对青少年的负面影响及对策［N］. 河海大学学报（哲学社会科学版），2002. 1.
[24] 孙宪锋. 由青少年沉迷网吧所想到的［N］. 中国教育报，2003，（5）：30.
[25] 焦春才. 职业中专生道德教育乏力的原因及对策［N］. 滁州师专学报，2002，（2）：26.
[27] 杨传奇. "青少年网络道德问题及对策"［J］. 当代教育科学，2004. 7.
[28] 王友. 互联网的发展给思想道德教育带来的机遇和挑战［N］. 贵州工业大学学报（社会科学版），2003. 3.
[29] 戴雪梅. 论新时期职业学校德育实践活动课的开展［J］. 职教论坛，2004，（7）：57-59.
[30] 田凌晖. 网络教育：挑战传统的师生观［J］. 教育科学，2002. 4.
[31] 宋德如. 信息网络对青少年心理的负面影响与教育干预［J］. 中国教育学刊，2000，（10）：5.
[32] 苏茂芳. 试论职业道德教育的途径与方法［J］. 教育与职业，2002：38-39.
[33] 陶西平. 树立新的职业教育发展观［J］. 教育与职业，2001，（7）：4-7.
[34] 阮莹，于丽华. 教师信息技术培训何时走出矛盾困境［J］. 中小学信息技术教育，2004，（12）：17.
[35] 王吉庆，钟启泉. 信息素养论［M］. 上海：上海教育出版社，1999，（7）：47.
[37] 如何看待青春期性教育［N］. 北京青年报，2000，（10）：21.
[38] 郑日金. 谈学校德育同家庭教育的主动性衔接［N］. 上饶师专学报，1995. 4.
[39] 杨雄. 网络对我国青少年的影响评价［J］. 青年研究，2000，（4）：8-9.
[40] 李书华. 网络德育一个紧迫的时代课题［J］. 人民教育，2000，（6）：51.
[41] 邹嘉忠，杨海娟，徐大良. 网络对青少年心理健康的挑战［J］. 教育探索，2002. 3.
[42] 李明毅. e 路伴你行：互联网与青少年道德教育［M］. 上海：复旦大学出版社，2003.
[43] 陈勇，王艳霞. 论网络时代思想政治教育创新［J］. 煤炭高等教育，2001，（6）：35-37.
[44] 姜继红. 网络文化与高校思想政治工作［J］. 高等教育研究，2002，（1）：83-85.

[45] 黎嘉敏. 关于互联网对中学生思想品德影响的调查报告[R]. 教育导刊，2002，(5)：29-31.
[46] 刘景旭. 新时期加强青少年网络道德教育的思考[J]. 思想理论教育，2001，(8)：9-12.
[47] 搜卫星. 网络道德的失范与建设[N]. 河北师范大学学报（教科版），2000，(3)：18-20.
[48] 李伦. 虚拟社会伦理与现实社会伦理[N]. 上海师范大学学报，2002，(2)：27-30.
[49] 聂沉香. 网络交往与个体道德自律[J]. 山东社会科学，2002，(1)：88-90.

实施“感恩教育”促进小学生健全人格发展的实验研究

■ 广州市越秀区先烈中路小学　黄美健

本实验研究对象是广州市越秀区先烈中路小学2008届四、五年级共352名学生。其中四、五年级随即抽取四个班为实验班，另外四个班为对照班，按随机化原则整群抽样。实验班和对照班在学生人数、智力水平、教学活动总量、教师水平等方面基本一致。本实验把重点放在实施“感恩教育”提升学生的感恩意识上，努力探索出一些具体可行的操作范式，借以期望小学生在接受“感恩教育”过程中内隐地会对他们的健全人格产生影响，当然这种影响必定也是整体的、缓慢的。本研究主要采用实验研究法，通过对实验班的学生实施“感恩教育”的实验，测量小学生感恩意识和人格上的变化，并检验实验班与对照班的差异是否显著，辅以文献研究法和调查研究法。

我们认为，对小学生实施感恩教育，要遵循循序渐进的原则、生活化的原则、感恩教育与其他教育相结合的原则、礼轻情意重的原则、从核心向四周的辐射原则。

一、前测

我校四、五年级全体学生参与回答《艾森克个性调查问卷（儿童卷）》和《小学生感恩调查问卷》。

1. 问卷的设计

本问卷围绕培养学生“知恩—感恩—报恩”思路设计。如填空题第2、3小题：“在我家的所有成员中，最辛劳的要数（　），因为他（　）。”引导孩子体谅父母的辛劳，明白自己的成长是父母在默默奉献。在第3题填空“在所有教过你的教师中，你向他们送过（　）次贺卡或献花。”以及问答题：“是否向师长表达过感恩？准备以后怎样向亲人、朋友感恩？”引导他们学会感恩并树立感恩的志向。答卷的过程就是感恩的种子发芽的过程。

2. 问卷完成情况统计

在填空题第4小题中，所有填写问卷的同学均填出教师节和妇女劳动节的日期。有165位同学将父亲节、母亲节的日期全部填错；另有142人填对其中一处；全对的有45人，约占总人数的13%。

有92份问卷没有填写父母的生日；有134人填写了父母亲中的一个人的生日；正确填写的有126人，约占总人数的36%。

有近40%的家庭没有为父母过过生日，这些家庭中为孩子庆祝生日的次数也很少，为2—6次。其中有2个孩子年年庆祝生日，仅为自己庆祝的生日次数分别是2次、4次，父母们只想着孩子，把自己的生日给忘了。

在是否向老师独自表达过节日祝福时，有43名同学从未向老师送过诸如贺卡、图片等礼物。据科任教师分析，这些孩子中大多数比较腼腆，羞于表达。多数孩子填写为2次或3次，超过5次的仅有9人。

有269位同学每年都要向父母拜年，并送上新年的祝福，有16位同学从未向父母拜年，剩余的67名同学偶尔向父母拜年。

近58%的同学在被调查休息日主要活动时选择了“在家里玩，偶尔做家务”，仅有10%不到的同学选择“自己经常做家务”。

在分辨亲人对自己关心的侧重面中，低、中年级同学多选择爷爷、奶奶、妈妈最关心自己的感受，而高年级则多填朋友、同学、自己、姐妹等最关心自己的感受。

在“你认为怎样做才是对他们（周围亲人）最好的报答”一题目时，几乎全部学生的回答是“努力学习，取得优异的成绩”。

3. 答卷情况分析

感恩教育存在普遍缺失。学生对父母和亲人十分依恋，但这种依恋不能代替感恩与尊重。多数孩子在有困难和需要的时候想到亲人，但事后无动于衷。虽然在传统的认识中，长辈应该为孩子做些事的，但如果这种认识根深蒂固，学生只有在“养儿方知父母恩”时才会自发产生感恩的心。不少孩子对于他人的帮助缺少应有的感激与热情，更不用说创造性庆祝某一具有纪念性的日子。

家庭教育存在认识偏差。升学思想占据主流。几乎每个学生的最终目标就是考上重点大学，这种认识的形成无疑是受其父母的影响。为孩子无私奉献的精神是许多家庭的共识，但造成学生没有劳动的意识，没有感谢亲人的情感，更不用说感恩亲人的习惯了。

学校礼仪教育被忽略或轻视。不少学生日常见到教师如同陌生人，连起码的礼貌用语都没有，加强学生日常礼仪教育刻不容缓。

二、具体实施过程

在实验过程中保证实验班和对照班学习起点、时间一致，尽量减少无关变量的影响。实验班实施“感恩教育”系列活动，对照班则根据传统教学方法进行思想品德教育。

1. 知恩图报，从知恩做起

图报的前提是知恩。感恩教育要让学生认识到别人为他付出的一切并非天经地义、理所当然的。我们从亲人、从他人、从社会那里得到多少恩惠，当以更大诚意和实际行动给予回报，这种回报不仅仅是物质上的，还包括感情世界的回报。例如，班主任请班中的学生担任小记者，采访自家的或邻居老人，特别要询问老年人是否受到冷落、虐待、遗弃等不孝的情况，让学生自由选择对象，自主发问，真实记录情况，当然也可以在提示下去了解情况，比如：你家的老人（爷爷奶奶或外公外婆）和你们住一起吗？若不是，他们住在哪儿？老人的家里有彩电、冰箱、空调吗？若没有，那是什么原因？他们年老体弱，有的已失去劳动力，由于历史的原因，他们本身无养老保险费，晚辈给他们赡养费、医疗费吗？当老人生病卧床不起时，晚辈会带他们去医治吗？会有人去护理吗？老人在家里经常有不开心的事情吗？这是为什么呢？你是怎样对待爸爸、妈妈或爷爷、奶奶等长辈的，有什么不孝之言行吗？假如你老了，处于一种被冷落、遗弃的处境，你的感受将会是怎样的呢？

2. 领略“感恩”教育的时代内涵

与父母对话，请父母讲述前辈孝敬的故事，从纯朴的语言中去领略感恩的内涵；与教师对话，明确感恩的传统美德与时代特征，知道应该弘扬什么、摒弃什么；与同伴对话，交流各自在生活中是如何孝敬长辈的；与书本对话，走进图书馆、阅览室，通过查阅圈画、摘录笔记等形式来知晓前辈感恩的动人事迹；与网络对话，搜寻、了解新时代赋予感恩新的含义。

3. 借助课堂道德教育，对学生进行识恩、感恩的教育

感恩教育不仅限在思想品德课上，教师还可以挖掘其他课程中的感恩教育资源。在小学语文课本中，有自然之恩，如《只有一个地球》《黄河魂》《桂林山水》；有父母之恩，如《春蚕》《秋天的怀念》《钓鱼的启示》《地震中的父与子》等；有祖国之恩，如《长城》《赵州桥》《卢沟桥的狮子》《颐和园》《十六年前的回忆》《狼牙山五壮士》《我的伯父鲁迅先生》《詹天佑》等。

教师还可以设计利用各种感恩情境，唤醒学生的感恩意识，寻找能打动学生内心的感恩教育内容和方法，让学生产生共鸣。如设计说明情境、体验情境、体谅情境

等，让学生自己体会感恩的意义和必要性。

4. 把活动作为感恩教育的升华

班主任根据班级学生的个性、特长、活动方式，让学生自由组合成几个小组，根据搜寻的有关感恩的信息，进行艺术创作，并进行展示。

讲述感恩的故事。在班中开展以感恩为主题的故事会，让学生用优雅动听的童声、丰富的肢体语言进行演讲，以此来弘扬中华民族的传统美德，使学生们认识到孝心、爱心是“立人之本、人伦之本”，是一切德行之源，是中华伦理持续发展的内在基因，是中华文化之特色。

创办感恩小报。用新颖的排版、立意鲜明的内容，定期出刊有关感恩个案的所见所闻，使学生亲眼目睹“孝星”的形象，从而得到感染。

设计感恩宣传语。用真实生动，风趣幽默的画面感染学生。

编排感恩节目。让学生自编、自导、自演小品、相声、课本剧、歌舞等，将文化艺术融入感恩活动中，进一步激发学生“学孝、知孝、行孝”的热情。

5. 体验“感恩教育”的真实情感

在前测中我们发现，多数学生认为长辈也像他们那样生活优越，也许比他们还更舒适，根本体会不到父母、爷爷奶奶等长辈的艰辛。为此，我鼓励学生亲自去体验一下自己父母生活的酸甜苦辣，希望他们能从内心深处碰撞出感恩的火花，激发出感恩的真实情感。

结合节日，开展活动。三八妇女节、母亲节、父亲节、端午节、重阳节、教师节等都是对学生进行传统道德教育的良好素材。在庆祝三八妇女节时，我班开展了“感谢妈妈”的活动。如我帮妈妈做件事、我怎样才能做妈妈的好孩子、我为妈妈唱首歌等。在感恩节，学生回想过去的日子谁帮助过自己，并在今天向他们表达自己的谢意。一般生日都是父母给孩子过，有道是“儿生日娘苦日”，所以，孩子的生日应是教育孩子感激父母的好机会。在教师节，让学生了解老师的工作与辛苦，通过这个节日，学生用自己的方式表达对老师的感激。

学做父母，体验辛劳。妈妈十月怀胎后才把我们生下来，那是什么滋味呢？我们让学生在自己的腹部绑上几斤重的米袋，行走、扫地、读书、写字，感受母亲的辛苦。在冬天我们鼓励学生洗衣、洗菜。孩子在体会中写道：“寒风呼呼地刮着，当我的手浸入冰冷的水中时，犹如刀绞一般，冻得直痛心头，实在难熬。难怪妈妈一到冬天，满手都是冻疮。有时口子裂开还流血……” 在夏天我们鼓励学生参加户外劳动。“今天好热，室内气温高达36 ℃，室外甚至超过了40 ℃。这样的天气，作为环卫工的爸爸还要在路边清扫垃圾。午餐后，我也跟着爸爸一起去体验。在这么炎热的天气，站10分钟已经满头大汗了，何况还要干重活！我看到爸爸额头的汗珠像黄豆似的不停地落下来……直到今天我才真正体会到了父母工作的辛苦，他们真是好伟大呀！”班上有位同学的妈妈是水果摊位小贩。她在妈妈的摊头站了一小时，感受很深：“我在这儿只站了不到一个小时，腿就累得受不了，可妈妈却要一直在这里待到很晚。我真想对她说，妈妈，您都是为了我才这样辛苦，我一定要好好学习，长大后好好报答您！”

6. 实现“感恩”教育的知行合一

经常问候，让父母舒心。鼓励学生坚持开展家庭感恩活动，经常对父母说说体贴或感激的话：“爸爸妈妈，你们辛苦了！”经常给爸爸妈妈写一封信，交流思想感情；经常为长辈制作感恩卡，在他们过生日、过节时写上一句祝福的话。

少说多做，让父母省心。我们要求学生自强自理，在双休日帮父母做些力所能及的家务事，扫地、洗碗、拖地板、烧饭、做菜等；多为父母做一些侍奉性的事，例如，为父母捶捶背、洗洗脚、擦擦汗等，尽自己的一份孝心。

诚实守信，让父母放心。我在班里开展了文明习惯的养成教育，将《三字经》和《弟子规》印发给每位学生，边学边做，强化品行的培养。

勤奋上进，让父母开心。如班上有位同学虽然家境比较贫困，但是家长对女儿的教育仍十分重视，努力为她创造安稳的生活。有位同学为了报答父母的养育之恩，发愤学习，刻苦钻研，尤其是数学成绩直线上升，在区里数学竞赛中获得好成绩。他的父母听到这个消息，流下了激动的泪水。

虚心好学，让父母称心。学生们遇到大事难事都主动与父母商量，向父母学习，并尽可能尊重父母的意见；当遇到不符合道义的事时，不仅不盲从，而且能勇敢地站出来纠正。这样，既显示出学生的一片孝心，又不失自己的人格。

宽容豁达，让父母顺心。矛盾无处不在，生活在不同时代的两代人也有矛盾。面对矛盾，学生应该以积极的态度，想方设法去化解。唠叨是父辈的通病，我们应以理解和宽容的态度对待，取其所长，为我所用，尽力维护父母的感情与尊严，消除其代沟。

真诚坦荡，谏父母真心。班上有位“孝星”的父亲曾一度酗酒成性，不但无心工作，还影响了家庭和睦。自小就很懂事的她一边认真读书，一边不断趁父亲清醒时和他谈心，坚持劝他戒酒。日复一日，终于使其父醒悟，改掉了恶习。在实践活动中，教育学生既要重视过程的探究，又要把实践活动过程完整地记载下来，作为感恩笔记。

持之以恒，使父母安心。我们一方面根据《班级评选“感恩之星”评比标准》对学生的感恩行为进行自评、互评、家长评，最终评出“感恩之星”，使之学有方向；另一方面，以此为契机，把感恩的真情实感由父母推广到邻居、亲戚、师长以及全社会成员。

7. 把感恩之心迁移

迁移到尊师爱生。我校开展了“爱心在涌动”学雷锋助学活动；开展“爱心捐款”活动，师生为贫困山区的学生捐款，为他们解难排忧，使他们能继续读书；开展了野外感恩活动，学生自带餐具、自购菜肴，自己搭灶，亲手烧饭做菜，为教师献上一顿丰盛的野外午餐。

迁移到爱班爱校。学生自发组织护绿小队、清洁小队、维护秩序支援队、助学解困救急队等。每天都有学生活跃在校园各个执勤岗位上，礼貌示范，文明督查，卫生保洁。

感恩迁移到爱社会。开展“队旗在我心中”的文明新风活动，为孤寡老人送温暖，为孤儿院小朋友带去快乐；课余时间往返于街道，扫地、清除非法广告纸，扶老携幼，礼貌示范；还开展了“争做环保小卫士”“绿色购物”等环保活动。

迁移到爱党爱国。开展清明节去烈士墓前扫墓、百分百爱国征文活动等，让学生懂得立足本岗、建功立业、奉献社会就是对父母最大的感恩，也才是真正的爱党爱国。

迁移到爱大自然。举行“放飞理想”放风筝比赛、“做绿色小卫士”黑板报比赛、“歌颂春天”诗歌朗诵赛等。

三、后测

结果表明，实施感恩教育在这段时间内起了一定作用。对照组和实验组的后测比较结果表明，实验班的T值相差比对比班要高，这说明实施感恩教育后被试的人格指数有了一定的提高。这种提高在理论上来说既隐含着本质上的提高，也可能说明被试自我同一性的完成趋势，这在一定程度上证明了以感恩教育为内容的健康人格教育的作用。

测验结果说明还有一小部分（30—40分）被试T值偏低，对于这些同学专门进行了座谈、交流后了解到：这些学生本来的个性不算明显，但比较实验前已经有了新的认识和体验，现在比以前懂得怎样去感恩，学会了互助，自信心明显增强。60～70分组T值偏高，他们的个性非常显著，我们也进行了访谈，进而了解到，实验后他们的感恩意识进一步提高，更好地了解了自己的长辈、同伴。

在实验后，我们还进行了小组讨论，对组内每个成员都要进行评价，找出实验前后小组成员的变化，现在小组成员的困惑和苦恼是什么，小组成员的收获有哪些等，对于感恩教育和健康人格的培养有哪些想法和建议等；然后每组派代表发言，全班同学要给予客观、真诚的评价，并进行自评、他评。

学生认识到，感恩教育不仅仅是简单的回报父母的养育之恩和对师长、朋友、他人的感恩之情，它更是一种强烈的责任感。多位家长写来感谢信表示学校的感恩教育活动很实在。与此同时，老师们也在活动和施教中，道德琴弦不断被拨动，对感恩教育有了更深刻的思考，并据此写出大量相关课题论文，促进自身的专业成长。

高中思想政治校本课程的开发与实践的探索

■ 广州市执信中学　林间开

摘　要： 为保证思想政治学科的科学发展，培养学生的政治素养，提高学生的综合素质和能力，我们必须加强思想政治学科校本课程的开发和学校特色构建。本文探讨了思想政治校本课程开发的基本理念，并以高中学生模拟联合国活动校本课程为例，介绍了校本课程开发与实践的过程及成效，最后提出了高中思想政治校本课程实践的困惑、不足与展望。

关键词： 思想政治　校本课程　开发

2004年开始实施的普通高中课程改革（实验）明确指出实行国家、地方、学校三级课程管理，因此，开发校本课程是当前课程改革和实施创新教育的重要举措。要保证思想政治学科的科学发展，更好地体验政治生活，充分发挥思想政治学科在学校的德育功能，培养学生的政治素养，提高学生的综合素质和能力，我们必须以主动的姿态，加强思想政治学科校本课程的开发和学校特色构建，进行理论探讨和实践的创新。本着这一理念，广州市执信中学近年来积极进行思想政治学科校本课程开发的实践工作。

一、思想政治校本课程开发的基本理念

开发校本课程的目标，是在体现与国家课程、地方课程培养目标一致的前提下，根据本校培养目标和课程资源状况，了解并满足学生多样化发展的需要，设置学生可选择的课程，同时提升教师的课程意识，促进教师的专业发展。

开发校本课程的价值取向，一是以人为本，造就全人，为了人格完善和发展；二是讲求实用，满足学生发展的某种需要。因此，开发校本课程既要尊重学生发展的全面

性，也要尊重学生发展的差异性。全面性在于全面发展学生的能力，促进政治学科知识的运用和综合；差异性在于不要求所有学生在所有方面都有相同的发展，而是针对不同学生的不同兴趣和天赋给予充分的发展机会。只有这样，才能保证校本课程的意义。

思想政治学科校本校本课程开发，一般遵循下面三个原则进行组织：一是以高中思想政治学科知识的逻辑来组织，突出政治学科知识结构；二是以社会生活经验为中心来组织，突出社会生活经验要素的地位和作用；三是以学生的生活体验和发展需要来组织，突出在执信生活中的潜移默化和人文熏陶。以上三个原则相互联结，体现学生个人兴趣、能力和需要。

二、思想政治校本课程的开发与实践

近年来，我校打破思想政治学科必修和选修课程的界限，以学生兴趣、需要和能力为基础，以学生为主体，通过教师指导和参与，设计了一系列思想政治学科校本课程，如高中学生模拟联合国活动、“学生公司”、金融社和哲学社活动等校本课程。

下面以高中学生模拟联合国活动校本课程为例，介绍我校思想政治学科校本课程的开发与实践。

1. 课程综述

模拟联合国（Model United Nations，MUN）活动起源于美国，是世界各国官方和民间团体特意为青年人组织的活动，至今已有五十多年的历史。模拟联合国活动在20世纪90年代进入中国之后迅速发展。在模拟联合国大会中，青年学生们扮演各个国家的外交官，以联合国会议的形式，通过阐述观点、政策辩论、投票表决、做出决议等亲身经历，熟悉联合国的运作方式，了解国际重大事件对他们未来的影响，了解自身在未来可以发挥的作用。

模拟联合国是一项融合了政治、历史、地理等多项学科知识，锻炼学生表达能力、沟通能力和协作能力的综合性活动，使学生用包容、理解的全面视角看待问题，对学生素质的全面发展有极大的促进作用。在查找资料、了解议题的过程中，学生学到许多课本以外的知识。此外，这项活动还拓展了学生的视野，培养他们关注世界、关心时事的意识，这都是新时代优秀学生必须具备的素质。通过对国际重大事件的了解，能进一步激发同学们的爱国热情，引导他们努力成为国家的栋梁。

2. 开发背景

2005年3月，我校派出5名优秀学生参加了在北京大学举办的第一届全国中学生模拟联合国大会。从此，模拟联合国活动走进了执信校园。2006年春天，在参加了第二届全国中学生模拟联合国大会后，模拟联合国活动的巨大魅力和教育意义在执信校园内得到进一步推广。在教师的指导下，我校在全省范围内率先成立模拟联合国组织。我校模联组织的发展在广州市中学中产生了深远的影响，并为在广州市乃至广东省推广这项有意义的活动做出了突出的贡献。

3. 实施方式

为了保证模拟联合国活动校本课程的实施，我们通过开设选修课程的方式进行，同时利用放学后、周末和节假日的时间开展活动。

模拟联合国活动在形式上需要遵照联合国宪章内有关会议进程的规定进行，因此需要对学生代表进行培训，学校为此专门安排了一系列的培训课程以及相关活动。

专业性电影评析。考虑到学生的喜好，并将其与模拟联合国培训有机结合，推出全新的外交电影赏析课，作为模拟联合国的入门课程。学生在欣赏最感兴趣的电影的同时，增强对国际关系中的合作和国家外交政策、外交手段的了解，并借此提高自身的语言技巧与国际政治敏感度。比如2007年9月，社团组织高一新生观看了电影《东京审判》的节选，并介绍了东京审判的背景，引导学生关注电影中外交家的气度以及会场上不见硝烟的斗争，使学生对电影本身以及“外交官”的定义都有了比较深刻的了解，激发了学生对于模拟联合国活动的强烈好奇和兴趣。

国际时政热点讨论。定期开展时政热点讨论会，让大部分参加模拟联合国活动的代表进行沟通与交流，增强学生的国际时政敏感度，提升自己作为一名国家代表的素质。讨论的主题包括“韩国人质事件”“土耳其-伊拉克军事冲突”等等。在讨论会中，学生被分成3～4组，分别代表事件所牵涉的主要国家或组织，根据主席所提供的背景和逐步发布的信息，通过讨论做出相应的、最符合国家利益的反应。

模拟联合国活动基本知识和技能培训。为了培养优秀的“外交官”，提升模联代表们的综合素质，我们需要根据代表们的实际情况开展一系列的基础培训课程，包括研究高中学生模拟联合国大会规程；熟悉大会流程；训练各种立场文件、公文、决议草案（序言性条款、行动性条款）、修正案（友好修正案、非友好修正案）的写作技巧；训练演讲、辩论、沟通与外交技巧；培训外交礼仪和代表风度；讲授国际关系基本常识和基础博弈论等内容。相关培训内容汇编形成《高中学生模拟联合国大会指导书》。

在执信校园内举办模拟联合国大会。除了上述日常课程之外，我们坚持每个学期举行一次较大规模的模拟联合国大会，如2008年举行执信中学穗深两地模拟联合国大会，2009年举行执信中学泛珠三角模拟联合国大会，2010年7月将在我校举行北大—执信华南地区模拟联合国大会。

组织选派优秀学生参加各级各类模拟联合国大会。每年执信中学模拟联合国组织都选派优秀学生参加各级各类模拟联合国大会，如参加每年的北大模联、复旦模联、蔚蓝国际中学生模联、哈佛大学中国模联、成都模联、深圳模联等等。2010年2月我校还派出代表团到美国参加北美模联，明年我校将组织代表团到美国参加哈佛大学国际中学生模拟联合国大会。

三、思想政治校本课程实践的成效

校本课程的开发与实践，使思想政治课突破四十分钟课堂的束缚，呈现出生动活泼、多姿多彩的面貌，以全新的姿态走近学生，并深受学生欢迎。思想政治课可以以学生喜闻乐见的形式，形式多样的活动，同时不失深刻的教育意义，在潜移默化中营造了关注天下、关注生活、关注实践的良好氛围，为学生在课本之外体验社会、锻炼能力、提高政治素养提供了一个广阔的舞台。

1. *开发实践校本课程促进了学生的成长*

开发校本课程对学生的成长的确有着深刻的影响，表现在以下几个方面：

促进了学生正确的人生观和世界观的形成。校本课程的实践活动使学生扩大了视野，增强了他们的社会责任感和使命感，促进了学生自主能力的发展。

促进了学生学习态度和学习行为的明显改善。在高中学习压力较大的情况下，学生参加校本课程的学习，以体验、设计、合作、探究、质惑、调查、实践等学习方式参加学习。这些方式虽然在国家课程学习中有实施，但两种课程毕竟提供给学生不一样的平台，学生学习也有不一样的感受。这些学习素养的提升，对学生的整个高中学习，甚至高中毕业后的学习，都将起到积极的作用。

促进学生综合素质的形成和提高。校本课程提供的各种学习和实践机会，许多能力得在这里得到培养，尤其是发现和提出问题的能力，口头和书面表达能力等，校本课程的学习对其形成和提升尤其具有优势。

促进了学生情感价值观的健全形成和发展。学生与他人协作、互助、分享，关注社会、关注生活、关心他人，树立正确的人生理想、进取的精神，形成活泼、开朗的个性等，在校本课程的学习中得到了很好的培养。

促进了学生的差异发展。校本课程比国家课程提供了更好的个性发展平台，对其兴趣特长的发展起了很好的促进作用。

2. *开发校本课程促进了教师的专业发展*

教师是开发校本课程的管理者和参与者，也是在开发过程中专业发展的收益者，没有教师参与，就没有校本课程；没有促进教师专业成长的校本课程，也不是成功的校本课程。事实说明高中思想政治校本课程开发和实践有力地促进了教师的专业发展。

开发校本课程，给教师带来了挑战。长期以来，教师主要扮演了教学角色，教师习惯于执行课程，忠实于教材，不敢进行创新。开发实践校本课程对教师提出了克服被动角色心理，激活个人潜能、智慧和热情，提高知识质量和改善知识结构等一系列的问题。

开发实践校本课程促进了教师专业素质的提高。开发实践校本课程对教师专业发展的巨大促进作用表现在：第一，对新课程理念的理解更加深刻，实施的行动更加到位；第二，对教学科研的需要更加迫切，科研的能力有所提升；第三，激发了教师的知识更新、知识结构的改善和多种知识的整合，主要是本学科知识和跨学科知识的充实、拓展；第四，促进了教师专业精神的增强，开发校本课程肯定了教师的课程角色，从被动的执行者转变为课程的开发者和管理者。这种角色的转变，激励教师把执教看成是一种专业，而不仅仅是一种职业，从而发现这个专业有很大值得研究的新课题，认同这个专业的价值，再付诸研究的实践，并从中产生成就感，这些无疑是教师重要的专业素养。

四、高中思想政治校本课程实践的困惑、不足与展望

研究开发实践校本课程，使我们加深了对这个领域的理论和实践的认识，但在开发实践校本课程的过程中我们也遇到一些困惑，发现一些不足。

首先，校本课程是否要编成教材的问题。以笔者开发的校本课程为例，课程制定了目标、内容、活动方式、指导书和管理制度等，没有编成正规教材。如果要编印成教材，则需要不断修订，印数又不能太多，成本较高。还有就是发给学生后对学生的收费，也有一定的难度。

其次，学生的精力分配问题。在目前高考选拔的机制下，不能奢望学生投入更多的时间到校本课程的学习中，对家长认识的纠正还要做很多工作，这在一定程度上制约了校本课程的发展。

虽然推行高中思想政治校本课程是一项长期且艰巨的系统工程，还有不少需要解决的问题。但我们坚信，只要教师从学生出发，贴近生活，创造性地发挥聪明才智，与学生进行教学互动，开发实践高中思想政治校本课程必将具有强大的生命力。

农村乡镇中学安全教育现状与对策研究

——以从化市神岗第二中学为例

■ 从化市神岗第二中学 黄松根

摘　要：中学生安全事故频发、农村乡镇中学安全教育观念尤其滞后、家长安全教育意识薄弱、学生自护自救能力缺乏，这些都加大了安全教育工作的难度。农村乡镇中学要改变安全教育的现状，必须及时更新观念，设立安全校本课程，开展安全演练活动，建立家长、社区、警力为一体的安全教育体系，确保安全教育工作长期有效。

关键词：农村　中学　安全教育　对策

中学生正处于性格形成的最重要时期，期间身体的不断发育，知识的不断丰富，他们接触外界的机会日渐增加，活动范围越来越广泛，再加上他们刻意要脱离长辈的管教，因而安全问题也十分突出。一旦疏于对这方面的管理，很可能给社会、家庭、学校带来不可估量的损失。据统计，我国每年中小学生因交通、溺水、火灾、食物中毒、房屋倒塌等非正常死亡人数达到1.6万人；2010年我省中小学生因溺水死亡的人数就有361人，因交通死亡人数159人；2011年上海市中小学生安全情况数据统计显示：全年共发生中小学生各类安全事故1860起，造成72名学生死亡。在这些数据面前，我们发现一个严重的问题：中学生的生命安全教育不容忽视，尤其是农村乡镇中学发生的安全事故要比城区中学多，中学安全教育问题给社会带来的不稳定性因素更加强烈。教育部举办的农村教师安全教育管理培训的举措是适应当前实际情况的。但在农村地区，由于交通、地理、信息技术等都还相对比较落后，不仅家长安全意识薄弱，老师的安全教育观念也比较滞后。在这样的情况下，学生的安全意识就变得异常缺乏。因此，我们加强农村中学安全教育就势在必行。

一、农村乡镇中学安全教育现状

1. 现状分析

据有关数据显示，我国平均每天就有将近40名学生因为各种安全事故死亡，而交通事故和溺水造成的学生死亡人数超过了全年学生事故死亡总人数的60%，农村地区学生溺水身亡的人数有逐年上升的趋势。为了能够深入了解农村学校安全教育的现状，笔者从镇的指导中心获得近三年学生发生意外伤亡的资料。从总体情况来看并不乐观，近三年由于意外事故导致学生伤亡的人数为149人，其中死亡8人，伤亡人数占全镇学生人数的比例达到1.23%，即每千人就有12起安全事故发生。其中，溺水事故死亡率最高，交通意外造成伤亡人数占整体伤亡人数的50%以上，校园伤害事故发生的概率也占整个伤亡人数的比例的近1/3，达到28.19%，家庭安全事故与其他安全事故的发生率也不容忽视。由此可见农村乡镇中学的安全问题的突出性与形势的严峻性。

2. 学生安全行为分析

以我校为例，我校地处农村乡镇，南临105国道，北距流溪河仅有100多米，交通地理环境复杂，全部学生来源于农村家庭。今年3月份，笔者对我校初中三个年级的学生进行《中学生安全行为》问卷调查，发出问卷800份，收回783份。从调查数据看，基本了解安全知识的学生占比达到了97.87%，说明农村中学生对安全知识还是有比较深的了解；但是在问及他们小学阶段是否参加过各类演练时，有41.3%的学生竟然没有这方面的经验。学生们仅仅限于安全知识理论上的学习是远不足够的，当他们遇到实际情况时，多半都会手足无措。另外，有25.3%的学生曾遇到过交通意外；34.8%的学生到过河流、水塘游泳；18.6%的学生参与过打架。虽说游泳、打架、上网吧都是以男生为主，但是一系列的数据表明，学生的安全问题已经刻不容缓了。

表1　中学生的安全行为调查表

内容	初一级（195）		初二级（277）		初三级（328）	
	“√”人数	%	“√”人数	%	“√”人数	%
是否基本了解安全知识	191	97.9	270	97.4	322	98.2
有否遇到过交通意外	42	21.5	71	25.6	89	27.1
有否到过河流、水塘游泳	66	33.8	102	36.8	110	33.5
有否参与过打架	30	15.4	52	18.8	67	20.4
有否到过网吧	16	8.2	31	11.2	44	13.4

续表

内容	初一级（195）		初二级（277）		初三级（328）	
	"√"人数	%	"√"人数	%	"√"人数	%
是否谈过恋爱	5	2.6	18	6.5	32	9.8
有否夜不归宿	3	1.5	7	2.5	26	7.9
是否想过放弃生命	1	0.5	3	1.0	4	1.2
是否参加过演练（小学阶段）	117	60.0	161	58.1	192	58.5
是否会正确使用灭火器	131	67.2	190	68.6	207	63.1

二、存在的问题分析

通过调查，农村乡镇中学的安全教育问题非常突出，普遍存在以下"六重六轻"的问题。

1. 重教学，轻安全

虽说我国一直推行素质教育，但是根据考试成绩评价学生的制度一直没有改变，学校、家长和教师都期待学生的成绩优秀，安全教育却被忽略了。学校只会看有多少个学生考上了重点高中和中考的成绩在市里的排名，而对于学生的安全教育过于形式，学校迫于中考的升学压力而缺乏对安全教育的重视。只靠一个学期的几次班会课和国旗下的讲话进行安全教育，学生只会左耳进右耳出，当学生遇到突发事故时，不能很好地采取相应的措施，后果难以想象。

2. 重校内，轻校外

学校对于学生的安全教育其实并不少，而且不断加强校内设施设备检查、教师值日制度、门卫巡查和出入登记制度等有效防范措施，却忽略了学生校外活动的安全问题。其实在学校里发生的安全事故并不多见，真正对学生造成安全威胁的是校园以外的各类安全隐患。作为农村乡镇的学校，周边交通地理环境较为复杂，狭窄弯曲的村道、湍急的河流都会给学生生命安全带来威胁。调查数据表明，我校就有34.7%的学生去过河流游泳，我国每年因交通事故、溺水、中毒、火灾和房屋倒塌而伤亡的学生数以万计，而学校往往忽视了校外安全的问题。

3. 重宣传，轻实练

学校很注重安全教育的宣传工作，学校宣传栏、电子屏总是有安全教育的内容，不少学生认为自己对安全知识掌握很多，而且有些知识可以倒背如流，但是当遇到实际情况时往往会发现他们的自救自护能力和各种求生技能相当缺乏。在调查过程中，我校真正会使用灭火器的学生只有32%左右，而会正确使用防烟面具的学生却不超过5%，有40%的学生在农村小学里没有参加过演练，这说明只进行安全知识的宣传而没有情景体验和演练活动，安全教育效果并不明显。

4. 重显性，轻隐性

在安全教育的过程中，大家通常最关心的是学生有没有发生交通意外，学生的身体是否受伤、流血，却忽略了另一个“计时炸弹”——隐性安全问题。这里所指的隐性安全，就是中学生的心理健康问题和青春期（性）健康教育的问题。隐性安全由于带有隐蔽性、滞后性、潜伏性和长期性而常常会被忽略，而隐性安全一旦爆发，给学生、家庭和学校造成的伤害将无法估量。

5. 重教师，轻家长

学校很注重学生的安全教育，经常利用班会课、年级会议、广播站、大型集会等宣传教育，却忽视了对家长安全教育意识的培养，因此总觉得安全教育效果不明显。一直以来，很多家长总是认为孩子在学校接受教育，就要受到学校的保护，完全把安全教育问题归咎于教师与学校。农村家长对自己的孩子在安全与学习上的教育与引导严重不足。

6. 重学校，轻社区

作为农村乡镇中学，校园周边环境和社会环境很少有人关注。不少中学生走进黑网吧被网络世界迷住，暴力、色情、游戏等正悄悄地毒害青少年的身心甚至生命安全。混乱的交通，夹带着村民恶习的无证照经营店铺，都埋藏着极大的安全隐患。上级部门只注重学校的安全教育却忽视了社会上给学生带来安全威胁的现实，学校只能守护一方净土，对于社会恶劣的环境却无能为力，任其发展。

三、农村乡镇中学安全教育的有效策略

面对农村乡镇中学安全教育存在的种种问题，我们不能任其发展，必须采取一些可行有效的策略来改变现状，以确保安全教育长效持续。

1. 更新观念，构筑安全教育防火墙

学校必须把学生安全教育摆在首位，只有在这样的前提下才能确保教学质量提高。学校安全教育的顺利开展首先要健全机构、责任到人。建立校园安全管理工作领导小组，进一步明确分工，落实责任制，把安全工作列入重要议事日程，无论是上至校长还是下至宿舍管理员都要高度重视安全教育问题，相互协作，层层抓落实。其次是要不断完善各项安全管理制度，如教师课前课后值日和团员值日管理制度，定期检查学校设施设备安全管理制度，门卫值班、出入登记管理、节假日领导值班、食品卫

生管理、消防安全管理、宿舍安全管理和疾控预防等规章制度；学校还要成立突发事件领导小组，制定突发事件应急预案等制度。再次是要统一思想，全校教师要理解“学生安全，重于泰山”的深刻含义，时刻提高警惕，构筑安全教育防火墙，形成全校齐抓共管的安全教育新局面。

2. 形成氛围，创建安全教育校文化

学校的安全教育工作要抓出成效，学校的安全文化建设尤为重要。一是可以通过营造学校安全环境的氛围，让学生在安全的精神环境中受到陶冶和教育。从2009年开始，我校建立了安全教育宣传栏，大力宣传包括交通、防火、游泳、法制、心理健康、网络等安全知识技能等，还定时通过广播站、黑板报、电子屏等传播安全教育的信息，通过暗示、熏陶、启示等手段，直接或间接地影响学生的安全意识和安全行为。二是注重校园设施设备安全维护与保养。如加固围墙、加高走廊栏杆、更换老化线路、维护体育设施、更新灭火器材等，尽量消除学校存在的安全隐患。三是明示各类安全标志。如设置安全出入口标志、楼梯过道靠右行走标志、洗手间注意防滑警示牌、禁止高空抛物标志和校园道路安全减速标志等，让学生时刻有安全意识，使校园尽显安全文化。

3. 设立课程，开拓安全教育新模式

目前，教育部还没有系统的安全教育新课程，学校可以根据自身的实际情况开设安全教育校本课程，以大胆创新的模式开辟安全教育新路子。一是开展安全基础知识学习。为了让中学生了解更多关于交通、溺水、食品、卫生、消防、毒品、网络、用电、防雷、环境污染和自然灾害等各种安全问题，学校可以收集大量安全知识内容，编写安全教育校本教材，确保每周有一节安全教育课，让学生不断积累安全知识。二是认真组织教师进行安全教育培训学习，增强安全意识，正确掌握安全技能，关键时刻能够自救和救人。三是坚持在学科教学中渗透安全教育。在各学科教学中，可根据本学科的实际提及与安全知识有关的内容。四是根据课程实际，邀请专家开展安全知识教育。如在2011年的暑假前，我们请来了当地医院的医护人员，组织全校师生现场示范包扎伤口、人工呼吸和胸外心脏挤压等正确方法，受到广大师生的热烈欢迎。学校还可以主动联系交通、公安、消防、司法、卫生等部门专业人员讲授安全教育课，通过多种渠道开拓安全教育新模式。

4. 重视隐性，确保学生身心常健康

中学生心理健康问题和青春期（性）健康教育问题一直备受关注，也是安全教育问题的“隐形杀手”。我校在这方面一直高度重视，多想办法解决问题。如我们按各年龄段开设了心理健康教育课；经常举办家庭教育讲座，指导家长如何了解子女的心理状况；开设心理咨询室，帮助有心理障碍的学生走出心理误区。我们还要求各班主任要认真调查摸底，及时发现“问题学生”。中学生开始进入青春期发展状态，对外界刺激变得很敏感，易冲动，逐渐产生对异性的注意。一些学生开始结交异性朋友，男生容易冲动打架，女生如果不注意交往，可能导致性疾病感染或者意外怀孕等安全问题。我们应该正面疏导，帮助他们了解传染性疾病传播及预防的基本知识，如观看录像、图片展览、专题讲座等，从而促使学生身心健康发展。

5. 开展活动，提升学生安全应对力

安全教育只靠了解一些安全知识是很不够的，我们要常年开展各类安全体验教育活动，培养他们的辨别力、自控力、受挫力和自护自救能力。学校应积极开展各类演练活动，围绕全国中小学安全教育日的主题，积极开展“安全教育活动月”，组织全校师生进行防火、防震、防空等情景演练活动，如训练学生安全、有序离开教室，懂得使用灭火器、防烟面具等。我校在2011年11月份进行了一次大规模防空演练，仅用了1分47秒，全校1300多名学生就已经双手抱头蹲在了操场上，这与平时的组织训练是分不开的。我校每年还举办安全知识竞赛、安全板报设计评比和创设各种不同情景活动，例如闯红灯的后果，发生溺水、中毒、触电等安全事故时如何自救、互救，从而培养学生自护自救能力和应对突发事件能力。

6. 四位一体，形成教育网络新体系

安全教育是一项艰巨而又长期的教育活动，特别是农村乡镇中学，仅凭学校单方面的力量是难以达到预期目标的。因此，学校、家长、村委会和地方派出所必须四位一体形成合力，构建一个安全教育新体系，其中最重要的还是如何转变家长对子女的安全教育方法和观念。为此，我校从前两年开始，通过办好家长学校这个平台，组织家长学习安全教育方面的基础知识；请来了关工委的老前辈指导家长对子女安全教育的方法；印发各类主题如交通、溺水、食品、卫生、消防等安全小知识读本与子女学习，家长还要签名确认；节假日和寒暑假前印发《学生假期安全指南》；与家长签订学生安全管理协议书；利用互教通信息平台每周发送“注意各类安全事故”信息提醒等方式，逐渐改变家长们传统的“拜金”主义思想，开始注重对孩子安全教育过程，从而提高家长们的安全教育意识，取得他们的信任与支持。

我校还主动联系各村委会和当地派出所，加强校园周边环境的综合整治，如联合有关部门坚决取缔黑网吧和无牌无证照经营的摊贩等。各村委会还成立了治安联动分队，协同派出所警力在学生放学时段和交通要点、人流复杂地段巡逻，及时发现安全问题及时处理。学校聘请派出所副所长为法制副校长，定期为全校师生做法制教育讲座和家长疏导工作。

另外，学校还可以通过建立校园安全教育网站，学生们可以进入网站平台学习和了解有关安全知识与校外安全信息；积极拓展校外德育基地，既可以开阔学生们的视野，又可以给安全教育工作提供新平台。

学校安全教育工作任重道远，只要我们充分提高安全意识，努力提升学校安全管理水平，不断加强教育，坚持安全实践活动，建立长期有效机制，定能创建和谐文明平安校园。

参考文献：

[1] 汪宝德，安全教育［M］．北京：军事医科出版社，2009.

[2] 孙丹丹．中小学安全教育实施的问题分析及改进策略［J］．科教文汇（下旬刊），2009（2）．

[3] 钱丽霞，郭琳，徐新容．国外中小学安全教育比较研究及启示［J］．基础教育参考，2009（7）．

[4] 李开勇，冯维．论我国中小学安全教育存在的问题及其解决对策［J］．现代教育科学，2009（10）．

[5] 张勇．对中学安全教育问题的探讨［J］．教育探索，2010（9）．

营造校园山海文化特色 培育现代小公民品格

——广州市南沙小学实施“山海教育”的探索

■ 广州市南沙小学　曾志伟

摘　要： 构建社会主义和谐社会依赖于良好的公民素质，而加强学生的公民素质教育，培育现代小公民则是当前学校教育工作的重要内容。中国古老的“山水文化”蕴藏着宝贵的培养现代公民素质的教育资源，而我校“倚山临海”的地理环境与深厚的文化历史底蕴赋予了我们“培养学生从小具有山海品质”的灵感。那巍巍青山，立足根本、巍然耸立、坚忍不拔，让我们懂得谦逊与进取，给人以脚踏实地、勇于攀登的启示；那浩瀚大海，包容百川、激情澎湃，告诉我们兼收并蓄才有突破、开放才有生命、追求要有高远目标的人生哲理。为此，2007年7月开始，我们用三年时间开展了以“山海品质”为核心和以“山海校园文化”为载体的现代小公民思想道德素质的教育实践与研究。

关键词： 山海教育　山海文化　山海精神

一、探索过程

我们提出山海文化的教育理念是：“培养具有山海品质的新一代；以博育人，以境化人；营造山海文化，培育‘四有’新人。”我们期望通过实施“山海教育”，达成构建学校山海文化教育模式，促进小学生思想道德素质与学校品牌发展的总体目标。

1. 打造“山海”特色校园环境文化，优化育人氛围

打造“山海”特色的校园景观。具体来说，通过打造体现“山海文化”的一组雕塑群、一个诗苑、一批景观石、一系列走廊文化、一批“爱国、爱家乡、爱学校”宣

传图文、一排体育映象等，形成了“山海”特色的校园景观文化，体现校园环境建设的整体性和科学性。

开展特色室文化建设。通过“四有”（即有一个口号、一个公约、一个光荣榜、一排书柜）普通教室文化、公用教室文化、校史陈列室文化等特色室文化的创设，体现校园环境建设的艺术性和教育性。

2. 寻求切实有效的活动载体，活跃育人形式

开展以学生为主体的校园特色文化活动项目。由德育处和少先队大队部设置一些活动性项目，供学生选择和参与。

开展以教师为主体的校园特色文化活动项目。如开展“三师”（立师德、正师风、铸师魂）教育活动等。

开展以“山海校园情结”为主题的特色文化活动项目。例如“我爱校园”“校园是我家”“为校争光”等征文、摄影、绘画、故事讲演活动。

开展以展示为主体的特色文化活动项目。如英语节、艺术周、科技周、体育周、健康周、各类竞赛等文化展示活动。

开发具有学校特色、能体现办学理念的山海系列校本教材，开设校本课程，实践办学理念。实现校本管理是基础教育发展的基本走向，而课程建设是学校文化建设的核心和载体。

3. 营造健康向上的“山海”精神氛围，陶冶师生情操

学校不是一座凝固的建筑，它是产生思想的地方，是一条流动的思想之河。我们面对的是有生命、有差异、有思想的人，唯有用思想统领思想才能让师生理解思想并思想提升人生。为此，学校围绕办学理念研制了新的办学目标、办学特色、校训、校风、教风、学风等，编撰了《山海宣言》和校歌《启航》，设计了校徽。

利用红领巾广播和校园报《攀登》进行宣传教育，着力烘托一种勤学向上、谦虚谨慎、开朗活泼的育人氛围。

开展以“乐山者仁、乐水者智、乐学者强”为主题的系列教育活动。

强化学校校风、教风、学风的养成。在每个学期的开学典礼、散学典礼、毕业典礼以及每周的升旗仪式上，全体教师面对国旗庄严呼喊校训，全校师生齐唱校歌《启航》。通过《校训》和校歌《启航》“引领”全校师生认识、理解、接受学校的办学理念，并进一步内化为自己的态度、价值观、思维程序和行为方式，从而自觉融入学校的发展之中，进而参与学校管理，参与学校办学目标的制定，参与学校的教育教学改革。

4. 完善“山海”特色校园制度文化建设，不断创新工作方法

建立一套凸现本校优势，体现校本意识的管理制度。决定学校特质的是文化，表现在许多不易察觉的语言和行为中，当然更表现在我们自觉刻意追求的文化中。学校文化建设就是要把先进的办学理念转化成为具体的、大家都认同的行动，并形成可操作的目标，通过学校制度的修订和完善，力求达到管理体系网络化，管理层级扁平化，管理行为制度化，管理策略人性化，从而起到不断丰富学校文化建设内涵，提高学校文化品味，增强学校管理透明度的积极作用。

用心灵唤醒心灵，让激情点燃激情，构建和谐的山海人文环境。一是树立服务意识，学校管理者成为教职工的良师益友，为师生搭建好实现自我价值的平台。二是营造情感型管理的氛围，实行管理从“刚性”向“柔性”的转变。三是把以“考试成绩”为基点的功利文化校正为以“师生生活质量”为基点的人性文化，把以“教学质量”为标志的操作意识修正为以“教师质量和学生素质”为核心的人文关怀。四是倡导“可持续发展的教师质量观”和“可持续发展的学生质量观”，通过师生的可持续发展促进学校的可持续发展。

组织学生自主参与班级各类规章制度的制定。及时总结各项教育活动的经验，把行之有效的措施、方法升华到制度上来，让各班的每一次活动、每一个角落都弥漫着山海文化的气息，无形之中影响着学生的思想观念、行为方式和价值取向。

二、实施效果

1. 构建了山海教育管理模式

经过探索，我校初步建立起小学山海教育管理模式，即“熏陶—感悟—体验”的山海教育管理模式。该模式包括以下基本内容：

在“山海”教育理念的指引下，建立新型的师生关系。教师是引导者；学生是探究者；师生是合作者。在教育、教学活动中，教师充分发挥学生的主体性，引导学生提出问题、积极思考、小组讨论与交流、得出结论，进行“山海”校本教材内容的教学。

根据学校的历史和文化传统进行整理归纳，形成具有“山海”特色校本意义的教育资源，创设蕴含“山海”教育意义的各种情境，通过“熏陶—感悟—体验”的过程，实施现代小公民思想道德素质教育。

注重学生的理解和体验，加强教学与生活的联系。教师允许学生对教材内容有不同的认识和理解，并注重联系生活实际，补充教材内容，要求学生有自己的感悟和体

验，反对烦琐分析的教学，改变学生在课堂教学中的生活方式和学习方式，培养学生的探究意识和探究能力。

实施积极的发展性评价。从博大坚毅、博学进取、博爱宽容三方面对学生做出评价，山海文化倡导的是一种积极的、肯定性的评价，对学生缺点和不足，给予指导。

2. 造就了一支师德高尚、素质过硬的“山海之师”

在“山海教育”的开展中，我们通过改变教师发展观、实施人文管理、搭建互动式平台、建立教师共同体等方式，培育了一支师德高尚、素质过硬的，像山一样坚毅、海一样胸怀的自强不息的学习型教师队伍，形成了拥有10多名品牌教师，4个市、区优秀科组的团队。学科组各具特色，形成了“扎实语文”“善思数学”“活力英语”“健康和美体艺”“创新科技”的特色学科。各科组的教师多次代表南沙区到广州市上示范课和研讨课。

3. 培养了博大坚毅、博学进取、博爱宽容的“山海学生”

我们在探索过程中发现，山海品质教育与小学生现代小公民思想道德素质的内在联系非常紧密，小学生的现代小公民思想道德素质是围绕学生与自然的关系、学生与他人或社会的关系、学生与自我的关系三个方面展开的，具体包括：志存高远、遵纪守法、勇于负责、求真务实、崇美怡情、天人合一、乐思好学、学会生存、循礼守信、勤劳尚俭、明辨是非、团结合作、知己爱己，孝亲睦邻、尊师爱校、心系家乡、热爱祖国、胸怀世界。小学生的公民思想道德素质，不完全是在课堂教学、书本世界的接受性教学中发展起来的，更是在按一定的教育目标要求设计的心理环境中通过活动与仪式中发展起来的。学校文化具有丰富的仪式内涵，仪式在学校文化中也发挥着重要的作用。学校文化中包含着由祭祀、人生、战争和狂欢等原型仪式。

避孕药引发的一堂德育课

■ 惠州商业学校　孟美玲

“丁零……”，上课铃响了，我抱着书本快步走上0812班讲台。

今天讲的是增值税免税项目，这个班学生思维活跃，发言积极，上课气氛很好，我很喜欢在这个班上课。

“下列项目免征增值税：销售古旧图书，避孕药品和用具……”我的话还没说完，马上发现前排几个女生睁大眼睛，开始窃窃私语。

“避孕药？”菲问道，眨了眨大眼睛。

“是的，避孕药品和用具。”我重复了一下，说得缓慢清晰。

“哪儿有得卖？老师，我怎么从来没见过？”菲又问道，教室里有些学生已经在偷偷发笑了。

“你好笨啦，药店里多得是！上次我还看过！”洁高叫道。

这下子，全班炸开了锅，纷纷用狐疑的眼神看着洁。

洁说完后才发觉不妥，忙高声辩解：“只是看到啦，我又没买！”

全班哄堂大笑，洁的脸涨红了，低下了头！

教室里的气氛一下变得诡异起来，大家都看着我，偶尔瞟一下洁，只有洁继续低着头。

没想到“避孕药”三个字让课堂气氛变成这样，一群青春冲动的孩子，既想了解又本能地抵触，看来我们的性教育课还不到位。

“同学们，既然大家对‘避孕药’三个字这么敏感好奇，那接下来我们就不说增值税，专门说说避孕药好不好啊？”我放下书本，拍了拍手中的粉尘，直接走下讲台，站在了洁的座位旁。

“好啊好啊！”难得全班意见那么统一。

“首先我给大家讲讲潘多拉魔盒。在古希腊神话中，一位叫潘多拉的姑娘从宙斯那里得到一个神秘的小盒子，宙斯严令禁止她打开，这反而激发了潘多拉的猎奇和冒险心理。在急欲探求盒子秘密的心理指使下，她将盒子偷偷打开，于是灾祸由此飞出，充满人间。潘多拉的心理可能和你们的心理有些类似，性就是你们每个人手中的魔盒！性是一种本能，是整个动物界生命领域中不可或缺的部分，只是长期以来，我们赋予了它太多神秘色彩。大人们都叫你们千万不要打开，不要接触，但越是压制，你们越发好奇。于是，有的同学打开了这个盒子，偷吃禁果，但又缺乏必要的性知识和安全常识，所以给自己的身体带来各种危害。”

我们早已不是谈性色变的年代，那些仅停留于口头上的枯燥教育太过苍白无力，于是，接下来我用轻松的语调告诉学生三件事情：首先避免婚前性行为，推迟首次发生的年龄；其次，在不能阻止时，要对性行为负责任，建立安全性行为；最后，当没有采取任何保护而有性行为时，应该怎样事后补救。

“所以，同学们要明白：购买避孕药不是一件耻辱的事情，反而是爱护自己、珍惜自己的表现！”

讲完，我看了下学生，她们都很专注，神情沉静，洁也悄悄抬起了头，眼神明亮澄澈。好的，这种气氛正是我想要的，我可以继续往下讲税法课了。

“好的，同学们，言归正转，接下来继续讲免税规定，农业生产者销售自产农产品……”“等等，老师，我还有问题！”婷高高举起手来，教室里一下子安静了，大家都看着婷，一个经常问老师稀奇古怪问题的女生。

我点头示意婷讲出她的问题。

“老师，街上那么多成人用品店，店里都卖些什么呢？是不是也卖避孕药品和用具啊？那也免税吗？”婷的话刚完，教室里马上爆发出尖叫吵闹声，但是很快就安静下来，学生们都抬头看着我。

哎呀，这个问题真是超出我的预料，但是看到学生认真求知的眼神，我觉得还是要仔细解释一下。

“首先，同学们要搞清楚一个问题，那就是成人用品店无权经营药品，目前全国只有经国家批准生产避孕药的正规厂家，并且只在医院和国家批准的大型药店销售，所以，大街上随处可见的成人用品店不能卖避孕药品。”

“其次，成人用品店里卖什么？”我还真没逛过这种店，只是偶尔路过时瞟一下店面外的招牌广告，我的头脑里一边飞快地闪过那些广告上的字眼，一边想着如何给学生解答。

“我想，成人用品店里卖的多是一些成人保健用品，还有些成人玩具，如果同时也销售避孕工具当然享受免税优惠，但仅针对避孕工具这块销售额。”

“老师，为什么叫成人用品店啊？我们未成年人就不能进去吗？”婷又问道，教室里又沸腾了。

哦，天啦！她们在这个问题上纠缠不放了，那我索性就有问必答吧，老师的职责不就是传道授业解惑嘛！我清了清喉咙：

“说白了，成人用品店就是性用品店，里面很多用品只适用于成熟的身体，某些性用品在使用时甚至会有一定的危险，而成年人具备了成熟的身体和良好的心态，因而在使用时能预见并且可避免某些危险的发生。但是未成年人身体没有发育成熟，所以在使用成人玩具时会有一定的危险。你们现在还在读书，应该把更多的精力放在学习求知上，尽量避免婚前性行为。因此，我们不建议未成年人去成人用品店购买性用品，大家听明白了吗？”

不知道这席话能否消除学生的困惑，如果学生再问出更刁钻古怪的问题，我怕我真回答不出来了！

还好，大部分学生点了点头，似有所悟。

“老师，报纸上说一些男学生去这些地方买迷魂水诱骗女孩子呢！”一直没有吭声的珍忽然冒出了这么一句，平静的教室又一次炸开了锅！

“什么啊？你哪儿看的报道？”

“迷魂水，什么东西啊？”

我抬手示意学生们安静下来，趁机进行法制教育和人身安全教育也不错！

“这些迷魂药对人神经有很大的摧残和麻醉作用，其实就是一种麻醉药，经常被犯罪分子利用成为犯罪工具。小珍同学说的很对，的确有这样的报道。成人用品店向未成年人兜售迷魂药，无色无味，入水即化，喝了后会失去意识。有些未成年人，出于好奇或者被社会上的不良朋友诱使而购买这种迷魂药，用在自己熟悉的女孩子身上实施性侵犯，这实际上是一种犯罪行为。”

“啊，这么可怕啊？那我们平常喝水不是要很小心咯！”很多女生做出恐惧状。

“呵呵，我们校园还是很安全的，社会治安也没有坏到人人自危的程度，但是女孩子有点安全意识是好事。假如你们和一群了解不深的异性朋友去娱乐场所玩，喝饮料时就要小心点，从卫生间回来后，最好重新开启一瓶！”我把自己当成知心姐姐，开始谆谆教诲了。

“对熟人也要这么防范吗？”小珍又问道。

“据报道，中国的刑事案件中，有70%是熟人作案，27%是准熟人作案，换句话说，高达97%的刑事案件是熟人所为，大家看这个比例有多高！所以，多点防范意识不是坏事！”我又开始充当法制副校长的角色了。

教室里陷入了热烈的讨论，我趁机看了下表，马上就要下课了，于是开始总结。

“同学们，现在我们回顾下这节课的内容，大家印象最深的是什么？”

“避孕药！”

“成人用品店！”

“迷魂水！”

“熟人作案！”一个个争先恐后地大喊！

“你们能记得这些，很不错哦！可是，难道大家都忘记了今天要讲的最基础的东西了吗？”我对同学们做了个鬼脸。

全班都笑了，“当然记得，增值税免税项目嘛！”

“那好，今天这节课就讲到这里！”

团体心理辅导在班级管理中的应用

■ 台山市教师进修学校　袁安青

摘　要：团体心理辅导，是指在一定情境下，以团体为对象，运用适当的辅导策略或方法，为学生提供一定心理帮助与指导的一种心理辅导形式。这是一个借助团体成员的互动，促使个体通过观察、学习、体验、认识自我、接纳自我，调整与改善他人的关系，学习新的态度与行为方式，以发展良好的适应性的过程。班级管理则是教师根据一定的目的要求，采取一定的手段措施，带领班级学生计划、组织、协调、控制班级中的各种资源，以实现教育目标的组织活动过程。团体心理辅导与班级管理紧密相关，把团体心理辅导的理论、技术和方法运用到班级管理中，既可以拓宽心理健康教育的空间，又促进班级管理的科学化，取得一举两得的效果。

关键词：团体心理辅导　班级　管理

一、团体心理辅导能提高班级管理的效能

1. 以团队心理辅导的活动为载体，提高班级的凝聚力

在班级管理中，教师可以根据学生当前遇到的实际问题，结合团体辅导的目的，设计相应的团体活动，让学生形成自尊、接纳、合群的心理品质，这样既可达到团体心理辅导的目的，同时也可促进班级学生相互交流，增强学生的归属感，提高班级凝聚力，从而促进学生个体与班级团体共同成长。例如，在班级初建期，针对学生互相比较陌生、不能融合等情况，学校设计了“认识你我他”“沟通从心开始”等系列活动，帮助学生逐步适应新环境、认识新同学。在活动中，同学们完成共同的任务，克服同一个困难，得到相同的体验，增强了彼此间理解与信任，掌握了沟通的技巧，有效提升了班级凝聚力。

在团体辅导活动过程中，学生习得的知识、获得的感悟不是听老师讲课所得，而

是在与同伴互动的过程中获得，这就有效促使了学生更好地接纳自己和身边的人。在自我接纳和接纳他人的过程中，学生会把自己当作是集体的一分子，从而增强了集体归属感，改善了班级人际关系。

2. 借力团体心理辅导的过程，选拔培养班干部

班干部的选拔和培养是班级建设中不可忽视的问题，得力、优秀的班干部既是班主任的助手也是班级管理的中坚力量。班主任可以借助团体辅导过程发现和选拔班干部，并借力团体辅导过程锻炼和培养班干部。

团体辅导要求全体成员共同完成若干项任务，这往往是一个学生自主完成的过程。组织能力强、具备一定领导才能与号召力的团体成员会自然而然地在团队中凸显出来，并从中不断建立起自己在团队或小组中的号召力与影响力，成为活动的指挥者与领导者，展现出班级干部应具备的基本素质。而且，学生在团体辅导过程中更容易显现自己的自然本性，班主任可以从中选择适合班级各类职务的班级干部。笔者在中学当班主任时，所推选的班长就是在“秀秀我自己”的活动中脱颖而出的。

3. 巧用团体心理辅导的方法，增加班级工作的多样性

教师在团队心理辅导中可以通过角色扮演、小品、专题讨论、行为训练、心理剧、社会实践等多种多样的活动形式，为学生创设一个轻松的环境，让团队成员在自我探索中实现团队目标。

例如，青春期学生的早恋现象，教师的说理、家长的说教往往无力，于是我们借助团体辅导的心理剧形式，让学生通过演、看、论、写几个过程，共同设计早恋可能的结果。早恋时的恐慌，老师、家长的看法通过学生表演生动展现，随后经共同讨论并演绎早恋可能的结果是整天承担着各方的压力而不得不分手；强力抗争下而选择离家出走，使自己陷入更大的困境；暂时隐瞒了老师和家长，却在走上社会后因为承受不了社会的责任与家庭重担而分手……学生在自导、自演、自议的过程中充分表达了自己的观点，同时也在换位思考中理解了教师和家长的担忧，认识也更加理性。

团体心理辅导的理念和方法对班级管理的借鉴意义在于多换一个角度，多运用几种方式，充分发挥学生的主体性，从而增加班级管理的多样性和灵活性。

二、应用团体心理辅导应注意的问题

1. 有针对性地设计班级团体辅导的内容

班主任应根据班级建设目标、不同年级学生的心理特点与规律及当前学生遇到的成长问题，将团体心理辅导目标层次化，有计划、有目标、有针对性地开展班级团体活动及团体心理辅导活动。根据我市学生的心理特点、年龄特征及具体实际制定的

《中小学心理健康教育活动指南》，学校为各个不同年段设计了团体心理辅导的主题，如初一年级以适应环境、人际交往、认识和调节情绪等为主题；初二年级以青春期教育、良好学习品质的养成等为主题；初三年级以意志品质、挫折教育和升学准备教育等为主题。班主任可以按照主题要求，根据班级实际设计不同内容和形式的团体辅导活动，让班级管理呈现系列化、多样化的态势。

2. 准确把握教师在团队辅导中的角色

教师往往在班级管理中扮演着幕后导演或前台主持的角色，而在团队心理辅导活动中教师则更像一个引导者、参与者、聆听者、接纳者，更像学生的朋友、参谋甚至“同伙”。在活动中，教师和学生一样，也可以敞开心扉，随时以积极的态度参与，随时与学生一起开怀大笑，随时对学生的点滴成功进行赞美及强化。学生只有在活动中能与教师平等对话，表达自己的内心感受，并感受教师对他们的理解、尊重和接纳，才能抛开防范心理，与教师共同追求发展，从而推动班级发展。

3. 提高班主任的心理辅导专业素养

实践证明，班主任是学生学习生活中最为重要的他人之一，对学生的影响力是不容置疑的。近年，学校在广东省心理健康指导中心的支持下，对班主任教师开展心理健康教育C、B证培训，这为班级团体心理辅导的开展提供了必要的人力保障。另外，在班级管理中应用团体心理辅导主要是针对现实问题而开展的，这一核心目标决定了它必须依赖于能较全面地了解学生的班主任的积极参与。当然，班主任也要主动地配合专职心理辅导老师，充分借助团体的动力，营造良好的团体氛围，将团体心理辅导的优势发挥到最高水平的同时，提高班级管理的效率与质量，更好地为学生的健康成长服务。

中职学校全员育人导师制的理论与实践研究

■ 恩平市职业技术教育中心　梁卫华　岑建毅　曾迎春　吴龙占　梁月梅

摘　要：当前，中职教育存在着学生“思想复杂难教难管、专业基础差学习兴趣不高、道德品质有待提高”和班主任工作压力大任务重、家长职业教育观片面等问题，这给中职学校的德育工作带来新的挑战。针对这些问题，应该实施“全员育人导师制”德育模式，集合全员教育力量，加强对中职生的全面引导和关爱，实现德技同步发展，培养健康的高素质的技术人才。

关键词：中职德育　全员导育　技德双赢

中职学生思想、行为、生活复杂化趋向明显，传统的由班主任单兵作战的德育模式已显单薄，无法兼顾全体学生，往往由于需要指导的问题生较多，出现“东边晴了西边又下雨”的尴尬情形，全员参与德育策略可解决这个问题。恩平市广播电视大学（即恩平市中等职业技术学校，两个牌子一套人马）自2011年4月春季学期开始实施“全员育人导师制”德育模式，设立“中职学校全员育人导师制的实践与研究”课题，2011年5月经广东省教育厅批准立项（粤教思函〔2011〕30号）。经实践与研究发现，全员导育实践为中职生的成长导向需求提供了全方位的服务，充分发挥教师“授业—传道—解惑”的三维功能，在一定程度上给中职德育工作带来了转机，实现使中职生“技”与“德”同步发展的目标，具有一定的教育优势。

一、全员导育，实现全员德育

1. 全员导育的理念：全员参与，一个都不能少

一是教师全员参与育人，学校全体教师（其中高级职称教师14人、中级职称教师58人）担任导师，参与全员导育的实践与研究；二是学生全员参与受导，实现100%

育导，与过去做法有所不同，受导对象不是部分差生或问题生，而是全体中职生，他们每一个人从入读开始就分配一名固定导师。因全员导育机制为新生事物，为保证实施的可靠性，学校采用分批实施策略，两年内全面铺开，实现全员覆盖。

实施全员导育模式后，教师和学生都出现身份和角色的变化，既是师生关系，又是导与受的关系。

教师即导师。每一位教师具有双重身份，既是传统教学意义上的教师，又是对学生进行成长指导的导师，既有教书责任又有育人的职责，教与导高度组合。学校倡导“每一位教师都要做学生思想的导师、学习的导师、心理的导师、生活的导师”。教师充当导师参与指导工作，是一种不能旁贷的职责，须与学校签订导育责任书。由于强调自发性和职责性，所以每一位教师都能做到主动转变角色，自觉把导育当成自我平常工作的一部分，避免了角色冲突。

学生即受导者。学校要求开学的前几天，导师就要开始与受导学生及家长联系。从入学的第一天起，每一位学生就要接受导师的教育和指导，成为一名受导者。以班作为一个导育单位，再把班同学细分为导育小组，小组成员人数10～15人，每个导育小组配一名导师，导师对小组成员的受导工作负全责。

2. 全员导育的保障：完善的全员指导制度

在导师制实施的过程中，通过对实践经验的不断总结，听取全校师生的意见、建议，课题组争取学校行政班子的支持，不断构建和完善全员育人导师制的管理制度与实施框架，建立导师管理、测评、评优、补贴等各种制度。

一是学校领导亲自抓，两位副校长分别管理、指导一半的班级和所属的导师，为导师及受导学生排忧解难，亲自与导师一起下乡家访，研究困难学生的扶助方法，有力地促进了课题的开展。

二是将学校处室纳入全员育人导师制实践框架，各处室将职能工作与导师制结合起来。具体来说，政教处负责组织导师进行导育实践和实践研究；科研处负责组织导师进行导育理论研究；总务处负责导育实践中的后勤保障方面的研究；教务处负责导育实践中的教学方面研究；招生就业处负责导育实践中学生职业生涯设计和毕业生实习与就业工作的指导；办公室负责导育实践中各部门工作的协调、督导。学校要求各处室每学期都要研究如何将本处室工作与导师制实践结合起来、如何将本处室职能工作通过导师贯彻到受导学生中去、如何指导导师带领受导学生开展本处室工作。

三是建立学校行政领导挂钩联系班级、导师制度，全部行政领导加入全员育人导师制的理论与实践中去。规定行政领导必须参与挂钩班级的每周主题班会课，与导师和班主会一共商定每周导育方案。

四是发挥专业科组对本专业所属班级、班主任、导师的管理、指导作用，强化全员育人导师制的组织机构。专业科组对导育实践的指导着重体现在专业辅导上，不定期召开导师会议，共同制定学生的专业辅导方案，促进学生的学业发展。

五是明确班主任作为本班导师组长的作用。在这种模式下，德育不再是一个人（班主任）的事，而是全体教师（导师）的共同责任和义务。为平衡班主任与导师的工作，学校明确了班主任、导师各自职责：班主任负责班级日常的班务管理，同时班主任又担任该班导师组长，指导和协调导师开展导育工作；导师负责从思想、学生、生活、心理等方面对学生进行指导，并且协助班主任开展其他方面的德育工作。这样形成一个同心圆的班级德育模式，同心圆中班主任为主轴，导师为外圆，协同作战，发挥合力，教育力量拧成一股绳。

六是建立家长会制度。为加强导师与学生家长的沟通，形成家校教育网络，学校组织召开了4次学生家长会。会上导师与家长充分交流了教育意见，促进学校与家庭在导育工作中的无缝衔接。导育工作得到广大家长的支持和好评，扩大了社会影响力，产生了一定的社会效应。

七是规定了“四个一”的工作要求。每周至少与受导学生见面谈心一次；每个月至少与家长电话沟通一次；每学期至少到每个受导学生家里家访一次；每个假期至少与家长、学生电话沟通一次。

八是印制了《导师手册》，要求导师按手册要求开展导育实践，并对每一次的导育实践进行详细记录，以反馈导育效果。

九是每学期导师做一次导育总结、写一个导育案例，各处室结合职能工作写一份导育总结，鼓励导师、处室领导撰写导育论文。

3. 全员导育的结果：学生对新模式百分百认可

从实践来看，每一位中职生大都乐意接受自身的受导角色，而且表现出一种急切欲望，极想成为导师指导的受益者，导师制与导师得到了全体学生的认可，据学校调查，认可度或接受度接近100%。

可见，自感有受导需要的不是个体，而是全体。中职生对这样的教育模式有着一种高度的趋同感，并不认为受导生等同于差生或问题生，就算是平时学习成绩优异的同学也感到有受导的需要。同时，成为受导生后他们并没有表现出一种羞耻感，反而是自豪感和归属感，安全感也大大增强。

4. 全员导育的原因：提高专业兴趣和发挥教育合力

把全体学生列入受导对象，也是基于中职生学习基础和素质较差，以及对专业学习适应性差的实际。众所周知，因招生等多方面因素影响，中职生相比于普通高中生，入学成绩和学习能力普遍偏低。然而中职生入学后，来到一个陌生的学习环境，学习一些陌生的专业课程，部分中职生感到吃力，甚至无从入手，就会出现兴趣逐渐消退的现象。学校2011年的家长调查问卷反映，中职生刚入读时专业兴趣度达到96%以上，但一两个月后，仍保持专业兴趣的只剩44%，对专业觉得可学可不学的扩大到48%。在这样一个选择关口，老师指导或者帮扶显得至关重要，否则他们可能会误入“歧途”，走上无心向学的不归路。导育实践中，经导师的指导后，大部分的职中生对专业可保持较高的兴趣度，一个学期后仍保持专业兴趣的维持在90%以上，较快下跌的现象已经得到解决。

二、全面导育，实现全面关爱

1. 全员导育的原则：四维导育，全面发展

必须把导育跟单纯的强化纪律教育分开来，因为全员育人导师制强调的是全面导育，这是一个多维度的教育，是从人的发展方面提供多方面的导育服务。学校提出导育“四导原则”——“思想引导、学业辅导、心理疏导、生活指导”，对中职生进行全面培养。

导师的导育不是班主任工作的重复，也不是强化纪律和思想教育的工具，而是学生健康成长的引航人。我们强调了导师导育的全方位性，不但对学生进行必要的纪律和思想教育，更重要的方面是品质引导、学业辅导、心理疏导和生活指导，突出对学生的关爱与关注，让每一位学生都能感受到教师的关心与爱护，贯彻导育的亲情化原则。导育的全方位性，目的是引导中职生走好人生的每一步，自己不会把自己绊倒。

国家教育局2004年颁布的《中等职业学校德育大纲》中说：“中等职业学校德育是对学生进行思想、政治、道德、法律和心理健康的教育。它是中等职业学校教育工作的重要组成部分，与智育、体育、美育等相互联系，彼此渗透，密切协调，对学生健康成长成才和学校工作具有重要的导向、动力和保证作用。中等职业学校必须把德育工作摆在素质教育的首要位置。”

可见，中职学校德育的主要任务是保障中职生健康成长成才。对中职生来说，技术固然重要，但更重要的是做人。基于这种理念，导育强调的是人育，实践的是培养全面的可持续发展的技术人才。

2. 全员导育的方法：从对学生的关爱开始

为让中职生健康全面成长，在导育方法中，学校强调导育实践首先从关爱开始，提倡“让每一名中职生都能得到温暖的阳光”。在导育实践过程中，导师普遍感到中职生渴望被关爱的欲望相对较为强烈。据调查统计，学校几乎100%的学生希望得到老

师的关注或关爱。据研究，这种情况或许与中职生过去的学习生活经历有关。一是在初中学习期间，他们的成绩普遍不太理想，较难得到老师的认同，所以没有任何被关注的优越感；二是部分中职生的家庭教育也存在一定问题，父母对他们的关爱程度普遍不足，甚至缺乏。经学校调查，家长与其子女共处时间一小时至两小时的占20%；半小时至一小时的占14%；30分钟以下的占11%；父母长期不在家的占7%；两小时以上只占48%。而且在学校的中职生自尊心理测试活动中发现学生的自尊水平与其父母的教育水平显著相关，父母与子女相处的时间越长、教育水平越高，中职生的自尊水平就越高，学校学生自尊水平合适者仅为51.6%。因而，中职生更需要教师的关爱。

正是过去被忽视的经历，导致越来越多的中职生被人误解。众所周知，大多数中职生并不是学习素质不行，而是教师与家长对他们关爱过少，导致他们的行为和心理稍偏正常轨道，变成了人们眼中的“坏孩子”。在与家长的联系中，发现全部家长希望老师能更多地关注学生的心灵成长，帮助他们养成良好的行为和坚强的心理品质。实施全员导育工作以来，在导师们的真挚关爱与耐心引导下，个别中职生的自尊水平接近正常，行为心理趋向和谐，这给中职德育工作带来了转机。

3. 全面关爱的原因：侨乡地区出国思想影响严重

实施全面关爱的导育策略，也与本地区的侨乡现实有关。据2012年统计，恩平地区定居国外人口接近30万人，另有2—3万人已领取外国护照，等待时机出国。而在中职生中，学校调查显示，有家属出国的不在少数，达到31%；其中父母一方出国的占17%；父母双方出国的占6%；持外国护照等待出国学生达14%；有出国意向学生的比例更高，达76%，他们均表示如有机会出国，宁愿放弃学业而选择出国打工谋生。在每学期的流失生当中，出国原因的平均占5%。

放弃学业出国谋生的思想对中职生及其家长影响甚大。一是本地经济相对落后，而到国外打工赚钱相对容易，且对技术要求不高，所以部分中职生觉得到职中学习是等待出国的过渡期，学习对自己帮助不大，学与不学一个样，于是选择不学或者敷衍，得过且过；二是父母观念短视，反正子女未来的就业方向是到国外打工，到职中学习是为了让其子女不过早接触社会，跟社会人员混一起，养成不良行为，所以对子女的学业不太重视，要求也不高，只要不出事就行，平安度过等待出国期就好。受此影响，部分中职生学习目标不明确，就业定向模糊，人生规划迷惘，这时如果缺乏教师引导和关爱，他们就因心理得不到开导而转入混乱期，容易误入歧途，并且严重影响班风和学风。

导育实践中，导师对他们的关爱和引导明显加强，学生整体心理稳定，对学校、班级和学业的认可度上升。如2012年11月调查，学校学生对学校、班级和学业的认可度达91%、98%和97%，而以前三项数据均低于90%。其次，经导师工作后，部分“等待出国生”心理转趋正常，均认同“学好技术，就算出国谋生也好防身”的道理；而且部分出国意向生或羡慕生也出现了观念与选择的转变，不再认为“国外的月亮比国内的圆”，均表示将毕业后的就业首选调整为国内或本地，他们的学习劲头均有显著提高。再次，因导育工作机制规定导师必须每月与家长联系一次，导师与家长的沟通得到加强，家长对导师的工作高度认同，认同度达100%，家长对子女的学业期望显著提高，认为必须学好技术方便就业的上升到99%，仍认为读书无用的只占1%。

三、育人为本，实现技德双赢

1. 全员导育的目标：育人为先，培养健康人才

由于多方面的原因，中职教育似乎走入重技轻德的误区，导致部分中职生不同程度地存在着缺乏自信、学习动力不足、法制观念淡薄、社会责任感不强等问题。然而，对未来的技术型人才来说，技与德从来都不是一个人的两极；而且，加强中职生的思想道德教育，具有战略性的现实意义。广东省教育厅、省委宣传部、省文明办、省人力资源和社会保障厅、团省委、省妇联联合下发的《关于加强和改进中等职业学校、技工学校学生思想道德教育的实施意见》中明确指出：“中职学生、技校学生是未成年人的重要组成部分，是未来产业大军的重要来源。他们的思想道德状况直接关系到我省经济社会的可持续发展……促进中职学生、技校学生形成良好的道德素质，成为高素质劳动者和技能型人才，为广东率先建成全面小康社会和基本实现现代化提供基本的人力资源。”

学校实施的全员育人导师制也可以说是对这种精神的贯彻。全员育人导师制虽然是一种德育模式，导育实践着重于中职生的思想道德培养，但并不是只局限于此，而是多维度引导，在思想、生活、心理对中职生进行指导之外兼顾技术学习方面的辅导。一直以来，社会舆论认为“中职学生的主要任务是学好技术”“学好技术走到那里都不怕”，这给中职学生带来了一定的负面影响。学习技术固然重要，但随着社会经济的发展，一个人的职业道德对他的就业影响比技术更大，甚至决定他以后的工作成就。在学校的家长问卷调查中，其中一项是“您最关注孩子的哪个方面的教育”，关注学习成绩的只占28%，更多家长关注的是“心理品质”和“行为习惯”两个方面的教育，比例达到68%。可见，众多家长越来越认识到道德品质对中职生教育的重要性。而在学校全体导师的努力下，学生对职业道德与技术能力的认识更为全面，学校心理测试显示，他们的职业同一性逐步提高，职业承诺逐渐稳定。

2. 全员导育的优势：培养整合，德技同步发展

为培养德技双优人才，学校的全员导育方案中实行四维导育策略，根据需要主动提供思想、学业、心理和生活四个方面的指导，从而保证导育没有漏洞。导育工作虽然强调的是德育培养，但并不忽视同学们学业进步方面的辅导，而且将其作为导育的一项重点。在导育实践中，为保证德育双线培养的质量，学校在安排导师时做到三个原则：一是导师必须是本班的任课教师；二是导师以专业课教师为主；三是按同学的需要分配导师。这样的好处是导师就是同学们身边的“亲人”，导师就是同学们心目中的榜样。实践证明，在指导学生学习的同时，导师在道德品质方面起到了言传身教的效应，急于学技术的学生往往自觉把导师当成模仿学习的道德模范。经问卷调查，实施导育工作后，学校学生与导师的职业道德观念趋同性水平显著提高，学生普遍认同导师的职业观念，职业目标也逐渐坚定。

导育工作的德技共同发展效应还表现在其他方面，尤其是学生参与各种职业技术竞赛和学生活动社团的积极性大幅提升，而在学校以往发动学生参加竞赛却是一件令人头痛的事，学生畏首畏尾极不配合。把学生划分为导育小组后，在导师的组织和鼓励下，学生的表现热情得到激发。如在2012年12月学校举行的“中职生职业生涯规划设计比赛”中，在导师的指导下，全部学生递交了自已的职业生涯规划设计书，经评比，填写优秀率达93.2%，职业志向合理完善。再如在2012年11月学校开展的幼师班专业技术竞赛中，在导师的鼓励下，全部学生自主选择项目参加竞赛，个个显现出足够的自信和热情，然而在以往那些内向自信心不足的学生却如同“赶鸭子上架”，始终无法让她们一展风姿。另外，由于导师就是社团负责人或指导老师，在导师的引导下，学生纷纷加入活动社团或专业第二课堂，在实施导育实践的一年中，学生社团从过去的6个猛增到18个，参加社团的人数也由过去的100多人猛增到653人，社团文化氛围有了一定程度的提升。

四、总结与反思

在全员育人导师制的理论和实践课题实施过程中，课题的研究取得一定的成效，有一定的创新性、示范性和应用推广价值，产生了良好的社会影响。

1. 经验总结

课题研究得到当地市委市政府的重视与支持。2011年11月，恩平市人民政府下拨4.3万元给学校作为本课题的科研经费，市委市政府的重视与支持使课题研究得以顺利开展。

学校高度重视是课题研究顺利进行的关键。学校第一把手首倡实施全员育人导师

制并对该制度进行了顶层设计，亲自动员、部署全员育人导师制各阶段的实践，还亲自向市委市政府争取课题科研经费，自筹配套课题研究经费8万多元，补贴导师家访路费和联系家长电话费；组织课题组主要成员到获得优秀课题奖的国家级重点职中肇庆职中参观、交流。两位副校长担纲分别管理、指导一半的班级和所属的导师，亲自与导师一起下乡家访等。这些都对课题研究起着重大的保证作用。

课题研究成果完善、丰富了学校的德育制度。随着课题研究的深入，根据研究成果逐步实施了行政领导挂钩联系班级、导师制度，五处一室职能工作纳入全员育人导师制架构，强化专业科组对本专业所属班级、班主任、导师的管理、指导作用。这些制度的实施，反过来又推动了课题研究的进一步深化。2012年5月，政教处吴龙占主任参加省中职学校德育科长培训，学校的导师制德育模式引起了省中职德育研究中心的重视，特邀吴龙占主任以“全员导育，让中职德育走出一片新天地”为题做报告，向参加培训的40多名省德育科长介绍学校的导育经验，引起了强烈的反响。

课题研究卓有成效并产生良好的社会影响。通过每学期召开一次家长会，每个导育小组至少安排一位行政领导参加与家长座谈，共同商定对其子女的家校导育方案，并听取家长对学校工作和导师制的意见。立项以来，共召开家长会四次，收集家长意见182条，改进学校工作23件。全员育人导师制的理论和实践研究，提升了学校的德育、管理质量，擦亮了学校的品牌，产生良好的社会影响。

2. 实践反思

“全员育人导师制”虽然给学校的德育工作带来前所未有的活力，但在实践与研究中也出现了以下一些问题，值得我们反思：

学校设备设施的老化和配备不足，影响导师制实施的效果。随着导师制的实施，学校德育、管理的效果比过去有较大提升，特别是实施导师制以来每届新生入学第一个学期的流失率，同以往没有实施导师制时相比明显下降，显示导师制对学校的德育、管理、防流控辍有显著的作用。但是新生入学第一个学期的流失率，却出现逐年加大的趋势。通过课题组对新生的问卷调查，以及对流失生流失原因的统计分析，发现学生流失的主要原因在于学校实验设备的老化和配备不足，学生觉得学不到东西，所以转学或者辍学务工，班主任和导师的劝说往往徒劳无功。

经费投入不足，导师的积极性难以持续。刚开始课题实验时，在面对这个全新的德育机制时，导师都迸发出强烈的研究热情。但随着课题的深入开展，导师工作千头万绪，既要进行导育实践，又要进行理论研究；既要记录导育过程，又要进行导育反思和总结，工作繁多而又复杂，特别是由于办公经费的不足，导致导师家访路费和联系家长电话费补贴不能按时发放，后来甚至停止发放，使得导师工作热情不知不觉间逐渐消退。个别本来参与积极性就不高的导师，甚至个别行政领导，更是觉得课题研究加重了他们的经济负担和工作负担，希望尽快结束。

导师管理机制有待改进。学校虽然实施了副校长分别管理、指导一半的班级和所属的导师，学校行政领导挂钩联系班级、导师，学校处室将职能工作纳入全员育人导师制实践框架，强化专业科组对本专业所属班级、班主任、导师的管理、指导，班主任作为本班导师组长管理本班所属导师等制度，并且明确了由政教处负责组织导师进行导育实践和实践研究、科研处负责组织导师进行导育理论研究。但由于导师素质参差不齐，导育水平、导育能力、导育责任、研究能力等的差异，影响了导育效果。学校虽然规定了“四个一”的工作要求，印制了《导师手册》，从制度上规范了导师的工作，但这只保证了导育数量，而对导育质量却难以衡量。如学校规定导师对每一位受导学生每星期谈话一次，但谈话的内容只能由导师自己把握，素质较低导师的谈话工作或流于形式，起不到相应的导育效果。这些都有待于我们今后改进。

参考文献：

［1］恩平市中等职业技术学校全员育人导师制课题组．家长调查问卷总结［D］．2011：11.

［2］恩平市中等职业技术学校全员育人导师制课题组．学生心理测试报告［D］．2012：4.

［3］叶春鸿．中等职业院校学生自尊异性交往团体心理辅导干预研究［J］．校园心理，2013（1）．

［4］许卫仁，钱利祥．学生成长导师制：新课程理念下寻找适合青少年发展的途径［J］．中小学心理健康教育，2005（7）．

亲子依恋对小学高年级儿童心理健康的影响

■ 河源市源城区城南小学 俞汉华

摘 要：该篇论文目的即要探讨亲子依恋对小学高年级儿童心理健康的影响。使用方法为本研究采用了依恋量表和长处与困难问卷（SDQ）对640名小学生进行调查研究。结果儿童的父子依恋在性别、年级、是否独生、是否留守等变量上有显著差异；SDQ的品行、注意障碍和困难总分男生显著高于女生，而在亲社会行为上则是男生低于女生，留守儿童困难总分显著高于非留守儿童，亲社会行为则显著低于非留守儿童；亲子依恋与SDQ困难部分量表呈负相关，与亲社会行为正相关，父子依恋与母子依恋对SDQ各维度均有较好的预测力。所得结论是亲子依恋是小学高年级儿童心理健康的重要影响因素。

关键词：小学高年级儿童　亲子依恋　心理健康　SDQ

已有研究发现，我国中小学生有心理问题的比例在逐年上升。因此，加强对儿童心理健康问题的研究，探讨有效的心理健康教育对策，已经成为教育工作者的当务之急。目前，有关儿童心理健康的研究集中于探讨心理弹性、社会支持、应对方式、家庭结构等对心理健康的影响，并获得了有价值的结果，但就亲子依恋对儿童心理健康影响的研究还很少。Bowlby把“依恋”解释为一个终生建构的过程，也就是说儿童会在整个童年期继续维持依恋联结，直至成人期发展起其他依恋关系（如配偶、恋人之间、朋友之间的依恋）。亲子依恋是儿童早期生活中最重要的社会关系，也是个体社会性发展的开端和组成部分。研究表明，早期安全的依恋关系不仅有利于儿童身心的健康发展以及社会化的顺利进行，而且直接影响个体成长过程中的人格完善。鉴于依恋对个体发展的重要意义，本研究集中探讨亲子依恋对儿童心理健康的影响，为儿童的心理健康教育工作提供参考。

一、对象与方法

（一）研究对象

以河源市某普通小学学生为调查对象，采用两次整群抽样方法，先按年级分群，抽取三、四、五年级为样本年级，再对此样本按班别分群，随机抽取10个班。共派发问卷700份，剔除无效问卷后，获得有效问卷640份，有效回收率为91.4%。其中男生371人，女生269人；三年级237人，四年级203人，五年级200人；平均年龄10.97岁（SD =1.17）。

（二）研究工具

1. 依恋量表

采用于海琴修订的Kerns依恋安全性量表。这是一份儿童自评量表，共15个项目。采用5点计分法，从“完全不符合”到“完全符合”分别计1—5分，分数越高表示亲子依恋水平越高。父、母问卷各自独立，但问题内容相同，分别施测后得到儿童对父、母各自的依恋得分，简称之“父子依恋得分”和“母子依恋得分”。本研究中父子依恋量表的内部一致性系数为0.75，母子依恋量表的内部一致性系数为0.66。

2. 长处与困难问卷

本研究所用长处和困难问卷学生版是由SDQ官方网站发布的台湾版本中文繁体学生版转换成中文简体。SDQ官方网站声明同意在该网站发布的SDQ版本用于在世界范围内的非商业用途的研究和使用。

SDQ学生版共25个题目，每个题目按0—2三级计分。问卷分为两个大的部分：即困难部分和长处部分。困难部分包含4个分量表，分别是：情绪障碍、品行问题、注意障碍和同伴关系问题，长处部分则只有亲社会行为分量表。本次测量中因为同伴关系分量表信度过低而将其删除，困难总分由情绪障碍、品行问题和注意障碍构成。本研究中困难部分总量表的内部一致性系数为0.70，亲社会行为的内部一致性系数为0.65。

（三）统计学处理

采用SPSS 16.0统计学软件对数据进行描述性分析、相关分析和回归分析，以$P<0.05$为差异有统计学意义。

二、结果

1. 儿童亲子依恋的基本情况

母子依恋与父子依恋的差异有统计学意义，儿童对母亲依恋的得分显著高于对父亲依恋的得分。独生子女在父子依恋和母子依恋上的得分均高于非独生子女，差异有统计学意义。不同年级的亲子依恋得分差异有统计学意义，事后比较显示：三年级儿童的父子依恋和母子依恋得分均高于四、五年级；留守儿童的亲子依恋得分高于非留守儿童，达到边缘显著水平。

2. 儿童心理健康的基本情况

男女生在情绪障碍上无显著的性别差异。男生在品行问题、注意障碍和困难总分上的得分显著高于女生，在亲社会行为上的得分显著低于女生，表明男生的心理健康程度显著低于女生。独生子女在SDQ各维度上的得分均高于非独生子女，但是差异无统计学意义。留守儿童的困难总分显著高于非留守儿童，亲社会行为得分则显著低于非留守儿童。

3. 亲子依恋与儿童心理健康的相关分析

积差相关分析表明，父子依恋、母子依恋与SDQ各因子存在一定的相关。父子依恋、母子依恋与情绪障碍、品行问题、注意障碍和困难总分显著负相关，与亲社会行为显著正相关。结果见表1。

表1　亲子依恋与SDQ各维度的相关分析（r值）

项目	情绪障碍	品行问题	注意障碍	困难总分	亲社会行为
父子依恋	−0.20*	−0.24*	−0.19*	−0.28*	0.30*
母子依恋	−0.26*	−0.26*	−0.24*	−0.34*	0.33*

注：$*P<0.01$。

4. 亲子依恋对SDQ各维度的回归分析

分别以SDQ中的情绪障碍、品行问题、注意障碍、困难总分和亲社会行为为因变量，以父子依恋、母子依恋为自变量进行简单线性回归分析。结果发现，父子依恋和母子依恋在各方程中的回归系数都是非常显著的，对SDQ各维度均具有良好的预测力。见表2。

表2　亲子依恋对SDQ各维度的回归分析

	情绪障碍		品行问题		注意障碍		困难总分		亲社会行为	
	父子	母子	父子	母子	父子	母子	父子	母子	父子	母子

续表

	情绪障碍		品行问题		注意障碍		困难总分		亲社会行为	
β	−0.20*	−0.26*	−0.24*	−0.26*	−0.19*	−0.24*	−0.28*	−0.34*	0.30*	0.33*
R2	0.04	0.07	0.05	0.06	0.04	0.06	0.08	0.11	0.09	0.11
F	26.80*	47.67*	37.72*	46.47*	26.10*	40.40*	53.29*	82.40*	64.57*	80.33*

注：*$P<0.01$。

三、讨论

本研究发现，儿童对母亲依恋的得分显著高于对父亲依恋的得分，这与于海琴的研究结果一致。大多数家庭中，儿童都是由母亲来抚养教育，儿童和母亲在一起的时间远比父亲要多。对于儿童的身心状况，母亲给予了更多的关注，母亲能够更好地觉察和理解儿童，儿童也愿意将内心的想法告诉母亲，乐意与母亲进行交流沟通。儿童与父亲在一起的时间本来就有限，交流不多，父爱往往又是内敛的，父亲很少表达出对儿童的关心。因此，母子关系远比父子关系更亲密。本调查发现独生子女的亲子依恋得分显著高于非独生子女，这与现实生活也是相符的。相对于非独生子女，独生子女得到的是父母全部的爱和无微不至的照顾，独生子女对父母的依赖性更强，更愿意向父母倾诉。对非独生子女而言，由于有其他的兄弟姐妹，父母的精力有限，难免会有一些疏忽，儿童不得不自己解决一些问题。这都使得独生子女的亲子依恋得分更高。本研究发现，小学高年级儿童的亲子依恋发展趋势是：三到五年级呈递减状态，三年级要显著高于四、五年级。随着年龄的增长，儿童的自我认识也在不断发展，独立意识不断增强，社会生活范围不断外延，与同伴的交往逐渐增多，儿童对父母的依恋也随之下降。留守儿童的亲子依恋得分低于非留守儿童，达到边缘显著。父母一年中的多数时间都在外地，儿童很难与父母建立亲密的关系，也有可能儿童的依恋对象不再是父母，而是其他的照顾者，这需要进一步地深入探讨。

本调查发现，在SDQ自评问卷的各个分量表得分上，男女生在情绪障碍上无显著的性别差异，男生在品行问题、注意障碍和困难总分上的得分显著高于女生，在亲社会行为上的得分显著低于女生。这与章晨晨等有关10—14岁青少年的研究结果是一致的。已有文献也发现，女性的内化性问题发生率高于男性，而男性外化性问题发生率较高，即女生更容易出现情绪问题，男生则更多表现为外在的品行和注意障碍等。本研究中女生的情绪障碍没有显著高于男生，可能因为是本研究的被试都是儿童，年龄集中在10～12岁，男女生在情绪处理方面的差异还未显现出来。亲社会行为的得分差异可以归结为女生的移情能力高于男生，女生更愿意帮助他人。男女生在SDQ各维度上的得分差异表明，男生的困难总分显著高于女生，亲社会行为低于女生，男生的心理健康程度不如女生。这也提醒我们在实际工作中，要给予男生群体更多的关注，帮助他们应对面临各种问题，促进心理健康。独生子女与非独生子女的差异无统计学意义，说明是否独生对于儿童心理健康水平并无显著影响。留守儿童的困难总分显著高于非留守儿童，亲社会行为则显著低于非留守儿童，这与以往多数有关留守儿童心理健康的研究结论是一致的，亲子关系的缺失对留守儿童的学习、社会行为、情绪情感和自我认知等都产生了消极影响。

相关分析显示父子依恋、母子依恋与情绪障碍、品行问题、注意障碍和困难总分显著负相关，与亲社会行为显著正相关。进一步的回归分析表明父子依恋和母子依恋在各方程中的回归系数都是非常显著的，对SDQ各维度均具有良好的预测力。基于本研究的结果，笔者认为，在小学生的心理健康教育方面，应充分考虑到亲子关系的重要性，重视亲子依恋对儿童心理健康的重要影响。就家长而言，应该给予孩子充分的关注、信任和支持，多和孩子进行沟通，了解孩子的身心状况。另外，父母和孩子共同参加一些家庭活动（例如，旅游和亲子体验）有助于培养和促进亲子依恋。改善亲子依恋也不单单是家长的事情，与父母沟通建立亲子依恋也是人际沟通能力的一个方面，建议学校将沟通能力训练纳入教育任务中，适当地组织班级进行人际互动活动（如团体辅导）。最后应加强学校和家长的互动，形成教育合力，保持学校与家长的联系，让家长掌握儿童的及时状况；另外，可以开设专门的家长学校，让家长学习儿童心理发展的一般规律，帮助家长培养良好的教育理念，从而与孩子建立亲密的依恋关系，提高儿童的心理健康水平。

参考文献：

[1] 杨宏飞. 我国中小学心理健康研究的回顾［J］. 中国心理卫生杂志，2001，15（4）：289.

[2] Lieberman M., Doyle A., Markiewicz D. *Developmental patterns in security of attachment to mother and father in late childhood and early adolescence: associations with peers relations.* Child Development，1999，（70）：202–213.

[3] 于海琴. 小学高年级儿童亲子依恋及其与同伴交往的关系［J］. 心理发展与教育，2002（4）：37–39.

[4] 章晨晨，凌宇，肖晶，杨晓来，杨娟，姚树桥. 中文版长处和困难量表（自评

版）在832例青少年中的试用［J］．中国临床心理学杂志，2009，17（1）：8-11.

［5］Leadbeater BJ.，Kupermin GP，Blatt SJ，et，al. *A multivariate model of gender differences in adolescents'internalizing and externalizing problems.* Development Psychology，1999，35：1268-1282.

［6］王淑芳. 农村留守儿童的心理弹性及其与依恋、应对方式的关系［D］，2010.

让学生在“自主评价”中发展

——“主体性评价”德育模式的研究与实践

■ 汕尾市城区田家炳中学香洲学校　卓汉杰

摘　要：本文针对目前小学德育工作实效性和时效性“两差”与“两难”的问题，大胆地提出了让学生在“自主德育”“自动评价”中发展新观点，着力构建了“主体性评价”德育模式，其中包括了“主体性评价”的德育“育人”模式，即“两自两看，全程体验”；“三元多维，自主评价”；也包括了“一总二分”的德育“主体性评价”的评价体系等。文章特从这一模式的构建内容、构建意义和如何操作三个方面做了重点阐述。

关键词：主体性评价　德育模式　自主评价体系

“弘扬人的主体性，唤起人的主体意识，发挥人的主体活动能力，已成为时代精神的主旋律。”“教育，作为一种培养人的社会实践活动，是人‘直接以塑造和建构主体自身为对象的实践领域’。”主体性教育就是“指根据社会发展的需要和教育现代化的要求，教育者通过启发、引导受教育者内在的教育需求，创设和谐、宽松、民主的教育环境，有目的、有计划地规范、组织各种教育活动，从而把他们培养成能够自主地、能动地、创造性地进行认识和实践活动的社会主体。”主体性教育的核心在于“增强学生的主体意识，发展学生的主体能力，塑造学生的主体人格。”

针对目前小学德育实效欠佳和操作为难的现状，本文拟从“增强学生的主体意识，发展学生的主体能力，塑造学生的主体人格”这一主体性教育核心问题出发，就“主体性评价”德育模式的构建与实践，提出一些初步的看法。

一、“主体性评价”德育模式的初步构建

所谓“主体性评价”德育模式，就是指根据主体性教育原理，坚持以学生的发展为主体，通过充分发挥学生的主体作用即主观能动性，将自主评价的意识与方法贯穿于学生德育的全过程（包括德育目标、内容确定的直接参与和德育活动的主体介入），让学生自己对自己的德育状况和德育效果进行全程的发展性的评价，从而通过自主评价来促进自己的道德水平的提高和人文素质的发展。这种模式概括起来叫“两自两看，全程体验；三元多维，自主评价”。具体分述如下：

1. “两自两看，全程体验”

“两自”，即自主、自为。“自主”，就是对德育活动参加状况的评价应以自我为主。因为只有自己才能真正清楚自己在德育活动中的实际情况，老师的评价往往是由于间接而并不显得客观真实。所以，学生自主评价是实现“主体性评价”德育模式的前提，也是德育改革与发展的一种必然。“自为”，就是自己去做，即自己主动参与学校德育活动的评价。这不仅要评价自己在德育活动中的表现与结果，还可以评价学校所开展的德育活动项目的目标、内容、方法、措施等是否符合青少年的实际需要及身心特征等。这样通过评价自己、评价学校，以充分体现学生的主体性，学生树立主人翁意识。“两看”，即一看学生对学校德育活动的主体参与情况，二看学生在德育活动中的个性发展情况。可以说，“两自”是德育的手段与方法，注重于过程；“两看”是评价的内容与方法，注重于结果。而这些均由学生来“全程体验”，教师则尽量不要主观包办，只当互动者和帮助者。

2. “三元多维，自主评价”

一元多维，即在德育内容上让学生明确所评价的项目，如关于德育认识、德育活动、德育发展、德育评价等“四维一体”的全面评价；二元多维，即在德育过程中让学生“育前知评价，育中学评价，育后会评价”，也就是说，让学生自己参与德育的全过程评价，在德育前就知道评价什么（目标与要求等），在德育活动中学习怎么样评价（内容与方法等），在德育活动后学会评价（即学会用评价来总结、提高德育效果，以及对“评价”进行评价等）；三元多维，即在方法上让学生展开多维度、多形式的评价方式与方法，如“学生个体自评，学生互动促评，教师点拨助评”等。

二、“主体性评价”德育模式构建的意义

这一模式的构建，主要是为了针对目前学校德育工作实效性差而导致德育工作开

展难、德育工作时效性差而导致德育工作发展难的“两差”“两难”的弊端，着力解决以下三个不协调和三个教育转型的问题。

解决长期存在的德育目标上的高大全与实践中低效率之间不协调的问题。众所周知，我国对学生德育的目标一直求高、求大、求全，严重脱离了学生的实际和他们处于青少年时期身心发育的年龄特征和成长规律，结果、目标虽好，但学生做不到，望而生畏，做而止步，使学生基本上失去了参与德育活动和接受德育的动力和自尊心，其主体性受到严重损害。要知道，“在品格以及整个人的教育领域内只有一条途径可接近学生：这就是他的信任”。因此，我们提出“主体性评价”德育模式，就是树立对学生的信任观念，让学生以主人翁的身份，坚持自己参与学校德育目标的制定，又参与学校德育活动的评价。这样就从指导思想上和制度上保证了学生德育目标的实际可能性和学生参与的积极性、主动性，从而提高德育的实效性，实现由传统的“校本型”德育向民主的“生本型”德育转变的教育转型。

解决过去操作方法上以教师灌输德育的大道理为主与学生接受被动、实践不够之间不协调的突出矛盾。由于传统的教育观念所致，我们过去的德育工作，一向是灌输大道理，不管学生愿不愿听，能否接受，这主要是受“政治说教”的影响，殊不知这把学生当成灌输政治概念的容器，使学生越灌越反感，越灌越得不到合情合理的切实可行的德育效果。为此，我们提出这一模式，旨在改变过去“师讲生听”的课堂教学结构，改变用大道理吓人、不讲民主、不讲实际效果的“粗放型”德育模式，并将这种“粗放型”德育模式转化为“集优型”德育模式，这种模式力求“使学校适合儿童——而不是使儿童适合学校”。即力求构建民主、互动、合作学习的新型师生关系，让学生从大道理的阴影下走向实事求是，并营造以实践活动为主，以案例分析为主，从身边的小事做起，从自己的心灵深处产生激动的地方做起等全新的德育氛围，切实做到“要使教育过程成为真正的师生共同参与的过程，成为真正合作的相互作用的过程”。

解决过去德育成效上难以持久、容易反复的问题，真正摆脱“学校德育天天在抓，学生问题年年不断”的难堪局面。这种难堪局面就在于两种：一是经过一段时间的努力之后德育效果确实显著，并在上级会议、报刊大力宣扬，还介绍经验，但结果这边经验还热，那边没过几天学生又出问题了，有时竟然哭笑不得；二是学生当面对老师说自己受到了很大的教育，而转过身就嘀咕道：见鬼去，谁还听你那一套。这些人压根儿就没有在德育活动中受到教育，得到进步。为此，我们的这一模式就是要学生自我评价、自主评价，即自己相信自己，自己不要欺骗别人，也不要欺骗自己，讲实话、说真话，当然也骗不了别人。这是因为同时还通过互评与助评来建立并得到一种监督和诚信，于是学生逐渐树立起自我责任感，自觉地进行长期不懈的德育锻炼和良好的道德意识培养。因为这时候，“教师和学生真诚的一致，只有在学习是自觉自愿的情况下才能够产生”，也才能够使学校德育由过去的“盲目被动型”向“自觉主动型”转轨。

三、“主体性评价”德育模式的操作应用

制定一套适合学生发展与实践的德育评价体系。这里，我们根据“总分”关系的理论和多维评价、分层发展的教育理念，特设计一套“一总两分”的《“评价表”》。“一总”，即对学生德育情况的综合评价表，分别从学生的德育态度、习惯和参加德育过程的情况、效果等方面设计为“德育认识、德育活动、德育发展和德育评价”四个方面，并做出全方位的自评、互评、助评等定性和定量评价。“二分”，即把目前小学生应该掌握和达到的德育水平的指标分解成A级和B级（A级是较高级的，具有了一定的发展水平；B级是初级的，最基本的）；另外，在表中还增加“补充项目”，由学生自我增加和评价，这更利于发现学生的个性发展的情况。这样，学生可以根据自己目前已达到的德育水平来选择其中一个类级进行自我评价，然后交由同学或老师来“他评”（即互评，助评）。

坚持四个结合，注重科学的“主体性评价”。“主体性评价”的科学性，指除了讲求落实“主体性”教育理念以外，还要在方法上坚持以下“四个结合”。

一是定性评价与量化评价相结合。对学生的思想品德包括知、情、意、行，用量化来测定评价，这对加强德育管理，促使学生思想品德更好地发展是很有必要的。但是，人的思想品德毕竟比别的事物要复杂得多，学生间的思想言行存在着很多差别，如果仅用量化的形式做出判断，结果会把复杂的教育现象和人的丰富个性简单化，使学生丰富的思想、情感、意志、行为被抽象成一组组僵硬的数字，学生在各个方面的发展和进步也被简化为几个简单数量，教育的复杂性和学生千差万别的个性则泯灭无存。因此，在德育评价中，整合定性评价和量化评价，能更真实、全方位地评价学生的德育过程和德育结果。

二是过程评价与结果评价相结合。德育评价的根本目的，在于检查教育目标是否达到，从反馈的信息中及时针对缺陷和问题采取补救措施。因此，在对学生的道德认识水平、道德意志、行为习惯、道德品质的培养等方面进行评价时，应该注重对其生成过程进行科学的评价，即使学生在评价时尚未达到预定的目标，但发展态势是良好的，就应该给予充分的肯定。

三是自我评价与外部评价相结合。评价可以分为“自我评价”与“外部评价”两类。虽说学生互评和教师、家长助评等方式的“外部评价”具有相当的权威性，但是学生的“自我评价”则更为重要。因为学生既是开发自身潜能的主体，又是将外部教育内化为个人素质的主体，应该成为评价自身素质发展状况的重要主体。实践证明，学生的自我评价能更有效地培养学生自我认识和自我教育的能力。一般来说，这两种评价相结合的评价程序是：学生自评→伙伴互评→家长助评→教师点评→学生总评（即综合各方面的信息进行第二次自我评价）。在这一过程中，学生进行了两次自评，尤其是第二次自评，学生对自己的行为进行更认真、更全面、更深刻的认识和分析，是对自己的一次再认识，对自己良好的道德认识和道德行为的进一步肯定和强化，对自己的缺点和错误进一步反思和反省。这一合理程序有利于学生的角色内化，有利于激励学生的内在动因。

四是综合评价与分类评价相结合。这里主要是指“一总二分”的评价方案中的评价内容与标准。综合评价，是指对学生的主体性意识、主体性行为和主体性发展的结果的整体综合的评价；分类分层评价，是指充分尊重学生的主体性作用，注重学生在德育上的个体差异，让学生在不同的德育基础和目标层次上去努力发展，并分别做出评价，以争取在各自原有的起点上获得新的进步和成功。

总之，“主体性评价”德育模式，经过一段时间的实验与实践，收到了一定的成效，但由于它是处于探究过程中的一项创新课题，操作复杂，体系也尚未十分成熟。因此，如何使之进一步科学化、实效性和可操作性，还有待于在新一轮的研究中做出新的探索。

参考文献：

[1] 周宏. 学校教育科研热点研究全书 [M]. 北京：经济日报出版社，1999：66.

[2] 周宏. 学校教育科研热点研究全书 [M]. 北京：经济日报出版社，1999：63.

[3] 周宏. 学校教育科研热点研究全书 [M]. 北京：经济日报出版社，1999：63.

[4] 周宏. 学校教育科研热点研究全书 [M]. 北京：经济日报出版社，1999：64.

[5] 布贝尔. 现代西方资产阶级教育思想流派论著选，品格教育 [M]. 北京：人民教育出版社，1980：302.

[6] 尼尔. 现代西方资产阶级教育思想流派论著选，萨默希尔学校 [M]. 北京：人民教育出版社，1980：139.

[7] 杜威. 杜威教育论著选 [M]. 上海：华东师大出版社，1981：432.

[8] 傅立叶. 傅立叶选集：和谐制度下的教育［M］. 北京：商务印书馆，1964（3）：281.
[9] 詹万生. 学校德育文库［M］. 北京：中国民主法制出版社，1998：89.
[10] 周之良. 德育的理论与实践［M］. 北京：北京师范大学出版社，1996：03.

打造“生命飞扬”特色班级

■ 中山市实验小学 张丽娟

摘　要：关注生命，进行生命教育是学校教育永恒的主题。对生命的关怀是人类的一种朴素情怀，生命教育是实现人的全面发展的基础条件。新课程把“一切为了学生”作为核心理念，要求我们在班级管理中关注每一名学生，关注学生的情绪生活和情感体验，关注学生的道德生活和人格养成。在小学开展生命教育，有利于提高学生的生存技能和生命质量，培养学生勇敢、自信、坚强的品格，为学生树立科学的生命观，正确的世界观、人生观和价值观奠定基础。

关键词：特色班级　学生　生命

一、种植物，养动物，让学生了解生命

对于小学生来说，生命是很抽象的概念。学生如果对生命不了解，就无法触及他们的心灵，如果没有触动心灵，就无法生成新的观念。所以，必须把“生命”具象化，学生才会心有所感，情有所系，在此基础上开展教育，才能水到渠成。

为此，我发动学生在家里种植物，养动物；在班里种了牡丹、月季、串红等许多美丽的鲜花，并由全班学生轮流照顾。我要求学生每天观察动植物的生长，坚持写观察日记和自己的感受。

通过种植物，学生们发现各种植物的生长特点各不相同，只有针对它们的特点，科学地松土、浇水、施肥、除草，植物才能健康成长；通过养小动物，学生们发现养动物有大学问，只有充分了解动物的习性、特点、生活规律，悉心照顾，才能使它们健康成长。通过种植物，养动物，学生们切身感受到了生命成长的奇妙，懂得了生命的成长需要营养和关怀，并逐渐明白自己的成长与动植物的成长一样，需要丰富的营养，也要耗费父母长辈和老师们大量的心血，进而感恩给予自己生命养分的老师、亲人，更加珍爱自己以及其他生物的生命。

二、阅读好书，让学生感受生命

生命的存在不是单调的、静滞的，而是丰富的、发展的。为了让学生全面、系统地了解生命的内涵与意义，我有计划地组织学生阅读促进生命成长的书籍，从书籍中吸取养分，获得智慧。

阅读《可爱的身体》《身体的秘密》《人体奥秘大百科》《我长大了》等书籍，让学生了解自己身体的秘密和成长的历程；

阅读《我喜欢自己》《我很快乐》《如何与同学友好相处》《我不想生气》《儿童情绪管理图书》等，引导学生养成良好的行为习惯，培养管理自己情绪的艺术；

阅读《名人成才故事》《科学家的故事》《激励孩子成长的中国名人故事》《激励孩子成长的外国名人故事》等，让名人的榜样力量激励孩子们成长。

通过制作读书卡、写读书笔记，每周举行一次班级读书沙龙，学生们充分地分享读书的收获和快乐；

通过阅读书籍，学生全面、深入地了解了生命，懂得了管理自己情绪的知识，从名人成长的故事中懂得如何使自己的生命更精彩。

三、诵读经典，让学生的生命丰盈

美国作家埃尔德说："生命存在于相互依赖之中，社会—历史的影响经由这一共享的关系网络表现出来。"在自然性的空间中，个体与他者有着各种联系。在主动的生存方式中，个体可以获得与他者的生命关系，使得他者和自身的身心成为个体生命的表达。读经典、颂经典，无疑是获得良好体验的最佳途径。中华经典是中华民族的智慧结晶，具有民族性、历史性、文化性，承载着中华民族精神和传统文化的精华，是对学生进行伦理道德教育的重要载体。开展中华经典诗文诵读活动，能够传承和弘扬中华民族优秀传统文化，增强学生民族自豪感和文化自信心，提升学生道德修养和文化素质，使学生形成正确的人生观和价值观。

几年来，我一直在班级开展中华经典诵读活动，先后指导学生背诵《小学生必背古诗词80首》《三字经》《千字文》《笠翁对韵》《增广贤文》《道德经》《论语》等典籍。

为了提高学生的背诵兴趣和背诵质量，我组织开展了诵读比赛、读经典绘图画、读经典讲故事、读经典书法比赛等活动，让学生在经典诵读活动中，汲取中华传统文化的精华，吸收前人的智慧。

如诵读《论语》时，我让学生体会“三人行，必有我师焉，择其善者而从之，其不善者而改之”包含的“取人之长，补己之短”的温馨劝导，让学生在诵读中学会做人，乐在其中。

中华经典一点一滴地改变着学生的思想方式、生存方式，让学生深受熏陶，为学生的幸福人生奠基，使学生的生命更加丰盈。

四、开展主题班队会，让学生珍爱生命

西班牙作家乌纳穆诺说：“感觉自己存在，这比知道自己存在具有更大的意义。”正因如此，人才会不断面对这样的问题——一个人最可宝贵的是生命，生命对于每个人只有一次，一个人的生命应该怎样度过？在积极的生活态度下，人才会懂得珍爱生命，提高自护自救能力。

我通过召开各种不同类型的主题班会，对学生进行珍爱生命教育。我们围绕珍爱生命主题，开展“珍爱生命，注意交通安全”“远离火灾，安全常在”“珍爱生命，远离毒品”“我喜欢自己”“魅力男生 魅力女生”等系列主题班会。如“珍爱生命，远离毒品”主题班会结束后，学生们受到了深刻的教育。张开心在作文中写道：

“通过班会课，我了解到毒品把吸毒的人变成了恶魔，为了吸毒，他们去偷去抢，卖掉自己的孩子，杀死自己的父母，残杀社会上素不相识的人……真是‘一人吸毒，全家遭殃，社会受害’。

“在班会视频中，我看到一个大哥哥的毒瘾发作了。霎时间，他由一个彬彬有礼的人变成了一头狂乱的野兽：鼻涕直流，痛苦得用头撞墙，在地上打滚，撕咬衣服，发出像野狼一样凄厉的号叫，令人毛骨悚然。毒品，把人抛进了地狱里……

“我深深地体会到一定要远离毒品，才能过上幸福的生活。”

为了提高学生的生命质量，让学生的形象光彩照人，我举办了“魅力男生，魅力女生”班会课。第一个环节让学生们说出心目中魅力男生、魅力女生的特点；第二个环节一起玩“男生、女生”游戏，让学生领悟到如何做魅力男生、魅力女生；第三个环节评选本班魅力男生、魅力女生，让学生们为魅力男生、魅力女生致颁奖词；第四个环节宣读班级魅力男生、魅力女生宣言；第五个环节举行“和缺点说再见”告别仪式，让学生告别身上的缺点，“养大”优点，使少男少女更具魅力。一时间，“魅力男生”“魅力女生”成为了我们班级的流行词。

学生们在一个个活动中体验、感悟，内化为自己的道德观念，再外化为自觉的行为。通过主题班会课，学生懂得了生命的珍贵，增强了珍爱生命的意识，提高了自救自护的技能，明晰了为自己的生命增光添彩的路径，让生命更加鲜亮地成长。

五、加强心理健康教育，帮学生找回生命正能量

当下的小学生大多数过着众星捧月的生活，“万千宠爱集于一身”，遇到一点挫折就情绪低落，一蹶不振，有的甚至觉得人生没有意义而轻生。我注重对学生进行心理健康教育，帮助他们提高心理素质，珍惜宝贵的生命。

那年，我有一个叫杜家明的学生。这是一个冲动型的学生，情绪波动大，脾气暴躁，自控能力差，不容许别人批评，还有自杀倾向。经过多方了解，我找到了这个学生的“病灶”。原来，由于在原来的班级经常受到老师的批评，他误认为老师不爱他、同学们讨厌他，感受不到集体的温暖和关爱，因此憎恨老师和同学，并采取种种过激的言行来伤害自己，报复老师和同学。为了解开他的心结，我发自内心地关爱他，每天都找他谈话：老师很喜欢你！你跟自己比，只要每天有进步，就是个好孩子。你要做最好的自己！我用“显微镜”捕捉他身上的闪光点，用热情的表扬和鼓励激励他进步。只要有点滴进步，我都在班会上大力表扬；只要作业写得工整，就在班上进行展览；在他的作文中哪怕挑选出一句优美的句子，都要在班上宣读鼓励；当他在纪律、学习方面取得进步时，就为他发报喜书，并向他的家长报喜。在他犯错误的时候，我会首先肯定他的优点，然后指出不足，从来不在班级公开场合进行批评。在持之以恒的激励下，杜家明发生了很大的转变，性情变得温和了，能够接受别人的批评，学会了感恩，成了一个心理健康的孩子，找回了生命的正能量。

六、多管齐下，提高学生生命质量

1. 观看视频

好的视频具有画面生动直观、直抵人心的效果。我遵循学生主体性、师生互动、内化沉淀的原则，充分运用小视频开展生命教育。

每周的星期五，我都和学生一起观看视频，从中吸取生命的养分。

我和学生一起观看故事类的视频。如观看《科学家钱学森》，让学生感受钱学森淡泊名利、热爱祖国、对事业执着追求、成就卓越却谦虚谨慎的人格魅力；通过观看《隐形的翅膀——刘伟》，学习无臂钢琴家刘伟不屈服于残酷的命运，勇敢追求梦想

的蓬勃生命力。

我和学生一起观看访谈类的视频。如《音乐魔术师周杰伦》，告诉学生周杰伦的成功来之不易，执着地追求梦想，就会得到命运的垂青；《刘谦的魔术诱惑》给学生深刻的启示：兴趣是成功的原动力，有智慧有勇气敢创新，才能成为一个领域的佼佼者。

我和学生一起观看讲座类的视频。如《百家讲坛》名家系列——《李白》《杜甫》《苏轼》等，让学生了解这些名人的人生历程，增长人生的智慧。

通过观看一个个精心挑选的视频，学生的心灵受到冲击，思想受到启迪，这些启迪汇成生命的养分，使学生的生命更加鲜活。

程果同学在观看“2011感动中国年度人物”刘伟的视频后这样写道：

“看完刘伟的事迹，看着他用双脚自如地弹奏出行云流水般的旋律，我心潮澎湃。我也是一个琴童，在我的强烈要求下，爸爸妈妈给我买了钢琴，并请了钢琴老师，他们每天不管多忙，都陪我练琴。起初，我热情高涨，一有空就弹琴。但三分钟热度过了之后，我觉得弹钢琴是世界上最枯燥、最辛苦的事情，用种种借口逃避弹琴，钢琴演奏水平提高缓慢。在刘伟面前，我感到无比惭愧。刘伟用残缺的身体，一次又一次地与厄运做斗争。而我拥有健康，却不珍惜。刘伟的成功浸透着他的汗水和百折不挠的意志。现在，遇到挫折时，遭遇失败时，面临放弃时，我想起刘伟，便充满了勇气和力量，便能坦然面对人生旅途中的一切挑战。”

2. 开展社团活动

小社团是发挥小学生创造力、感受成功喜悦、彰显个性的重要形式和载体。生命的过程就是创造的过程。我注重以小社团为载体，让学生在活动中创造自己生命的精彩。

我们充分利用家长的专业特长，成立了全校首个班级小社团——“生命飞扬”小社团，下设“缤纷生物小社团”和“赏美创美”两个社团。

“缤纷生物小社团”活动内容主要包括举办“缤纷世界 保护地球”专题讲座、“昆虫基本知识”“植物小百科”“叶脉书签的制作”活动等。

“赏美创美”小社团每周开展一次活动，老师带领学生欣赏名画，学习绘画的基础知识，进行美术创作。

罗翊力思维活跃，爱思考，爱发言，但专注能力差，管不住自己。参加生物小社团后，他制作的叶脉卡片精美雅致，在学校橱窗展出，获得大家的称赞。通过参加生物小社团活动，他尝到了学习的快乐，增强了专注力，提升了自信心，带动了学习成绩的提高。

黎奕欣把在小社团里学到了摄影知识运用到生活中，利用课余时间拍摄了许多美好的作品，多次获得省市级奖项。他认为，小社团发掘了自己的潜能，培养了兴趣，发展了特长，很有成就感。

小社团活动让学生们在实践中体验成功，在实践中热爱生命，提升了自己的生命价值。

每个学生都是独一无二的个体，每个生命的历程都是单程的、不可复制的，也不可能重来。创建“生命飞扬”班级活动，让学生树立了积极的生活态度，学会善待生命，学会让生命过得有意义、有价值，为学生的健康发展乃至未来人生的幸福奠定了重要的基础。学生感受到生命力量的存在，体验到生命实践活动本身的魅力，更加自信、自觉、健康、幸福地成长。

生本班会中班主任角色定位的思考

■ 中山市华侨中学　陈建春

摘　要：已有的经验表明，说教式的师本主题班会很不受学生欢迎；而在生本主题班会健康美好的活动中，学生却得到了人际的、自我的各个方面的长进。当然，在生本主题班会强调以学生为中心的同时，也不应否认班主任的作用。在学生策划、运作主题班会的不同阶段，班主任的角色定位应该明确，以便更好地适应学生活动的需要，为生服务。

关键词：生本理念　主题班会　班主任角色定位

主题班会作为班级管理的重要形式之一，在对学生进行德育教育，引导学生正确认识自我、规范自我行为、激发学习兴趣、增强班级凝聚力等方面的作用已被大家所公认。目前，班会已经被教育部正式列为活动课程，排入课表，其地位已与学科课程同等重要。然而多年来，在师本教育理念的影响下，班主任是整个主题班会过程中的中心人物，班主任唱主角，多是“一言堂”式、训话式、传达报告式。在这种情况下，学生只有洗耳恭听，而且是带着极不情愿的心态上完一节班会，因此也难怪学生怕上班会，把班会称之为批斗会、挨骂课。长此以往，导致主题班会课流于形式，这不仅浪费了学生的时间，更没有达到应有的教育效果。因此，我们认为，在充分重视主题班会作用的同时，应该以生本理念为依托，适时对主题班会进行改革。

按照郭思乐教授的理解，生本教育应该是真正以学生为主人的，“一切为了学生，高度尊重学生，全面依靠学生”，实施的策略是从控制生命走向激扬生命，因此，生本主题班会的改革所要遵循的一个原则，就是尽可能少干预学生。但是，正如“减少规定性不意味着不必坚持必要的规定性”一样，少干预并不代表不干预和放任自由。这一点，克莱恩说得很清楚，“孩子们所拥有的潜力比目前的教育体制所能启发他们的多得多。你必须要从旁协助他们”。依此理解，我们把一个完整的主题班会分为“三部曲”——即“前奏曲”（主题班会的准备阶段）、“进行曲”（主题班会的进行阶段）、“片尾曲”（主题班会的总结阶段）。在这“三部曲”中，根据学生活动的需要，班主任扮演的角色定位并不一致。

一、“前奏曲”——导引者

我们认为，生本主题班会是指有鲜明主题的、以班集体为活动单位、以塑造健全人格、引导每一位学生发展潜能为根本目标的教育活动。在生本主题班会的准备阶段——“前奏曲”中，有“主题抉择”“活动策划”等系列任务需要落实，这一时期，班主任充当的是导引者的角色。

确定主题是班会课的关键。发动学生集思广益，提出各种合理的主题设想能体现以生为本的理念；然而，如果没有班主任的引导，学生选择的主题有时并不具备可操作性。有一次，为了配合生本主题班会课的实践，班长设计了一份问卷调查：班会课的主题建议。当调查问卷收上来的时候，学生们填写的内容是笔者始料不及的。有“谜语、歇后语、绕口令比赛”“电影欣赏”“杀人游戏”“整蛊游戏”等，几乎清一色的游戏节目。应当说，作为生本教育课堂活动之一的班级游戏，其功用不可小觑。“游戏造成的学习生态，实际上是摆脱了说教和盲目评价造成的逆向压力。其实，游戏的意义远远超出了获取特定的知识本身。从某种意义上说，全部科学，人的全部思想，都是某种形式的游戏。”然而，纯粹是为了游戏而“游戏”的方式不是我们所提倡的。因此，我们主张，在讨论班会主题的时候，班主任应该适时强调“一节班会课围绕一个主题”“一个主题解决一个问题”的原则不容轻易抛弃。事实表明，在这一原则的导引下，学生们的思路逐渐清晰，“学习方法经验交流”“时间在倒数”“态度”“我们这一家”“Team Work（团队合作）”等富于生命气息的选题陆续推出。

按郭思乐教授的理解，能够服务于生本教育的课堂活动应该有：班级游戏、课题研究、课堂剧的编演、读书会、故事会、观察实验等，不一而足。学习生活这样开展，那真是丰富多彩。然而，经过几次生本主题班会课的实践，我们发现，班级活动大多以游戏为主，形式过于单一。可以说，开展游戏活动符合学生好玩的天性，适当的游戏是必需的；但如果长此以往，学生就容易把主题班会课理解成“游戏课”，陷入为娱乐而“游戏”的误区，冲淡了主题班会“寓教于乐”的功效。因此，当学生在策划活动的时候，班主任应当适时地指导他们避免陷入“为游戏而游戏”的误区。有一次，在筹划“思考”这一主题班会的过程中，负责策划的学生依托视频、图片、游戏等素材，制作成PPT演示文稿。粗略一看，素材不可谓不丰富，然而细细寻思，却发现，有些视频、图片纯粹是博人一笑而已，偏离“思考”这一主题，有牵强附会之嫌。后来，在笔者的指点下，经过集体讨论之后，学生策划的活动知识性与趣味性并存，既有引人遐思的哲理名言，又有结合地理知识、人文知识的智力测试题，还有手脑并用的“运输黄豆”的闯关游戏，真正凸现“学思结合”的理念，可以说是主题鲜明，针对性强，拓宽了“思考”的方式，升华了“思考”的意境。

二、“进行曲”——参与者

“进行曲”，即生本主题班会的进行阶段。在这一阶段，班主任主要充当“参与者”角色，既可以选择静静聆听、慢慢品悟，也可以选择主动参与活动。

在师本观念影响下的班主任，俨然是班级的“家长”，动辄以管理者身份亮相。事实上，班主任更应该成为班级的一份子，参与一些教育、教学活动，与生同乐。在2009年第25个教师节来临之际，学生及时策划了“我们这一家”主题班会，笔者和其他科任老师作为嘉宾被邀出席。这次班会设计了一个特别的环节——“老师们的求学故事”，尽管这一环节在各位老师的意料之外，但是诸位老师毫不犹豫，依次走上讲台，一个个关于求学趣事从他们嘴里蹦出，引发学生阵阵开怀大笑。在参与活动的过程中，淡化了老师的说教角色，但教育的功用却暗寓期间。这次主题班会还有一个游戏环节——传苹果。游戏规则是：在乐曲的伴唱中，苹果由学生依次往下传，当音乐停止时，手拿苹果的同学将被“惩罚”——或读绕口令、或做脑筋急转弯、或猜谜语等等。“惩罚”完毕，由该生将苹果送给老师。当接过学生双手捧送上的苹果时，心中的甜蜜与骄傲油然而生。何必刻意去追求“师道尊严”呢？这么一个简单的行为，其实传递的就不仅仅是苹果，更是师生情谊的交流，是“尊师重教”理念的渗透。

班主任主动参与班会课的活动，有利于营造融洽的师生关系。有一次，主持人展示出一个关于“读书态度”的心理测试，笔者按捺不住内心的好奇，举手示意后，主动站起来报出了自己的答案。其实，答案无所谓正误，但笔者坦诚的态度，赢得了学生们热烈的欢呼。

三、“片尾曲”——启悟者

班主任可以引导学生思想，但不能代替学生思想，思想的财富只有通过学生自己的思想才能享有。淡化形式，注重实质，鼓励感悟，是最优化的学习之道。在“全面依靠学生”“高度尊重学生”的生本理念的教学中，我们依然强调“生本并不弱化教师的作用，更不是无师自通。教师需要把握学生的实时学习动态，进行无痕的引领、有针对性的诱发和有创意的调控”。因此，当小组合作学习、交流探讨成为生本主题班会教育常态之时，我们班主任的作用就像是在点燃火把，而不是过去所认为的“灌满一壶水”。作为班主任，我们此时只是个专注的旁观者，充当及时点拨、启悟的角色，促使班会课的教育效果实现超越与突破。

为了做好“启悟者”的角色，我们可以从以下几个方面着力。

1. 通过画龙点睛的点评，激发学生进一步思考的兴趣

在生本主题班会将要结束的时候，班主任可以围绕本次班会的主题，发表画龙点睛的几句短评，以激发学生进一步思索的兴趣，把课堂活动延伸至课下。这样，教育的功能将“润物细无声”，发挥着潜移默化的作用。

有一次，在“追梦”这一主题班会将要结束的时候，我有感而发，说了下面一段话：

“美丽承诺的兑现，需要我们强有力的实际行动；七彩梦想的摘取，依托我们持之以恒的拼搏。

“人生没有彩排。为了不留遗憾，在高三的紧要关头，我们怀揣梦想，肩负着家人的殷切期望，毅然踏上了坎坷的征途。我们坚信，经过三百多个日夜的奋战，生活回馈给我们的将是厚报。明年的七月，将是我们收获的季节。那时，骄人的成绩将映红我们的脸庞。那时，我们可以大声地喊出，我们的高三生活十分精彩！”

当下课铃声响起，我宣布下课，并布置了这一周周记的主题是感悟“追梦”。源自内心真情实感抒发而成的周记，是学生自查、自评、自省的好帮手，也是与班主任进行沟通的桥梁。学生们在周记里展示的每一个字、每一段话语，读来都令人振奋。

“哈佛训言说：‘此刻打盹，你将做梦；而此刻学习，你将圆梦。’但要圆梦不单是此刻的事，是许多时刻所要努力才能完成的。”

“我曾想，在梦里，为那张写着‘未来’的白纸画上一朵朵娇艳的花。然后心满意足地等着它绽放，可直到天亮后，它仍沉睡着。现在我才知道，我必须付出努力，花儿才愿意为我绽放，就像小王子不惜代价，精心呵护他那朵玫瑰花一样。我要努力学习，奋力拼搏，冲向成功的大门。”

“每个人心中都有一个梦，心中都有放飞的风筝，但是风筝的高度取决于心中线的长度。风大了，风筝一直在飞，但我要很好地驾驭风筝，直到它到达我人生的巅峰。”

“实现梦想不是写几页‘我的梦想’就可以成功的，要有攀登高峰永不懈怠的精神啊！”

2. 促成学生积极反思与体悟

教育本身就是不断发现问题、解决问题的过程。我们关注的是学生从发现问题到解决问题过程中的收获与生成。“课堂缺少了学生从不知到知之的矛盾运动，缺少

了生动活泼的主动的活动，一堂课没有了这些，就没有了活的灵魂，失去了生命活力。”有了认知冲突的生成式学习，必然会有收获，因此，促成小组策划参与人员的总结、反思与体悟也是必不可少的。

“生本教育还学生一个自由的空间，我们跨出了成功的一步。”这是一位生性腼腆的女生在参与一次主题班会策划活动后发表的感慨。从中我们可以看出，在生本主题班会宽松的环境中，学生更能愉悦心情，收获更多的自信与满足。

“在快乐中懂事”“非常成功的一次班会，是一次童真的完美释放”“邂逅在此时，欢乐在一生。不抛弃、不放弃”“花儿还有重开日，人生没有再少年。时间不等人，只有人去追时间”这些话语是“时间在流逝”主题班会开展后学生们言由心生的感言。从中不难发现，通过此次主题班会，学生们不由得意识到：时间无情地流逝，我们更应该惜时如金，全身心投入学习和生活中。

生本教育理念下的主题班会，学生是整个主题班会过程中的中心人物。强调对学生的自我、自主、主动的尊重，信任学生的能力，让学生去组织、设计、主持主题班会，让学生在活动的积极参与过程中去体验、去感悟，进行自我教育，通过内化去实现智慧的生成和人格的建树，这是实践生本教育理念必须遵循的原则。然而，我们也应清醒地认识到，“教师在教学过程中不出现，并不等于教师不存在，教师是整个教学过程的组织者、引导者，这是没有疑义的”。因此，我们认为，在生本主题班会的“三部曲”中，班主任应秉承为学生服务的理念，以“导引者”“参与者”“启悟者”的身份出现，这种不见自我的方式，成就了学生潜能迸发的自我体悟。这种生本班会课堂的背后，是高超的班主任教学智慧：以最少的语言开启学生的智慧闸门，以适时的引导提升学生德、美潜能的发展。

参考文献：

[1] 彼得·克莱恩. 天天·天才——重视你与孩子本来的学习乐趣 [M] 吴如运等译. 内蒙古：远方出版社，1998：11.

[2] 郭思乐. 教育走向生本 [M]. 北京：人民教育出版社，2009：67.

[3] 何建芬. 生本理念下的小学语文教学 [J]. 北京：人民教育，2009（15-16）：18.

[4] 郭思乐. 教育走向生本 [M]. 北京：人民教育出版社，2009：21-22.

[5] 郭思乐. 教育走向生本 [M]. 北京：人民教育出版社，2009：74.

教师职业效能感对心理健康的影响研究

■ 中山市教育局教研室　梁剑玲

摘　要：教师职业效能感和心理健康水平对教师教学和学生学习成长都存在着重要影响。为弄清教师职业效能感与教师心理健康之间的关系，采用自编问卷《中山市中小学教师职业效能感问卷》与《SCL-90心理健康自评量表》两份问卷对中山市中小学2252名教师进行抽样调查，对他们的职业效能感现状和心理健康水平及其影响因素进行分析。结果发现（1）职业效能感的各维度对心理健康水平有显著的负向预测作用；（2）随着年龄的增长，职业效能感总分呈近似平缓的"V"型发展趋势，最低谷出现在40—45岁的教师群体，最高分是50岁以上的教师；而scl-90得分则呈一个近似平缓的倒"V"型发展趋势，最高分出现在40～45岁的教师群体；（3）中山市中小学教师的职业效能感总分及教师心理健康状况的总体趋势是，随着教师对职业前景判断的信心和收入水平的提高而不断提高。

关键词：教师　职业效能感　心理健康

一、引言

1. 教师职业效能感的概念及其作用

近年来，教师职业效能感越来越受到研究者的关注。所谓职业效能感，是自我效能感在职业领域的具体体现，即个体对自己能否胜任和职业有关的任务或活动所持有的信念。主要包括两个方面内容：一方面是与职业内容有关的自我效能感，即个体对自身完成某一职业所规定的有关内容（如从事该职业所需的教育、某种具体职业任务等）的能力信念；另一方面是有关职业行为过程的自我效能感，即个体对自身完成有关职业行为过程（如职业决策、职业找寻等），实现行为目标能力的信念。

研究表明，教师职业效能感对教师教学和学生学习都存在着重要影响。教师的效能感会影响到其在教学方面的努力程度和坚持性，影响到教师的教学策略及其在教学方法上的改革，当然也会影响到教师的教学态度。

2. 教师职业效能感与心理健康的关系

有研究表明，中学教师的教学效能感与教师的心理健康（心理调节能力）有极显著的正相关，与心理状态的相关不显著。而黄喜珊、王才康的研究则表明：个人教学效能感与“积极应对”存在着显著的正相关；一般教学效能感与“消极应对”存在着显著的负相关。

一个人在沉重的心理压力和失调的情绪状态下往往会发生认知偏差和态度偏差，这时个体倾向于对他人的意图做出消极的判断和反应，易导致不良人际关系的产生。Chwalisz等一些教育心理学家证实，教育工作无效能感与教师精神衰竭之间具有因果关系，如此一来，就容易产生教师的职业倦怠问题。但是，我们却没有发现教师职业效能感与其心理健康水平的进一步研究。我们认为有必要研究教师的职业效能感与教师的身心健康的关系，同时利用研究成果来指导教师的心理健康的维护和促进。所以，本研究拟通过心理测量的方式，进一步揭示教师职业效能感与心理健康的关系，找到影响教师心理健康的各种因素，并对如何提高教师的教学积极性和热情，保证教师心理健康提出意见和建议。

二、研究方法

1. 研究对象

以随机抽样的方式对中山市中小学教师进行问卷调查，共发放问卷2252份，回收2243份，有效问卷1892份，问卷有效率为84.4%。其中男教师819人，女教师1073人。

2. 工具

本次研究采用了两份问卷进行调查，分别是《中山市中小学教师职业效能感问卷》与《SCL-90心理健康自评量表》。

《SCL-90 心理健康自评量表》由Derogatis 编制，王征宇修订。该量表内容涉及感觉、情绪、思维、意识、行为、生活习惯、睡眠等，被公认为具有容量大、反映症状丰富、能准确刻画自觉症状等优点。量表采用等级计分制，无症状计0分，轻度症状计1分，中度症状计2分，偏重症状计3分，严重症状计4分。

《中山市中小学教师职业效能感问卷》为自编问卷，总共41道题目。测试教师按照问题与自己的符合程度进行评分，评分采用4点量表。对《中山市中小学教师职业效能感问卷》进行信效度分析，结果表明，该问卷的信效度良好。

3. 统计方法

用SPSS 11.5 进行数据分析和处理。

三、研究结果与分析

1. 中山市中小学教师职业效能感与心理健康的回归分析

采用逐步回归法，以职业效能感各因子为因变量，SCL-90总分及各因子为自变量建立回归方程。由表1可知，职业状况、社会支持、人际交往、生活满意度、过往经验是影响心理健康的最重要的五个因素，对SCL-90总分可以解释的变异为30.2%（R^2=0.302），能够很好地预测教师的心理健康状况。

表1 中山市中小学教师职业效能感与心理健康的回归分析

项目	SCL总	躯体化	强迫	人际敏感	抑郁	焦虑	敌对	恐怖	偏执	精神病性
职业能力		−0.099	−0.095			−0.057				
职业状况	−0.301	−0.289	−0.272	−0.276	−0.279	−0.277	−0.244	−0.255	−0.307	−0.271
社会支持	0.099	0.064	0.085	0.086	0.046	0.084	0.055	0.116		0.098
人际交往	−0.137		−0.054	−0.161	−0.122	−0.072	−0.111	−0.127	−0.118	−0.133
生活满意度	−0.151	−0.134	−0.168	−0.121	−0.182	−0.160	−0.146	−0.096	−0.096	−0.133
过往经验	−0.216	−0.180	−0.195	−0.185	−0.215	−0.179	−0.199	−0.173	−0.158	−0.191
角色认同								−0.043		
R^2	0.302	0.248	0.277	0.254	0.318	0.255	0.238	0.207	0.265	0.238

2. 中山市中小学不同年龄段教师的职业效能感与心理健康情况分析

由图1可知，被试的职业效能感分数越高，SCL-90的得分就越低，也就是说职业效能感高的人，心理健康状况就越好；反之，职业效能感低的人，心理健康状况就越差。随着年龄的增长，职业效能感总分呈近似平缓的“V”型发展趋势，最低谷出现在40~45岁的教师群体，最高分是50岁以上的教师。而SCL-90得分则呈近似平缓的倒“V”型发展趋势，最高分出现在40～45岁的教师群体。

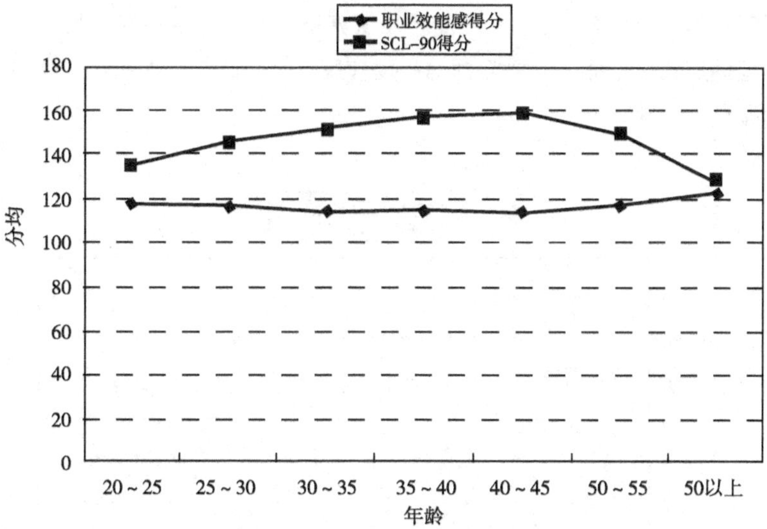

图1　不同年龄段教师的职业效能感与心理健康情况分析图

3. 中山市中小学不同职业前景判断条件下教师的职业效能感与心理健康情况分析

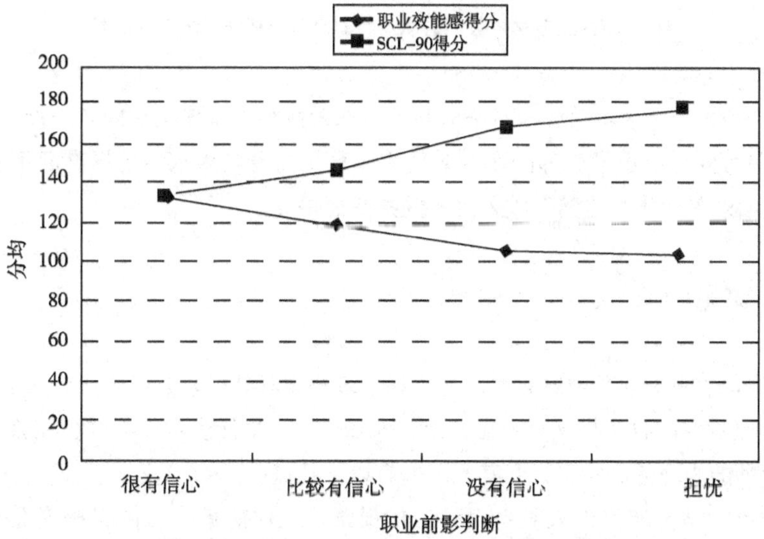

图2　不同职业前景判断条件下教师的职业效能感与心理健康情况分析图

从图2可知，中山市中小学教师的职业效能感随着教师对职业前景判断的信心的提高而不断提高，而SCL-90得分随着对职业前景信心的提高而减少，也就是说对职业前景越有信心的教师心理健康水平越高。

4. 中山市中小学不同类型学校教师的职业效能感与心理健康情况分析

由图3可知，小学教师的职业效能感显著高于职高、初中与高中教师的职业效能感；而心理健康状况方面，小学教师的心理健康水平最高，初中教师、高中教师、职高教师则无显著差异。

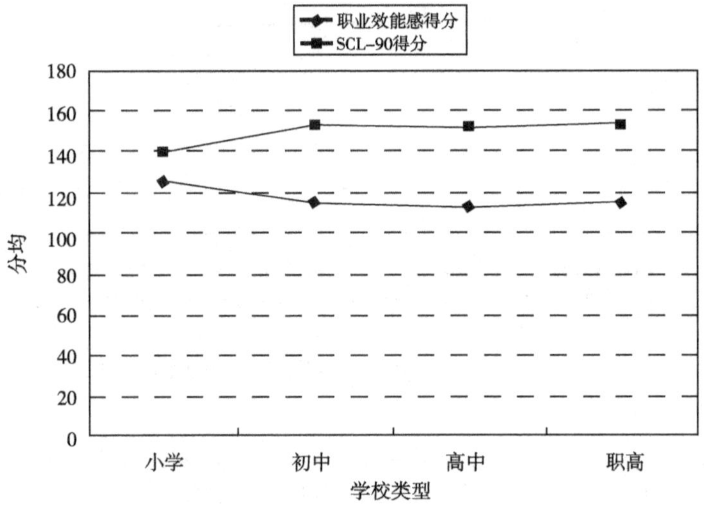

图3 不同类型学校教师的职业效能感与心理健康情况分析图

5. 中山市中小学不同收入水平教师的职业效能感与心理健康情况分析

由图4可知，中小学教师的职业效能感呈现出随着收入水平的提高而不断提高的趋势，而心理健康水平也随着收入水平的提高而提高。

四、讨论

1. 中山市中小学教师职业效能感能够很好地预测教师的心理健康状况

本研究发现，职业状况、社会支持、人际交往、生活满意度、过往经验能够很好地预测教师的心理健康状况。究其原因，有以下几点：

职业状况效能感高的人对自己的工作报酬、工作前景、工作职责等方面比较满意，这会使他们以一种积极的态度去投入教学，获得较多的机会和较高的成绩，从而提高心理健康水平。

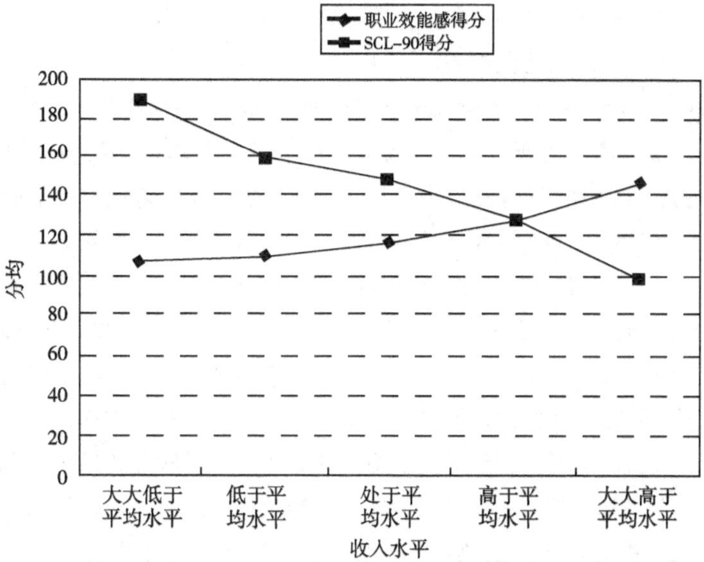

图4　不同收入水平教师的职业效能感与心理健康情况分析图

社会支持效能感高的人，在平时工作中能够对遇到的困难采取积极的应对策略和积极的应对行为，从而更加从容地面对困难与挑战，降低焦虑与抑郁。

良好的人际关系状况是个体心理发展、个性保持健康和生活具有幸福感的主要条件之一，　因此人际交往效能感高的教师，在日常生活中能够妥善处理好与领导、同事、家长、学生之间的关系，从而避免因为交往障碍而引起的封闭、自卑、自傲、嫉妒、孤僻、猜忌的不良行为，从而减少不安、激动、烦恼与痛苦的心理体验，有利于提高教师的心理健康水平。

生活满意度高的教师，对自己当前的生活状态比较满足。有研究表明，心理健康水平在很大程度上取决于一个人的心态，当一个人感觉需求得到满足时，生活态度就会趋向于积极、乐观、平和，从而减少身心问题带来的困扰。

过往经验效能感是指过去的成败经验对自己的情绪、工作期望、工作效能的影响。过往经验效能感高的教师，有比较多的成功体验，从而提高自己的工作自信心，减少失败体验、悲观心态和自我怀疑。当然心理健康水平的高低也会反过来影响教师的职业效能感，二者关系非常密切。心理健康水平比较高、具有健康人格特质的教师，更容易创造和维持一种富有动力的学习气氛，形成与学生的良好互动关系，从而影响教师对教育情景的看法和判断。从这一角度讲，健康人格影响着教师的教学效能感。因此提高教师的职业效能感可以促进教师的心理健康水平，而提高教师的心理健康水平也是提高教师职业效能感的一个行之有效的方法。教师教学效能感与教师心理健康之间是互相影响，相互促进的。

2. 中山市中小学教师职业效能感和心理健康状况在不同年龄段上的差异

研究中发现，教师的职业效能感呈现出中间低，两边高的趋势，随着年龄的增长，职业效能感近似“V”型的发展趋势，40—45岁的职业效能感是最低的，这与赵福菓和黄希庭（2002）的研究是相一致的。他们的研究表明，一般教学效能感的高峰教龄在6—10年，个人教学效能感的高峰教龄在10—15年，总体教学效能感的高峰年龄在6—10年。教师本科毕业从事教师行业的年龄一般是22岁，教龄8—15年的教师的年龄在30—37岁，35岁左右的教师处在一般教学效能感与个人教学效感的双峰期，职业效能感水平自然是比较高的。40—45岁的教师正处于职业的中期，家庭的压力、社会的责任相对较大，因而对自己的前途命运特别关注，对职业的期望和自我发展的需求也较高，高期望和低现实之间的差距常常会导致他们产生付出得不到回报的感觉，工作满意度低，进而对工作的热情逐渐丧失，逐渐减少对工作的投入，进入所谓的“职业挫折阶段”，职业效能感自然偏低，心理健康水平也偏低。

一般说来，教师的年龄越大，教龄也越长，教师的职业效能感随着年龄或教龄的增长一开始是呈上升的趋势，这是教师教学经验积累的结果，随着教学年限的增长，教师的教学经验逐步丰富起来，他们的个体文化概念也进一步得到发展，他们的思想观念、价值趋向、审美意识和社会行为逐步稳定，角色特征、人格特征、形象特征和教学风格日益完善。于是，他们慢慢学会恰当地处理教学中出现的各种问题，教学的自信心不断地增强，其个人教学效能感也就表现出上升的趋势。

3. 中山市中小学教师职业效能感和心理健康状况在不同类型学校上的差异

对不同类型学校教师的效能感和教师的心理健康状况进行方差分析，小学教师在效能感总分、职业能力、职业状况、社会支持、人际交往、生活满意度、过往经验、同事认可方面得分显著高于初中、高中、职高的教师，小学教师的SCL-90总分得分显著低于初中、高中、职高教师，这说明小学教师的职业效能感较高，心理健康状况最好。

小学教师的职业效能感最高、心理健康状况最好。主要是因为小学教师工作中要求的专业知识和专业技能没有中学教师高，小学生对教师又比较信赖，小学教师的职业需要能得到较充分的满足。教师的职业需要包括：育人的需要、与青少年接触的需要、休息日多的需要、付出与报酬平衡的需要。教师的职业需要是教师工作积极性的内在源泉，不同教师的职业行为及取得的教学成效的差异很可能是由于教师的职业需要存在差异造成的。

因此，作为领导者的校长，要为教师指明实现工作目标的途径，并为教师提供必要的支持和指导，扫除这一过程中的各种障碍，使他们更容易完成教学任务，这对提高教师心理健康水平很有必要。

4. 中山市中小学教师职业效能感和心理健康状况在不同职业前景判断上的差异

研究表明，不同职业前景判断的教师在效能感总分及教师的心理健康状况上存在着显著的差异，中山市中小学教师的职业效能感总分及各个因子的得分随着教师对职业前景判断的信心而不断提高；SCL总分及各因子的得分随着对职业前景信心的提高而减少，也就是说对职业前景越有信心的教师心理健康水平越高。教师职业效能感既是一种能力，又是一种信念。外部因素影响教师的教学效能感，是通过教师主观因素起作用的。与外部因素相比较，教师的主观因素是影响职业效能感的关键。对教育事业的前景评价既是认知评价，同时又涉及情感和意志；在主观上，对自己所从事的职业前景信心越强，工作的主动性、积极性就越高，投入程度就越大，且自我满足感也将越高。可以说，教师对教育前景的自信程度本身就是其职业效能感的一个反映。

五、结论

职业效能感的各维度对心理健康状况具有显著的预测作用，表明职业效能感高的人，心理健康状况就越好，反之，职业效能感低的人，心理健康状况就越差。

随着年龄的增长，职业效能感总分呈近似平缓的“V”型发展趋势，最低谷出现在40—45岁的教师群体，最高分是50岁以上的教师。而SCL-90得分则近似呈平缓的倒“V”型发展趋势，最高分出现在40—45岁的教师群体。

小学教师的职业效能感较高，心理健康状况最好。

对职业前景越有信心的教师心理健康水平越高。

参考文献：

[1] 王金良，吴雪梅. 职业自我效能的影响因素及提高策略［J］. 职业教育研究，2006，2.

[2] 杨敏生，教师效能感影响因素研究评述［J］. 广东外语外贸大学报，2007，9.

[3] 赵福菓，李媛. 中学教师教学效能感与心理健康水平的相关研究［J］. 心理科学，2002（25）.

[4] 汪向东，王希林，马弘. 心理卫生评定量表手册［M］. 北京：中国心理卫生杂志社，1998.

[5] 马雪玉. 高校教师心理健康与职业效能感关系 [J]. 中国公共卫生，2008，1.
[6] 文正东. 我国中小学教师心理健康与教学效能感关系探析 [J]. 乐山师范学院学报，2004 (6).
[7] 俞国良，辛涛，申继亮. 教师教学效能感：结构与影响因素的研究 [J]. 心理学报，1995 (2).
[8] 赵福菓，黄希庭. 中学教师教学效能感的特点及其与自我概念的相关研究 [J]. 心理科学，2002，4.

陪伴的爱，静候你成长
——行为改变技术在特殊班级管理中的运用

■ 中山市特殊教育学校　朱海英

两年前，我接手了三年级（3）班，这是一个汇集了唐氏综合征、癫痫、脑瘫、自闭症、情绪障碍等12个特殊儿童的班级。班级里每时每刻都有让我猝不及防的状况发生，让我这刚上任的新班主任伤透了脑筋，最典型的代表人物是晴晴。

晴晴，一个来自福利院的小女孩。初次见面时，她瘦瘦小小地在书桌中缩着，头也埋得很低。走到跟前，看到她挂着浅浅伤痕的脸上写着怯懦。熟悉她之后，我发现她是一个捣蛋鬼：她把纸巾撕了满地，教室里粉笔的残骸随处可见；一不留神，她就跑到洗手间玩水，浑身湿透；再不然就脱掉裤子，或者故意将长长的鼻涕挂在脸上。有义工在的时候，她就一直让义工抱着，双手紧紧地缠在义工的脖子上不肯下来。

一次课间活动的时候，晴晴又不见了，没有犹豫，我第一时间冲到了卫生间去找她。在卫生间的一角，我看见一个小女孩抱着垃圾桶，认真地翻捡着什么。晴晴在捡垃圾吃？是的！晴晴有着异常的口欲行为，无事可做的时候，她会将手指放在嘴里，吮吸得津津有味。她特别嗜好吃，对食物有不合理的需求欲：通过偷东西、抢东西、翻垃圾等方式去满足自己对食物狂热的追求；甚至别人嘴里的食物都想抢来吃；她会利用课间一切可能的机会去翻垃圾桶。

我想这些行为是因为儿童顽皮的天性，是她寻求关注的表现，就对她多一些关注，并寻找措施进行干预——惩罚法、消退法、饱厌法、隔离法、行为代价法、差别强化……尽量避免她出现不适当行为。那时的我，急于求成，功利心太强，通过运用各种行为矫正的方法与班级的学生进行“斗争”，然而，学生的各种问题行为时断时续，层出不穷。后来，我逐渐意识到，行为改变是一门技术，也是一门艺术。当我不再追求立竿见影的效果，而是循序渐进、持之以恒地把行为改变的技术融入爱的行动里，也就真正践行了有效的行为矫正方法，实现了塑造、增进特殊儿童的良好行为；减少和消除特殊儿童的不良行为的初衷。

一、接纳的爱，正视儿童求助的呼声

最初，我总是在为特殊儿童的正常化努力，用正常的标准要求特殊儿童，会有一点点进步的惊喜，但更多的是失望。我急于去改变学生，可是我和学生之间并不亲近，对这些问题行为的不接纳，映射了我内心深处对学生的不接纳。学生的问题行为此起彼伏，我实施的行为矫正方法在短期内没有奏效。我尝试接纳这些行为，出现问题行为的时候，我淡然处之，不再急躁。

异常行为是一种问题抑或只是这类孩子的特点？与孩子朝夕相处，我渐渐明白了孩子首先是他自己，问题行为只是这类孩子的特点，或者是某个孩子在某个阶段的特点。每个人的珍贵在于我就是我，而不是别人的复制品。儿童问题行为可以被理解成是由于面临困难无法应对而引起的。为了满足需要，解除危机，儿童表现出了异常的行为。把异常行为视为一种求助的呼声去正视，是我们面对儿童问题行为的第一步。

正视晴晴把纸巾撕烂，弄湿衣服是成长的一种需要，我尝试着提供纸给学生撕，引导他们撕成条、撕得碎，挥洒撕碎的纸屑，看纸屑在空中飘的样子；学着欣赏她用粉笔在黑板上的“涂鸦”；让她做一些清洁工作，多一些接触水的机会。晴晴做这些事情的时候很开心，我也用微笑、拍拍肩膀和击掌鼓励她。她也开始对我产生好感，我们之间渐渐有了温暖的情愫在流淌。

爱不是口号，不是旗帜。没有亲身的相处，我并不懂得如何去爱这群孩子，当我真正做到用心接纳他们的时候，他们也接纳了我们。如果希望学生“正常化”，那么我们先学会接纳孩子。接纳不是任其发展，而是在传达即使他有这样那样的缺点，我们都接纳他、陪伴他的一种信号。接受是一种无条件的积极关注，学生要能感受到接纳的爱，才能和教师亲近，继而产生感情。

二、理解的爱，探究儿童异常行为背后的秘密

成人往往认为儿童撕书、撕墙报、弄湿衣服这些行为是破坏性的，没有意义的，急于去改变这些行为。当儿童在放松的状态下撕纸、玩水时，表现出了发自内心的欢乐。这就是特殊儿童与其他人之间的“不同的节奏”和“不同的行为方式”。成人习惯于注意行为的外在目的，坚持“最大效益的规则”，恐惧异常行为的出现。事实上，没有异常也就没有正常，快和慢之间没有优劣之别，只是节奏不同，需要改变的是成人的节奏。节奏并不只是一种可以随意改变的旧观念，当其他人的活动节奏跟我

们的相接近，我们就会感到轻松愉悦，但是当我们被迫让自己适应于他人的节奏时，我们就会感到痛苦。理解特殊儿童的节奏与需要，改变自己的节奏，去适应和保护儿童的节奏，这也是我内心成长的一个过程。

晴晴吮吸手指，翻垃圾桶寻找食物，对食物虎视眈眈，这些行为背后有什么秘密？蒙台梭利告诉了我答案：儿童用口来认识世界；儿童在焦虑时用吃来安慰自己；儿童对吃的需求在很大程度上不是为了身体获得营养，而是发现和感觉这个世界，并以此建立自尊；如果在吃上得不到满足，儿童的自尊心肯定不强，他会经常看别人的食物，这不是出于饥饿，而是一种心理需求。

儿童为什么要不可遏制地玩水、撕纸？蒙台梭利说：儿童所有的智力是从感觉发展到概念。儿童对他所感兴趣的特定事物，产生尝试或学习的狂热。当他们撕纸、玩水的时候，是成长的动力促使他们通过听觉、视觉、味觉、触觉等感官来熟悉环境，了解事物。

为什么晴晴的问题行为如此特殊？晴晴的诸多问题行为与她的成长背景有关，一项福利院与普通家庭儿童学校社会行为的对比研究结果表明在社会能力的自我管理技能纬度存在着显著的成长环境的差异，表现为普通家庭儿童的自我管理技能显著高于福利院儿童。

班里的孩子，虽然他们个头跟同龄儿童一样，智龄却与低年龄段的儿童差不多。他们感知速度慢，接受新事物容量小，识记的东西保持不牢靠，再现困难或不准确；语言发展速度慢，发展所达到的水平低；在思维发展上，智力障碍儿童的思维发展较长时间地停留在直观形象阶段，抽象概括水平低……这些都容易导致异常行为出现。特殊儿童在生理上的异常使得他们在心理发展上表现出特殊性。理解了他们心智发展水平处在儿童发展的哪个阶段，就能理解他们的一些异常行为。

作为特殊教育教师，我需要不断修炼的功课是接受他们、理解他们，用他们的方式与其相处。改变并不是一朝一夕的事情。在教室之外，教师需要费很多功夫，去面对自己的情绪和潜意识，理智地梳理好自己的情绪，真实地接纳和理解孩子的所作所为，并且给予他所需要的适当指引。当我从无奈地接纳走向真心地接纳的时候，我和孩子们更加亲近了。

三、专业的爱，促进儿童心智成长

探究儿童异常行为背后的秘密，让我的课堂和班级管理有了许多变化。我用更加专业的爱去促进学生心智成长。

布置丰富的学习环境。儿童的注意力并不是由一个教师人为地保持的，而是由某个固定的能引起他注意的物体来保持的。当儿童喜欢的感觉刺激出现时，儿童可能保持较长的注意及学习时间。我在班级开展分层教学，给重度智力障碍学生设计视觉、听觉、嗅觉、触觉等多感官体验活动，学生被色彩、声音、味道、触感等各种刺激吸引，不再觉得无聊，课堂参与度提高了。通过感官训练让儿童对事物的印象清晰，纯正，这本身就是一种智能和文化的学习，是智力发展的第一步。

帮助儿童在工作中实现正常化。工作应该是使人得到充分满足的一个源泉，是保持健康和恢复正常（对儿童来说）的一条原则。学生听从他本能的指引，去自主选择并按照自己的方式、速度独立工作，在这个过程中健康茁壮成长。教师要针对儿童的特点来制定合适的教学程序，不能因为担心学生效率低下、弄脏环境、搞湿衣服而拒绝儿童工作。学生在工作中获得自信和满足，是逐渐恢复正常的方式。为了让学生更好地工作，我努力从生活中挖掘素材，准备丰富的工作材料，尽量让学生自己选择喜欢的工作，创造机会让学生使用工具、参与劳动。通过开设厨房课，让学生自己动手制作、品尝一些小食品。晴晴喜欢清洁工作，她用抹布清洁小工具，洗碗、擦桌子时，工作给了学生自信和满足，晴晴在工作中获得了赞誉的目光，露出灿烂的笑脸，不再总低着头了。

充实儿童的闲暇时光。儿童正处在活泼好动的时期，我用音乐活动充实学生的闲暇时间，伴随音乐做一些游走活动、身体动作、感统游戏，使学生肢体动作正确、熟练，并帮助左、右脑均衡发展。晴晴尤其喜欢音乐活动，我准备了一个小小的手提音响，户外活动的时候，音乐响起来，她就跟随音乐欢动起来。音乐活动让晴晴感受到关注和成就感，分散了她旺盛的精力，让她没有时间去吃手，忘记去翻垃圾桶找吃的。

帮助儿童建立自信。教师要接纳和理解特殊学生的节奏与需要，放慢自己的脚步，用他们的方式与其相处，让学生爱和自由的环境中建立自尊自信。我不再过度依赖糖果、玩具等强化物来改变行为。通过以下方式让儿童感到自信：给机会让学生自己选择工作，自己选择奖励；多使用代币、积分等符号性物品表示奖励；通过注视、微笑、拍肩膀、摸头表达关怀和赞美；用口头的或文字的形式表示赞许和感谢。

四、解放的爱，让儿童成为他自己

随着时光的推移，班里的问题行为越来越少，晴晴也变成了一个脸上时常挂着笑容的阳光女孩。我相信这是成长的力量，我只是在旁边做好了陪伴与等待。在陪伴的过程中，我学会了观察，学会了用他们的方式与其相处，允许学生犯错误，陪伴他们慢慢走。

教育家陶行知先生曾说："人像树木一样，要使他们尽量长上去，不能勉强都长得一样高，应当是立脚点上求平等，于出头处谋自由。"儿童有自己的成长方式，每个人都是一个具有其个性的独立个体，人与人之间是有差异的。教师要做的就是解放儿童，尊重儿童的个性和选择，让他们获得自由的发展。四年的特殊教育工作让我变成了一个儿童发展心理学的研究者，我努力用儿童的眼睛去观察，用儿童的耳朵去倾听，用儿童的兴趣去探寻，用儿童的情感去热爱，做一个有童心的教育者，即陶行知所说的，我们必须重生为小孩，不失其赤子之心，才能为儿童谋福利。

在心理辅导活动课中发挥电影资源的优势

■ 中山市沙溪理工学校　钟　瑶

摘　要：利用电影这种超文本媒体介入心理健康教育课程中，遵循“观片感受—明理内化—拓展导行”的心育课方式，有效把心育融进电影课当中。将电影与心理学科教学的整合，发挥电影资源教育教学功能，发挥电影教育手段的优势，有效调动学生课堂上的非智力因素，强化学生对知识的理解与领悟，将影视教育渗透到心理健康教学的领域中，全面提高学生素质。

关键词：心理健康　电影　优势

从一定意义上说，人的心理素质决定着人的其他素质的质量和水平，推行素质教育，不能忽视心理健康教育。电影课是一门相对独立的课程，它承担着独特的教育和发展孩子个性的任务。它也是一门综合性、开放性、活动性极强的课程，其宗旨是：把世界上最好的影片献给孩子，把孩子的美好心灵还给世界，让孩子们今天就生活在未来。我校于2003年起把电影课引进职教课堂，配合我校多元培养人才的办学模式，开展《优秀电影全面提高学生素质的实证研究》。中学生正处于心理发展的重要阶段，充分利用中外优秀影片，对学生进行心理健康教育，是电影课实验学校责无旁贷的任务。为此，如何利用这部分电影资源有效调动学生课堂上的非智力因素，如何利用电影进一步突出心理教育主题强化学生对知识的理解与领悟都是应当考虑的问题。电影与学科教学的整合，立足于大幅提升课堂教学质量的同时，充分发挥电影全面提高学生素质的功能，去完成心育方面的教学目标。

心理教育课与一般学科课程的不同：一般学科课程内容以知识为中心（间接经验），形式以教师讲授为主、学生被动接受，关注学习结果，师生关系以教师为中心，评价方法以客观定量评价为主，心理机制注重学生知识的系统逻辑性。心理教育课教学主要是对学生情绪的唤醒，注重学生的心理感受及心理体验。

心理教育课不是单纯的心理学知识的传授，也不是单项心理品质的训练。它以学生个人的直接经验为中心，在学生没有学习知识的压力下，为学生提供了一个放松心情的缓冲地带，使学生在这里能够重新审视自我、认识自我、悦纳自我，为更好地发展自我奠定基础。要真正发挥心理健康教育课的教育作用，必须要巧妙地设计活动内容，使学生受到深刻的感染，心灵上得到沟通。

电影是集形、声、色、知、情、意、事于一体的艺术，是广大青年学生喜欢的一种艺术形式，是孩子们非常喜欢和渴望的富有综合营养的精神文化食粮。电影不受时间、空间、宏观、微观、地域的限制，可生动、形象、直观地为思想教育提供尽可能多的真实感性材料。这样一来，电影对于学生的指导、引导、教育，无疑会起到教师无法比拟的作用。通过影视音像这一新媒体，用学生们乐于接受、易于接受、喜闻乐见的方式，让学生走进一片新的天地——素质教育的崭新天地，让他们由浅入深、循序渐进地在娱乐中受教育。

我在实践中针对当前青少年心理发展的复杂性、多变性等特点，尝试性地利用电影这种超文本媒体介入课程中，遵循“观片感受—明理内化—拓展导行”的心育课方式，并有效地把心育融进电影课当中。

发挥电影资源教育教学功能，将影视教育渗透到心理健康教学的领域中，在心理课引入电影这种先进教育手段优势有以下几方面。

一、创造氛围

教育创新必须充分利用现代科学技术手段，提高学校教育的现代化水平。学习将不再囿于由粉笔和黑板构筑的课堂情境，而是借助图像、影像、声音、虚拟实验等丰富的多元表征创设教学的浸润式情境；而通过电影能接触到全人类最优秀的精神文化、以最直观便捷的方式和较小的代价获取知识经验。

中职学生学习兴趣不高，好奇心强烈，喜欢直观、形象的视听感受，爱追星、追求时尚。利用录像、录音、电影多媒体手段，真实地再现某些生活场景，或感受之优美、或感受人物之心态起伏；用大量录像、图片资料显示事实提供更多感性材料；创设情景，突出重点，便于把感性的知识提升为理性的认识；利用音乐渲染、富有激情的语言描述、营造出与主题相映衬的生动气氛。语言媒体、文字媒体、现代媒体的最佳组合有利于激发学习兴趣，延伸了学生的视听觉空间，将文字媒体、画面媒体和背景音乐结合在一起，调动学生多个感官参与活动，烘托了气氛，将全课推向高潮。

这是一个二年级汽修专业的班级，学生即将面临实习和就业。学生的文化基础差，学习积极性不高，普遍存在缺乏自信、心灵敏感、以自我为中心的问题，不善于沟通，人际关系紧张。众所周知，现代汽车行业发展迅速，汽车生产流水线的每一个环节都是彼此联系在一起的，员工彼此之间必须有着高度的协作精神，这样才能生产出高质量的产品。汽车维修面对的是机、电、液一体的高科技集成物，加油、换胎、拧螺扣、压千斤顶，每一个细节都不能放松。这是一个最体现协作精神的工作，再熟练的维修工人也只有通过协作才能共同把工作做好。因此企业对从业人员的要求也越来越高，除了掌握扎实的专业知识和专业技能外，还要善于与人沟通，懂得以恰当的方式与人合作。通过对授课内容和教学对象进行分析，我认为，对正处于青春期，崇尚个性与独立的中职学生而言，如果采取传统地理论灌输式地大讲团结就是力量，既难打动学生，也没有真实效果，会流于空泛。因此，为了获得最佳的教学效果，本节课我主要采用了电影教学法。《虫虫特工队》是一部生动描写蚂蚁勇敢反抗蚱蜢的动画。在一个美丽的蚂蚁王国，大家整日都在辛苦地工作。蚂蚁王国最大的威胁是一群蝗虫，这群蝗虫总是抢夺蚂蚁们的劳动成果。在小蚂蚁飞力的鼓励下，蚂蚁们意识到自己团队的力量，万众一心将蝗虫们通通赶走。用电影创设情境，向大家展示一个强大的蚂蚁王国，让学生在模拟的动物世界里获得体验和感受，突出蚂蚁的微小及其顽强的生命力，让学生产生情感共鸣。以形象、生动、具体的镜头，使学生的上课热情空前高涨，激发学生的学习兴趣；让学生在电影中感受个人与集体的关系，体验团队合作精神，化抽象口号为直观感受，化内在情感为实际行动，树立竞争和合作意识，既要勇敢地参与竞争，又要在竞争中不忘合作，养成团结合作、乐于助人的品质，形成积极健康的生活态度。

二、体验生活

青少年身心发展的成长成熟不断提升。随着年龄的增长、独立意识的增强，然而，由于青少年在心理上还不够成熟，知识结构不合理，感情比较脆弱，在价值判断上还有很大的盲目性，往往感情多于理智。而电影可以把学生带到不同时代、不同社会环境、不同文化背景的生活情景中去，使观看者有如身临其境，体验电影中各种人物、各种活动，面对各种困难和解决问题的办法，从而学会学习、学会生存、学会关心、学会适应，促进全面发展。

其实不少人看过很多遍《阿甘正传》这部影片了，每一次看总能或多或少有点收获。电影以一片羽毛的飘落为电影的开始，这片羽毛的飘落不正是如同一个降落人间的生命吗？当这片羽毛在天空中飞行，经过高楼、树、汽车等，你不知道它要去哪里，会落在哪里，这不恰恰说明了人这一生如同羽毛的飘落一样都是未知数吗？最后这片羽毛飘落到了阿甘的脚下，开始了阿甘这传奇的一生。人生就像各种各样的巧克力，你永远不会知道哪一块属于你。”阿甘母亲的这一理解，向我们阐明了每一个人的生命轨迹都是存在，而且是独一无二的。阿甘正是听着这样的教诲，一步一个脚印地踩出属于自己的生活的奇迹。从智商只有75分而不得不进入特殊学校，到橄榄球健将，到越战英雄，到虾船船长，到跑遍美国，阿甘以先天缺陷的身躯，达到了许多智力健全的人也许终其一生也难以达到的高度。在生命的每一个阶段，阿甘的心中只有一个目标在指引着他，他也只为此而踏实地、不懈地、坚定地奋斗，直到目标的完成，新的目标的出现。对待生活永远是一种期待，一种美好的期待。因为巧克力是好吃的，所以生活在阿甘心中也变成了美好的。这个或许不是阿甘成就传奇人生的主要原因，但是我想这个说出了阿甘对待生活的一种态度。这是导演为我们准备的一幕喜剧，但我们却不会为此而觉得夸张、可笑。有些学生常觉得学习和生活负担过重，面前困难重重，因此整天垂头丧气，郁郁寡欢。阿甘的信念这样的单纯，目标这样的清晰，即便先天不足，前有穷山恶水，他也以平常心视之，并最终一一跨过，保持这种态度和意志的人，信念能减轻他许多关于生命的重负，而使他达到生命之巅。

电影是一种浓缩的人生。一个人体验人生各种境界的方式有很多种，看电影是最直接的一种。我们可以把它们仅仅当作影片来欣赏，也可以当作通俗的教科书来学习，他们不仅能给我们带来很大的震惊，还能让我们感慨还有这么一个不为我们所知的奇妙世界。

三、愉快教育

在愉快的环境中获取知识和精神养分，在轻松愉快的教育环境下接受教育，体验和感悟人生。这样的教学，贴近学生生活，寓教于乐中，学生不再会感到枯燥无味，学生们兴奋投入，连平日里最调皮不爱学习的学生都像变了个人似的。

和一群叽叽喳喳的孩子在一起看一场动画电影，对于成年观众来讲似乎诱惑不大。然而，当全班同学一起看《海底总动员》，不管你是老师还是学生都像一个孩子一样跟着那几条小鱼欢笑、唏嘘、尖叫。你会为不谙世事的小鱼儿尼莫怎样逃脱水族箱而牵肠挂肚，会为任性女孩达莉虐待小鱼儿的暴行而愤怒，会为一对父子为了爱而产生的巨大勇气而折服。然而，迪斯尼小鱼儿的魅力绝不仅仅如此，它的魅力在于没有一句话是影片灌输给孩子的，可是在影片结束的时候，每一个孩子都开始痛恨人类的捕猎行动，痛恨人类对待动物的不公平待遇，在不经意间，许许多多环保主义的接班人已经产生。

正如一位哲人所说，天才只能在自由的空间里自由自在地呼吸。心理课中教师巧妙组织、精心点拨，不仅拉近了师生之间的距离，使教师成为学生学习的亲密伙伴；电影的引入更让学生们在共同观摩，相互讨论，你评我论，发表见解的过程中自主学习。互相借鉴没有唯一，没有最好，只有更好的学习主张，完全打破了教师自导自演、学生听课一知半解的形式，把自主权毫无保留地还给学生；而且通过学生之间的这种对于电影的议论，扩大教育效果。过去，心理健康在很多中学生心中还有一层神秘的面纱，同学们对心理健康还存在着不正确的认识，对于这些，单靠老师去说教很难起到良好的效果，而学生影响学生效果就不同，他们是同龄人、是同学、是朋友，很多时候，学生教育学生的效果明显高于老师和家长。观看电影起到宣传知识，传播观念，破除“心理健康”的神秘感，促进广大同学的参与精神，形成心理自我保健意识的作用。

四、助人自助

随着社会竞争的加大，也给学生造成了很大的精神压力，面对这一社会现实，学校放映了相关影片，起到了很好的辅助作用。依据各个心理健康教育主题，建立“心理健康教育专题”影片库。如克服社交困难、逆反心理及神经衰弱的亲情教育片；克服主观性和自卑感的自立、自信的教育片；克服自责、任性，培养明辨是非能力及行为与自控能力的教育片；克服对抗、冲动、不合群、交际困难的教育片等等。

观看影片，达到“助人自助”的目的，是电影课心理健康教学活动的一个重头戏。除了看影片还要求学生在影片中寻找与之对应的事例或镜头，从心态、处事方法、态度及收到成效等方面去观察、探讨和理解，同时教师适当提出问题，不同的学生根据自己的实际去发展，让学生带着问题有针对性地观片，在影片中寻找答案并开始思考“我该做什么”等问题，从而提高了自身素质和能力。

针对独生子女越来越多、耐挫能力低的情况，我们选择了学生感兴趣的、能有普遍教育意义的，而且结合班级的实际状况的主题。《青春鸟》是一部不可多得的优秀励志型影片。主人公天天看到村里没有学校而孩子们渴望读书，便自愿当了孩子们的老师，开始了新的生活。我忽然觉得那个细节特别美好，而且，我也说不上来这么一个小细节究竟触动了我心里的什么地方，我感觉到了一种特别酸痛的刺激。它所涉及的内容来源于学生的生活实际，这样才能产生师与生的共鸣、生与生的共鸣，才能发挥它的重要作用。它给人一种无形的力量，让学生认识到逆境是人生的必然，应该坦然面对，引导学生学会自立自强，学会自己慢慢长大，教育学生积极地对待挫折。正如彭红珍同学在观后感中写道：“我懂得了不要沉迷于顺境，在任何时候都要学会独立；要随时准备迎接生活道路上的风风雨雨。”

每个人都有自己的命运轨迹，都有自己的起伏。每个人的感动都和他的个人经历有关，可能每个人从同一部电影里获得的东西都是不一样的。电影教育对孩子影响很大，不但增加了他们的课外知识，还使他们懂得了一些做人的道理，这比我们苦口婆心的说教要强百倍。在这个特殊的“课堂”，孩子们的人际交往、团队精神、抗挫折能力、情感沟通及社会责任感和使命感等价值观念得到了很好的培养。

实践证明，电影课改变了传统课程过于注重知识传授的倾向，使学生获得基础知识与基本技能的同时，成为学会学习和形成正确价值观的过程。电影通过语言的描述音乐的渲染、画面的展示，学生多种感官同时参与，优化了感知渠道，使抽象的概念具体化，深奥的道理形象化，枯燥的知识趣味化，变传统说教为生动、直观、形象的愉快教育，在潜移默化中讲道德品质理想抱负、行为能力、知识积累、艺术感受、人际交往、创造精神等融入学生的心灵，化为学生的素质，雕塑了学生的灵魂，提高了教书育人的功效。可以说，电影轻松培养高素质，观世界而后形成世界观。它触及了一般理性教学所无法触摸到的内心感觉和体验，使心理课教学与情感教育不再是一串空泛的言语符号。

实践证明，心理课引入电影这种先进教育手段，直观生动、具体形象，具有较强的感染力，唤起学生情感的共鸣。它独特魅力大大激发了学生学习热情，在兴趣的吸引下更多的学生加强了自我约束学习，学习的自主性明显提高。课中由于在课堂中播放的影片全部内容，是由学生自己主动去获取知识信息，突破了传统意义上的讲课形式，留给学生足够的思维空间；同时教学讨论问题的设计是开放式的，没有现成的唯一的答案，因此学生必须自己抓取镜头分析情景细节，自行解答自圆其说。

以上仅仅是我在开展电影实验工作几年来对心理课教学模式的初步探讨。总之，电影在现代教育教学中的运用越来越广泛，作用越来越突出。这一切有待于我们广大教育工作者从不同的角度、不同的方面做不懈的研究和探索。在以后的实践中我们将不断总结与完善研究中的方方面面，期望获得更丰富的研究成果，继续发挥电影资源教育教学功能，将影视教育渗透到心理健康教学的领域中，并逐步丰富电影主题活动，使电影与校园心理健康其他教学活动相互依存、相互促进、兼容发展，形成具有本校特色的校本课程，以期实现全面提高青少年素质的目的。

参考文献：

[1] 蒋萃. 心理电影在大学生心理健康教育中的意义和应用 [J]. 华章，2012（32）.

[2] 徐选国，王荣，栾晶，黄璐，李文颖，王芳，姜峰. 电影疗法在大学生心理健康教育中的运用 [J]. 中国新医学，2009（7）.

[3] 布虹. 优秀电影促进学生健康心理养成的探索 [J]. 中小学心理健康教育，2005（1）.

学业竞争异化对青少年同一性形成的影响

■ 中山市华侨中学　陈晓新

摘　要：同一性的形成是青少年期最主要的发展课题。目前在这个关键期内，占据他们大部分思考时间的是繁重的学业任务。反观现实，过度的学业竞争正以一股异化的力量控制着青少年作为一个“完整的人”的发展。它必然不利于青少年同一性的形成，其消极影响体现在客观的自我概念认同、自我的内在独立性形成，以及连续的积极自我投入三个方面。

关键词：学业竞争　同一性形成　异化　青少年

自我同一性的形成和发展当属青少年期最受关注的问题。同一性的确立，关系到青少年发展的方方面面，它对于青少年的健康成长，较好地适应社会和实现自身的价值具有重要意义。按照艾里克森心理社会发展渐进说，同一性形成的关键期大致发生在12—18岁。在这个阶段，学业占据了青少年大部分的思考时间。因此，他们能否在其中积极探索自我、整合自我，获得同一性的良好发展是一个非常关键的问题。

学校教育原本应该是一个“成人”的过程，在促进青少年个性和社会性发展的同时，使他们成长为一个具有独立人格的人。反观现实，在青少年期，升学考试、学业成绩却似乎是整个学校教育更加关切的问题。教育在这种功利主义价值的导向下产生异化。而教育异化带来的影响直接转嫁到学生个体层面，则表现为学业竞争的异化问题。由此而导致的结果是“很多青少年将‘学业的成功’视作他们成长中唯一重要的事；不断使他们产生与同伴比较、竞争，甚至对立的潜在意识；他们会时不时怀疑自己，对未来生活缺乏清晰的期待；内心空虚、敏感而脆弱，表现出各种形式的逃避……”不少学者指出，过度的学业竞争减少了青少年在自我形成期对自我该有探索与思考。克里希那穆提认为，把考试和学位当作简单的衡量标准而不停地去争夺，只会培育出一种躲避人生重大问题的心智。由此可以看出，在青少年形成同一性的关键期，学业竞争的异化对同一性形成的影响必然是深远的。

一、青少年的发展任务：同一性的形成

根据艾里克森的观点，青少年面临的心理社会冲突是同一性整合对角色混乱。他从主观方面把同一性界定为“一种熟悉自身的感觉、一种知道未来生活目标的感觉，一种能够从信赖的人们获得他所期待的认可的内在自信”。这个描述包含对同一性形成的两个基本任务的强调：其一，人必须体验到内部一致性，首先它以对自我的客观、稳定认识为前提，其次在与外界社会和他人关系上才能够保持自身存在的独特性；其二，内部一致感是跨时间连续的，即过去的行动和对将来的希望被体验为与现在的自我相关，个人生活有一种内在的前后一致的一贯感和方向感。

在经历“同一性危机”的过程中，对于青少年而言，他们需要在客观的自我与主观的自我、独立的自我与依存的自我，现实的自我与理想的自我之间取得平衡，建立起内在一致性和连续性关系。这种关系的形成，意味着同一性得以确立，个体对自身有充分的了解，形成关于自己的信念、目标、价值观的内在稳定、统一的自我概念，在既定的现实中准确地找到自己的位置；同时对未来自我的发展做出了思考和探索，努力去达成自己的同一性承诺。相反，如果自我同一性的确立失败，就有可能引起角色的混乱，甚至认同了消极的同一性。这类青少年无法发现自己，不知道自己究竟是什么样的人和想要成为什么样的人，自己会处于一种散漫的、无所依附的状态之中。

二、学业竞争的异化及其个体表现

提到竞争，我们首先需要思考的问题是：竞争的本义是什么？基汀（James W. Keating）认为，“竞争是从他人那里排除或者比他人更多地获得和拥有的一种尝试”。但是，更多的社会学者对这种强调“排除和获得”的观点持批判态度，希门（Robert L. Simon）、齐美尔（Georg. Simmel）等人把对竞争更多的关注点放在“发现自身的能力、对自我发展的追求、向着自己的目标去努力……”上。罗素也承认，在人类的社会关系中，竞争早已超越了“你争我夺”的生存竞争。从这个意义上讲，竞争的本义是个体在保持一种社会关系的比较中更加准确地认识自己，同时向着某种内在目标不断地努力。

那么，学业竞争的异化现象是怎么产生的呢？异化作为一个哲学的概念，用来说明一种自我的丧失，人本身的活动变成一种独立于人的异己力量，并且这种力量反过

来剥夺人的自由，使人变成从属于它的工具的过程[8]。因此，当学业竞争行为成为与竞争的本义相敌对的，束缚、控制和阻碍人的自身发展的异己力量时，异化就出现了。具体来讲，青少年学业竞争异化的个体表现主要体现在：

1. “比较的成功”是唯一的信念

有些青少年极端地通过与他人的比较审视自身，关注的焦点在他人，因此很难关注到自己学业表现的真实情形。“我比你强”比“我强”在他们看来显得更加重要。更极端的情形是，看见他人失败比自己获得成功更加重要，即使他们自身的表现也很好。能否赶超他人是他们唯一重要的信念。

2. 以不合理的自我评估为比较前提

在比较对象的选择上，这些青少年过分沉迷与那些根本和自己没有共同竞争目标的人进行比较。他们或者为了避免遭受失败的挫折，对自身的学业表现抱有过低的预期；他们或者对自身的学业表现抱有过高的预期，如果不能满足自己很高的期望，即使成功也会使他们感到失望，而如果失败了他们也会乐于接受。

3. 参与的动机源于外在力量的驱使

如果被问，投入学业的竞争是为了什么？这些人难以直接做出回答。他们可能会说，是父母喜欢，是学校的要求，是因为我不能比他们差等等。他们的参与多是由于外在他人的期待和迫于外在压力而被动进行。在这种情况下，简单地附会他人、极力寻求他人的认可、保持与他人期望相一致是他们的直接动机。

4. 对比较结果的非理性解读

有比较的存在就会不可避免地产生优和差的结果。但是对于有些人来说却很容易地将这个客观的成绩直接地和成功者与失败者联系起来，而事实上它们之间并没有存在必然的联系。竞争的结果只是一个客观成绩的反映，而有时过度的解读却导致不一致。比如，一次成功经验，可以让其充满自信；相反，一次失败则对自己产生怀疑。

三、学业竞争的异化对同一性形成的影响

同一性形成的基本诉求是自我内在一致性、连贯性和连续性的确立。前面也已经论述了形成同一性需要完成的两个基本任务。从这些内容框架出发，学业竞争的异化对青少年同一性发展的影响主要体现在三个方面，即客观的自我概念认同、自我的内在独立性形成，以及连续的积极自我投入。

1. 对客观的自我概念认同的影响

自我概念，指人们对于他们是谁以及他们是什么样的人的比较稳定的想法。林崇

德认为，自我概念为个体提供了一种认同感和连续感，在调节和维持他们的有意义行为方面起着重要作用。在自我心理学者看来，对一个人的情感、行为反应模式具有重要意义的是他的自我概念，而不是其真实自我。尽管如此，他们的研究也证实，越准确、越客观的自我认识，更有利于他们保持自我的内在一致性。

费斯汀格（Leon Festinger）认为，引导社会比较过程的，是想要获得准确的自我认识的需要。与之相反，在异化的情境中，学业表现上的比较结果是青少年简单用来界定“成功”或“失败”的工具，而不是获得关于自我信息的手段。阿特金森（J. W. Alkinson）的成就动机理论认为，追求成就的动机和避免失败的动机同时存在于人的动机系统中。这就可能导致青少年会片面关注自己的学业表现“一定要比别人好”或者“不能不如他们”。由此带来的不利影响是，他们倾向于为自己设立过高或过低的不现实目标，以使得他们最容易体验到成功或减弱失败而伴随的不快体验。结果无非助长了更大偏差的自我认识，因为研究者做出假设，只有个体和相似的人进行比较时所获得的信息才是最可靠的。

霍妮（K. D. Horney）把由过度竞争所带来的心理冲突而导致的自我认识的冲突和偏差归结为三种情况：一是自谦，贬低自己、常有失败感、自恨、自卑。二是夸大，美化自己，有强烈的优越感、自信、好胜。三是放弃，放弃努力、逃避冲突、习惯于独处。无论是哪一种偏差，它都是客观自我和主观自我之间的不一致状态，难以真实地反映“本真的我”。这种不一致状态往往也是不稳定的，容易随着比较对象的不同和自我的不同归因而存在比较大的差异。因此，在异化的竞争中，个体无法限定稳定的“我”，对自我的混乱体验导致客观的自我概念认同受阻。

2. 对自我的内在独立性形成的影响

个体内在独立性的发展是自我同一性形成的关键特征。它意味着个体能够深入思考并探索自身的存在、保持与主体需要相一致的价值判断，形成以自我为导向的动机中心。自我内在独立性的获得是内在自我与他人的期待、各种外界规范取得的平衡，最终完成整合，有一种找到了自己的感觉。

康德认为，完整独立的人应该“自在的作为目的而实存着”。卡尔·罗杰斯也指出，成熟的独立个体选择的价值判断是客体能够在多大程度上满足自己主体的需要。而学业竞争的工具性价值却使得学业行为本身沦为外在于目的的实现手段，实质上是在寻求一种适应，适应他人自我的期待，满足外界对他们的需求，为了在未来的生活中占据有利的地位。正如罗·洛梅所描述的，“我只不过是许多镜子的集合，反映了其他所有人期望于我的东西”。这种“以他人为导向”的意志会使青少年逐步疏离内心需求的判断过程。如果个体被选择，接受外界给他的标准，就注定他们失去自己有效的动机中心，无法按照内在力量生成自我而远离自身的存在。当“他应该具有的面目”取而代之“他的真面目”成为他们追求和实现的自我时，个体就会提前进入同一性早闭（identity foreclosure）状态。这类青少年并没有体验过明确的探索，却过早做出了投入，他们投入学业并非自觉，而是基于父母或权威人物的期望或建议。那为了保持自我的独立，自我是否应该脱离与他人的关系？回答当然是否定的。自我是独立还是依存的决定于他人在自我中的作用。对于独立的自我，他人是社会比较和自我存在的关键，对比依存性的自我，他人成为和自我相适应的、相比较的关系或情景整体中的部分。竞争的异化导致青少年形成依存性的自我，这时他们需要通过他人来界定自己、表达自己、满足自己的需求。

虽然青少年内在独立性的丧失会使之避免了选择的责任，唯一需要做的就是顺从依附，但是他们内心出现的各种内在冲突仍旧无法调和，并且这种矛盾不会因为个体对外在的规范和期待的认同而消除。当他们对于学业追求的目标和他人的要求相当不一致，或者自身的能力难以或无法达到外界的期许时，个体则会采取消极的同一性进行应对。各种形式的逃避，如逃学、不堪学业压力而自杀、对学业表现出极度萎缩、沉溺于网络都可能是青少年由于独立性的丧失而极端反抗的体现。

3. 对连续的积极自我投入的影响

艾里克森认为，如果青少年顺利克服同一性危机，则最终会形成“忠诚”的品质（Virtue of Loyalty）。“忠诚”意味着能够在既定的现实中找到自己的位置，选择了符合前进的目标和能感受到意义感的方向，最后致力于某一生活策略去实现自我。马西亚（J. E. Marcia）、加滕厚在同一性状态的研究中将之描述为“积极的自我投入”。这种积极的自我投入形成时，他们才能够体验到一种连续性、连贯性，把过去我、现在我、未来我通过这种内在的一致性追求联系起来。

从时间的维度上看，如果青少年没有办法把当下的学业和未来有意义的生活之间联系起来，即无法确认他们想要成为一个什么样的人，他们就无法形成这种积极的自我投入。当他们仅仅角逐学业竞争结果本身时，学业意义的获得就会变得异常艰难。学业意味着什么？学业的学习和他未来的生活是什么关系？其真正意义是什么？这些问题一直困扰着他们，他们也甚少有时间去质疑、去思考。他们把对学业的认识联系起来的也就限于“考试作业、成绩排名、家长的期望、上大学、找到一份好工作……”这样的字眼，于是他们基于这样的信念在重复着每天自己并不太愿意做的事情，即使有时候我们也能看到他们能非常投入这种学习。就如日本学者小此木启吾提出的勤奋感的扩散，它指的是一种勤奋的感觉崩溃，要不就是无法集中于学习，要不就是发疯似的埋头于单一的事情。但是无论哪种情形，他们都不可能是积极自觉地投入，因为这和他们未来某种有意义的追求没有太大的关联。

异化的竞争对连续的积极自我投入的影响还表现在，当青少年在面临变化和冲突的情境中，他们无法自觉地去反思、调整，保持同一性的追求。他们可能会因为一次失败而瞬间崩溃，再也找不到前进的方向；他们也可能因为生活任务出现新的变化而难以适应，感受到对未来的生活失去了联系。比如在现实中我们看到的，不少青少年在中学阶段学业表现优异，却在大上学后由于生活的变化而对未来发展感到茫然，甚至出现各种各样的适应问题。

四、结语

青少年尚处于未成熟的自我形成期，艾里克森称之为心理延缓偿付期（moratorium）。心理延缓偿付，指允许那些正积极解决他们的危机但还没有成功地解决，准备好投入承诺的个体有一段拖延的时期。张日昇等人认为，在延缓期内，青少年可以利用这一段时间，触及各种人生、思想、价值观，尝试着进行选择，经过多次尝试，反复循环，从而决定自己的人生观、价值观、将来的职业，最终确立自我同一性。

因此，青少年应该在心理社会合法期内积极探索，确立清晰的自我概念，找到未来的生活方向，而不是以牺牲自我的发展去片面追求学业成就。我们知道，学业竞争不是导致异化现象的根源。只有当学业只是被当作纯粹知识的训练，仅仅当成是追求“成功”的工具、实现对他人的承诺而不可抵制地去追逐，导致竞争成为制约个体发展的异化力量时，青少年才无法成为一个完整意义上的个体，终究无法“成人”。

最后，学业竞争异化现象的出路在哪儿？如何引导青少年回归学业竞争的本质？怎样才有助于青少年在学业生活的探索中去发现生活的全部意义，实现同一性自我？这些都是需要接下来更进一步思考与探索的问题。

参考文献：

［1］张日昇，陈香．青少年的发展课题与自我同一性——自我同一性的形成及其影响因素［J］．河北大学学报（哲学社会科学版），2001（1）．

［2］油井清光．青少年问题与社会学［J］．单光烈译．国外社会科学，1988（6）．

［3］克里希那穆提．一生的学习［M］．张南星译．深圳：深圳报业集团出版社，2010.

[4] 埃里克·H. 埃里克森. 同一性：青少年与危机［M］. 孙名之译. 江苏：浙江教育出版社，1998.
[6] Simon. R. L. Sport and social values. Prentice—Hall：Englewood Cliffs，1985.
[7] 伯特兰·罗素. 幸福之路［M］. 刘勃译. 北京：华夏出版社，2012.
[8] 庞建民等. 对竞技体育中异化现象的分析与研究［J］. 体育文化导刊，2007（1）.
[9] Kit Welchman. Erik Erikson：His Life，Work and Singificance［M］. Philadelphia：Open University Press，2000. 50.
[10] 林崇德. 发展心理学［M］. 北京：人民教育出版社，1995.
[11] 乔纳森·布朗. 自我［M］. 陈浩莺等译. 北京：人民邮电出版社，2007.
[12] 霍妮. 我们时代的神经症人格［M］. 贵阳：贵州人民出版社，1987.
[13] 李长伟，徐莹晖. 功利主义教育目的与人的工具化［J］. 内蒙古师范大学学报（教育科学版），2004（9）.
[14] 罗杰斯. 自由学习［M］. 伍新春等译. 北京：北京师范大学，2006.
[15] 罗洛·梅. 人的自我寻求［M］. 郭本禹等译. 北京：中国人民出版社，2008.
[16] J. E. Marcia. Development and validation of ego identity status. Journal of personality and social psychology，1966（3）.
[17] 徐瑞青. 独立的自我与依存的自我——中西自我观念差异论［J］. 学术月刊，1995（1）.
[18] 张日昇，陈香. 青少年的发展课题与自我同一性——自我同一性的形成及其影响因素［J］. 河北大学学报（哲学社会科学版），2001（1）.
[19] 张日昇. 同一性与青年期同一性地位的研究——同一性地位的构成及其自我测定［J］. 心理科学，2000（4）.
[20] 张日昇. 青年心理学——中日青年心理的比较研究［M］. 北京：北京师范大学出版社，1993.

脑瘫儿童心理辅导的个案研究

■ 中山市特殊教育学校　张国涛

摘　要：本文针对一例脑瘫儿童出现的心理问题，以心理学理论为基础，通过对该儿童家庭人员以及相关人员的访谈，分析该儿童产生心理问题的原因，运用心理学方法，对该儿童以及家长提供心理援助，最终取得明显的效果。本个案能为脑瘫儿童的家庭教育问题提供参考。

关键词：家庭教育　脑瘫儿童　心理虐待　心理问题

脑瘫，指的是从出生前到出生后1个月以内因各种原因所致的非进行性脑损伤，主要表现为中枢性运动障碍及姿势异常，同时经常伴有其他如智力低下、语言障碍、癫痫等并发障碍。脑瘫在我国发生率较高，据不完全统计为1.8%～4%。脑瘫一般不能治愈，且功能恢复慢，脑瘫患儿随着年龄的增长容易产生抑郁、焦虑、易激动和情绪波动等心理疾患。

心理虐待，是指不能给予儿童温暖、关注、督导及正常的生活经验，在教育过程中，家长有意或无意的、经常性或习惯性地发生的任何导致影响孩子心理健康和人格发展并使其受到伤害的言行。心理虐待可以单独发生，但通常会伴随身体虐待或性虐待。它往往通过言语、神态表情等表现出来，虽不伤及皮肉，却残害心理，扼杀个性，个别受害者甚至发生心理变态和道德沦丧。社会心理学家调查表明，有过“心理虐待”的孩子，会出现很多心理行为上的障碍，比如自卑、焦虑、自私等心理疾病，难以适应社会。

本文拟通过对一名在家庭教育中受心理虐待的脑瘫儿童寻求心理咨询行为的个案总结与分析，为从事特殊教育、研究的专业人员和脑瘫儿童家长提供实践的参考依据。

一、个案基本情况

桐桐，女，15岁，脑瘫伴有轻度智力障碍，曾在普校就读三年，从三年级开始转入特殊教育学校，现在为七年级学生。有一定认知水平，表达能力较强，话特别多，有些自私。

其在学校表现为频繁与班上的同学发生矛盾，说班上有三名男同学经常给她唱情歌，上课的时候总是盯着她看；在家里经常顶撞父母并打骂妹妹；多次写信给心理老师详细描述其父母和同学的种种行为，并说他们都有心理问题，请求老师为她的父母和同学进行心理治疗。

二、个案出现心理问题的原因

经调查了解，桐桐的家庭经济状况一般，爸爸经常在外面工作维持家里的日常开支，妈妈没有正式工作，父母均初中没有毕业，家中还有一个小她7岁的妹妹。父母对妹妹特别疼爱，对桐桐则明显冷漠，表现为父母因桐桐行走不方便，经常带妹妹出去玩而放桐桐一个人在家里。2012年9月，其父母又为桐桐办理了住校，而妹妹则走读。这件事情让桐桐特别不满。在生活上父母对桐桐要求也特别严格，即便是一点的差错轻则训斥一顿，重则咒骂、拳脚相加。此表现为家长对桐桐的长期心理虐待。

由于桐桐正处于青春期，有着明显的青春期心理特征。青少年的独立意识和成人感开始出现，而成人往往还把他们看成小孩子，在教育观念和方法上不能适应他们的心理需要，就会引起青少年的严重心理冲突，并导致亲子关系的危机。在本案例中桐桐的父母长期忽视桐桐的存在，并且对已经进入青春期的桐桐还非打既骂。结果，桐桐的正常心理长期得不到满足，导致桐桐出现了严重的心理行为问题。

三、心理行为问题的表现

1. 暴力

桐桐在家里经常打骂妹妹，她的妈妈经常向班主任投诉，桐桐自己也写信给我。在学校，桐桐也经常和班里的同学发生冲突。

2. 自私

由于桐桐是脑瘫儿童，行走不方便，班主任特意安排一名同学婷婷（也是桐桐的好朋友）长期帮助她做事情，比如拿书包、打饭等等。桐桐从来没有表现出感谢这位同学的意思或行为，相反，当桐桐有什么好吃的、好玩的都藏起来，不和婷婷一起分享。对自己的妹妹也是如此，只要妹妹一碰她的东西，马上对妹妹施加暴力。

3. 多疑

桐桐长期遭受父母的心理虐待，得不到父母的宠爱。进入青春期后，总是疑心某某男同学唱情歌给她听，某某男同学上课总是盯着她看，并且认为他们都不怀好意，在一次桐桐给心理老师的信中写道："某某男同学用眼睛盯着我看，并且笑得很阴险，似乎想要强暴我。"经调查并没有同学那样对她，班主任也说桐桐的反应总是过于强烈。

4. 幻想

桐桐在一次信中写到她的爸爸是一个特务，而她这几天正在被人跟踪，有人试图想要绑架她，问心理老师该怎么办；并且多次跟班主任老师说有人跟踪她，有人想要绑架她，希望能得到老师的帮助。

四、辅导策略

（一）确定心理行为问题改变的目标

通过家庭介入、认知调整、环境疏导，去除学生的暴力、自私、多疑、幻想等心理问题，使其心理恢复到正常水平。

（二）策略设计

桐桐长期受到父母的心理虐待才会导致现在一系列的心理问题。首先，要为桐桐的父母做工作，指出他们的问题所在，并给出正确的教育方式；其次，劝其父母不要继续让桐桐住校，要让桐桐和妹妹无论在感情上还是物质上都要有同等的待遇，调整桐桐的认知方式，引导其理性思考问题；最后进行环境疏导，让桐桐感受到老师同学对她的关注，以解决桐桐的心理行为问题。在辅导的过程中，我们从暴力行为发生的次数、多疑幻想的次数（桐桐写给心理老师的信中统计）进行数据收集，通过数据发现桐桐的心理行为问题改善情况及了解心理辅导的成效，并对桐桐的自私行为有无改善进行观察（从班主任老师和桐桐的信中了解）。

1. 重建和谐的家庭关系

俗语说，解铃还须系铃人。桐桐出现心理行为问题的根本原因在于父母对桐桐的长期心理虐待，要彻底让桐桐恢复正常的心理状态，还需要得到桐桐父母配合。在与桐桐父母的沟通中了解到，桐桐的父母并不是因为嫌弃桐桐才这样对她，而是他们的小女儿是重度智力障碍，智力比桐桐要差很多。由于父母的全部希望都寄托在桐桐身上，所以对桐桐特别严格，尽管桐桐是脑瘫儿童，行动不方便。他们要求她努力做自己力所能及的事情，从来没有溺爱过她。而父母对弱智妹妹不抱很高的期望，所以显得特别溺爱，这让桐桐感到特别不平衡，才导致现在的后果。他们特别愿意配合心理老师的工作，在心理咨询室桐桐的父母向桐桐赔礼道歉，并解释长期以来他们这样做的原因，当即为桐桐办理了走读的手续，当时桐桐的父母和桐桐都哭了。通过这次谈话，桐桐变得和家人融洽了很多。

2. 调整认知方式，引导理性思考

人的认知方式对一个人的心理和行为具有重要的影响。许多学生的心理问题是由于其错误的认知方式形成的，或者是由于错误的认知方式而加剧的。桐桐有一定的认知水平，但是毕竟年龄很小，认知水平不够，再加上家长的长期心理虐待下出现了暴力、自私、多疑和幻想行为。基于桐桐的这种情况我们采用了“积极关注”的咨询技术，即对桐桐的优点、长处给予有选择的关注。运用一对一的面谈方法（每周面谈一次，如桐桐有特殊表现或者特别要求则再增加一次），积极主动地探讨桐桐的内心世界。面谈不但能全面掌握桐桐出现心理行为问题的原因，还能引导改变她不合理的认知方式。在谈话中桐桐明确表示某某同学对其唱情歌等行为，我们会把她说的同学一起请过来面谈，在面谈中调整桐桐的认知方式，引导其理性思考。

3. 班级环境的改变

以往桐桐总喜欢和班级的同学发生冲突，心理老师和桐桐约定只要桐桐一天之内（逐渐延长时间）没有和同学发生冲突，老师给予一定的物质奖励，奖励内容由双方一起协商达成一致，并且班主任以及任课老师在班上都给予桐桐很多关注。渐渐地，桐桐和班上的同学关系越来越和谐，桐桐和班上同学发生冲突行为的次数越来越少。

五、辅导结果

数据统计标准为桐桐每周发生的暴力次数统计，在学校发生由老师来统计，在家里由家长统计。对于桐桐的多疑和幻想行为以桐桐写给心理老师的信件，及桐桐自己跟老师面谈和父母描述为主。

暴力行为辅导结果如表1所示。辅导时间从2013年3月到2013年7月止。经过四个多月的辅导，桐桐的暴力、自私、多疑、幻想等问题有了明显的改善，基本达到了正常的心理状态。

表1　学生发生暴力行为记录

周/发生暴力次数	三月份	四月份	五月份	六月份
第一周	7	6	4	1
第二周	8	4	3	1
第三周	6	5	2	0
第四周	5	4	2	1

从表1可以看出，桐桐的暴力行为在经过心理辅导后逐渐减少，说明心理辅导是有效果的。

其次，桐桐的多疑和幻想行为也得到了很大的改善，在三月份桐桐出现多疑和幻想行为约9次，总是怀疑某某上课盯着她，某某想要害死她，某某很阴险地笑她。四月份、五月份依次递减，到最后的六月份，桐桐没有再出现这样的行为。并且在辅导的过程中，桐桐也学会了和妹妹以及好朋友分享自己的东西，自私行为也有了一定程度的改善。

六、结论

通过改变桐桐父母对桐桐的心理虐待，让家长和老师给予桐桐更多的关爱，以及对桐桐进行合理的心理疏导，桐桐的心理行为问题得以改善。希望本个案能为脑瘫儿童的家庭教育问题提供参考。

参考文献：

[1] 胡莹媛. 脑性瘫痪定义的历史沿革 [J]. 中国康复理论与实践，2003，9（5）：257.

[2] 薛曼，葛绮芬. 流动人口中孕产妇死亡状况分析 [J]. 浙江预防医学，2005，（7）：48.

[3] 俞珍. 张爱华心理治疗对脑瘫患儿康复疗效的影响 [J]. 浙江预防医学，2007，19（4）：63.

[4] 丁丽. 琴家庭教育中心理虐待问题的研究 [J]. 东岳论丛，2007，28（6）：43.

城乡接合部留守儿童教育问题初探

■ 珠海市斗门区教育研究中心　黄卓全

摘　要： 随着城市建设的加快，近年来在城乡接合部出现了留守儿童，且有逐年递增的趋势。城乡接合部留守儿童在多元复杂的环境中读书，父母对儿童教育监管的责任、重要性更大。然而，留守儿童父母外出谋生，与孩子聚少离多，沟通少，远远达不到其作为父母的角色要求，而占绝对大比例的隔代教育又有诸多不尽人意的地方。要改进对城乡接合部留守儿童的教育，需要创造良好的城乡接合部社会环境，建立以学校教育为主、社区教育为辅的教育模式，帮助家长提高家庭教育水平。

关键词： 城乡接合部　留守儿童　教育问题

留守儿童教育问题是我国改革开放后市场经济和城市化快速发展而产生的社会问题。提到这个问题，大多数人首先想到的是这个问题只存在于那些劳动力大量输出的农村地区。随着职业的多元和人才流动的加快，近年来在城乡接合部出现了留守儿童，且有逐年递增的趋势。然而，城乡接合部留守儿童的教育问题尚未被社会广泛关注和重视。

一、城乡接合部留守儿童产生的原因

笔者在城乡接合部从事教育工作多年，在这几年中接触到了不少留守儿童，且有逐年递增的趋势。笔者对这些留守儿童曾经做了一些调查，有了初步的了解。这一类型的留守儿童主要有两种。

一是教育迁移。由于我国城乡之间的教育资源分配不均，在农村一些经济条件较好的父母纷纷到城市买房或租房，然后把小孩送过来读书，自己再回原籍或别处做生意，让亲戚或祖父母代管。由于城乡接合部是新开发区，房价较低，而且学校入学的门槛也较低，因此这些人大多数集中在城乡接合部。

二是原来居住在城乡接合部而父母外出经商、工作的儿童。这些留守儿童从数量上来说没有农村的留守儿童多，但他们同样是一个客观存在的群体，由于他们缺乏家庭教育和父母亲的呵护及引导，其教育状况以及产生的社会问题同样让人心忧。

二、城乡接合部留守儿童所处环境的特殊性与复杂性

反观城乡接合部的留守儿童，他们和农村的留守儿童同样都是缺少家庭教育，但有所不同的是农村的留守儿童教育问题已引起社会各界的广泛关注，各种解决问题的办法和思路已被纷纷推出，而城乡接合部的留守儿童教育问题却仍未引起社会的广泛关注。接纳那些留守儿童的学校对此问题也没有予以足够的重视，有的学校甚至熟视无睹。对此，如果我们不尽早采取措施加以引导和纠正而让他们放任自流的话，那么他们中相当一部分人将会走上歧途。

当今中国，现代化、城市化步伐加快，城市不断向外围扩展，使得毗邻乡村地区的土地利用从农业转变为工业、商业、居住区以及其他职能，并相应兴建了城市服务设施，聚集着无数各种各样职业和无职业的人群。这些村庄正面临着从村委会向居委会过渡的任务。我们把这些村庄叫作城乡接合部。处于城乡接合部的村庄越来越多，这些村庄处于城市与乡村、传统与现代、工业与农业发生冲突最剧烈的地带，因此治安复杂，管理困难。它的特点是房租便宜，有林林总总价格便宜的商店，生活便利，外来人口多，他们来自五湖四海，流动快，人口素质比较低。

城市里信息发达，各种社会媒介特别是网络上的信息对其影响极大，这些网络信息中不乏含有淫秽、色情、暴力、凶杀、恐怖等不良内容。此外，城乡接合部的社会治安环境也比较复杂，游戏厅、黑网吧遍布，发廊、按摩等色情场所众多，这些少年儿童耳闻目染，严重毒害了他们的思想。城乡接合部的留守儿童更多地表现在其行为上，如出现逃学、网络成瘾、早恋、打架斗殴甚至暴力犯罪等行为，具有一定的社会危害性。

三、城乡接合部留守儿童教育的对策建议

（一）政府要高度重视，创造良好的城乡接合部社会环境

2004年2月，中共中央国务院《关于进一步加强和改进未成年人思想道德建设的若干意见》文件下发以来，各级党委和政府机关越来越关注“留守儿童”的成长问

题，对“留守儿童”的情况也在时刻监督，制定了各项政策来引导他们健康、快乐地成长。据媒体报道，国务院支持全国妇联，联合中央14个部门，成立了一个农村留守儿童的专门工作小组，专门来抓农村的留守儿童的情况，这说明留守儿童的工作有人抓、有人管了。任何困难只要有人抓、有人管，就能把工作做好，确保落到实处。但在人们的思想中，留守儿童指的是农村留守儿童，城乡接合部的留守儿童的问题却较少人有关心关注。

笔者认为，要改善城乡接合部留守儿童的教育问题，就必须建立留守儿童问题长效保障机制，政府在处理城乡接合部留守儿童教育的问题上应做如下的工作：

1. 要明确对教育管理的职责内容

提供教育保障，维护教育公平。政府的责任是要为每个义务教育阶段适龄儿童提供平等学习机会，始终维护全体儿童的权利，使每一个学生都能在起点、过程和结果上公平享受义务教育，得到最大的发展。留守子女成为弱势群体，在接受教育的条件、机会等各方面都受到不同程度的损害。这就需要外在力量来帮助这群孩子解决接受教育、生活等很多困难，使孩子能平等享有接受教育的机会，能充分享受到教育公平。

加强宣传贯彻《义务教育法》的力度，利用媒体引起关注，改变观念。适时地充分利用电视、广播、标语、黑板报以及宣传材料等途径，不断地营造依法治教氛围，使广大干部群众、师生熟悉义务教育法的具体内容，达到有法可依、有法必依、执法必严、违法必究的依法治教目标。适龄子女接受义务教育既是一项权利，也是应尽的义务和责任，各级政府尤其是乡镇应该严格依法办事，以有效的措施督促留守儿童监护人从守法的高度，正确处理外出经商、务工与教育子女的关系，把留守子女的辍学率降低到最低限度。

2. 要做好服务工作

在我国，政府代表人民的根本利益，对人民群众负责。在义务教育的生产与提供过程中，政府应当好检验官的角色，对学校、学生的各项指标进行评估，控制产品生产效率；尤其是针对留守子女辍学率问题，采取目标责任制的做法，把目标分解，层层落实到学校，实行奖惩分明的措施；成立关心留守子女教育指导机构，建立社区教育和监护体系；可由街委会、乡镇政府牵头，学校组织，居民、村民委员会及热心的退休教师等参加，建立留守子女跟踪管理档案。学校要对留守子女登记备案，分类区别对待，进行有针对性的教育和管理；要关注留守子女的身心健康，开通家长或监护人热线，学校老师要经常与家长或监护人联系，了解孩子在家的情况，以便及时帮助留守子女；要经常组织留守子女参与文体娱乐活动，充实业余生活，多与他们沟通交流。此外，政府应积极做好服务员工作，为学校提供政策和财政支持，为群众提供教育信息，使整个教育系统的运作处于和谐状态。

3. 要创造一个良好的治安环境

治安环境是儿童成长的客观条件，据前文所述，城乡接合部的治安环境严重不适合儿童尤其是留守儿童的成长。为了下一代的健康成长，就必须创造一个良好的治安环境，而一个良好的治安环境首先有赖于公安部门的重视与努力。当地派出所应持之以恒地加强学校周围那些网吧、游戏厅，出售非法出版物的书摊等经营场所的管理，严格执行中小学校园周边200米内不得有网吧和电子游戏经营场所、营业性网吧不得让未成年人进入、所有网吧终端设备必须安装封堵不健康内容的过滤软件等相关要求，常抓“扫黄打非”工作，整治向学生兜售有害卡通画册、淫秽书刊等不法行为。定期于学生放学后在校园周边巡逻，发现情况及时制止和处理；加大危害学生安全和学校工作秩序的打击力度；针对留守儿童易受到不法分子的攻击伤害情况，应采取必要的安全措施，给留守儿童的健康成长营造一个安全、舒适的生活和学习环境。

（二）建立以学校教育为主、社区教育为辅的教育模式

众所周知，在促进学生身心发展的教育工程中，学校教育占据着主要地位、起主导作用。这是因为学校教育是教育者利用学校系统对受教育者所进行的有目的、有计划、有组织、有系统的教育，具有其他教育所无法替代的特点。

鉴于城乡结合地带呈现城、镇、村混合型发育的特征，在整个教育体系上，更应将学校教育与家庭教育、社会教育结合起来，构建社会、家庭、学校一体化网络，充分发挥学校德育的主阵地作用。

目前各地在学校中已经实行了相应对策，如为留守儿童建立专项档案，加强学校与家长的联系，对重点留守儿童进行“一加一”互助等。在一些学校，虽然老师已经发现留守儿童存在的问题，但没有精力予以帮助、干预，对上级的要求流于形式或是走过场，而这些薄弱学校又正是留守儿童问题严重的地区。因此，对于这类学校，学校内加强管理是很难实现的，必须多方关注，形成合力。

学校要加强针对留守儿童的管理，要为留守儿童建立档案、开设生活指导课，增加人格教育、性格教育内容；在学校加强各种生理、心理卫生方面的教育。学校一定要按时按量开好各门课程，不能因为要参加各种考试就忽视了学生其他方面的教育。

对于留守儿童师生关系、学习成绩、同学关系，老师的评价和留守儿童的自我评价是存在差距的。对此，笔者认为，老师要主动与留守儿童进行沟通，成为他们学习、生活的知情者和贴心人，给他们提供和创造良好的同学之间的沟通、交际环境；对于学习成绩，老师应引导他们客观、综合地评价自己的学习成绩，鼓励他们综合发展。

要建立托管中心和义务辅导员队伍，鼓励退休教师和其他热心人士创办留守学生托管中心，当孩子们的代理家长。城市各街道、农村各乡镇、村要从当地有一定威望的老党员、老教师、老干部、老战士、老模范中聘请一批校外辅导员，定期与学生沟通，做好“留守学生”品行方面的引导；要发动社会各界人士对留守学生开展一对一资助帮带活动，为他们完成学业、健康成长创造有利条件。妇联、团委、文化等部门要积极履行职责；定期召开联席会议，研究解决突出问题，形成关爱留守学生的合力。

（三）帮助家长提高家庭教育水平

笔者在一项关于亲子关系的调查研究中，50%的留守学生经常主动向父母汇报学习、生活情况，同时有50%“比较同意”和“完全同意”“父母很少主动与我交流”这个结论；对于家庭气氛，累计71.67%认为“一般”和“不融洽”；对于父母对子女的期盼，61.67%的父母期盼子女将来考上大学。在对监护人的访谈中，监护人都认为留守儿童的父母较少回家看望、教育孩子，只有节日和长假才回家。而在父母没有回家的情况下，监护人则不知道孩子和谁一起玩、玩什么。这说明，接受调查的留守儿童的家长及监护人未能在教育意识、内容、方法上重视孩子的教育，他们对孩子未来的学业要求较高，但自身的感情、精力却投入不够。这些现状反映了家长们对于孩子教育方面意识、能力的欠缺。

“一个母亲，能胜过100个教师；一个父亲，能胜过100个校长。”这是国际基础教育界的一句名言。它告诫人们，在对小孩的抚养方式上注重家庭教育的重要意义。

如何提高家长的家教能力？笔者认为，学校有责任通过家长学校、家校联系的各种形式，对家长们进行建议甚至是教育，让家长们知道于自己不能在孩子身边管教孩子的前提下，选择监护人对一个孩子成长成才的重要性。

要充分发挥家长学校的作用，对家长们进行教育理念、方法、技巧的教育，使他们在意识上非常清楚家庭教育的重要性，不要以为教育就是学校的事情，要积极主动地与小孩、学校联系，关怀小孩、配合学校的工作。如要尽可能经常回家看望子女，关注子女的学习、生活和心理状况，即使因故无法回家也要通过网络视频、电话、信件邮件等方式经常与子女进行情感交流和亲子互动，使他们能够充分感受到父母的爱。如建立一星期通一次电话的制度，让孩子与父母建立起心连心的联系。一个星期一次的电话谈心，让孩子感受到父母的亲情，帮助孩子解决一些生活上的问题。没事情的时候也可以做孩子的倾听者，并告诉孩子哪些该做，哪些不该做。又有如暑假的时候可以让留守儿童到父母工作的地方去住一住，培养亲情。父母可以用这段时间对他们进行思想教育，通过自己的言传身教让孩子做好修身的第一课。

要培养家长主动与学校联系的习惯。让他们主动与孩子的班主任、监护人保持经常性的联系，共同商讨教育的策略与办法，使孩子能在良好的心理环境和社会环境中健康成长。教育家长要转变用金钱弥补愧疚的心态，注重与子女的情感交流和心理沟通。除了提供必要的学习条件之外，切忌过度的物质满足。

要教育家长为孩子选可靠的监护人。监护人在教育孩子成长方面起到非常重要的作用，孩子成长的好坏与监护人素质的高低有直接的联系。要劝说家长尽可能把子女寄放在有一定学习环境、比较有文化的、并且有一定责任感、能更好地监督和指导自己孩子的亲朋好友处。

要定期开展针对监护人的培训。目前，大部分城乡接合部留守儿童的监护人缺乏监护知识和教育的基本理念。可以利用农闲时节开办监护人学校等培训班，帮助他们更新教育观念，教给他们教育常识以及对儿童的保护常识，让监护人充分认识到自己的责任和义务，并讲究教育方法；同时也要求监护人主动通过打电话等形式与留守子女的父母联系，让他们了解孩子的学习和生活情况。

营造一个关爱“留守儿童”的社会环境，对于家庭、学校和政府来说，是义不容辞的责任。只有社会各界共同关注，多方位、多角度地采取相应措施，并建立起一套行之有效的机制，才能使留守儿童受到正常、健全、完善的教育，让他们和同龄人一样健康、快乐地成长。

教育是一个系统的过程，需要家庭、学校、社区、社会共同形成合力，才能达到教育的效果。对于城乡接合部留守儿童的教育，更是牵涉到多方面的问题。这一特殊的群体如果受到正确的教育引导，他们将成为社会的有用之才；如果放任他们，那么在这个“大染缸”般的环境中，他们有可能会走向主流社会的对立面。

用推动摇篮的手推动未来

——教师给家长的建议

珠海市斗门区第一中学　郑学明

摘　要：家庭教育是一个人一生初始化的教育，家庭是未成年人认识社会、提升素养、学会做人的重要平台。随着社会的发展和人们生活水平的提高，虽然人们越来越重视下一代的教育，但严峻的现实却在不断地告诉我们，家庭问题、社会问题和其自身的青春期问题等众多因素已经有形或无形地影响着孩子们人格素养的形成和发展。面对青春期的孩子，不少家长由于观念的错误及方法的缺失，在家庭教育中显得十分困惑与无奈。我校教育咨询室设立两年多来，累计接受各年级家长来人、来电或校讯通信息咨询1500多人次，我们在工作中最为真切地感受到家长内心深处“望子成龙”“望女成凤”的殷切期待。在此，笔者结合自己做家长的体会和主持教育咨询工作的一些感悟给家长们提几点建议。

关键词：家庭教育　沟通　赞赏

一、有效沟通，走进孩子的内心

好些家长总爱拿自己“苦难”的童年教训孩子，小海的父亲可谓是一个代表。因经常出差，自小海上初中以来，他就很少跟孩子一起过一个完整的周末。而只要父子会面，做父亲的几乎每次都要用“我们那时候条件多么多么艰苦而我们读书多么多么努力，你今天条件这样优越你却如此不用功”之类的话教训小海。为了不至于让孩子浪费时间，家里甚至请来六门高考科目的辅导老师，利用周末的时间轮番为小海补习功课，孩子没有丝毫的回旋余地，弄得就像当年“大跃进”一样：“人有多大胆，地有多大产；不怕做不到，就怕想不到。”

《今晚报》调查显示，“父母高高在上无法沟通”“父母不了解自己的烦恼”是孩子们最苦恼的事情；而2012年上海市心理咨询中心对1500名学生进行的专项调查表明，61%的受访学生感到无法与父母交流和沟通。人人都有自尊心，教育孩子切忌居高临下生硬说教，采用平等的沟通方式会让双方都感到轻松自在，也往往能引起热烈的回应。社会存在决定社会意识，跟孩子讲道理需因时因地因人而异，就像当初我们上学时参加贫农李大爷或张大娘家的忆苦思甜活动，懵懵懂懂的我们哪有什么切肤之痛。

好的沟通话不在多，关键看能否触及孩子的心灵，把话说到点子上。法国启蒙思想家伏尔泰说得好："我不同意你的观点，但我誓死捍卫你说话的权利。"若孩子愿意跟你交流，你一定要认真聆听，并加以珍视。平时也不要无所不问，更不要咄咄逼人。大是大非不放松，小过小失不计较。有时候，退一步有助于更好地进，在孩子面前，只要不丧失原则，不妨低下身子、弯下腰去，做一回暂时的"弱者"。若孩子实在不愿意与你沟通，你可以把想说又不能直接说的话写下来，以文字的形式告诉孩子。这样，既可避免一些面对面的尴尬，又能把道理"讲"入人心，教育效果还能深远持久。因为，说过的话容易忘记，而文字则可以长期保存。

要与孩子有效沟通就得经常陪伴孩子。亲子关系是血缘关系，父母的爱心无可代替。生活再累，不能把孩子的成长当累赘；工作再忙，对孩子的呵护关爱不能忘。陪伴是亲情流动的平台，家庭共同的价值观，往往就是在全家人一起吃饭、聊天或散步的过程中建立起来的；而且，孩子能在父母的陪伴中感受到亲情的滋润，父母则可以由此走进孩子的世界，了解孩子的心思，知悉孩子的需求。

有效沟通离不开温馨的家庭环境。人们常说回家的感觉真好。对孩子而言，父爱和母爱一样都不可缺少，没有哪个孩子不希望自己的父母相亲相爱，不渴望自己的家庭幸福美满。在教育孩子的问题上，父母千万不要为了坚持自己的观点而相互争执，尤其是当着孩子的面发生冲突。父母的战争往往成为孩子痛苦的根源，长此以往，不仅不能使孩子获得帮助，还会让孩子产生与父母交流的恐惧，夫妻之间也会因此伤了感情，破坏和谐的家庭氛围。

曾有一位学生在家长会时给自己的父亲留下了这样一张纸条：

"爸爸，自从上了初三之后，我一直很冷静，多少的苦闷和坎坷我都跨了过去，但是，我一直都不快乐。

"每次听到你们俩吵架声的时候，我都很难过，记得小时候去同学家里玩，她们说起父母吵架时都感到十分惊恐，问我的父母是否也像她们的父母一样吵得很凶，我的回答是'没有'，现在回想起来是多么的讽刺。

"为什么两个一起生活了那么久的人要互相嘲讽、互相挖苦？！为什么你们就不能相互体谅一下呢？！也许我还小，很多事情都不懂。

“妈妈这么多年来每日起早贪黑、辛辛苦苦地工作，她为我们这个家劳累了大半辈子，心里本来就不好受，加上身体不好，也许她真的需要宣泄一下她心中的苦闷。爸爸，你多帮一下妈妈，好吗？

“有时候，我多么希望你们能够和和气气地坐在一起听我讲讲在学校的事情，但每次都觉得家里的气氛好尴尬……”

我不知道家长们看到这些内容时心里会有怎样的感受。

二、适度放手，给孩子一个自由的空间

阿彩自小跟母亲生活。自打邻居家孩子因交友不慎受到打击以后，母亲就给她“约法三章”：在家不能上网；房间不能反锁；没家长陪伴不准出门。一段时间下来，母女俩交流沟通少了，孩子经常郁郁寡欢，有次还因母亲坚持不让阿彩参加班上的同学聚会而闹得不可开交。

关于传统的家庭教育，鲁迅曾指出有两个偏向：一是任其跋扈一点也不管；二是一味禁止，“甚而至于扑打”。这两种偏向都不利于孩子的健康成长。但是，今天这两个偏向并未绝迹。其特征是：包办代替多于促进独立，过度保护多于挫折锻炼。这种教育方式培养出的孩子，往往性格被动，意志薄弱，适应不良。

孩子在成长中需要信任。信任是一切教育的起点，没有信任就没有教育。“罗森塔尔效应”也给我们一个启示：信任和期待具有一种能量，它能改变人的行为，使人获得一种积极向上的动力。因此，在孩子成长过程中，家长应做孩子的顾问、朋友，而不是经理人。这就是说，该扶助时就扶助，该放手时要放手，遇事要引导孩子自己去观察、思考和选择。学生小芳现在说起当初文理选科时父母的态度，仍是一脸的幸福。当时，父亲对她说：“无论你怎样选择，我们都尊重你，不过你在做出决定之前，最好衡量一下这是不是自己的最佳选择。确定了，就别犹豫。”小芳最终选择了自己喜欢的文科，现在学得很开心。

信任孩子就要学会理解孩子。有人说，心底秘密是人成长成熟的标志，没有秘密的孩子长不大。每个人都需要有一个自由的空间，孩子也需要一个真正属于自己的场所。就像庄稼生长需要适当的间隙，不然，即使长大了也挺不直腰杆。有的家长常有意无意地扮演间谍的角色，让孩子始终处于一种被监控的状态。家长应多从孩子的角度换位思考，不要擅入他们的私人空间，不要翻看他们的日记和信件，不强制他们说不想说的话，不硬逼他们做不愿做的事。遇事动辄插手干预只会诱发孩子的提防心理。

青春期的孩子虽在生理上和心智上都尚未真正的成熟，但他们独立自主的意识已开始逐渐觉醒，遇到问题时不再一味地依赖父母、顺从老师，而转向同辈群体寻求帮助，希望有关系密切的朋友来理解和支持自己。从这个意义上讲，积极的同伴影响有时候比老师、家长的影响大得多。因此，孩子在空闲的时候去参加一些群体性活动，家长们大可不必紧张兮兮，弄得草木皆兵，而应支持、鼓励孩子在这些活动中发展和谐人际、彰显生命个性。即使偶有闪失，那也是成长路上正常的跌绊，并不至于让孩子真的输在人生的起跑线。

自然，放手并不意味着不管不顾地放任自流。对孩子的物质欲望要有所控制，对孩子的不良表现要积极干预，恰当引导。

三、注重人格，全面关心孩子的成长

邱先生对儿子小邱的学习要求非常严格，每次考试都给孩子提出明确的目标。至于小邱平日里表现出来的花钱大手大脚、做事散漫拖沓等一些小毛病，邓先生总是不以为然，觉得学习冒尖了其他都不是大问题，自己平日里也是想娱乐就娱乐，该应酬就应酬。小邱自小在学业上也还表现不错，从小学到初中的学习成绩一直名列班级前茅，颇让父母满意。可进入高中后，随着学习压力的加大，小邱的成绩慢慢地出现了下滑。在父母高高的期望值下，小邱对学习渐渐产生了恐惧心理，除了厌学，还常对父母撒谎，甚至通宵达旦地沉湎于手机游戏。高二下学期，小邱甚至还把父亲的香烟偷偷带到学校，在厕所里聚众“吞云吐雾”。

孩子的学习是家长们最为关心的话题，没有哪位家长不希望孩子的成绩优秀，但关注孩子的成长切不可只重知识不管品德。“健康的乞丐比有病的国王更幸福”，健全的人格比优秀的学业更重要。心理学家提醒：一个人如果没有健全的人格，即便知识再渊博，学业再出色，其脆弱的心理和生命一旦遇到挫折和风浪，也会有崩溃的危险。高考不是人生的唯一出路，分数决定不了人的命运。因此，家长应全面关心孩子的成长，不以成绩好坏论成败。新东方创始人俞敏洪坦承，他也希望自己的孩子上北大、去哈佛、去耶鲁，但一定要在身心健康的情况下，否则没有任何意义。他说：“我宁可要孩子一生的幸福，而不要孩子为了成绩拔尖而痛苦。”当年因为口角而杀害室友的云南高考“尖子生”马加爵的案例更值得我们警醒。

孩子的成长也确实离不开一定的条件。虽说是“宝剑锋从磨砺出，梅花香自苦寒来”，逆境无疑是磨砺心志的优质教育资源，但如果孩子缺乏基本的学习、生活条件，则会容易产生人穷志短的自卑心理，未必能够实现“穷人的孩子早当家”的意愿。与此相反，有些父母喜欢用金钱去表达对孩子的关心，认为爱孩子就是要什么就给什么，生活上大包大揽，学习上大操大办，遇事一味迁就，不让孩子受一丁点委屈。殊不知，生于条件优越家庭的孩子，教育失败的风险比普通家庭要高很多。因为一旦缺乏正确的人生指引和适当的教育技艺，这种以爱的名义带来的干扰反而会给孩子的成长带来灾难。所以，关爱子女，既要物质，更要心智。

自然，身教重于言传，培养孩子健全的人格最需要家长做表率。要求孩子做到的，家长必须首先做到；要打造好孩子，先必须打造好你自己——你要让孩子掌握过硬的技能，你自己就得在事业上拥有一块自己的领地；你要让孩子具备优秀的品质，你自己就得做孩子道德情操的楷模；你要让孩子养成良好的习惯，你自己就应有科学的生活、工作方式。在做人做事方面，父母始终是孩子最好的老师。

四、学会赞赏，引导孩子做最好的“自己”

小金父母没有上过大学，这成了他们这辈子最大的遗憾。尤其在同事家的孩子一个一个考上大学以后，他们更加希望自己的梦想能由儿子来实现。聆听着父母日复一日的叮咛，小金背负着沉重的压力。为了全身心地提高学习成绩，他把自己喜欢的所有文体爱好都放弃了。即使周末在家，除了吃饭、睡觉，他基本上都捧着书本，蛰伏在自己的小房间里遨游着题海，连要好的同学约他去看电影都被拒绝了，他几乎就成了一部学习的机器。

于丹曾说过一句意味深长的话：“每个人出生时都是原创的，但渐渐地很多人就活成了盗版。”确实，每一代人都有每一代人的成长环境和历史使命，每一个人也都有每一个人的理想和追求。人不能都活成一个模样，父母更不能把孩子当作实现自己梦想的筹码。孩子有他们自己的生活，应引导孩子做最好的“自己”。

引导孩子做最好的“自己”，就要尊重孩子的选择。在物质条件优越的今天，有些家长一方面极力满足着孩子的物质需求，另一方面喜欢用自己的方式替孩子规划着未来，平时总是不自觉地把自己的梦想寄托于孩子，不顾孩子实际的发展水平，让孩子学这学那，补东补西，任意加重孩子的学习压力和心理负担。这不仅让孩子没有被尊重的感觉，而且严重束缚了孩子的个性，不利于他们的健康发展。有句格言很有道理：天才就是走对了最适合自己的道路，蠢材就是选择了最不适合自己的方向。

要孩子做最好的自己，就应多多地赏识和赞美。赏识是潜能的挖掘机，赞美是前进的加油站。孩子常常把他人的赏识和赞美看成是对自己的认可，当他得到肯定时，就会觉得自己有优点，有能力，有发展的前景，因而产生一种自我增值感，增强向前迸发的动力。所以，家长若能对孩子平时表现出来的“闪光点”及时加以褒奖，就无疑是“锦上添花”；而对他们行为或品质上出现的偏差友善地予以纠正，则不亚于“雪中送炭”。

有些家长喜欢走极端，要么觉得自己的孩子什么都比别人好，要么认为自己的孩子什么都比别人差；在与家长的交流中，也常常听到“恨铁不成钢”的抱怨。其实，钢有钢的用处，铁有铁的所长；世界上没有两片完全相同的树叶，盲目攀比是家庭教育的大忌。对孩子的教育，他人的样式可以借鉴，但脚下的道路不可复制，适合的才是最好的。家长要善于挖掘自己孩子与众不同的“亮点”，学会用孩子的优势去激励其弥补存在的不足，尤其不能在公开场合拿孩子的缺点和他人的优点进行比较。只要孩子有着健康的身心和内在的潜能，那就是一种希望和幸福。非要让沙漠的骆驼去学唱苍鹰的歌，结局只能是蹉跎与痛苦。

五、耐心等候，陪伴孩子一起成长

小强因违纪被学校记过，家长一气之下将他转至另外一所学校。因不适应新的环境，小强的状况并无大的改观，不仅成绩继续滑坡，还因同学矛盾受到了老师的批评。本就耿耿于怀的家长便不时拿出“前车之鉴”刺激孩子，最终竟然导致小强离家出走长达半个月的时间。

世上没有绝对平坦的路，人生难免有崎岖。父母既要接受孩子的成功，也要接纳孩子的失败；既要允许孩子犯错误，更要允许孩子改正错误。吃一堑方能长一智，父母在孩子跌倒后的宽容比惩罚更有力。

就以家长最关心的成绩为例，每次考完不要老是围着那几个阿拉伯数字去纠结，一味指责孩子的排名像过山车一样跌宕起伏，而应理性面对现实，跟孩子一起对考试结果进行客观地分析：名次是不是在正常的范围内波动，什么值得继续发扬，什么有待进一步完善，是知识缺口引起的丢分还是非智力性因素导致的失误……目标上不能好高骛远，方式上不能操之过急；确定的高度要合理，分解任务要具体；既要平和自己的心态，不把负面的情绪传染给孩子，更要合理调整期望值，给孩子留有进退的余地。

孩子的成长有一个过程。无论是学校还是家庭，都不可能包办或一下子解决孩子人生路上的所有问题。人是需要磨炼的，人也是在挫折中长大的。再长的路，一步一步总能到达；再短的路，不迈脚则永远无法走完。孩子必须拥有自我跋涉、经受摔打和重新站立起来的时间。孩子更需要机会明白：害怕摔跤的人是傻蛋，老是摔跤的人是笨蛋，摔倒了爬不起来的是浑蛋。

有句名言说得好：孩子是上帝送来让我们修炼意志的礼物。接纳孩子既是给孩子成长的机会，也是对我们人生的一次考验。孩子的明天不一定会最好，但更好的明天一定会来到；明天的他可能不成功，但今天的他不能不成长；只要孩子能坚持不懈地去经历、去完善，未来的每一天他都能收获一片新的亮丽与灿烂。

过去的事情不再想，目标永远在前方。只有“面朝大海”，才会“春暖花开”。

以色列有一句名言：一个好母亲胜过100所学校。其实，教育本就很简单。因为每位家长都做过孩子，对自己的成长都有着深刻的体会和感悟，所以，家长的人生是教育孩子最好的教材，父母的经历是孩子天生的教科书。只要掌握合适的家庭教育方法，就能用自己推动摇篮的双手推动未来。

中华传统文化对新时期生命教育的启示*

■ 广东石油化工学院高州师范学院　吴玉梅

摘　要： 青少年是祖国的未来，民族的希望。吸收中华传统文化的精华，加强青少年的生命教育，不仅关系到青少年的成长和成才，而且关系到社会的和谐稳定，国家的长治久安。尽管大部分青少年有正确的生命观，有明确的人生目标，对自我持肯定态度，能悦纳自我，较好地认识生命价值并珍惜生命，但依然有部分青少年的生命意识薄弱，对生命缺乏敬畏和珍惜，漠视生命、否定生命、游戏生命，缺乏对生命本质的理性思考，不懂得自己和别人甚至他类生命的可贵，因而，很容易轻易处置和漠视自己、别人和他类的生命。学校的生命教育还较薄弱，不能提供更多生命教育方面的讲座或活动，以满足青少年改变和完善自身对生命价值的认识，形成正确生命观的渴求。

关键词： 中国传统文化　生命教育　启示

一、当前影响青少年生命观的因素

1. 家庭教育缺失

《三字经》上讲"养不教，父之过"，父母是子女的第一任老师，父母的言传身教对子女生命观的形成至关重要。遗憾的是，现代社会中，一些父母不懂得家庭教育的重要性，甚至忘记了对子女应负的教育责任，把教育子女的责任完全推给学校或社会。父母们单纯地认为，只要自己积累了大笔的财富，就可以让子女过上幸福的生活，在子女身上慷慨地花钱就是爱的补偿。极少有人会想到，他们的财富的积累是以家庭教育缺失、牺牲孩子的幸福为代价的。在这样放任自流的环境中长大的青少年，不仅缺少亲子之间的情感交流、家庭的温暖，更缺乏父母的言传身教，容易产生金钱

---

* 该文为广东省教育科学"十一五"规划2010 年度研究项目（2010tjk150）的研究成果之一。

比一切东西都重要，有钱就有一切的错误认识，甚至认为只有金钱才能体现一个人的生命价值。他们因缺乏理想和追求而感到迷茫；又因内心真正的需要长期无法得到满足而感情脆弱。这些青少年，一旦踏入社会，面对复杂的人际关系和社会环境，感到无所适从，容易心灰意冷，自暴自弃，用极端的手段对待他人，甚至以结束自己或他人的生命作为反抗。

2. 素质教育错位

《弟子规》总序为“弟子规，圣人训；首孝悌，次谨信；泛爱众，而亲仁；有余力，则学文”，开篇即强调了德育的重要性，其次才是知识和技能，教育的次序不能颠倒。而重智育和轻德育是现行教育制度的致命伤，强调科学知识的学习，以传授知识和技能为实用目的和功利目的，把应试和竞争放在第一位，将中国传统文化的教育排除在学校教育之外，使当代的青少年自幼缺乏童蒙养正教育。素质教育或流于形式，仅仅停留在口头上和应付上级检查上，以人为本的教育理念难于落实贯彻；或理解片面，以为素质教育就是让孩子学点画画、书法、弹琴，拥有一技之长，就能更好地立足社会。这种对素质教育的细枝末节的误解，不仅没有让学生们尝试到学习的乐趣，反而忽视了他们的情感交流和心灵需要，加重了他们的精神和心理负担。正是从小学到大学对人文教育的忽视，对学生热爱生活、热爱生命教育的不力，导致一些青少年人文精神的失落和对生命的淡漠，在知识增长的同时却伴随着精神情感的麻木和责任感的丧失，对生活缺乏激情，一旦遇到挫折，就会怀疑生命的价值和意义，导致伤害自己和他人生命行为的发生。

3. 社会责任淡薄

在全球化的潮流中，在西方强势文化的影响下，个人注重的是追求自由、独立人格和自我意识，价值观呈现多元化发展。多元文化思潮的冲击对青少年的心灵产生了强烈的震撼，多数青少年能从正面接受和消化这些信息，并从中吸取前进的动力。但也有部分青少年在多元文化思潮的负面影响下迷失了自我，失去了前进的动力和生命的方向，功利观念浓厚，集体意识不强，实用主义和个人主义严重，金钱至上成为人生的信条，甚至更多地将自身需求能否得到满足以及满足程度作为衡量自身价值的主要标准。这种过分注重个性发展的倾向，易于割裂个人与社会的关系，无视个人对社会依赖的一面，不顾社会合力对个人的制约作用；只讲求社会对个人的尊重和满足，而忽视了个体在社会中应履行的责任，缺乏社会责任感和使命感。

二、中华传统文化对新时期生命教育的启示

1. *孝为德之本，通过孝心教育引导青少年热爱生命，树立正确的生命观*

为家庭培养一个好孩子，为社会培养一个人才，是每一位母亲的心愿，也是每一位母亲的责任。如果母亲没有把孩子教育好，就会给社会带来极大的危害；如果母亲把孩子教育好，就为社会做出了重大贡献。因此，良好的家庭教育是社会和谐的基础。家庭教育最重要的是孝的教育，孝是子女善待父母长辈的伦理道德行为的通称。孔子在《孝经》第一章就开宗明义地指出："夫孝，德之本也，教之所由生也。"这就揭示了孝是道德的根本和教育的源头。孝德的践行，固然需要借助中华传统文化的教化力量，然而，父母的以身作则，则是最具权威的教育，是无声的命令，使孩子不令而从。青少年接受了孝的教育，心中装着父母，装着祖先，装着孝，装着爱，装着中华民族精神，学习自然就努力，各方面成绩自然就优秀；自然也就热爱生活，尊重生命，关爱生命；懂得生命属于个人，每个人都要为自己的生命负责，同时生命又属于个人的家庭和社会，每个人都不能轻易放弃生命，要关爱自己的生命；同时也要关爱他人的生命，从而更加珍惜和热爱生命，并养成乐观自信的人生态度，从容地应对生活中的挫折，树立正确的生命观。

2. *大爱无疆，通过爱心教育引导青少年树立自利利他观念，增强社会责任感*

生命教育要践行正确的生命观，必须从培养青少年的良好素质开始。素质是一个人道德水平、文化教养、身心状况、生活经验、办事能力的综合品质。《弟子规》列出的"孝、悌、谨、信、爱众、亲仁、学文"七方面的教育，就是一种素质教育，是至圣先贤孔子对中华民族子孙后代的全面素质教育。首先是孝悌教育。它强调了教育的先后次序一定是先学做人，后学做事，也就是先培养德行，后学习知识、技能。如果我们把教育的次序搞颠倒了，没有从孝悌之心培养做起，青少年尚未有对父母、长辈、朋友升起恭敬之心、谦虚之心，就让他学习了很多知识和技能，他学得越多就越骄傲，越不把别人放在眼里。这样的一个人，实际上是无形之中为自己的人生设置了很多障碍。其次是爱心教育。《弟子规》中有句话说："凡是人，皆需爱，天同覆，地同载。"父母师长要呵护孩子的一切善念，赞赏孩子的一切善行。这样做，从自身的角度讲，孩子在为他人奉献的同时，心胸会更加开阔，素质会提高，道德精神会升华；从他人的角度来说，能帮助别人获得利益。所以为大众奉献，就是自利利他。仁者爱人，把孝悌作为仁之本，"爱人"首先从爱父母做起，然后爱其族人、爱其长上、爱其民族、爱其国家。这种推己及人的自然亲情，符合人的认识与情感的发展规律，易于为人们所接受。最后是榜样教育。《弟子规》中讲："能亲仁，无限好，德

日进，过日少。”主动接近有道德学问的老师，是进行素质教育的一个重要方面。孩子经常接近德高望重的老师，从他们的言谈举止、待人接物的方式方法等感受他们的良好素质。在这种潜移默化中接受圣哲教育，就能不断完善自我，而达到忘我境界。因此，孝的教育是维持良好社会伦理秩序的根本，爱心的养成，有利于青少年树立自利利他观念，克服自私自利心理，增强社会责任感。

3. 兼收并蓄，通过人伦教育引导青少年建立和谐融洽的人际关系

家庭教育是根本、是龙头，学校教育是家庭教育的延伸，社会教育是家庭教育的拓展，圣哲教育是家庭教育的升华。家庭、学校和社会三位一体，形成合力，为青少年建立和谐融洽的人际关系，树立正确的生命观奠定基础。教育要把握生活的细节和关键，就是让孩子懂得如何做人，形成正确的道德意识。人际和谐，也就是古人讲的五伦大道。这个五伦关系是孟子在总结古圣先贤教导人们的经验的基础上提出来的。他认为社会上有五种基本的伦理关系，那就是“父子有亲、君臣有义、夫妇有别、长幼有序、朋友有信”。只要这五种基本的伦理关系处理好了，这个社会的人伦秩序就会井然有序。具体来说就是做人要遵循古八德，即孝、悌、忠、信、礼、仪、廉、耻，这八德是做人的原则。在生活中落实古八德，就能养成良好的道德品质，这些良好的道德品质是和谐人际关系的基础。和谐人际关系的建立，又以仁爱为核心，而仁爱必须有个根才能够培养出来。这个根就是对父母的孝，对兄弟的友悌之心。孝悌之心向上提升就是互爱。互爱之心向上提升就是互助。互爱、互助之心向上提升，就是人际和谐，社会和谐。和谐的人际关系有利于青少年在互爱互助的氛围中快乐成长，自然而然地树立起正确的生命观。

参考文献：

[1] 王曾. 当代青少年生命价值观现状及其原因分析——以深圳大学为例的实证探究. 和田师范专科学校学报（汉文综合版），2009（2）.

[2] 陈建华，肖家芳，江晓萍. 大学生生命观的调查与思考［J］. 当代青年研究，2010（2）.

[3] 邱素英. 文化自觉和个体认同——多元文化冲突下的青少年思想教育［J］. 当代青年研究，2009（9）

[4] 任登第，牛淑卿. 大家都学弟子规［M］. 北京：世界知识出版社，2010.

对当前农村小学思想品德教育的思考

■茂名市南区镇盛镇中心二小　彭亮华

摘　要：受应试教育“分数第一”的影响，农村小学思想品德教育已经被边缘化。本文通过问卷调查统计，分析了农村小学思想品德教育的现状，提出了解决农村小学思想品德教育问题的对策，以期与同人共享。

关键词：农村小学　思想品德教育　对策　创新

为了把握当前农村小学生的思想道德状况，提高教育的针对性和有效性，最近，笔者对农村小学生的思想道德状况展开了一次调查，对象为37 所小学的六年级学生，共1241人，内容涉及良好行为习惯、公德、劳动意识、国家概念等方面，以查找当前农村小学生思想品德教育存在的问题，努力探究解决的有效办法，进一步加强农村小学思想品德教育。

一、农村小学六年级学生思想品德情况调查问卷及统计

农村小学六年级学生思想品德情况调查问卷

（答卷形式：闭卷，独立完成，不用填写学校名称以及学生姓名。答案按自己情况如实填写，你是怎样想和做的就怎样填。）

一、选择题，请在括号内填上你的答案序号。

1．思想品德课是否改上语、数、英等课程？　　（　　）

①改上　　②不改上

2．你喜欢上思想品德课吗？　　（　　）

①喜欢　　②不喜欢

3. 你是否遵守《小学生守则》？（ ）

①遵守 ②不遵守

4. 你是否随意乱扔垃圾？（ ）

①随意乱扔垃圾 ②不随意乱扔垃圾

5. 你是否随意吐痰？（ ）

①随意吐痰 ②不随意吐痰

6. 你是否有饭前、便后洗手的习惯？（ ）

①没有这个习惯 ②有洗手习惯 ③有时洗手

7. 你是否喜欢打扫家庭、学校环境卫生？（ ）

①不喜欢打扫 ②喜欢打扫

8. 你上课是否专心？（ ）

①专心听课 ②不专心听课

9. 你是否有预习的习惯？（ ）

①有预习的习惯 ②没有预习的习惯

10. 你是否有复习的习惯？（ ）

①有复习的习惯 ②没有复习的习惯

11. 你是否会洗衣服？（ ）

①会洗衣服 ②不会洗衣服

12. 你是否会煮饭做菜？（ ）

①会煮饭做菜 ②不会煮饭做菜

13. 你是否喜欢做一些力所能及的家务或劳动？（ ）

①喜欢 ②不喜欢

14. 你是否喜欢干农活？（ ）

①不喜欢干农活 ②喜欢干农活

15. 你是否尊敬长辈？（ ）

①尊敬长辈 ②不尊敬长辈

16. 你是爱护弟弟/ 妹妹？（ ）

①不爱护 ②爱护

17. 拾到东西是否乐意交还失主？（ ）

①不交还失主 ②交还失主

18. 乘坐公共交通，你是否主动让座给老人、孕妇？（ ）

①不让座 ②主动让座

19. 在公共场所，你是否大声喧哗或追逐？（　　）
①大声喧哗　　②没有大声喧哗
20. 排队乘车、购物、参观或入场观看节目，你是如何做的？（　　）
①插队　　②按顺序排队
21. 你的好同学或好朋友叫你一起去做坏事时，你参加还是拒绝？（　　）
①参加　　②拒绝　　③规劝
22. 别人有困难时，并且你有能力可以帮助，你是否愿意伸出援手帮助他人？（　　）
①不愿意帮助　　②愿意帮助
23. 当你学习遇到困难的时候，你如何面对？（　　）
①想办法解决　　②焦虑　　③放弃
24. 当你生活遇到困难的时候，你如何面对？（　　）
①想办法解决　　②顺其自然　　③焦虑
25. 当你与同学或朋友发生矛盾时，你如何处理？（　　）
①打架或吵架　　② 顺其自然　　③让老师或家长处理　　④焦虑
26. 你是否喜欢与同学或邻居小朋友交往？（　　）
①喜欢　　②不喜欢
27. 与家人、同学、朋友、老师见面时，你是否主动打招呼？（　　）
①主动打招呼　　②不打招呼
28. 你是否有出门关灯的习惯？（　　）
①没有关灯的习惯　　②有关灯的习惯
29. 你是否有节约用水的习惯？（　　）
①没有节约用水的习惯　　②有节约用水的习惯
30. 你是否有节约粮食的习惯？（　　）
①没有节约粮食的习惯　　②有节约粮食的习惯
31. 父母给的压岁钱或零用钱，是否全部花光？（　　）
①全部花光　　②不乱花
32. 晚上、双休日或假期的家庭作业，你父母是否辅导或检查？（　　）
①辅导　　② 检查　　③父母不过问学习问题
④父母都外出经商或打工不在家
33. 平时父母是否对你进行思想品德教育？（　　）
①教育　　②置之不理　　③父母都外出经商或打工不在家
34. 当你犯错或违反纪律时，父母是否对你进行批评教育？（　　）

①批评教育　　　　②置之不理　　　　　　③父母外出经商打工不在家

35．你的父母是否经常打麻将、扑克？　　　　　　　　　　　　　　（　　）

①经常打　　　　　②有时打　　　　　　　③没有打

36．你邻居中的成年人是否经常用麻将、扑克或其他的形式来赌钱？（　　）

①是　　　　　　　②不是

37．你熟悉的人上网喜欢做什么？　　　　　　　　　　　　　　　　（　　）

①赌Q币　　　　　②打游戏　　　　　　　③搜集学习资料

④聊天　　　　　　⑤浏览其他内容

38．你最喜欢看什么电影、电视节目？　　　　　　　　　　　　　　（　　）

①动画片　　　　　② 电视连续剧　　　　③儿童故事片　　　　④体育节目

二、填空题，在横线上写上正确的答案。

1．①我国是_________共和国，②首都是_______，③现任国家主席是_______，④总理是____。

2．①我国的国旗是________，②国旗象征________，③升国旗时行_______礼，④我国的国歌名称是_________________。

3．①我国位于_____半球，　② 领土面积有________平方千米，③肤色是_____人种，④人口______亿，⑤有______个民族，⑥香港澳门是我国的______，⑦台湾是我国领土的______，⑧我国有______省，⑨有______个直辖市。

4．请在后面的空格尽可能多列举出爱国、民族英雄的名字：_______________。

农村小学六年级学生思想品德情况调查问卷统计表

1		2		3		4		5		6		7		8	
①	496	①	1039	①	1156	①	201	①	118	①	60	①	276	①	1025
②	745	②	202	②	85	②	1040	②	1123	②	1047	②	965	②	216
③		③		③		③		③		③	134	③		③	
④		④		④		④		④		④		④		④	
⑤		⑤		⑤		⑤		⑤		⑤		⑤		⑤	
9		10		11		12		13		14		15		16	
①	773	①	933	①	1147	①	1046	①	1029	①	620	①	1157	①	605
②	468	②	308	②	94	②	195	②	212	②	621	②	84	②	636
③		③		③		③		③		③		③		③	
④		④		④		④		④		④		④		④	
⑤		⑤		⑤		⑤		⑤		⑤		⑤		⑤	
17		18		19		20		21		22		23		24	
①	272	①	219	①	127	①	187	①	130	①	78	①	1069	①	988
②	969	②	1022	②	1114	②	1054	②	763	②	1163	②	95	②	185
③		③		③		③		③	348	③		③	77	③	68
④		④		④		④		④		④		④		④	

续表

1		2		3		4		5		6		7		8	
⑤		⑤		⑤		⑤		⑤		⑤		⑤		⑤	
25		26		27		28		29		30		31		32	
①	107	①	1087	①	1049	①	237	①	319	①	264	①	237	①	367
②	363	②	154	②	192	②	1004	②	922	②	977	②	1004	②	442
③	677	③		③		③		③		③		③		③	240
④	94	④		④		④		④		④		④		④	192
⑤		⑤		⑤		⑤		⑤		⑤		⑤		⑤	
33		34		35		36		37		38					
①	997	①	1063	①	104	①	417	①	68	①	428	①		①	
②	130	②	76	②	420	②	824	②	352	②	374	②		②	
③	114	③	102	③	717	③		③	339	③	192	③		③	
④		④		④		④		④	337	④	247	④		④	
⑤		⑤		⑤		⑤		⑤	105	⑤		⑤		⑤	

二、填空题

1			2			3						4	
	对	错		对	错		对	错		对	错		
①	1151	90	①	1140	101	①	667	574	⑤			写出1人	213
②	1148	93	②	444	797	②	847	394	⑥	577	664	写出2人	205
③	1008	233	③	679	562	③	1028	213	⑦	529	712	写出3人	221
④	982	259	④	814	427	④	965	276	⑧	452	789	写出4人	210
						⑤	999	242	⑨	816	425	写出5人以上	392

二、当前农村小学思想品德教育的现状

1. 思想品德教材内容贴近生活

以广东省思想品德教材为例，纵观近几年来的小学思想品德教材，经过历年的修正，内容贴近生活，具有一定的层次性，重视学生思想品德能力的培养，符合小学生的心理特征和接受能力。

2. 当前农村小学生思想品德存在的主要问题

通过问卷调查发现，尊师守纪、积极向上、诚实守信等是小学生思想品德的主流，但部分学生也存在不足之处：

缺乏国家概念。表现在对国家认识不足，六年级学生有90人不知道自己国家的名称，93人不知道首都在哪儿，101人不认识国旗，797人不知道国旗象征什么，562人不知道升国旗时要行注目礼，427人不会唱国歌，六年级学生国家概念如此淡薄。可见，思想品德教育存在失误。

公德意识淡薄。在公共场所大声喧哗，互相追逐，乘坐公共汽车未能让座甚至有插队行为，不懂得尊老爱幼，朋友做坏事自己也参与。从问卷调查数据可知，不尊敬长辈的有84人，不爱护弟弟妹妹的有605人，187人插过队，有130人曾被朋友唆使做坏事。

缺乏良好的行为习惯。表现为：（1）卫生意识不强，卫生习惯未能形成。调查问卷1241人，其中201人有乱扔垃圾行为，118人有乱吐痰行为，194人饭前、便后不洗手或有时不洗手，276人不喜欢打扫卫生，从这些数据发现约有1/6学生还未能养成良好的卫生习惯。（2）良好的学习习惯还未形成。从调查问卷的数据中发现，216人上课不专心，468人没有预习习惯，308人没有复习习惯。

劳动意识不强。家长和学校侧重对孩子的学习教育，忽视对孩子的劳动教育，许多家长不让孩子去做家务，怕影响孩子的学习，这就容易形成孩子懒做家务和缺乏劳动意识。调查中，有94人不会洗衣服，195人不会做饭，212人不喜欢做家务或劳动，620人不喜欢干农活。

节俭意识不强。主要表现在浪费水、电，乱花钱，不爱惜粮食等现象都显示了学生还未形成节俭的习惯。问卷中，237人没有出门关灯的习惯，319人没有节约用水的意识，264人不懂得珍惜粮食，237人全部花光压岁钱。

心理素质低下。当学习遇到困难或与朋友、同学发生矛盾时，易产生焦虑的分别有95人、94人，可见部分学生的心理素质的脆弱。还有些学生只能接受表扬，稍被批评就消沉、气馁。

三、当前农村小学思想品德教育的缺失

1. 教育内容缺乏思想性

部分家长和老师过度注重于基础知识的灌注，忽视了对学生正面教育的培养和引导。思想品德教材中爱国教育、民族精神、好人好事、公德教育等内容偏少。

2. 教育手段缺乏惩罚性

惩罚不等于体罚，惩罚本应是一种常规的教育手段，是对学生问题行为的一种强制性纠正行为，是在学生身心完全能够承受的前提下采取的教育措施。但由于家长对孩子的溺爱和对惩罚的误解，老师稍对学生进行惩罚，就到学校大吵大闹，导致老师基本上已不敢对学生进行惩罚，只能用单一说理的教育方法，有效性往往不强。

3. 社会风气欠佳

小偷小摸现象时有发生，打麻将赌博现象举目皆是，1241人问卷中，有417人曾发现邻居用麻将、扑克或其他形式来赌钱。而黑网吧泛滥也对学生的健康成长产生

了消极影响，电视、电影暴力血腥镜头，令人触目惊心，在小学生心灵中产生极坏的影响。

4. 思想品德教育地位失重

片面追求教学质量，学校未能摆正德育为首的地位，对学生思想品德教育已被许多学校边缘化，在调查问卷中，有496位学生说自己的思想品德课已经改上了语、数、外等学科课程。

5. 师资配置失衡

据我所知，广东省农村小学都没有招录过思想品德专业专职教师，大多数学校品德课都是由班主任兼职上，可见主管部门的师资配置失衡。

6. 家庭教育失教

家长忙于工作，对孩子往往缺乏关注和教育。特别是外出务工者，对孩子的教育更少，家长的失职，往往导致家庭、学校、社会三位一体的教育体系失效，这也是产生“问题儿童”的主要原因之一。调查发现，240人“父母不过问学习问题”，114人属留守儿童，有130位家长平时对子女的思想品德教育置之不理，88位家长“当孩子犯错或违反纪律时不进行批评教育”。

四、农村小学思想品德教育缺失的主要原因

1. 未能摆正德育为首的地位。

在应试教育质量第一的指挥棒下，无论是学校，还是老师、家长都只能以语文、数学和英语三大主科为中心，忽略、轻视思想品德课的教育，从上述调查数据也可以反映出来，1241位学生中，496位反映思品课被改上了文、数、英,可想而知相当一部分学校的思品教育已成为摆设。

2. 现行的思想品德教材内容匮乏。

教材内容偏少，形式单一，缺乏励志、爱国、公德等榜样性教学内容，很难打动学生，更难鼓动学生学习好的思想情操。

3. 思想品德教育缺乏有效的教育手段

一直以来，我们进行思想品德教育就仅凭简单说教、说理，方法陈旧，形式单一，学生总觉得教师高高在上，相距千里，自然而然产生逆反心理，令他们对所有劝告之言都难于接受。

4. 家庭、学校、社会的教育未能形成三位一体

在教育体系中，包含着家庭、学校和社会三个教育系统。学校教育是主体，社会

教育应该是学校教育的继续和扩展，而家庭教育则是学校和社会的教育基础。现在我们这三方面教育并不一致，未能真正产生互相促进的作用，缺少合力，效果不尽如人意。

五、加强农村小学思想品德教育的对策

1. 真正把德育放在首位

端正教育思想。农村小学生由于年龄小、知识少、阅历浅和缺乏社会生活经验，稍不留神，就有可能成为“问题儿童”。因此，德育工作应放在学校工作的首位，努力培养他们明辨是非的能力，抵制不健康思想的侵蚀，使他们健康成长，主管部门要采取足够的措施促使学校教师真正把德育放在首位。

配备专业专职的师资。教育部门要重视农村小学生思想品德教育的开展，根据学生人数和课时配备足够的思想品德课专业专职教师，以更有效地对学生开展思想品德教育。

增加思想品德的课时。当前，小学的思想品德课每周为2～3课时，而且往往又被挤占上其他课，低年级应增加1课时，加大对学生的思想品德教育，甚为必要。

2. 建立思想品德教育的实绩考核制

制定相应的制度和举措，每学年对学校的思想品德教育进行一次考核：（1）对校长思想品德教育进行考核；（2）对思想品德课科任教师进行考核；（3）对其他科任教师上课渗透思想品德教育成效进行考核；（4）对学生的思想品德进行考核。

把思想品德教育的考核结果作为学校、校长、教师评优和晋升的依据。

2. 充实品德教材内容，力求丰富而有针对性

把古今中外的伟人、名人、英雄人物及社会上一些高尚品德事迹编入教材。

把爱国人物事迹编入教材，从而激发孩子热爱祖国的热情。如“两弹一星”元勋科学家钱学森拒绝诱惑，不怕美国的阻拦，历尽艰辛回到祖国、报效祖国事迹。

把雷锋事迹编入每册思想品德教材，使学生学有榜样，从小培养助人为乐、勤俭节约的精神。

把生活中一些高尚品德人物特别是青少年的事迹编入教材。如将广东汕头13岁少年骆伟科徒步南下广州，擦鞋救母的事迹编入教材，用身边生活中活生生的感人事迹教育孩子们，学习他们独立自强的能力和顽强的意志、坚韧不拔、勤劳勇敢的精神等。

4. 建立并完善家庭、校园、社会的教育网络体系

学校要加强和家庭的联系，争取社会各界的支持，广泛建立学生帮扶与结对制度。鼓励、邀请校内外人员，家长和社会各界人士，根据自身特点、优势和个人情况

等，在学生档案中，选择自己的帮扶、结队对象。可以是经济上、学习上、爱好上，也可以是道德教育方面、后进生转化方面的，等等。总之，要尽量将社会、家庭的各类力量、资源和优势为学校所用，为培养学生所用，多方面弥补学校自身教育的不足，达到优势互补。

5. 重视良好行为习惯的教育

教育家叶圣陶先生说过："什么是教育？教育就是培养良好的习惯。"这句话说出了教育的实质，说明了培养学生良好的习惯是最重要、最根本的教育任务。小学生处于成长初期，可塑性大，养成教育对他们道德品质的形成具有不可替代的作用。教师要充分利用学习和生活中的小事，因势利导,培养他们良好的行为习惯。良好行为习惯的教育应侧重以《小学生守则》和《小学生日常行为规范》为主要内容，从小培养遵规守则的良好行为习惯。

6. 教育的惩罚应当合法化，有利于犯错学生及时改正

"教育不仅不能拒绝与放弃正当、合理的惩罚，而应该将其合法化，以使教师能正当地行使自己的育人权，使犯错误的孩子更好地成长。"教育的惩罚应当作出明确的法律规定，这有利于填补司法管理的空白，从而有利于青少年法制观念和良好行为习惯的形成。惩罚是一种常规的、必要的教育手段，与体罚有着本质的区别，家长和社会要客观对待教师惩罚学生的事例，不要横加指责。

7. 思想品德教育形式要创新

学校作为思想品德教育的主阵地，要充分利用自身的优势，对学生进行思想品德教育。如定期组织学生参加社会实践活动、观看爱国故事电影或参观历史博物馆、引导学生阅读民族英雄爱国事迹的爱国书籍；加强对学生的心理辅导；建立农村小学生思想教育基地；聘请校外辅导员定期对学生进行各种内容的思想品德专题教育讲座；充分发挥关工委的职能作用等。除上述之外，笔者认为，还可以使用灵活多样的教育形式，创新思想品德教育，适应小学生思想品德教育的需要：1. 制作图文并茂的寓于思想品德教育的动画影视片；2. 在互联网上开设小学生思想品德教育专栏作为德育的新阵地，分为公德篇、爱国篇、励志人生篇等，把身边动人的事迹制作成视频放在互联网，如，身残志坚的张海迪、李智华等；3. 县区以上教育主管部门设立小学生思想品德教育的专业专职讲师团，定期到各校进行专题讲座，以及到学校调研、指导学校思想品德教育工作的开展等。当前农村小学思想品德教育的缺失，应引起教师、学校、社会乃至政府部门的高度重视，形成合力，齐抓共管，及早采取有效的措施，丰富思想品德教育内容，创新思想品德教育形式、方法和手段，完善小学德育管理措施，有效促进思想品德教育质量的提高，"促使学生良好品德形成和社会性发

展，为学生认识社会、参与社会、适应社会，成为具有爱心、责任心、良好行为习惯和个性品质的社会主义合格公民奠定基础”。

参考文献：

［1］李冲锋. 论教育惩罚的合法性[J]. 现代教育科学，2004（6）.
［2］中华人民共和国教育部. 小学思品课程标准[Z]. 教基〔2003〕9 号.

中职校德育评价体系的构建与实践

——以广东茂名卫生学校为例

■ 茂名卫生学校 梁明进 谭伟群 李 祎

摘 要： 阐述德育评价体系的构建思路和评价方案，并对德育评价体系的实施效果进行调查分析，建立起适合广东茂名卫生学校学生的特有德育模式，进一步提升德育工作的实效性、针对性和科学性。学校遵循以学生为主体，注重学生的成长与发展，用发展的眼光看待每一位学生，把学生思想品德的评定真正落实到了实处。

关键词： 中职校 德育评价 体系 构建 实践

2004年，教育部印发的《中等职业学校德育大纲》明确了中等职业学校德育工作的目标、任务和内容，并指出对学生品德的评定要根据《大纲》规定的德育目标，结合行业和用人单位对业者的品德要求，对学生在思想政治觉悟、道德与职业道德品质、遵纪守法等方面的行为表现提出具体规定，由学校制定具体测评办法，组织测评工作；2010年教育部印发的《中等职业学校学生学籍管理办法》规定了学生毕业的三大条件为思想品德评价合格、修满教学计划规定的全部课程且成绩合格、顶岗实习或工学交替实习鉴定合格，充分说明了做好学生品德评价的重要性。然而，广东茂名卫生学校一直沿用多年的“学生操行评定”方案，其内容和方法与新时期学校德育工作的目标要求，与学生的素质情况已不相适应。为此，学校成立了德育课题小组，重新构建了中职卫校学生的德育评价体系，试用一年多来，取得了较好的成效，推进了学校德育工作的开展。

一、德育评价体系的构建思路

1. 德育评价体系构建的理论依据

教育部印发的《中等职业学校德育大纲》，明确中等职业学校德育是对学生进行思想、政治、道德、法律和心理健康的教育，德育工作应遵循职业学校学生身心发展的特点与规律，按照社会对高素质劳动者的要求，坚持以人为本，以学生为主体，努力培育有理想、有道德、有文化、有纪律，并且德、智、体、美全面发展的中国特色社会主义事业建设者和接班人。2010年，广东省教育厅印发的《关于加强和改进中等职业学校、技工学校学生思想道德教育的实施意见》指出，加强与改进中等职业学校学生思想道德教育要以爱国主义和改革创新精神教育，以职业理想和职业道德教育，以文明礼仪和遵纪守法教育，以培养良好心理品质和健全人格教育为点；创新教育载体，拓宽教育途径，丰富教育内容，提高育人实效，促进中等职业学校学生形成良好的思想道德素质，努力培养大批高素质劳动者及技能型人才。德育评价对学生的成长起着导向的作用，引导学生的品德朝着期望的方向发展，《德育大纲》和《实施意见》是学校开展德育工作的纲领性文件。因此，学生德育评价体系的构建要以《德育大纲》和《实施意见》为依据，从而保证德育评价内容与德育目标的一致性。

2. 遵循以学生为主体的原则

科学发展观的本质和核心是以人为本，在学校德育教育中贯彻落实科学发展观，就是要树立以人为本的德育理念，充分认识学生是德育教育的主体，并且“主体性”是素质教育的基本特征、也是现代德育评价的重要标志。因而，构建德育评价体系要遵循以学生为主体，注重学生的成长和发展，以发展的眼光看待每一位学生；评价体系要能充分调动学生主动参与，发挥他们在评价过程中的主体作用，通过评价让学生及时发现自己的进步和不足，明确努力的方向；通过评价让学生获得成功的情感体验，激励学生不断地完善自己，把德育要求转化为学生的自我提高和自我完善的内在要求。

3. 坚持“四个结合”

“四个结合”分别是：做到科学性与可操作性相结合。德育评价体系的构建必须符合德育教育的客观规律及中职学生心身成长的规律，应有科学性，并且评价指标要实用，方法具有可操作性。要坚持平时评价与学期评价相结合。开展德育评价的目的是为了促进学生的成长，不是为了得出一个结论，应注重评价的过程，让学生在评价过程中得到体验与感悟，让学生及时了解自己的思想品德、行为表现、优点、不足，明确努力的方向和途径。个人评价与集体评价相结合。个人评价是指学生根据自己的日常德育行为表现对照德育评价标准进行评定，也称为自评；集体评价是班集体或小组依据其对评价对象的日常德育行为表现的了解，对照德育评价标准进行德育评定的方式。个人评价难免有要求不严格，放宽松的情况；集体评价有时也存在了解不全面，甚至有“苛求”之处。因而，要使评价做到真实客观，实现德育评价育人效果的最大化。坚持定量评价与定性评价相结合。定量评价是通过数值量化的方式对评价对象进行计分评价，要客观、准确，但也存在评价指标是否能全面覆盖，而且有的方面不能量化计算的；定性评价是指评价者根据对评价对象思想表现的总体认识、概括得出的评价，操作简便，能够整体上反映出评价对象的优点和不足，但也存在主观性和片面性的问题。两者有机结合，才能做得更好。

4. 注重对学生职业素质形成的促进

中等职业教育是以“服务为宗旨、就业为导向、能力为本位”培养适应现代化建设需要的高素质劳动者和专业技术人才，学校不仅要教给学生职业所要求的专业知识技术，更重要的是要促进学生“职业素质”的形成，职业素质主要包括职业思想、职业道德以及职业技能等。如何将一名学生转变为“职业人”，做到爱岗敬业、诚实守信、具有良好的职业道德，是中等职业学校德育工作的重要内容。在学生德育评价中应注重学生职业理想、职业品质方面的评价，以引起师生的重视，促进学生良好职业素质的形成。

二、德育评价具体方案

思想表现（16分）。热爱祖国、热爱学校和关心班集体；积极参加思想教育学习和活动；具有正确的世界观、人生观和价值观；积极参加义务服务和志愿者活动。

职业理想（10分）。职业理想明确，与专业相符；对职业品质和职业能力的理解好；职业素质提升快。

学习态度（10分）。学习努力、认真做好预、复习和笔记；认真听课和进行实践技能操作；按时完成作业和实践报告。

遵纪守法（20分）。不迟到、早退和旷课；不打架、斗殴和盗窃；不抽烟、酗酒和赌博；无损坏公物、无恋爱现象；遵守课室、宿舍管理规定和文明上网；遵守校纪校规、国家法纪和社会公德。

卫生仪表（16分）。自觉搞好课室、宿舍和公区卫生，宿舍内务好；不乱丢垃圾、不随地吐痰；穿着大方、整洁、得体，佩戴校卡；不烫染发，不穿拖鞋到课室。

尊孝友爱（10分）。尊敬老师和长辈，有礼貌；孝敬父母，有感恩之心；团结同学，互相帮助和促进；关爱社会，勤俭节约，乐于奉献。

茂名卫生学校毕业生职业发展德育调研分析与对策

■茂名卫生学校　陈应娟　李　祎　何翠梅

摘　要：该篇论文目的即要通过对茂名卫生学校毕业生职业发展调研分析，为构建一个可操作、可重复、可复制、效果明显的德育模式提供理论依据，以达到提高中等职业学校德育工作的效能。使用方法为问卷调查，了解毕业生就业成功因素、心理压力、人际关系、医德医风、自我评价、个人价值、德育成效等。结果从数据上显示中职生在进行职业规划时大部分是比较茫然的；用人单位对求职者的综合素质要求较高，心理压力大、个人评价不高，对护士职业的理解及价值确认度不高，认为学生行为规范教育成效不高。所得结论即是应注重师资培养，加强中职生职业生涯规划教育和就业指导，增强学生的自信心，提高学生的自我评价能力，从心理素质、道德认知及个体素质的培养、实践学习中提高德育综合素质。

关键词：卫校毕业生　职业发展　德育体系　调研

在经济快速发展、社会化程度深入、人民生活水平提升、医疗环境改善的新形势下，医学专业所特有的性质决定了中职卫校目前所面临的德育改革。尽管学校把德育摆到重要位置，提出“学校教育，育人为本，德育为先”的理念，但德育工作仍面临诸多新情况、新问题。为了让德育更有目的性、计划性、科学性，本研究根据学校的实际需要和科研能力，旨在通过对中职卫校毕业生职业发展调研分析，为构建一个可操作、可重复、可复制、效果明显的德育模式提供理论依据，以达到提高中等职业学校德育工作效能的目的。

一、资料与方法

1. 研究对象

研究对象均来自中等卫生学校毕业生，其中本校毕业生637人，其他学校毕业生217人，共854人，年龄18—45岁，护士专业占66%（562 / 854），中级以上职称243人，工作5—10年367人。

2. 调查内容及方法

自行设计调查表（调查内容详见后述），所需调查的项目分别采用选答的形式。采取无记名形式发放调查表900份，收回854份，回收率94%。

二、结果与分析

1. 毕业生就业成功因素调查（见表1）

表1主要调研在职医护人员最初就业时的职业选择方向、用人单位看重毕业生的重要条件、面试时的困难等情况。数据上显示，中职生在进行职业规划时大部分是比较茫然的：用人单位对求职者的综合素质要求占了48. 9%，同时毕业生缺乏面试经验及技巧、语言沟通及表达能力。因此，需要对中职生开展职业生涯规划教育和就业指导，引导学生学会规划人生发展，提高职业素养和职业能力。

表1　毕业生就业成功因素调查结果（n=854）

问题	选择	人数（人）	百分比（%）
您是通过何种渠道找到工作的？	家庭社会关系	235	27. 5
	通过学校提供信息和推荐	91	10. 7
	自己找到工作	306	35. 8
	人才招聘会和人才市场	91	10. 7
	其他	131	15. 3
您进行职业选择的时候，最要的要素是哪一项？	经济收入	107	12. 5
	工作稳定	213	24. 9
	能学到东西、成长空间大	383	44. 8
	地域因素	46	5. 4
	有事干，先解决生活问题	105	12. 3
您认为用人单位最关心毕业生的哪一项条件？	专业知识和技能	340	39. 8
	思想品德	32	3. 8
	综合素质	418	48. 9
	有特长	32	3. 8
	社会经验	32	3. 8

续表

问题	选择	人数（人）	百分比（%）
当初面试时，您感觉最主要的困难是哪一项？	缺少面试技能	260	30.4
	专业知识能力差	59	6.9
	语言表达能力差	215	25.2
	知识方面	79	9.3
	心理紧张	241	28.2

2. 在职医务人员心理压力情况调查（见表2）

表2调研在职医护人员的心理压力、缓解压力方式、有无职业倦怠。从数据可以看出医务人员面临的心理压力较大，主要压力源来自工作的强度、医患人际关系等这些压力长期存在，得不到很好的减压，甚至有24.4%的人产生了强烈的“职业倦怠感”，反映出其心理问题不是孤立现象，而是与医护人员的生活环境、工作压力、社会支持等有着密切的关系，当然也和个性心理特征及个人行为动机有关。体现中职学生及在职医护人员接受心理学知识的培训不足。

表2　在职医务人员心理压力调查结果（*n*=854）

问题	选择	人数（人）	百分比（%）
您在工作中的压力源主要来自哪里？	患者的疾病	156	18.3
	患者及家属的态度	221	25.9
	工作强度大	255	29.9
	领导	156	18.3
	家庭	66	7.7
您平常缓解心理压力的方式是什么？	上网	131	15.3
	娱乐	208	24.4
	睡觉	169	19.8
	找人倾诉	326	38.2
	向他人发泄	20	2.3
您现有“业倦怠”？	有，非常强烈	208	24.4
	偶尔有	522	61.1
	没有	124	14.5

3. 毕业学生在工作岗位中的人际关系（见表3）

表3主要调研毕业生在工作岗位中的人际关系。有数据显示，71%中职生能适应社会大环境，做到与人和睦相处，说明学校及医院在人际沟通方面的教育是成功的；但仍有少数学生在复杂的社会大环境中表现出难以应对复杂的人际关系，这在一定程度上会增强其心理压力。这需要教师在职业教育中指导其应对复杂社会大环境，学习与人相处的一些技巧，构建和谐的工作环境。

表3 毕业学生在工作岗位中的人际关系调查结果（n=854）

问题	选择	人数（人）	百分比（%）
您目前工作和社会人际环境怎样？	充满关爱、快乐	104	12.2
	关系融洽	502	58.8
	人际关系复杂，要事事小心	221	25.9
	人际关系冷漠，很难适应	7	0.8
	其他	20	2.3
在工作中，您或者同事对级别低的同行或临工的态度？	尊重她们	287	33.6
	平等对待	547	64.1
	看不起她们，经常训斥	20	2.3

4. 在职人员团队合作精神（见表4）

表4主要调查在职人员的团队合作精神。数据结果显示，茂名卫生学校学生对医院工作性质的理解和团队合作精神很好，体现了大部分的人有较强的集体荣誉感，能正确处理集体利益与个人利益之间的关系；但13.7%和0.8%的人分别认为团队合作的精神为一般和差。这与过高评估自己的工作能力及与人的沟通能力欠缺有关。医院是一个特殊的环境，团队合作精神是医院文化的一部分，可以增强医院的竞争力，对医院的发展起到很大的协调和稳定作用。而每位医务工作者不可能穷尽所有的知识，在工作和学习中会经常遇到凭个人能力无法解决而需要依靠团体的力量才能解决的问题。因此在职业教育中还需要强调团队合作精神在医疗环境中的重要性及其意义，从多渠道、多种方式培养学生的团队合作精神。

表4 在职人员团队合作精神调查结果（n=854）

问题	选择	人数（人）	百分比（%）
您在工作中于同事间的团队合作精神怎么样？	好	332	38.9
	较好	398	46.6
	一般	117	13.7
	差	7	0.8
	更注意个人得失	0	0

5. 在职人员医德医风状况调查（见表5）

表5主要调研在职人员的医德医风。数据显示，会与同事一起主动照顾没家属在身边的患者占76.3%；对于患者的无理取闹表示理解的占48.1%；对每一位患者都能一视同仁地做到“热情服务”的占55.7%，反映出大部分学生在关键时刻还是能把患者利益放在第一位，能以博大的胸怀、稳定的情感、乐观开朗的情绪对待患者，但也同时反映出护士在工作中面对患者的无理取闹存在很大的心理压力。29.7%依患者的

态度才能做到“热情服务”，显示出少数护士的自控力和调节自己情绪的能力不足。在工作中未能保持始终如一的平和心态对待在苦难中挣扎的患者。个别爱心意识淡薄，拈轻怕重，未能做到关心患者疾苦，急患者之所急想患者之所想。51.9%的人认为“收回扣”有损医德。体现出大部分的人还是能明辨是非，有高尚的职业道德修养，但也反映了一部分人员已被不良的社会风气同化，医德观念薄弱，没能把患者的利益放在首位。

表5 在职人员医德医风情况调查结果（n=854）

问题	选择	人数（人）	百分比（%）
您护理或医治的患者身边没有家属照顾，您会怎样做？	与同事一起主动照顾	652	76.3
	让护士长安排	143	16.8
	没时间照顾	39	4.6
	与自己工作无关	20	2.3
对于患者的无理取闹，您的态度是怎样的？	非常生气	26	3.0
	比较生气	85	10.0
	无奈	332	38.9
	表示理解	411	48.1
您的同事对每一位患者都能一视同仁地做到“热情服务”吗？	能	476	55.7
	依照患者身份，权势而定	59	6.9
	依患者的态度而定	254	29.7
	依个人的情绪而定	65	7.6
您对医生收“回扣”现象怎么认为？	有损医德	443	51.9
	劳动所得	72	8.4
	一种正常的社会现象	260	30.4
	市场经济	79	9.3

6. 职人员社会责任感调查（见表6）

表6主要调研在职人员的社会责任感。数据显示，仅3.8%人员不愿意参与灾区的救援，反映大部分的人员在社会需要自己时能担负起作为医护人员“救死扶伤”的应有责任，说明学校和医院在这一方面的职业素质教育是成功的。55.7%的医务人员能坚持自己的职业原则，有强烈的正义感和崇高的护理责任感，不畏权势，有较强的维权意识，这对维持良好的护理活动环境、秩序起到积极作用。但仍有12.2%人员原有的强烈护理责任感、使命感在复杂的社会大环境下被磨灭掉，并因此背上沉重的心理负担。因此，学校应通过多途径多渠道对学生进行护理中的守法与用法教育，使学生不但能自觉守法，还能在自己合法权益受到侵犯时用法律武器来维持自己的合法权益。

表6　在职人员社会责任感的情况调查结果（n=854）

问题	选择	人数（人）	百分比（%）
对于参与灾区的救援，您的态度是怎样的？	积极参与	528	61.8
	服从安排	294	34.4
	不愿意	32	3.8
	拒接	0	0
某护士为维持患者合法权益而令医院遭受较大的经济损失，受到严重处分，如果您是该护士，您的态度是怎样的？	接受处分	274	32.1
	积极上诉，争取自己的合法权益	476	55.7
	下次再有类似事件充耳不闻	104	12.2

7. 毕业生自我评价情况调查（见表7）

表7主要调研中职毕业生的自我评价及认可度。从数据可看出大部分学生是注重职业形象的，说明学校及医院的职业素质教育在此方面是成功的；认为护士职业是崇高的仅占27.5%，其中被调查人数中护士占66%，说明在职业教育中对此职业的理解及价值确认度还需提高，还需加强职业态度与价值观的教育。职业态度与职业价值观是护士职业素质的核心成分，在护士职业心理素质的优化过程中居主导地位，具导向性、决定性作用。需要在校引导护士专业学生做好职业定位，制订职业生涯规划，使之明确护理专业与实现自我价值的关系，把自我的发展史和追求与护理事业紧密联系起来。调查显示被调查人员对自己职业的社会地位的评价是客观的；对工资收入满意度不高。

表7　毕业生自我评价调查结果（n=854）

问题	选择	人数（人）	百分比（%）
您的同事在工作中是否注意个人职业形象？	大部分很注重	606	71
	一般	220	25.8
	大部分不注重	28	3.3
您认为护士职业如何？	不好，辛苦且待遇低	456	53.4
	一般，没什么特别	163	19.1
	好，崇尚职业	235	27.5
与同等学历其他行业相比，您对自己的职业评价？	高	385	45.1
	一般	397	46.5
	低	52	6.1
	极低	20	2.3

续表

问题	选择	人数（人）	百分比（%）
您觉得您的收入与本地其他行业同条件人员相比怎样？	较高	59	6.9
	差不多	443	51.9
	较低	352	41.2

8. 毕业生个人价值认可情况调查（见表8）

表8主要调研毕业生个人价值认可。调查结果显示，与高职院校毕业生相比，大部分学生能正确认识自己与他人在学历上的差距，且能通过多渠道提炼自己，发挥中职生自身的优势，积极进取，体现了个人价值。仅有2.9%毕业生认为没有任何优势，缺乏自信心。随着现代医学的发展，社会对医学工作者的学历要求越来越高，同时，国家也出台规定只有本科以上的学生才能进行医学诊断。因此，医学职业学生在入校的时候就产生了较大的心理落差，承受着比其他学生更大的心理压力，很多学生对自己的专业和前途缺乏信心，不少学生不同程度地出现自卑、抑郁、焦虑等心理现象。49.6%的毕业生在患者病情好转觉得体现了自我价值，38.2%在患者及家属的赞扬情形下觉得体现了自我价值。由此可见绝大部分学生具有良好的职业情操。

表8 毕业生个人价值认可调查结果（n=854）

问题	选择	人数（人）	百分比（%）
与其他高职院校相比您认为中职卫校学生最有优势的是什么？	吃苦耐劳	335	39.2
	服从安排	120	14.1
	服务态度好	141	16.5
	专项技能好	233	27.3
	没有任何优势	25	2.9
您在哪种工作情景下觉得体现了自我价值？	患者病情好转	424	49.6
	患者及家属的赞扬	326	38.2
	受到领导的表扬	59	6.9
	报酬提高	39	4.6
	工作清闲但报酬高	6	0.7

9. 对在校学生职业教育情况调查（见表9）

表9 对在校学生职业教育调查结果（n=854）

问题	选择	人数（人）	百分比（%）
您认为学校对学生行为规范教育成效如何？	非常好	150	17.6
	较好	248	29
	一般	398	46.6
	比较差	52	6.1
	极差	6	0.7

续表

问题	选择	人数（人）	百分比（%）
您认为目前临床实习生教育最棘手的问题是什么？	专业仅能	430	50.4
	职业素养	293	34.3
	人际交往	59	6.9
	思想品德	72	8.4
当前您最希望学校对在校生加强哪类教育？	职业素养，德育教育	417	48.8
	医学基础知识	169	19.8
	技能操作	235	27.5
	兴趣爱好	33	3.9

10. 职业教育对职业发展影响调查（见表10）

表9、表10主要调研在校学生职业教育存在的问题及对职业发展的影响。调查数据显示，认为学校对学生行为规范教育成效非常好的仅占17.6%，实习生教育最棘手的问题选项职业素养占34.3%，最希望学校对在校生加强职业素养、德育占48.8%。反映了现行的医德教育内容与现有的社会道德状况之间出现冲突，现行的医德教育内容与现实相脱节，忽视了对现实社会医德状况与医德应用的分析与指导，使得医德教育变成了空洞的说教，不符合学生思想实际。可见传统的道德教育方式与日新月异的社会环境是不相适应的，必须实行道德教育方式的创新，以增强中职卫校德育的实效性。

表9、表10调查结果显示，中职卫校生在目前最需要解决的问题是专业知识更新的占55.7%，人际沟通技巧占26.7%。说明中职卫校毕业生在临床工作中能正确认识到专业知识、医患沟通技巧的重要性及实效性，但对自身的学历及身心健康要求不高。在校树立的职业道德品质对工作的影响选项中：没有多大影响的占14.5%，违背现实、太理想化的占11.5%，限制自身发展的占3.7%，在校树立的职业理想对今后职业的发展无直接关系的占9.1%。从中反映现行的学校教育存在目标泛化抽象和单一[2]，没有根据学生个体、身心发展规律、兴趣和爱好而制订，而是不分层次、不分方向、不分趋势，采用整齐划一的标准以及千人一面的目标模式，在某种程度上限制了学生职业理想的规划与发展。

表10　职业教育对职业发展的影响调查结果（n=854）

问题	选择	人数（人）	百分比（%）
您在工作中最需要解决的问题是什么？	专业知识更新	476	55.7
	人际沟通技巧	228	26.7
	学历提升	46	5.4
	身心健康	104	12.2

续表

问题	选择	人数（人）	百分比（%）
您认为您在校时树立的职业道德品质对现工作有何影响？	积极促进作用	600	70.3
	没多大影响	124	14.5
	违背现实、太理想化	98	11.5
	限制自身发展	32	3.7
您认为在校学生树立职业理想对今后的职业发展？	非常重要	476	55.7
	有较大影响	300	35.2
	无直接关系	78	9.1

三、讨论与对策

针对学生素质状况及存在的问题，依据成长规律提出以下对策。

（一）加强中职生职业生涯规划教育和就业指导

表1数据上显示，中职生在进行职业规划时大部分是比较茫然的，中职学习毕业时，学生的年龄一般大多不足19岁，身心都还不成熟，但却马上面临就业，所以对于中职生而言，客观准确地制订自己的个人职业生涯规划是必不可少的，这样能使自己逐渐形成科学、合理的职业期望，有利于发挥自己的优势，扬长避短，顺利走上工作岗位并能很快适应和发挥个人的潜力。因此，需要在中职生一进入学校开始就进行职业生涯规划教育，学生只有明确了方向才有前进的动力和奋斗的目标，要让学生了解专业，对自己的职业有明确的定位，引导学生认识自我，个人职业生涯规划设计的基础是对自我的分析。认识自我无论在什么时候、什么地方都是一个人所必须掌握的。只有认识了自己的性格、气质、能力、兴趣以及自己的长处、短处，才能按照自己的这些特点来找到真正属于自己的东西。一名中职生在某种意义上已经落后了本科专科生，所以更要用“后天”的努力来弥补“先天”的不足。不能否认，现在社会更注重的是综合素质。所以在中职的专业技能学习后，进一步强化学习综合知识也是非常好的选择。现在国家也提供了很多这样的机会，如中职考大专，还有专升本等，机会和选择非常多，关键是如何选择，而这些选择的意义全部回到了最初的认识自我这一点上。实践让学生认清当前的行业发展动态、就业前景，引导学生在当前社会的发展背景之下规划自己的人生道路，这样，理想摆脱了幻想色彩，变得具体而现实了，时不我待，就业并不遥远，促使学生珍惜时间，努力学习，主动适应社会要求。最终为社会培养具有专业技能，又具备一定职业意识和职业素质的应用型人才。

（二）加强自信心的培养

表8显示，与高职院校毕业生相比，2.9%的毕业生认为“没有任何优势，缺乏自信心”。中职学校的教育目标是把学生培养成应用型的人才。而学生目前最大的问题是对自己缺乏自信，总觉得自己低人一等。因此学校在职业教育中还需加强培养学生的自信心，从多渠道、以多种方式让学生认识到读中职学校的优势，明白自身的优势，让学生从内心去热爱自己的学校，热爱自己的专业，从而增强学生的自信心。

让学生正确对待自己的职业让学生认清当前的形势，感觉到自己也是人才，社会的发展与自己分不开，对自己未来的职业充满信心。这种氛围的营造是多渠道的，例如，可以采用海报宣传、请成功就业的学生来校谈体会、请心理学专家来校讲座、主题班会等方式。在海报中可把网片和文字结合起来，宣传自信心对事业成功的巨大作用以及国家对中职生的重视；邀请成功就业的学生来校谈自信是成功就业必不可少的基石和中职生对社会发展的推动作用，并现身说法；邀请心理学家讲座，从心理学的角度给学生剖析自信心的重要性；班主任举办以自信为主题的班会，谈古论今地列举因充满自信而成功的名人，并用具体事例说明。

注重发挥校同文化第二课堂的作用，提高学生的自我评价能力。教育者可以有目的地组织学生开展，如读书会、演讲会、辩论会、知识竞赛活动、知识讲座等活动。通过这些形式多样的活动开展，学生既可获得知识，增长才干，开发潜能，也可以通过亲身实践的体验，发现自己的优势和缺点，从而更好地提高自我认识、自我评价的能力。此外，学校和教师要高度重视第二课堂教育活动的作用，调动班主任的积极性，充分发挥共青团、学生会等组织广泛联系青年学生的作用，大力开展有益学生健康成长的各项课外活动，激发学生参与热情，引导学生把“剩余精力”用在陶冶情操、提高综合素质上来，进而提高学生自我调节、自我激励、自我控制、自我发展的能力。

（三）加大力度进行德育综合素质的培养

医学职业教育是以培养社会需求的高素质实用型医护人才为办学导向，以职业资格标准为质量依据的教育，因此要采用更多的方法来培养积极的道德情感，提高德育综合素质。

1. 心理素质的培养

现代医学模式已从单纯的生物学模式向生物—心理—社会医学模式转变，这要求每一名医务工作者要用医学心理学的知识武装自己，健全自身的心理，了解患者的心理，正确处理医患关系。因此，对在校中职卫校学生应加强心理健康教育，开展心理健康指导，培养学生良好的心理品质，开展职业心理素质教育，指导学生正确认识和处理心理行为，为今后的就业奠定坚实的心理基石；同时也要靠社会的关注与加强对医护人员心理疏导的投入。

在提倡医疗制度改革的同时，愿各级医疗卫生部门及全社会从根本上重视对医护队伍的建设，创建良好的工作生活环境，让医护人员以健康的心态救护患者。

2. *道德认知及个体素质的培养*

表5反映了一部分医务人员已被不良的社会风气同化，医德观念薄弱，没能把患者的利益放在首位。提示市场经济趋利性影响下，医务人员的不良医疗行为已严重影响了其形象，特别要警惕医德医风对医学生的负面影响。中职生处在世界观、人生观和价值观形成的关键时期，也是各方面渐趋成熟的重要阶段。我国市场化所衍生的种种负面效应对医学生职业素质产生着强大的冲击，社会上出现的种种医德问题使一些人丧失起码的医德感情、良知和责任。教学中教师应积极宣传和弘扬社会正气，用一个个鲜活的例子树立医务人员的良好形象，用我党治理违法的大量事实及社会舆论严厉谴责不良职业道德，唤醒大家的良知，弘扬社会正气、树立职业形象。因此，在教学中要不断提高学生的医学道德水平。树立正确的人生观和价值观，指导学生采取多种方式，释放和净化内心强烈的情绪来调整心境，提高心理素质，加强学生的护理道德修养的培养。同时，也需要全社会来支持、理解医务工作这一职业，共建和谐，促使医务人员提高自己的职业素养，更好地服务于患者、社会。表9、表10反映出现行的学校教育存在目标泛化抽象和单一性，学校可根据学生各自的情况开展道德素质教育活动，根据学生不同的个性特点和家庭情况、不同的年级和不同的专业特点等，设计和制订出不同层次、不同类别的教育计划与方法，开展多种形式的道德素质教育活动。把对学生的严格要求与对其个性、愿望的尊重结合起来，调动其作为道德参与者的积极性，激发其完善自我的热情，唤起其自我教育的诉求。促使学生把自己的职业理想、职业道德与个性特征较好地统一起来。

3. *在实践学习中提高职业素养*

鼓励在校学生去医院、社区做义工，做志愿者照料孤寡和献爱心活动等，让学生在活动中体验与理解，使其产生感悟，从中学会尊重生命、热爱生命、尊重他人、关爱他人；使学生更加了解社会的卫生状况，提高学生的人际交往能力及团队合作精神，增加学生的社会责任感和使命感；鼓励和督促学生在日常学习和生活中培养职业理想，在专业学习和实习中培养职业兴趣，在社会实践中体验和改进职业价值观。同时，临床实习既是医学生通过临床把理论知识转化为专业的重要途径，也是医学生接触社会、服务患者、强化医德、确立医德信念的关键时期。通过加强医德教育，引导学生正确对待身边的非道德现象，督促实习生从新的平衡中找到发挥自己人生价值的坐标，树立良好的医德观念。抓住这一阶段，可对实习生实施职业道德评价，将评选结果作为学生毕业考核重要内容之一，通过此方法把医德规范转化成学生的个体品德，会取得事半功倍的效果。

（四）师资培养是德育目标实施的保障

所谓“德高为师，身正为范”。教育者的言行直接影响受教育者对知识的接受程度、内化水平乃至道德行为的显现，高质量的教师队伍是办好卫生职业教育的根本，也是卫生职业教育可持续发展的支撑。对此，要加强师资队伍的建设，采取切实有效的措施。例如，加强班主任师资队伍的培训、聘请高素质的在职卫生职业教育人员担任专业课教师和实践教学指导教师，专业教师定期深入卫生服务工作一线等等。培养出“双师型”和高学历的教师，才有可能实现德育目标。

参考文献：

[1] 易梅香. 浅谈中职校园文化建设与中职生的自信心 [J]. 科技创新报，2010，（17）：211.

[2] 胡凤莲. 中职生道德素质教育存在的问题及对策研究 [J]. 技术与市场，2010，17（7）：89-90.

[3] 付莱花，吴伟平. 对高职医学生职业素质的剖析及培养对策 [J]. 职教论坛，2010，（17）：70-71，74.

蓬生麻中不扶自直

——浅谈现代班主任的班级管理

■ 茂名市新世纪学校 葛凤兰

摘 要：建设一个优秀的班集体可以获得“蓬生麻中不扶自直”的效果。如何抓好班级管理，建设一个优秀班集体？本文从班主任应当把事业心责任感放在首位、班主任要优化育人环境、班主任要掌握科学管理班级的方法三方面谈现代班主任班级管理方法。

关键词：事业心责任感 科学管理 优化环境

教育家苏霍姆林斯基说：“要记住，你不仅是教课的教师，也是学生的教育者，生活的导师和道德的引路人。”一个良好的班集体离不开一个出色的班主任，一个良好的班集体可以发挥对其成员进行强有力的感化、影响和强制作用。建设一个优秀的班集体可以获得“蓬生麻中不扶自直”的效果。那么如何抓好班级管理，建设一个优秀班集体，笔者认为现代班主任班级管理方法有以下几点：

一、班主任应当把事业心责任感放在首位

1. 班主任要身先士卒，示范引路

要做好一个班主任，首先要明确自己的职责。马卡·连柯曾说：“班集体‘并不是单单聚集起来的一群人’，而是‘由于目标的一致，行动的一致而结合起来的，有一定组织机构和组织纪律的统一体’。”班主任要营造催人奋进的集体心理气氛，使集体中的每个成员在德、智、体、美、劳等方面都能得到健康发展。作为班主任，要发挥教育者的功能创造优良的班集体，让每个学生在班集体中获得进步，成为优秀者。

孔子早在两千年前就说过：“其身正，不令而行；其身不正，虽令不从。”正所谓“身教重于言教”，而学生又具有极强的模仿性，教师自身良好的师德素养将会潜

移默化地影响、陶冶学生的心灵，起到润物细无声的作用。

在平时的工作中，为了让同学们做到每天早上提前15分钟到教室读书，我坚持每天早上提前18分钟到教室改作业、巡早读。古语云：桃李不言，下自成蹊。这话一点不错。一个月后，原来经常迟到的学生均有所触动，早早来到教室学习。还记得刚开学那段时间，班里要买一些用品，考虑到班里相当一部分同学家境困难，我经常自个儿掏钱。这样几次之后，有几个班干及一些同学便主动提出他们要出这些钱，不能老让我出。我没同意，后来他们又提出要用捐款形式收班会费，我觉得这个方法也可行，就答应了，并马上带头捐款。这一举动在班中产生极大的反响，同学们纷纷效仿。这样一来，班上便利用这笔班会费重新装窗帘、美化教室、订报纸以及作为校运会的费用。还有一次我们班的李永袖在宿舍意外摔断手，但这位同学家里生活十分困难，班委会为他举行全校捐款，我先带头捐，这大大地激发了同学的爱心，最后捐款总额解决了这个家庭的燃眉之急。

2. *用师爱感召，开启成功之门*

俗话说，亲其师则信其道也。高尔基也曾说过，谁最爱孩子，孩子就爱他，只有爱孩子的人，他才可以教育孩子。就是说班主任应具备一颗慈母般的爱心，必须热爱和信任学生，才能与学生建立起融洽的师生关系，这是成功的开始。

首先，与学生结成亦师亦友的新型师生关系。平时，我没有拘泥于“师道尊严”，尽量与学生沟通、交流，及时了解他们的思想动态，倾听他们的烦恼，成为他们的朋友，我们班同学私底下都管我叫兰姐。这样我所采取的一系列措施既有针对性，又有实效性，许多教育教学问题也就能迎刃而解。

其次，给学生传达班主任的拳拳爱心。例如，开学时，为不便的学生外出买席子；校运会时，为我班的插班生外出配眼镜；端午节，为没法回家的同学送粽子。平时有同学生病请假了，我除打电话捎口信慰问外，还托同学为他（她）补课；当有的同学确实因家庭经济困难一时交不起报纸费或活动费，我就让班委会悄悄把款交上；初二生物地理中考、体育中考以及初三中考均为学生准备祝福语；毕业前夕精心为全班同学设计了一本名为“新世纪，我们从这里起航”的毕业纪念册……这些举措，给学生传达班主任的拳拳爱心，缩短了师生间的距离。

最后，教学生学会把爱心在同学间传递。学期初，我就让学习成绩较好的同学向全班同学介绍学习经验和体会，让其他同学调整学习方式、方法，尽可能找到事半功倍、行之有效的方法。例如，我班的梁培伟在听取了语文科代表的经验之后，进行尝试，果真找到了窍门，作文有了明显的进步。廖键君在学习的“扶持人”汪辉瑜的长期帮助下，成绩得到了明显的平衡发展。不少同学在其他同学的耐心帮助过程中，感受到了班集体的温暖，受到极大的鼓舞，变得好学和守纪了。我班在各次的文明班评选中均因班风、学风良好而被评为“先进文明班”，在各项比赛中都取得了优异成绩。这些成绩的取得都应归功于爱心的传递，它增强了班集体的凝聚力。

通过多种形式传达爱心，一定能收到最佳效果。爱心的传递能使班集体增强凝聚力，因此在班主任工作中，在严格要求的同时，还应注意用师爱感召，开启成功之门。

二、班主任要掌握科学管理班级的方法

1. 自我管理，培养能力

当班主任如果只是凭着高度的责任心、事业感苦干实干，而不懂巧干，不讲科学，结果总是事倍功半。所以除了要拥有个人人格魅力以外，班主任还要讲究工作艺术，科学地创建优秀班集体。著名教育家苏霍姆林斯基说：“只有能够激发学生去进行自我教育的教育，才是真正的教育。”班级常规管理是一项整体的育人工程，把学生的积极因素调动起来，才能形成合力，共同构筑学生自我管理机制。因此，我想方设法构建学生自我管理体制，为学生设置多种岗位，让每个学生都有机会上岗“施政”，有服务同学、锻炼自己、表现自己、提高自己的机会。

首先，民主选举班长。为了使更多的学生有锻炼的机会，我采取民主选举干部的方法。先由学生毛遂自荐作竞选演讲，接着让学生无记名投票，选出班长后再由班长组建班委会。这样既可以给更多的学生提供锻炼的机会，又有利于班长学会正确处理个人与集体的关系。

其次，多方位培养班干部。班主任对班干部不能只是使用，还应该进行教育和培养。我会买一些关于班级管理的书与班干部一起分享，经常让班干部自己总结工作，如中段试后让各班干部就自己本职工作在班会上做总结。

每周的班会是学校实施素质教育的一条有效途径，也是学校进行德育教育的一种组织形式，更是培养学生干部的好平台。我充分利用这个平台培养并展示班干部的能力，为树立良好的班风发挥作用。从初一到初三的循环教学中，我和班干部共同讨论班会课的主题（有时针对班中近期出现的问题也和全班同学讨论班会主题），到时由学生们主持召开班会，如初一我们召开了《做习惯的主人，不做习惯的奴隶》《我们需要铁的纪律》《我心中的歌——献给母亲节》；初二的《合作才能成功》《我自豪，我是中国人》《我看运动会——校运会总结班会》《扬鞭奋进，共铸辉煌——初二生物地理中考班会》；初三的《走向中考——初三一创造奇迹第一步》《放飞梦

想，我心飞翔——九月考试成功与失败得失谈》《畅谈青春》《新世纪，我们从这里起航》《30天，我们创造奇迹》等等。这些班会按年级德育目标、结合本班个体组合表现出来的特点来确定班会主题，根据学生的年龄、心理特点并结合本班实际情况选择生动、新颖、丰富多彩的形式，满足了学生的参与欲望；同时既锻炼了学生的组织能力，语言表达能力、关注团队建设的能力、还升华学生的思想素养，树立良好的班风。

再次，人人有事干。正所谓“抓在细微处，落在实效中”，明确每个学生在班级中的位置和责任，使学生体会到自身的价值和尊严。为调动每一个学生的积极性，就要使班级中人人担负一项班中的具体工作。我指导把班内大小而琐碎的工作分配到个人，使每个人都是班内小主人，人人都为集体做贡献，人人都意识到自己是班集体中重要的一员。这些措施收到了良好的效果。

2. 引进竞争，促使进步

当今的时代是不断竞争的时代，俗话说，适者生存。只有不断地竞争，才能找到自己的立足之地。我采取以下措施引导学生增强竞争意识。

第一，人人均有竞争对手。每个学生自找一名水平相当的对手（可依据学生的实际情况稍作调整）。让每个学生在竞赛表上写下竞争对手的名字，竞争对手之间可从我为集体做贡献、争做活雷锋、学习标兵、体育强手等方方面面进行竞争。通过这样的竞争，优等生更优，基础薄弱的学生也不甘落后，奋起直追，进步也较快。

第二，班级定下追赶目标。除了个人竞争，我在班上还实行“班与班的竞赛”，把全级最优秀的班级定为本班的追赶目标，在集体活动、各项比赛、学校各次考试中永争第一，鼓励全班同学响应竞争方案。通过采用竞争机制，学生在思想上学习上与邻班展开竞争，从而有更大进步。

3. 开展活动，寓教于乐

开展活动是富教于乐的一种轻松愉快的教育方法，是学生思想品德发展的源泉与基础，也是可以使班主任工作事半功倍的有效办法。

我常常围绕规范开展活动，让学生在笑声中受到教育，在游戏中知道自己该怎样做，在比赛中找到不足，逐步改正。例如，在第一次拔河比赛中我们班失败了，赛后我就专门开了一次班会，师生共同总结失败原因，并鼓励他们要吸取教训，争取下一次成功。结果在之后的“巧传呼啦圈”比赛、“定向越野”等比赛中我班均获得第一名。在学校秋季运动会中，动员学生积极参与，通过学生的参与，培养学生的集体主义观念和荣誉感，使学生树立不畏艰难、奋勇拼搏的精神。经过全班同学的努力，我班获得秋季运动会第三名的好成绩，同时也锻炼了班干部的工作能力和责任心。校秋季运动会后，班级的凝聚力增强了，同学们也有一股不服输的劲头，完满地达到了参加校秋季运动会目的。有时还为全班同学筹备“集体生日”、包饺子等活动。

这些活动的开展，既大大地丰富了学生的课余生活，使学生开阔了眼界，学以致用；使学生受到了集体主义教育及科学世界观、人生观教育；同时也使学生劳逸结合，取得良好的效果。

三、班主任要优化育人环境

1. 班墙建设，营造氛围

在班主任工作中我有一个理念：让教室的每一面墙都会说话，这样既能美化课室，也能激励学生的上进心。例如，在教室后面的墙壁上，贴上了地理学习图、德育量化考核表，前面还贴了英语、语文背诵表，四周再贴名言警句，如“天道酬勤，厚德载物”“不飞则已，一飞冲天；不鸣则已，一鸣惊人”“有志者事竟成破釜沉舟百二秦关终属楚，苦心人天不负卧薪尝胆三千越甲可吞吴”“感亲恩世纪三年滴水穿石永不言弃，报师情火热六月蟾宫折桂志在必得”等，并配有中国名牌大学及一中的照片。这些措施既营造向上的气氛，又让我们的教室每次都被学校评为“美丽教室”。

教室讲台旁建立图书阅览角。教室门口两个展示台的内容定期更新。如先后举办过“长征十谈”“冷暖人间之征文选”和“最新视点”等专栏。同学们对这些做法非常欢迎，下课后大家都主动去看，起到了很好的宣传教育作用。

2. 格言激励，催人奋进

“阳光、火光、电光能照亮江河山川，能照亮道路；思想之光，能照亮人的思想道路，能照亮人的精神世界。”巧用名言警句，能引导学生树立起正确的世界观、人生观、价值观，使他们的青春焕发健康、蓬勃的活力，使他们的一生在青少年时期就定下正确的基调。

一直以来，我让全班每个同学每天轮流摘抄一句格言在黑板右上角，并让全班同学写进语文积累本中。如关于集体方面写“一滴水只有放进大海里才永远不会干涸，一个人只有当他把自己和集体事业融合在一起的时候才能最有力量”；如强调积累的重要性写上荀子的“不积跬步，无以至千里，不积小流，无以成江海”；珍惜时间方面写菲尔普斯的“如果你休息一天，你就会与你的对手有了两天的差距。你只有比别人更加地努力，你才可以更早地尝到成功的滋味”或鲁迅的“时间像海绵里的水，只要愿挤，总还是有的”；尊敬人方面写“只有尊重别人的人，才能得到别人的尊重”；关于品质的写“鸟美在羽毛，人美在心灵”；关于激励中考斗志的写“学习不是因为缺少时间而是缺少努力”等等。

这些格言警句数量多多，内容涉及方方面面，就像每天能指引学生人生方向的指路灯，有利于学生正确对待学习、生活、成长过程中出现的问题，培养健康、有益的兴趣爱好，学会正确地为人处世。

3. 激发热情，承担责任

列夫·托尔斯泰说：“一个人若是没有热情，他将一事无成，而热情的基点正是责任心。”我认为，成人比成才更重要，要培养对社会有用的人，要让学生成为建设祖国的栋梁，必须要有强烈的社会责任感、积极向上的团队合作精神、丰富的文化科学知识以及健康的身体和心理。为此，我们开办“图书阅览角”，开展了“读书月”活动。活动中，大家了解了“大禹治水，三过家门而不入”是一种责任；“漫漫长路，屈原上下求索”是一种责任；“虎门销烟，林则徐铸我中华尊严”也是一种责任。我还给同学们介绍了学校推荐的一位台湾教育工作者的一篇文章——“天下兴亡，我的责任”，让同学们明白我们是国家的主人，祖国的兴亡和我们每一个人有着很密切的联系。爱国，就要从身边的每一件小事做起，捡起地上的一片纸屑、不闯红灯、帮助同学、遵守纪律、爱护集体等，都是爱国的行动。通过这样的教育，同学们的思想觉悟有了很大的提高。在运动会结束的时候，同学们看到草坪上有很多废纸，就主动要求留下来捡，全班同学都自觉参加了这次活动，并因此获得校运会的“道德风尚奖”。

“冼夫人精神”是茂名地方特有的教育资源之一，也是对学生进行责任教育很好的本土教材。针对摸底调查中学生对“冼夫人”知之甚少的现状，我们在“读书月”活动中开展冼夫人系列教育“五个一”活动：读一本冼夫人的书、记一篇读书笔记、做一次参观寻访、讲一个冼夫人故事、写一篇冼夫人日记。在读书活动小组内，中心组成员创立了以奖优为序、轮流阅读、互相交流的激励机制。

责任感熏陶、促进和提高学生对责任感的理解和掌握，达成了德育活动对道德情感陶冶功能，帮助学生成长。

4. 家校共教，效果倍增

优化育人环境是学校的责任，但是仅仅靠学校的教育是难于奏效的。我认为和家长的沟通是很重要的，而且，家长也需要学习，需要和孩子共同成长。我一直利用“家校通”加强同家长的联系，从而大大增强了家庭教育的功能。在学生的管理教育方面，继续努力探索新时期青少年的新情况、新思想，总是努力学习先进的教育教学方式，积极探索和实践“素质教育”的有效途径，不断总结经验教训。我在期初、期中后、期末前利用“家校通”与全体学生家长交流；每次“月考”后都致电或用家校通与学生家长交谈，交流学生的优点与不足；建议各科任教师对自己所负责的教学班中存在偏科现象的中、优生进行有针对性的课外辅导，并责任到人；班级每月必分别召开一次优、中、差生座谈会等等。以上措施的实行收到事半功倍的效果，我班学生的精神面貌和学习风气更上一层楼，获得学校和家长的好评。

记得有位名人说过："教育不仅仅是捧上一张张高一级学校的录取通知书，而是捧出一个个有鲜明个性的活生生的人；教育不仅仅是追求百分之多少的升学率，而是追求每个学生的生动、活泼、主动的发展；教育不仅仅是汇报时的总结、评比时的数据，而是教师与学生共度的生命历程、共创的人生体验。"实施以上有关现代班主任班级管理方法，让我建设了一个个的优秀班集体，培养了一批又一批德智体美劳全面发展的人才，让每一个学生从进入我的班级后都能变成笔直的"蓖麻"，也让我成为了一个成功、快乐的班主任。

参考文献：

[1] 苏霍姆林斯基. 给教师的一百条建议[M]. 周渠，王义高译. 天津：天津人民教育出版社，1981(1).
[2] 魏书生. 班主任工作漫谈[M]. 桂林：漓江出版社.

中职学生道德价值取向现状调查与分析

■ 茂名卫生学校　李立新　李　祎

摘　要： 价值取向就是人们对特定事物持有的价值观，它反映人们的价值选择，体现人们认识、评价客观事物的内在标准，具有导向作用。人们的价值取向包括文化价值取向、政治价值取向、道德价值取向和自我价值取向等。其中，道德价值取向就是指在道德方面一个人认为什么事有价值，值得做；什么事没有价值，不值得去做；什么事最让他看重、赞赏、拥护；什么事最让他鄙视、摒弃、反对。价值取向直接影响和指导个体的行为。价值取向可以形成巨大的内在精神力量，在个体的学习、生活、工作中发挥巨大作用。

关键词： 中职生　道德价值取向　调查与分析

中职学生是职业学校为社会培养的专业技能型人才，他们的道德观念、道德准则、道德行为直接关系到整个社会道德风气的形成，关系到未来社会的发展。为了培养出对社会有用的、具有良好道德品质的中职学生，了解中职学生的道德价值取向，并有针对性地开展道德教育，我校开展了“中职学生人生价值取向调查”，对2006级（三年级）、2007级（二年级）、2008级（一年级）在校生共计3179人进行了调查，现将调查结果报告如下。

一、对象和方法

1. 调查对象

以在校的一、二、三年级中职学生为主，采取实名制问卷调查方法，参与调查的学生年龄为16—22岁，共发放调查问卷3187份，回收有效问卷3179份，有效回收率为99. 75%。其中一年级1279份，二年级1192份，三年级708份。

2. 调查内容

在人生价值取向之道德价值取向的调查中，共有32道题目，主要是了解学生对道德观念、道德准则、道德行为的认识。通过调查学生对一些具体道德事件的认知情况，了解分析学生的思想状况，现精选其中具有代表性的调查题目进行分析。

3. 调查方法

以班级为单位，由德育课教师首先讲明本次调查的目的和意义，并在现场适当辅导，要求学生认真、如实地回答问题，使调查资料真实、可靠。答卷时间为45分钟，调查问卷现场收回，并作为对学生平时表现考核的依据之一。

二、结果与分析

1. 中职学生道德观念调查情况与分析

表1 中职学生道德观念调查情况［*n*（%）］

项目	选项	一年级	二年级	三年级
（1）你同意“在市场经济条件下，助人为乐的精神还是需要的”这一说法吗	同意	1191（93.1）	988（83.7）	501（70.8）
	说不清	47（3.7）	149（12.5）	139（19.6）
	不同意	41（3.2）	45（3.8）	68（9.6）
（2）有人为抢救一名落水者而谈价钱，你认为应不应该	应该	101（7.9）	50（4.2）	46（65）
	无所谓	0（0.0）	44（3.7）	60（8.5）
	不应该	1178（92.1）	1098（92.1）	602（85.0）
（3）你同意“竞争就不能顾及道德和良心”的说法吗	同意	47（3.7）	26（2.2）	35（6.9）
	无所谓	0（0.0）	26（2.2）	88（12.4）
	不同意	1232（96.3）	1140（95.6）	585（82.7）
（4）你对学生在校期间谈恋爱持何看法	正常	299（23.4）	366（30.7）	321（45.3）
	说不准	214（16.7）	376（31.5）	254（35.9）
	不应该	766（59.9）	450（37.8）	133（18.7）

对问题“你同意‘在市场经济条件下，助人为乐的精神还是需要的’这一说法吗”的调查结果显示，一年级有93.1%、二年级有83.7%、三年级有70.8%的学生表示赞同，呈递减趋势。一、二、三年级分别有3.7%、12.5%、19.6%的学生表示说不清，有3.2%、3.8%和9.5%的学生表示不同意，均呈递增趋势。说明在中职学生中，助人为乐精神继承与发扬的意识逐渐淡漠，自我意识增强。同时调查也显示，全体中职学生中有84.6%的学生表示同意，说明在中职学生的道德观念中，助人为乐的精神占主流。

对问题“有人为抢救一名落水者而谈价钱，你认为应该不应该”的调查结果显示，一年级有92.1%、二年级有92.1%、三年级有85.0%的学生表示不应该。说明在市场经济的今天，绝大部分中职学生在关键的时候，还是把金钱放在第二位的。对问题“你同意‘竞争就不能顾及道德和良心’的说法吗”的调查结果显示，表示不同意的一年级为96.3%、二年级为95.6%、三年级为82.7%，呈递减趋势，表示无所谓的一年级为0.0%、二年级为2.2%、三年级为12.4%，呈递增趋势，说明中职学生随着年级的增长，道德观念逐渐淡漠，迷茫心理和不确定因素增加。

对问题“你对学生在校期间谈恋爱持何看法”的调查结果显示，一、二、三年级认为正常的分别为23.4%、30.7%、45.3%，表示说不准的分别为16.7%、31.5%、35.9%，认为不应该谈的分别为59.9%、37.8%、18.7%。说明中职学生因已经进入了青春期，对同异性的交往存在着好奇、向往和模糊的心理，对恋爱及婚姻的认识较为有限。

以上调查结果反映出中职学生道德观念的主流积极健康，但也可看出中职学生的道德观念在逐渐淡漠，不确定思想和心理在逐渐增强，这需要中职学校通过多种途径，加强对学生的道德教育。

2. 中职学生道德准则调查情况与分析

表2 中职学生道德准则调查情况［*n*（%）］

项目	选项	一年级	二年级	三年级
（1）当你知道班内某同学犯了错误，教师或者学校向你调查时	推脱不知道	91（7.1）	161（13.5）	183（25.8）
	怕别人报复	4（0.3）	13（1.1）	36（5.1）
	同学犯错与己无关	4（0.3）	42（3.5）	45（6.4）
	怕同学受到处分	113（8.8）	195（16.4）	117（16.5）
	怕影响同学关系	111（8.7）	113（9.5）	58（8.3）
	把知道的说出来	956（74.8）	668（56.0）	269（38.0）
（2）你赞成“宁让我负天下，不让天下人负我”的行为准则吗	赞成	180（14.1）	233（19.6）	126（17.8）
	无所谓	13（1.0）	160（13.4）	157（22.2）
	不赞成	1086（84.9）	799（67.0）	425（60.0）
（3）在处理他人和个人的关系方面，你同意哪一种原则	先人后己	1009（78.9）	716（60.1）	199（28.1）
	先己后人	128（10.0）	83（6.9）	82（11.6）
	从不考虑自己	0（0.0）	8（0.7）	18（2.5）
	从不考虑他人	0（0.0）	13（1.1）	25（3.5）
	权衡两者利弊	142（11.1）	372（31.2）	384（54.3）
（4）你是否同意诚实仍是交朋友的原则	同意	1146（89.6）	1065（89.3）	554（78.2）
	无所谓	70（5.5）	58（4.9）	84（11.9）
	不同意	63（4.9）	69（5.8）	70（9.9）

对问题“当你知道班内某同学犯了错误，教师或者学校向你调查时”的调查结果显示，推脱不知道者一年级为7.1%、二年级为13.5%、三年级为25.8%，怕同学受到处分者一年级为8.8%、二年级为16.4%、三年级为16.5%，均呈递增趋势，说明中职学生随着年级的增长，思想变得复杂，顾虑也在增加。全体中职学生中选择“把知道的说出来”者占59.5%，说明有半数以上的学生敢于以事实为依据，讲出真相。

对问题“你赞成‘宁让我负天下人，不让天下人负我’的行为准则吗”的调查结果显示，全体中职学生中有72.7%表示不赞成，说明绝大多数中职学生对道德行为准则有一个正确的认识，但同时调查也显示，表示不赞成的一年级为84.9%、二年级为67.0%、三年级为60.0%，呈递减趋势，觉得无所谓的一年级为1.0%、二年级为13.4%、三年级为22.2%，呈递增趋势，说明中职学生的道德标准在下降，持无所谓态度的人数增加。

对问题“在处理他人与个人关系方面，你同意哪一种原则”的调查结果显示，一、二、三年级选择“先人后己”者分别为78.9%、60.1%、28.1%，呈递减趋势，“权衡两者利弊”者分别为11.1%、31.2%、54.3%，呈递增趋势，说明中职学生在涉及个人利益时，以“先人后己”为准则的意识在逐渐减弱，而自我意识在增强，权衡利弊、衡量得失的思想逐渐增强。

对问题“你是否同意诚实仍是交朋友的原则”的调查结果显示，一、二、三年级分别有89.6%、89.3%和78.2%的学生表示同意，说明中职学生对交友的认识还是以诚实为基础的，这为把诚信教育延伸到社会及工作中和使诚信成为今后学生做人的准则打下了良好的基础。

综合以上调查结果可以明显地看出，在当前市场经济的背景下，随着学生年龄的增长，其道德准则的鲜明性在减弱，采取中间立场的人数在不断增加，说明中职学校在向学生传授知识和技能的同对，更应抓好学生的思想品德教育，使其树立正确的世界观、人生观和价值观。

3. 中职学生道德行为调查情况与分析

表3 中职学生道德行为调查情况［n（%）］

项目	选项	一年级	二年级	三年级
（1）关于学生考试作弊问题	考试没有作过弊	904（70.7）	519（435）	239（33.8）
	为了高分作弊	375（29.3）	375（293）	324（45.8）
	别人作弊我就作弊	0（0.0）	130（10.9）	145（20.4）

续表

项目	选项	一年级	二年级	三年级
（2）你所接受的道德观念与你行为中的实际表现的是否一致	很一致	249（19.5）	155（13.0）	122（17.2）
	比较一致	840（65.7）	834（70.0）	361（51.0）
	很不一致	45（3.5）	29（2.4）	51（7.2）
	较不一致	35（2.7）	31（2.6）	20（2.8）
	说不清	110（8.6）	143（12.0）	154（21.8）

对问题“关于学生考试作弊问题”的调查结果显示，一年级有70.7%、二年级有43.5%、三年级有33.8%的学生考试没有作过弊，呈递减趋势，这说明中职学生由中学进入职业学校后没有了升学压力，学习动力减弱，考试作弊行为逐渐增加。选择“为了高分作弊”的学生中，一年级为29.3%、二、三年级分别为29.3%和45.8%，这里包含了一部分学习比较好、虚荣心较强的学生，由此可见在中职学生中考试分数至上的观念根深蒂固。要根除学生考试作弊的现象，除加强正面教育、严抓考试纪律之外，学校教师对待学生考试分数的态度和相应的工作方法应继续改进。

对问题“你所接受的道德观念与你行为中实际表现的是否一致”的调查结果显示，一、二、三年级分别有19.5%、13.0%、17.2%的学生选择“很一致”，有65.7%、70.0%、51.0%的学生选择“比较一致”，这说明有什么样的思想意识就应该有什么样的行为方式。但选择“很一致”和“比较一致”的学生在回答关于考试作弊的问题时，仍有部分学生有过考试作弊行为，这说明中职学生的道德行为发展滞后于道德观念发展。因此，中职学校应加强对学生的道德观念和道德准则的教育，培养其良好的道德思想，从而使学生具有良好的道德行为。

三、讨论

以上调查结果显示，由于传统观念和市场经济的双重作用，中职学生的道德价值取向呈现主体性、多元性、矛盾性的特点。虽然主流积极健康，但可以看出他们的道德观念、道德标准呈下降趋势。针对调查中反映出的问题，我们提出在今后的工作中加强对中职学生道德教育的方式和途径，以供同行参考。

1. 中职学生接受道德教育的途径有限

通过以上调查可以看出，中职学生的道德观念淡薄，道德标准下降，这主要因为中职学生接受各种道德教育的方式和途径有限。

从家庭角度看，中职学生的父母正值壮年期，是事业发展的大好时机，很多学生的家长忙于自己的工作，或做生意，或外出打工，忽视了对孩子的教育和管理，再因本地区的家庭中独生子女较少，有约90%以上的学生来自多子女家庭，家长无暇顾及对孩子的教育。

从社会角度看，中职学生接受道德教育的途径多是电视、报纸、广播、刊物和网络等，目前尤以网络为主。但另一项调查表明，学生上网并不单纯是为了获得知识和教育，而是为了聊天、打游戏或看电影等。

从学校角度看，中职学生进入职业学校，主要接受的是专业技能方面的教育和培训，德育停留在理论层次上，而忽视了实践。

2. *加强中职学生道德教育的探讨*

发挥德育课堂的主阵地作用。国家教育部对中职学校的德育教材进行了改编，并在2009级新生中实行。新教材注重培养学生的能力，加大学生参与课堂教学活动和社会活动的力度，每本教材都从不同角度向学生灌输做人的道理。我们应充分利用新教材的优势，更好地发挥德育课的育人功能。加强对学生的思想道德教育，使德育课不仅停留在理论层次上，而是真正落实到学生的学习、生活和实践中去。

开展校园文化活动。加强道德建设丰富多彩的校园文化活动是学生校园生活的重要组成部分，可在学校开展的知识竞赛、文艺会演板报比赛、卡拉OK大奖赛等活动中融入德育内容。如开展以“公民道德建设基本纲要”为主要内容的知识竞赛；举办学唱红色歌曲活动；进行文明礼貌用语评比和开展“千万贺卡寄恩情”活动等，既可以丰富学生的业余文化生活，又可以达到德育的目的。

将学校和家庭教育相结合。开展德育工作的班主任应与学生家长建立联系，形成反馈机制，实现学校教育与家庭教育的有机结合。如在班中开展行为规范教育，从学生的文明礼貌用语、服饰及日常行为入手，督促检查，发现问题及时纠正，从而培养学生良好的行为规范；开展“我为妈妈做件事”等活动，培养学生关心他人、尊老爱幼的良好品质，并同家长联系以得到及时反馈，对真正做到的学生给予表扬和鼓励；开展网络教育活动，指导学生正确运用网络技术学习知识、拓宽视野、增长才干，可引导学生运用网络动漫技术给自己的家人或朋友制作生日视频等，这样既能激发学生的兴趣，又能达到教育学生掌握技能的目的。

利用典型人物的模范事迹教育学生。我国每年评选出的“道德建设十佳标兵”和“感动中国十大人物”的先进事迹是教育学生的好素材，德育教师和班主任也可随时收集新闻媒体报道的各种感人事例教育学生。如“暴走妈妈”陈玉蓉每天只吃拳头大小的米饭团，快步行走10公里，在7个月的时间里走破了4双鞋，终于治愈了自己的脂肪肝，目的是可以为患病18年的儿子捐出合格的肝；再如全国道德模范曹瑜年仅19岁，是一名高三的学生，她得知在福建打工的父亲得了晚期尿毒症，生命垂危时，毅然决定把自己的肾捐献给父亲。为了圆大学梦，她一边照顾术后体弱的父亲，一边补习功课，终于实现了自己的梦想，考入了成都纺织高等专科学校。这些现实生活中的实例真实贴切，具有感染力，是对学生进行德育的好素材。

积极开展社会实践，让学生在实践中践行良好的道德行为。学校及班级应积极组织开展各种社会实践活动，通过社会实践使学生拓宽视野、强化技能、体验为他人服务的快乐。如我校开展了为老年人测量血压及跟踪服务的活动：安排二年级掌握了测血压技术的学生，分别于早晨和傍晚到体育广场和公园等地为老年人测量血压，并做好记录，解答老年人提出的一些问题，每次参与活动回来，学生都很兴奋，议论不停。这样的社会实践活动，不仅强化了学生的专业技能，也使学生在实践中践行了道德行为，在为他人的服务中获得快乐，得到肯定，增加信心，从而形成良好的道德品质。

参考文献：

[1] 周和平. 中职生价值取向特点分析册 [J]. 中国职业技术教育，2004，20：49.
[2] 金盛华，孙娜，史清敏等. 当代中学生价值取向现状的调查研究 [J]. 心理学探新，2003，2：30-34.
[3] 汪宏林. 纵论中学生价值取向的矛盾及教育导向 [J]. 中学教育，2001，2：30.

以交往促进交流，在交流中实现交融

——广东肇庆中学民族团结教育概览

■ 广东肇庆中学　唐文明

胡锦涛同志指出，要促进民族交往、交流、交融。这一论断指明了发展社会主义民族关系的正确路径。民族交往、交流、交融三者关系，可以说交往是形式，交流是内容，交融是本质。我校自2007年承办内地新疆高中班以来，在开展民族团结教育方面，努力探索“以交往促进交流，在交流中实现交融”的教育方法和模式，并取得了显著的成效。

一、交往：混班模式使民族交往常态化

第一年办班，新疆预科班独立编班。无论本地学生还是新疆学子，都表达出迫切的交往愿望。我们通过节假日的各种联谊活动，为同学们的交往创造条件。从高一开始，实行以汉族为大多数的本地学生和以少数民族为大多数的内高班学生混合编班。从2007、2008级的3个混合班，到2009级的4个混合班、2010级的6个混合班，在加强对内高班学生的民族团结教育的同时，加大本地学生与新疆学生的交往面。各民族的同学共同学习、共同参加校内文体活动，同学间的交往由原来的陌生、新鲜、好奇到逐步常态化。交往的效果如何，班主任的作用至关重要。当内高班同学走进新的班级，看到黑板上的一行大字“我们是一家人”的时候；看到教室后面黑板报旁边美丽的心愿树“欢迎新疆同学”的时候；看到大大的标语“新粤携手聚一班，铸就未来不一般”的时候；当热情洋溢的主题班会让内高班的同学完全消除了陌生感而大方表达自己在新集体的感受的时候，他们会深深地感受到班主任的用心良苦。办班5年来，我们很欣喜地看到一批优秀的年轻班主任成长了起来。他们自己带头深入学生当中，得到学生的信任，受到学生的欢迎，也从中加深了对于办班意义的认识，提高了自己的工作水平和能力。

二、交流：全方位的接触使交流立体

办班5年来，上级领导和学校领导非常重视内高班的工作，省、市级领导多次到校看望内高班学生，并发表热情洋溢的讲话，让同学们感受到党和政府的关怀。学校贯彻落实内高班“爱、严、细”教育原则。彭银祥校长每年为学生进行专题讲座，并倡导全校教师邀请学生到家里做客，这个“温暖家庭”活动一直延续至今，并且扩展到本地学生家庭，得到了新疆教育厅的高度评价。学校其他领导和老师也积极参与到“温暖家庭”活动中。

我们鼓励学生参加学生会和团委的各种社团活动，并成立了舞蹈队、篮球队、足球队、围棋社、话剧社等文体组织；另外，我们组织学生参加省少数民族传统体育运动会开幕式大型文艺表演、“亚运会火炬收火仪式表演”“全国消防日宣传活动”、“元旦万人绿道走”等各种社区活动；利用节假日组织学生进行“深入岭南文化，感受幸福广东”系列社会实践活动。这些活动有效地增强了内高班学生的公民意识。而从上级领导、学校老师、各界市民到同学之间，全方位的接触和交往使各民族之间的交流立体化，使同学们加深了对于“三个离不开”“四个认同”和“马克思主义五观”的理解。

三、交融：平等互助、团结和谐的精神内化

交往的常态化和交流的立体化，使民族团结意识深入根植到学生的思想意识之中。2009年以来，在全国内高班历次主题学习活动中，内高班同学认真学习，积极撰写心得体会和演讲稿，并代表学校参加演讲比赛，分别取得市一等奖、省一等奖和全国二等奖的好成绩。2011—2012学年度，新疆部开展“肇中内高班精神”大讨论，同学们总结出“志存高远、崇善感恩、理性大气、勤奋进取、多才多艺、身心健康、乐于服务”7个关键词，充分体现了学校“格物致知，崇善尚美”的校训和“文明优质，和谐创新”的办学理念，展现了我校内高班学子特有的精神风貌。在各民族的传统节日如春节、中秋节、肉孜节、古尔邦节等来临的时候，内高班同学和本地同学共同庆祝，交换家乡特产，了解不同的民族文化，感受民族大家庭的和谐和温暖。在校园里，各民族师生平等互助、团结和谐已经成为一种精神的内化。

“以交往促进交流，在交流中实现交融”的民族团结教育方法和模式，丰富了我校的德育内涵，使来自祖国大西北的各民族学子和岭南学子相互学习，相互取长补

短，共同进步和发展。各民族同学团结互助，在各项活动中成果喜人，帕如克等同学的发明成果获得省青少年科技创新二等奖，马文杰、穆太力扑两名同学获得国家级新型技术发明专利，内高班代表队7名同学勇夺全国DI创新思维大赛一等奖；2010年5月4日，时值五四运动91周年纪念日和新疆第28个民族团结教育月，我校曼尔孜亚老师被授予“新疆青少年民族团结标兵”荣誉称号；2011年“七一”前夕，我校新疆部党支部荣获“南粤校园模范基层党组织”称号；2012年6月，学校通过了广东省德育示范学校的评估验收，以内高班为依托的民族团结教育成为特色鲜明的一大亮点。

北宋著名理学家张载有四句名言，即为天地立心，为生民立命，为往圣继绝学，为万世开太平。这常常为政治家、教育家自勉和互勉的四句话，翻译成现代汉语的意思就是：为社会重建精神价值，为民众确立生命意义，为前圣继承绝世之学统，为万世开拓太平之基业。而民族团结，在任何一个历史阶段都是国家基业稳定的关键。我们要努力提高对新疆班工作的认知，热情投身到民族教育事业中，承担起教育工作者应有的使命，努力探索民族团结教育的新方法、新模式，不断丰富百年名校的德育内涵，为新疆的发展输送人才，为完成国家稳定发展的“太平之基业”贡献力量。

探析提高“家校合作”实效的有效途径

■ 揭阳市第二中学 刘 琪

摘 要：多元化的社会背景对学生的思想、情操及行为习惯等的影响日趋明显，对学生的教育不能仅靠学校教育。这要求广大教育工作者要充分认识到家庭教育在学生成长过程中的重要性，积极寻求“家校合作”的有效途径，共同促进学生全面发展。“家校合作”，是指家庭和学校在相互尊重、相互支持、共同解决问题的基础上，为促进子女发展而进行的双向交流与合作。本文将探析“家校合作”的内涵及其必要性，结合当前“家校合作”中存在的问题，为提高“家校合作”实效提建议。

关键词：家校合作 必要性 存在问题 建议

著名教育家苏霍姆林斯基说过：“最完备的教育是学校与家庭的结合。”这句话强调了“家校合作”在一个人的成长中的重要性。当前我国越来越多的专家和学者也都提出教育应该突破学校这个地域局限，充分重视家庭在提高教育质量、教育水平中的重要作用。家庭教育是学校教育的基础，学校教育是家庭教育的延伸和拓展。家长及广大教育工作者要在生活和工作中善于利用好家庭教育和学校教育的优势，寻求双方的合力，共同促进学生的成长。但是当前“家校合作”在具体的实践过程中普遍出现了一些问题，如家庭和学校双方在教育观念上存在的异议，家长和教师在“家校合作”过程中的能力不足，“家校合作”水平较低、内容单一、方式传统、缺乏长效性等问题。因此，本文将在探析家校合作的内涵及其必要性的基础上，结合当前家校合作中存在的问题，着眼于广大家长对家庭教育及“家校合作”的重视、广大教育工作者“家校合作”能力的提高、“家校合作”的制度化等，为提高“家校合作”实效提出现实的建议。

一、“家校合作”的内涵

“家校合作”一词与传统的家校联系虽仅一词之差，却有着观念和行为上的很大差别。家校联系，是指学校和家庭在教育青少年方面交流经验、互通情况，协调一致。“家校合作”是指家庭与学校以沟通基础，相互配合，合力育人，使青少年受到来自两方面系统一致、各显特色、相辅相成的教育影响力，形成多种终身受益的必要素质，更好地实现社会化。这意味着“家校合作”中家、校两者在教育中的地位是平等的，是合作伙伴关系，两者的联系行为具有互动性和合作性。虽然家校联系和“家校合作”都是双向的活动，但“家校合作”要求家长与教师之间在“家校联系”的基础上，家庭教育和学校教育既相互支持又密切配合，家长既在家庭中承担教育子女的责任，又有参与监督学校教育的义务和权利。而学校不仅要开展家庭教育的相关指导，还要接受家庭、家长多方位的监督、反馈与建议。即“家校合作”不仅仅要发挥家校联系、家校交流的作用，还需要家校双方形成教育影响合力以促使受教育者得到更全面、更优质的教育。

二、“家校合作”的必要性

当今社会，随着信息时代的到来和人才培养的素质化要求，家庭教育与学校教育至今仍都是育人的需要。学校和家庭是学生受教育和生活的主要场所，学校教育比较系统、规范，理论性较强；而家庭教育比较具体、生动，更多地与学生的生活习惯息息相关。两者之间的有效联系与合作是现代素质教育培养青少年全面发展的需要。因此，家校合作发挥教育效能的问题越来越凸显出其必要性。

1. “家校合作”有利于促进家庭和学校的教育目的的一致性，形成强大的教育合力

苏霍姆林斯基说过：“教育的效果，取决于学校与家庭的教育的一致性，如果没有这种一致性，那么学校的教学和教育过程就会像纸做的房子一样塌下来。”在实际的学校教育过程中，取得家长的配合是很重要的，如果没有有效的家校联系及合作，教育将难以持续，乃至收效甚微。进行“家校合作”，通过家庭与学校之间的有效沟通，可以帮助家庭和学校的教育目的最大限度地协调与统一，促进家庭和学校的教育目的达成一致，从而形成强大的教育合力。

2. “家校合作”有利于促进家庭教育与学校教育优势互补

家庭是学生成长的主要环境，是影响学生成长的重要因素，家庭教育直接影响孩

子在学校的行为和学习成绩，对孩子的发展起着举足轻重的作用，其优势在于一是家庭教育能自然而然地利用父母与子女之间的天然感情，直接感化、教育子女，并且由于家庭是持久存在着的生活环境，其潜移默化的教育效果也能更深刻和持久；二是家庭教育不仅教导基本的生活技能，而且教导做人的基本准则，符合社会的行为规范，培养道德情操，形成个人理想，培养志趣，形成个性等等；三是家庭教育具有较强的针对性。父母最了解自己的孩子，在与孩子朝夕相处中，父母对孩子的了解比其他任何人都更深刻、更全面，使之能够真正做到因材施教。当然，家庭教育也存在种种局限性，如家长的素质能力、家庭环境造成的教育条件不平衡、家长未能紧跟学校的步伐，不了解学校的教育内容、方式等问题。

学校作为专业的教育基地，有着专业的教育工作者团队、明确的教育目标、详细的教育计划、良好的学习环境、育人的效果更佳。同样，学校教育也存在着局限性，如团体教育下教师难以结合每个学生的实际情况进行有针对性的教育，迫于升学压力及应试教育的影响较少进行全面发展的素质教育，不利于学生的社会化等问题。

由此可见，家庭和学校的教育各有其优势及局限性，两者成为教育工程的有机整体，是不可分割的。我们可以利用双方教育内容侧重点不一样，家校联系有助于使教师了解学生的家庭教育环境、家长了解孩子的在校表现，从而正确把握学生的个性心理特征，开展有针对性、有个性的教育，使双方的教育内容在一定程度上实现互补，促使学生既能接受全面发展的教育内容，又能发展自己的兴趣、爱好和特长，实现社会化的和谐发展。因此，将学校和家庭这两种教育力量联合起来，能加强家庭与学校的合作，实现彼此之间的优势互补，达到扬长避短，最大限度地发挥教育的作用，促使学生健康发展。

3. “家校合作”有利于促进家庭和学校教育方法的科学化

目前，在教育的观念和方法上，家庭和学校还存在着很大的分歧。而家校直接通过密切联系，相互商讨，有助于家长及时了解孩子的在校表现，也有助于教师及时了解学生的家庭情况，并促使双方在充分了解的基础上做出恰当的教育对策和科学的教育方法。

首先，每个学生的情况都是不同的，在学习上、生活上等各方面的表现和习惯都是不同的，甚至在家里和在学校里的表现也是不同的；其次，每个家长的教育方式、教育观念也是不同的，有些家长认为教育是学校的事，有些家长把学习成绩看得比天还高而忽视了孩子其他能力素质的培养，有些家长对孩子的教育态度、方法不科学等等；再次，教师的教育观念、教育方式也不全都是正确的，也是需要不断地与时俱进的。因此，及时有效的家校联系可以帮助家长及时了解孩子在学校的爱好、习惯、学习方式及在校表现等情况，教给家长一些科学有效的家庭教育方法，使他们认识到家庭教育的重要性，用正确的态度对待孩子；同时，也可以帮助教师了解学生在家里的学习、生活习惯，使家长和教师能够在充分了解的基础上进行协商、密切合作、相互学习，促使双方掌握更加科学、有效的教育方法、教育措施，提高教育效率并取得理想的教育成果。

三、“家校合作”中存在的问题

目前，虽然家庭参与学校教育的重要性已受到大多数人的关注和支持，但在现行教育管理体制下，“家校合作”在实践过程中还受制于一些现实的因素。如在学校层面上存在着组织制度、教育观念、“家校合作”组织能力等的因素。“家校合作”的程度首先取决于校方的管理模式和教育理念。学校是影响家校联系和合作的最主要的因素。作为专门的教育机构，学校教育处于主导地位，应成为家校合作的宣传者和组织者，积极策划和推动家校的互动和合作。如果学校没有足够重视学校教育与家庭教育之间的合作互动，就会导致组织制度上出现问题：如组织松散，管理不足；监督检查不力；阶段性强，连续性差等。

在家庭层面上也同样存在着教育观念、合作的态度与能力等的因素。尽管多数家长对“家长合作”持赞成态度，但由于家庭背景千差万别，家长教育子女的目标、成才观念和教育理念也各不相同。部分家长认为自身学历、能力水平不够，对学生的教育采取全权交给教师的依赖态度，面对学校提出的合作问题时态度很不积极；部分表示积极支持“家校合作”的家长由于与学校的教育理念有些差别而表示不知所措等，这些因素导致了家校合作水平低、合作内容单一、合作效果不明显等问题。

1. “家校合作”水平较低，家校合作未得到应有的重视

教育家蒙台梭利曾经讲过：“每个人的成长都有一个程序。”教育活动必须遵循这一规律。在学生的成长过程中，家庭教育是最基础、最重要，也是最关键的，因此家庭教育应该是持续性、连续性的，不能因为将孩子送进校园而免了家庭教育。苏霍姆林斯基曾经把学校和家庭比作两个“教育者”，认为两者不仅要一致行动，提出同样的要求，而且要志同道合，抱着一致的信念。而当前由于部分学校和家庭双方对“家校合作”的不够重视，对“家校合作”模式的认识比较落后，也导致了目前“家校合作”流于形式，合作的水平比较低，效果不明显。

2. “家校合作”方式存在角色定位的误区

传统的“以学校为中心”的观念，“师道尊严”的传统心理使教师与家长不自觉地将自己的角色定位为领导者和被领导者。这使得家长和教师的联系具有了一种习惯的心理定式：被动、等待，并存在一定的心理障碍。在此心理认定下，家长们一般不

太主动与教师沟通，也很少说出自己对教育孩子的看法、建议。有时即使家长向学校反映了情况或提供了建议，也往往得不到足够的重视。这种“家校合作”根本就谈不上是合作，只能说是学校单方面对家长提出要求，而家长是否认可，或者家长该如何做，配合的效果如何，根本没有得到反馈。因此，教师和家长能否正确地对自身进行角色定位是关系“家校合作”成败的重要因素。

3. “家校合作”内容单一，方式传统

“家校合作”的内容单一：当前由于家庭与学校间的合作往往带有很强的功利性、短视性，总是只关注学生的学业，主要涉及成绩提高、课业辅导、家庭监督、资料购买等，对学生的品德、修养、审美、心理层面考虑甚少，至于对教育方式和方法的交流更是很少提及。此外，目前家校沟通联系方式主要还是延续传统的发放成绩单和电话联系，不仅形式单调，更加缺乏时效性，降低了交流效率。

4. “家校合作”缺乏长效性

目前，大多数学校没有建立科学合理的“家校合作”长效机制。在家庭教育与学校教育相结合方面，无论是家庭还是学校都存在不同程度的认识上的偏见，没有从思想上真正重视家校联系的重要性，学校总是在学生出现问题时才与家庭取得联系，即向家庭做汇报，而很少去关注学生的后期表现有没有在家长的配合教育下取得进步，或者很少和家长商讨合作教育的措施。此外，很多家校合作活动开展结束以后没有进行总结，而且家校活动时间一般聚集在开学初、期中考试前后、期末考试前后，缺乏灵活性、连续性与实效性。学校教育与家庭教育缺乏长期有效互动，交流效率低，教育效果无法达到预期。

四、提高“家校合作”实效的有效途径

1. 家校双方要更新观念，高度重视“家校合作”

建立新型的“家校合作”关系，需要以更新观念为先导。首先，家校双方要统一认识。家校双方应认识到家庭教育与学校教育至今仍都是育人的需要，两者共同发挥效能是现代素质教育培养“完整人”的需要。

很多家长认为，孩子送到学校里去学习，教育的事和自己没有关系了，孩子在校出了问题，那是学校和老师的工作没有到位，能力不行。事实上，家庭是孩子的第一所学校，父母是孩子的第一任教师，父母的行为直接影响到孩子的思想、品行；学生的思想品德、行为态度、学习质量和健康状况等在很大程度上与家庭教育有着密切的联系，家庭教育对学生的成长起到举足轻重的作用。

家庭教育和学校教育都有着各自的优越性和局限性，两者应该在学生的成长过程

中共同发挥作用，二者缺一不可。教师要破除保守心理，如对家庭教育的不信任等，观念上要放下架子，与家庭平等相处，呈现“欢迎家长”的姿态。学校作为专门的教育机构，教师作为专业的教育工作者，无疑应更努力了解家长的需要和能力，吸引和组织家长参与学校教育，并适当地为家庭教育提供一定的帮助。家长则要破除“病要大夫看，儿要老师教”的依赖性心理，培养积极、主动的合作态度。由此可见，要提高“家校合作”实效的首要前提是双方必须更新观念，高度重视“家校合作”，才能更好地生成家校合力。

2. 家校双方应正确认识自己的定位及双方的关系

前面指出当前大多数学校和家庭之间在“家校合作”的过程中存在着角色定位的误区。家校双方对家长和老师的关系认识得比较片面。传统的“以学校为中心”的观念，“师道尊严”的传统心理使教师与家长不自觉地将自己的角色定位为领导者和被领导者。有些时候，家长甚至害怕教师的来访或来电，总觉得教师是来告状的，或者认为教师要求家长做什么，家长全力配合就是了。这无疑使得“家校合作”变成教师指导家长做，是一种单方向的指示。

其实，教师和家长是处于同一战线的，教师和家长之间应当是平等协作的伙伴关系。家校合作的过程也应是家长与教师相互交流、配合支持的过程。也就是说家校相互间双向的交流是进行平等合作的前提。此外，有效的合作需要处理好分工与合作的关系，要各自角色定位正确，分工明确。学校方面应明确学生在校时学校应承担的责任，而家长方面应明确学生在家时家长应承担的责任，并且双方在平等协商的基础上，合理分工，才能形成更大的合力，共同促进学生德智体美劳的全面发展。

3. “家校合作”应有制度的保障

“家校合作”推进实施，关键还是要建立完善的“家校合作”制度。首先，校方要明确家长在家庭教育中的地位和作用、权利与义务。其次，校方要积极开展多种活动引导家长参与“家校合作”，并将“家校合作”相关的一系列活动纳入学校教育教学常规活动中。再次，各级教育部门和学校要广泛吸纳家长的建议与意见，建立科学、民主的学校教育管理和决策机制。

4. 全面提高教师素质，提高教师推进“家校合作”的能力

当今社会复杂多变，教师们面临着各种各样的家庭，由此催生出各种类型的家长：祖父母家长、80后家长、溺爱型家长、严厉型家长、依赖型家长……如何与这些不同个性、不同身份的家长建立和维持一种更加积极、对学生成长更加有利的关系？这需要教师有高度的责任感及科学的教育教学理念，还需要教师有良好的沟通能力。教师较强的沟通能力能使与之沟通的家长觉得备受尊重，使得家长更愿意敞开心扉，更加坦率而真实地表达出自己的想法，从而能够较全面地掌握与学生有关的足够的信

息。而教师有效沟通的前提是要放下教师高高在上的身段，理性而耐心地与家长沟通，同时学会适度地做出回应和反馈。

因此，学校应开展对教师进行育人方法和技巧、沟通能力、组织能力、交往能力等业务素质培训，以提升教师的综合素质，促进“家校合作”开展更具科学性和实效性。

5. 建立家长学校

家长与教师进行沟通的目的，除了想知道孩子在校的成绩与生活情况，其实更为关注的是能否从教师那儿获得更好的教育孩子的方法。美国心理学家哈里森指出：“帮助儿童的最佳途径是帮助父母。”因此，学校方面应通过家长家校、家校联系等途径，使家长收获育人的理念。家长学校适时培训家长是普及家庭教育知识，提高家庭教育水平的有效途径。相对于家长而言，学校教师更具备较科学的教育理念、方法。可以通过建立家长学校，通过报告、讨论等形式，向家长介绍我国的教育现状和未来；指导家长掌握育人的科学方法，提高家长的教育修养水平，获取必要的家庭教育知识，提高家长教育子女的责任心和教育技术。

6. 创设多种形式的家校合作载体

信息技术时代催生出新的通信工具，新的通信工具催生出新的沟通途径。家校之间的联系不再局限于以往的发放成绩单、家访和电话联系，新时代的家庭和学校，应该学会善用现代信息技术，创设多种形式的家校合作载体。如可以尝试将信息量少的成绩单加工成家校双向联系的家校联系本，详细地记录学生在校及在家的表现，体现学习习惯、学习情况的长效性；可以利用当前普遍推行的校讯通，与家长进行短信联系，当然，这些短信应该具有针对性而不是千篇一律的群发短信；可以利用当前学生们熟悉的博客、班级QQ群、班级论坛等，让教师、家长、学生三方通过这些载体进行沟通与合作，从而提高“家校合作”的实效。

家庭教育和学校教育对学生的教育和影响作用是不可低估的。现时代，探索家庭教育和学校教育形成合力已显现其独特的价值和现实的可能性。因此加强学校与家庭之间的联系和合作，应成为学校培养学生全面发展的重要模式，这对于形成教育合力，提高教育的实效性，具有十分重要的意义。

参考文献：

［1］岳盼盼. 用博客构建小学家校合作模式初探［J］. 教学探索，2009（10）：40.

［2］苏霍姆林斯基. 给教师的建议［M］. 北京：教育科学出版社，1984（2）：526.

［3］潘俊平. 加强联系构建家校合一的教育平台［J］. 文教资料，2009（35）：134-135.

[4] 周丹. 对家校合作若干理论和实践问题的思考［J］. 无锡教育学院学报，2001（21）：35.
[5] 瓦·阿·苏霍姆林斯基. 给教师的一百条建议［M］. 北京：教育科学出版社，1984.
[6] 袁振国. 当代教育学［M］. 北京：教育科学出版社，2004.
[7] 教育部师范司. 教师专业化的理论与实践［M］. 北京：人民教育出版社，2001.
[8] 卡尔威特. 卡尔威特的教育［M］. 北京：京华出版社，1993.
[9] 马中虎. 基础教育新概念：家校合作［M］. 北京：教育科学出版社，1999.
[10] 叶岩燕，饶生来，涂水发. 加强家校联系实施合力教育——高职院校思想道德教育模式探析［J］. 闽西职业技术学院学报，2009（9）：44.
[11] 杨荣萍，陈贤，赵雁，和立青，张宏，李文祥. 密切家校联系，构建沟通桥梁［J］. 农业教育研究，2009（6）：41.
[12] 邱叶珍，尹荣慧. 浅谈班主任进行家校联系的途径与策略［J］. 延边教育学院学报，2012（10）：78.
[13] 毛姮. 提高家校联系工作实效的策略思考［J］. 科学大众·科学教育，2010（12）：86.
[14] 岳盼盼. 用博客构建小学家校合作模式初探［J］. 教学探索，2009（4）：40.
[15] 路伟伟. 构建家校联系的德育网络［J］. 德育探新，2002（4）：20.

青少年的睡眠质量与负性生活事件、人格

■ 湛江市第二中学 姜桂芳 郭 菲 黄 峥 陈祉妍

摘 要：该篇论文目的即要探讨青少年睡眠质量与负性生活事件、人格的关系，考察负性生活事件、人格特质与睡眠质量是否有交互作用。使用方法为本研究数据来自中国科学院心理研究所全国青少年心理健康数据库中2008年的调查数据，样本是用系统分层抽样方法抽取的4538名中小学生，采用匹兹堡睡眠质量指数（Pittsburgh sleep Quality Index, PSQI）、青少年负性生活事件自评问卷和艾森克人格问卷少年版（Eysenck Personality Questionnaires-Junior, EPQ-Junior）评估青少年睡眠质量、负性生活事件和人格。结果本样本PSQI总分为（5.1±2.8），26%的人有睡眠质量问题（PSQI≥7）。11～14岁年龄组PSQI得分低于15～17岁年龄组，15～17岁年龄组PSQI得分低于18～20岁年龄组［（3.9±2.5）vs.（5.4±2.6）vs.（6.5±2.7），$P<0.01$］。PSQI总分与负性生活事件总分（$r=0.32$），EPQ-Junior的神经质（$r=0.54$）、精神质维度（$r=0.18$）得分呈正相关（均$P<0.01$），与内外倾维度得分呈负相关（$r=-0.16$，$P<0.01$）。二分logistic回归分析显示，负性生活事件得分（$OR=1.56$）与EPQ-Junior的神经质维度得分（$OR=1.25$）越高，PSQI得分可能越高（均$P<0.01$）。所得结论是同时存在神经质人格高分和经历负性生活事件多的青少年的睡眠质量可能更差。

关键词：青少年 睡眠质量 生活事件 人格 横断面研究

以往研究发现，青少年睡眠质量不容乐观，睡眠障碍检出率达13.9%～44.8%，甚至有逐年上升趋势。他们有不同程度的入睡、再入睡困难及早醒等睡眠问题。这些问题会导致青少年日间思睡，直接影响他们日间的认知、记忆和注意力。多种因素对睡眠质量具有影响，其中应激事件是一个重要影响因素。生活事件可能诱发机体的焦虑、抑郁等负性情绪，或导致机体神经系统功能失调，改变促肾上腺皮质激素和皮质

醇的浓度，影响睡眠质量。

研究表明，睡眠质量与人格倾向有显著相关，并受其影响。有研究表明神经质高分者情绪波动大，易受外界的影响，对各种刺激的反应都过于强烈，情绪激发后又难于平复下来，对睡眠质量有较大影响。个性内倾者内省、不喜欢与人接触，易产生悲观情绪。在压力较大时如没有正确的心理疏导方式，亦易产生各种心理障碍以及睡眠质量问题。基于以上，睡眠质量与生活事件的关系、睡眠质量与人格的关系均有研究，但睡眠质量与生活事件、人格3个变量关系的实证研究目前还较少见，有研究提到生活事件与人格的交互作用对心理健康的影响，但尚未有实证研究探讨睡眠质量与生活事件和人格交互作用的关系。

综上，本研究考察青少年睡眠质量与经历的生活事件及各种人格维度的关系，重点探讨生活事件和人格对青少年睡眠质量是否存在交互作用。

一、对象与方法

1. 对象

样本来自中国科学院心理研究所全国青少年心理健康数据库中2008年的横断数据，样本覆盖辽宁、浙江、福建、湖北、河南、江西、甘肃、新疆等省（自治区），包括小学六年级到大学的学生共4538名，年龄11—20岁，平均（16±2）岁，其中男生2131人，女生2252人，缺失155人。根据青少年生理心理特点和本研究调查的学生年龄，按青少年早期、中期、晚期分为三组（11—14岁，15—17岁，18—20岁）。

2. 工具

匹兹堡睡眠质量指数（PSQI）用于评定被试近1个月的睡眠质量。由19个自评和5个他评条目构成，组合成睡眠质量、入睡时间、睡眠时间、睡眠效率、睡眠障碍、催眠药物的应用和对日间功能的影响7个成分，每成分按0～3等级计分，各成分得分的总和即为PSQI总分，其总分分值介于0—21之间，PSQI分值越高，睡眠质量越差。PSQI＜3为睡眠质量好；PSQI在3—7间为睡眠质量居中；当PSQI＞7时，可判断有睡眠质量问题。

青少年负性生活事件自评问卷评估青少年近1年发生的负性生活事件。本问卷主要参照刘贤臣等编制的青少年生活事件量表，结合研究目的新增加了“缺少朋友”“与好朋友分开”“住房紧张”等项目改编形成。包含25个项目，每一事件确定发生与否进行1和0计分，计算生活事件发生总数量作为生活事件总分。得分越高，说明青少年经历的生活事件越多。本问卷内部一致性Cronbach□系数为0. 74。

艾森克人格问卷少年版（EPQ-Junior）包括74道题目，各自包括3个分量表即内外倾（E）、神经质（N）、精神质（P）和一个效度分量表（L）。E分越高越外向乐观，N分越高越焦虑、紧张、担忧；P分越高越孤独，不关心他人。

3. *统计方法*

采用SPSS 16. 0统计软件处理数据。用偏度、峰度指标对数据分布进行正态性检验，计量资料采用（均数±标准差）描述；采用非参数检验（Kruskal-WallisH检验和Ma-nn-Whitney U检验）进行组间比较分析；采用Pearson积差相关分析法分析负性生活事件（计数数据，以平均数为界二分为高、低压负性生活事件组，0、1分别代表低、高压负性生活事件组），艾森克人格内外倾、神经质、精神质维度与PSQI总分的相关；采用二分logistic回归分析对睡眠质量的相关因素进行分析。*P*<0. 05为差异有统计学意义。

二、结果

青少年匹兹堡睡眠质量指数的基本情况样本PSQI平均总分（5. 1±2. 8）。三个年龄组的PSQI总分和大部分因子分比较发现，11—14岁组低于15—17岁组，15—17岁组低于18—20岁组。男女比较发现，15—17岁组PSQI总分男性显著优于女性（*U*=−1. 83，*P*=0. 068）；11—14岁组及15—17岁组男性较女性睡眠时间长（*U*=−2. 38，−6. 49；*P*=0. 017，<0. 001）、睡眠障碍（*U*=−2. 14，−3. 06；*P*=0. 032，0. 002）、日间功能障碍少（*U*=−2. 47，−3. 75；*P*=0. 013，0. 000）；18—20岁组女性较男性睡眠时间短（*U*=−2. 78，*P*=0. 005）、睡眠效率低（U=−2. 58，*P*=0. 010）。其余情况下男女睡眠质量差异不显著（见表1）。

表1　青少年男女三年龄组PSQI 总分及因子得分的比较（$\bar{x}\pm s$）

项目	男性(*n*=1822)			*H*值	两两比较 *P*<0. 05	男性(*n*=1892)			*H*值	两两比较 *P*<0. 05
	11—14①(*n*=736)	15—17②(*n*=666)	18—20③(*n*=420)			11—14①(*n*=737)	15—17②(*n*=653)	18—20③(*n*=502)		
PSQI总分	3. 8±2. 4	5. 1±2. 6	6. 5±2. 8	284. 62**	①<②③	4. 0±2. 5	5. 7±2. 7	6. 5±2. 6	287. 97*	①<②③
主观睡眠质量	0. 7±0. 7	0. 9±0. 7	1. 0±0. 7	70. 76**	①<②③	0. 7±0. 7	0. 9±0. 7	0. 9±0. 7	61. 17**	①<②③
入睡时间	0. 9±0. 9	1. 1±0. 9	1. 2±0. 9	40. 82**	①<②③	0. 9±0. 9	1. 0±0. 9	1. 2±0. 9	21. 58**	①②<③
睡眠时长	0. 2±0. 5	0. 7±0. 8	1. 3±0. 8	528. 10**	①<②③	0. 3±0. 6	1. 0±0. 9	1. 4±0. 9	546. 21**	①<②③
睡眠障碍	0. 7±0. 5	0. 8±0. 5	0. 9±0. 5	43. 12***	①<②③	0. 8±0. 5	0. 9±0. 5	1. 0±0. 5	44. 18*	①<②③
催眠药物	0. 0±0. 2	0. 0±0. 1	0. 1±0. 3	21. 03**	①②<③	0. 0±0. 1	0. 0±0. 2	0. 0±0. 2	5. 20	①<③
睡眠效率	0. 1±0. 5	0. 1±0. 4	0. 2±0. 5	5. 59	②<③	0. 1±0. 5	0. 2±0. 4	0. 2±0. 5	28. 41**	①②<③
日间功能障碍	1. 1±0. 8	1. 6±0. 8	1. 9±0. 8	286. 68**	①<②③	1. 2±0. 8	1. 8±0. 8	1. 8±0. 8	244. 37**	①<②③

注：PSQI，匹兹堡睡眠质量指数量表；　***P*< 0. 01。

PSQI得分与负性生活事件得分、EPQ-Junior得分的相关性样本负性生活事件得分为（3.6±3.0），EPQ-Junior内外倾得分为（11.5±3.8），神经质得分为（8.1±4.9），精神质得分为（3.1±2.7）。青少年的PSQI总分（5.1±2.8）与负性生活事件得分以及EPQ-Junior神经质得分、精神质得分呈正相关（r=0.32、0.54、0.18，均P<0.001），与EPQ-Junior内外倾得分呈负相关（r=−0.16，P<0.001）。

表2　各变量与睡眠质量有无问题的logistic回归分析结果

步骤	变量	睡眠质量有无问题(方程4值)				
		B	*S.E.*	*Wald*	*P*值	*OR*(95%CI)
第1步	性别	0.12	0.11	1.35	0.245	1.14(0.71—1.09)
	年龄	0.23	0.02	92.02	<0.001	1.26（1.20—1.32）
第2步	负性生活事件得分	0.44	0.13	11.43	0.001	1.56（1.20—2.01）
第3步	EPQ-Junior E 得分	0.01	0.02	0.08	0.774	1.01（0.96—1.05）
	EPQ-Junior N 得分	0.21	0.02	94.79	<0.001	1.23（1.18—1.28）
	EPQ-Junior P 得分	0.01	0.04	0.08	0.773	1.01（0.94—1.08）
第4步	E 得分× 负性生活事件得分交互	−0.04	0.03	2.33	0.127	0.96（0.91—1.01）
	N 得分× 负性生活事件得分交互	−0.05	0.03	3.74	0.053	0.95（0.90—1.00）
	P 得分× 负性生活事件得分交互	0.05	0.04	1.49	0.222	1.05（0.97—1.15）

PSQI得分与负性生活事件得分、EPQ-Junior得分的二分logistic回归分析因变量放入有睡眠质量问题（PSQI≤7分=0，代表无睡眠质量问题；PSQI>7分=1，代表有睡眠质量问题）。自变量第1步放入性别和年龄变量，第2步放入负性生活事件组，第3步放入EPQ-Junior内外倾、神经质、精神质的得分，第4步对应放入各人格维度与生活事件的交互，进行二分logistic回归分析（表3）。在控制了人口学统计学变量之后，负性生活事件总分、EPQ-Junior神经质得分对有无睡眠质量问题的预测作用显著。负性生活事件得分与EPQ-Junior得分的交互作用对有无睡眠质量问题的回归分析中，发现负性生活事件得分与EPQ-Junior神经质得分对有无睡眠质量问题的交互作用边缘显著。同时存在较高神经质得分、较多负性生活事件的青少年，睡眠质量更差。

三、讨论

本研究发现青少年睡眠质量问题检出率为18.7%，与Liu的研究结果相似。睡眠质量存在性别和年龄差异。同年龄组女性睡眠时长因子分较男性高，睡眠质量差，这可能是女生更敏感、压力更大、睡眠更容易受环境影响所致。随着年龄增长，发现男性除睡眠效率因子、女性除催眠药物因子外，PSQI总分和其余因子在不同年龄水平上均差异显著，随着年龄增长睡眠质量越差，这是由于随着年龄增长学业竞争和升学压力更大，因而睡眠问题会加重。

本研究发现负性生活事件对睡眠质量的显著预测作用。这是由于遭遇生活事件时，青少年压力增加，生活事件作为一种压力源诱发个体产生的生理反应、情绪反应对睡眠质量产生影响。同时，研究发现了人格特征与青少年睡眠质量有显著的相关，对睡眠质量有显著预测作用。据艾森克理论，神经质分高的人情绪不稳定，对各种刺激的反应过于强烈，情绪激发后又很难平复，从而影响正常适应，进而影响睡眠；本研究验证了睡眠质量差的人与神经质人格相关，神经质得分越高睡眠质量越差。

本研究也发现生活事件和人格的神经质对有无睡眠质量问题的交互临界显著。在神经质高分者中，负性生活事件与睡眠质量的相关较大。本研究告诉我们，对于情绪不稳定人格特征的青少年，如果发生了生活事件，尤其处于生活事件的多发期，是睡眠质量要加强干预的重点人群。

四、未来研究方向

本研究初步了解到负性生活事件和人格的神经质维度对有无睡眠质量问题存在交互作用边缘显著，但仍存在一些不足：如本研究属于横断面研究，不能提供一些重点干预人群追踪干预的方法；被试是由城市中小学生的少年组成，因此，结论是否也能代表其他人群仍需要将来进一步的探讨；有个别生活事件（开始恋爱、体质量发生变化）是否负性可能因人而异，今后需考察负性生活事件发生的强度、持续时间等，根据不同的生活事件类型或属性对青少年的影响等，对青少年进行针对性的心理健康指导，将具有更加实际的现实意义。

参考文献

[1] 林荣茂，严由伟，唐向东. 近15年中国青少年学生匹兹堡睡眠质量指数调查结果的元分析［J］. 中国心理卫生杂志，2010，24（11）：839-844.

[2] Mindell JA，Meltzer LJ. Behavioral sleep disorders in children andadolescents［J］. AnnAcad Med，2008，37（8）：722-728.

[3] Yen CF，Ko CH，Yen JY，et al. The multidimensional correlates associatedwith short nocturnal sleep duration and subjective insomniaamong Taiwanese adolescents［J］. Sleep，2008，31（11）：1515-1525.

[4] Richardson GS. Human physiological models of insomnia［J］. Sleep Med，

2007，8（4）：9-14.
[5] 关念红，张晋碚，王旭东，等. 监狱警察睡眠质量与应对方式的相关性研究［J］. 中山大学学报：医学科学版，2007，28（3）：358-360.
[6] Torsten N，Åsa J，Sven Åke B. The affective personality：its relationto quality of sleep，well-being and stress［J］. Soc Behav Pers，2005，33（7）：709-722.
[7] Ramsawh HJ，Sonia AI，Sullivan SG，et al. Neuroticism mediatesthe relationship between childhood adversity and adult sleep quality［J］. Behav Sleep Med，2011，9（3）：130-143.
[8] Kardum I，Krapic N. Personality traits，stressful life events and copingstyles in early adolescence［J］. Pers Individ Differ，2001，30（3）：503-515.
[9] 李剑侠，郭菲，陈祉妍. 父母婚姻质量、教养行为与女生外化问题的关系［J］. 中国临床心理学杂志，2012，20（1）：72-75.
[10] 张文新. 青少年发展心理学［M］. 济南：山东人民出版社，2002：7.
[11] Buysse DJ，Reynolds CF，Monk TH，et al. The Pittsburgh SleepQuality Index：a new instrument for psychiatric practice and research［J］. Psychiatry Res，1989，28（2）：193-213.
[12] 刘贤臣，刘连启，杨杰，等. 青少年生活事件量表的编制与信度效度检验［J］. 中国临床心理学杂志，1997，5（1）：34-36.
[13] 陈仲庚. 艾森克人格问卷的项目分析［J］. 心理学报，1983，15（2）：211-217.
[14] Liu X，Uoniyama M，Okawa M，et al. Prevalence and correlates ofself-reporte-d sleep problems among Chinese adolescents［J］. Sleep，2000，23（1）：27-34.
[15] Sadeh A，Gruber R，Raviv A. Sleep，neurobehavioral functioning，and behavior problems in school-age children［J］. Child Dev，2002，73（2）：405-417.